UTB **2214**

Eine Arbeitsgemeinschaft der Verlage

Beltz Verlag Weinheim · Basel
Böhlau Verlag Köln · Weimar · Wien
Verlag Barbara Budrich Opladen · Farmington Hills
facultas.wuv Wien
Wilhelm Fink München
A. Francke Verlag Tübingen und Basel
Haupt Verlag Bern · Stuttgart · Wien
Julius Klinkhardt Verlagsbuchhandlung Bad Heilbrunn
Lucius & Lucius Verlagsgesellschaft Stuttgart
Mohr Siebeck Tübingen
C. F. Müller Verlag Heidelberg
Orell Füssli Verlag Zürich
Verlag Recht und Wirtschaft Frankfurt am Main
Ernst Reinhardt Verlag München · Basel
Ferdinand Schöningh Paderborn · München · Wien · Zürich
Eugen Ulmer Verlag Stuttgart
UVK Verlagsgesellschaft Konstanz
Vandenhoeck & Ruprecht Göttingen
vdf Hochschulverlag AG an der ETH Zürich

Rochus Leonhardt

Grundinformation Dogmatik

Ein Lehr- und Arbeitsbuch
für das Studium der Theologie

3., völlig neu bearbeitete Auflage

Vandenhoeck & Ruprecht

PD Dr. Rochus Leonhardt, geb. 1965 in Leipzig, Studium der Evangelischen Theologie an den Kirchlichen Hochschulen in Naumburg/Saale und Leipzig, 1. Theologisches Examen (1992), anschließend Vikariat in der Sächsischen Landeskirche und 2. Theologisches Examen (1993). Seit 1994 Wissenschaftlicher Mitarbeiter, dann Wissenschaftlicher Assistent an der Theologischen Fakultät der Universität Rostock, dort 1996 Promotion und 2001 Habilitation im Fach Systematische Theologie. 2003–2006 Lehrstuhlvertretung an der Helmut-Schmidt-Universität Hamburg, seit 2007 Heisenberg-Stipendiat der Deutschen Forschungsgemeinschaft.

Mit 7 Abbildungen

Bibliografische Information der Deutschen Nationalbibliothek

Die Deutsche Nationalbibliothek verzeichnet diese Publikation in der Deutschen Nationalbibliografie; detaillierte bibliografische Daten sind im Internet über http://dnb.d-nb.de abrufbar.

ISBN 978-3-8252-2214-7 (UTB)
ISBN 978-3-525-03605-1 (Vandenhoeck & Ruprecht)

Umschlagbild: Albrecht Dürer, Adam und Eva, Kupferstich, 1504.

© 2008, 2004, 2001 Vandenhoeck & Ruprecht GmbH & Co. KG, Göttingen.
Internet: www.v-r.de
Alle Rechte vorbehalten. Das Werk und seine Teile sind urheberrechtlich geschützt. Jede Verwertung in anderen als den gesetzlich zugelassenen Fällen bedarf der vorherigen schriftlichen Einwilligung des Verlages. Hinweis zu § 52a UrhG: Weder das Werk noch seine Teile dürfen ohne vorherige schriftliche Einwilligung des Verlages öffentlich zugänglich gemacht werden. Dies gilt auch bei einer entsprechenden Nutzung für Lehr- und Unterrichtszwecke. – Printed in Germany.

Umschlaggestaltung: Atelier Reichert, Stuttgart
Satz: Hubert & Co, Göttingen
Druck und Bindung: Ebner & Spiegel, Ulm

ISBN 978-3-8252-2214-7 (**UTB-Bestellnummer**)

Vorwort zur 3. Auflage

Die beiden ersten Auflagen der *Grundinformation Dogmatik* (2001 und 2004) sind auf eine (für mich) überraschend große Resonanz gestoßen. *Never change a running system* – diese Großweisheit der Informatik hätte sich von daher als plausibles Motto für die Publikation der 3. Auflage angeboten, und dieser Zugang wäre auch arbeitsökonomisch angenehm gewesen. Dennoch wollte ich der vorliegenden 3. Auflage nicht einfach eine nochmals korrigierte und sparsam aktualisierte 2. Auflage zugrunde legen; vielmehr habe ich mich zu einer umfassenden Neubearbeitung und etlichen nicht unerheblichen Erweiterungen entschlossen.

Erweitert wurde einerseits die dogmen- und theologiegeschichtliche Orientierung, insbesondere in den Abschnitten zur nachreformatorischen Entwicklung des Protestantismus. Erweitert wurde andererseits die systematische Entfaltung: Die (erneut in Fundamentaltheologie und materiale Dogmatik unterteilte) Darstellung der Inhalte der Dogmatik ist nun eingebettet in Vorbemerkungen zur Religionsphilosophie sowie Nachbemerkungen zur Ethik. Dadurch wird die Verankerung der Dogmatik in der Systematischen Theologie als ganzer verdeutlicht. – Es ist das Ziel dieser Erweiterungen, den ‚Gebrauchswert' des Buches zu erhöhen, das nun durchgehend als ein Vademecum für das Studium der (Systematischen) Theologie genutzt werden kann, von der Einführungsveranstaltung bis zur Examensvorbereitung.

Neben der leicht veränderten Gesamtkonzeption des Buches ist auf eine inhaltliche Akzentverschiebung zu verweisen, die sich vor allem an der Neubearbeitung der einzelnen dogmatischen Themen ablesen lässt: Die vorliegende Auflage ist in stärkerem Maße als ihre Vorgängerinnen der protestantischen Tradition lutherischer Prägung verpflichtet; am deutlichsten wird dies vielleicht in der Neustrukturierung des Soteriologie-Paragraphen. Man kann es auch so formulieren: Der eigene theologische Standpunkt des Verfassers bildet zwar nicht den Leitfaden der Darstellung, aber seine theologische Prägung ist deutlicher zu erkennen als in den Vorauflagen. – Es ist das Ziel dieser Akzentverschiebung, die eigenständige theologische Urteilsbildung der Leser/innen stärker herauszufordern, als dies in den Vorauflagen geschehen ist.

Für die engagierte Korrektur einschließlich der oft mühsamen Zitatüberprüfungen sowie für etliche hilfreiche Hinweise zu den Übersetzungen der lateinischsprachigen Texte danke ich Frau Valentina Lorff, M.A.

Hamburg im September 2007   Rochus Leonhardt

Inhalt

Einleitung 15

I   Zum Aufbau der Grundinformation Dogmatik 15
II Hinweise zur Benutzung 18

1. Hauptteil: Dogmen- und theologiegeschichtliche Orientierung 20

1   Die Zeit der Alten Kirche 20
    1.1   Die Auseinandersetzung mit der hellenistisch-römischen Umwelt   29
    1.2   Die innerchristlichen Auseinandersetzungen über die Rechtgläubigkeit 22
    1.3   Die Fixierung christlicher Lehrnormen 26

2   Augustin und das christliche Mittelalter 29
    2.1   Zur Theologie Augustins 29
    2.2   Die Trennung von Rom und Byzanz 31
    2.3   Die scholastische Theologie des Mittelalters 33
    2.3.1 Die Frühscholastik 34
    2.3.2 Die Hochscholastik 35
    2.3.3 Die Spätscholastik 36

3   Die Reformation und ihre Folgen 37
    3.1   Die Konfessionalisierung des europäischen Christentums ... 37
    3.2   Der römische Katholizismus 38
    3.2.1 Das Konzil von Trient (1545–1563) 39
    3.2.2 Das 1. Vatikanische Konzil (1869/70) 40
    3.2.3 Das 2. Vatikanische Konzil (1962–1965) 40
    3.3   Der Anglikanismus 41
    3.4   Der lutherische Protestantismus 44
    3.5   Der reformierte Protestantismus 48
    3.6   Leuenberger Konkordie und Leuenberger Kirchengemeinschaft .. 52

4	Von der Reformation zur Aufklärung	53
	4.1 Vorbemerkungen	54
	4.2 Die altprotestantische Orthodoxie	57
	4.3 Der deutsche lutherische Pietismus	59
	4.4 Der englische Deismus	62
	4.5 Voraussetzungen, Merkmale und wichtige Vertreter der deutschen Neologie	63
	4.6 Gotthold Ephraim Lessing und Immanuel Kant	70
	4.6.1 Lessing und der Fragmentenstreit	70
	4.6.2 Religion und Moralität bei Kant	71
5	Zur evangelischen Theologie im 19. Jahrhundert	78
	5.1 Friedrich Schleiermacher	78
	5.2 Theologische Schulen im deutschen Protestantismus des 19. Jahrhunderts	81
	5.3 Der theologische Liberalismus im Kaiserreich	88
	5.3.1 Albrecht Ritschl	88
	5.3.2 Adolf von Harnack	90
	5.3.3 Ernst Troeltsch	91
6	Zur evangelischen Theologie im 20. Jahrhundert	93
	6.1 Die Neuaufbrüche nach 1914/18	93
	6.1.1 Vorbemerkungen	93
	6.1.2 Der Religiöse Sozialismus	94
	6.1.3 Die Luther-Renaissance	95
	6.1.4 Die Dialektische Theologie	96
	6.2 Die Barmer Theologische Erklärung und die Spaltung der Dialektischen Theologie	99
	6.3 Hinweise zur Nachkriegstheologie des deutschen Protestantismus	103
	6.3.1 Das Problem der Entmythologisierung	103
	6.3.2 Die Wiederentdeckung der Geschichte im deutschen Protestantismus	105
	6.3.3 Theologie der Befreiung und feministische Theologie	107

2. Hauptteil: systematische Entfaltung 110

I Religionsphilosophische Vorbemerkungen 110

§ 1 Die Religion 110
    1.1 Herkunft und neuzeitliche Prägung des Religionsbegriffs 110
    1.1.1 Ursprung und Bedeutung des Wortes religio 110
    1.1.2 Neuzeitlicher Religionsbegriff und konfessionelles Zeitalter 111
    1.1.3 Die Neuformulierung des Religionsbegriffs bei Friedrich Schleiermacher 117
    1.2 Das Verhältnis des Christentums zu den anderen Religionen 119
    1.2.1 Der Absolutheitsanspruch des Christentums und seine Problematisierung bei Ernst Troeltsch 119
    1.2.2 Karl Barths Kritik der Religion im Namen der (Christus-)Offenbarung 123
    1.2.3 Christliche Kirche und nichtchristliche Religionen im modernen Katholizismus 125
    1.3 Säkulare Religionstheorien 127
    1.3.1 Religionskritik im 19. Jahrhundert: Ludwig Feuerbach und Karl Marx 127
    1.3.2 Sozialphilosophische Religionstheorie im 20. Jahrhundert: Hermann Lübbe 129

II Fundamentaltheologie 132

§ 2 Die Theologie 132
    2.1 Systematische Theologie bzw. Dogmatik als Disziplin der Theologie 132
    2.2 Der Gegenstand der (systematischen bzw. dogmatischen) Theologie 137
    2.3 Theologie als Wissenschaft 141
    2.3.1 Problempräzisierung 141
    2.3.2 Theologie als untergeordnete Wissenschaft – Thomas von Aquin . 142
    2.3.3 Theologische Aussagen als wissenschaftliche Hypothesen? – Wilfried Joest und Wolfhart Pannenberg 143
    2.3.4 Die Abhängigkeit aller Wissenschaft von vorwissenschaftlichen Gewissheiten – Eilert Herms 145

§ 3	Die Offenbarung		146
	3.1	Das biblische Zeugnis und seine dogmatischen Folgeprobleme	146
	3.2	Inklusives und exklusives Offenbarungsverständnis	151
	3.2.1	Das inklusive Offenbarungsverständnis	151
	3.2.2	Das exklusive Offenbarungsverständnis	153
	3.2.3	Die Ablehnung aller ‚natürlichen Theologie' bei Karl Barth	156
	3.3	Schleiermachers Transformation des Offenbarungsbegriffs und ihre Bedeutung für die Gegenwartstheologie	158
§ 4	Der Glaube		162
	4.1	Vorbemerkungen	162
	4.2	Glaubensakt und Glaubensinhalt	164
	4.2.1	Zur altkirchlichen und mittelalterlichen Tradition	164
	4.2.2	Zum reformatorischen Glaubensverständnis	167
	4.3	Glaube und Vernunft	171
	4.3.1	Glaube und Vernunft in der Aufklärung	171
	4.3.2	Glaube und Vernunft in der neueren Theologie	175
§ 5	Die Heilige Schrift		179
	5.1	Vorbemerkungen	180
	5.1.1	Zur Entstehung des biblischen Kanons	180
	5.1.2	Die Bibel in altkirchlicher und mittelalterlicher Zeit	181
	5.2	Die normative Bedeutung der Heiligen Schrift	183
	5.2.1	Die reformatorische Lehre von der Heiligen Schrift	183
	5.2.2	Zur römisch-katholischen Lehre von der Schrift	186
	5.2.3	Die Durchsetzung der historisch-kritischen Methode und ihre Bedeutung für die evangelische Theologie	188
	5.3	Die Schriftautorität in der gegenwärtigen Theologie	191
	5.3.1	Die jüdische Bibel im christlichen Kanon	191
	5.3.2	Das reformatorische Schriftprinzip im gegenwärtigen Protestantismus	194
	5.3.3	Die Bibelautorität im gegenwärtigen ökumenischen Dialog	195
III	**Materiale Dogmatik**		200
§ 6	Gotteslehre I: Gottes Sein, Wesen und Eigenschaften		200
	6.1	Philosophische Beweise der Existenz Gottes	200
	6.1.1	Zu Bedeutung und Einteilung der Gottesbeweise	200

	6.1.2	Der ontologische Gottesbeweis nach Anselm von Canterbury und René Descartes	202
	6.1.3	Der kosmologische Gottesbeweis nach Thomas von Aquin	205
	6.2	Neuzeitliche Krise und gegenwärtige Bedeutung der Gottesbeweise	207
	6.2.1	Die Kritik der Gottesbeweise durch Immanuel Kant	207
	6.2.2	Zur Beurteilung der Gottesbeweise in der neueren Theologie und Philosophie	210
	6.3	Gottes Wesen und Eigenschaften	213
	6.3.1	Gottes Unzugänglichkeit als Ausgangspunkt seiner Wesensbestimmung	213
	6.3.2	Gottes Offenbarung als Ausgangspunkt seiner Wesensbestimmung	217
§ 7		Gotteslehre II: Die Trinität Gottes	219
	7.1	Vorbemerkungen	219
	7.2	Zum Inhalt des trinitarischen Dogmas	221
	7.2.1	Positionen im Vorfeld der Dogmenformulierung	221
	7.2.2	Die trinitarischen Distinktionen	223
	7.2.3	Augustins Beitrag zur Trinitätstheologie	228
	7.3	Zu Kritik und gegenwärtiger Gestalt der Trinitätslehre	231
		Exkurs 1: Trinitätsdarstellungen in der christlichen Ikonographie	234
	1.	Drei gleichgebildete Gestalten	235
	2.	Der Gnadenstuhl	237
§ 8		Gottes Schöpfung und Weltregierung	239
	8.1	Vorbemerkungen	239
	8.2	Hauptgedanken der christlichen Schöpfungslehre	240
	8.2.1	Schöpfung als freie Tat des dreieinen Gottes	240
	8.2.2	Die Voraussetzungslosigkeit der Schöpfung	242
	8.3	Schöpfungsglaube und Naturwissenschaft	243
	8.4	Gottes Wirken	248
		Exkurs 2: Das Theodizeeproblem	251
	1.	Problembeschreibung	251
	2.	Leibniz' Lösung des Theodizeeproblems	252
	3.	Zum christlich-theologischen Umgang mit dem Theodizeeproblem	255

§ 9	Der Mensch und die Sünde		257
	9.1	Der Mensch in der Schöpfung	257
	9.1.1	Die unsichtbare Schöpfung (Engelwelt)	258
	9.1.2	Die sichtbare Schöpfung	260
	9.1.3	Der Mensch	262
	9.2	Der Mensch als Gottes Ebenbild und Sünder	264
	9.3	Zum Menschen- und Sündenverständnis in der neueren Theologie	270
	9.3.1	Zur theologischen Anthropologie im 20. Jahrhundert	270
	9.3.2	Zur Sündenlehre in der neueren Theologie	272
§ 10	Jesus Christus (Christologie)		276
	10.1	Vorbemerkungen	277
	10.2	Die ältere dogmatische Lehre von Person und Werk Jesu Christi	278
	10.2.1	Gottheit und Menschheit im fleischgewordenen Logos	278
	10.2.2	Das Heilswerk des fleischgewordenen Logos	282
		Zwischenbemerkung: Das Werk Jesu Christi im Spiegel der mittelalterlichen Kunst	287
	10.3	Akzente reformatorischer Christologie	289
	10.3.1	Die Lehre von der Person Christi	289
	10.3.2	Die Lehre vom zweifachen Stand Christi (Entäußerung, Erhöhung)	292
	10.3.3	Die Lehre vom dreifachen Amt Christi (Prophet, Priester und König)	294
	10.4	Probleme der neueren Christologie	296
	10.4.1	Zur modernen Kritik am christologischen Dogma	296
	10.4.2	Die Frage nach dem historischen Jesus	298
	10.4.3	Die Historizität der Auferstehung	303
	Exkurs 3: Die römisch-katholische Lehre von Maria (Mariologie)		305
	1.	Maria als Gottesgebärerin (*theotokos*)	306
	2.	Marias immerwährende Jungfräulichkeit (*aeiparthenia*)	306
	3.	Marias unbefleckte Empfängnis (*immaculata conceptio*)	307
	4.	Leibliche Aufnahme (*assumptio*) Marias in den Himmel	308
§ 11	Die Heilsaneignung durch den Menschen (Soteriologie)		310
	11.1	Der Heilige Geist (Pneumatologie)	310
	11.2	Die Rechtfertigung des Sünders	314

11.2.1 Von Augustin bis zum späten Mittelalter 314
11.2.2 Die Rechtfertigungslehre Martin Luthers 317
11.2.3 Die Rechtfertigungslehre des Konzils von Trient 324
Zwischenbemerkung: Die Gemeinsame Erklärung
zur Rechtfertigungslehre 325
11.3 Die Lehre von der göttlichen Vorherbestimmung
(Prädestination) 328

§ 12 Die Heilsmittel 334
12.1 Gesetz und Evangelium 334
12.1.1 Vorbemerkungen 334
12.1.2 Gesetz und Evangelium in der reformatorischen Theologie 336
12.1.3 Zur Entwicklung im 20.Jahrhundert 341
12.2 Die Sakramente 343
12.2.1 Allgemeines zum Sakramentsbegriff 343
12.2.2 Die Taufe 346
12.2.3 Das Abendmahl 349
12.3 Überblick zur römisch-katholischen Sakramentenlehre 355

§ 13 Die Lehre von der Kirche (Ekklesiologie) 357
13.1 Kirche im Neuen Testament und in den Glaubensbekenntnissen . 357
13.2 Konfessionelle Differenzen im Kirchenverständnis 360
13.2.1 Das Kirchenverständnis im römischen Katholizismus 360
13.2.2 Zum reformatorischen Kirchenverständnis 365
13.2.3 Christliche Kirche(n) als Lebensraum des Glaubens 371
13.3 Zum Verhältnis von Kirche und Staat
bzw. von Religion und Politik 377
13.3.1 Von der Alten Kirche bis zum Ende
des Politischen Augustinismus 377
13.3.2 Kirche und Staat in der reformatorischen Theologie 381
13.3.3 Protestantische Kirche im Pluralismus 386

§ 14 Die Lehre von den letzten Dingen (Eschatologie) 388
14.1 Vorbemerkungen: Biblischer Hintergrund und Themen
der christlichen Eschatologie 388
14.2 Probleme und Grundentscheidungen der älteren Eschatologie ... 391
14.2.1 Augustins Grundlegung der abendländischen Eschatologie 391
14.2.2 Eschatologische Probleme im Mittelalter 394

Zwischenbemerkung: Mittelalterliche Eschatologie in Dichtung
und darstellender Kunst 396
14.2.3 Die reformatorische Eschatologie 399
14.3 Probleme der neueren Eschatologie 405
14.3.1 Eschatologie und Geschichte 405
14.3.2 Eschatologie und Anthropologie 413

IV Nachbemerkungen zur Ethik 420

§ 15 Das Verhältnis von Dogmatik und Ethik 420
    15.1 Die kritische Rezeption der antiken Tugendethik
         im vorreformatorischen Christentum 420
    15.1.1 Anknüpfung an die vorchristliche Tugendlehre:
         Ambrosius von Mailand 420
    15.1.2 Die Kritik der vorchristlichen Tugendlehre: Augustin 423
    15.1.3 Ethik als Anwendungsdisziplin der Dogmatik 425
    15.2 Theologische und philosophische Ethik im Horizont von
         Reformation und Neuzeit 426
    15.2.1 Die Aufwertung der weltlichen Existenz in
         der reformatorischen Ethik 426
    15.2.2 Die Entkoppelung von Ethik und Religion bei Christian Wolff
         und Immanuel Kant 429
    15.3 Zum Verhältnis von Dogmatik und Ethik
         im modernen und gegenwärtigen Protestantismus 432

Literatur 438

Glossar 457

Register 489

I   **Namen** 489

II   **Bibelstellen** 494

Einleitung

I Zum Aufbau der „Grundinformation Dogmatik"

Das Wort *Dogmatik* löst unterschiedliche Assoziationen aus. Im landläufigen Verständnis wird damit häufig ein starres Denk- oder Lehrgebäude bezeichnet, das auf Grundsätzen beruht, die – unabhängig von ihrer tatsächlichen Plausibilität – aller kritischen Diskussion entzogen bleiben sollen. Als dogmatisch (oder gar dogmatistisch) gilt entsprechend eine Denk- und Lebenshaltung, die sich eben solchen Grundsätzen verpflichtet weiß und trotz aller berechtigten Kritik auf der Richtigkeit dieser Dogmen konsequent beharrt.

Wer sich im Bereich der universitären Wissenschaft mit christlicher Theologie beschäftigt, für den verbindet sich mit dem Wort *Dogmatik* freilich weniger das eben beschriebene Verständnis. Denn im Rahmen der wissenschaftlichen Theologie fungiert *Dogmatik* als allgemein gebräuchliche Bezeichnung für einen Teilbereich der sog. *Systematischen Theologie*, zu der darüber hinaus noch *Religionsphilosophie* und *Ethik* gehören. Als Gegenstand der Systematischen Theologie insgesamt gilt die gedankliche Rechenschaft über die christlichen Glaubensinhalte; das Ziel solcher Rechenschaft ist der Erweis einer Gegenwartsrelevanz des christlichen Glaubens.

Das vorliegende Lehrbuch ist zwar in erster Linie an einer gut verständlichen Darstellung der Inhalte der Dogmatik interessiert; darüber hinaus aber wird durch Vorbemerkungen zur Religionsphilosophie (2. Hauptteil § 1) und durch Nachbemerkungen zur Ethik (2. Hauptteil § 15) der Blick auf das gesamte Spektrum der Systematischen Theologie hin erweitert.

Was die Behandlung der zur Dogmatik gehörenden Themen betrifft, die den Schwerpunkt des Buches bilden, so folgt die Darstellung der dabei üblichen Zweiteilung in eine (1) Rechenschaft über die Grundlagen der christlichen Dogmatik und die (2) Entfaltung der sog. materialen Dogmatik.

1. Die Grundlagen der Dogmatik werden entweder als „Prolegomena" (Vorreden) bezeichnet, oder sie stehen – wie auch hier – unter der Überschrift „Fundamentaltheologie". Eine solche ausführliche (und deshalb aus der materialen Dogmatik auszugliedernde) Rechenschaft über die Grundlagen der christlichen Lehre wurde erst in der neuzeitlichen Theologie als nötig empfunden (2. Hauptteil §§ 2–5). Diese Notwendigkeit ergab sich einerseits aus der *Konfessionalisierung* der abendländischen Christenheit seit dem 16. Jahrhundert infolge der Reformation; hinter den

theologischen Differenzen, die zur Konfessionalisierung des europäischen Christentums führten, stand (und steht z. T. bis heute) ein unterschiedliches *Theologie-*, *Offenbarungs-*, *Glaubens-* und *Bibel*verständnis. Andererseits nimmt die Fundamentaltheologie die seit der *Aufklärung* im Namen der menschlichen Vernunft vorgetragene Kritik an der autoritativen Geltung der Glaubensgrundlagen auf; der Wissenschaftscharakter der *Theologie*, der Geltungsanspruch einer als göttlich behaupteten *Offenbarung* und die Vernünftigkeit des *Glaubens* wurden (und werden z. T. bis heute) ebenso hinterfragt wie die Autorität der *Bibel*.

2. Der Grundbestand der in der materialen Dogmatik behandelten christlichen Glaubensinhalte ist im Apostolischen Glaubensbekenntnis (Apostolicum) enthalten.

[1] Ich glaube an Gott, den Vater, den Allmächtigen, den Schöpfer des Himmels und der Erde.
[2] Und an Jesus Christus, seinen eingeborenen Sohn, unsern Herrn, empfangen durch den Heiligen Geist, geboren von der Jungfrau Maria, gelitten unter Pontius Pilatus, gekreuzigt, gestorben und begraben, hinabgestiegen in das Reich des Todes, am dritten Tage auferstanden von den Toten, aufgefahren in den Himmel; er sitzt zur Rechten Gottes, des allmächtigen Vaters; von dort wird er kommen, zu richten die Lebenden und die Toten.
[3] Ich glaube an den Heiligen Geist, die heilige christliche Kirche, Gemeinschaft der Heiligen, Vergebung der Sünden, Auferstehung der Toten und das ewige Leben. Amen.

Apostolisches Glaubensbekenntnis.

Die in diesem Bekenntnis enthaltenen Aussagen werden in allen Darstellungen der christlichen Dogmatik thematisiert, wie unterschiedlich diese sonst auch beschaffen sein mögen. Dieser Bezug der dogmatischen Darstellung auf die Inhalte des Apostolicums gilt im Grundsatz auch für das vorliegende Lehrbuch.

Den Auftakt der materialen Dogmatik bildet die Lehre von *Gott* (2. Hauptteil §§ 6.7) und der Welt als seiner *Schöpfung* (2. Hauptteil § 8). Dass die Gotteslehre zweigeteilt ist, hat vor allem damit zu tun, dass die christliche Gotteslehre einerseits dem *Monotheismus* verpflichtet ist und andererseits eine Besonderheit aufweist, nämlich die *Lehre von der Dreieinigkeit bzw. Dreifaltigkeit* (Trinität), nach der sich der *eine* Gott *dreifach* manifestiert, als Vater, Sohn und Heiliger Geist – ein Sachverhalt, der sich bereits in der Teilung des Apostolicums in drei Artikel niederschlägt.

Bevor, dem zweiten Teil des Glaubensbekenntnisses folgend, *Person und Werk Jesu Christi* thematisiert werden (2. Hauptteil, § 10), kommt, über das im Apostolicum ausdrücklich Gesagte hinaus, der *Mensch* zur Sprache (2. Hauptteil, § 9). Dessen durch die *Sünde* zerstörtes Gottesverhältnis bildete aus traditionell-christlicher Sicht den ‚Anlass' für die Sendung des Sohnes durch den Vater, und die Wiederherstellung des Gott-Mensch-Verhältnisses gilt als Ziel dieser Sendung.

Der *Heilige Geist*, von dem im Apostolicum zu Beginn des dritten Artikels die Rede ist, bewirkt im Menschen den Glauben, d. h. die Gewissheit der durch die Sendung des Sohnes von Gott her verbürgten Vergebung der Sünden, durch die eben die Wiederherstellung des Gott-Mensch-Verhältnisses erreicht wird (2. Hauptteil, § 11). Als Werk des Heiligen Geistes gilt zugleich die Versammlung der Glaubenden in der *Kirche* als der „Gemeinschaft der Heiligen" (2. Hauptteil, § 13). Darüber hinaus wird ausgeführt, dass sich der Heilige Geist, wenn der die Gewissheit der Sündenvergebung bewirkt, bestimmter ‚Mittel' bedient: Der *Predigt des Evangeliums* (der Botschaft von Gottes Versöhnungsangebot) und der

Sakramente (2. Hauptteil, § 12). Gottes Handeln an der Schöpfung im Allgemeinen und am Menschen im Besonderen wird letztlich an ein Ende kommen. Schon im Zusammenhang mit dem Werk Jesu Christi spricht das Apostolicum von einem Gericht über Lebende und Tote, also von einem göttlichen Urteil über alle Menschen, die jemals gelebt haben. Im dritten Artikel schließlich ist von der Auferstehung der Toten und vom ewigen Leben die Rede. Bereits in der Bibel und ihr folgend in zahlreichen Texten der theologischen Tradition sind solche Vorstellungen mit dem Gedanken einer definitiven Auseinandersetzung zwischen Gut und Böse verbunden, einer Auseinandersetzung, die schließlich mit dem umfassenden Sieg Gottes enden wird. – All dies ist in der Dogmatik Gegenstand der *Lehre von den letzten Dingen*, der *Eschatologie* (2. Hauptteil, § 14).

Oben wurde erwähnt, dass Reformation und Aufklärung für die Herausbildung einer eigenständigen Fundamentaltheologie von Bedeutung waren. Diese Relevanz betrifft in jeweils unterschiedlicher Weise auch alle anderen dogmatischen Themen, die darüber hinaus bereits in der Zeit vor der Reformation vielfältigen Veränderungen ausgesetzt waren. Diese Bedeutung der theologiegeschichtlichen Entwicklung für die lehrmäßige Ausgestaltung der christlichen Glaubensinhalte erstreckt sich ebenfalls auf Religionsphilosophie und Ethik: Die Herausbildung der Religionsphilosophie seit der Frühaufklärung war verbunden mit einer vernunftgestützten Kritik an den widerstreitenden Wahrheitsansprüchen der damaligen christlichen Konfessionen (2. Hauptteil § 1; vgl. bes. 1.1); auch die Verselbständigung der Ethik als theologischer Disziplin wurde durch Reformation und Aufklärung vorangetrieben (2. Hauptteil § 15; vgl. bes. 15.2). – Wegen dieses bedeutenden Einflusses der historischen Entwicklung auf die Themen der Systematischen Theologie insgesamt und auf die Inhalte der Dogmatik im Besonderen wird im vorliegenden Lehrbuch der Systematischen Entfaltung (im 2. Hauptteil) ein 1. Hauptteil vorausgeschickt, der eine grobe Orientierung über die kirchen-, dogmen- und theologiegeschichtliche Entwicklung enthält, die z. T. unter Berücksichtigung allgemeiner geistesgeschichtlicher Prozesse dargestellt wird.

Aus dem bislang Gesagten ergibt sich der Aufbau der „Grundinformation Dogmatik", der in der nachstehenden Übersicht verdeutlicht wird.

Grundinformation Dogmatik				
1. Hauptteil:	2. Hauptteil: Systematische Entfaltung			
Dogmen- und theologiegeschichtliche Orientierung	I Religionsphilosophische Vorbemerkungen	II Fundamentaltheologie	III Materiale Dogmatik	IV Nachbemerkungen zur Ethik
	§ 1	§§ 2–5	§§ 6–14	§ 15
Seiten 20–109	Seiten 110–131	Seiten 132–199	Seiten 200–419	Seiten 420–437

II Hinweise zur Benutzung

Aus Titel und Untertitel der „Grundinformation Dogmatik" ergeben sich unterschiedliche Hinweise zur Benutzung des Buches:

1. Es handelt sich um eine *Grund*information Dogmatik, d. h. es geht um die Vermittlung *elementarer* Kenntnisse zu den *wichtigsten* Themen der christlichen Dogmatik. Ein Anspruch auf Vollständigkeit wird deshalb ausdrücklich nicht erhoben. Es soll allerdings eine solide Basis für die vertiefte Beschäftigung mit der Vielfalt christlich-dogmatischen Nachdenkens in der gegenwärtigen Theologie angeboten werden, wobei in erster Linie an Studierende der Evangelischen Theologie gedacht ist.

2. Es handelt sich um eine Grund*information* Dogmatik, d. h. es sollen jene Fragestellungen und Zusammenhänge benannt und erläutert werden, deren Kenntnis die *unverzichtbare Voraussetzung eigener theologischer Urteilsbildung* darstellt. Es geht also nicht um die Entfaltung einer selbständigen dogmatischen Konzeption. Zwar mag die Auswahl der behandelten Problemaspekte – stärker als in den vorangegangenen Auflagen (vgl. Vorwort) – auch die theologischen Interessen des Verfassers widerspiegeln, aber auf die ausdrückliche Formulierung eigener theologischer Ansichten wird bewusst verzichtet.

3. Es handelt sich um ein *Lehr-* und Arbeitsbuch für das Studium der Theologie. Der Lehrbuchcharakter wird am weitgehend ähnlichen Aufbau der §§ 2–14 deutlich: Am Anfang stehen die Einordnung des Themas in das Gesamtspektrum dogmatischer Problemfelder und ein Überblick zu den Schwerpunkten der einzelnen Unterabschnitte. Es folgen Hinweise zum biblischen Hintergrund, zu maßgeblichen theologiegeschichtlichen Positionen sowie zum aktuellen Diskussionsstand. Die zahlreichen Querverweise, die auf die vielfältige Verzahnung der einzelnen dogmatischen Themen untereinander aufmerksam machen sollen, erleichtern den Leser(in- ne)n die Orientierung. Die in schattierte Kästchen gesetzten Zusammenfassungen, das Glossar sowie das Register ermöglichen eine unkomplizierte Wiederholung des Gelesenen.

4. Es handelt sich um ein Lehr- und *Arbeits*buch für das Studium der Theologie. Es soll also nicht nur ein Einstieg in die Beschäftigung mit der christlichen Dogmatik ermöglicht, sondern auch zu eigenständiger Weiterarbeit angeregt werden. Als Hilfe dazu sind vor allem die Hinweise auf vertiefende oder weiterführende *Literatur*, die *Aufgabenstellungen* und die *Anregungen zur Arbeit mit dem Internet* am Ende der einzelnen Abschnitte gedacht. Die (normalerweise überschaubar gehaltenen) Lektürevorschläge weisen z. T. auf maßgebliche Quellentexte hin. Vor allem aber machen sie die Leserin bzw. den Leser mit der Vielfalt (vorwiegend neuerer) theologisch-wissenschaftlicher Sekundärliteratur bekannt – vom Zeitschriften-

aufsatz über den Lexikonartikel bis zum Bibelkommentar, dem dogmatischen Gesamtentwurf oder der Spezialmonographie.

📖 Hinweise auf *vertiefende* Literatur:
Für alle Leser/innen dringend empfohlen.

📖📖 Hinweise auf *weiterführende* Literatur:
Für fortgeschrittene und/oder besonders interessierte Leser/innen empfohlen.

✎ *Aufgabenstellungen*:
Für eine Horizonterweiterung ist die Bearbeitung dringend empfohlen.

🖥 Anregungen zur *Arbeit mit dem Internet*:
Die Auswahl wurde auf ‚stabile' Adressen beschränkt.

Technische Hinweise:
- Die am Ende der einzelnen Abschnitte mit Kurztitel angeführte Literatur ist im Literaturverzeichnis vollständig mitgeteilt. Der in den Hinweisen genannte Kurztitel ist dort kursiv gedruckt.
- Sämtliche Abkürzungen folgen: Siegfried Schwertner, Internationales Abkürzungsverzeichnis für Theologie und Grenzgebiete, Berlin – New York ²1992.
- Die in Zitaten auftretenden Hervorhebungen folgen grundsätzlich dem Original; eigene Hervorhebungen sind als solche gekennzeichnet.
- Fremdsprachige Texte werden zweisprachig aufgeführt. Eine Ausnahme bilden griechische Texte; hier sind lediglich zentrale Begriffe in Umschrift mitgeteilt.
- Die vom Verfasser selbst angefertigten Übersetzungen fremdsprachiger Zitate und die Übertragungen von Luther frühneuhochdeutschen Texten in heutiges Deutsch sind durch „(Übersetzung/Übertragung RL)" gekennzeichnet; andernfalls folgt die Übersetzung/Übertragung einer im Zitatnachweis mit Kurztitel angeführten und im Literaturverzeichnis vollständig mitgeteilten Edition.
- Die Bibelzitate folgen zumeist der Lutherübersetzung nach der Revision von 1983.
- Die Zitate folgen dem Original bis in die Rechtschreibung hinein. Da alle vom Verfasser stammenden Texte in der neuen deutschen Rechtschreibung abgefasst sind, ergibt sich eine doppelte Orthographie.

1. Hauptteil: Dogmen- und theologiegeschichtliche Orientierung

📖 Hilfreiche Informationen zu christlichen *Autoren* (1) sowie zu bedeutenden theologischen *Werken* (2) bieten:
– Metzler-Lexikon christlicher Denker (1);
– Lexikon der theologischen Werke (2).

1 Die Zeit der Alten Kirche

Mit dem Stichwort *Alte Kirche* ist eine Epoche bezeichnet, die in kirchen- und theologiegeschichtlichen Darstellungen im Allgemeinen am Ende der neutestamentlichen Zeit beginnt und sich bis etwa zum Jahr 500 erstreckt. Sie wird manchmal auch als die *Zeit der Kirchenväter* bezeichnet, weil die so benannten Theologen die Entwicklung der kirchlichen Lehre maßgeblich geprägt haben. Die wissenschaftliche Beschäftigung mit dem Leben und der Theologie der Kirchenväter wird *Patristik* genannt. Aus der Fülle der Entwicklungen, die sich im angegebenen Zeitraum vollzogen haben, sollen hier lediglich drei Prozesse angesprochen werden.

💻 Zahlreiche patristische Werke in deutscher Übersetzung sind enthalten in den erstmals zwischen 1911 und 1938 erschienenen insgesamt 81 Bänden der „Bibliothek der Kirchenväter". Eine vom Departement für Patristik und Kirchengeschichte der Universität Freiburg (Schweiz) verantwortete (noch nicht vollständige) online-Ausgabe der „Bibliothek der Kirchenväter" findet man unter:
– http://www.unifr.ch/bkv/index.php.

1.1 Die Auseinandersetzung mit der hellenistisch-römischen Umwelt

In den ersten drei Jahrhunderten wurde das Christentum vom römischen Staat überwiegend als Störfaktor und als Gefahr für den Bestand der öffentlichen Ordnung wahrgenommen. Dies führte zu jenen Konflikten, die mit dem Stichwort *Christenverfolgungen* bezeichnet werden. Es kam aber auch zu propagandistischen Kampagnen gegen das Christentum sowie zu philosophischer Kritik an seinen Lehren. Angesichts dieser Situation unternahmen die sog. *Apologeten* (Verteidiger) seit dem 2. Jahrhundert den Versuch, den Vorwurf des staatsgefährdenden und intellektuell minderwertigen Charakters der christlichen Religion zurückzuweisen. Sie behaupteten, das Christentum sei die einzig wahre Religion und kritisierten den hellenistisch-römischen Götterkult als vernunftwidrigen Götzendienst. Dafür beriefen sie sich einerseits auf Sokrates(469–399 v. Chr.), dem gleichfalls die Verachtung der staatlich verehrten Götter zur Last gelegt worden war; weiter knüpften sie an verschiedene Elemente der Philosophie des Mittelplatonismus und des Stoizismus an, als deren Vollendung sie die christliche Lehre herausstellten. Namentlich für den Apologeten Justin (hingerichtet um 165) war die aus der Philosophie des Stoizismus (vgl. 2. Hauptteil, § 15.1.1–2) stammende Lehre von Bedeutung, nach der die Welt von einem Vernunftprinzip (gr. *logos*) gelenkt und durchdrungen wird. Aus der Bezeichnung Christi als *logos* im Neuen Testament (Joh 1,1) folgerte Justin, dass den Christen die in der Philosophie stets nur teilweise erkannte Wahrheit in voller Ausprägung offenbart ist.

Ich bekenne, dass ich darum bete und angestrengt kämpfe, als Christ zu gelten, nicht weil die Lehren Platons den Lehren Christi fremd sind, sondern weil sie ihnen nicht ganz gleichen, wie auch die der anderen, d. h. der Stoiker, der Dichter und der Geschichtsschreiber. Jeder hat nämlich aus dem verstreuten Teil des göttlichen Logos (*apo merous tou spermatikou theiou logou*) das richtig ausgesprochen, was ihm zu entsprechen scheint. Die sich aber in wichtigeren Dingen widersprochen haben, scheinen kein sicheres Wissen (*episteme*) und keine unfehlbare Erkenntnis (*gnosis*) gehabt zu haben. Was nun bei allen (anderen) richtig gesagt wird, ist die Auffassung der Christen. Wir verehren und lieben nämlich den Logos des ungezeugten und unnennbaren Gottes gemeinsam mit Gott [selbst], weil er auch unseretwegen Mensch geworden ist, um auch unserer Leiden teilhaftig zu werden und Heilung zu bewirken. Alle Schriftsteller nämlich konnten durch den in ihnen vorhandenen Samen des Logos (*dia tes enouses emphytou tou logou*) die Wahrheit nur dunkel sehen. Das eine nämlich ist der Same und die Nachahmung von etwas gemäß der verliehenen Fähigkeit, etwas anderes dieses [etwas] selbst, dessen Anteilhabe und Nachbildung von jenem durch Gnade verliehen wird. (Übersetzung RL)

Justin der Märtyrer, 2. Apologie (,Appendix') 13, 2–6
(Goodspeed 88 f).

An Justins Text wird bereits ein Charakteristikum deutlich, das die gesamte altkirchliche Apologetik geprägt hat: Es ging um eine offensive Auseinandersetzung mit der zeitgenössischen nichtchristlichen Philosophie, deren partielle Wahrheits*fähigkeit* zwar anerkannt wurde, deren Wahrheits*gehalt* jedoch durch die Christusoffenbarung als überboten galt. In der griechischsprachigen Theologie der Alten Kirche, die wesentlich von Denkern aus der ägyptischen Hafenstadt Alexandria geprägt wurde, führte das intensive Gespräch mit der Philosophie des 3. Jahrhunderts schließlich zu einer Art Synthese zwischen christlichem und philosophischem Denken. Greifbar ist diese Verbindung von Philosophie und Theologie vor allem in den Schriften des Klemens von Alexandrien (ca. 150–215) und des Origenes (185/186–253/254). Origenes' Schrift „Gegen Kelsos" (*Kata Kelsou*), die sich mit der antichristlichen Polemik des Philosophen Kelsos (2. Jahrhundert) auseinander setzte, markiert den Höhepunkt der *griechischen* Apologetik in altkirchlicher Zeit. Origenes' theologiegeschichtliche Bedeutung wird auch daran deutlich, dass sein Werk „Über die Grundlehren" (*Peri archon*) als die ,erste christliche Dogmatik' gilt; der vollständige

Text ist allerdings nur in einer um 400 entstandenen lateinischen Version (De principiis) erhalten, die durch Rufin von Aquileia (gest. 410) angefertigt wurde, jedoch nicht als eine Übersetzung im heutigen Sinne gelten kann. Als Höhepunkt der *lateinischen* Apologetik gilt Augustins Schrift „Vom Gottesstaat" (De civitate Dei, 413–426/427; vgl. 2.1 sowie 2. Hauptteil, § 9.1.1; 9.2; § 13.3.1; § 14.2).

Die Bezeichnung *Apologetik* ist allerdings nicht auf die altkirchliche Theologie beschränkt. Im weiteren Sinne können damit alle Bemühungen charakterisiert werden, die auf eine rationale Rechenschaft über den christlichen Glauben im (gelegentlich kontroversen) Dialog mit anderen Religionen und Weltdeutungen ziel(t)en. Die vor allem in der griechischen Apologetik der Alten Kirche ausgebildete Auffassung einer (stets begrenzten) Fähigkeit der von der Christusoffenbarung (noch) nicht angesprochenen menschlichen Vernunft zu (jedenfalls teilweise) wahrer Gotteserkenntnis bildete die Wurzel sowohl eines inklusiven (außerbiblische Gottesaussagen einschließenden) Verständnisses der Christusoffenbarung (vgl. 2. Hauptteil, § 3.2.1) als auch des Begriffs einer natürlichen (allen Menschen aufgrund ihrer [Vernunft-]Natur) eigenen) Vernunftreligion (vgl. 2. Hauptteil, § 1.1.2).

Einen Überblick zur altkirchlichen Apologetik gibt:
– W.-D. Hauschild, Lehrbuch der Kirchen- und Dogmengeschichte, Band 1, 120–128 (= § 3,6- 7).

Über die Philosophie in der Zeit des Hellenismus und der Römischen Kaiserzeit informieren ausführlich:
– H. Flashar (Hg.), Die Philosophie der Antike, Band 4;
– Chr. Horn u. a. (Hg.), Die Philosophie der Antike, Band 5.

1.2 Die innerchristlichen Auseinandersetzungen über die Rechtgläubigkeit

Zeitlich parallel zu den Auseinandersetzungen der altkirchlichen Apologeten mit der antichristlichen Polemik kam es innerhalb der christlichen Gemeinden im 2. Jahrhundert zu entscheidenden Weichenstellungen bezüglich der Unterscheidung von wahrem christlichen Glauben und falscher Lehre. Diese Weichenstellungen wurden provoziert durch eine Identitätskrise des Christentums, die durch das Auftauchen von drei Positionen ausgelöst wurde: (1) *Gnosis*, (2) *Markionitismus* und (3) *Montanismus*.

1. Unter *Gnosis* wird eine höchst vielschichtige religiöse Bewegung verstanden. Darin spielten jüdische und hellenistische Elemente sowie iranisches, ägyptisches und christliches Gedankengut eine Rolle; sie kann daher als ein *synkretistisches Phänomen* gelten. Typisch war vor allem eine antikosmische Haltung, d.h. eine negative Beurteilung der (irdisch-materiellen) Welt. Damit hing eine dualistische Grundanschauung zusammen, nach der zwischen der Welt der Materie und der des Geistes ein strikter Gegensatz besteht. Dieser allgemeine ontologische Dualismus wurde auf die Gottesvorstellung übertragen und führte zur Unterscheidung zwischen dem (guten) höchsten Gott, der als reines Geistwesen aufgefasst wurde, und einem (bösen) niederen Gott, der diese Welt geschaffen hat. Die Schöpfung selbst wurde mit Hilfe mythologischer Spekulationen als ein kosmisches Verhängnis interpretiert, infolgedessen ein Teil der Geistwelt in die Gefangenschaft der Mate-

rie (gr. *hyle*) geriet. Die als Befreiung des Geistes von der Materie verstandene Erlösung von der Herrschaft des bösen Gottes ist nur für jene Menschen möglich, die einen Funken der Welt des Geistes (gr. *pneuma*) in sich tragen, die sog. *Pneumatiker*, nicht aber für die der Materie verhafteten *Hyliker*. Diese Erlösung erfolgt durch die von einer Erlösergestalt vermittelte Erkenntnis (gr. *gnosis*) der eigenen Zugehörigkeit zur Geistwelt. In solcher *gnosis* fallen Selbsterkenntnis und Gotteserkenntnis zusammen. Trotz der Überwindung der ‚gnostischen Krise' im 2. Jahrhundert durch die christliche Kirche (s.u.) lebte gnostisches Denken in der Religions- und Geistesgeschichte weiter. Zu einer wichtigen Renaissance kam es durch den sog. *Manichäismus*, einer nach ihrem Gründer, dem Perser Mani (ca. 216–ca. 277), benannten einflussreichen Religion gnostischer Prägung, zu der sich auch Augustin eine Zeit lang bekannte.

Die Krise des Christentums im 2. Jahrhundert

– Ausgelöst durch:
  • Gnosis,
  • Markions Reformversuch,
  • Montanismus.
– Bewältigung durch Etablierung von verbindlichen Kriterien für die Unterscheidung von Orthodoxie und Häresie.
– Rechtgläubig ist,
  • wer die *apostolische Lehre* bewahrt,
  • die auf der zweiteiligen *Bibel* beruht,
  • in der *Glaubensregel* zusammengefasst ist
  • und in der Institution *Kirche* stets treu überliefert wurde.

2. In der christlichen Literatur des 2. Jahrhunderts wurde die von dem Schiffskaufmann *Markion* (ca. 85–ca. 160) ausgehende Bewegung stets der Gnosis zugerechnet. Tatsächlich begegnen bei ihm eine Zwei-Götter-Lehre und eine Abwertung der Welt. Allerdings fehlen die für die Gnosis typischen mythologischen Spekulationen; auch galt Markion der Schöpfergott nicht als böse, sondern als ein gerechter Demiurg, der allerdings die Menschen durch sein Gesetz gefangen hält. Weiterhin kannte er nicht die gnostische Trennung der Menschen in Pneumatiker und Hyliker. Vor allem aber war der Markionitismus keine synkretistische Strömung, sondern eine *innerkirchliche Reformbewegung*, die auf eine Wiederherstellung der wahren Kirche zielte und die Realität des Christentums als Verfälschung seines wahren Wesens auffasste. Als konkrete Reformschritte forderte Markion zunächst die konsequente Trennung des Christentums vom jüdischen Erbe in Gestalt des (später sog.) Alten Testaments mit der Begründung, eben darin sei das Gesetz enthalten, von dessen Herrschaft Christus durch sein Evangelium befreit habe. Weiterhin unternahm er die ‚Reinigung' der Schriften des (später sog.) Neuen Testaments von ‚judaisierenden' Elementen. Zu diesem Zweck stellte er einen Bibelkanon her, der aus dem in seinem Sinne revidierten Lukas-Evangelium sowie zehn ebenfalls überarbeiteten Paulusbriefen bestand. Seinem Kanon fügte er die sog. „Antithesen" hinzu; sie enthielten Gegenüberstellungen von sich widersprechenden Schriftzitaten aus der jüdischen und der christlichen Tradition.

3. Der nach dem phrygischen Propheten Montanus (gest. ca. 180) benannte *Montanismus* ging vom sehr bald bevorstehenden Ende dieser Welt aus und forderte als die dieser Erwartung entsprechende Lebensweise einen konsequenten ethischen Rigorismus (Verzicht auf Besitz sowie Sexualität und Ehe; Fasten; Bereitschaft zum Martyrium). Damit verband sich eine Anfrage an die Tendenzen zur Institutionalisierung der Kirche und zur Etablierung des Christentums in der historischen Realität des Römischen Reiches; die Montanisten erblickten darin die Preisgabe urchristlicher Ideale und Werte und betonten die Bedeutung des Heiligen Geistes, durch den der einzelne Christ von Gott zur vollmäch-

tigen Auslegung der heiligen Schrift befähigt werde. Nach dem Tod des Montanus und der beiden neben ihm wirkenden Prophetinnen Priscilla und Maximilla trat gegenüber den enthusiastischen Mutmaßungen über die baldige Herabkunft des himmlischen Jerusalem die ethische Ausrichtung der Bewegung stärker in den Vordergrund. Welche Anziehungskraft der moralische Rigorismus der Montanisten entfalten konnte, belegt der Übertritt des nordafrikanischen Kirchenvaters Tertullian (s. u.).

In Auseinandersetzung mit den skizzierten Tendenzen, die zentrale Fragen des christlichen Glaubens berührten, etablierte sich um 200 schließlich ein recht klar umrissenes Verständnis christlicher Rechtgläubigkeit. Damit wurden zugleich ‚Instrumente' zur Unterscheidung des wahren christlichen Glaubens (Orthodoxie) von falscher Lehre (Häresie bzw. Heterodoxie) ausgebildet. Dabei handelte es sich um die sog. *Glaubensregel* (lat. regula fidei) als Zusammenfassung der apostolischen *Lehre*, die Fixierung der *zweiteiligen christlichen Bibel* sowie um die Stärkung der *Institution Kirche*, die als einzig bevollmächtigte Trägerin der apostolischen Tradition bestimmt wurde.

Die Etablierung von Glaubensregel, Bibelkanon und Kirchenstruktur bedeutete zunächst eine *Abweisung gnostischer Kosmosfeindlichkeit* und aller Spielarten eines ontologischen oder metaphysischen Dualismus, weil an der Identität des Weltschöpfers mit dem Erlösergott festgehalten wurde (vgl. 2. Hauptteil, § 8.2.2); dem entsprach (gegen Markion) das Festhalten am jüdischen Erbe in Gestalt der *Kanonisierung der Schriften des alten Bundes* (vgl. 2. Hauptteil, § 5.1.1; 5.3.1). Im Gegenzug zur prophetischen Institutionenkritik des Montanismus, aber auch angesichts der ‚Bibelfestigkeit' mancher Häretiker wurde die *Heilskompetenz der Institution Kirche* und ihre *Interpretationshoheit über die Bibel* hervorgehoben. Dieser Anspruch wurde mit dem Hinweis begründet, nur die Kirche sei die legitime Verwalterin der in der Schrift verwahrten apostolischen Tradition – ein Argument, das in der neuzeitlichen Theologiegeschichte zum Gegenstand intensiver Auseinandersetzungen geworden ist (vgl. 2. Hauptteil, § 5.2; 5.3.3). Neben Irenäus von Lyon (ca. 135–202) und Hippolyt von Rom (ca. 170–235) ist es vor allem (Quintus Septimus Florens) Tertullian(us) (155/160–ca. 230) gewesen, der in seinen vor dem Übertritt zum Montanismus (207) verfassten Schriften zur Bewältigung der Krise des 2. Jahrhunderts im angedeuteten Sinne beigetragen hat.

Es gibt aber eine Glaubensregel [...], wonach geglaubt wird, es gebe nur einen einzigen Gott und keinen anderen neben dem Weltschöpfer, der alles aus nichts hervorgebracht hat durch sein zuerst vor allem hervorgegangenes Wort. Dieses Wort sei sein Sohn genannt worden, unter dem Namen Gott verschiedentlich von den Patriarchen geschaut, bei den Propheten stets gehört, zuletzt aus dem Geiste und durch die Kraft Gottes des Vaters in die Jungfrau Maria herabgestiegen, in ihrem Schoß Fleisch geworden und als Jesus Christus von ihr geboren.	Regula est autem fidei [...] illa scilicet qua creditur. Vnum omnino Deum esse nec alium praeter mundi conditorem qui uniuersa de nihilo produxerit per uerbum suum primo omnium emissum. Id uerbum Filium eius appellatum in nomine Dei uarie uisum a patriarchis, in prophetis semper auditum, postremo delatum ex spiritu patris Dei et uirtute in uirginem Mariam, carnem factum in utero eius et ex ea natum egisse Iesum

Danach habe er das neue Gesetz und die neue Verheißung des Himmelreiches gepredigt und Wunder getan; ans Kreuz geschlagen, sei er am dritten Tage wieder auferstanden; in den Himmel entrückt, sitze er zur Rechten des Vaters, habe als die seine Stelle vertretende Kraft den Heiligen Geist, welcher die Gläubigen bewegen soll, gesendet und werde wiederkommen mit Herrlichkeit, um die Heiligen in den Genuss des ewigen Lebens und der himmlischen Verheißungen aufzunehmen und die Unheiligen zum ewigen Feuer zu verurteilen, nachdem die mit der Wiederherstellung des Fleisches verbundene Auferweckung beider geschehen ist. [...]

‚Aber sie [die Häretiker] verhandeln doch auch auf Grund der Heiligen Schrift und wollen auf Grund der Schrift überzeugen?' [... In Wahrheit gilt aber:] Sie nehmen die Schrift nur als Vorwand, und durch diese ihre Frechheit beeindrucken sie manche Menschen sofort. [...] Diese sehr starke Position wollen wir erschüttern: Man darf sich mit ihnen auf keine Diskussion über die Schrift einlassen. [...]

Wo nämlich die Wahrheit der Lehre und des christlichen Glaubens sichtbar wird, dort ist die Wahrheit der [biblischen] Schriften, der Erklärungen [der Bibel] und aller christlichen Überlieferungen. [...]

Von daher steht fest, dass jede Lehre, die mit der apostolischen Kirche als dem Mutterschoß und Ursprung des Glaubens übereinstimmt, als Wahrheit gelten muss. Denn sie bewahrt doch ohne Zweifel, was die Kirche von den Aposteln, die Apostel von Christus und Christus von Gott empfangen haben. Alle Lehre aber, die gegen die Wahrheit der Kirche, der Apostel, Christi und Gottes steht, muss als Lüge beurteilt werden. (Übersetzung RL)

Christum. Exinde praedicasse nouam legem et nouam promissionem regni caelorum, uirtutes fecisse, cruci fixum, tertia die resurrexisse, in caelos ereptum sedisse ad dexteram Patris, misisse uicariam uim spiritus sancti qui credentes agat, uenturum cum claritate, ad sumendos sanctos in uitae aeternae et promissorum caelestium fructum et ad profanos iudicandos igni perpetuo, facta utriusque partis resuscitatione cum carnis restitutione. [...]

Sed ipsi de scripturis agunt, et de scripturis suadent? [...] Scripturas obtendunt, et hac sua audacia statim quosdam mouent. [...] Hunc igitur potissimum gradum obstruimus non admittendi eos ad ullam de scripturis disputationem. [...]

Vbi enim apparuerit esse ueritatem disciplinae et fidei christianae, illic erit ueritas scripturarum et expositionum et omnium traditionum christianorum. [...] constat perinde omnem doctrinam, quae cum illis ecclesiis apostolicis matricibus et originalibus fidei conspiret, ueritati deputandam, id sine dubio tenentem, quod ecclesiae ab apostolis, apostoli a Christo, Christus a Deo accepit; omnem uero doctrinam de mendacio praeiudicandam quae sapiat contra ueritatem ecclesiarum et apostolorum Christi et Dei.

Tertullian, De praescriptione haereticorvm 13 [Zeilen 1–16]; 14 [Zeile 35]; 15 [Zeilen 3f.6–8]; 19 [Zeilen 8–11]; 21 [Zeilen 11–17] (CChrSL 1, 197–199. 201–203).

📖 Über die Krise des Christentums im 2. Jahrhundert und ihre Bewältigung informieren:
– K.-W. Tröger, Das Christentum im 2. Jahrhundert, 116–128;
– C. Andresen/A. M. Ritter, Die Anfänge christlicher Lehrentwicklung, 56–91.

📖📖 Die Lehre Markions ist in (nach wie vor) klassischer Weise dargestellt bei:
– A. v. Harnack, Marcion.

1.3 Die Fixierung christlicher Lehrnormen

Jene regula fidei, auf die sich Tertullian am Anfang des in 1.2 abgedruckten Zitats bezieht, ist nicht als ein feststehendes Glaubensbekenntnis zu verstehen, sondern als eine frei formulierte Zusammenfassung der seinem Urteil nach in der Kirche treu bewahrten apostolischen Verkündigung, die letztlich in Gott selbst gründet. Die noch heute verwendeten Glaubensbekenntnisse haben andere Ursprünge. So geht z. B. das Apostolische Glaubensbekenntnis wahrscheinlich auf ein Bekenntnis der römischen Gemeinde zurück, das sog. Romanum, das vermutlich im Zusammenhang des Glaubensunterrichts für Katechumenen (erwachsene Taufbewerber) entstanden ist: Der Inhalt der drei Artikel des Bekenntnisses wurde den Taufbewerbern in Frageform vorgelegt (*Glaubst Du an Gott, den Vater [...]? Glaubst Du an Jesus Christus [...]? Glaubst Du an den heiligen Geist [...]?*), und die Katechumenen antworteten jeweils mit *Ich glaube*. Später wurde das Bekenntnis als zusammenhängender Text vom Täufling gesprochen. Durch mehrere Veränderungen und Einschübe entwickelte sich schließlich aus dem Romanum das bis heute in der westlichen Christenheit weithin anerkannte *Apostolicum*, das freilich erst im Verlauf des Frühmittelalters (5. bis 10. Jahrhundert) seine endgültige Textgestalt erhielt und sich in der gesamten Westkirche durchsetzte. Wie schon sein Name verrät, beansprucht dieses Bekenntnis, die durch die Apostel überlieferte Botschaft sachgemäß wiederzugeben. Rufin von Aquileia (ca. 340–411/412) hat in seinem „Commentarius in Symbolum Apostolorum" (ca. 404) gar behauptet, jeder der zwölf Apostel habe eine Aussage zu diesem Bekenntnis beigesteuert; diese Legende hat in der mittelalterlichen Theologie vielfach zu einer Zwölfteilung des Apostolicums geführt.

Im griechischsprachigen Teil der alten Christenheit stand das Apostolicum nicht im selben Ansehen. Wichtiger war hier das sog. *Konstantinopolitanische Glaubensbekenntnis*. Es steht für die Fixierung des *trinitarischen* Dogmas und stellt damit das erste wichtige Ergebnis der altkirchlichen Auseinandersetzungen über die theologische Bedeutung der Gestalt Jesu dar, nämlich die Klärung des im 2. und 3. Jahrhunderts noch sehr unterschiedlich bestimmten Verhältnisses Jesu (sowie des Heiligen Geistes) zu Gott (vgl. 2. Hauptteil, § 7.2). Dass eine verbindliche Klärung dieses zentralen theologischen Problems nötig wurde, hat u. a. mit der neuen Situation zu tun, in der sich die christliche Kirche seit der gewöhnlich als *Konstantinische Wende* bezeichneten Entwicklung des 4. Jahrhundert befand, infolge derer das Christentum von einer verfolgten Glaubensrichtung zunächst zu einer tolerierten (311/ 313), dann zu einer privilegierten (324) und schließlich zur staatstragenden Religion wurde (380; vgl. 2. Hauptteil, § 13.3.1). Weil durch die Verbindung mit dem römischen Staat die Einheit der kirchlichen Leh-

Die Entstehung der altkirchlichen Dogmen

– Das trinitarische Dogma (325/381) behandelt das Verhältnis Jesu (und des Heiligen Geistes) zu Gott (vgl. 2. Hauptteil, § 7.2).
– Das christologische Dogma (451; 553 und 680 präzisiert) behandelt das Verhältnis von Gottheit und Menschheit im geschichtlichen Jesus (vgl. 2. Hauptteil, § 10.2).

re als ein Garant politischer Stabilität beurteilt wurde, fühlten sich die Kaiser für die Klärung strittiger theologischer Fragen mit zuständig. Als Instrumente zur Schlichtung theologischer Kontroversen dienten vor allem die *Konzile*, d.h. Versammlungen kirchlicher Amtsträger aus möglichst vielen Teilkirchen zur Herstellung allgemein verbindlicher theologischer Beschlüsse (nach dem Vorbild des sog. Apostelkonzils in Act 15).

> Das von Kaiser Konstantin I. (Alleinherrscher: 324–337) einberufene Konzil von Nizäa (325) formulierte zwar eine Lösung des oben angedeuteten trinitarischen Problems, die jedoch im Ostteil des Reiches extrem umstritten war. Dies wird z.B. daran deutlich, dass Athanasius (ca. 298–373), ein entschiedener Verfechter der in Nizäa formulierten Lösung, seine Bischofsstadt Alexandria insgesamt fünfmal ins Exil verlassen musste, weil sein Festhalten am Bekenntnis von 325 politisch nicht durchsetzbar schien und er deshalb als Störer der politischen und kirchlichen Einheit im Reich wahrgenommen wurde. Zu der erwünschten Einheit kam es schließlich aufgrund einer bestimmten theologischen Interpretation des Bekenntnisses von Nizäa, die vor allem auf die drei kappadokischen Bischöfe Basilius von Caesarea (ca. 330–379), Gregor von Nazianz (ca. 329–390) und Gregor von Nyssa (ca. 340–395) zurückgeht.

Der Text des seit dem 17. Jahrhundert auch als *Nicaeno-Constantinopolitanum* bezeichneten Konstantinopolitanischen Glaubensbekenntnisses ist zwar erst im 5. Jahrhundert bezeugt, man hat ihn aber seitdem immer wieder mit dem von Kaiser Theodosius (Regentschaft: 379–394/395) einberufenen Konzil von Konstantinopel (381) in Zusammenhang gebracht (vgl. 2. Hauptteil, § 7.2.2). In jedem Fall wurde dieses maßgeblich von griechischem Denken geprägte Bekenntnis auch in der lateinischen Theologie des Westens breit rezipiert. Allerdings hat das Profil der westlichen Theologie schon früh zu eigenen Akzenten im Bereich der Trinitätslehre geführt (vgl. 2. Hauptteil, § 7.2.3 sowie die Hinweise in Exkurs 1 und die Bemerkungen zur filioque-Differenz in § 11.1).

> Neben dem Apostolicum und dem Nicaeno-Constantinopolitanum gilt im westlichen Christentum das sog. *Athanasianum* als drittes maßgebliches Bekenntnis der altkirchlichen Zeit. Allerdings ist es ausgeschlossen, dass dieses Bekenntnis wirklich auf Athanasius zurückgeht, nicht zuletzt, weil es nur in lateinischer Sprache überliefert ist. I.Ü. hat es eine typisch westkirchliche Prägung (es lehrt das *filioque*), ist ersichtlich von augustinischer Theologie bestimmt und dürfte kaum vor 600 entstanden sein. Seit der Hochscholastik wurde es mit den beiden anderen Bekenntnissen zusammengestellt, und auch die lutherische Bekenntnisbildung im 16. Jahrhundert hat es als eines der ‚drei altkirchlichen Symbola' anerkannt (vgl. 3.4; das Wort *Symbolum* diente im Westen ca. seit dem 3. Jahrhundert zur Bezeichnung des Bekenntnisses).

Als das zweite wichtige Ergebnis der altkirchlichen Auseinandersetzungen über die theologische Bedeutung der Gestalt Jesu kann die (durch das Konzil von Ephesus 431 vorbereitete) Fixierung des *christologischen* Dogmas auf dem Konzil von Chalkedon (451) gelten. Die hier verabschiedete Lehrformel versuchte, das Verhältnis von Gottheit und Menschheit in der geschichtlichen Gestalt Jesu zu klären (vgl. 2. Hauptteil, § 10.2.1). Allerdings gelang es trotz der auf zwei Konzilen in Konstantinopel (553 und 680) beschlossenen Präzisierungen nicht, dem Dogma von Chalkedon innerhalb der

Christologie in Ost und West

– Osten: Abschluss der christologischen Lehrentwicklung um 700 (Johannes Damascenus, „Pege goseos", 3. Teil).
– Westen: Weiterentwicklung der Christologie im Mittelalter (vgl. 2. Hauptteil, § 10.2.2) und in der reformatorischen Theologie (vgl. 2. Hauptteil, § 10.3).

östlichen Kirchen dieselbe Akzeptanz zu sichern wie dem Nicaeno-Constantinopolitanum (vgl. 2.2). Im Westen wurden die Aussagen von Chalkedon zustimmend rezipiert. Im Horizont der für das abendländische Denken charakteristischen Fragestellungen kam es allerdings zunächst im Mittelalter (vgl. 2. Hauptteil, § 10.2.2) und in anderer Weise auch in der reformatorischen Theologie (vgl. 2. Hauptteil, § 10.3) zu wichtigen Weiterentwicklungen der altkirchlichen Christologie.

Ihre klassische Gestalt hat die altkirchliche Christologie griechischer Prägung in den Schriften des Johannes Damascenus (gest. ca. 750) erhalten, namentlich in seinem Hauptwerk „Quelle der Erkenntnis" (*Pege goseos*), dessen dritter Teil eine genaue Auslegung des orthodoxen Glaubens darstellt. Johannes hat darin auf die ausdrückliche Entfaltung einer eigenen Position bewusst verzichtet und sich stattdessen darauf konzentriert, eine Art Gesamtschau des rechtgläubigen kirchlichen Lehrbestandes zu bieten. Dazu hat er die Zitate wichtiger griechischer Kirchenväter zur Erklärung und Kommentierung der Schrift und der kirchlichen Tradition herangezogen und in einen systematischen Gesamtzusammenhang integriert.

Wichtig für die von Johannes Damascenus dargestellte Lehre war u. a. die Aufnahme der sog. *apophatischen* (verneinenden) Theologie. Diese für das ostkirchliche Denken charakteristische Art der Theologie, nach der Gott in seiner Jenseitigkeit vom menschlichen Verstand nicht erfasst werden kann, orientierte sich vor allem an den um 500 entstandenen Schriften eines unbekannten Autors, der unter dem Pseudonym des Athener Paulusschülers Dionysios vom Areopag bekannt war (Dionysios Areopagita; vgl. Act 17,34). Durch die lateinische Übersetzung und teilweise Kommentierung des stark vom Neuplatonismus geprägten Corpus Dionysiacum (der Schriften des Dionysios Areopagita) durch Johannes Scotus Eriugena (ca. 810–ca. 877) fand die Tradition der apophatischen Theologie ihren Weg in das abendländische Denken (vgl. 2. Hauptteil, § 6.3.1); die neuplatonische Hierarchienlehre des wegen seiner Autorität als Paulusschüler im Mittelalter hoch geschätzten Dionysios hat auch auf die Angelologie (vgl. 2. Hauptteil, § 9.1.1) und die Ekklesiologie (vgl. 2. Hauptteil, § 13.2.1) der Westkirche gewirkt.

Der Weg zum trinitarischen und christologischen Dogma ist nachgezeichnet bei:
– A. M. Ritter, Dogma und Lehre in der Alten Kirche;
– vgl. außerdem die Hinweise am Ende von § 7.2 und § 10.2.2 im 2. Hauptteil.

Über den aktuellen Forschungsstand zur Enstehung des Apostolicums bzw. des Nicaeno-Constantinopolitanums informieren:
– Chr. Markschies, Art. Apostolicum (RGG[4] 1);
– W.-D. Hauschild, Art. Nicäno-Konstantinopolitanisches Glaubensbekenntnis (TRE 24).

📖📖 Einen Überblick zur Lehre des Johannes Damascenus bietet:
- K. Wessel, Dogma und Lehre in der Orthodoxen Kirche, 318–325.

✍ Machen Sie sich mit dem Text des Athanasianum vertraut; ziehen Sie dazu heran:
- BSLK 28–30; Unser Glaube, Nr. 3 f.

2 Augustin und das christliche Mittelalter

In Abschnitt 1 wurde mehrfach auf unterschiedliche Entwicklungen und theologische Prägungen in den westlichen und östlichen Kirchen hingewiesen. Bereits in altkirchlicher Zeit machten sich also die sprachlichen Differenzen und die jeweiligen kulturellen Eigentümlichkeiten der beiden Teile des Römischen Reiches auch im Bereich der kirchlichen Lehre geltend. So kam es, analog zu den getrennten politischen Entwicklungen auch zu dem (im Allgemeinen seit 1054 als definitiv geltenden und bis heute andauernden) Bruch der Kirchengemeinschaft zwischen West- und Ostkirche bzw. zwischen Rom und Byzanz (vgl. 2.2). Eine wichtige Rolle spielte in diesem Zusammenhang die Theologie Augustins (354–430), des bedeutendsten lateinischen Kirchenvaters an der Schwelle zwischen Antike und Mittelalter.

2.1 Zur Theologie Augustins

Schon seit dem 3. Jahrhundert lassen sich charakteristische Unterschiede zwischen griechischer und lateinischer Theologie erkennen. Für die Profilierung des lateinischen Denkens spielte die nordafrikanische Kirche eine wichtige Rolle. Schon bei Tertullian, aber auch bei Cyprian von Karthago (hingerichtet 258), wurde deutlich, dass sich die westliche Theologie vor allem für *Fragen der christlichen Existenz und der kirchlichen Praxis* interessierte (vgl. 1.2). Die philosophischen Reflexionen dagegen, die im Hintergrund der altkirchlichen Dogmenbildung gestanden hatten (vgl. 1.3), spielten eine weniger wichtige Rolle.

Das spezifische Profil der westlichen Theologie artikulierte sich bei Aurelius Augustinus (354–430) erstmals in voll ausgebildeter Form in seiner Eigenständigkeit gegenüber dem östlichen Denken. Dieser Feststellung entspricht der biographische Befund, dass Augustin (wahrscheinlich) die griechische Sprache nur wenig oder gar nicht beherrschte. Auch hat sein Denken in der orthodoxen Theologie und Kirche nie eine wichtige Rolle gespielt.

Das genannte Interesse der westkirchlichen Theologie an christlicher Existenz und der kirchlicher Praxis lässt schon auf die wichtigsten dogmatischen Themen schließen, zu denen Augustin einen maßgeblichen Beitrag geleistet und damit die abendländische Theologie weit über das Mittelalter hinaus geprägt hat:

- Er hat das Verhältnis von *Glaubensakt und Glaubensinhalt* in epochaler Weise bestimmt und damit die wichtige Unterscheidung zwischen der Kenntnis der Glau-

Augustins Theologie

– Erstes Beispiel für die Artikulation des eigenständig-spezifischen Profils der westlichen Theologie in voll ausgebildeter Form.
– Theologiegeschichtlich einflussreiche Innovationen in vielen Bereichen der christlichen Lehre (Glaube, Trinität, Sünde, Gnade, Prädestination, Kirche und politische Ethik, Sakramente, Eschatologie).

bensinhalte und dem Vertrauen in ihre Heilsbedeutung programmatisch vollzogen (vgl. 2. Hauptteil, § 4.2.1).

– Er hat die tradierten Formeln der *Trinitätslehre* auf die menschliche Erfahrungswirklichkeit bezogen (vgl. 2. Hauptteil, § 7.2.3); zu den Folgeproblemen seiner trinitätstheologischen Überlegungen gehörte die filioque-Differenz (vgl. 2. Hauptteil, § 11.1).
– Er hat in seiner *(Erb-) Sündenlehre* die Verlorenheit des auf sich selbst gestellten Menschen gegenüber Gott herausgearbeitet (vgl. 2. Hauptteil, § 9.2).
– Er hat in seiner *Gnaden- und Prädestinationslehre* die Unverfügbarkeit der göttlichen Zuwendung zum Menschen sowie die Unzugänglichkeit des göttlichen Heilsratschlusses eingeschärft (vgl. 2. Hauptteil, § 11.2.1; 11.3). Mit der Dogmatisierung der augustinischen Sünden- und Gnadenlehre im Anschluss an den sog. Pelagianischen Streit (411–418) erlangte ein aus spezifisch westkirchlichen Fragestellungen erwachsener theologischer Lehrkomplex allgemeine Verbindlichkeit, allerdings nur im Abendland; als wichtiger Vermittler der augustinischen Gnadenlehre an die mittelalterliche und neuzeitliche Theologie gilt der nordafrikanische Bischof Fulgentius von Ruspe (um 467–533).
– Augustin hat in seiner *Kirchen- und Sakramentenlehre* betont, dass die institutionell vermittelte Heilszuteilung den Empfänger in gewisser Weise tatsächlich ‚objektiv' erreicht (vgl. 2. Hauptteil, § 12.2.1), dass aber die wirklich von Gott Erwählten nicht konkret identifizierbar sind. Die damit ausgesprochene Unterscheidung zwischen der Kirche als theologischer und als soziologischer Größe wurde in der reformatorischen *Ekklesiologie* wieder aufgenommen (vgl. 2. Hauptteil, § 13.2.2).
– Augustin hat in seiner *politischen Ethik* die unhintergehbare Distanz zwischen der Jenseitsorientierung christlicher Existenz und der Diesseitsorientierung irdischer Staatlichkeit eingeschärft und damit die politischen Theorien des westlichen Christentums bis weit in die Neuzeit hinein maßgeblich beeinflusst (vgl. 2. Hauptteil, § 13.3).
– Augustin hat die *eschatologische Lehrbildung* der abendländischen Theologie bis zur altprotestantischen Orthodoxie wesentlich geprägt (vgl. 2. Hauptteil, § 14.2.1).
– Schließlich hat Augustin durch seine theologische Kritik der antiken Tugendlehre einen entscheidenden Beitrag zur *Ausformung der Ethik des westlichen Christentums* geleistet (vgl. 2. Hauptteil, § 15.1.2).

Worin genau Augustins Beitrag zu den genannten Themenfeldern bestand, ist an den Verweisstellen im 2. Hauptteil nachzulesen. Ein über die dort gegebenen Hinweise hinausgehendes Gesamtbild des augustinischen Denkens ist einschlägigen dogmen- und theologiegeschichtlichen Darstellungen zu entnehmen.

📖 Überblicksdarstellungen zu Augustin bieten:
- W.-D. Hauschild, Lehrbuch der Kirchen- und Dogmengeschichte, Band 1, 209–260 (= § 5), bes. 219–243;
- E. Mühlenberg, Von Augustin bis Anselm von Canterbury, 406–463.

📖📖 Eine (theologiekritisch motivierte) Gesamtdarstellung des augustinischen Denkens aus philosophischer Perspektive stammt von:
- K. Flasch, Augustin.

💻 Zahlreiche Informationen zu Augustin und zur Augustin-Forschung findet man unter:
- *http://www.augustinus.de/*.

2.2 Die Trennung von Rom und Byzanz

Bereits seit dem 4. Jahrhundert bestand ein Konflikt zwischen den Bischöfen von Rom und Konstantinopel um den Vorrang in der Christenheit. Dieser Gegensatz verstärkte sich durch den zunehmenden Einfluss Roms auf die abendländischen Kirchen, die sich nach den Wirren der Völkerwanderung neu konstituiert hatten. Permanenten Konfliktstoff lieferte auch der seit dem 9. Jahrhundert akute Streit um die Christianisierung der Balkanvölker. Weitere Irritationen ergaben sich angesichts des von den römischen Bischöfen (vor allem seit dem Erstarken des Papsttums infolge der sog. gregorianischen Reform) immer massiver artikulierten Anspruchs, das eine und einzige ‚irdische Haupt' der Kirche zu sein, das allein ihre innere Einheit stiften und garantieren kann (vgl. 2. Hauptteil, § 13.2.1). Dieser Anspruch schlug sich nicht zuletzt in der Tendenz der römischen Kirche zu einer Expansion nach Mittel- und Süditalien nieder. Diese richtete sich zwar zunächst gegen die Normannen, erstreckte sich aber auch auf Gebiete, die teilweise dem Patriarchen von Konstantinopel unterstanden.

Bereits im Verlauf der Konflikte um die Durchsetzung der Beschlüsse des Konzils von Chalkedon und noch einmal im 9. Jahrhundert war es zu Aufkündigungen der Kirchengemeinschaft zwischen Rom und Byzanz gekommen, die jedoch nicht von Dauer waren. Angesichts der gewachsenen kirchen- und machtpolitischen Differenzen entstand im 11. Jahrhundert eine Konstellation, die schließlich zu einer anhaltenden Trennung führte, als deren Beginn das Jahr 1054 gilt.

Den Anlass für die Trennung bildeten verschiedene *theologische und rituelle Gegensätze*, auf die in einer antirömischen Polemik des bulgarischen Erzbischofs Leon von Achrida (ca. 1037–ca. 1056) vom Jahr 1053 und in einer von dem päpstlichen Legaten Humbert von Silva Candida (ca. 1010–1061) verfassten Bannbulle vom 16. Juli 1054 Bezug genommen wurde. Konkret ging es um den als häretisch bezeichneten in der römischen Kirche üblichen Gebrauch von ungesäuertem Brot bei der Eucharistie sowie um die Praxis des Fastens an den Samstagen und die Weglassung des *Halleluja* in den Gottesdiensten der Fastenzeit. Humbert seinerseits be-

Das Ost-West-Schisma

- Anlass: Gegenseitige Verurteilungen des Konstantinopolitanischen Patriarchen und römischer Legaten im Jahr 1054.
- Gründe: Entfremdung zwischen Ost- und Westreich, wachsende kirchen- und machtpolitische Differenzen.
- Wichtigster theologischer Streitpunkt: filioque-Kontroverse (vgl. 2. Hauptteil, § 11.1).

schuldigte die Ostkirche, das *filioque* im (Konstantinopolitanischen) Glaubensbekenntnis wegzulassen und damit dem Glauben des römischen und apostolischen Stuhles zu widersprechen (vgl. 2. Hauptteil, § 7.2.2–3; § 11.1). Allerdings richtete sich Humberts Bannbulle gar nicht ausdrücklich gegen die Ostkirche insgesamt, sondern zunächst gegen den damit exkommunizierten Konstantinopolitanischen Patriarchen Michael Kerullarius (gest. 1059). Aber die von Michael einberufene Synode vom 24. Juli 1054 verstand die Bannbulle als gegen die ganze Ostkirche gerichtet. Weil aber Humbert und die übrigen römischen Legaten nicht als Abgesandte des Papstes betrachtet wurden, kam es auch bei der Patriarchensynode nicht zu einer offiziellen Verurteilung der römischen Kirche insgesamt. Verdammt wurden lediglich die römischen Legaten. Mit den geschilderten Ereignissen wurde rückblickend allerdings das definitive Ende der Kirchengemeinschaft verbunden. Trotz verschiedener Unionsversuche zwischen dem 13. und dem 15. Jahrhundert und auch angesichts der Aufhebung der Bannflüche von 1054 durch Papst Paul VI. (Pontifikat: 1963–1978) und den konstantinopolitanischen Patriarchen Athenagoras I. (Patriarchat: 1948–1972) am 7. Dezember 1965 ist diese Kirchengemeinschaft bis heute nicht wiederhergestellt worden.

> Es ist allerdings darauf zu verweisen, dass die Ostkirchen bereits seit dem 5. Jahrhundert nicht (mehr) als einheitliche Größe betrachtet werden können. Wenn von Ostkirchen gesprochen wird, ist damit (1) im *engeren* Sinn die Gemeinschaft der Kirchen gemeint, in denen über das trinitarische Dogma von 325/381 hinaus auch die Beschlüsse der Konzile von 431 (Ephesus), 451 (Chalkedon), 553 (Konstantinopel) und 680 (Konstantinopel) sowie die Ergebnisse des Konzils von 787 (Nizäa) über die Erlaubnis der Bild*verehrung* (nicht: ihrer *Anbetung*) anerkannt werden. Sie werden in der Konfessionskunde oft auch als *die* Orthodoxe Kirche (im Singular) bezeichnet. Zu den Ostkirchen (2) im *weiteren* Sinne gehören aber auch diejenigen Gemeinschaften, in denen die dogmatischen Entwicklungen nach 381 nicht mitvollzogen worden sind. So hat sich etwa die ostsyrisch-persische Kirche gegen die Verurteilung des Konstantinopolitanischen Patriarchen Nestorius (gest. ca. 450) auf dem Konzil von Ephesus (431) ausgesprochen (vgl. 2. Hauptteil, § 10.2.1). Dagegen haben z. B. die armenische, die westsyrische (jakobitische) und die koptische (ägyptische) sowie die äthiopische Kirche das Konzil von Ephesus, nicht aber die Lehre von Chalkedon akzeptiert. Weil sich aber diese Kirchen z. T. selbst *orthodox* nennen, hat man sie, um sie von *der* Orthodoxen Kirche terminologisch abgrenzen zu können, als *vor-* oder *nichtchalkedonensisch* bezeichnet; gelegentlich wird auch einfach von *orientalischen Nationalkirchen* gesprochen.

> 📖 Über die Kirchentrennung von 1054 und ihre Hintergründe informieren:
> – H.-D. Döpmann, Die Ostkirchen, 130–134;
> – K. Wessel, Dogma und Lehre in der Orthodoxen Kirche, 348–369.

📖📖 Einen Überblick zu Geschichte und gegenwärtiger Situation der Ostkirchen im weiteren Sinne geben:
- F. v. Lilienfeld, Art. Orthodoxe Kirchen (TRE 25);
- E. Bryner, Die Ostkirchen vom 18. bis zum 20. Jahrhundert.

2.3 Die scholastische Theologie des Mittelalters

Das Wort *Scholastik* (von lat. scholasticus: Gelehrter an einer [höheren] Schule) wird vielfach ganz allgemein als Sammelbezeichnung für die abendländische Philosophie und Theologie des Mittelalters verwendet, die sich zunächst an Kloster-, später an (städtischen) Kathedralschulen und schließlich an Universitäten ausprägte (vgl. aber auch 4.2). In einem etwas spezifischeren Sinne steht der Begriff der Scholastik für den Versuch, mit Hilfe reflektierter philosophischer Methodik die überlieferten Inhalte des christlichen Glaubens auf ihre rationale Plausibilität hin durchsichtig werden zu lassen. Diese Aufgabe wurde allerdings erst seit dem 11. Jahrhundert umfassend in Angriff genommen. Die Zeit zwischen dem 5. und der Mitte des 11. Jahrhunderts wird deshalb vielfach als eine Epoche der Vorbereitung und Grundlegung der Scholastik beschrieben. Als deren früheste Vertreter gelten Anselm von Canterbury (ca. 1033–1109) und Petrus Abaelard (1079–1142).

> In der Phase der Vorbereitung und Grundlegung der Scholastik ging es zunächst um die Sichtung, Bewahrung und Vermittlung des antiken Bildungsgutes sowie um die Pflege und Verarbeitung des altkirchlichen Erbes in den Wirren der Völkerwanderungszeit. Vor allem Boethius (480–524), Cassiodor (ca. 485–ca. 580), Isidor von Sevilla (ca. 560–636) und Papst Gregor I. (der Große; Pontifikat: 590–604) haben dabei eine wichtige Rolle gespielt. Von Bedeutung waren ferner iroschottische und angelsächsische Klöster, die von den durch die Völkerwanderung ausgelösten politischen Wirren weniger stark betroffen waren als das europäische Festland. Seit dem Ende des 7. Jahrhunderts wurden die Kathedralschulen von Canterbury und York zu Zentren wissenschaftlicher Theologie. Über Beda Venerabilis (673–735) u. a. wirkte die Blüte der angelsächsischen Wissenschaft im Frühmittelalter auf das Frankenreich, wo es im Rahmen der sog. Karolingischen Renaissance um 800 zum ersten kulturellen Aufschwung in Kontinentaleuropa seit der Völkerwanderung kam. Nicht zufällig war der angelsächsische Gelehrte Alkuin (ca. 730–804) die wichtigste und einflussreichste Gestalt an der Aachener Hofschule Karls des Großen, an der auch Paulus Diaconus (ca. 720–ca. 799) und Theodulf von Orleans (750/760–821) wirkten. Bereits unter Karl (II.) dem Kahlen (Regentschaft: 843–877) kam es auch zu einer Blüte der Theologie in Gestalt der kritischen Auseinandersetzung mit dem ostkirchlichen Denken sowie in Form dogmatischer Kontroversen um die Interpretation des augustinischen Erbes oder die Gegenwart Christi im Abendmahl. Zu nennen sind dabei vor allem Hrabanus Maurus (ca. 780–856), Johannes Scotus Eriugena (vgl. 1.3), Paschasius Radbertus (ca. 790–ca. 859), Ratramnus von Corbie (ca. 800–ca. 868) und schließlich der sächsische Grafensohn und Mönch Gottschalk (ca. 806–866). Der Niedergang des Karolingerreiches und neue politische Wirren (Normannen- und Ungarneinfälle) führten seit dem Ende des 9. Jahrhunderts zu einem Verfall des geistig-kulturellen Lebens, der erst durch die Blüte des Ottonischen Reiches überwunden wurde. Dieser neue Aufschwung artikulierte sich u. a. in der theologischen Debattenkultur: Berengar von Tours (ca. 1005–1088) und

Lanfranc von Bec (ca. 1010–1089) haben unter veränderten Vorzeichen den sog. 1. Abendmahlsstreit des 9. Jahrhunderts wieder aufgenommen. Der Schüler Lanfrancs und seit 1063 dessen Nachfolger als Prior des Klosters Bec war Anselm, der spätere Erzbischof von Canterbury, auf den oft die Bezeichnung *Vater der Scholastik* angewandt worden ist. Diese Bezeichnung ist ebenso umstritten wie die nachfolgende und hier nur aus Gründen der Konvention beibehaltene Einteilung in Früh-, Hoch- und Spätscholastik.

2.3.1 Die Frühscholastik

Die Tendenz des scholastischen Denkens, die Inhalte des christlichen Glaubens rational zu bewähren, wurde durch Anselm von Canterbury (um 1033–1109) mit äußerster Konsequenz umgesetzt. Er unternahm den im späteren mittelalterlichen Denken so nicht wiederholten Versuch, die christlichen Glaubensaussagen rein rational, also unter methodischer Ausklammerung der biblischen Offenbarung zu begründen. Sowohl die *Existenz Gottes* (vgl. 2. Hauptteil, § 6.1.2) als auch die *Menschwerdung Gottes in Christus* (vgl. 2. Hauptteil, § 10.2.2) wollte er als *denknotwendig* erweisen. Zwar ist es für Anselm der nach Erkenntnis strebende *Glaube* (lat. *fides* quaerens intellectum), der auf rationale Vergewisserung der zentralen Lehren des Christentums aus ist. Aber seinem Anspruch nach stellen die dann ermittelten Vernunftargumente doch *zwingende* Gründe (lat. rationes *necessariae*) für die Plausibilität der christlichen Lehren dar.

Die für die Scholastik typische Methode, die unterschiedlichen und z. T. auf den ersten Blick widersprüchlichen Aussagen der biblischen und theologischen Tradition miteinander zu konfrontieren, hat ihre erste signifikante Ausprägung in der Schrift „Sic et non" (Ja und Nein) des Petrus Abaelard (1079–1142) erhalten. Darin sind insgesamt 156 Beispiele für widersprüchliche Aussagen wichtiger Autoritäten zusammengestellt. Es ist das Ziel Abaelards, deutlich zu machen, dass für die Begründung theologischer Aussagen eine schlichte Berufung auf Autoritäten nicht ausreicht, sondern dass eine kritische Rechenschaft über den Umgang mit dem überlieferten Lehrbestand hinzukommen muss.

Die kritische Sichtung und Zusammenstellung des maßgeblichen Lehrbestandes hat Petrus Lombardus (1095/1100–1160) in seinen „Sententiarum Libri Quatuor" (Vier Bücher der Sentenzen, um 1150) weitergeführt. Dabei handelt es sich um eine geschickt kombinierte Zusammenstellung wichtiger Aussagen (Sentenzen) aus der Bibel und den Schriften der Kirchenväter. Dieses Werk, dessen theologische Originalität umstritten ist und wohl nicht zu hoch eingeschätzt werden darf, wurde im Mittelalter zu einem Standardlehrbuch; jeder angehende Professor der Theologie hatte das Werk des ‚Meisters der Sentenzen' (lat. Magister sententiarum) zu kommentieren.

Wichtige Vertreter der Scholastik

- Frühscholastik (11./12. Jh.):
  - Anselm von Canterbury,
  - Petrus Abaelard,
  - Petrus Lombardus.
- Hochscholastik (13. Jh.):
  - Albertus Magnus;
  - Thomas von Aquin;
  - Bonaventura.
- Spätscholastik (14./15. Jh.):
  - Duns Scotus,
  - Wilhelm von Ockham,
  - Gabriel Biel.

In den so entstandenen *Sentenzenkommentaren* hat sich ein wichtiger Teil der theologischen Arbeit des Mittelalters niedergeschlagen. Die Kommentare beschränkten sich allerdings oft nicht auf die Erläuterung der Vorlage, sondern strebten eine vertiefende Behandlung der sich aus dem Text ergebenden Fragen an. So konnten auch Themen erörtert werden, die bei Petrus Lombardus selbst gar nicht begegneten. Die Kommentierung der Sentenzen wurde damit zum Anlass für die Formulierung eigener theologischer Positionen.

2.3.2 Die Hochscholastik

In das 12. Jahrhundert fiel eine für das mittelalterliche Denken ungemein folgenreiche Entwicklung: Die Bekanntschaft des lateinischen Westens mit dem gesamten Schrifttum des vorchristlichen Philosophen Aristoteles (384-322 v. Chr.) und die Integration der aristotelischen Philosophie in den universitären Wissenschaftsbetrieb. Einerseits avancierte Aristoteles binnen kurzem zu *dem* Philosophen, an dessen Autorität kein theologischer Denker vorbeigehen konnte. Andererseits war die christliche Theologie mit einem in sich geschlossenen und intellektuell höchst anspruchsvollen Denkgebäude konfrontiert, das freilich Annahmen enthielt, die mit der christlichen Theologie nicht ohne weiteres vereinbar waren. Insofern konnte Aristoteles auch als ein Alternativentwurf zur christlichen Perspektive auf Gott, Welt und Mensch gelesen werden. Im 13. Jahrhundert wurde daher über die Legitimität einer christlichen Aristoteles-Rezeption intensiv gestritten. Während die Theologen aus dem Franziskanerorden, wie etwa Bonaventura (1221–1274), gegenüber den Lehren des heidnischen Philosophen eher zurückhaltend waren, unternahmen die dominikanischen Theologen den anspruchsvollen Versuch einer wirklichen Synthese aus christlicher Theologie und aristotelischer Philosophie. Am eindrucksvollsten hat sich dieser Versuch in der zwischen 1267 und 1273 entstandenen „Summa Theologiae" des Thomas von Aquin (ca. 1224–1274) niedergeschlagen (vgl. 2. Hauptteil, § 2.2; 2.3.2; § 4.2.1; § 6.1.3). In formaler Hinsicht markiert dieses Werk den Höhepunkt der Summa als literarischer Gattung. Schon in der gelegentlich als erste Summa des Mittelalters bezeichneten Schrift „De sacramentis christianae fidei" (Über die Geheimnisse des christlichen Glaubens, ca. 1130–1137; vgl. 2. Hauptteil, § 9.2) des Hugo von St. Victor (1097–1141) wurde die Absicht deutlich, an die Stelle einer Kommentierung von Bibel- und Väterzitaten einen eigenständigen systematischen Entwurf zu setzen. Thomas von Aquin hat diese Tendenz in seinem Hauptwerk, dessen einzelne Artikel am Modell der mittelalterlichen Disputation orientiert sind, umfas-

Die „Summa Theologiae"

- Unvollendetes Hauptwerk des Thomas von Aquin; es besteht aus drei Teilen:
  1. Gott und seine Schöpfung;
  2. Die Rückkehr des Menschen zu Gott als Verwirklichung seiner Bestimmung als Geschöpf;
  3. Christus als der dem Menschen gewiesene Weg zu Gott.
- Vorangestellt: Einleitung u. a. über Gegenstand und Wissenschaftscharakter der ‚Heiligen Lehre' (sacra doctrina) (vgl. 2. Hauptteil, § 2.2; 2.3.2).

send realisiert und zu ihrem Höhepunkt geführt. In *inhaltlicher* Hinsicht kann Thomas' Werk als Höhepunkt des christlichen Aristotelismus gelten. Bereits sein Lehrer Albertus Magnus (um 1200–1280) hatte zahlreiche Schriften des Aristoteles kommentiert. Thomas von Aqiun hat es darüber hinaus unternommen, den Ansatz des vorchristlichen Philosophen unverkürzt in die christliche Lehre einzuzeichnen, wobei auch das – über Dionysios Areopagita vermittelte – neuplatonische Denken eine wichtige Rolle spielte. Noch im 14. Jahrhundert war das Werk des Thomas allerdings durchaus umstritten; seine bis heute bemerkenswerte Bedeutung für den römischen Katholizismus in der Neuzeit erhielt er vor allem durch seine Erhebung zum offiziellen Kirchenlehrer (lat. doctor ecclesiae) durch Papst Pius V. (Pontifikat: 1565–1572) im Jahre 1567.

2.3.3 *Die Spätscholastik*

Die bei Thomas versuchte Synthese von Aristotelismus und Christentum, von Philosophie und Theologie, ließ sich jedoch nicht realisieren. Bereits drei Jahre nach seinem Tod (1277) kam es in Paris zu einer Verurteilung des *radikalen* Aristotelismus, einer philosophischen Richtung, die den Versuch einer Verbindung von christlichem und philosophischem Denken als theologische ‚Vereinnahmung' der aristotelischen Philosophie kritisiert hat. Durch die Verurteilung wurde aber faktisch *jede* Gestalt einer positiven Auseinandersetzung mit Aristoteles verdächtig gemacht, und man hat manche der Verwerfungssätze von 1277 auch als gegen Thomas gerichtet verstanden. Aufgrund dessen kam es seit dem 14. Jahrhundert zu einer Abkehr vom hochscholastischen Ideal der philosophisch-theologischen Synthese. Getragen wurde diese Abkehr maßgeblich von franziskanischen Theologen, die sich dafür vor allem auf Augustin beriefen. Um die Unverfügbarkeit Gottes für den Menschen herauszustellen, betonten etwa Duns Scotus (ca. 1265–1308) und Wilhelm von Ockham (ca. 1288–1348/1349) die unbeschränkte Macht Gottes (lat. potentia Dei absoluta). Danach hat sich Gott zwar in seinem Wirken in Welt und Geschichte in bestimmter Weise festgelegt (hier wird von der potentia Dei ordinata gesprochen). Aber die Weise, in der Gott wirkt, ist stets kontingent, d. h. sie geht auf eine von seinem Willen vollzogene Setzung zurück, die auch anders hätte ausfallen können. Wegen der damit ausgedrückten Abhängigkeit aller Weltwirklichkeit von einer kontingenten Setzung des göttlichen Willens (lat. voluntas) wird im Hinblick auf die spätscholastische Philosophie und Theologie oft von *Voluntarismus* gesprochen.

Dieser Voluntarismus hat in der Gnadenlehre zu Konsequenzen geführt, die Luther, der die ockhamistische Theologie durch den Sentenzenkommentar des Gabriel Biel (ca. 1413–1495) kennen lernte, zu engagiertem Widerspruch gegen die Theologie seiner Zeit provozierten: Für Gott ist es (aufgrund seiner unbegrenzten Macht) möglich, einen Menschen allein wegen eines einzigen Aktes wahrer Gottesliebe zu retten, ohne ihm die Gnade des Heiligen Geistes zu verleihen. Die kirchliche Seelsorge zog aus dieser Feststellung teilweise die Konsequenz, zu Akten der Gottesliebe aufzurufen und zu ermuntern; wo ein solcher Akt vorliege, werde Gott die Gnade nicht versagen (vgl. 2. Hauptteil, § 11.2.1).

📖 Informieren Sie sich über die Struktur eines Artikels der „Summa Theologiae" des Thomas von Aquin. Hinweise zu Ausgaben der „Summa Theologiae" in lateinischer Sprache und in deutscher Übersetzung gibt:
– O. H. Pesch, Thomas von Aquin, 404–407.

💻 Die Werke des Thomas von Aquin sind in lateinischer Sprache zugänglich über:
– http://www.unav.es/filosofia/alarcon/amicis/ctopera.html.

📖📖 Gesamtdarstellungen des scholastischen Denkens bieten:
– M. A. Schmidt, Die Zeit der Scholastik;
– K. Flasch, Das philosophische Denken im Mittelalter.

📖📖 Zahlreiche Hinweise zu weiterführender Literatur geben:
– P. Schulthess/R. Imbach, Die Philosophie im lateinischen Mittelalter.

📖📖 Einzelaspekte der mittelalterlichen Theologie und Philosophie behandeln:
– M. Banniard, Europa. Von der Spätantike bis zum frühen Mittelalter, 132–177 (von Augustin bis Alkuin);
– J. L. Scherb, Anselms philosophische Theologie (zum Programm Anselms);
– R. Leonhardt, Glück als Vollendung des Menschseins, 66–96 (zur Aristoteles-Rezeption);
– J. P. Torrell, Magister Thomas (zu Thomas von Aquin).

3 Die Reformation und ihre Folgen

3.1 Die Konfessionalisierung des europäischen Christentums

In diesem Abschnitt soll es nicht darum gehen, die kirchenhistorischen Vorgänge des Reformationszeitalters nachzuzeichnen. Vielmehr soll die besondere *Bedeutung der Reformation* für das europäische Christentum deutlich gemacht werden: Infolge der dadurch ausgelösten Konfessionalisierung etablierte sich in ein- und demselben geographischen und kulturellen Raum eine *Vielfalt miteinander konkurrierender Typen europäischen Christentums*. Gegenüber der Trennung von Ost- und Westkirche (vgl. 2.2) führte die Reformation also zu einer Differenzierung von neuer Qualität. Sie regte damit die christliche Dogmatik zu neuem Nachdenken über Wesen und Auftrag sowie Gestalt und Struktur der Kirche an; erst im Horizont der nachreformatorischen Entwicklung entstand daher eine ausdrückliche dogmatische Lehre von der Kirche (Ekklesiologie; vgl. 2. Hauptteil, § 13.2).

Die Herausbildung unterschiedlicher christlicher Konfessionen mit je eigener Prägung hat sich vor allem in bestimmten Bekenntnistexten niedergeschlagen. Auf diese für das Selbstverständnis der jeweiligen Kirchen maßgeblichen Texte wird im ökumenischen Dialog bis heute Bezug genommen. Anknüpfend an die nachstehende Übersicht werden im Folgenden die wichtigsten Bekenntnisgrundlagen der bedeutenden Konfessionen des westlichen Christentums benannt und kurz erläutert.

Der sprachlichen Differenz und der getrennten politischen Entwicklung beider Teile des Römischen Reichs entsprach eine zunehmende theologische Entfremdung zwischen Ost- und Westkirche mit dem Ergebnis einer definitiven Kirchentrennung.

Orthodoxe (Ost-)Kirchen (vgl. 2.2)	Westkirche (große Bedeutung der Theologie Augustins) (vgl. 2.1)		
	Infolge der Reformation kam es im 16. Jahrhundert zur Herausbildung von vier unterschiedlichen kirchlichen Lehrtypen. ↓ ↓ ↓ ↓		
	Römisch-katholische Kirche (vgl. 3.2)	reformatorische Kirchen	
		Anglikanische Kirchen (vgl. 3.3)	Lutherische Kirchen (vgl. 3.4)	Reformierte Kirchen (vgl. 3.5)

📖 Einen Überblick über die wichtigsten Phasen in der Geschichte des Protestantismus sowie seine konfessionellen und regionalen Ausprägungen bietet:
– F. W. Graf, Der Protestantismus, 31–60.

📖 Über die Konfessionalisierung des europäischen Christentums informiert in Kurzform:
– G. Seebaß, Geschichte des Christentums III, 93–276.

📖📖 Über die Zeit von den Anfängen der Reformation bis zum konfessionellen Zeitalter informieren im Einzelnen:
– J. Rogge, Anfänge der Reformation;
– R. Mau, Evangelische Bewegung und frühe Reformation;
– H. Kirchner, Reformationsgeschichte von 1532 bis 1555/1556;
– E. Koch, Das konfessionelle Zeitalter.

3.2 Der römische Katholizismus

Die römisch-katholische Kirche begreift sich bis heute als die eine, allein wahre Kirche, von der die anderen Kirchen im 11. bzw. im 16. Jahrhundert ‚abgefallen' sind (vgl. 2. Hauptteil, § 13.2.1; 13.2.3). Allerdings bestehen gewichtige Unterschiede zwischen der mittelalterlichen Katholizität und dem römischen Katholizismus der Neuzeit: Während die mittelalterliche Kirche eine Vielzahl sehr unterschiedlicher theologischer Auffassungen und kirchlicher Lebensformen integrierte, entstand die Identität des neuzeitlichen Katholizismus zunächst aus einer Abgrenzung gegenüber der Reformation und den aus ihr hervorgegangenen protestantischen Kirchen. Diese Abgrenzung sowie die damit verbundene Entfaltung des eigenen dogmatischen Fundaments hat der römische Katholizismus zuerst im Konzil von Trient (Tridentinum; 1545–1563) vollzogen und im 1. sowie im 2. Vatikanischen Konzil (1869/70; 1962–1965) konkretisiert und vertieft.

Bereits in altkirchlicher Zeit spielten bei der Formulierung kirchlicher Lehrentscheidungen die Konzile eine entscheidende Rolle (vgl. 1.3). Konziliarität bedeutete, dass Beratung und Beschlussfassung als vom Heiligen Geist getragen aufgefasst und die Entscheidungen damit als göttlich autorisiert betrachtet wurden. Nach Auffassung der (chalkedonensischen) Ostkirchen steht diese Autorität nur hinter den Beschlüssen der ersten sieben Konzile, weshalb nur diese *ökumenischen* Charakter haben (d. h. für die gesamte Kirche verbindlich sind). Nach Meinung des römischen Katholizismus gelten göttliche Autorisierung und Ökumenizität darüber hinaus sowohl für elf weitere Konzile, die zwischen dem 9. und dem frühen 16. Jahrhundert stattgefunden haben, als auch für das Tridentinum und die beiden Vatikanischen Konzile; der römische Katholizismus erkennt damit 21 Konzile als ökumenisch an. Die reformatorischen Kirchen lehnen die theologische Überhöhung von Konzilsbeschlüssen ab und betrachten Konzile lediglich als menschliche (und deshalb nie irrtumsfreie) Instrumente zur theologischen Wahrheitsfindung. Eine besondere Autorität wird allerdings den Konzilen des 4. und 5. Jahrhunderts bzw. deren Entscheidungen zu Trinitäts- und Zweinaturenlehre zuerkannt.

Das Profil des neuzeitlichen Katholizismus soll im Folgenden anhand der inhaltlichen Schwerpunkte der drei letzten Konzile skizziert werden.

3.2.1 Das Konzil von Trient (1545–1563)

Mit den tridentinischen Dekreten, die in den größeren Zusammenhang einer umfassenden katholischen Kirchenerneuerung gehören, hat sich die Papstkirche definitiv von der reformatorischen Bewegung distanziert und damit zugleich ihr eigenes konfessionelles Profil definiert. Von Bedeutung war dabei zunächst die Formulierung einer verbindlichen Lehre über das *Verhältnis von Heiliger Schrift, Tradition und kirchlichem Lehramt*, die sich gegen die von Luther eingeklagte Vorordnung der Bibel gegenüber allen übrigen Instanzen der Glaubensvermittlung richtete (vgl. 2. Hauptteil, § 5.2.2). Weiter ist die Stellungnahme des Konzils zur *Rechtfertigungslehre* von Bedeutung, dem zentralen theologischen Differenzpunkt der Reformationszeit: Das Rechtfertigungsdekret des Tridentinums bildet die erste lehramtliche Äußerung der katholischen Kirche zu diesem Thema, und noch die Verständigungsversuche des 20. Jahrhunderts mit den lutherischen Kirchen bewegten sich im Horizont der in den sog. Kanonens des Trienter Rechtfertigungsdekrets ausgesprochenen Lehrverurteilungen (vgl. 2. Hauptteil, § 11.2.3). Schließlich hat das Tridentinum die katholische *Sakramentenlehre* gegenüber der reformatorischen Kritik verteidigt.

Von Bedeutung war zunächst das Festhalten an der *Siebenzahl der Sakramente* (vgl. 2. Hauptteil, § 12.3). Außerdem kam es zur Festschreibung der von den Reformatoren massiv kritisierten *Messopferlehre*. Danach vollzieht die Kirche beim Abendmahl (der Eucharistie) eine unblutige Wiederholung bzw. Gegenwärtigsetzung des Kreuzesopfers Jesu

Christi und wendet damit den Gläubigen die am Kreuz verdiente Gnade zu (vgl. 2. Hauptteil, § 12.2.3).

3.2.2 Das 1. Vatikanische Konzil (1869/1870)

Wie das Tridentinum für die Abgrenzung des römischen Katholizismus von der Reformation steht, so dokumentiert das Vaticanum I die *Abgrenzung von der Aufklärung*, namentlich von der Forderung nach kritischer Prüfung aller biblischen und theologisch-dogmatischen Aussagen am Maßstab menschlicher Vernunfteinsicht. Das Konzil hob demgegenüber die Überlegenheit der Glaubenswahrheiten hervor: Neben den für die Vernunft erreichbaren Einsichten gibt es Wahrheiten, die umfassender sind als Vernunfterkenntnisse, weil sie über Ursprung und Ziel des Menschen und der Welt Aufschluss geben; sie können aber vom Menschen nicht selbst erworben werden, sondern sind nur aufgrund göttlicher Offenbarung zugänglich (vgl. 2. Hauptteil, § 4.3.2). Weil die Inhalte der im Christusgeschehen gipfelnden göttlichen Offenbarung einzig in der römisch-katholischen Kirche mit dem Papst an der Spitze treu bewahrt und überliefert sind, hat das unfehlbare päpstliche Lehramt die Aufgabe, die Autorität der Offenbarung in konkreten Fragen der Lehre und des Lebens zur Geltung zu bringen (vgl. 2. Hauptteil, § 13.2.1).

3.2.3 Das 2. Vatikanische Konzil (1962–1965)

Anders als Tridentinum und Vaticanum I stand das von Papst Johannes XXIII. (Pontifikat: 1958–1963) eröffnete und ab 1963 von Paul VI. weitergeführte und abgeschlossene 2. Vatikanische Konzil nicht für eine Abgrenzung der römisch-katholischen Kirche gegenüber einer bestimmten geistigen Tendenz. Es versuchte vielmehr, den *Anschluss der katholischen Weltkirche an die Entwicklungen der Moderne* zu finden. Deutlich wird dies daran, dass – in Anknüpfung an verschiedene Äußerungen des Papstes im Vorfeld des Konzils – das Vaticanum II von Anfang an unter den Leitbegriff *aggiornamento* (ital. Erneuerung) gestellt wurde.

Das Konzil verabschiedete insgesamt 16 Dokumente: 4 Konstitutionen, 9 Dekrete und 3 Deklarationen. Von Bedeutung für das Verhältnis zu den protestantischen Konfessionen war zunächst eine gewisse Neubestimmung des Verhältnisses von Heiliger Schrift, Tradition und kirchlichem Lehramt. So wurde der *Vorrang der Bibel gegenüber der kirchlichen Lehrbildung* ausdrücklich betont, zugleich jedoch an der *Interpretationshoheit des Lehramts* festgehalten, die aber als ein Dienst am Wort Gottes verstanden ist (vgl. 2. Hauptteil, § 5.3.3). Weiterhin hat das Vaticanum II die *erste umfassende Bestimmung des Wesens*

Der Römische Katholizismus

– Seit der katholischen Reform und dem Konzil von Trient (1545–1563) als Konfession anzusprechen.
– Für den modernen Katholizismus sind das 1. und 2. Vatikanische Konzil von wegweisender Bedeutung.
– 1. Vatikanisches Konzil (1869/70): Innerkirchliche Stärkung des Papsttums; kritische Auseinandersetzung mit der Aufklärung.
– 2. Vatikanisches Konzil (1962–1965): aggiornamento (Erneuerung) der Kirche – Anschluss an die Moderne.

der Kirche in römisch- katholischer Perspektive entfaltet. Die Kirchenkonstitution „Lumen gentium" hielt sich zwar im Großen und Ganzen innerhalb des vom Vaticanum I artikulierten Anspruchs, die wahre christliche Lehre sei einzig in der römisch-katholischen Papstkirche bis in die Gegenwart authentisch überliefert (vgl. zu den Akzentverschiebungen § 13.2.1). Zugleich aber wurde der Kirchenbegriff universalisiert, so dass auch die anderen Konfessionen, Religionen und Weltanschauungen im Rahmen des göttlichen Vorsehungswirkens verankert werden, das *alle* Menschen zum Heil führen will. Das *Verhältnis des römischen Katholizismus zu den anderen christlichen Konfessionen sowie zu den nichtchristlichen Religionen* wurde daher nicht mehr so verstanden, dass Nichtkatholiken definitiv vom Heil ausgeschlossen sind (vgl. 2. Hauptteil, § 1.2.3; § 13.2.3).

Einen Überblick zu Geschichte des neuzeitlichen Katholizismus vom Tridentinum bis zum Vaticanum I gibt:
– W.-D. Hauschild, Lehrbuch der Kirchen- und Dogmengeschichte, Band 2, 475–560 (= § 16).

Über Vorbereitung, Verlauf und Ergebnisse des Vaticanum II informiert:
– G. Alberigio, Das zweite Vatikanische Konzil.

Die theologische Entwicklung im römischen Katholizismus von der Aufklärung bis zur Gegenwart ist dargestellt bei:
– W. Dantine/E. Hultsch, Lehre und Dogmenentwicklung im Römischen Katholizismus;
– H. Kirchner, Die römisch-katholische Kirche.

Zahlreiche Informationen über die römisch-katholische Kirche sind über die Internet-Seiten des Vatikan zugänglich:
– http://www.vatican.va/index.htm.

3.3 Der Anglikanismus

Seine Wurzeln hat der Anglikanismus im Streben König Heinrichs VIII. (Regentschaft: 1509–1547) nach Durchsetzung einer vollständigen Herrschaft über die englische Kirche und demgemäß nach deren rechtlicher Unabhängigkeit vom Papst in Rom. Wegen der päpstlichen Weigerung, seine Ehe mit Katharina von Aragon (1485–1536) zu annullieren, versuchte Heinrich, beim Klerus seine Anerkennung als Schutzherr und oberstes Haupt der englischen Kirche durchzusetzen. Der damit verbundene Übergang der kirchlichen Rechtshoheit an den König wurde 1534 mit der Annahme der „Act of Supremacy" durch das Parlament bestätigt. Erst unter der Regentschaft von Heinrichs Nachfolger, des beim Tod Heinrichs VIII. erst zehnjährigen Eduard VI. (Regentschaft: 1547–1553), kam es auch zu konsequenteren Ansätzen einer *theologischen* Fundierung der englischen Reformation, zu deren führendem Kopf Thomas Cranmer (1489–1556) wurde, der seit 1533 Erzbischof von Canterbury war. Auf Cranmer ging die Formulierung der sog. „42 Artikel" zurück, die 1552 im Namen des Königs als offizielle kirchliche Lehrnorm veröffentlicht wurden.

Maßgeblichen Einfluss hatte Cranmer auch auf die ersten beiden Ausgaben des „Book of Common Prayer" (Allgemeines Gebetbuch) von 1549 und 1552, das eine Gottesdienstordnung enthielt, die inhaltlich durchaus von reformatorischer Theologie getragen war; so war etwa die Abendmahlsliturgie der Ausgabe von 1552 von der reformierten Auffassung geprägt (vgl. 3.5; 2. Hauptteil § 12.2.3). Die Liturgie blieb ihrer Form nach allerdings stark am Katholizismus orientiert; dies galt auch für die bischöfliche Kirchenstruktur. Insofern wird schon im 16. Jahrhundert das Selbstverständnis der anglikanischen Kirche als eines eigenen Konfessionstyps deutlich, der einen ‚Mittelweg' (lat. via media) zwischen kontinentalem Protestantismus und römischem Katholizismus sucht (s. u.).

Nach dem Rückschlag der reformatorischen Entwicklung durch die katholische Reaktion unter Maria Tudor (Regentschaft: 1553–1558) kam es unter Elisabeth I. (Regentschaft: 1558–1603) zur Konsolidierung der anglikanischen Staatskirche: *Das „Book of Common Prayer" in der Fassung von 1552 wurde 1559 zur verbindlichen Gottesdienstordnung erhoben* und gilt – freilich in einer nochmals revidierten Fassung von 1662 – bis heute als offizielle Grundlage des anglikanischen Gottesdienstes. Allerdings hat das englische Parlament, von dem die Kirche seit 1660 rechtlich abhängig war, in der 2. Hälfte des 20. Jahrhunderts z. T. den Gebrauch alternativer Gottesdienstformen ermöglicht und größere Freiheiten bei der Gestaltung der Liturgie gewährt.

Als Lehrgrundlage der englischen Kirche dienten (und dienen bis heute) die „39 Artikel" von 1563, deren Verbindlichkeit für alle Geistlichen Elisabeth I. 1571 durchsetzen konnte; dabei handelt es sich um eine von Matthew Parker (1504–1575) geleitete Bearbeitung der „42 Artikel" Cranmers. Die „39 Artikel" sind zwar von der lutherischen Theologie beeinflusst (so begegnen z. T. fast wörtliche Anlehnungen an die „Confessio Augustana"; vgl. dazu 3.4), sind jedoch in der Prädestinationslehre (vgl. 2. Hauptteil, § 11.3) und im Abendmahlsverständnis (vgl. 2. Hauptteil, § 12.2.3) von reformierten Positionen bestimmt.

> **Der Anglikanismus**
>
> – Hervorgegangen aus der Kirche von England; Verbreitung im gesamten Bereich des British Empire.
> – In der Lehre stark vom reformierten Protestantismus geprägt (vgl. 3.5); in Liturgie und Kirchenstruktur eher katholischen Traditionen verpflichtet.
> – Charakteristikum: Viele verschiedene Frömmigkeitsformen und theologische Richtungen in einer Kirche (comprehensiveness).

Die schon erwähnte via media zwischen Protestantismus und römischem Katholizismus, die den Anglikanismus geprägt hat und prägt, wurde im 17. Jahrhundert infrage gestellt. Dies geschah einerseits durch den an reformierten Traditionen orientierten *Puritanismus*, der das Festhalten am staatskirchlichen System (der englische König als oberster Statthalter der Kirche), an der bischöflichen Verfassung und an der Einheitlichkeit der Liturgie kritisierte. Dieser Konflikt verband sich mit dem Machtkampf zwischen Monarchie und Parlament, der zwischen 1642 und 1660 seinen Höhepunkt erreichte. Andererseits gab es unter Karl II. (Regentschaft: 1660–1685) und Jakob II. (Regentschaft: 1685–1688) Tendenzen zur *Rekatholisierung* der anglikanischen Kirche, die erst durch die Machtübernahme des Protestanten Wilhelm (III.) von Oranien (Regentschaft: 1689–1702) beendet werden konnten. In der „Tolerance-Act" von 1689 wurde auch den nichtanglikanischen Konfessionen (bis 1829 mit Ausnahme der Katholiken) die freie Religionsausübung ermöglicht. Sowohl die evangelikale Erweckungsbewegung im 18. als auch die sog. Oxford-Bewegung im 19. Jahrhundert stellten den Anglikanismus vor neue Herausforderungen: Es kam durch die Verselbständigung des Methodismus sowie durch die Konversion bedeutender Führungspersönlichkeiten zum römischen Katholizismus (z. B. John Henry Newman, 1801–1890) zu Spaltungen im Anglikanismus. Innerhalb der anglikanischen Kirche kamen die damit verbundenen Spannungen durch die Ausprägung verschiedener Parteien zum Tragen: *Anglokatholizismus* (früher *High Church* genannt, betont die Kontinuität mit der Kirche seit den Anfängen), *Evangelikale* (früher *Low Church* genannt, betont die Notwendigkeit ständiger Kirchenerneuerung und der Heiligung des Christenlebens; enge Verbindungen zum Methodismus) und *Liberale* (früher *Broad Church* genannt, steht für Offenheit gegenüber der Moderne). Weil es die anglikanische Kirche versteht, diese unterschiedlichen Tendenzen zusammenzuhalten, hat man als ein wichtiges Merkmal ihre *comprehensiveness* bezeichnet.

Im 20. Jahrhundert kam es zur Unabhängigkeit zahlreicher vormals zum Britischen Empire gehöriger Kolonien. Weil in diesen Ländern die englische Staatskirche nicht weiter bestehen konnte, stellte sich die Frage nach der organisatorischen Einheit des Anglikanismus bzw. der anglikanischen (Kirchen-) Gemeinschaft (Anglican Communion). Diese Einheit ist gleichsam verkörpert im *Erzbischof von Canterbury* (104. Erzbischof seit 27. Februar 2003: Rowan Williams, geb. 1950). Er beruft die seit 1867 ungefähr einmal aller zehn Jahre stattfindenden *Lambethkonferenzen* ein, die der Pflege der kirchlichen Gemeinschaft dienen (benannt nach Lambeth Palace, dem Londoner Sitz des Erzbischofs von Canterbury); die bislang letzte dieser Konferenzen hat vom 18. Juli bis 9. August 1998 stattgefunden, die nächste Lambethkonferenz ist für die Zeit vom 16. Juli bis 4. August 2008 geplant. Die auf der 3. Lambethkonferenz von 1888 angenommene Resolution zum sog *Lambeth Quadriliteral* macht das theologische Selbstverständnis des Anglikanismus ‚zwischen' Katholizismus und Protestantismus deutlich. Als Basis für die kirchliche Wiedervereinigung gelten in anglikanischer Perspektive (a) die Einigkeit darüber, dass alles zum Heil Notwendige der Bibel entnommen werden kann; (b) die Gemeinsamkeit des in Apostolicum und Nicaenum (= Nicaeno-Constantinopolitanum) zusammengefassten Glaubens; (c) die Anerkennung von Taufe und Abendmahl als den von Christus eingesetzten Sakramenten; (d) das historische Bischofsamt. Letzteres wird zwar – gegen den kontinentalen Protestantismus – als konstitutiv für die Einheit der Kirche festgehalten, dessen einheitliche Organisationsform wird aber – gegen die römisch-katholische Kirche – ausdrücklich abgelehnt (vgl. 2. Hauptteil, § 13.2.2).

Nach Meinung dieser Konferenz liefern die folgenden Artikel eine Basis, auf welcher mit Gottes Hilfe auf eine Wiedervereinigung zugegangen werden kann:	[I]n the opinion of this Conference, the following articles supply a basis on which approach may be by God's blessing made towards home reunion:

a) Die Heilige Schrift Alten und Neuen Testaments, die alles Heilsnotwendige enthält sowie die Regel und Letztinstanz in Glaubensfragen bildet.	a) The Holy Scriptures of the Old and New Testaments, as „containing all things necessary to salvation", and as being the rule and ultimate standard of faith.
b) Das Apostolicum als Taufbekenntnis und das Nicaenum als hinreichende Darstellung des christlichen Glaubens.	b) The Apostles' Creed, as the baptismal symbol; and the Nicene Creed, as the sufficient statement of the Christian faith.
c) Die zwei von Christus selbst eingesetzten Sakramente – Taufe und Abendmahl –, die immer mit den Einsetzungsworten Christi und den von ihm verordneten Elementen gespendet werden.	c) The two sacraments ordained by Christ himself – Baptism and the Supper of the Lord – ministered with unfailing use of Christ's words of institution, and of the elements ordained by him.
d) Das historische Bischofsamt, von Gott zur Einheit seiner Kirche berufen, das in den Methoden seiner Verwaltung den unterschiedlichen Bedürfnissen der Nationen und Völker angepasst wird. (Übersetzung RL)	d) The historic episcopate, locally adapted in the methods of its administration to the varying needs of the nations and peoples called of God into the unity of his Church.

Lambeth Conference of Anglican Bishops 1888, Resolution 11 (englischer Text nach: *http://www.lambethconference.org/resolutions/1888/1888–11.cfm*).

📖📖 Die kirchen- und theologiegeschichtliche Entwicklung des Anglikanismus bis zur Gegenwart ist nachgezeichnet bei:
– W. R. Ward, Kirchengeschichte Großbritanniens vom 17. bis zum 20. Jahrhundert;
– G. Gaßmann, Die Lehrentwicklung im Anglikanismus.

💻 Informationen über die Anglikanische Kirchengemeinschaft sind zu finden unter:
– *http://www.anglicancommunion.org/.*

3.4 Der lutherische Protestantismus

Die von Martin Luther (1483–1546) ausgehende und maßgeblich von seinem Denken bestimmte theologische Neuorientierung, nach der Gott den Menschen dadurch ‚rechtfertigt', dass er ihm seine Sünden nicht anrechnet und ihn so von dem Zwang befreit, aus eigener Kraft zu seinem Heil beitragen zu müssen (vgl. 2. Hauptteil, § 11.2.2), führte zur Kritik an der zeitgenössischen Lehre und Praxis der Kirche. Im Ablassstreit 1517 und dem 1518 beginnenden Ketzerprozess gegen Luther wurde die Sprengkraft seines theologisch fundierten Reformprogramms deutlich. Trotz Luthers Exkommunikation 1521 und der im selben Jahr gegen ihn verhängten Reichsacht (Wormser Edikt) durch Kaiser Karl V. (Regentschaft: 1519–1556) kam es zur Formierung einer evangelischen Bewegung, die vor allem durch Prediger und Laien getragen war und von den Obrigkeiten mancher Städte und Territorien gefördert wurde. Die reformatorische Bewegung bewirkte dort, wo sie erfolgreich war, vor allem einen durchgreifenden kirchlichen Strukturwandel, aber auch Veränderungen im Bildungsbereich. Doch nach wie vor galt das Wormser Edikt von 1521 als reichsrechtliche Grundlage für das prinzipielle Verbot der Reformation. In der zweiten

Hälfte der 20er Jahre entstand daher für die (seit 1529 *Protestanten* genannten) Lutheraner die Nötigung, sich durch verbindliche Klärung ihrer theologischen Position gegen den Vorwurf der Häresie zu verteidigen. Dabei spielte auch die Hoffnung auf eine Bewahrung der kirchlichen Einheit durch die Verständigung mit den ‚Altgläubigen' eine Rolle. Das Jahr des Reichstags von Augsburg (1530) markiert dann den ersten Höhepunkt der lutherischen Bekenntnisbildung, die 50 Jahre später mit dem Erscheinen des sog. Konkordienbuches (1580) abgeschlossen war. Im Folgenden wird nicht die historische Entwicklung nachgezeichnet, vielmehr soll das Profil des lutherischen Protestantismus durch einen vier Punkte umfassenden Überblick zu den im Konkordienbuch enthaltenen Bekenntnistexten verdeutlicht werden.

1. Die lutherischen Bekenntnisse betonen die *Kontinuität mit der Alten Kirche*: Auf die Vorrede folgen im Konkordienbuch die drei altkirchlichen Glaubensbekenntnisse (Apostolicum, Nicaeno-Constantinopolitanum und Athanasianum; vgl. 1.3). Indem sich die lutherischen Bekenntnisse des 16. Jahrhunderts bewusst in den Horizont der altkirchlichen Tradition stellten, wollten sie deutlich machen, dass die Reformation nicht die Gründung einer neuen Kirche beabsichtigte. Vielmehr verstanden sie ihre Lehre als eine Rückbesinnung auf das genuin Christliche und als notwendige Korrektur von Fehlentwicklungen in der zeitgenössischen Kirche.

2. Das Konkordienbuch ist von einer *Orientierung an Luthers Theologie* geprägt; diese Bindung an Luthers reformatorische Einsichten signalisiert in besonderer Weise die Aufnahme seiner Katechismen von 1529 in das Korpus der lutherischen Bekenntnisse. Der „Kleine Katechismus" (KlKat, Unser Glaube, 527–578: Nr. 481–564; BSLK 499–542) gilt bis heute – neben der „Confessio Augustana" (s. u.) – im Weltluthertum als maßgebliche Bekenntnisschrift und hat Lehre und Predigt des lutherischen Protestantismus über Jahrhunderte entscheidend geprägt. Gemeinsam mit dem parallel verfassten „Großen Katechismus" (GrKat, Unser Glaube, 579–770: Nr. 565–870; BSLK 543–733) steht er für den Versuch, die für die christliche Existenz zentralen Glaubens- und Lebensorientierungen in leicht verständlicher Weise darzustellen. Dies tat Luther vor allem anhand von fünf Hauptstücken, nämlich des Dekalogs (1), des Apostolicums (2), des Vaterunser (3) sowie der biblischen Leittexte zu Taufe (4) und Abendmahl (5). Noch der späte Luther hat den „Kleinen Katechismus" hoch geschätzt. Der „Große Katechismus" kann als die beste von ihm selbst stammende Zusammenfassung seiner Theologie gelten. Die lateinischen Übersetzungen der Katechismen gehen nicht auf Luther selbst zurück; maßgeblich ist daher der deutsche Text.

3. Die Texte des Konkordienbuches spiegeln die *theologische Auseinandersetzung der reformatorischen Bewegung mit den Altgläubigen*. In dieser Auseinandersetzung spielte einerseits das *Bemühen um Verständigung* eine Rolle: Die grundlegende Bekenntnisschrift des Luthertums, die im Wesentlichen von Philipp Melanchthon (1497–1560) entworfene „Confessio Augustana" von 1530 (Augsburgisches Bekenntnis: CA, Unser Glaube, 49–119: Nr. 5–79; BSLK 31–137), betont in ihrem ersten Teil (Artikel 1–21) die Übereinstimmung der lutherischen Lehre mit der Bibel und der christlichen Kirche schlechthin (einschließlich der römischen) und vollzieht die Ab-

Die lutherischen Bekenntnisse

- 1580 im Konkordienbuch (Liber Concordiae) zusammengestellt.
- Anknüpfung an die Tradition der Alten Kirche (Aufnahme der drei altkirchlichen Bekenntnisse).
- Orientierung an den reformatorischen Einsichten Luthers (KlKat, GrKat).
- Auseinandersetzung mit den Altgläubigen (CA, ApolCA, ASm, Tractatus).
- Klärung der konfessionellen Identität des Luthertums und Abgrenzung von den Reformierten (FC).

grenzung von den sog. ‚Schwärmern' am ‚linken' Rand der Reformation. Der 2. Teil (Artikel 22–28) fordert eine Beseitigung der Missstände im kirchlichen Leben, die als unkatholische Neuerungen kritisiert werden.

Der Kaiser und die altgläubige Seite reagierten auf die CA mit einer Widerlegung („Confutatio"), die von den Protestanten durch die (wiederum maßgeblich von Melanchthon verfasste) „Apologia Confessionis Augustanae" (Apologie [= Verteidigung] der Confessio Augustana) beantwortet wurde (ApolCA, Unser Glaube, 121–437: Nr. 80–359; BSLK 139–404). Zwar ließ der Kaiser keine Debatte mehr zu, weil er die Protestanten für definitiv widerlegt hielt und nahm auch die Apologie nicht entgegen. Dennoch wurde diese Schrift im Luthertum breit rezipiert und entfaltete vor allem aufgrund der vertieften Behandlung der Rechtfertigungslehre in Artikel 4 bedeutende Wirkung. Die CA wurde dem Kaiser sowohl in lateinischer als auch in deutscher Sprache überreicht, wobei der deutsche Text als der ursprüngliche gilt. Die ApolCA hat eine höchst komplizierte Textgeschichte; maßgeblich ist der (freilich in mehreren Varianten überlieferte) lateinische Text, an dem Melanchthon noch nach dem Reichstag intensiv gearbeitet hat.

Andererseits sah sich die reformatorische Bewegung auch zur *Abgrenzung* von den Altgläubigen genötigt: Der Augsburger Reichstag hatte nicht zu einer Verständigung geführt. Vielmehr hatte der Kaiser im Reichstagsabschied das Wormser Edikt bekräftigt. Die protestantischen Stände bildeten daraufhin einen militärischen Defensivbund zum Schutz vor einer gewaltsamen Durchsetzung des Wormser Edikts, den sog. Schmalkaldischen Bund (1531), der die Bewahrung und Ausbreitung der Reformation im Reich machtpolitisch sicherte. 1536 berief Papst Paul III. (Pontifikat: 1534–1549) für das Jahr 1537 ein ökumenisches Konzil nach Mantua ein, das sich mit der Lösung der Religionsfrage beschäftigen sollte und zu dem auch die deutschen Protestanten eingeladen waren. Die Bundesmitglieder beschlossen aber auf einem Konvent in Schmalkalden (Februar 1537), dem Konzil, das dann auch aus anderen Gründen nicht stattfand, fernzubleiben, um ihre Ablehnung der päpstlichen Schiedsrichterrolle zu demonstrieren. Im Vorfeld dieses Treffens hatte Luther die (später sog.) „Schmalkaldischen Artikel" verfasst, die erst nach seinem Tod den Rang einer normativen Bekenntnisschrift erhielten (ASm, Unser Glaube, 439–500: Nr. 360–462; BSLK 405–468). Darin spielte die antirömische Polemik eine wichtige Rolle, die vor allem auf die römische Messopferlehre (vgl. 3.2.1; 2. Hauptteil, § 12.2.3) und das Papsttum (vgl. 2. Hauptteil, § 13.2.2) zielte. Die Hauptschrift des Konvents in Schmalkalden war allerdings Melanchthons Traktat „De potestate ac primatu papae" (Über die Macht und Vorherrschaft des Papstes, Unser Glaube, 501–526: Nr. 463–480; BSLK 469–498). Darin wurden die göttliche Einsetzung des Papstamtes, die Oberherrschaft des Papstes auch über die weltliche Macht und die Heilsnotwendigkeit der Unterwerfung unter den Papst als biblisch und kirchengeschichtlich unbegründet zurückgewiesen. Diese Schrift wurde in Schmalkalden gemeinsam mit CA und ApolCA, die keine Lehraussagen über das Papstamt enthielten, als lutherische Lehrnorm fixiert. Die ASm sind von Luther in deutscher Sprache abgefasst und von Nikolaus Selnecker (1530–1592) übersetzt worden; dagegen ist der maßgebliche Text von Melanchthons Traktat der lateinische.

4. Die Texte des Konkordienbuches stehen schließlich für eine *Klärung der konfessionellen Identität des Luthertums und seiner Abgrenzung* (nicht mehr nur von den Altgläubigen, sondern auch) *von den Reformierten*.

Die reformatorische Bewegung war von Anfang an kein einheitliches Phänomen. Bereits seit den 20er Jahren des 16. Jahrhunderts hatte sich durch das Wirken von Ulrich Zwingli (1484–1531) in *Zürich* neben Wittenberg ein zweites Zentrum der Reformation etabliert. Weiter entwickelte sich – ausgehend von der Tätigkeit Johannes Calvins (1509–1564) – in *Genf* ein spezifischer Typus protestantischen Kirchentums, der eine breite Wirkung in Europa entfaltete. Unter den Nachfolgern Zwinglis und Calvins, Heinrich Bullinger (1504–1575) und Theodor Beza (1519–1605), kam es zur Verbindung der Zürcher mit der Genfer Reformation, zugleich aber auch zur Verfestigung der Differenzen gegenüber dem deutschen Luthertum.

Innerhalb des deutschen Protestantismus entstanden nach Luthers Tod Konflikte bezüglich seiner theologischen Autorität, da der für die Bekenntnisbildung seit 1530 ebenfalls maßgebliche Melanchthon seit ca. 1535 in unterschiedlichen Fragen Differenzen zu Luther deutlich gemacht hatte. Angesichts der Existenzbedrohung des deutschen Protestantismus durch das Augsburger Interim (1548) stellte sich die Frage der konfessionellen Identität in verschärfter Weise. Ihren Ausdruck fanden die Konflikte innerhalb des Luthertums in verschiedenen Lehrstreitigkeiten zwischen zwei Parteien, die später mit den Schlagwörtern *Gnesiolutheraner* (echte Luther-Schüler) und *Philippisten* (Anhänger der von Luther abweichenden Auffassungen [Philipp] Melanchthons) bezeichnet wurden. Da die Philippisten in verschiedenen Fragen der reformierten Position zuneigten, wurden sie auch als heimliche Calvinisten (*Kryptokalvinisten*) charakterisiert. – So vermischten sich die innerlutherischen Auseinandersetzungen mit den lutherisch-reformierten Differenzen.

Zu einer Lehrverständigung kam es in den 70er Jahren, vor allem unter der organisatorischen Leitung von Jakob Andreae (1528–1590), Martin Chemnitz (1522–1586), Nikolaus Selnecker und David Chyträus (1531–1600). Deren Ergebnis, die aus zwölf Artikeln bestehende „Konkordienformel" (Formula Concordiae: FC, BSLK 735–1135) von 1577, versteht sich als sachgemäße Erläuterung der CA im Horizont der theologischen Auseinandersetzungen nach 1530. Sie hat zwei parallel aufgebaute Teile: Die *Epitome* (Epit., Unser Glaube, 771–844: Nr. 871–1033 [nicht vollständig]), eine zusammenfassende Kurzform, und die *Solida declaratio* (SD), eine ausführliche Darlegung. Der ursprüngliche deutsche Text wurde im Wesentlichen von Chemnitz und Selnecker ins Lateinische übersetzt.

Weiterhin enthält die FC eine Vorrede, eine kurze Einleitungsabhandlung über die Autorität der Schrift (*Von dem summarischen Begriff, Regel und Richtschnur*) sowie einen Anhang mit Bibel- und Kirchenväterzitaten zur Christologie (*Catalogus Testimoniorum*). 1580 wurden alle bisher genannten Bekenntnistexte zum Konkordienbuch zusammengefasst (Liber Concordiae). Freilich galt und gilt (auch in Deutschland) nicht in allen lutherischen Kirchen das gesamte Konkordienbuch als Lehrnorm; die theologische Einheit des Luthertums bezog dennoch die ‚nichtkonkordistischen' Landeskirchen ein, war also nach 1577/ 1580 auch ohne, nur nicht gegen die Konkordienformel möglich.

In der Konkordienformel hat das Luthertum nicht nur seine Abgrenzung gegenüber den ‚Schwärmern' und dem römischen Katholizismus bekräftigt, der sich inzwischen seinerseits von der reformatorischen Bewegung distanziert hatte (vgl. 3.2.1). Sondern es hat zugleich die Differenzen gegenüber dem reformierten Protestantismus herausgestellt und dessen anderslautende Lehren ausdrücklich verworfen. Dies betraf vor allem die Lehren zum *Abendmahl* (FC 7; vgl. 2. Hauptteil, § 12.2.3), zur *Christologie* (FC 8; vgl. 2. Hauptteil, § 10.3.1) und zur *Prädestination* (FC 11; vgl. 2. Hauptteil, § 11.3).

Informieren Sie sich über die Entstehung des Konkordienbuches und die Hauptinhalte seiner einzelnen Schriften anhand von:
– F. Krüger, Aufbau, Ziel und Eigenart der einzelnen Bekenntnisse des Konkordienbuches.

Die Vorgänge auf dem Reichstag zu Augsburg skizziert:
– R. Mau, Evangelische Bewegung und frühe Reformation, 213–227.

Die Entwicklung der lutherischen Bekenntnisbildung zwischen 1530 und 1580 ist dargestellt bei:
– B. Lohse, Dogma und Bekenntnis in der Reformation, 64–164.

Über die Textgeschichte der ApolCA informiert:
– Chr. Peters, Apologia Confesionis Augustanae.

Informationen über die gegenwärtige Organisation des Luthertums auf Weltebene sind zugänglich über die Internet-Seiten des Lutherischen Weltbundes (Lutheran World Federation):
– http://www.lutheranworld.org/.

3.5 Der reformierte Protestantismus

Anders als im Luthertum kam es im reformierten Protestantismus nicht zu einer dem Konkordienbuch vergleichbaren Sammlung verbindlicher Bekenntnistexte. Dies hat seinen Grund vor allem in einem unterschiedlichen Verständnis der Bedeutung von Bekenntnisschriften. Nach übereinstimmender Auffassung gelten sie als Schlüssel für das sachgerechte Verständnis der Bibel als einziger Glaubensnorm. Daraus ergibt sich aber in lutherischer Perspektive eine *dauerhafte* Bindung kirchlicher Lehre an die Aussagen der Bekenntnistexte; deren Geltung ist nicht auf die historische Situation ihrer Entstehung beschränkt, sondern besteht anhaltend. Dagegen betrachtet der reformierte Protestantismus die Bekenntnisschriften als einen zunächst *situativ verbindlichen* Ausdruck menschlichen Glaubens und wahrheitsgemäßer Schriftauslegung, dessen Geltung weitgehend auf den nationalen und kulturellen Kontext der Bekenntnisentstehung beschränkt ist. Daher sind, anders als im Luthertum, auch in den Jahrhunderten nach der Reformation zahlreiche reformierte Bekenntnistexte entstanden. Diese Spezifik der reformierten Bekenntnistradition hat eine große Vielfalt ihrer inhaltlichen Aussagen zur Folge, die nachstehend an fünf wichtigen Texten aus dem 16. Jahrhundert verdeutlicht werden soll.

1. Die „Confessio Gallicana" (1559, Reformierte Bekenntnisschriften, 107–123; BSRK 221–232). In Frankreich verstärkte sich trotz der staatlichen Verfolgungen in den 30er Jahren seit etwa 1540 unter dem Einfluss Calvins die Formierung evangelischer Gemeinden (der sog. Hugenotten). Angesichts theologischer Differenzen kamen im Mai 1559 Vertreter aller protestantischen Gemeinden in dem Pariser Vorort St. Germain zusammen. Zur Stärkung des Zusammenhalts und der konfessionellen Identität wurde die 40 Artikel umfassende „Confession de foy" (Confessio Gallicana) als Vorspann zu einer einheitlichen Kirchenordnung („Discipline Ecclésiastique"; Evangelische Bekenntnisse, Band 2, 195–205) beschlossen. Der Text der „Confessio Gallicana" geht auf einen Entwurf Calvins zurück, der von dessen Schüler Antoine Chandieu (1534–1591) geringfügig umgearbeitet wurde. Das Bekenntnis enthält in seinem 3. Artikel die erste reformatorische Kanonliste; die lutherischen Bekenntnisse haben dagegen stets auf eine genaue Festlegung des Umfangs der biblischen Bücher verzichtet (vgl. 2. Hauptteil, § 5.1.1).

2. Die „Confessio Belgica" (1561, Reformierte Bekenntnisschriften und Kirchenordnungen, 155–174; BSRK 233–249). Wegen der konsequenten und gewaltsamen Unterdrückung der ‚lutherischen Ketzerei' in den Niederlanden durch Karl V. führte die Reformation dort bis um 1550 ein Untergrunddasein. Seitdem kam es im Norden verstärkt zu Gemeindebildungen des Täufertums, der Süden wurde dagegen vom französischen Calvinismus beeinflusst. Der Calvin-Schüler Guy de Bray (1522–1567) verfasste 1561 ein an Philipp II. (Regentschaft: 1556–1598) gerichtetes Bekenntnis. Es war weitgehend an die „Confessio Gallicana" angelehnt, vermied aber allzu deutliche antikatholische Polemik, denn es diente der Verteidigung der niederländischen Reformierten gegenüber dem Verdacht der Ketzerei und staatsfeindlicher Umtriebe. Innerhalb recht kurzer Zeit setzte sich diese Schrift als Lehrgrundlage des niederländischen Protestantismus durch und spielte seit der Unabhängigkeit der Nordprovinzen eine zentrale Rolle für den

Reformierte Bekenntnisse

– Keine zeitlos verbindliche Lehrnorm, sondern situationsbedingtes Glaubenszeugnis.
– Vielfalt theologischer Aussagen.
– Unabgeschlossenheit der Bekenntnisbildung.
– Fragen der Gestaltung des kirchlichen Lebens werden eingehend behandelt (vgl. 2. Hauptteil, § 13.2.2).

gesellschaftlich zunehmend dominanten Calvinismus in der niederländischen Republik.

Innerhalb des niederländischen Calvinismus kam es am Anfang des 17. Jahrhunderts zu einem Streit über die Prädestinationslehre. Auf der Dordrechter Nationalsynode (1618/1619) setzte sich die Lehre Calvins mit ihrer Auffassung von der Partikularität der Gnadenwahl durch (vgl. 2. Hauptteil, § 11.3). Diese Synode hat auch die offizielle (lateinische) Textgestalt der „Confessio Belgica" verabschiedet.

3. Die „Confessio Scotica" (1560, Reformierte Bekenntnisschriften, 124–150; BSRK 249–265). Die (zunächst kaum erfolgreiche) Reformation im selbständigen Königreich Schottland verband sich seit etwa 1550 mit der Opposition des Adels gegen die vom katholischen Königshaus (Stuart) betriebene und von den Bischöfen geförderte profranzösische Orientierung. Getragen wurde die Reformation seit 1559 durch den Calvin-Schüler John Knox (1514–1572), der das 25 Artikel umfassende Bekenntnis der schottischen Reformierten maßgeblich geprägt hat. Diese „Confessio Scotica" wurde vom Parlament beschlossen und 1581 nochmals bestätigt. Ihre Bedeutung trat seit der 2. Hälfte des 17. Jahrhundert zugunsten der „Westminster Confession" (1647) zurück. Diese wurde während der Herrschaft des antianglikanisch-presbyterianisch gesinnten Parlaments in England unter schottischer Beteiligung erarbeitet, ihre offizielle Geltung blieb nach der Restauration der Staatskirche und der „Tolerance-Act" allerdings auf Schottland beschränkt.

Die organisatorische Neugestaltung des kirchlichen Lebens erhielt in einer ebenfalls auf Knox zurückgehenden Gottesdienstordnung (1564) sowie in einem Kirchenverfassungsprogramm (1561) ihre Fundierung; letzteres wurde seit 1578 gegen die bestehende (episkopale) Ordnung praktiziert. Wichtig war dabei die Abschaffung der bischöflichen Kirchenverfassung und deren Ersetzung durch eine Vierämterstruktur (vgl. 2. Hauptteil, § 13.2.2) in Anlehnung an Calvins Genfer Kirchenverfassung („Les Ordonnances ecclésiastiques") von 1541. Den sich daraus ergebenden Unterschied zur (nach wie vor episkopalen) Kirchenstruktur Englands wollte Karl I. (Regentschaft: 1625–1649) als König von England *und* Schottland beseitigen, was 1638/1639 zu blutigen Auseinandersetzungen führte. Die Niederlage der königlichen Truppen in Schottland gehört zu den Anlässen der Puritanererhebung in England (vgl. 3.3).

4. Der „Heidelberger Katechismus" (HeidKat: 1563, Reformierte Bekenntnisschriften, 151–186; BSRK 682–719). Seit etwa 1560 wirkte die Theologie Calvins auch im Deutschen Reich. Da aber durch den Augsburger Religionsfrieden von 1555 neben der römisch-katholischen nur die lutherische Konfession reichsrechtlich anerkannt war, mussten die reformierten Territorien an die CA gebunden bleiben. Diese Situation spiegelte sich im theologischen Profil des deutschen Reformiertentums. Dieses war nicht ausschließlich von Calvin (oder Zwingli), sondern auch von Melanchthon geprägt. Dies gilt auch für den HeidKat, der nach Vorarbeiten des Melanchthonschülers und Heidelberger Theologieprofessors Zacharias Ursinus (1534–1584), von einer Theologenkommission unter Leitung des zum reformierten Bekenntnis übergetretenen Kurfürsten Friedrich III. (Regentschaft: 1559–1576) erarbeitet wurde. Er

war ursprünglich Bestandteil der neuen Kirchenordnung für die Kurpfalz, ist später aber immer wieder separat gedruckt worden und für das deutsche Reformiertentum bis heute relevant geblieben.

Der Katechismus besteht aus 129 unter Hinzufügung zahlreicher biblischer Belegstellen beantworteter Fragen, die drei Teilen zugeordnet sind: Von des Menschen Elend (3.–11. Frage); von des Menschen Erlösung (12.–85. Frage); von der Dankbarkeit (86.–129. Frage). Die Reihenfolge der Teile entspricht der der reformatorischen Lehre von Gesetz und Evangelium in ihrer reformierten Gestalt (vgl. 2. Hauptteil, § 12.1.2). In der Abendmahlslehre ist die doppelte Abgrenzung gegenüber Luthertum und Katholizismus besonders deutlich greifbar (Frage 78 f: Zurückweisung von Realpräsenz und Ubiquität; Frage 80: Kritik an der Messopferlehre – vgl. 2. Hauptteil, § 12.2.3).

5. Die „Confessio Helvetica posterior" (1562, Reformierte Bekenntnisschriften, 187–220; BSRK 170–221). Diese von Heinrich Bullinger als persönliches theologisches Testament verfasste Schrift erhielt erst seit 1566 eine kirchliche Relevanz. Zunächst diente sie Kurfürst Friedrich III. dazu, die Übereinstimmung der reformierten Lehre mit der Bibel und den altkirchlichen Bekenntnissen nachzuweisen; dies war nötig angesichts der Gefahr des Ausschlusses vom Augsburger Religionsfrieden wegen seines Übertritts zum reformierten Bekenntnis. Weiterhin markiert diese umfangreichste reformierte Bekenntnisschrift die Vereinigung des zwinglianischen und des calvinistischen Reformiertentums in der Schweiz und fungiert zugleich als eine Art überregionales reformiertes Bekenntnis.

Bereits im 1549 publizierten „Consensus Tigurinus" (Zürcher Übereinkunft) war es aufgrund der Verständigung zwischen Calvin und Bullinger zu einer Einigung über die Abendmahlslehre gekommen, an die die „Confessio Helvetica posterior" anknüpfte: Lutherische Realpräsenzlehre und katholische Transsubstantiationslehre wurden gleichermaßen abgelehnt und die innerreformatorischen Differenzen damit verstärkt.

Dass die Lehre von der Kirche (Art. 17–28) fast die Hälfte vom Gesamtumfang des Textes der „Confessio Helvetica posterior" einnimmt, weist auf einen typischen Unterschied gegenüber den lutherischen Bekenntnissen hin: Die *Gestaltung der christlichen Gemeinschaft* wird im reformierten Protestantismus zum *Bestandteil verbindlicher Lehre*: Schon die hugenottische „Confession de foy" bildete einen Vorspann zur „Discipline Ecclésiastique", die „Confessio Scotica" entstand im Zusammenhang der organisatorischen Neugestaltung des kirchlichen Lebens, der HeidKat war ursprünglich ein Bestandteil der kurpfälzischen Kirchenordnung von 1563, und in der „Confessio Helvetica posterior" sind Grundfragen der Kirchenordnung direkt verankert. Darin spiegelt sich das spezifische Profil der reformierten Ekklesiologie (vgl. 2. Hauptteil, § 13.2.2).

📖 Über die Entstehung und die theologischen Hauptaussagen wichtiger reformierter Bekenntnisschriften informiert:
– J. Rohls, Theologie reformierter Bekenntnisschriften.

📖 Die reformierte Bekenntnisentwicklung von den Anfängen bis zur Mitte des 17. Jahrhunderts ist nachgezeichnet bei:
– W. Neuser, Dogma und Bekenntnis in der Reformation.

💻 Informationen über die Organisation reformierter Kirchen auf Weltebene sind zugänglich über die Internet-Seiten des Reformierten Weltbundes (World Alliance of Reformed Churches):
– http://warc.jalb.de/.

3.6 Leuenberger Konkordie und Leuenberger Kirchengemeinschaft

Am 16. März 1973 wurde auf dem Leuenberg bei Basel die *Leuenberger Konkordie* verabschiedet, die seit dem 1. Oktober 1974 in Geltung ist (LK, Reformierte Bekenntnisschriften, 246–258). Mit diesem Text wurden nach umfangreichen Vorarbeiten die im 16. Jahrhundert aufgebrochenen Lehrdifferenzen zwischen den lutherischen und den reformierten Kirchen (vgl. 3.4) aufgearbeitet. Dabei wurde festgehalten, dass die 450 Jahre zuvor ausgesprochenen gegenseitigen Verwerfungen zur *Christologie* (vgl. 2. Hauptteil, § 10.3.1), zur *Prädestinationslehre* (vgl. 2. Hauptteil, § 11.3) und zur Lehre vom *Abendmahl* (vgl. 2. Hauptteil, § 12.2.3) aus gegenwärtiger Sicht keine Kirchentrennung mehr rechtfertigen. Vor diesem Hintergrund sowie angesichts des gemeinsamen Verständnisses des Evangeliums gewährten sich die beteiligten Kirchen die volle Kirchengemeinschaft im Sinne von Kanzel- und Abendmahlsgemeinschaft, ohne dass damit ein organisatorischer Zusammenschluss verbunden sein musste. Begründet wurde die Herstellung der vollen Kirchengemeinschaft unter Rückgriff auf CA 7. Danach sind zur Einheit der Kirche keine identischen gottesdienstlichen und rechtlichen Ordnungen erforderlich, sondern lediglich die Übereinstimmung in der rechten Lehre des Evangeliums und der Verwaltung der Sakramente (vgl. 2. Hauptteil, § 13.2.2).

Die Leuenberger Kirchengemeinschaft

– Gemeinschaft von 104 (vor-)reformatorischen Kirchen.
– Theologische Grundlage: Leuenberger Konkordie von 1973 (Überwindung der lutherisch-reformierten Lehrdifferenzen aus der Reformationszeit).
– Wichtiges Ergebnis theologischer Arbeit: Erste gemeinsame Positionsbestimmung des europäischen Protestantismus zur Ekklesiologie (1994).

In der *Präambel* der Konkordie wird, die Kernaussage der Confessio Augustana (CA 7) aufnehmend, festgestellt: „Nach reformatorischer Einsicht ist darum zur wahren Einheit der Kirche die Übereinstimmung in der rechten Lehre des Evangeliums und in der rechten Verwaltung der Sakramente notwendig und ausreichend" (LK 2). Im Anschluss an die Darstellung des seit dem Reformationsjahrhundert gewandelten Verhältnisses der Unterzeichnerkirchen zueinander im *1. Hauptteil* wird im *2. Hauptteil* der Konkordie das „gemeinsame Verständnis des Evangeliums" in der Rechtfertigungsbotschaft als „Botschaft von der freien Gnade Gottes" begründet (LK 7–12) und im Blick auf Verkündigung, Taufe und Abendmahl ausgelegt (LK 13–16). Der *3. Hauptteil* erklärt die bisherigen Verwerfungen in den Lehren vom Abendmahl, von der Christologie und von der Gnadenwahl für überwunden, weil sie den gegenwärtigen Stand der Lehre der zustimmenden Kirchen nicht mehr treffen (LK 17–28). Der *4. Hauptteil* enthält das Herzstück der Leuenberger Konkordie: Die Erklärung und Verwirklichung von Kirchengemeinschaft. Hier wird festgestellt: „Kirchengemeinschaft im Sinne dieser Konkordie bedeutet, dass Kirchen verschiedenen Bekenntnisstandes aufgrund der gewonnenen Übereinstimmung im Verständnis des Evangeliums einander Gemeinschaft an Wort und Sakrament gewähren und eine möglichst große Gemeinsamkeit in Zeugnis und Dienst an der Welt erstreben" (LK 29). Diese Kirchengemeinschaft gewinnt Gestalt als Kanzel- und Abendmahlsgemeinschaft, dabei sind die gegenseitige Anerkennung der Ordination und die Ermöglichung der Interzelebration (wechselseitig möglicher Vorsitz bei der Leitung der Abendmahlsfeier) eingeschlossen.

Die Leuenberger Konkordie ist die theologische Grundlage der *Leuenberger Kirchengemeinschaft*, die aus den Unterzeichnerkirchen der Konkordie besteht; sie wird auch *Gemeinschaft Evangelischer Kirchen in Europa* genannt (GEKE). Diese Kirchengemeinschaft ist ein Verbund aus 104 lutherischen, reformierten, unierten, methodistischen und hussitischen Kirchen sowie der ihnen verwandten vorreformatorischen Kirchen der Waldenser und der Böhmischen Brüder. Zur Gemeinschaft gehören auch fünf südamerikanische Kirchen, die aus den ehemaligen deutschen Einwandererkirchen hervorgegangen sind. Die mit der Konkordie begründete Einheit und Gemeinschaft der evangelischen Kirchen wird durch gemeinsame theologische Lehrgespräche konkretisiert und vertieft. Etwa alle sechs Jahre findet eine Vollversammlung statt, die die Grundlinien der Weiterarbeit bestimmt, die neuen Lehrgesprächsthemen festsetzt und den Exekutivausschuss wählt. Dieser ist für die Arbeit zwischen den Vollversammlungen verantwortlich und wird durch ein Präsidium geleitet. Die bislang letzte (6.) Vollversammlung der Leuenberger Kirchengemeinschaft hat vom 12. bis 18. September 2006 in Budapest stattgefunden.

Zu den wichtigsten jüngeren Arbeitsergebnissen der Leuenberger Kirchengemeinschaft gehört die auf der 4. Vollversammlung in Wien (3. bis 10. Mai 1994) verabschiedete Studie „Die Kirche Jesu Christi". Dabei handelt es sich um die erste gemeinsame Positionsbestimmung des europäischen Protestantismus zu Wesen und Auftrag der Kirche (Ekklesiologie; vgl. 2. Hauptteil, § 13.2.2).

> Informationen über das Profil und die Arbeit der Leuenberger Kirchengemeinschaft sind zugänglich über:
> – http://www.leuenberg.net.

4 Von der Reformation zur Aufklärung

> Die theologiegeschichtliche Entwicklung von der altprotestantischen Orthodoxie bis zur Aufklärungstheologie behandelt:
> – G. Hornig, Lehre und Bekenntnis im Protestantismus, 71–146.

Informieren Sie sich, parallel zur Lektüre von Abschnitt 4, über die kirchen- und theologiegeschichtliche Entwicklung von Renaissance und Humanismus bis zur Spätaufklärung anhand der kompakten Gesamtdarstellung von:
- A. Beutel, Aufklärung in Deutschland.

4.1 Vorbemerkungen

Zeitlich parallel zum Prozess der Konfessionalisierung (vgl. 3.1–3.5) vollzogen sich im europäischen Geistesleben der *frühen Neuzeit* eine Reihe von folgenreichen Entwicklungen, die das Zeitalter der *Aufklärung* vorbereiteten und seit etwa der Mitte des 17. Jahrhunderts immer stärker auf die Theologiegeschichte wirkten. Gemeint sind jene Tendenzen, die sich zunächst in Gestalt von *Renaissance und Humanismus* artikulierten. Als deren grundlegendes Merkmal kann das – durch Orientierung an den philosophischen Autoritäten der vorchristlichen Antike beförderte – Interesse an der Weltbemächtigungsfähigkeit des Menschen im Zusammenhang mit einer konsequenten Diesseitsorientierung gelten. Diese Haltung hat einen klassischen Ausdruck in der „Oratio de hominis dignitate" (1486, Erstdruck 1496) des italienischen Humanisten Giovanni Pico della Mirandola (1463–1494) gefunden. Dabei handelt es sich um die (letztlich nie gehaltene) Eröffnungsrede zu einer öffentlichen Disputation über 900 Thesen (Conclusiones philosophicae, cabalisticae et theologicae), in denen die Offenheit der Bestimmung des Menschen und seine damit verbundene freie Wahl zwischen einer tierischen oder quasi-göttlichen Existenzstufe behauptet wurde; Papst Innozenz VIII. (Pontifikat: 1484–1492) verurteilte zunächst 13, schließlich aber alle Thesen als ketzerisch.

[Rede Gottes an Adam:] Keinen bestimmten Platz habe ich dir zugewiesen, auch keine bestimmte äußere Erscheinung und nicht irgendeine besondere Gabe habe ich dir verliehen, Adam, damit du den Platz, das Aussehen und alle die Gaben, die du dir selber wünschst, nach deinem eigenen Willen und Entschluss erhalten und besitzen kannst. Die fest umrissene Natur der übrigen Geschöpfe entfaltet sich nur innerhalb der von mir vorgeschriebenen Gesetze. Du wirst von allen Einschränkungen frei nach deinem eigenen freien Willen, dem ich dich überlassen habe, sie [deine Natur] dir selbst bestimmen. Ich habe dich in die Mitte der Welt gestellt, damit du von dort bequemer sehen kannst, was es in der Welt gibt. Weder habe ich dich himmlisch noch irdisch, weder sterblich noch unsterblich geschaffen, damit du wie dein eigener, in Ehre frei entscheidender, schöpferischer Bildhauer dich selbst zu der Gestalt ausformst, die du bevorzugst. Du kannst zum Niedrigeren, zum Tierischen entarten; du kannst

Nec certam sedem nec propriam faciem nec munus ullum peculiare tibi dedimus, o Adam, ut, quam sedem, quam faciem, quae munera tute optaveris, ea pro voto, pro tua sententia habeas et possideas. Definita ceteris natura intra praescriptas a nobis leges coercetur. Tu nullis angustiis coercitus pro tuo arbitrio, in cuius manu te posui, tibi illam praefinies. Medium te mundi posui, ut circumspiceres inde commodius, quicquid est in mundo. Nec te caelestem neque terrenum neque mortalem neque immortalem fecimus, ut tui ipsius quasi arbitrarius honorariusque plastes et fictor, in quam malueris tu te formam effingas. Poteris in inferiora, quae sunt bruta, degenerare, poteris in superiora, quae

aber auch zum Höheren, zum Göttlichen wiedergeboren werden, wenn deine Seele es beschließt. (Übersetzung RL)	sunt divina, ex tui animi sententia regenerari.

Giovanni Pico della Mirandola, Oratio de hominis digitate, 8.

Die sich aus diesem Anthropozentrismus ergebende kritische Haltung gegenüber der mittelalterlichen Scholastik verband den Renaissancehumanismus ebenso mit der reformatorischen Bewegung wie die Forderung nach einer umfassenden Reform der Kirche. Allerdings richteten sich die in Renaissance und Humanismus geltend gemachten Vorbehalte grundsätzlich gegen eine kirchlich-dogmatische Regulierung menschlichen Erkenntnisinteresses: Die so aufgewertete menschliche *Vernunft* wurde kritisch gegen die sowohl im nachtridentinischen Katholizismus als auch in den reformatorischen Konfessionen geltenden Autoritäten und dogmatischen *Glaubens*überzeugungen gewendet.

Die vom Renaissancehumanismus ausgehenden Impulse bildeten eine wichtige Wurzel für jene Umwälzungen und Neuorientierungen in Naturwissenschaft, Staatstheorie und Philosophie der frühen Neuzeit, die später in die Aufklärung mündeten. Die langfristige theologiegeschichtliche Bedeutung dieser Vorgänge ergab sich aus der mit ihnen verbundenen Tendenz zur Emanzipation vom kirchlich-dogmatischen Wahrheitsmonopol. Die erwähnten Umwälzungen werden hier nicht eigens dargestellt; in der Übersicht am Ende von Abschnitt 4 (Seiten 74–77) sind die maßgeblichen Vertreter dieser Neuorientierungen einschließlich ihrer wichtigsten Schriften in chronologischer Folge aufgeführt. Nachstehend wird lediglich ein kurzer Blick auf die Begründung der neuzeitlichen Philosophie durch René Descartes geworfen.

Im Denken von René Descartes (1596–1650) kommt nicht nur die für das neuzeitliche Denken typische kritische Haltung gegenüber traditionellen Gewissheiten zum Ausdruck, sondern es manifestiert sich auch der gleichfalls neuzeitspezifische Anspruch, durch umfassende und konsequente Anwendung der menschlichen Vernunft zu unbezweifelbar wahrer Einsicht in die ‚Natur der Dinge' zu gelangen: Für Descartes, der als ‚Vater der neuzeitlichen Philosophie' charakterisiert wurde, galten grundsätzlich alle Erkenntnisse zunächst einmal als unsicher; diese Zustimmungsverweigerung kann nur der Durchgang durch den radikalen methodischen Zweifel beenden, sofern erst dieser Zweifel schließlich zu eindeutig gesicherten und damit unbezweifelbaren Erkenntnissen führt.

Ich bin nunmehr genötigt, anzuerkennen, dass alles, was ich früher für wahr hielt, in Zweifel gezogen werden kann, und zwar nicht aus Unbesonnenheit oder Leichtsinn, sondern aus nachvollziehbaren und durchdachten Gründen. Ich muss deshalb meine Zustimmung gegenüber diesen Dingen ebenso deutlich zurückhalten wie gegenüber dem offenbar Falschen,	[C]ogor fateri nihil esse ex iis, quae olim vera putabam, de quo non liceat dubitare, idque non per inconsiderantiam vel levitatem, sed propter validas et meditatas rationes, ideoque etiam ab iisdem, non minus quam ab aperte falsis accurate deinceps assensionem

wenn ich überhaupt etwas Gewisses erreichen will. (Übersetzung RL)

esse cohibendam, si quid certi velim invenire.

R. Descartes, Meditationes de prima philosophia I 10 (Adam/Tannery, Band 7,21 f).

Im Durchgang durch den radikalen Zweifel avancierte bei Descartes schließlich die Selbstvergewisserung, d. h. die Vergewisserung der eigenen Existenz und Wahrheitsfähigkeit, zur Voraussetzung aller weiteren Gewissheit.

Und so [im konsequenten Durchgang durch den radikalen Zweifel], nachdem ich nun alles mehr als genug überdacht habe, ist schließlich festzustellen, dass dieser Satz: ‚Ich bin, ich existiere', sooft ich ihn ausspreche oder im Geist formuliere, notwendig wahr ist. (Übersetzung RL)

Adeo ut omnibus satis superque pensitatis denique statuendum sit hoc pronuntiatum: *ego sum, ego existo*, quoties a me proferetur vel mente concipitur, necessario esse verum.

R. Descartes, Meditationes de prima philosophia II 3 (Adam/Tannery, Band 7,25).

Diese Hervorhebung der *subjektiven* Gewissheit als Voraussetzung für das Fürwahrhalten *objektiver* Sachverhalte ist typisch für das später in die Aufklärung mündende neuzeitliche Denken. Bei Descartes selbst jedoch blieb die Wahrheit der durch den radikalen Zweifel gewonnenen subjektiven Gewissheiten noch an die Realität der Gottesidee gebunden. – Diesen Zusammenhang hat er in der 3. Meditation seiner schon zitierten „Meditationes de prima Philosophia" von 1641 in Gestalt eines Gottesbeweises dargestellt: Im Denken des sich seiner Existenz gewissen Wahrheitssuchers begegnet auch die Idee Gottes, die philosophisch als die Idee einer unendlichen Substanz bestimmt wird; diese Idee einer *unendlichen* Substanz kann aber von keiner *endlichen* Substanz hervorgebracht werden, sie muss ihr vielmehr vorausgehen. Daraus folgt, dass Selbstgewissheit und Wahrheitsfähigkeit des denkenden Ich (als nur endlicher Substanz) von der Existenz Gottes (als unendlicher Substanz) abhängen.

Die ganze Kraft des Arguments besteht darin, dass ich anerkenne: Es kann nicht sein, dass ich als die Natur existiere, die ich bin, nämlich die Idee Gottes in mir habend, wenn Gott nicht tatsächlich existierte, jener Gott, sage ich, dessen Idee in mir ist, der also all jene Vollkommenheiten besitzt, die ich nicht erfassen, aber in gewisser Weise im Denken erreichen kann. (Übersetzung RL)

[T]otaque vis argumenti in eo est, quod agnoscam fieri non posse, ut existam talis naturae qualis sum, nempe ideam Dei in me habens, nisi revera Deus etiam existeret, Deus, inquam, ille idem, cuius idea in me est, hoc est habens omnes illas perfectiones, quas ego non comprehendere, sed quocumque modo attingere cogitatione possum.

R. Descartes, Meditationes de prima philosophia III 38 (Adam/Tannery, Band 7,51 f).

Hier wird deutlich, dass Descartes auf einen von allen Glaubensvoraussetzungen unabhängigen rein rationalen Nachweis der Existenz Gottes zielte, der als unerschütterlicher Ausgangspunkt für die Konstruktion seines philosophischen Weltbildes dienen sollte. Die Möglichkeit eines solchen Nachweises ist im späten 18. Jahrhundert durch Immanuel Kant infrage gestellt worden (vgl. 4.6.2 sowie 2. Hauptteil, § 6.1.2; 6.2.1).

4.2 Die altprotestantische Orthodoxie

Bereits für die lutherische „Konkordienformel" (1577; vgl. 3.4) wie für die reformierte „Confessio Helvetica posterior" (1562/1566; vgl. 3.5) war gleichermaßen die Absicht einer systematischen Darstellung der verbindlichen kirchlichen Lehre typisch: Durch die Berücksichtigung möglichst aller Einzelaspekte jedes Themas sollten die evangelischen Bekenntnisaussagen umfassend abgesichert werden. – Damit war in beiden reformatorischen Konfessionen der Übergang zur sog. altprotestantischen Orthodoxie markiert. Dieses Stichwort charakterisiert die evangelische Theologie zwischen dem Ausgang der Reformation und dem Aufkommen der theologischen Aufklärung, also etwa zwischen 1580 und 1740. Dabei sind zwar *lutherische* und *reformierte* Orthodoxie zu unterscheiden; dennoch kann, bezogen auf das Gesamtphänomen, von der Ausbildung einer *evangelischen Scholastik* gesprochen werden: Die auf biblischer Grundlage agierenden streng systematisch gehaltenen umfangreichen Darstellungen der reformatorischen Theologie und des Inhalts der Bekenntnisschriften zielten darauf, die jeweils eigene konfessionelle Lehre – in oftmals polemischer Abgrenzung von abweichenden Auffassungen der anderen protestantischen Denomination – als allgemeingültige Wahrheit darzustellen (die lutherisch-reformierten Lehrdifferenzen sind in 3.4–3.6 genannt). Mit der Neuaufnahme der aristotelischen Logik und Metaphysik sollte eine Verbindung Philosophie und Theologie ermöglicht und den Standards neuzeitlicher Wissenschaftlichkeit entsprochen werden; allerdings stand die Orthodoxie den zeitlich ungefähr parallelen Umwälzungen und Neuorientierungen im europäischen Geistesleben der frühen Neuzeit insgesamt eher ablehnend gegenüber und leistete nur einen geringen Beitrag zur Rezeption des aufklärerischen Denkens in der evangelischen Theologie (wichtige Vertreter und ihre Hauptwerke aus der lutherischen und reformierten Orthodoxie werden – neben den Vertretern der frühneuzeitlichen Neuorientierungen in Naturwissenschaft, Staatstheorie und Philosophie [vgl. 4.1] und gemeinsam mit maßgeblichen

Altprotestantische Orthodoxie

– Bezeichnung für die evangelische Theologie zwischen Reformation und Aufklärung.
– Typisch: Systematische Darstellung der lutherischen bzw. reformierten Theologie mit wissenschaftlichem Anspruch.
– Betonung der Autorität der Bibel als göttlich inspirierter Grundlage kirchlicher Lehre und Praxis (Ausbau dieser Inspirationslehre in der lutherischen Theologie).

Repräsentanten der Übergangstheologie, des theologischen Wolffianismus und der Neologie [vgl. 4.5] – in der am Ende von Abschnitt 4 abgedruckten Übersicht genannt: Seiten 74–77).

Die Grundlage der orthodoxen Lehrsysteme bildete das strikte Festhalten an der Autorität der Bibel als einziger und unbedingt verbindlicher Grundlage kirchlicher Lehre und Praxis: Die Heilige Schrift galt als göttlich inspiriert und daher als identisch mit dem Wort Gottes, weshalb der Wortlaut der biblischen Texte als Werk des Heiligen Geistes aufgefasst wurde. Diese Theorie wurde – maßgeblich in den dogmatischen Darstellungen der lutherischen Theologie – zu einer ausführlichen Lehre ausgestaltet, deren Höhepunkt die Annahme der sog. *Verbalinspiration* bildete: Man ging davon aus, dass die einzelnen Wörter (lat. verba) der Bibel deren menschlichen Verfassern unmittelbar vom Heiligen Geist (lat. spiritus sanctus) übermittelt worden sind (vgl. 2. Hauptteil, § 5.2.1). Die damit verbundene Orientierung der theologischen Lehrbildung an der Heiligen Schrift stand einerseits in der Tradition der Reformatoren; sie richtete sich andererseits sowohl gegen die katholische Hochschätzung der Tradition (vgl. 2. Hauptteil, § 5.2.2) als auch gegen die sich im neuzeitlichen Denken zunehmend durchsetzende Tendenz, Wahrheitsüberzeugungen an subjektive Gewissheit zurückzubinden (vgl. die Hinweise zu René Descartes in 4.1).

In eine Krise geriet die Orthodoxie aus verschiedenen Gründen. Zum einen wurde das orthodoxe Interesse an der Wahrheit einer aller subjektiven Frömmigkeit vorgegebenen objektiven Lehre zunehmend als lebensferner Doktrinalismus aufgefasst – hier machte sich der Einspruch des Pietismus geltend (vgl. 4.3). Zum anderen verband sich bereits im englischen Deismus (vgl. 4.4) die Kritik an den Wahrheitsansprüchen konfessioneller Theologien mit einer Kritik an der von der Orthodoxie behaupteten Autorität der Bibel; mit der – von der deutschen Neologie forcierten – Durchsetzung der Bibelkritik wurde die Identifikation von Schrift und Wort Gottes dann endgültig aufgelöst (vgl. 2. Hauptteil, § 5.2.3); die mit der Durchsetzung des philosophischen Rationalismus in der evangelischen Theologie eingeleitete theologische Rezeption der Aufklärung in der Neologie (vgl. 4.5) führte darüber hinaus zu einer Kritik an etlichen überlieferten Lehraussagen der Kirche, insbesondere im Bereich der Trinitätslehre, der Christologie und der Erbsündenlehre (vgl. zur Kritik der Aufklärungstheologie an der Erbsündenlehre: 2. Hauptteil, § 9.3.2).

Einen Überblick zur Entwicklung und den Hauptvertretern der altprotestantischen Orthodoxie geben:
- J. Wallmann, Lutherische Orthodoxie (RGG^4 6);
- Th. Kaufmann, Reformierte Orthodoxie (RGG^4 6);
- W.-D. Hauschild, Lehrbuch der Kirchen- und Dogmengeschichte, Band 2, 433–451 (= § 15,11–13);
- U. G. Leinsle, Einführung in die scholastische Theologie, 283–306.

4.3 Der deutsche lutherische Pietismus

Beim Wort *Pietismus* (von lat. pius: fromm) handelt es sich ursprünglich um eine polemisch gemeinte Fremdbezeichnung für die übertriebene ‚Frömmelei' solcher Christen, die zur (mindestens teilweisen) Absonderung von der Amtskirche neigten. Die damit bezeichnete vielschichtige Bewegung entstand um 1670 gleichermaßen innerhalb der lutherischen wie der reformierten Kirche.

Den Hintergrund der Entstehung des Pietismus bildete eine massive Unzufriedenheit mit den Zuständen in der evangelischen Kirche: Die von der Reformation angeregte umfassende Erneuerung des Christentums sei im Bereich der kirchlichen *Lehre* zwar vollzogen, die Durchdringung des *Lebens* mit christlichem Geist stehe aber noch aus; dazu bedürfe es einer neuen Reformation. Die erste Reformation sei nämlich in ein Gewohnheitschristentum eingemündet, das zwar durch das landesherrliche Kirchenregiment institutionell gesichert sei und durch die Theologen der altprotestantischen Orthodoxie dogmatisch korrekt verwaltet werde, dem aber der Geist der christlichen Liebe fehle.

Der lutherische Pietismus in Deutschland wurde durch Philipp Jakob Spener (1635–1705) begründet. Es ging ihm um die Bildung einer kleinen Kirche (der Frommen) in der (Gesamt-) Kirche (lat. ecclesiola in ecclesia); diese ecclesiola (wörtl.: Kirchlein) sollte Träger und Motor einer Reform der Gesamtkirche werden. Es handelte sich also um einen kirchlich integrierten und nicht um einen separatistischen (zur Absonderung von der Amtskirche neigenden) Pietismus.

Spener hat seine Reformkonzeption im Jahre 1675 der Öffentlichkeit unter dem Titel „Pia desideria" (Fromme Wünsche) vorgestellt (die von Spener selbst angefertigte lateinische Übersetzung des Textes stammt aus dem Jahr 1678). In dieser Schrift beklagte er zunächst die Verdorbenheit des kirchlichen Lebens: Der Pflichtvergessenheit der *weltlichen Obrigkeit* bezüglich der Fürsorge für die Kirche und dem veräußerlichten Glauben der *Gemeindeglieder* entspricht das Fehlen eines lebendigen Glaubens beim *Predigerstand*. Deshalb ist nach Spener die Anzahl wahrer Jünger Christi, also solcher Christen, die das Liebesgebot Jesu in ihrem Lebensvollzug tatsächlich realisieren, äußerst gering.

[D]as allerbetrüblichste ist / daß von solchen vielen predigern ihr leben und der mangel an glaubensfrüchten anzeiget / daß es ihnen selbs an dem glauben mangele: [...] Da sie auß der schrifft / aber allein dero buchstaben / ohne würckung deß Heiligen Geistes auß menschlichem fleiß / wie andere in andern studiis dardurch etwas erlernen / die rechte ' lehr zwar gefast / solcher auch beypflichten / und sie andern vorzutragen wissen / aber von dem wahren himmlischen liecht und leben deß glaubens gantz entfernet sin [...]	Illud vero omnium tristissimum est, quod multorum, qui verbi ministerio fungantur, vita fructibus fidei destituta satis manifeste arguit, ipsa eos fide destitui: [...] Cum ex scriptura, vel mera hujus litera, absque spiritus divini operatione, humani studii industria, qua alii alias literas excolunt & ex iis proficiunt, doctrinam veritates quidem cerebro impresserint, eam assensu aliquo amplectantur, & pro captu suo aliis proponant, ab ipsa vero luce caelesti & fidei veritate vitaque longissime absint. [...]

Unser liebe Heyland hat uns vorlängst das merckmal gegeben / Johan. 13. v. 35. *Daran wird jederman erkennen / daß ihr meine Jünger seyd / so ihr liebe unter einander habt.* Hie wird die liebe zum kennzeichen gemacht / und zwar eine solche liebe / die sich offentlich hervor thue [...] Urtheilen wir nun nach diesem kennzeichen: wie schwer wird es unter einem grossen hauffen vorgegebener / nur eine geringe anzahl recht wahrer Jünger Christi zu finden?	Dilectissimus Salvator noster *gnorisma* hoc dudum tradidit Joh. 13,35. *Ex hoc cognoscent omnes, quod discipuli mei, sitis, si Charitatem inter vos habueritis mutuam.* Hinc Charitas indicium constituitur, & quidem talis charitas, quae se publice exserat [...] Ex hoc charactere si judicemus, quam difficile fuerit, in frequenti eorum, qui nomine hoc gloriantur, caetu etiam exiguum numerum verorum discipulorum Christi reperire?

Ph. J. Spener, Pia desideria, 32,6–9.12.15–17/33,6–8.11.13–16; 54,1–5.7–9/55,1–4.6–8.

Im weiteren Verlauf der Schrift entfaltete Spener seine Erwartung einer Überwindung der beschriebenen Missstände und die entsprechende Hoffnung auf einen besseren Zustand der Kirche; diese Aussicht begründete er unter Rückgriff auf biblische Verheißungen, namentlich in Anlehnung an Röm 11,25 f und Apk 18 f. Aus diesen Verheißungen leitete Spener eine Aufforderung zur Mitwirkung der Christen an der Realisierung dieser Ankündigungen Gottes ab; damit war eine Ethik christlicher Weltgestaltung begründet (vgl. 2. Hauptteil, § 14.3.1). Der damit verbundene religiöse Aktivismus wurde zunächst zum prägenden Merkmal des von August Hermann Francke (1663–1727) begründeten Halleschen Pietismus, der eine durch Bekehrung und geistliche Wiedergeburt des Christen motivierte Weltverbesserung im Sinne von Gottes Ordnung intendierte. Dieser Aktivismus verband sich später im Religiösen Sozialismus mit den gesellschaftspolitischen Ambitionen der Sozialdemokratie (vgl. 6.1.2).

Deutscher Pietismus

- Begründet durch Philipp Jakob Spener (Pia Desideria, 1675).
- Zentrales Interesse: Durchdringung des kirchlich-gesellschaftlichen Lebens mit christlichem Geist (Vollendung der Reformation).
- Mittel: Kultivierung des individuellen Glaubens, umfassende Praktizierung christlicher Nächstenliebe.
- Gegnerschaften: Orthodoxie (Vorrang der Lehre); Aufklärung (Hochschätzung der Vernunft).

Den Zielpunkt von Speners Programmschrift bildeten sechs Vorschläge zu konkreten Reformmaßnahmen. Gefordert wurde (1) eine durch stärkere Privatlektüre und die Einrichtung von Lesekreisen intensivierte Beschäftigung mit der Bibel. Dem entsprach (2) die Forderung einer stärkeren Beteiligung der Laien in den Gemeinden. Für die christliche Lebenswirklichkeit insgesamt sollte (3) die Praxis christlicher Nächstenliebe als einer Frucht des Glaubens im Mittelpunkt stehen; demgegenüber sollten (4) die dogmatischen Auseinandersetzungen zwischen den protestantischen Konfessionen eingeschränkt und zurückhaltend geführt werden. Weiter (5) sollte bereits die Ausbildung der Geistlichen (das Studium der Theologie) nicht in erster Linie auf dogmatische Gelehrsamkeit, sondern auf die Bildung der individuellen Frömmigkeit ausgerichtet sein; davon sollte schließlich (6) die kirchliche Predigt profitieren, als deren Ziel nicht intellektuelle Belehrung, sondern existentielle Erbauung festgeschrieben wurde.

Es ist deutlich, dass die von Spener angestoßene pietistische Bewegung trotz ihres Bemühens um kirchliche Integration mit der noch von der Orthodoxie geprägten protestantischen Religionskultur der damaligen Zeit in Konflikt geraten musste. Beargwöhnt wurde – neben dem geringen Interesse an Fragen der wahren kirchlichen Lehre (vgl. z. B. Speners 4. bis 6. Reformmaßnahme) – vor allem die Tendenz zur Lockerung der festen Ordnungen des kirchlichen Lebens etwa durch die Einrichtung von Bibellesekreisen und die Forderung nach stärkerer Beteiligung von Laien in den Gemeinden. Insgesamt stand der Pietismus mit seinem Interesse an der Herbeiführung, Stärkung und praktischen Bewährung der individuellen Glaubensgewissheit dem auf subjektive Vergewisserung zielenden neuzeitlichen Denken näher als der ‚Objektivismus' der altprotestantischen Orthodoxie. Die entscheidende Differenz zwischen der pietistischen Bewegung einerseits und dem in die Aufklärung mündenden neuzeitlichen Denken andererseits ergab sich daraus, dass im Pietismus die *Glaubens*gewissheit und nicht die *Vernunft*gewissheit im Mittelpunkt stand. Daher konnte sich der Pietismus ungeachtet der genannten Differenzen durchaus auch mit der Orthodoxie verbinden, wenn es um den Kampf gegen die Aufklärung ging.

Als einschlägiges Beispiel für den Konflikt zwischen Pietismus und Aufklärung in Preußen kann die Vertreibung des Philosophen Christian Wolff (1679–1754) aus Preußen im Jahre 1723 gelten. Wolff war seit 1706 Professor für Mathematik (und seit 1715 auch für Physik) an der Universität Halle. Es war sein Ziel, mit Hilfe des Instrumentariums der exakten Wissenschaften eine rational unanfechtbare Grundlage religiöser Aussagen zu entwerfen. Wolffs unter dem Namen „Deutsche Metaphysik" bekannt gewordene „Vernünfftige Gedancken Von GOTT, Der Welt und der Seele des Menschen" (1723) sind eine solche philosophische Propädeutik (Vorbereitung) für theologische Argumente. Dieses von Wolff selbst als Unterstützung für die Theologie gemeinte Unternehmen haben die pietistischen Theologen der Universität, namentlich August Hermann Francke und Joachim Lange (1670–1744) als eine unzulässige Ausweitung des Vernunftgebrauchs in der Theologie betrachtet. Der lange schwelende Konflikt kam zum offenen Ausbruch, als Wolff in einer (anlässlich der Übergabe des Prorektorats der Universität an Lange gehaltenen) akademischen Festrede am 12. Juli 1721 die praktische Philosophie der Chinesen als Beispiel dafür anführte, dass auch nichtchristliche Völker nach richtigen moralischen Grundsätzen leben können. – Der christliche Glaube stärkt nach Wolff zwar die *Motivation* zu tugendhaftem Handeln; die *inhaltliche* Bestimmung des Guten ist aber auch unabhängig vom Glauben möglich (vgl. 2. Hauptteil, § 15.2.2). Von den Pietisten wurde Wolff wegen seiner Auffassung offen als glaubensfeindlich bezeichnet und des Atheismus verdächtigt; König Friedrich Wilhelm I. (Regentschaft: 1713–1740) ordnete am 8. November 1723 persönlich an, Wolff habe Preußen innerhalb von 48 Stunden zu verlassen. Der seitdem im hessischen Marburg wirkende Philosoph kehrte erst nach dem Regierungsantritt des aufklärungsfreundlichen Friedrich II. (Regentschaft: 1740–1786) nach Halle zurück.

Einen Überblick zur Vorgeschichte, den Hauptrichtungen und der Wirkungsgeschichte des Pietismus bietet:

- W.-D. Hauschild, Lehrbuch der Kirchen- und Dogmengeschichte, Band 2, 680–720 (= § 18,6–13).

📖📖 Detaillierte Darstellungen des Pietismus enthalten:
- E. Hirsch, Geschichte der neuern evangelischen Theologie, Band 2, 91–317 (= Kapitel 20–23);
- P. Schicketanz, Der Pietismus von 1675 bis 1800.

📖📖 Die Auseinandersetzung zwischen Pietismus und Aufklärungsphilosophie am Beispiel der Vertreibung Wolffs aus Preußen im Jahre 1723 beschreiben:
- C. Hinrichs, Preußentum und Pietismus, 388–441;
- A. Beutel, Causa Wolffiana.

4.4 Der englische Deismus

Beim sog. Deismus handelt es sich um eine der Vor- oder Frühaufklärung zuzuordnende geistige Bewegung, die vom Ende des 17. bis um die Mitte des 18. Jahrhunderts eine wichtige Rolle in England spielte und auch auf das religiöse Denken des europäischen Festlands gewirkt hat. Angesichts der Tatsache, dass die durch die Reformation bedingte Koexistenz unterschiedlicher Konfessionen zu vielfach blutigen Konflikten geführt hatte, suchte der Deismus nach einer allen einzelnen Konfessionen gemeinsamen – und daher, im Unterschied zu den konfessionellen Sonderlehren, nicht mehr konfliktträchtigen – religiösen Basis. Dabei sollte es sich um eine *natürliche Religion* handeln, die ein friedliches Zusammenleben der Menschen sichern kann, weil sie allen Menschen von Natur aus zukommt. Und weil zur *menschlichen* Natur die *Vernünftigkeit* gehört, musste die Richtigkeit der Grundsätze der natürlichen Religion für alle Menschen aufgrund vernünftiger Überlegung nachvollziehbar sein. Als ein wichtiger Vorläufer bei der Herausbildung des Begriffs einer natürlichen Religion gilt Herbert von Cherbury (1583–1648); als Hauptvertreter des Deismus können John Locke (1632–1704), John Toland (1670–1722) und Matthew Tindal (1657–1733) gelten (zur konkreten Ausgestaltung des deistischen Konzepts einer natürlichen Religion vgl. 2. Hauptteil, § 1.1.2).

Englischer Deismus
- Geistige Bewegung in England vom Ende des 17. bis zu Mitte des 18. Jahrhunderts.
- Zentrales Interesse: (Re)-Konstruktion einer natürlichen Religion, die allen konfessionell-partikularen Ausprägungen menschlicher Religiosität zugrunde liegt.
- Distanzierung von allen äußerlichen Autoritäten einschließlich der Bibel.

Der Deismus kann als religionsphilosophische Parallelerscheinung zu der in der frühneuzeitlichen Staatslehre im Bereich der politischen Theorie entstandenen *Naturrechtstradition* aufgefasst werden (Hugo Grotius, 1583–1645; Thomas Hobbes, 1588–1679; Samuel von Pufendorf, 1632–1694; John Locke, 1632–1704 – vgl. die Übersicht am Ende von Abschnitt 4: Seiten 74–77): Die Konfessionskriege hatten gezeigt, dass religiöse Überzeugungen den politischen Frieden nicht (mehr) garantierten, sondern ihn eher gefährdeten; angesichts dieser Einsicht diente als ‚vorreligiöse' Grundlage politischen Friedens der Begriff eines für alle Menschen gleichermaßen als verbindlich einsehbaren und von religiösen Setzungen unabhängigen natürlichen Rechts. Mit dem deistischen Interesse an einer rational plausiblen religiösen Basis für eine von den konfliktträchtigen konfessionellen Differenzen unabhängige Ethik verband sich unweigerlich die Tendenz zur Ausscheidung aller von der Vernunft nicht nachvollziehbaren Aspekte der christlichen Lehre: Die Bindung an äußerlich vorgegebene Autoritäten und Handlungsmaximen, von deren Geltung der Mensch nicht innerlich vollständig überzeugt war, wurde infrage gestellt. Aus diesem Grund wurden die Deisten auch als *Freidenker* bezeichnet; das Wort entstammt dem von Anthony Collins (1676–1729) verfassten „Discourse of Free-Thinking" (1713). Die geforderte Freiheit des Denkens artikulierte sich nicht zuletzt in Gestalt eines kritischen Umgangs mit der Bibelautorität (vgl. 2. Hauptteil, § 5.2.3); deren Geltung wurde auf jene Aussagen beschränkt, die mit den Grundsätzen der natürlichen Vernunftreligion im Einklang standen. Dies führte teilweise zu einer konsequenten Kritik des Wahrheitsgehaltes sowohl der in den Evangelien enthaltenen Wundergeschichten (Thomas Woolston, 1669–1732: „Discourses on the Miracles of our Saviour", 1727–30) als auch der Überlieferung über die Auferstehung Jesu (Peter Annet, 1693–1769: „The Resurrection of Jesus", 1744).

Einen Überblick zu Entwicklung und den Hauptvertretern des englischen Deismus bieten:
– E. Hirsch, Geschichte der neuern evangelischen Theologie, Band 1, 244–344 (= Kapitel 12–15);
– H. Graf Reventlow, Freidenkertum (Deismus) und Apologetik, 185–214.

4.5 Voraussetzungen, Merkmale und wichtige Vertreter der deutschen Neologie

Das Wort *Neologie* (neue Lehre) dient in der Theologiegeschichtsschreibung als Bezeichnung für die evangelische Theologie der deutschen Aufklärung. Die entscheidende Voraussetzung des Erfolgs der Neologie und der damit verbundenen konsequenten Abkehr von der Orthodoxie bildete die Durchsetzung des von René Descartes und Baruch de Spinoza (1632–1677) begründeten und in Deutschland durch Gottfried Wilhelm Leibniz (1646–1716) und Christian Wolff (vgl. 4.3) repräsentierten philosophischen Rationalismus in der evangelischen Theologie.

Dass die Vernunftorientierung der *philosophischen* Aufklärung in der evangelischen *Theologie* dieser Zeit Fuß fassen konnte, hängt nicht zuletzt mit dem insgesamt positiven Verhältnis der *deutschen* Aufklärungsphilosophie zu Kirche und Religion zusammen. In der *französischen* Aufklärung war dies anders. Die Betätigung der Vernunft sollte hier zunächst der Befreiung des Menschen von der Herrschaft einer als intellektuell und moralisch korrupt stigmatisierten Kirche dienen, deren engstirniger Dogmatismus dem moralischen Fortschritt im Wege stehe; als maßgeblicher Vertreter dieser Richtung der französischen Aufklärung gilt der vom englischen Deismus (vgl. 4.4) geprägte Schriftsteller und Philosoph Voltaire (François-Marie Arouet, 1694–1778). Über diese *kirchen- und christentumskritische* Tendenz hinaus entwickelte sich dann aber auch eine radikale Religionskritik, für die ausschließlich ein *konsequenter Atheismus* die Förderung von Glück und Sittlichkeit des Menschen gewährleisten konnte; maßgebliche Vertreter dieser radikal religionsfeindlichen Richtung waren Julien Offray de La Mettrie (1709–1751) sowie Paul-Henri Thiry d'Holbach (1723–1789), dessen „Système de la nature" von 1770 als ‚Bibel des französischen Materialismus' bezeichnet wird. Die – neben Voltaire – wirkmächtigste Gestalt der französischen Aufklärung, der im calvinistischen Genf geborene und nach der Konversion zum Katholizismus zum reformierten Glauben zurückgekehrte Philosoph Jean Jacques Rousseau (1712–1778), lehnte die in Atheismus mündende radikale Religionskritik allerdings ab und entwickelte eine von allen aus übernatürlicher Offenbarung stammenden Elementen freie Vernunftreligion.

Die Rezeption des philosophischen Rationalismus in der evangelischen Theologie, die den um 1740 vollzogenen Durchbruch der Neologie vorbereitete, vollzog sich in unterschiedlicher Weise.

– Bereits die *lutherische Orthodoxie* hatte die positive Würdigung einer rational-philosophisch gesicherten Grundlage für die auf die biblische Offenbarung gestützten Aussagen der Theologie vorbereitet.

Greifbar wird dies bei Johannes Musäus (1613–1681), dem bedeutendsten Repräsentanten der Jenenser Richtung des orthodoxen Luthertums: Noch im Jahre 1668 hatte Musäus in einer gegen Herbert von Cherbury, einen Vorläufer des englischen Deismus (vgl. 4.3), gerichteten Schrift die Insuffizienz der Vernunft zur heilsrelevanten Gotteserkenntnis behauptet („De luminis naturae insufficientia ad salutem": Über das Ungenügen des Lichtes der Natur zum Heil); in seiner elf Jahre jüngeren „Introductio in theologiam" (Einführung in die Theologie) entwickelte er dann selbst eine auf menschlicher Vernunfterkenntnis beruhende Gotteslehre, die er als Vorstufe zur christlichen Wahrheitserkenntnis verstanden hat; in dieser Auffassung spiegelt sich ein inklusives Offenbarungsverständnis (vgl. 2. Hauptteil, § 3.2.1).

– Eine weitere Station auf dem Weg zur Neologie markiert die *Übergangstheologie*, die eine konsequente Abgrenzung von Orthodoxie und Pietismus vermieden und zugleich die umfassende theologische Rezeption der Philosophie Christian Wolffs vorbereitet hat.

Als maßgeblicher Vertreter dieser Richtung gilt Johann Franz Buddeus (1667–1729), der sich zwar kritisch mit Wolffs Philosophie auseinandergesetzt, im Anschluss an Musäus an der theologischen Brauchbarkeit einer philosophischen Gotteslehre gleichwohl festgehalten hat. Der theologischen Linie von Buddeus folgte auch sein Schwiegersohn Johann Georg Walch (1693–1775), dessen bekannteste Leistung in der Edition einer 24bändigen Ausgabe der Schriften Luthers besteht. Weiter machte er sich um eine unpolemische Aufarbeitung der theologischen Differenzen im Protestantismus verdient. Der aus der Hochschätzung der philosophischen Vernunft für die theologische Erkenntnis resultierende Grundsatz, dass die aus Offenbarung gewonnenen Aussagen der Vernunfteinsicht nicht widersprechen dürfen, hatte bereits bei Christoph Matthäus Pfaff (1686–1760) zu einer Abschwächung der orthodoxen Lehre von der göttlichen Inspiration der Bibel (vgl. 4.2; 2. Hauptteil, § 5.2.3) geführt.

– Während die Übergangstheologie eher an der subjektiven Vergewisserung des christlichen Glaubens interessiert war und damit an den Pietismus anschloss, begriff der *theologische Wolffianismus* die christliche Lehre als ein Denkgebäude, dessen Rationalität und Plausibilität auch unabhängig von subjektiven Glaubenserfahrungen erwiesen werden kann; dies bedeutete faktisch ein Zurücklenken zum orthodoxen Objektivismus, allerdings unter Rückgriff auf die Philosophie Wolffs (und nicht mehr, wie in der Orthodoxie, auf die des Aristoteles [vgl. 4.2]) sowie unter den Bedingungen einer im Namen der menschlichen Vernunft bereits relativierten Bibelautorität.

Eine für diese Richtung der evangelischen Theologie typische Persönlichkeit war der dem Pietismus Franckescher Prägung entstammende Hallenser Theologieprofessor Siegmund Jakob Baumgarten (1706–1757), dessen durch Johann Salomo Semler (1725–1791) in den Jahren 1759/1760 posthum herausgegebene dreibändige „Evangelische Glaubenslehre" als die erste in deutscher Sprache verfasste wissenschaftliche Dogmatik gilt. Baumgarten, der sich maßgeblich um die Verbreitung der englischen deistischen und antideistischen Literatur in Deutschland verdient gemacht hat, verknüpfte in seiner Theologie – zum Entsetzen von Joachim Lange (vgl. 4.3) – das pietistische Interesse an der Heilserlangung mit dem vom Pietismus erbittert bekämpften Intellektualismus und Rationalismus der Philosophie Wolffs. Von besonderer Bedeutung war in diesem Zusammenhang sein Verständnis der Bekehrung als Ergebnis einer Belehrung

Voraussetzungen der Neologie

– Positive Würdigung einer philosophischen Gotteserkenntnis in der Orthodoxie.
– Vorbereitung der theologischen Wolff-Rezeption durch die Übergangstheologie.
– Rezeption des philosophischen Rationalismus im theologischen Wolffianismus.

des Verstandes, mit der sich ein volkspädagogisches Predigtverständnis verband, das im Zeitalter der Neologie umfassend zum Durchbruch kommen sollte. Insgesamt orientierte sich der theologische Wolffianismus an der von Wolff entwickelten Einsicht, nach der die vernünftige Gotteserkenntnis eine philosophische Propädeutik für die auf Offenbarung beruhenden Aussagen der Theologie darstellt und durch die Offenbarungswahrheiten bekräftigt und vertieft, keinesfalls aber aufgehoben wird. In der Folgezeit ergab sich allerdings die nahe liegende Grundsatzfrage nach der sachgerechten Bestimmung des Verhältnisses von Vernunft und Offenbarung; die theologischen Wolffianer optierten hier unterschiedlich: So hat z. B. der Tübinger Philosophieprofessor Israel Gottlieb [latinisiert: Theophilus] Canz (1690–1753) die Offenbarungswahrheiten als zwar nicht widervernünftig, wohl aber übervernünftig betrachtet und diese Zuordnung als die für die Theologie relevante Einsicht der Leibniz-Wolffschen Philosophie festgehalten. Dagegen hat Johann Lorenz Schmidt (1702–1749) in seiner „Wertheimer Bibel" (1735) den Versuch gemacht, in Gestalt einer modernisierenden Paraphrase des Bibeltextes dessen Aussagen als restlos mit der menschlichen Vernunft vereinbar auszuweisen. Der (wie schon Baumgarten) mit dem englischen Deismus gut vertraute Schmidt (von ihm stammt die 1741 publizierte – und bis heute einzige – deutsche Übersetzung von Matthew Tindals „Christianity as Old as the Creation"; vgl. 4.3 sowie 2. Hauptteil, § 1.1.2) ist durch diesen Ansatz zum Vorläufer des theologischen Rationalismus geworden. Auf Betreiben von Joachim Lange hat man ihn

> **Merkmale der Neologie**
>
> – Kritik am orthodoxen Inspirationsdogma und Beförderung der historisch-kritischen Bibelauslegung in der evangelischen Theologie.
> – Problematisierung der biblischen Begründung (und damit der Verbindlichkeit) der kirchlichen Dogmen und reformatorischen Bekenntnisse.
> – Interesse am Aufweis der Lebensrelevanz des christlichen Glaubens im Horizont der Aufklärung.

beim Reichshofrat wegen Religionsspötterei verklagt und tatsächlich in Untersuchungshaft genommen, der er sich jedoch nach einiger Zeit entziehen konnte.

Der Regierungsantritt Friedrichs II. als König von Preußen im Jahre 1740 markiert insofern eine Zäsur in der deutschen Theologiegeschichte, als dieser von der zeitgenössischen französischen Philosophie geprägte Herrscher den Ideen der Aufklärung gegenüber aufgeschlossen war und ihrer Verbreitung keine politischen Hindernisse mehr in den Weg stellte. Die dadurch forcierte Durchsetzung der Neologie veränderte die theologische Gesamtsituation insofern grundlegend, als nun die orthodoxen Lehrsysteme sowohl im Blick auf ihre Voraussetzungen als auch hinsichtlich ihrer inhaltlichen Durchführung einer umfassenden Kritik ausgesetzt wurden.

Die grundlegende Voraussetzung der orthodoxen Lehrsysteme bildete das Festhalten an der Autorität der (als inspiriert geltenden) Bibel aufgrund der Behauptung einer Identität von Heiliger Schrift und Wort Gottes. Dieses Inspirationsdogma wurde – nach der bereits im englischen Deismus vollzogenen Bibelkritik – schon in der Übergangstheologie aufgeweicht (Christoph Matthäus Pfaff, s. o.); die Neologie hat hier angeknüpft und schließlich eine *kritische Untersuchung der biblischen Schriften als allgemein akzeptierte Basis protestantischer Bibelauslegung* durchgesetzt und damit der im 19. Jahrhundert endgültig erfolgten Durchsetzung der historisch-kritischen Methode vorgearbeitet (vgl. 5.2; 2. Hauptteil, § 5.2.3 sowie – zu den Folgelasten dieses Prozesses – § 5.3). Das mit dieser Auslegungsmethode unweigerlich verbundene Verständnis der biblischen Schriften als historischer Dokumente menschlichen Ursprungs, die unterschiedlichen religionsgeschichtlichen Kontexten entstammen, führte zu einer *Problematisierung der biblischen Begründung – und damit der Geltungskraft – jener kirchlichen Lehren, die in den altkirchlichen Dogmen (vgl. 1.3) und den reformatorischen Bekenntnissen (vgl. 3.4/3.5) fixiert sind.* – Der von der Durchsetzung des Rationalismus Wolffscher Prägung beförderte unbefangene Vernunftgebrauch in der evangelischen Theologie führte also zu Schrift- und Dogmen- sowie Bekenntniskritik und destruierte damit die theologischen Eckpfeiler der altprotestantischen Orthodoxie.

Wichtige Vertreter der Neologie hatten kirchenleitende Ämter inne. Nicht zuletzt damit hängt der christentums- und kirchenfreundliche Charakter dieser theologischen Bewegung zusammen. Ihr ging es insgesamt darum, die Relevanz des christlichen Glaubens unter den Bedingungen der Aufklärung zu erweisen. Dabei stand, wie bereits im Pietismus (vgl. 4.3), die *Bedeutung des Glaubens für die christliche Lebenspraxis des Einzelnen* im Zentrum: An die Stelle der überlieferten dogmatischen Lehrbestände, die als von vernunftwidrigen Lehren und lebensfremden Spekulationen dominiert galten, sollte eine vernünftige Durchdringung der Offenbarungsinhalte treten, die zu einem rational verantwortbaren Glauben führen würde; dieser könnte die Menschen zu einem tugendhaften und dadurch glücklichen Leben anleiten. Die skizzierte Intention spiegelt sich bereits in dem vom Berliner Propst und Oberkonsistorialrat Johann Joachim Spalding (1714–1804) erstmals 1748 publizierten und zum Bestseller avancierten Text „Die Bestimmung des Menschen" (^{13}1794). Konsequenterweise hat Spalding die Anleitung zu einem solchen tugendhaft-glücklichen Leben als Aufgabe der kirchlichen Predigt festgeschrieben. In Spaldings Spätschrift „Religion, eine Angelegenheit des Menschen" (1797) sind dann seine wesentlichen Intentionen noch einmal gebündelt:

– Gibt sich der einzelne Mensch über den ‚Sinn seines Lebens' Rechenschaft, so findet er in sich das Bedürfnis nach einem auf Tugendhaftigkeit beruhenden glücklichen Leben vor:

Das einzige feste und Zuverlässige muß [...] der bedachtsame Mensch in sich selbst, in der unveränderlichen Beschaffenheit und Einrichtung seines Wesens aufsuchen [...] Was uns aber in jener ernsthaften Nachfrage bey uns selbst [...] zuerst, als das Nächste, aufstößt und bewußt wird, das ist unstreitig: *Trieb zum Wohlseyn.* [...] Wir sind also durch die ursprüngliche Einrichtung unseres Wesens dazu gemacht, daß wir nach Glückseligkeit streben. [...]
Wir werden uns freylich, unter den verschiedenen Arten des Vergnügens, besonders Einer bewußt [...] Ich meine damit die angenehme Empfindung des Beyfalls und des Wohlgefallens, die wir bey und wegen einer gewissen Gattung der Gesinnung und der darnach eingerichteten Handlungsweise an uns spüren [...] – und das ist das große Grundgefühl der *Moralität,* des ewig nicht zu verwirrenden Unterschiedes zwischen dem, was *Recht* und dem, was *Unrecht* ist. [...]
Es soll uns, als Menschen, vor allen andern um Gründung, Befestigung und Erhöhung unserer moralischen Güte und, in Übereinstimmung mit dieser, um Selbsterhaltung und angenehmen Genuß des Lebens zu tun seyn.
J. J. Spalding, Religion, eine Angelegenheit des Menschen, 1. Abschnitt (Kritische Ausgabe I 5, 13,23–14,1; 14,25 f; 14,30 f-15,1; 15,4–6; 16,13 f.21–24; 17,7–10; 22,30–23,4).

– Die Religion wird für den Menschen interessant als Motivationsverstärker zu tugendhaftem Handeln [a] und als Verstärker menschlichen Glücksempfindens [b]:

Gotteserkenntniß und Gottesverehrung [...] muß nothwendig dem denkenden Menschen interessant werden, [...] sobald ihm deren genaue Verbindung mit den großen ursprünglichen Grundtrieben seines vernünftigen Wesens [...] einleuchtet, und sobald er die verschiedenen Seiten kennen lernt, von welchen eine reine religiöse Denkart dem moralischen Gefühle mehr Wirksamkeit und Erleichterung [a], dem Verlangen nach Glückseligkeit mehr Aufmunterung und Sicherheit [b], also dem ganzen, einzig würdigen Zwecke der Menschheit mehr Unterstützung und Hülfe giebt.
[a] Der Gedanke, daß der Urheber unsrer Natur uns auch [...] das tief darein geprägte Bewußtseyn von Recht und Pflicht gegeben hat, führet unstreitig etwas Seelerhebendes bey sich [...] Denn dadurch wird die Verbindlichkeit zur Tugend [...] zugleich ein eigentliches unverletzliches Gesetz des höchsten Gebieters.

[b] [Für unser Wohlbefinden ist es] ganz etwas anders: ob wir [...] immer einer durchaus unsichern Erwartung [...] überlassen sind, oder uns unter der Hand einer mit Verstand und Absicht handelnden, alles verbindenden und alles regierenden, gütigen Macht befinden.
J. J. Spalding, Religion, eine Angelegenheit des Menschen, 1. Abschnitt (Kritische Ausgabe I 5, 25,14–16.18–20.23–29; 26,14–17.19–22; 41,8.10–14).

Die für die Neologie typische Problematisierung einer biblischen Begründung der kirchlichen Lehren, die in den altkirchlichen Dogmen und den reformatorischen Bekenntnissen fixiert waren, hat ihren ersten relevanten Ausdruck in der Kritik gefunden, die von dem (theologisch sonst durchaus konservativen) Leipziger Theologen Johann August Ernesti (1707–1781) an der Lehre vom dreifachen Amt Christi (als Prophet, Priester und König) geübt worden ist (vgl. 2. Hauptteil, § 10.3.3). Überhaupt wurde die überlieferte Christologie zu einem bevorzugten Ziel der neologischen Dogmenkritik. So hat etwa Johann Gottlieb Töllner (1724–1774), ein in Frankfurt/Oder lehrender Schüler von Siegmund Jakob Baumgarten, nicht nur den Exklusivitätsanspruch des Trinitätsdogmas in seiner 325/381 fixierten Gestalt für den christlichen Glauben relativiert (vgl. 2. Hauptteil, § 7.3). Sondern er hat auch die traditionelle Lehre von der Erlösungskraft des – als stellvertretend aufgefassten – aktiven Gehorsams Christi gegenüber dem Gesetz Gottes bestritten und überdies die überlieferte Vorstellung von der stellvertretenden Genugtuung Christi am Kreuz für die Sünden der Menschen tief greifend transformiert (vgl. 2. Hauptteil, § 10.4.1). Diese Dogmenkritik war biblisch fundiert, d. h. als Grundlage diente eine kritische Auslegung der Bibel, deren unmittelbare Identität mit dem Wort Gottes von Töllner bestritten wurde. Damit war bei Töllner, wie zur selben Zeit auch bei Johann Salomo Semler, die bereits durch Christoph Matthäus Pfaff abgeschwächte orthodoxe Inspirationslehre endgültig verabschiedet. Die neologische Kritik an der dogmatischen Christologie beschränkte sich nicht auf die Lehre vom Erlösungs*werk* Christi, sondern griff auch auf die Lehre von der gottmenschlichen *Person*einheit des Erlösers über; so bestritt etwa Johann Friedrich Wilhelm Jerusalem (1709–1789) die göttliche Natur Christi und reduzierte Jesu Besonderheit auf dessen moralische Gesinnung. Das damit begründete Interesse am Menschen Jesus als Urbild vollkommener Gottesnähe und Vorbild wahrer Moralität gehört zu den Wurzeln der Frage nach dem historischen Jesus, deren theologische Bedeutung dann durch die von dem Orientalisten und Hamburger Gymnasialprofessor Hermann Samuel Reimarus (1694–1768) vollzogene Evangelienkritik offensichtlich wurde; auch die moderne Christologie war und ist von diesem Interesse geprägt (vgl. 4.6.1 sowie 2. Hauptteil, § 10.4.2–3).

Wichtige Vertreter der Neologie

- J. J. Spalding, G. S. Steinbart: Christlicher Glaube als Weg zum tugendhaft-glücklichen Leben.
- J. G. Töllner, J. S. Semler: Kritik der Inspirationslehre.
- J. S. Semler: Unterscheidung von Religion und Theologie.
- F. G. Lüdke: Kritik der Bekenntnisverpflichtung.
- J. A. Eberhard, G. S. Steinbart: Kritik der Erbsündenlehre.
- J. A. Ernesti, J. G. Töllner, J. F. W. Jerusalem: Kritik des Trinitätsdogmas und der dogmatischen Christologie.
- J. A. Eberhard: Bestreitung einer Ewigkeit der Höllenstrafen.

Die Kritik an den überlieferten Beständen der Christologie, insbesondere an der dogmatischen Erlösungslehre, wurde auch von Gotthelf Samuel Steinbart (1738–1809) geteilt; dem entsprach seine Verabschiedung des der traditionellen Christologie zugrunde liegenden Menschenbildes, konkret: Die Ablehnung der kirchlichen (Erb-)Sündenlehre. Diese bereits von dem Hallenser Philosophieprofessor Johann August Eberhard (1739–1809) geäußerte – wiederum exegetisch begründete – Ablehnung des Erbsündendogmas (vgl. 2. Hauptteil, § 9.2; 9.3.2) führte Eberhard schließlich über eine Kritik an der Lehre von der Ewigkeit der Höllenstrafen für die tugendhaften Heiden zur Behauptung einer Allerlösung (vgl. 2. Hauptteil, § 14.2.1).

Die meisten der von der theologischen Aufklärung auf der Basis kritischer Bibelauslegung hinterfragten kirchlichen Lehren hatten Eingang in die reformatorischen Bekenntnistexte gefunden. Daher war es nur konsequent, wenn nun die Forderung erhoben wurde, von einer Verpflichtung der Geistlichen auf diese Bekenntnisschriften abzusehen. Die Debatte über die Autorität der Bekenntnisschriften wurde von dem Berliner Prediger Friedrich Germanus Lüdke (1730–1792) angestoßen. Lüdke kritisierte bereits in seiner Schrift „Vom falschen Religionseifer" (1767) die von ihm beobachtete Tendenz, die Zustimmung zu den Aussagen der Bekenntnisse des 16. Jahrhunderts als Kriterium der Rechtgläubigkeit festzuhalten. Dagegen forderte er angesichts der Tatsache, dass etliche Bekenntnisinhalte von der neologischen Kritik als unbiblisch erwiesen worden waren, zu Toleranz in Glaubensfragen auf („Über Toleranz und Gewissensfreiheit", 1774); in einer von Toleranz geprägten Autonomie des glaubenden Gewissens verwirklicht sich nach Lüdke unter den Bedingungen der Aufklärung das protestantische Ideal der christlichen Freiheit von kirchlichen Normierungen des Glaubens und der Lebenspraxis.

Als wirkungsgeschichtlich bedeutendste Gestalt der deutschen Neologie kann der seit 1752 an der Universität Halle lehrende Theologe Johann Salomo Semler gelten. Sein Hauptverdienst besteht – neben dem schon erwähnten Beitrag zur Erschütterung der orthodoxen Inspirationslehre – in der programmatisch vollzogenen *Unterscheidung von Theologie und Religion*. Unter Theologie verstand er eine bestimmte kirchlich festgelegte (in Bekenntnistexten fixierte) Lehrform, die in ihrer Geltung vom Staat geschützt wird; Semler hat hier auch von historisch-gesellschaftlicher und öffentlicher Religion gesprochen. An der Notwendigkeit dieser Religionsform ließ er keinen Zweifel; daher fiel bei ihm die – sonst für die Neologie so wichtige – Dogmenkritik eher zurückhaltend aus. Semler wollte aber auch dem seit dem Pietismus immer wieder artikulierten religiösen Individualismus gerecht werden, der sich in der Aufklärungszeit mit dem Interesse an einem rational verantwortbaren Glauben verbunden hatte. Deshalb unterschied er von der Theologie (als kirchlicher Lehrform) die Religion als die persönliche Glaubensüberzeugung des einzelnen Christen; Semler hat hier auch von privater Religion gesprochen (vgl. 2. Hauptteil, § 1.1.2), bei der es nicht auf Konformität mit der öffentlichen Religion ankommt, sondern in der sich die individuellen Glaubensüberzeugungen frei zur Geltung bringen können. Allerdings wird die private Religion bei Semler mit einem von allen historisch bedingten Stützen (Bibel, Kirchenlehre) freien Moralitätsglauben identifiziert, der auf elementaren Grundartikeln des Christentums beruht.

Dazu zählte er zunächst einen monotheistischen Gottesglauben, ferner den Glauben an die göttliche Vollmacht der Lehre Jesu von der vergebenden Liebe Gottes, deren Bewusstsein unsere Moralität stärkt, und schließlich die Gewissheit, dass der von Jesu Lehre ausgehende Impuls durch den Heiligen Geist unter den Christen wirksam ist.

Semler hat diesen Glauben auch als moralische Religion bezeichnet und gemeint, dass sich im Laufe der Menschheitsentwicklung diese allgemeine und unveränderliche moralische Religion gegenüber den partikularen und veränderlichen Lehren der verschiedenen Kirchen und Konfessionen immer mehr durchsetzen wird. Dieser Durchsetzungsprozess wurde zugleich als ein Prozess der Vervollkommnung des Christentums verstanden; damit hat Semler den aufklärerischen Gedanken der Perfektibilität (Vervollkommnungsfähigkeit [der Menschheit im Laufe der Geschichte]) auf die Entwicklung des Christentums übertragen.

 Die Hauptrichtungen der französischen Aufklärung und das Denken Rousseaus sind dargestellt bei:
– E. Hirsch, Geschichte der neuern evangelischen Theologie, Band 3, 58–143 (= Kapitel 28 und 29).

 Den Forschungsstand zur deutschen Aufklärungstheologie skizziert:
– K. Nowak, Vernünftiges Christentum?.

 Die Entwicklung der deutschsprachigen Theologie von der Übergangstheologie bis zur Neologie behandelt:
– E. Hirsch, Geschichte der neuern evangelischen Theologie, Band 2, 318–438 (= Kapitel 24 und 25); Band 4, 3–119 (= Kapitel 36–38).

 Die nach wie vor umfassendste Darstellung der deutschen Neologie stammt von:
– K. Aner, Die Theologie der Lessingzeit.

4.6 Gotthold Ephraim Lessing und Immanuel Kant

Mit Gotthold Ephraim Lessing (1729–1781) und Immanuel Kant (1724–1804) kommen in diesem Abschnitt zwei nichttheologische Vertreter aus der zweiten Hälfte des 18. Jahrhunderts zur Sprache, die in jeweils unterschiedlicher Weise den innertheologischen Diskurs im deutschen Protestantismus maßgeblich beeinflusst haben.

4.6.1 *Lessing und der Fragmentenstreit*

Der Neologie ging es um eine lebenspraktisch relevante ‚Übersetzung' der in den biblischen Schriften enthaltenen göttlichen Offenbarungszeugnisse in die Denk- und Vorstellungswelt des 18. Jahrhunderts. Mit dieser Zielsetzung verband sich nicht nur ein kritisches Verhältnis zur Vernunftwidrigkeit und Lebensferne breiter Teile der dogmatischen Überlieferung. Sondern die Neologie relativierte auch die Geltung solcher biblischen Einzelaussagen, die sie für unvereinbar mit einem rational verantwortbaren Glauben hielt.

 Einen Schritt weiter als die neologische Dogmen- und Schriftkritik ging Hermann Samuel Reimarus (vgl. 4.5) in seiner „Apologie oder Schutzschrift für die vernünftigen Verehrer Gottes". Im 18. Jahrhundert wurden allerdings nur die durch Lessing als „Fragmente eines Ungenannten" publizierten Auszüge aus dieser (erst 1972 vollständig veröffentlichten) Schrift bekannt. Lessings Publikation löste den sog. Fragmentenstreit (1777–1779) aus. Die im Geist des Deismus gehaltenen Texte von Reimarus bestritten die von der Neologie nie hinterfragte Voraussetzung, dass die Bibel als Grundlage eines vernünftigen Christentums gelten könne und trugen damit zur Durchsetzung der historisch-kritischen Methode in der evangelischen Theologie bei (vgl. 2. Hauptteil, § 5.2.3). Reimarus' Herausarbeitung der inneren Widersprüchlichkeit und der damit verbundenen Unglaubhaftigkeit zahlreicher biblischer Zusammenhänge zielte vor allem auf eine umfassende Kritik des biblisch-kirchlichen Jesusbildes (vgl. 2. Hauptteil, § 10.4.2; 10.4.3).

Für Lessing selbst war allerdings die von Reimarus so eingehend behandelte Frage nach der Glaubhaftigkeit der biblischen Zeugnisse nicht entscheidend, weil für ihn die Wahrheit des Christentums von der Klärung dieser Frage gar nicht abhing. Denn die biblischen Berichte könnten im günstigsten Fall eine *historische* Gewissheit begründen; um die Wahrheit des Christentums *gegenwärtig* sicherzustellen, bedürfte es aber einer von historischen Zeugnissen ganz unabhängigen Einsicht in die Vernünftigkeit seiner Lehren (vgl. 2. Hauptteil, § 4.3.1). Lessing hat daher die Bibel im Unterschied zur Neologie nicht mehr als unhintergehbare Grundlage eines vernünftigen Christentums betrachtet; sie galt ihm vielmehr als ein nur zeitweise nötiges Mittel der Erziehung zur Humanität, das entbehrlich wird, wenn das Erziehungsziel erreicht ist. Daher konnte er sich durchaus eine christliche Religiosität ohne Bibel vorstellen. In seiner Schrift „Die Erziehung des Menschengeschlechts" (1780), die die Verwurzelung des neuzeitlichen Fortschrittsverständnisses in der Renaissance des Chiliasmus belegt (vgl. 2. Hauptteil, § 14.3.1), hat er die universale Verbreitung einer vernunftgemäßen und moralisch ausgerichteten Menschheitsreligion als innergeschichtliches Ziel der von Gott gelenkten Geschichte beschrieben und damit, wie Johann Salomo Semler, den Perfektibilitätsgedanken aufgenommen und die Christentumsgeschichte als Vervollkommnungsprozess gedeutet.

Gotthold Ephraim Lessing
– Anonyme Publikation der von Reimarus verfassten „Fragmente eines Ungenannten": Verbreitung von Reimarus' Kritik an der Bibel als Grundlage eines vernünftigen Christentums.
– Nach Lessing hängt die Wahrheit des Christentums nicht an der Glaubhaftigkeit der biblischen Texte, sondern an der Vernünftigkeit seiner Lehren.
– Ziel der Geschichte: universale Verbreitung einer moralisch ausgerichteten Menschheitsreligion (Christentumsgeschichte = Vervollkommnungsprozess).

4.6.2 Religion und Moralität bei Kant

Kants herausragende Bedeutung für die Aufklärung wird nicht zuletzt daran deutlich, dass er eine viel zitierte und deshalb bis heute weithin bekannte Definition dieser Bewegung formuliert hat:

Aufklärung ist der Ausgang des Menschen aus seiner selbstverschuldeten Unmündigkeit. Unmündigkeit ist das Unvermögen, sich seines Verstandes ohne Leitung eines anderen zu bedie-

nen. *Selbstverschuldet* ist diese Unmündigkeit, wenn die Ursache derselben nicht am Mangel des Verstandes, sondern der Entschließung und des Muthes liegt, sich seiner ohne Leitung eines anderen zu bedienen. Sapere aude! Habe Muth, dich deines *eigenen* Verstandes zu bedienen! ist also der Wahlspruch der Aufklärung.
I. Kant, Was ist Aufklärung? (Akademie-Textausgabe VIII 35,1–8).

Zugleich mit dieser Ermunterung zum eigenständigen Verstandesgebrauch hat Kant – und darin bestand sein eigentliches philosophisches Verdienst – die *Grenzen der menschlichen Vernunftfähigkeit* ausgelotet. Sein hierfür einschlägiges epochales Werk ist die „Kritik der reinen Vernunft" (übliche Abkürzung: KrV; 1. Auflage [= A] 1781, 2. Auflage [= B] 1787). Für die Theologie der Aufklärungszeit war Kants Vernunftkritik deshalb von großer Bedeutung, weil darin – im Rahmen einer umfassenden Kritik der rationalistischen Metaphysik – die Möglichkeit einer philosophischen Sicherstellung der Existenz Gottes grundsätzlich bestritten wurde (vgl. 2. Hauptteil, § 6.2.1).

Trotz der für die reformatorische Theologie typischen Bestreitung der Heilsbedeutung einer philosophischen Gotteserkenntnis (also einer natürlichen Theologie; vgl. 2. Hauptteil, § 3.2.2) stand vor Kant nie in Frage, dass es eine allen Menschen über die Werke der Schöpfung (Röm 1,19–32) oder das Gewissenszeugnis (Röm 2,12–16) zugängliche Selbstkundgabe Gottes gibt, die mittels menschlicher Vernunft unabhängig vom Glauben an die Christusoffenbarung erschlossen werden kann. Seit der altprotestantischen Orthodoxie wurde dieser rational-philosophischen Gotteserkenntnis auch im evangelischen Bereich eine Vorbereitungsfunktion für den Offenbarungsglauben zuerkannt (vgl. 2. Hauptteil, § 3.2.1 sowie den Hinweis zu Johannes Musäus in Abschnitt 4.5). Sowohl im englischen Deismus (vgl. 4.4) als auch in der vom zeitgenössischen philosophischen Rationalismus (Christian Wolff) beeinflussten Neologie galt die vernünftige Gotteserkenntnis sogar als philosophische Propädeutik für die auf Offenbarung beruhenden Aussagen der Theologie. – Kants Vernunftkritik zerstörte somit eine tragende Säule der damaligen theologischen Lehrbildung.

Immanuel Kant

– Höhepunkt der deutschen Aufklärungsphilosophie.
– Kritik der rationalistischen Metaphysik, namentlich der philosophischen Gottesbeweise.
– Rückgewinnung des Gottesgedankens über die Ethik.
– Formulierung einer (nicht mehr an der Bibelautorität, sondern) am moralischen Bewusstsein des Menschen orientierten Vernunftreligion.

Mit seiner Kritik der Gottesbeweise zielte Kant allerdings nicht auf eine generelle Destruktion des Gottesgedankens. Zwar hat er die Möglichkeit einer *theoretisch-philosophischen* Gotteserkenntnis bestritten. Umso nachdrücklicher betonte er aber die *moralische* Notwendigkeit, das Dasein Gottes anzunehmen. Er hat diese Notwendigkeit aus der jeden Menschen betreffenden Forderung nach sittlichem Handeln abgeleitet (vgl. 2. Hauptteil, § 6.2.1). Diese enge Verbindung von Religion und Moralität entsprach in gewisser Weise dem Anliegen der Neologie (vgl. 4.5); auch dieser ging es, wie unter anderen Vorzeichen schon dem Pietismus (vgl. 4.3), um die Bedeutung des Glaubens für die christliche Lebenspraxis. Auch Kants Unterscheidung des (historisch bedingten und an Dogmen orientierten) *Kirchenglaubens* vom (an Moralität orientierten) reinen *Religionsglauben*, die er in seiner Schrift „Die Religion innerhalb der Grenzen der bloßen Vernunft" (1793) vollzogen hat (vgl. 2. Hauptteil, § 4.3.1), erinnert an das neologische Interesse an einem vernünftigen Christentum. Unterschiedlich sind jedoch die Auffassungen zur Autorität der Bibel: Als wirklich unhintergehbare Grundlage vernünftiger Religiosität galt für Kant einzig das moralische Bewusstsein des Menschen, das als kritischer Beurteilungsmaßstab für die Gegenwartsbedeutung biblischer Texte dienen muss; die damit verbundene grundsätzliche Relativierung der Bibelautorität verbindet ihn mit Lessing: Analog zu dessen Erziehungsgedanken hat Kant die moralische Entwicklung der Menschheit als einen allmählichen Übergang vom Kirchenglauben zur Alleinherrschaft des reinen Religionsglaubens beschrieben und diesen Prozess als Annäherung an das Reich Gottes verstanden (vgl. 2. Hauptteil, § 14.3.1).

Kants theoretische und praktische Vernunft sowie seine Religionsphilosophie skizziert:
– J. Rohls, Protestantische Theologie der Neuzeit, Band 1, 225–237. 281–287.

Die Bedeutung von Lessing und Kant für die evangelische Theologiegeschichte behandelt:
– E. Hirsch, Geschichte der neuern evangelischen Theologie, Band 4, 120–165 (= Kapitel 39); Band 4, 271–329 (= Kapitel 42 a-l).

Umfangreiche Informationen zu Kant finden sich unter der Adresse:
– *http://web.uni-marburg.de/kant//webseitn/homepage.htm.*
Hinweise zur Akademie-Ausgabe von Kants Gesammelten Schriften bietet:
– *http://www.bbaw.de/bbaw/Forschung/Forschungsprojekte/kant/de/Ueberblick.*
Der elektronisch verfügbare Volltext der Akademie-Ausgabe ist zugänglich über:
– *http://www.ikp.uni-bonn.de/kant/.*

Wichtige Vertreter der in 4.1 bis 4.6 skizzierten geistesgeschichtlichen Zusammenhänge in der chronologischen Ordnung ihrer Hauptwerke

Naturwissenschaft	Staatstheorie	Philosophie	lutherische/*reformierte* Orthodoxie	
Nikolaus KOPERNIKUS (1473–1543): De Revolutionibus Orbium Coelestium				1543
Johannes KEPLER (1571–1630): Astronomia Nova				1609
			Leonhard HUTTER (1563–1616), Compendium locorum theologicorum	1610
			Bartholomäus KECKERMANN (1571–1609), Systema SS. theologiae	1611
			Johann GERHARD (1582–1637), Loci theologici	1610–1622
			Johann Heinrich ALSTED (1588–1638), Theologia scholastica didactica	1618
				1625
			Johannes WOLLEB (1586–1629), Christianae theologiae compendium	1626
	Hugo GROTIUS (1583–1645): De jure belli ac pacis			1632
		René DESCARTES (1596–1650): Discours de la méthode		1637
Galileo GALILEI (1564–1642): Dialogo sopra i due massimi sistemi		René DESCARTES, Meditationes de prima philosophia		1641
			Gisbert VOETIUS (1589–1676), Selecarum disputationum theologicarum partes I-V	1648–1669

Naturwissenschaft	Staatstheorie	Philosophie	lutherische/*reformierte* Orthodoxie	
	Thomas HOBBES (1588–1679): Leviathan			1651
			Abraham CALOV (1612–1686), Systema locorum theologicorum	1655–1677
			Johannes COCCEJUS (1603–1669), Summa theologiae ex sacris scripturis repetita	1662
			Johann Friedrich KÖNIG (1619-1664), Theologia positiva acroamatica	1664
			Johannes MUSÄUS (1613–1681), De luminis naturae insufficientia ad salutem	1668
	Samuel von PUFENDORF (1632–1694): De jure naturae et gentium libri octo			1672, ³1688
	Blütezeit des deutschen lutherischen Pietismus – vgl. 4.3			1675–1723
		Baruch de SPINOZA (1632–1677): Ethica more geometrico demonstrata		1677
			Johannes MUSÄUS, Introductio in theologiam	1679
			Johann Andreas QUENSTEDT (1617–1688), Theologia didactico-polemica	1685
Isaak NEWTON (1643-1727): Philosophiae Naturalis Principia Mathematica				1687
	John LOCKE (1632–1704): Two Treatises of Gouvernment	John LOCKE, An Essay concerning Humane Understanding		1690
	Blütezeit des englischen Deismus – vgl. 4.4			1690–1750

Philosophie	lutherische/reformierte Orthodoxie	Übergangstheologie/theologischer Wolffianismus	Neologie	
	Johann Heinrich HEIDEGGER (1633–1698), Corpus theologiae			1700
Gottfried Wilhelm LEIBNIZ (1646–1716): Nouveaux essais sur l\9entendement humain				1704
		Christoph Matthäus PFAFF (1686–1760), Constitutiones theologiae dogmaticae et moralis – vgl. 2. Hauptteil, § 5.2.3		1719
Christian WOLFF (1679–1754): Vernünfftige Gedancken Von GOTT, Der Welt und der Seele des Menschen				1719, ¹¹1751
		Johann Franz BUDDEUS (1667–1729), Institutiones theologiae dogmaticae		1723
		Johann Franz BUDDEUS, Bedencken über die Wolffianische Philosophie		1724
		Israel Gottlieb CANZ (1690–1753), Philosophiae Leibnitianae et Wolffianae usus in theologia		1728–1737
	Valentin Ernst LOSCHER (1673–1749), Quo ruitis?	Johann Lorenz SCHMIDT (1702–1749), Wertheimer Bibel		1735
Regierungsantritt Friedrichs II. als König von Preußen und Durchbruch der Neologie – vgl. 4.5				1740
			Johann Joachim SPALDING (1714–1804), Die Bestimmung des Menschen	1748, ¹³1794
		Johann Lorenz MOSHEIM (ca. 1693–1755), Institutiones historiae ecclesiasticae antiquae et recentioribus – vgl. 2. Hauptteil, § 2.1		1755

theologischer Wolffianismus	Neologie	
Siegmund Jakob BAUMGARTEN (1706–1757), Evangelische Glaubenslehre		1759/1760
	Friedrich Germanus LÜDKE (1730–1792), Vom falschen Religionseifer	1767
	Johann Gottlieb TÖLLNER (1724–1774), Der Thätige Gehorsam Jesu Christi untersucht – **vgl. 2. Hauptteil, § 10.4.1**	1768
	Johann Gottlieb TÖLLNER, Die göttliche Eingebung der heiligen Schrift – **vgl. 2. Hauptteil, § 5.2.3**	1771
	Johann Salomo SEMLER (1725–1791), Abhandlung von freier Untersuchung des Canon – **vgl. 2. Hauptteil, § 5.2.3**	1771–1775
	Johann August EBERHARD (1739–1809), Neue Apologie des Sokrates, oder Untersuchung der Lehre von der Seligkeit der Heiden – **vgl. 2. Hauptteil, § 9.2; 9.3.2**	1772–1778
	Johann Joachim SPALDING, Über die Nutzbarkeit des Predigtamtes und deren Beförderung	1773
	Johann August ERNESTI (1707–1781), Opuscula theologica; darin: De officio Christi triplici – **vgl. 2. Hauptteil, § 10.3.3**	1773, ^{2}1792
Publikation der „Fragmente eines Ungenannten" durch Gotthold Ephraim LESSING; Fragmentenstreit – **vgl. 4.6.1**		1774–1779
	Friedrich Germanus LÜDKE, Über Toleranz und Gewissensfreiheit	1774
	Johann Salomo SEMLER, Institutio ad doctrinam christianam liberaliter discendam, (dt.: Versuch einer freieren theologischen Lehrart)	1774/1777
	Gotthelf Samuel STEINBART (1738–1809), System der reinen Philosophie oder Glückseligkeitslehre des Christenthums – **vgl. 2. Hauptteil, § 9.3.2; § 10.4.1**	1778, ^{4}1794
Publikation der wesentlichen Schriften Immanuel KANTS zur Erkenntnistheorie, Ethik und Religionsphilosophie – **vgl. 4.6.2**		1781–1793
	Johann Salomo SEMLER, Über historische, gesellschaftliche und moralische Religion – **vgl. 2. Hauptteil, § 1.1.2**	1786
	Johann Philipp GABLER (1753–1826), Oratio de iusto discrimine theologiae biblicae et dogmaticae regundisque utriusque finibus – **vgl. 2. Hauptteil, § 5.2.3**	1787
	Johann Joachim SPALDING, Religion, eine Angelegenheit des Menschen	1797, ^{4}1806
Publikation der wesentlichen Schriften Friedrich SCHLEIERMACHERS zur Religionsphilosophie und Dogmatik – **vgl. 5.1**		1799–1831

5 Zur evangelischen Theologie im 19. Jahrhundert

📖 Maßgebliche Quellentexte zur evangelischen Theologiegeschichte des 19. *und 20.*
Jahrhunderts enthält:
– Grundtexte der neueren evangelischen Theologie.

📖 Einen Zugang zur Kirchengeschichte des 19. Jahrhunderts bietet:
– M. Friedrich, Kirche im gesellschaftlichen Umbruch.

📖📖 Einen Überblick zur kirchengeschichtlichen Entwicklung Deutschlands vom Ende der Aufklärung bis zum 1. Weltkrieg (mit souveräner Berücksichtigung der theologiegeschichtlichen Zusammenhänge) enthält:
– K. Nowak, Geschichte des Christentums, 15–204.

✍ Informieren Sie sich, parallel zur Lektüre von Abschnitt 5, über die theologiegeschichtliche Entwicklung des 19. Jahrhunderts anhand von:
– G. Hornig, Lehre und Bekenntnis im Protestantismus, 147–220.

5.1 Friedrich Schleiermacher

Friedrich Schleiermacher
– Erster klassischer Vertreter der neueren evangelischen Theologie.
– 1799: Neuformulierung des Religionsbegriffs im Geist der deutschen Frühromantik (vgl. 2. Hauptteil, § 1.1.3).
– 1821/22; 1830/31: Interpretation der dogmatischen Lehrbestände als Ausdruck christlicher Frömmigkeit.

Das Werk Friedrich Daniel Ernst Schleiermachers (1768–1834) ist nicht nur für die Theologie bis in die Gegenwart von Bedeutung. Auch in zeitgenössischen Diskussionen auf anderen Gebieten, etwa in der Hermeneutik, der Pädagogik und der Ästhetik, fand und findet sein umfangreiches und zahlreiche Themen umspannendes Werk Beachtung. Allerdings war und ist Schleiermachers Wirkung im Bereich der Theologie besonders nachhaltig: Er gilt als *erster klassischer Vertreter der neueren evangelischen Theologie*, weil es ihm gelungen ist, die protestantische Theologie unter den Bedingungen des neuzeitlichen Bewusstseins, namentlich im Horizont der europäischen Aufklärung, neu zu begründen. Seine epochale Bedeutung wird nicht nur an der Charakterisierung als ‚Kirchenvater des 19. Jahrhunderts' deutlich, sondern auch an der heftigen Kritik, die zu Beginn des 20. Jahrhunderts die Dialektische Theologie an seinem Ansatz geübt hat (vgl. 6.1.4) sowie an der erneuten Anknüpfung an Schleiermachers Denken im deutschen Protestantismus seit der 2. Hälfte des 20. Jahrhunderts.

Den Ausgangspunkt von Schleiermachers theologischem Neuansatz bildete eine vom Geist der deutschen Frühromantik geprägte Neuformulierung des Religionsbegriffs. Vorgetragen hat er diese Neuformulierung in seiner ersten eigenständigen Publikation, der erstmals 1799 anonym publizierten Schrift „Über die Religion. Reden an die Gebildeten unter ihren Verächtern" (^{2}1806, ^{3}1821, ^{4}1831; vgl. 2. Hauptteil, § 1.1.3). Darin wurde die Eigenart und Eigenständigkeit der Religion als eines aus der Anschauung des Universums folgenden subjektiv-individuellen Gefühlserlebens gegenüber der philosophischen Welterklärung (Metaphysik) auf der einen und der Ethik auf der anderen Seite behauptet. Danach ist menschliche Religiosität nicht nur unhintergehbar pluralistisch, sondern sie realisiert sich nach Schleiermacher auch nur in konkreten geschichtlichen Ausprägungen, d. h. in positiven Religionen: Während die neuzeitliche Religionstheorie seit dem Deismus (vgl. 4.4) eine von allen historisch bedingten Besonderheiten ‚gereinigte' Vernunftreligion zu ermitteln und als allgemein verbindlich darzustellen suchte, forderte Schleiermacher die gebildeten Verächter des Christentums dazu auf, gerade die positiven Religionen als unterschiedliche Darstellungsformen des Wesens der Religion wahrzunehmen.

Weil die Religion nach Schleiermacher im Kern ein Gefühlserleben ist, kommt allen inhaltlichen Aussagen religiöser Dogmatiken lediglich eine zweitrangige und abgeleitete Bedeutung zu. Diese Einsicht bedeutete die definitive Überwindung des ‚Objektivismus' der altprotestantischen Orthodoxie (vgl. 4.2); zugleich wurde damit die *subjektiv*-individuelle religiöse Erfahrung (Schleiermacher hat vom ‚christlich-frommen Selbstbewusstsein' gesprochen) zum Prinzip christlicher Lehrbildung erhoben. In seinem zuerst 1821/1822 und in zweiter Auflage 1830/1831 erschienenen Werk „Der christliche Glaube nach den Grundsätzen der evangelischen Kirche im Zusammenhange dargestellt" (oft kurz „Glaubenslehre" genannt) hat Schleiermacher folgerichtig die Lehrbestände der überlieferten protestantischen Dogmatik als Ausdruck derjenigen religiösen Erfahrungen interpretiert, die im Rahmen des kirchlich verfassten evangelischen Christentums kultiviert sind. – Dieser methodische Neuansatz führte zu teilweise tief greifenden Umwertungen und Umformungen etlicher Lehrstücke der überlieferten Dogmatik. Einige dieser Transformationen werden im 2. Hauptteil dieses Buches behandelt. Die nachstehende Übersicht, die, unter Verwendung der Paragraphenzählung der 2. Auflage, den Aufbau der „Glaubenslehre" verdeutlicht, enthält im Fettdruck Verweise auf diejenigen Abschnitte der „Gundinformation Dogmatik", in denen auf Schleiermachers theologisches Hauptwerk Bezug genommen wird.

Der Aufbau von Schleiermachers „Glaubenslehre"

	Einleitung (§§ 1–31) Erklärung (§ 1)
	1. Kapitel: Zur Erklärung der Dogmatik (§§ 2–19) Einleitung (§ 2) Lehnsätze aus der Ethik (§§ 3–6) – vgl. 2. Hauptteil, Aufgabenstellung zu § 6.2.2 Lehnsätze aus der Religionsphilosophie (§§ 7–10) – vgl. 2. Hauptteil, § 3.3 Lehnsätze aus der Apologetik (§§ 11–14) Verhältnis Dogmatik – Frömmigkeit (§§ 15–19)	colspan="3"	2. Kapitel: Von der Methode der Dogmatik (§§ 20–31) Einleitung (§ 20) Von der Aussonderung des dogmatischen Stoffs (§§ 21–26) Von der Gestaltung der Dogmatik (§§ 27–31)
	Der Glaubenslehre erster Teil Das fromme Selbstbewusstsein als solches (§§ 32–61)	colspan="3"	Der Glaubenslehre zweiter Teil Das fromme Selbstbewusstsein unter dem Gegensatz von Sünde (Unlust) und Gnade (Lust) (§§ 62–169)
	Einleitung (§§ 32–35) – vgl. 2. Hauptteil, Aufgabenstellung zu § 6.2.2		Einleitung (§§ 62–64)	Einleitung (§§ 86–90)
Mensch	Schöpfung, Erhaltung (§§ 36–49) – vgl. 2. Hauptteil, § 8.3	Mensch	Sünde (§§ 65–74)	Gnade (Christologie, Soteriologie; Wiedergeburt, Heiligung: §§ 91–112) – vgl. 6.2
Gott	Ewigkeit, Allgegenwart, Allmacht, Allwissen (§§ 50–56)	Welt	Übel (§§ 75–78) – vgl. 2. Hauptteil, § 14.3.2	Ekklesiologie, Eschatologie (§§ 113–163)
Welt	ursprüngliche Vollkommenheit der Welt und des Menschen (§§ 57–61)	Gott	Heiligkeit, Gerechtigkeit (§§ 79–85)	Liebe, Weisheit (§§ 164–169)
	Schluss: Trinitätslehre (§§ 170–172) – vgl. 2. Hauptteil, § 7.3

📖 Einen groben Überblick zur Grundlegung und zur materialen Durchführung des Programms der „Glaubenslehre" bieten:
- J. Rohls, Protestantische Theologie der Neuzeit, Band 1, 394–408;
- H. Fischer, Friedrich Schleiermacher, 97–117.

📖📖 Eingehendere Darstellungen zu Leben und Werk Schleiermachers enthalten:
- E. Hirsch, Geschichte der neuern evangelischen Theologie, Band 4, 490–582 (= Kapitel 46); Band 5, 281–364 (= Kapitel 51);
- K. Nowak, Schleiermacher.

💻 Das von der Internationalen Schleiermacher-Gesellschaft als Plattform für alle Schleiermacher-Interessenten bereitgestellte Schleiermacher-Forum ist zugänglich über:
- http://anu.theologie.uni-halle.de/ST/SF.

5.2 Theologische Schulen im deutschen Protestantismus des 19. Jahrhunderts

Innerhalb der deutschen protestantischen Theologie bildeten sich im 19. Jahrhundert zahlreiche unterschiedliche Richtungen aus, die das Erbe des Pietismus, der Aufklärung sowie der Theologie Schleiermachers in verschiedener Weise aufnahmen, weiterführten und transformierten. Die nachfolgende Skizze kann die Vielfalt der Entwicklungslinien nicht vollständig nachzeichnen und beschränkt sich daher auf die Charakterisierung der wichtigsten Strömungen sowie die Nennung maßgeblicher Hauptvertreter.

Den Horizont der theologiegeschichtlichen Entwicklung bildete der für das 19. Jahrhundert kennzeichnende Prozess eines zunehmenden gesamtgesellschaftlichen Bedeutungsverlustes der christlichen Kirche(n) sowie – damit einhergehend – einer Pluralisierung der Weltanschauungen. Im Rahmen dieses Pluralisierungsprozesses war vor allem der von den Naturwissenschaften erhobene Anspruch von Bedeutung, eine umfassende Wirklichkeitsdeutung sowie eine verbindliche Lebensorientierung auf wissenschaftlich gesicherter Grundlage zu bieten und damit Religion und Philosophie als ‚Sinnstifter' abzulösen. Die Grundlage dieses Anspruchs bildeten nicht nur die Fortschritte in den Naturwissenschaften, sondern auch die durchgreifende Kritik sowohl speziell des Christentums als auch der Religion überhaupt. Dabei spielte die Radikalisierung der *Bibelkritik* durch David Friedrich Strauß (1808–1874) eine Rolle, dessen zweibändiges Werk „Das Leben Jesu Jesu, kritisch bearbeitet" (1835/1836) die neutestamentlichen Berichte über Jesus als Mythen und damit als völlig unhistorische Produkte des antiken religiösen Bewusstseins zu erweisen suchte (vgl. 2. Hauptteil, § 10.4.3). Strauß war ein Schüler von Ferdinand Christian Baur (1792–1860; s. u.); im Unterschied zu Baur hat die Anwendung der historisch-kritischen Forschung in der Theologie bei Strauß zu einem vollständigen Bruch mit Kirche und christlichem Glauben geführt: Sein spätes Buch „Der alte und der neue Glaube" (1872) war eine von atheistischem Materialismus und Darwinismus beeinflusste Absage an das Christentum. Neben der Bibelkritik war die maßgeblich von Ludwig Feuerbach (1804–1872) vorgetragene philosophische *Religionskritik* von Bedeutung, die durch Karl Marx (1818–1883) aufgenommen und zu einer revolutionären *Gesellschaftskritik* weiterentwickelt wurde (vgl. 2. Hauptteil, § 1.3.1).

Deutscher Protestantismus im 19. Jahrhundert

- Zahlreiche unterschiedliche Richtungen in der Theologie.
- Geistesgeschichtlicher Rahmen: Bedeutungsverlust der christlichen Kirche(n): Religionskritik und Etablierung eines Materialismus als Weltanschauung auf naturwissenschaftlicher Grundlage.

Die weltanschauliche Autorität der Naturwissenschaften wurde erstmals publikumswirksam im *Materialismusstreit* geltend gemacht: Nachdem der Göttinger Physiologe Rudolf Wagner (1805–1864) auf der 31. Versammlung der Gesellschaft deutscher Naturforscher im Jahre 1854 die Bedeutung der christlichen Religion, namentlich die Annahme einer Unsterblichkeit der Seele, als Basis der Naturforschung verteidigt hatte, publizierte Karl Vogt (1817–1895) im Jahre 1856 eine gegen seinen Fachkollegen Wagner gerichtete Streitschrift mit dem Titel „Köhlerglaube und Wissenschaft". Die Feststellung einer grundsätzlichen Abhängigkeit aller Denk- und Bewusstseinsinhalte von der Gehirntätigkeit führte ihn zur Bestreitung einer Eigenständigkeit seelischer Phänomene (vgl. zur Frage nach der Unsterblichkeit der Seele aus theologischer Sicht: 2. Hauptteil, § 14.3.2). Zu einer einflussreichen Weltanschauung wurde der Materialismus dann zunächst durch Ludwig Büchners (1829–1899) Buch „Kraft und Stoff" (1855), eine der meistgelesenen populärwissenschaftlichen Schriften dieser Zeit, die bis zur Jahrhundertwende mehr als 20 Auflagen erleben sollte. Nicht minder wichtig war das Werk des Jenenser Biologen und Naturphilosophen Ernst Haeckel (1834–1919) mit dem Titel „Die Welträtsel" (1899). Dabei handelte es sich um eine an den Darwinismus anknüpfende materialistische Popularphilosophie, die auch Elemente des Pantheismus enthielt.

In seiner Schrift „Die Religion innerhalb der Grenzen der bloßen Vernunft" hatte Immanuel Kant, auf der Grundlage seiner Gleichsetzung von Religion und Moral (vgl. 4.6.2), im Jahre 1793 *reine Rationalisten* und *Supernaturalisten* unterschieden.

Religion ist (subjectiv betrachtet) das Erkenntniß aller unserer Pflichten als göttlicher Gebote. Diejenige, in welcher ich vorher wissen muß, daß etwas ein göttliches Gebot sei, um es als meine Pflicht anzuerkennen, ist die geoffenbarte (oder einer Offenbarung benöthigte) Religion: dagegen diejenige, in der ich zuvor wissen muß, daß etwas Pflicht sei, ehe ich es für ein göttliches Gebot anerkennen kann, ist die natürliche Religion. – Der, welcher bloß die natürliche Religion für moralisch = nothwendig, d. i. für Pflicht, erklärt, kann auch der Rationalist (in Glaubenssachen) genannt werden. Wenn dieser die Wirklichkeit aller übernatürlichen göttlichen Offenbarung verneint, so heißt er Naturalist; läßt er nun diese zwar zu, behauptet aber, daß sie zu kennen und für wirklich anzunehmen zur Religion nicht nothwendig erfordert wird, so würde er ein *reiner Rationalist* genannt werden können; hält er aber den Glauben an dieselbe zur allgemeinen Religion für nothwendig, so würde er der reine *Supernaturalist* in Glaubenssachen heißen können. (Hervorhebungen RL)

I. Kant, Die Religion innerhalb der Grenzen der bloßen Vernunft (Akademie-Textausgabe VI 153,28 f; 154,1–9; 155,1–4).

Die in dieser Unterscheidung erwähnten (reinen) *Rationalisten* bildeten eine an die Neologie anschließende, aber über deren Ansätze hinausführende theologische Richtung, die bereits am Ende des 18. Jahrhunderts entstanden war und in der ersten Hälfte des 19. Jahrhunderts großen Einfluss hatte. Ihr Ziel war es, die biblische und theologische Tradition in eine reibungsfreie Übereinstimmung mit der menschlichen Vernunft zu bringen. Das Mittel zur Erreichung dieses Ziels war eine umfassende Selbstkritik der (christlichen) Religion einschließlich ihrer überlieferten inhaltlichen Aussagen vor dem Forum der Vernunft. Ein Vertreter dieser Form von Religionskritik war Johann Heinrich Tieftrunk (1759–1837; vgl. 2. Hauptteil, § 1.3.1). Eine akademische ‚Hochburg' des Rationalismus war die Universität Halle, wo seit 1810 Julius August Ludwig Wegscheider (1771–1849) lehrte; seine „Institutiones theologiae christianae dogmaticae" (Unterrichtungen in der christlich-dogmatischen Theologie) aus dem Jahre 1815 ([8]1844) wurden zum wichtigsten dogmatischen Lehrbuch des Rationalismus.

Theologische Schulen im deutschen Protestantismus des 19. Jahrhundert (I)

– Rationalismus: Umfassende (Selbst-) Kritik der (christlichen) Religion vor dem Forum der menschlichen Vernunft.
– Supranaturalismus: Festhalten an der Offenbarungsqualität der biblischen Schriften.

Anders als der Rationalismus hielt der *Super- oder Supranaturalismus* an der Offenbarungsqualität der biblischen Schriften auch dort fest, wo deren Aussagen die Erkenntnisgrenzen der menschlichen Vernunft überschritten. Gottlob Christian Storr (1746–1805), Begründer der sog. [älteren] Tübinger Schule und Zeitgenosse Kants, berief sich auf dessen Einsicht, nach der unsere Vernunfterkenntnisse nur dann als wissenschaftlich gesichert gelten können, wenn sie sich auf Gegenstände möglicher Erfahrung beziehen. Weil nun die göttliche Offenbarung den Bereich der Erfahrung überschreitet, missachtet die Vernunft ihre Grenzen, wenn sie die Offenbarungswahrheiten den Kriterien menschlicher Vernunft unterwirft. Da Storr weiter die Auffassung vertrat, dass die Verfasser der biblischen Schriften mit Recht den Anspruch erheben, die göttliche Offenbarung zur Geltung zu bringen, hielt er es – unter Berufung auf Kant – für vernünftig, die Bibel als autoritative Offenbarungsurkunde anzuerkennen. Der seit dem Jahr 1800 an der Leipziger Universität lehrende Lutheraner Johann August Heinrich Tittmann (1773–1831) verstärkte die damit verbundene Kritik am Rationalismus, indem er diesen als tendenziell atheistisch bezeichnete („Supernaturalismus, Rationalismus und Atheismus", 1816).

Der bis in die Mitte des 19. Jahrhunderts einflussreiche Supranaturalismus, der über den schwäbischen Biblizismus (Johann Tobias Beck, 1804–1878) auf die Bibeltheologie der zweiten Jahrhunderthälfte wirkte (Martin Kähler, 1835–1912; August Hermann Cremer, 1834–1903; Adolf Schlatter, 1852–1938), verband sich teilweise mit dem Biblizismus der *Erweckungstheologie.* Die dahinter stehende übernationale, überkonfessionelle und höchst vielgestaltige Erweckungsbewegung knüpfte, was ihre deutsch-protestantischen Vertreter angeht, an die Tradition des Pietismus an (vgl. 4.3). Damit hängt die aufklärungskritische Haltung der Erweckungstheologie zusammen, die zur Ablehnung der Bibelkritik und einem entsprechend unkritischen Umgang mit der Schriftautorität führte. Anders als im Supranaturalismus wurde die Geltung der Bibelautorität aber nicht als Konsequenz rechten Vernunftgebrauchs, sondern als Folge einer durch die Begegnung mit der biblischen Botschaft ausgelösten Bekehrung dargestellt. Daher konnte Schleiermachers Bestimmung der Religion als Gefühlserleben mit ihrer Abgrenzung von Metaphysik und Ethik positiv gewürdigt werden (vgl. 5.1; 2. Hauptteil, § 1.1.3). Dies zeigte sich besonders deutlich bei Johann August Wilhelm Neander (1789–1850), einem in Göttingen geborenen Juden, der sich aufgrund der Lektüre von Schriften Schleiermachers dem Christentum zuwandte und taufen ließ. Neanders Betonung der Empfindung des Herzens (lat. pectus) als des Ursprungs der Gottesbeziehung führte dazu, dass sein theologisches Denken als „Pektoraltheologie" bezeichnet wurde. Der bedeutendste Vertreter

Theologische Schulen im deutschen Protestantismus des 19. Jahrhundert (II)

– Erweckungstheologie: Ablehnung der Bibelkritik; Herzensempfindung als Ursprung der Gottesbeziehung; Rehabilitierung der traditionellen Sündenlehre.

– Spekulative Theologie: Vermittlung zwischen Supranaturalismus/Biblizismus und Rationalismus; philosophische Interpretation der christlichen Dogmen im Anschluss an Hegel.

der Erweckungstheologie war der vom Herrnhuter Pietismus geprägte Schüler Neanders Friedrich August Gottreu Tholuck (1799–1877), der seit 1826 in Halle lehrte, wohin er gegen den Widerstand der dortigen Rationalisten berufen worden war. Seine berühmteste Schrift war der anonym publizierte Briefroman „Die Lehre von der Sünde und vom Versöhner, oder Die wahre Weihe des Zweiflers" (1823, ⁹1871). Darin wurde die Überzeugung ausgesprochen, dass erst die Einsicht in die Unüberwindbarkeit der menschlichen Sünde und in die Notwendigkeit des göttlichen Versöhnungshandelns die Voraussetzung wahren Glaubens bildet. Die damit verbundene Rehabilitierung der traditionellen christlichen Sündenlehre, die sich gegenläufig zum Schicksal der Sündenlehre in der neueren Theologie vollzog (vgl. 2. Hauptteil, § 9.3.2), hat sich in besonderer Weise bei Tholucks Schüler Julius Müller (1801–1878) niedergeschlagen, namentlich in dessen dogmatischem Hauptwerk „Die christliche Lehre von der Sünde" (1839–1844).

Georg Wilhelm Friedrich Hegel (1770–1831), Zeitgenosse Schleiermachers und dessen philosophischer Kollege an der Berliner Universität, hatte sich gegen die Charakterisierung der Religion als Gefühlserleben und subjektives Glaubensbewusstsein sowie gegen ihre damit verbundene Abgrenzung von der Philosophie gewandt. Nach Hegels Auffassung lassen sich die zentralen christlichen Lehren mit philosophischer Vernunft vollständig durchdenken. Seine Absicht war es daher, die Dogmen des christlichen *Glaubens* in die Form begrifflichen *Wissens* zu überführen. Im Anschluss an Hegel hat die sog. *Spekulative Theologie* – mit Carl Daub (1765–1836) und Philipp Konrad Marheinecke (1780–1846) als Hauptvertretern – versucht, die traditionellen dogmatischen Lehren des Christentums durch philosophische Neuinterpretation zu bewahren. Damit war ein Ausgleich zwischen Supranaturalismus und Biblizismus auf der einen und dem Rationalismus auf der anderen Seite – und damit eine Versöhnung von Offenbarung und Vernunft – beabsichtigt: Sowohl die (von Supranaturalismus und Biblizismus geleugnete) geschichtliche Bedingtheit der biblischen Schriften als auch die (vom Rationalismus nicht anerkannte) Begrenztheit der menschlichen Vernunft und die sich daraus ergebende Gebrochenheit menschlicher Gotteserkenntnis sollte berücksichtigt werden. Den Ausgangspunkt der Spekulativen Theologie bildete der Gottesgedanke, und die Religion wurde verstanden als Selbstoffenbarung Gottes im menschlichen Geist. Gottes Selbstoffenbarung wurde dabei als insgesamt dreistufiger Prozess beschrieben: Vom Ansichsein Gottes über die Unterscheidung Gottes von sich selbst zur Aufhebung der Selbstunterscheidung. Dieses Drei-Stufen-Modell wurde sowohl mit der Trinitätslehre als auch mit dem christologischen Dogma verbunden (vgl. 1.3 sowie 2. Hauptteil, § 7; § 9); die in der Spekulativen Theologie vollzogene Interpretation des christlichen Glaubens vollzog sich also als ei-

Theologische Schulen im deutschen Protestantismus des 19. Jahrhundert (III)

– Vermittlungstheologie: Suche nach Ausgleich zwischen Wissen und Glauben; Orientierung an Schleiermacher; Relativierung der innerprotestantischen Lehrdifferenzen zugunsten des protestantischen Prinzips.

-ne philosophische Rechtfertigung der altkirchlichen Dogmen. Während sich die Spekulative Theologie an Hegel orientierte, knüpften die Vertreter der *Vermittlungstheologie* an Schleiermacher an. Auch sie strebten einen Ausgleich zwischen Wissen und Glauben mit dem Ziel an, das Christentum mit der Moderne kompatibel zu halten. Programmatisch formuliert wurde das Ziel der Vermittlung in der Vorrede zum 1828 erschienenen ersten Heft der von Carl Christian Ullmann (1796–1865) und Friedrich Wilhelm Karl Umbreit (1795–1860) herausgegebenen Zeitschrift „Theologische Studien und Kritiken", die das publizistische Organ der Vermittlungstheologen bildete; weitere Vertreter dieser Richtung waren Wilhelm Martin Leberecht de Wette (1780–1849), Friedrich Lücke (1791–1855), Carl Emmanuel Nitzsch (1787–1876) und August Twesten (1798–1876). Kritisch beurteilt wurde der Konfessionalismus (s. u.): Während dieser an der Geltung der unterschiedlichen lutherischen und reformierten Partikularbekenntnisse festhielt, betonte die Vermittlungstheologie – im Anschluss an Schleiermacher – die Gemeinsamkeit der protestantischen Kirchen und knüpfte damit an die seit dem Pietismus und der Aufklärung vollzogene Relativierung der innerprotestantischen Lehrdifferenzen an. Dabei wurde differenziert zwischen dem (beiden protestantischen Konfessionen gemeinsamen) *Prinzip des Protestantismus* und den (je verschiedenen) *Ausformungen der Lehre in Luthertum und reformierter Tradition*. In seiner Schrift „Das Princip unserer Kirche nach dem inneren Verhältniß der materialen und formalen Seite desselben zueinander" (1841) hat Isaak August Dorner (1809–1884), anknüpfend an Vorarbeiten von de Wette und Twesten, zwei Seiten des protestantischen Prinzips unterschieden: Die formale Seite liegt in der Anerkennung einer normativen Autorität der Bibel (, die allerdings kritischer Auslegung offen steht); als materiale Seite des protestantischen Prinzips galt die (vom Heiligen Geist gewirkte) Erfahrung der Rechtfertigung durch den Glauben an Christus.

> Eine eigentümliche Gestalt der evangelischen Theologiegeschichte im 19. Jahrhundert war Richard Rothe (1799–1867). Rothes Denken war stark spekulativ geprägt, der Ansatz seiner spekulativen Theologie beim frommen Selbstbewusstsein des Menschen verrät allerdings die Orientierung an Schleiermacher, weshalb Rothe vielfach der Vermittlungstheologie zugerechnet wird. Sein Hauptwerk trägt den Titel „Theologische Ethik" (1845–1848; ²1869–1871). Die Besonderheit seines vermittlungstheologischen Anliegens einer Versöhnung von Christentum und Kultur bestand darin, dass er die Selbstaufhebung der Kirche in einen von den sittlichen Werten des Christentums geprägten Staat als Realisierung des Christlichen verstanden hat, ein Gedanke, der bereits 1837 in seiner Schrift „Die Anfänge der Christlichen Kirche und ihrer Verfassung" vorgetragen wurde und der auf die liberale Theologie und den Kulturprotestantismus gewirkt hat (vgl. 5.3). Dieser Gedanke einer Aufhebung des kirchlichen Lebens in das politische Leben des sittlichen Staates als Vollendung des weltgeschichtlichen Erlösungsprozesses stand in der Tradition der Vorstellung vom Reich Gottes als dem bereits innergeschichtlich realisierbaren Ziel der Geschichte (vgl. 2. Hauptteil, § 14.3.1). In der neueren Ekklesiologie wurde und wird dagegen – bei aller Kritik an einer exklusiven Bindung des christlichen Glaubens an kirchliche Lebensstrukturen (vgl. 2. Hauptteil, § 13.2.3) – an der institutionellen Eigenständigkeit der Kirche(n) als Lebensraum des christlichen Glaubens festgehalten; auch die durch den reli-

giös-weltanschaulichen Pluralismus der Gegenwart gestellte Herausforderung führt tendenziell eher zur Forderung einer institutionell versäulten Reflexion der unterschiedlichen religiös-weltanschaulichen Grundannahmen (vgl. 2. Hauptteil, 13.3.3).

Im 19. Jahrhundert kam es sowohl im Protestantismus als auch im Katholizismus zu intensiven Reflexionen über Wesen, Aufgabe, Gestalt und Ordnung der Kirche sowie über ihr Verhältnis zum Staat. Johann Adam Möhler (1796–1838), Vertreter der sog. katholischen Tübinger Schule, leistete mit seiner „Symbolik oder Darstellung der dogmatischen Gegensätze der Katholiken und Protestanten nach ihren öffentlichen Bekenntnisschriften" (1832) einen wichtigen Beitrag zum ekklesiologischen Selbstverständnis des Katholizismus (vgl. 2. Hauptteil, § 13.2.1). Diesen bezeichnete er als die dem Protestantismus überlegene Religion; letzterer opfere die für den christlichen Glauben wesentliche Orientierung an *Gott* als dem Allgemeinen der subjektiven Willkür des *Menschen*. Dagegen hat Ferdinand Christian Baur in seiner Schrift „Der Gegensatz des Katholicismus und Protestantismus nach den Principien und Hauptdogmen der beiden Lehrbegriffe. Mit besonderer Rücksicht auf Herrn Dr. Möhler's Symbolik" (1833/1834) das für den Protestantismus wichtige Prinzip der Subjektivität und Mündigkeit als Ausdruck einer gegenüber dem Katholizismus modernen Stufe der Entwicklung des christlichen Geistes beschrieben.

Mit dem Gedanken der Mündigkeit verband der 1826 nach Tübingen berufene Baur einen Anspruch auf freie (von fremden Autoritäten nicht reglementierte) Forschung und Kritik. Diesem Anspruch wurde er in seiner eigenen Arbeit insofern gerecht, als er die Gesetze der Geschichtswissenschaft rückhaltlos auf dem Gebiet der Theologie zur Geltung gebracht hat. Diese Leistung ist insofern epochal, als damit – nach den Vorarbeiten des Deismus, der Neologie und der Aufklärung (vgl. 4.4–4.6) – die definitive Etablierung der historisch-kritischen Methode in der evangelischen Theologie verbunden war (vgl. 2. Hauptteil, § 5.2.3; § 5.3). Im Blick auf den Kreis der Tübinger Gelehrten um Baur wird von der [neueren] Tübinger Schule gesprochen; dazu gehörten u. a. Eduard Zeller (1814–1908) und Albert Schwegler (1819–1857). Baurs berühmtester Schüler war Albrecht Ritschl (vgl. 5.3.1)

Die Konjunktur des Themas *Kirche* verband sich im deutschen Protestantismus des 19. Jahrhunderts mit Tendenzen zur Wiederbelebung konfessionell ausgerichteter Theologien. Den Anlass für die Artikulierung konfessionellen Denkens bildete das Reformationsjubiläum von 1817. In diesem Jahr wurde auf Betreiben König Friedrich Wilhelms III. (Regentschaft: 1797–1840) die Kirchenunion in Preußen vollzogen, eine um die Abendmahlsgemeinschaft von Lutheranern und Reformierten angereicherte Verwaltungsunion. Von den Vertretern der Vermittlungstheologie wurde die Union begrüßt. Dagegen kritisierte der Kieler Pfarrer Claus Harms (1778–1855) in seiner ebenfalls 1817 publizierten zeitgemäßen Übersetzung der 95 Ablassthesen Luthers sowohl die Relativierung der konfessionellen Lehrunterschiede durch die Befürworter der Union als auch die Herrschaft des Rationalismus in der Theologie. Damit war eine *konfessionelle Theologie* lutherischer Prägung initiiert, für die sich auch die Bezeichnung *Neuluthertum* eingebürgert hat und deren konservative Richtung als *Repristinationstheologie* bezeichnet wird. Dieser Konfessionalismus verband

Theologische Schulen im deutschen Protestantismus des 19. Jahrhundert (IV)

– Konfessionalismus: Wiederbelebung eines konfessionellen Luthertums (Gegensatz zu Rationalismus und Kirchenunion); erfahrungstheologische Anreicherung und christologische Neuerungen in der Erlanger Theologie; Entdeckung der Ekklesiologie als des Themas gegenwärtiger lutherischer Theologie.

sich vielfach mit der Erweckungsbewegung, deren Gegnerschaft zur historisch-kritischen Bibelauslegung er ebenso teilte wie die – in den lutherischen Bekenntnissen einschlägige – Betonung der Sündenverfallenheit des Menschen und seines Angewiesenseins auf die göttliche Gnade (vgl. 2. Hauptteil, § 9.2; § 11.2.2). Während der lutherische Konfessionalismus sowohl an den Universitäten als auch in den Kirchenleitungen zu einer einflussreichen Macht wurde, entfaltete die konfessionelle Theologie reformierten Zuschnitts keine vergleichbare Bedeutung. Zu einer wichtigen und theologisch innovativen Schulbildung innerhalb des konfessionellen Luthertums kam es an der Universität Erlangen. In der sog. Erlanger Erfahrungstheologie (Johann Christian Konrad von Hofmann, 1810–1877; Adolf Gottlieb Christoph von Harleß, 1806–1879; Gottfried Thomasius, 1802–1875) wurde das Festhalten an der objektiven Geltung der in den lutherischen Bekenntnissen beschriebenen Heilstatsachen mit der subjektiven Glaubenserfahrung verbunden. Diese theologische Schule zeichnete sich überdies dadurch aus, dass sie an theologisch entscheidenden Punkten, namentlich in der Christologie, einschneidende Veränderungen gegenüber dem orthodoxen Lehrbestand vornahm; ein wichtiges Beispiel dafür ist der bei von Hofmann wichtige Verzicht auf den Gedanken der stellvertretenden Genugtuung zur Erläuterung des Versöhnungsgeschehens (vgl. 2. Hauptteil, § 10.2.2).

Das ekklesiologische Interesse des lutherischen Konfessionalismus manifestierte sich in besonderer Deutlichkeit bei dem Neuendettelsauer Pfarrer Wilhelm Löhe (1808–1872) und dem Mecklenburger Theologen Theodor Friedrich Dethlof Kliefoth (1810–1895), der seit 1844 als Superintendent und Domprediger in Schwerin amtierte. Kliefoths „Einleitung in die Dogmengeschichte" (1839) erblickte den Schwerpunkt der altkirchlichen und mittelalterlichen Theologie in der Ausbildung der Lehre von Christus als der Ursache des neuen Lebens (Trinität/Christologie; vgl. 1.3) und der Lehre von Sünde und Gnade als dem neuen Leben selbst (theologische Anthropologie; vgl. 2.1). Die Reformation hatte sich nach Kliefoth auf die Erlangung und den Vollzug des neuen Lebens konzentriert (Soteriologie; vgl. 2. Hauptteil, § 11, bes. 11.2.2). Als Aufgabe der gegenwärtigen Epoche betrachtete er die Behandlung der *Gemeinschaft des neuen Lebens*, die sich in der Kirche manifestiert. Entscheidend ist dabei das Interesse an der sichtbaren Kirche, deren Existenz und Ämterstruktur direkt auf eine Einsetzung durch Christus zurückgeführt wird (vgl. 2. Hauptteil, § 13.2.2).

Die wichtigsten theologischen Strömungen im deutschen Protestantismus des 19. Jahrhunderts vor der Reichsgründung sind skizziert bei:
– M. Jung, Der Protestantismus in Deutschland von 1815–1870, 41–63.

📖📖 Eine eingehende Darstellung der theologischen und außertheologischen Entwicklungen im deutschen Geistesleben vom Ende der Aufklärung bis zur 2. Hälfte des 19. Jahrhunderts bietet:
- E. Hirsch, Geschichte der neuern evangelischen Theologie, Band 5, 3–281. 364–626 (= Kapitel 47–50; 52–55).

5.3 Der theologische Liberalismus im Kaiserreich

Der recht unscharfe Begriff des *theologischen Liberalismus* bzw. der *Liberalen Theologie* kam erst im 20. Jahrhundert auf. Charakterisiert wurden damit unterschiedliche Ausprägungsgestalten protestantischer Theologie im 19. Jahrhundert. Zum einen wurde damit eine dem Rationalismus nahestehende Bewegung bezeichnet, die ein von traditionellen Dogmen und Bekenntnissen freies Christentum propagierte. In deren Vorfeld gehörte die von Johann Salomo Semler im Horizont der deutschen Neologie angeregte freiere theologische Lehrart; in der 1774 publizierten lateinischen Version von Semlers „Versuch einer *freieren* theologischen Lehrart" (1777) kam das Stichwort *liberal* erstmals vor: Institutio ad doctrinam christianam *liberaliter* discendam (wörtlich übersetzt: Unterricht in einer *freiheitlich* zu erlernenden theologischen Lehre). Das den Begriff des theologischen Liberalismus prägende Stichwort *freie Theologie* diente dann als Selbstbezeichnung einer an Hegel und die Spekulative Theologie anschließenden Richtung, die in ihren Reflexionen zu Religion und Christentum jede Fremdbestimmung durch eine äußere Lehrautorität ablehnte; programmatisch angekündigt wurde eine solche Theologie durch den Zürcher Systematiker Alois Emanuel Biedermann (1819–1885): „Die freie Theologie oder Philosophie und Christentum in Streit und Frieden" (1844). Ferner verbindet sich das Stichwort *Liberale Theologie* mit einer in Deutschland seit etwa 1870 einflussreichen Richtung, deren Religions- und Christentumsverständnis auf einer vorbehaltlosen Anwendung der im 19. Jahrhundert entwickelten historischen Methoden auf Bibel und theologische Tradition beruhte und die die reformatorische Theologie in die von der Aufklärung geprägte moderne Kultur übersetzen und mit ihr konstruktiv verbinden wollte. Wegen der dabei im Hintergrund stehenden kulturbejahenden und optimistischen Grundhaltung spricht man auch von *Kulturprotestantismus*. Nachstehend werden drei für diese Richtung bedeutende Positionen skizziert.

5.3.1 *Albrecht Ritschl*

Albrecht Benjamin Ritschl (1822–1889), seit 1846 Privatdozent und später Professor in Bonn und seit 1864 Professor in Göttingen, war der einflussreichste protestantische Dogmatiker seit Schleiermacher; die „Ritschl-Schule" bestimmte bis zum 1. Weltkrieg die theologische Landschaft. Als deren wichtigster Vertreter kann Wilhelm Herrmann (1846–1922) gelten, zu dessen Schülern Karl Barth (1886–1968) und Rudolf Bultmann (1884–1976) gehörten (vgl. 6.1.4; 6.3.1).

Ritschl kann insofern als der eigentliche Begründer des Kulturprotestantismus gelten, als ihm an der Verzahnung von christlichem Glauben und modernem Kulturleben gelegen war. Diesem Interesse entsprach zum einen die Zurückweisung des von der zeitgenössischen Wissenschaft artikulierten Anspruchs, eine umfassende Wirklichkeitsdeutung sowie eine verbindliche Lebensorientierung auf wissenschaftlich gesicherter Grundlage zu bieten und damit Religion und Philosophie als ‚Sinnstifter' abzulösen (vgl. 5.1). Anknüpfend an den Neukantianismus hat er eine konsequente Unterscheidung von christlichem Glauben und rational-wissenschaftlicher Erkenntnis gefordert: Religiöses Erkennen bewegt sich nach Ritschl in selbständigen Werturteilen, während das wissenschaftliche Erkennen von Werturteilen nur begleitet oder geleitet ist (vgl. 2. Hauptteil, § 4.3.2).

Dieser Unterscheidung entsprach Ritschls konsequente Abgrenzung der in praktischem Glauben bestehenden religiösen Gewissheit von einer theoretischen Gotteserkenntnis: In Anlehnung an Kant und unter Berufung auf Luther hat er die (für die traditionellen Gottesbeweise typische) Verbindung des religiösen Gottesbegriffs mit dem metaphysischen Gedanken einer ersten Ursache oder eines notwendig Seienden kritisiert.

Albrecht Ritschl

- Einflussreichster protestantischer Dogmatiker seit Schleiermacher und Begründer des Kulturprotestantismus.
- Konsequente Unterscheidung von christlichem Glauben und rational-wissenschaftlicher Erkenntnis.
- Betonung der ethischen Bedeutung des christlichen Glaubens (Hochschätzung des Reich-Gottes-Gedankens).

Ritschls kulturprotestantisches Profil zeigte sich auch in seiner Betonung der *ethischen* Bedeutung des christlichen Glaubens, die in seiner Hochschätzung des Reich-Gottes-Gedankens zum Ausdruck kam. Während bislang in der protestantischen Theologie der Erlösungscharakter des Christentums betont wurde, forderte Ritschl eine gleichwertige Berücksichtigung seiner ethischen Aufgabe.

Alles, was den Erlösungscharakter des Christenthums betrifft, ist Gegenstand der genauesten Ueberlegung gewesen, [...] während dabei die ethische Auffassung des Christenthums unter der Idee des Reiches Gottes zu kurz kommt. Aber, so zu sagen, das Christenthum ist nicht einer Kreislinie zu vergleichen, welche um Einen Mittelpunkt liefe, sondern einer Ellipse, welche durch zwei Brennpunkte beherrscht ist. [...]
Das Christenthum also ist die monotheistische vollendet geistige und sittliche Religion, welche auf Grund des erlösenden und das Gottesreich gründenden Lebens ihres Stifters in der Freiheit der Gotteskindschaft besteht, den Antrieb zu dem Handeln aus Liebe in sich schließt, das auf die sittliche Organisation der Menschheit gerichtet ist, und in der Gotteskindschaft wie in dem Reiche Gottes die Seligkeit begründet.
A. Ritschl, Die christliche Lehre, 11. 13 f.

Entsprechend der mit dem Pietismus (vgl. 4.3) beginnenden und in der Aufklärung (namentlich bei Lessing und Kant; vgl. 4.6) weitergeführten Deutung interpretierte Ritschl den biblischen Reich-Gottes-Gedanken als Ziel der geschichtsimmanenten sittlichen Menschheitsentwicklung, zu dessen Erreichung der Mensch durch gewissenhafte Berufsarbeit im Geist der Liebe beitragen kann und soll (vgl. 2. Hauptteil, § 14.3.1). Seine theologische Konzeption hat Ritschl z. T. mit einer Kritik der älteren Dogmatik verbunden; dies belegt z.B. seine Ablehnung der traditionellen kirchlichen Erbsündenlehre (vgl. 2. Hauptteil, § 9.3.2).

5.3.2 Adolf von Harnack

Ritschls bedeutendster Schüler war der im Jahre 1888 gegen den Widerstand des preußischen Oberkirchenrats nach Berlin berufene Kirchenhistoriker Adolf von Harnack (1851–1930). Sein Hauptwerk war das zwischen 1886 und 1890 erschienene dreibändige „Lehrbuch der Dogmengeschichte" (^{5}1931); 1889 gab er für seine Hörer einen „Grundriß der Dogmengeschichte" heraus, der im Aufbau und den Kernaussagen dem Lehrbuch entsprach.

Adolf von Harnack

– Altkirchliche Dogmenbildung: Überfremdung der Botschaft Jesu mit dem Geist griechischer Philosophie (Hellenisierung des Christentums).
– Orientierungspunkt für den christlichen Glauben: Verkündigung Jesu.
– Vermittelnde Position im Apostolikumsstreit: Gegen Abschaffung; für fakultativen liturgischen Gebrauch.

Schon Harnacks Lehrer Ritschl hatte den christlichen Glauben von der in der traditionellen Metaphysik entwickelten theoretischen Gotteserkenntnis abgegrenzt. Diese Kritik an der Verbindung von christlicher Theologie und Metaphysik hat Harnack auf die gesamte Dogmengeschichte bezogen: Dass sich die altkirchliche Dogmenentwicklung im Horizont der antiken (griechisch-hellenistischen) Metaphysik vollzogen und deren Begrifflichkeit verwendet hat, wurde als *Hellenisierung des Christentums* bezeichnet, ein Vorgang, den Harnack negativ als Überfremdung der Botschaft Jesu gewertet hat. Erst die Reformation hat nach Harnack an die Stelle der gesetzlichen Geltung der altkirchlichen Dogmen die subjektive Glaubensgewissheit gesetzt. Allerdings blieb das alte Dogma bestehen, weil es den Reformatoren als sachgerechter Ausdruck des Evangeliums galt. Damit war freilich, was die Geltung des Dogmas im Protestantismus anging, eine heillose Verwirrung angerichtet.

Harnack selbst plädierte für ein dogmenfreies, nicht lehrhaftes Christentum. Seine eigene Sicht der christlichen Religion hat er in seiner Berliner Vorlesung „Das Wesen des Christentums" zusammengefasst, die er im Wintersemester 1899/1900 vor etwa 600 Hörern gehalten hat. In dieser Vorlesung hat er die Wesensbestimmung des Christentums (nicht aufgrund kirchlicher Dogmen oder Bekenntnisse, auch nicht aufgrund der biblischen Botschaft von Kreuz und Auferstehung, sondern) ausschließlich aufgrund der historisch rekonstruierten Lehre Jesu vollzogen; diese galt ihm als Ausdruck höchster religiöser und daher ‚zeitlos' gültiger Wahrheit. In dieser Unterscheidung zwischen dem Evangelium Jesu als eigentlichem Grund des christlichen Glaubens und der dogmatischen Lehre über Person und Werk des Sohnes hat die moderne Kritik am christologischen Dogma einen deutlichen Ausdruck gefunden (vgl. 2. Hauptteil, § 10.4.1).

> Kirchenpolitische Brisanz entfaltete Harnacks Befürwortung eines dogmenfreien Christentums im sog. *Apostolikumsstreit* der Jahre 1891/92. Dabei handelte es sich um eine seit 1871 in Deutschland immer wieder aufflackernde Auseinandersetzung über die gottesdienstliche Verwendung des Apostolischen Glaubensbekenntnisses. Den Stein des Anstoßes für die liberalen Kritiker des Apostolikums stellten die Aussagen zur Jungfrauengeburt und zur Höllenfahrt dar (vgl. dazu 2. Hauptteil, Exkurs 3; § 10.3.2); die konservativen Be-

fürworter pochten dagegen auf die rechtliche Verbindlichkeit des Apostolikums für kirchliche Amtsträger. Als der württembergische Pfarrer Christoph Schrempf (1860–1944) fristlos und ohne Pension entlassen wurde, weil er sich 1891 geweigert hatte, das Apostolikum bei einer Taufe zu verwenden, kam es zu einer heftigen öffentlichen Diskussion. Harnacks dieser Debatte entstammende Beitrag „Das Apostolische Glaubensbekenntnis" (1892; [27]1896) bekräftigte zwar die Anstößigkeit einiger Bekenntnisaussagen, riet aber von einer Abschaffung ab und regte an, bis zur Formulierung eines zeitgemäßen Bekenntnisses den liturgischen Gebrauch freizustellen.

5.3.3 Ernst Troeltsch

Harnacks Annahme, dass sich aus einer rein historischen Untersuchung der ursprünglichen Verkündigung Jesu Aufschluss über die gegenwärtige Bedeutung des Christentums ergeben könne, wurde durch die sog. *Religionsgeschichtliche Schule* infrage gestellt.

Diese Bezeichnung steht für eine Gruppe von deutschen evangelischen Theologen, die überwiegend philologisch, exegetisch, historisch und teilweise archäologisch arbeiteten und deren Hauptsitz Göttingen war. Ursprünglich von Ritschl beeinflusst, empfanden sie dessen Umgang mit den Texten der Bibel zunehmend als dogmatisch. Insbesondere seine Deutung des biblischen Reich-Gottes-Gedankens als Ziel der geschichtsimmanenten sittlichen Menschheitsentwicklung wurde infrage gestellt. Dagegen traten die Mitglieder der Religionsgeschichtlichen Schule für einen radikalen Historismus in der theologischen Forschung ein, der die biblischen Texte und die frühkirchliche Literatur in einen universalen geistes- und kulturgeschichtlichen Zusammenhang stellte. Dabei wurden aufgrund einer umfassenden Berücksichtigung der zwischentestamentlichen Literatur jüdische, babylonische, persische und hellenistische Einflüsse auf das entstehende Christentum nachgewiesen. Perspektivisch führte dieser Ansatz zu einer verstärkten Beschäftigung mit nichtchristlichen Religionen. Kennzeichnend für die Religionsgeschichtliche Schule war ferner das engagierte Bemühen um eine Popularisierung ihrer Forschungsergebnisse.

Ernst Troeltsch
- Gilt als ‚Systematiker der Religionsgeschichtlichen Schule'.
- Die konsequente Öffnung der Theologie für das historische Denken verunmöglicht den Nachweis der Absolutheit des Christentums.
- Unterscheidung von Altprotestantismus und Neuprotestantismus.

Der als ‚Systematiker der Religionsgeschichtlichen Schule' geltende in Heidelberg und Berlin lehrende Theologe und Kulturphilosoph Ernst Troeltsch (1865–1923) hat sich im Jahre 1903 in der Schrift „Was heißt ‚Wesen des Christentums'?" mit Harnacks Vorlesungen auseinandergesetzt. Er bestritt, dass sich aus der historischen Rekonstruktion der Botschaft Jesu eine gleichsam zeitlos gültige religiöse Wahrheit ableiten lasse. Das Wesen ist nach Troeltsch kein wissenschaftlich-neutral feststellbares Faktum, sondern in einer Wesensbestimmung verbinden sich stets historische Erkenntnis und persönliches Wertbewusstsein. Dieser Einsicht entsprach Troeltschs erstmals 1902 entwickelte Auffassung, nach der durch die konsequente Öffnung der Theologie zur Geschichtswissenschaft alle Versuche, die Absolutheit des Christentums zu erweisen, zum Scheitern verurteilt sind; denn eine der *historischen* Methode konsequent folgende geschichtliche Betrachtung relativiert notwendig den nur *dogmatisch* zu behauptenden Absolutheitsanspruch des Christentums (vgl. 2. Hauptteil, § 1.2.1). Die Frage, wie angesichts dieser Sachlage an der Kulturbedeutung des Christentums und der Aktualität kirchlicher Verkündigung verantwortlich festgehalten werden kann, hat Troeltsch lebenslang beschäftigt.

Von wegweisender Bedeutung waren Troeltschs umfangreiche Arbeiten zur Kulturbedeutung des Protestantismus und zum Verhältnis von Reformation und Neuzeit; es handelt sich um folgende Schriften: „Protestantisches Christentum und Neuzeit" (1906/1909/1922), „Die Bedeutung des Protestantismus für die Entstehung der modernen Welt" (1906/1911), „Luther und die moderne Welt" (1908) sowie „Renaissance und Reformation" (1912/1913). Darin stellte Troeltsch zweierlei fest:

1. Die Grundausrichtung des durch die Reformation im 16. Jahrhundert begründeten Protestantismus entspricht in mehrfacher Hinsicht durchaus den Tendenzen der neuzeitlich-modernen Kultur.

2. Allerdings wies der Protestantismus in der Zeit zwischen Reformation und Aufklärung ein ‚Doppelgesicht' auf: Seine auf die neuzeitlich-moderne Kultur weisenden Elemente konnten nicht zur Entfaltung kommen, weil die infolge der Konfessionalisierung des 16. Jahrhunderts etablierten Kirchentümer *altprotestantischer* Prägung der mittelalterlichen Einheitskultur näher standen als der Moderne; eine Verbindung von Protestantismus und moderner Welt wurde erst möglich, als der *Neuprotestantismus* das reformatorische Denken mit den infolge der Aufklärung neu belebten Ideen der – von den Reformatoren bekämpften – ‚Schwärmer' sowie der humanistischen Bewegung verband.

[D]er Protestantismus [...] ist nicht [...] eine einfache Erneuerung des Urchristentums und Wiederherstellung des Neuen Testamentes, sondern eine den individualistischen Tendenzen der werdenden modernen Welt [...] wesentlich entsprechende Neuformung [... Er] ist die religiöse Befreiung des Individuums, wie die Renaissance die künstlerische und politisch-ökonomische und die Aufklärung die wissenschaftliche gewesen ist. [... T]rotzalledem stellt der Protestantismus nun doch zunächst nur ein neues enges und schroffes Kirchentum dar [...] das neue Kirchentum hat doch einen neuen strengen Dogmatismus und den Zwang in allen Lehrfragen, die strengste Bindung der Literatur und des Bildungswesens an geistliche Überwachung, die dogmatische Zwangseinheit und den Ketzerprozeß. [... Und insofern ist] ein starker Gegensatz zwischen jenem alten protestantischen Denken und gerade den eigentlich religiösen Gefühlen und Strebungen der Gegenwart vorhanden.

E. Troeltsch, Luther und die moderne Welt, KGA 8, 62 f. 65.

Faßt man das alles zusammen, so ist deutlich, daß der Protestantismus nicht bloß eine Durchbrechung des katholischen Systems im Kerne ist, sondern daß diese Durchbrechung zugleich in einer Richtung erfolgt, die die religiöse Parallele zu den großen aufstrebenden Grundrichtungen der modernen Welt ist. [...] Aber ebenso deutlich ist doch auch, daß alle diese Wahlverwandtschaft mit der modernen Welt und der ganze Zusammenhang mit ihr in engen Grenzen bleibt und daß trotzdem die vom Protestantismus erzeugte konfessionelle Kultur dem mittelalterlichen Typus näher bleibt als dem modernen.

E. Troeltsch, Protestantisches Christentum und Neuzeit, KGA 7, 131.

Der Altprotestantismus fällt trotz seines allgemeinen Priestertums und seiner prinzipiellen Gesinnungsinnerlichkeit unter den Begriff der streng kirchlich supranaturalen Kultur [...] Erst als der Neuprotestantismus die Idee der kirchlichen Gesamtkultur aus den Augen verloren hatte, konnte er die Gewissensforderung der historisch-philologischen Kritik, die staatsfreie, vereinskirchliche Gemeindebildung und die Offenbarungslehre der inneren persönlichen Überzeugung und Erleuchtung als genuin protestantische Prinzipien bezeichnen, während der alte Protestantismus das alles mit den Kategorien des ‚Naturalismus' einerseits und des ‚Fanatismus', ‚Enthusiasmus', ‚Sektiererei' andererseits belegte.

E. Troeltsch, Die Bedeutung des Protestantismus
für die Entstehung der modernen Welt, KGA 8, 226 f.

📖 Einen Überblick zur theologiegeschichtlichen Entwicklung im Kaiserreich bietet:
- M. Jung, Der Protestantismus in Deutschland von 1870–1945, 49–64.

📖📖 Die Geschichte der protestantischen Theologie in der Wilhelminischen Zeit ist eingehend dargestellt bei:
- E. Lessing, Geschichte der deutschsprachigen evangelischen Theologie, Band 1.

💻 Informationen über die Religionsgeschichtliche Schule sind zugänglich über:
- http://wwwuser.gwdg.de/~aoezen/Archiv_RGS/index.htm.

6 Zur evangelischen Theologie im 20. Jahrhundert

📖📖 Einen Überblick zur kirchengeschichtlichen Entwicklung Deutschlands zwischen 1918 und 1945 (mit souveräner Berücksichtigung der theologiegeschichtlichen Zusammenhänge) enthält:
- K. Nowak, Geschichte des Christentums, 205–288.

6.1 Die Neuaufbrüche nach 1914/18

6.1.1 *Vorbemerkungen*

Für die deutsche evangelische Kirche und Theologie bedeuteten der 1. Weltkrieg und das ihm folgende Ende des Deutschen Kaiserreichs und der Monarchien in den deutschen Einzelstaaten einen tiefen Einschnitt.

> Für die *Kirche* als Institution stand angesichts des Zusammenbruchs des landesherrlichen Kirchenregiments zunächst die schlichte Sorge um ihren Bestand als eines maßgeblichen Faktors der Gesellschaft im Vordergrund. Diese Sorge wurde allerdings bereits seit Mitte der 20er Jahre abgelöst durch ein neues kirchliches Selbstbewusstsein, das die nun gegebene Unabhängigkeit vom Staat als historische Chance für den Aufbau einer im eigentlichen Sinne zu sich selbst kommenden Kirche begriff; unter nach-staatskirchlichen Bedingungen verband sich die Hoffnung auf eine gesamtgesellschaftliche Verbreitung protestantischer Kirchlichkeit mit dem Begriff der Volkskirche, den der Göttinger Systematiker Arthur Titius (1864–1936) nach 1918 zur Wahrung der besonderen Stellung der Kirche im weltanschaulich neutralen Staat in die politische Debatte eingebracht hatte. Ein maßgebliches Dokument des neuen Selbstbewusstseins war das von dem damaligen kurmärkischen Ge-

neralsuperintendenten Otto Dibelius (1880–1967) im Jahre 1926 publizierte Buch „Das Jahrhundert der Kirche", das schnell zu einem Bestseller avancierte.

Die Situation der *Theologie* war beeinflusst von der tiefen Krisenstimmung, die im damaligen Geistesleben herrschte: Der Weltkrieg wurde vielfach als Zusammenbruch der bürgerlichen Kultur und ihrer Werteordnung erfahren; der Kulturoptimismus schlug in eine pessimistische Grundstimmung um – in Oswald Spenglers (1880–1936) kulturphilosophischem Hauptwerk „Der Untergang des Abendlandes. Umrisse einer Morphologie der Weltgeschichte" (1918/1922) fand diese grundsätzlich pessimistische Lebenshaltung einen viel beachteten Ausdruck.

Dieses allgemeine Krisenbewusstsein artikulierte sich in der evangelischen Theologie durch eine *umfassende Absage an die mit dem nunmehr untergegangenen bürgerlichen Zeitalter verflochtene Theologie des Kulturprotestantismus*. In unüberbietbarer Klarheit hat der thüringische Lutheraner Friedrich Gogarten (1887–1967) diese aus dem Krisenbewusstsein gespeiste Absage der jüngeren Theologengeneration an die Vertreter des Kulturprotestantismus in seinem 1920 veröffentlichten Manifest „Zwischen den Zeiten" formuliert. Gogartens Text erschien zuerst in der Zeitschrift „Die Christliche Welt", dem damals führenden Organ des theologischen Liberalismus.

> Das ist das Schicksal unserer Generation, daß wir zwischen den Zeiten stehen. Wir gehörten nie zu der Zeit, die heute zu Ende geht. [...]
> Wir sehen heute rund um die Erde herum keine Formung des Lebens, die nicht zersetzt wäre. Habt Ihr uns nicht gelehrt, in allem und jedem das Menschenwerk zu sehen? [...] Nun ziehen wir den Schluß: Alles, was irgendwie Menschenwerk ist, entsteht nicht nur, es vergeht auch wieder. [...]
> Darum ist ein Jubel in uns über das Spenglersche Buch. Es beweist, [...] daß die Stunde da ist, wo diese feine, kluge Kultur aus eigener Klugheit den Wurm in sich entdeckt und wo das Vertrauen auf die Entwicklung und die Kultur den Todesstoß bekommt.
> F. Gogarten, Zwischen den Zeiten, 95. 97–99.

Der mit Recht als ‚Revolution in der protestantischen Theologie' bezeichnete Vorgang einer konsequenten Distanzierung der jüngeren Generation von der Theologie ihrer akademischen Lehrer führte in der Zeit der Weimarer Republik zu unterschiedlichen Aufbruchsbewegungen im deutschen Protestantismus, die nachstehend kurz charakterisiert werden sollen.

6.1.2 *Der Religiöse Sozialismus*

Beim Religiösen Sozialismus handelte es sich um eine um die Wende vom 19. zum 20. Jahrhundert in der Schweiz entstandene Bewegung, deren Wurzeln allerdings in Deutschland lagen. Der württembergische Pfarrer Christoph Friedrich Blumhardt (1842–1919), der im Jahre 1899 in die Sozialdemokratische Partei eintrat und deshalb von seinem kirchlichen Amt suspendiert wurde, stellte eine *Verbindung* her *zwischen der Verkündigung des Gottesreiches durch Jesus und der sozialistischen Revolution*: Die von Christus hinterlassene Aufgabe, zur Herbeiführung einer neuen

Welt beizutragen, wird faktisch von der Sozialdemokratie wahrgenommen. Das Reich Gottes galt ihm nicht, wie Ritschl, als Ziel einer geschichts*immanenten* sittlichen Menschheitsentwicklung, sondern als eine *jenseitige* Größe. Die eschatologische Erneuerung sollte allerdings mit einer revolutionären Umwandlung der bestehenden gesellschaftlichen Verhältnisse einhergehen. Die Christen haben nach Blumhardt die Aufgabe, an dieser Umwandlung mitzuwirken.

Dieses praktische Verständnis einer Mitwirkung der Christen an der Realisierung des Gottesreiches, das sich mit Kritik an einer gesellschaftskonformen Kirche verband, wirkte auf die Schweizer Pfarrer Hermann Kutter (1863–1931) und Leonhard Ragaz (1868–1945). Auch die späteren Protagonisten der Dialektischen Theologie, deren maßgebliche Vertreter überwiegend aus der Schweiz kamen, standen zunächst unter dem Einfluss des Religiösen Sozialismus (vgl. 6.1.4). In Deutschland verbreitete sich diese Bewegung nach 1918, ohne allerdings eine wesentliche Rolle im kirchlichen Protestantismus der Weimarer Zeit spielen zu können. Der bedeutendste deutsche Theoretiker des Religiösen Sozialismus war der frühe Paul Tillich (1886–1965), der sich zwischen 1919 und 1923 in verschiedenen Publikationen mit dem Verhältnis von Christentum und Sozialismus auseinander setzte.

Religiöser Sozialismus und Luther-Renaissance

– Religiöser Sozialismus: Erwartung des baldigen Einbruchs des Reiches Gottes verbindet sich mit der Hoffnung auf gesellschaftliche Veränderungen, wie sie von der Sozialdemokratie gefordert werden.
– Luther-Renaissance: Die Aktualität der Theologie des Reformators besteht in Diagnose und Überwindung der Krise einer an menschlichen Maßstäben orientierten Sittlichkeit.

6.1.3 *Die Luther-Renaissance*

Der Religiöse Sozialismus machte den Bruch mit der bürgerlichen Gesellschaft und dem ihr verbundenen liberalen Kulturprotestantismus dadurch deutlich, dass er eine Überwindung der die bürgerliche Gesellschaft tragenden ökonomischen Strukturen propagierte. Die Luther-Renaissance fand dagegen in der Theologie des Reformators ein Kritikpotential, das sich gegen die kulturprotestantische Tendenz zur Versöhnung von Christentum und Moderne richtete.

Eine wesentliche Rolle bei der Wiederentdeckung und Aktualisierung der Theologie Luthers spielte der Berliner Patristiker und Reformationshistoriker Karl Holl (1866–1926). Es war sein Verdienst, auf der Basis einer wissenschaftlich fundierten und historisch-philologisch exakten Rekonstruktion der Theologie des jungen Luther die *Gegenwartsbedeutung der reformatorischen Theologie* herausgearbeitet zu haben. Damit widersprach er nicht nur der zeitgenössischen katholischen Polemik gegen Luther, wie sie etwa durch Friedrich Heinrich Suso Denifle (1844–1905) und Hartmann Grisar (1845–1932) vorgetragen wurde; er wandte sich ebenso gegen die Luther-Interpretation von Ernst Troeltsch, der einen direkten Zusammenhang zwischen reformatorischer Theologie und moderner Welt bestritten hatte (vgl. 5.3.3).

Während nach der dem Geschichtsoptimismus der Aufklärung verpflichteten kulturprotestantischen Auffassung menschliche Sittlichkeit und christliche Religiosität einander im Grundsatz entsprechen, machte Holl deutlich, dass im Denken Luthers Gott im Zentrum steht, an dessen sittlicher Forderung der Mensch unvermeidbar scheitert. Diese Erfahrung des Scheiterns entsprach nach Holl der Krise, in die das traditionelle Verständnis von menschlicher Sittlichkeit angesichts des Zusammenbruchs der bürgerlichen Kultur von 1918 geraten ist. Aber die Rechtfertigungslehre weist nach Holl zugleich den Weg aus dieser Krise (vgl. 2. Hauptteil, § 11.2.2): Gerade der schuldverfallene Mensch ist es, der nach Luther von Gott angenommen wird, und erst diese rein aus Gnade geschehene Sündenvergebung überwindet die Krise der menschlichen Sittlichkeit. – Die im Gewissen empfundene Bedeutungslosigkeit aller menschlichen Maßstäbe und Selbstverständlichkeiten gegenüber Gottes unbedingter Forderung ist die Voraussetzung für eine Widerherstellung des religiösen Selbstgefühls und eine Erneuerung christlicher Sittlichkeit.

6.1.4 *Die Dialektische Theologie*

Die sog. Dialektische Theologie (auch als ‚Theologie der Krise' oder ‚Theologie des Wortes Gottes' bezeichnet) war die erfolgreichste und wirkungsvollste theologische Neuorientierung im deutschen Protestantismus nach 1918; das für die evangelische Theologie in der Zeit nach dem 1. Weltkrieg allgemein charakteristische Krisenbewusstsein war in dieser Richtung am umfassendsten ausgeprägt. Die wichtigsten Vertreter der frühen Dialektischen Theologie waren, neben dem in 6.1.1 bereits erwähnten Friedrich Gogarten, Emil Brunner (1889–1966), Rudolf Bultmann, Eduard Thurneysen (1888–1977) und Karl Barth. Als publizistisches Organ dieser Bewegung fungierte die zwischen 1923 und 1933 im Münchener Christian-Kaiser-Verlag erschienene Zeitschrift „Zwischen den Zeiten" (benannt nach Gogartens programmatischem Aufsatz; vgl. 6.1.1).

Dialektische Theologie

– Bedeutendste theologische Neuorientierung im deutschen Protestantismus nach 1918.
– Betonung der radikalen Andersartigkeit des Gottes der biblischen Offenbarung gegenüber menschlichen Interessen und Erwartungen.
– Kultur-, Kirchen- und Christentumskritik u. a. in Anknüpfung an Søren Kierkegaard und Friedrich Nietzsche.

Die Dialektische Theologie zielte auf eine umfassende *Neuorientierung des Gottesverständnisses*: In Abgrenzung vom liberalen Kulturprotestantismus, dem eine Domestizierung Gottes zugunsten menschlicher Bedürfnisse vorgeworfen wurde, hat die Dialektische Theologie die *radikale Andersartigkeit des Gottes der biblischen Offenbarung gegenüber menschlichen Interessen und Erwartungen* betont. Mit ihrer Kritik an der bürgerlichen Kultur und dem mit ihr verwachsenen Christentum knüpfte sie vor allem an den dänischen Philosophen Søren Kierkegaard (1813–1855) und den deutschen Philosophen Friedrich Nietzsche (1844–1900) an. – Das skizzierte Grundanliegen der frühen Dialektischen Theologie einschließlich ihrer Abgrenzung von der liberalen Theologie kommt in dem folgenden Zitat von Bultmann deutlich zum Ausdruck.

Der Gegenstand der Theologie ist Gott, und der Vorwurf gegen die liberale Theologie ist der, daß sie nicht von Gott, sondern vom Menschen gehandelt hat. Gott bedeutet die radikale Verneinung und Aufhebung des Menschen; die Theologie, deren Gegenstand Gott ist, kann deshalb nur den *logos tou staurou* [das Wort vom Kreuz] zu ihrem Inhalt haben, aber dieser ist ein Skandalon für den Menschen. Und so ist der Vorwurf gegen die liberale Theologie der, daß sie sich eben diesem Skandalon zu entziehen oder es zu erweichen versuchte.

R. Bultmann, Die liberale Theologie, 2.

Am nachhaltigsten und konsequentesten wurde der Ansatz der Dialektischen Theologie durch Karl Barth vertreten. In der Entwicklung des ursprünglich vom Religiösen Sozialismus (vgl. 6.1.2) beeinflussten Schweizer Pfarrers bedeutete der Ausbruch des 1. Weltkriegs die entscheidende Zäsur; Barth selbst hat seinen Bruch mit der Theologie des 19. Jahrhunderts rückblickend in einen direkten Zusammenhang mit seiner Irritation über das Einverständnis namhafter liberaler Theologen mit der Kriegspolitik Kaiser Wilhelms II. (Regentschaft: 1888–1918) gestellt.

Die im Sommer 1914 in Deutschland herrschende allgemeine Kriegsbegeisterung hatte auch zahlreiche Intellektuelle erfasst. In diesen Zusammenhang gehört ein von 93 Wissenschaftlern unterzeichnetes und am 4. Oktober 1914 in der „Frankfurter Zeitung" publiziertes Manifest „An die Kulturwelt!". Darin wurde die Schuld Deutschlands am Kriegsausbruch bestritten und der Krieg als Moment eines dem deutschen Volk aufgezwungenen Daseinskampfes gerechtfertigt. Zu den Unterzeichnern gehörten – zu Barths Entsetzen – auch 13 namhafte zeitgenössische Theologen, darunter seine eigenen theologischen Lehrer. Deren Anfälligkeit für die Kriegsideologie hat Barth zu grundsätzlichen Zweifeln an der theologischen Tragfähigkeit des liberalen Kulturprotestantismus geführt. Seine theologische Wende hat er außerdem mit dem von ihm als Versagen beurteilten Verhalten der deutschen Sozialdemokratie angesichts des Weltkrieges in Zusammenhang gebracht (Zustimmung der SPD-Reichstagsfraktion zu den Kriegskrediten am 4. August 1914 und Proklamation eines „Burgfriedens" für die Dauer des Krieges: Verzicht auf ideologische Auseinandersetzung mit den anderen Parteien und auf Agitation gegen die Reichsregierung). Dennoch trat Barth am 1. Februar 1915 der Schweizer Sozialdemokratischen Partei bei.

Eine Wendung brachte erst der Ausbruch des Weltkriegs. Er bedeutete für mich konkret ein doppeltes Irrewerden: einmal an der Lehre meiner sämtlichen theologischen Meister in Deutschland, die mir durch das, was ich als ihr Versagen gegenüber der Kriegsideologie empfand, rettungslos kompromittiert erschien – sodann am Sozialismus, von dem ich gutgläubig genug noch mehr als von der christlichen Kirche erwartet hatte, daß er sich jener Ideologie entziehen werde, und den ich nun zu meinem Entsetzen in allen Ländern das Gegenteil tun sah.

K. Barth, Autobiographische Skizze, 296.

Die theologische Wende Barths hat ihren theologiegeschichtlich wirkungsvollsten Niederschlag gefunden in der 1922 (tatsächlich bereits Ende 1921) erschienenen

Neubearbeitung seiner (in erster Auflage 1919 publizierten) Kommentierung des Römerbriefs. Darin wird in bildreicher Sprache und mit paradoxer Begrifflichkeit die unüberbrückbare Differenz zwischen Gott und Mensch herausgearbeitet, eine Differenz, deren Aufhebung nicht von Seiten des Menschen, sonden nur „durch Gottes Schöpferwort" möglich ist.

Aus dem Kommentar zu Röm 3,28:
So halten wir nun dafür, dass der Mensch gerecht wird ohne des Gesetzes Werke, allein durch den Glauben.
[Barths Übersetzung: Denn wir rechnen, daß der Mensch gerecht erklärt wird durch Treue *Gottes*, abgesehen von den Werken des Gesetzes]
Ein anderes ist und bleibt das, was Gott ist und tut, ein anderes das Sein und Tun des Menschen. Unüberschreitbar ist zwischen hier und dort die Todeslinie gezogen – die Todeslinie, die freilich die Lebenslinie, das Ende, das der Anfang, das Nein, das das Ja ist. [...] Ja: dieses Sterbliche muß anziehen die Unsterblichkeit, dieses Verwesliche die Unverweslichkeit. Aber: sofern dieses Anziehen geschieht durch Gottes Schöpferwort, ist das Sterbliche der Sterblichkeit, das Verwesliche der Verweslichkeit, ist die Welt ihrer Zeitlichkeit, Dinglichkeit und Menschlichkeit *entnommen*, nicht aber ist die Sterblichkeit und Verweslichkeit, nicht ist *diese* Welt dadurch irgendwie erhöht, bestätigt und verklärt.
K. Barth, Der Römerbrief, 86.

Sein theologisches Argumentationsverfahren hat Barth ebenfalls 1922 in einem Vortrag mit dem Titel „Das Wort Gottes als Aufgabe der Theologie" auch methodisch reflektiert. Von den insgesamt drei von ihm als möglich betrachteten Wegen, angesichts der unüberbrückbaren Gott-Mensch-Differenz doch als Mensch von Gott zu reden, favorisiert er den *dialektischen Weg*. Dieser besteht darin, dass im Vollzug menschlichen Redens von Gott der immer nur indirekte, gebrochene und vorläufige Charakter dieses Redens festgehalten wird.

Hier [beim dialektischen Weg] ist mit dem positiven Entfalten des Gottesgedankens einerseits und mit der Kritik der Menschen und alles Menschlichen andrerseits von vornherein Ernst gemacht; aber beides darf nun nicht beziehungslos geschehen, sondern unter beständigem Hinblick auf ihre gemeinsame Voraussetzung, auf die [...] Wahrheit, die in der Mitte steht [...] Der echte Dialektiker weiß, daß diese Mitte unfaßlich und unanschaulich ist [...] So bleibt nur übrig, [...] beides, Position und Negation, *gegenseitig aufeinander* zu beziehen [...], also z. B. von der Herrlichkeit Gottes in der Schöpfung nicht lange anders zu reden als (in Erinnerung an Röm 8 etwa) unter stärkster Hervorhebung der gänzlichen Verborgenheit, [...] von der Ebenbildlichkeit des Menschen um keinen Preis lange anders als mit der Warnung ein für allemal, daß der Mensch, den wir kennen, der gefallene Mensch ist, [...] aber wiederum von der Sünde nicht anders als mit dem Hinweis, daß wir sie nicht erkennen würden, wenn sie uns nicht vergeben wäre.
K. Barth, Das Wort Gottes als Aufgabe der Theologie, 212.

An dem in seiner Frühzeit entschieden betonten Gegensatz zwischen Gott und Mensch („Todeslinie") hielt Barth in gewisser Weise auch später grundsätzlich fest. Deutlich wird dies etwa an seiner Kritik an der seit Schleiermacher zum Zentralbegriff theologischer Reflexion avancierten Kategorie der Religion (vgl. 2. Hauptteil, § 1.2.2): Der als *Menschen*werk diskreditierten Religion wird die auf *Gott* zurückgeführte Offenbarung gegenübergestellt; durch die Offenbarung werden die – in der Religion gerade kultivierten – Erwartungen und Bedürfnisse des Menschen im wahrsten Sinne des Wortes durchkreuzt. – Die jeder menschlichen Verfügbarkeit entzogene Offenbarung Gottes in Jesus Christus markiert das Gericht über alles Menschliche.

Allerdings steht das Christusgeschehen zugleich für eine von Gott her vollzogene Vermittlung zum Menschen hin. Diesen Vermittlungsgedanken hat der reife Barth in seinem 12 Textbände (mit insgesamt ca. 10 000 Seiten) umfassenden unvollendet gebliebenen theologischen Hauptwerk (Die Kirchliche Dogmatik [= KD], 1932–1967) in Gestalt einer *christologischen Konzentration* des gesamten dogmatischen Stoffs durchgeführt: Weil durch die Christusoffenbarung alle menschlichen Bemühungen um eine Gotteserkenntnis als Irrwege entlarvt sind, ist sowohl jede ‚natürliche Theologie' als auch eine von der Christuserkenntnis unabhängige Anthropologie konsequent abzulehnen (vgl. 2. Hauptteil, § 3.2.3; § 9.3.1); auch die Ablehnung der lutherischen Unterscheidung von Gesetz und Evangelium gehört in den Zusammenhang des Barthschen Christozentrismus (vgl. 2. Hauptteil, § 12.1.3). Freilich hat Barth seine im Horizont der „Barmer Theologische[n] Erklärung" (vgl. 6.2) bekräftigte und zugespitzte Konzentration auf die Christologie später nicht daran gehindert, auch außerchristliche Wahrheitserkenntnisse theologisch zu würdigen (vgl. 2. Hauptteil, § 3.2.3).

Einen Überblick zur theologiegeschichtlichen Entwicklung in der Zeit der Weimarer Republik bietet:
– M. Jung, Der Protestantismus in Deutschland von 1870–1945, 133–142.

Die Geschichte der protestantischen Theologie in der Wilhelminischen Zeit ist eingehend dargestellt bei:
– E. Lessing, Geschichte der deutschsprachigen evangelischen Theologie, Band 2, 21–452.

Der Text des Manifests „An die Kulturwelt!" ist zugänglich über:
– *http://www.europa.clio-online.de/2006/Article=63.*

Einen Einblick in Barths Denken vermittelt:
– E. Busch, Die große Leidenschaft.

Informieren Sie sich über den Aufbau von Barths theologischem Hauptwerk anhand von:
– E. Jüngel, Barth, 261–267.

6.2 Die Barmer Theologische Erklärung und die Spaltung der Dialektischen Theologie

Die Vermittlung zwischen Gott und Mensch lief bei Barth ausschließlich über die Christologie und wurde deshalb lediglich als von *Gott* ausgehend gedacht, der sich in Christus offenbart hat. Für Barths frühe Mitstreiter Gogarten, Bultmann (vgl. 6.3.1) und Brunner wurde dagegen zunehmend die Frage wichtig, wie die Christusbotschaft mit der jeweils gegenwärtigen Situation des *Menschen* zusammengebracht werden kann. Sie sind dieser Frage in unterschiedlicher Weise nachgegangen. Gemeinsam war ihren Ansätzen, dass, in Ergänzung zur Betonung der Differenz zwischen Gott und Mensch in der frühen Dialektischen Theologie, nun die *Ansprechbarkeit des Menschen für die Botschaft des Evangeliums* herausgearbeitet wurde. Die sich aus dieser Akzentverlagerung ergebende Differenz zu Barth wird bei Emil Brunner am deutlichsten. Als „Die andere Aufgabe der Theologie" hat er 1929 die *eristische Theologie* herausgestellt; diese ziele darauf, die Botschaft des Evangeliums so zum Zuge zu bringen, dass dadurch die Verkehrtheit eines menschlichen Selbst- und Weltverständnisses außerhalb des christlichen Glaubens aufgezeigt wird. Um dies zu erreichen, muss allerdings das nichtchristliche Selbst- und Weltverständnis berücksichtigt werden; ebenso muss vorausgesetzt werden, dass es innerhalb dieses nichtchristlichen Selbst- und Weltverständnisses eine Ansprechbarkeit für das Evangelium gibt: einen *Anknüpfungspunkt*.

> Es ist die wesentlichste Aufgabe der eristischen Theologie, zu zeigen, daß der Mensch sich selbst nur im Glauben richtig verstehen kann, und daß er nur durch das Wort Gottes das bekommt, was er heimlich sucht: daß er nur im christlichen Glauben werden kann, wozu er bestimmt ist, und was er selbst in verkehrter Weise zu werden sucht. [...]
> [Die] Eristiker haben also mit genialem Instinkt an dem Punkt eingesetzt, der in der Tat der *Anknüpfungspunkt* der göttlichen Botschaft im Menschen ist: die menschliche *Frage nach Gott*. [...] Das Evangelium wendet sich nicht an einen Menschen, der von Gott überhaupt nichts weiß und hat. [...] Aber vom Evangelium aus erscheint alles Wissen des Menschen zugleich als ein Nichtwissen, mindestens als ein Nichtrechtwissen, und ein nicht heilvolles Wissen. [...] Es erscheint aber vom Evangelium aus das *ganze* Leben und Denken und Sichverstehen des Menschen als eingetaucht und untergetaucht in dieses *fragliche* von Gott Wissen. Darum ist das Leben in all seinen Erscheinungen wesentlich Frage nach Gott. [...] Diese Fragwürdigkeit ist der Anknüpfungspunkt. *Könnte* der Mensch nicht nach Gott fragen, so gäbe es für ihn auch keine Erlösung, so wäre er für das Wort Gottes unerreichbar. [...] *Müßte* er aber nicht nach Gott fragen, so brauchte er keine Erlösung, dann hätte er ja das Wort in sich selbst.
> E. Brunner, Die andere Aufgabe der Theologie, 260–262.

Mit dem Stichwort *Anknüpfungspunkt* verband sich faktisch eine erneute Orientierung an Friedrich Schleiermacher (vgl. 5.1). In seinem theologischen Hauptwerk hatte dieser dasselbe Stichwort in der Gnadenlehre verwendet, um die Empfänglichkeit des Menschen für das Glauben schaffende Wort Gottes zu beschreiben: Die Ansprechbarkeit für das Evangelium wurzelt im Verlangen des Menschen nach Gemeinschaft mit Gott; dieses Verlangen ist ein Anknüpfungspunkt für die Gnade. – Karl Barth konnte Brunners Versuch, die menschliche Frage nach Gott positiv auf die Christusoffenbarung zu beziehen, nur als Rückfall hinter die Einsichten der frühen Dialektischen Theologie und als Neuauflage der Irrtümer des Kulturprotestantismus begreifen.

[Die für die Annahme der Gnade durch den Menschen erforderliche lebendige Empfänglichkeit hat ihren Ursprung in einem] doch nie gänzlich erloschne[n] Verlangen nach der Gemeinschaft mit Gott, welches mit zur ursprünglichen Vollkommenheit der menschlichen Natur gehört. Indem wir dieses also als den ersten Anknüpfungspunkt für alle göttlichen Gnadenwirkungen aufstellen: so schließen wir nicht nur jene gänzliche der menschlichen Natur durchaus nicht angemessene Passivität aus, vermöge deren der Mensch in dem Bekehrungsgeschäft den leblosen Dingen gleichen soll, sezen aber dadurch nichts von dem, was wir in unserm christlichen Selbstbewußtsein schon der Gnade Gottes in Christo zuschreiben.

F. Schleiermacher, Der christliche Glaube, Band 2, 206: § 108
(KGA I 13,2, 190,19–27).

Neben den *theologischen* Ursachen für die Spaltung der Dialektischen Theologie standen *kirchenpolitische* Differenzen. Es ging um den im sog. Kirchenkampf ausgetragenen Streit über die Beurteilung der NSDAP-nahen „Glaubensbewegung Deutsche Christen", mit deren Hilfe Adolf Hitler (1889–1945) eine Zeitlang seine kirchenpolitischen Ziele verwirklichen wollte. Die Deutschen Christen verstanden die Machtergreifung der Nationalsozialisten als Ausdruck göttlichen Vorsehungshandelns und strebten die ideologische und institutionelle Gleichschaltung der evangelischen Landeskirchen an. Zu ihren zentralen Forderungen gehörte die Entlassung von Christen jüdischer Herkunft aus kirchlichen Ämtern. Nach ihrer innerkirchlichen Durchsetzung im Jahre 1933 kam es teilweise zur offenen Übernahme und religiösen Überhöhung völkisch-nationaler Parolen durch die deutschchristlichen Kirchenführer.

Während eine Reihe von lutherischen Theologen, z. B. Friedrich Gogarten, Paul Althaus (1888–1966) und Emanuel Hirsch (1888–1972), mit den Zielen der Deutschen Christen durchaus sympathisierte, hat sich Karl Barth vehement gegen die von ihm bei den Deutschen Christen diagnostizierte Vermischung von christlicher Botschaft und nationalsozialistischer Weltanschauung und Politik gewandt. Diese kirchenpolitische Opposition entsprach seinen theologischen Auffassungen: Barth verstand das Denken der Deutschen Christen als zeitgenössische Konsequenz der Aufklärungstheologie sowie des theologischen Liberalismus; das in der Theologie des 18. und 19. Jahrhunderts zunehmende Bemühen um eine Verbindung des Christentums mit dem neuzeitlichen Geist habe dazu geführt, dass für die kirchliche Verkündigung anstelle der *Christus*offenbarung zunehmend *menschliche* Autoritäten bestimmend würden. Diese Orientierung an menschlichen Autoritäten wird von Barth als unvermeidbare Folge einer *natürlichen Theologie* namhaft gemacht; damit ist die Überzeugung gemeint, dass es neben der Christusoffenbarung noch eine weitere – der (Vernunft-)Natur des Menschen zugängliche – Quelle wahrer Gotteserkenntnis

Die Spaltung der Dialektischen Theologie

– Gogarten, Brunner, Bultmann: Mit dem Interesse an einer Vermittlung der Christusbotschaft mit der gegenwärtigen Situation des Menschen ist eine Distanzierung von Barth verbunden.

– Barth hat seine theologische Auffassung im Kirchenkampf mit seiner kirchenpolitischen Position verbunden.

gibt (vgl. § 3.1; 3.2.3). Die (maßgeblich von Barths Theologie geprägte) „Barmer Theologische Erklärung" von 1934 kann als bedeutendster und wirkmächtigster Beitrag in der Auseinandersetzung mit den theologischen Auffassungen der Deutschen Christen gelten (vgl. 2. Hauptteil, § 3.2.3; § 12.1.3). Barth selbst hat die Bedeutung dieser Erklärung in der darin ausgesprochen grundsätzlichen Reinigung der Kirche von aller natürlichen Theologie erblickt.

> Was die ‚Deutschen Christen' wollten und taten, das lag nachweislich [...] genau auf der von der Kirche der ganzen Welt längst anerkannten und begangenen Linie der Aufklärung und des Pietismus, auf der Linie Schleiermachers, Richard Rothes und Ritschls, dafür gab es so viele Parallelen auch in England und Amerika, auch in Holland und in der Schweiz, auch in Dänemark und Skandinavien [...]
>
> [W]enn in Barmen Jesus Christus, wie er uns in der Heiligen Schrift bezeugt ist, als das eine Wort Gottes bezeichnet wurde, dem wir im Leben und im Sterben zu vertrauen und zu gehorchen haben, wenn hier die Lehre von einer von diesem einen Worte Gottes verschiedenen Quelle der kirchlichen Verkündigung als falsche Lehre verworfen wurde und wenn (im Schlußsatz der ganzen Erklärung) die Anerkennung jener Wahrheit und die Verwerfung dieses Irrtums als ‚die unumgängliche theologische Grundlage der Deutschen Evangelischen Kirche' erklärt wurde – dann hatte man damit – weit über die Köpfe der armen ‚Deutschen Christen' und weit über die ganze augenblickliche Lage der Kirche in Deutschland hinweg, eine Feststellung gemacht, die, wenn mit ihr Ernst gemacht wurde, eine Reinigung der Kirche nicht nur von der konkret zur Diskussion stehenden *neuen*, sondern von *aller* natürlichen Theologie in sich schloß. Man widersprach den Deutschen Christen, indem man der ganzen Entwicklung widersprach, an deren vorläufigem Ende die Deutschen Christen standen.
>
> K. Barth, Kirchliche Dogmatik II/1, 196 f (§ 26,2).

Die sechs biblisch fundierten Barmer Thesen, denen jeweils eine Verwerfung angeschlossen ist (Ausnahme: These 5 mit zwei Verwerfungssätzen), können als bedeutendstes theologisches Dokument des Kirchenkampfes gelten. Nach 1945 wurde die Barmer Erklärung von mehreren Gliedkirchen der EKD ausdrücklich unter die Bekenntnisgrundlagen aufgenommen. Der Bekenntnischarakter dieses Textes ist allerdings umstritten.

   Informieren Sie sich über die Entstehungsumstände und den theologischen Ertrag der Barmer Erklärung anhand von:
- C. Nicolaisen, Barmen.

   Der Text der „Barmer Theologische[n] Erklärung" ist an folgenden Stellen zugänglich:

- Evangelische Bekenntnisse, Band 2, 253–279;
- Reformierte Bekenntnisschriften, 239–245;
- http://www.ekd.de/bekenntnisse/142.html.

6.3 Hinweise zur Nachkriegstheologie des deutschen Protestantismus

6.3.1 Das Problem der Entmythologisierung

Die tief greifende *politische* Zäsur des Jahres 1945 hat in der deutschen evangelischen *Theologie* deutlich weniger Spuren hinterlassen als der Epochenbruch von 1918. Ein wesentliches Problem bildete weiterhin die durch den Zerfall der Dialektischen Theologie deutlich gewordene Alternative:

– Die Theologie kann sich als exklusiv-christozentrischer Nachvollzug der biblisch bezeugten Offenbarung Gottes verstehen und die Berücksichtigung der anthropologischen Voraussetzungen des Evangeliumsglaubens als einen Ausverkauf des Christlichen an den Zeitgeist diskreditieren; diesem Ansatz blieb Karl Barth konsequent treu.

– Die Theologie kann sich in ihrer Entfaltung der Christusbotschaft auch auf die je gegenwärtige Situation des Menschen beziehen; als die in der Nachkriegszeit zunächst am meisten diskutierte Variante dieser Möglichkeit kann das auf Rudolf Bultmann zurückgehende Programm einer existentialen Interpretation der neutestamentlichen Botschaft auf der Grundlage einer Entmythologisierung ihrer Inhalte gelten.

Rudolf Bultmann ging davon aus, dass der Mensch, bei dem die Botschaft des Christentums ankommen, der diese also *verstehen* kann, immer schon ein *Vorverständnis* von der christlichen Verkündigung mitbringen muss, weil sonst diese Verkündigung für seinen Existenzvollzug gar nicht wichtig werden könnte. Dies gilt gerade auch dann, wenn das menschliche Vorverständnis von der christlichen Verkündigung als falsch und damit sündig qualifiziert und verworfen wird. Denn die Infragestellung des menschlichen Vorverständnisses durch die Offenbarung ist nichts anderes als die Aufdeckung der – auch unabhängig vom Glauben immer schon präsenten – Fragwürdigkeit des menschlichen Selbstverständnisses außerhalb des Glaubens.

Um diese immer schon gegebene Fragwürdigkeit des menschlichen Selbstverständnisses außerhalb des Glaubens näher zu beschreiben, bediente sich Bultmann der von Martin Heidegger (1889–1976) in dessen (unvollendetem) Hauptwerk „Sein und Zeit" (1927) ausgearbeiteten Existenzphilosophie.

> Nach Heideggers Daseinsanalyse besteht *menschliches Sein*, im Unterschied zu allem anderen Sein, (nicht einfach im Vorhandensein, sondern) im *Existenzvollzug*. Zu den Grundzügen des so bestimmten Menschseins gehören die *Geworfenheit*, die unentrinnbare geschichtliche Bedingtheit des Daseins, sowie der *Entwurf* der eigenen Seinsmöglichkeit, die Freiheit. Im alltäglichen Dasein versteht sich der Mensch allerdings aus dem, womit er zu tun hat, und nicht aus dem, was er selbst sein kann: Er existiert *uneigentlich*, ist an seine Welt *verfallen*, statt seine Existenz zu ergreifen. Erst das Verhalten zum Tod erschließt dem Menschen die *eigentliche* Existenz. Denn der Tod bestimmt das Dasein grundlegend, da er ihm immer als Möglichkeit bevorsteht. Deshalb bezeichnete Heidegger das Dasein auch als *Sein zum Tode*. Das alltägliche Dasein verdeckt freilich diese Möglichkeit des Todes, in-

dem es ihr ausweicht. Es gilt jedoch, seine Möglichkeit auszuhalten. Das eigentliche Verhalten zum Tode nannte Heidegger *Vorlaufen*. Nur in der Vorwegnahme des ganzen Daseins und in der Übernahme des Seins zum Tode ist die Wahl des eigentlichen Selbstseins, die *Entschlossenheit*, möglich.

Bultmanns Entmythologisierungsprogramm

– Bultmann möchte die christliche Botschaft auf das menschliche Existenzverständnis beziehen.
– Die Erhellung des menschlichen Existenzverständnisses leistet die Philosophie Heideggers.
– Für den Bezug der biblischen Christusoffenbarung auf das gegenwärtige menschliche Existenzverständnis bedarf es einer existenzialen Interpretation der neutestamentlichen Verkündigung mit Hilfe ihrer Entmythologisierung.

Nach Heideggers Auffassung gewinnt das durch seine Freiheit konstituierte Dasein durch Entschlossenheit im Vorlaufen zum Tode seine Eigentlichkeit. In diesem philosophischen Verständnis menschlicher Existenz ist nun nach Bultmann ein Wissen um den Glauben enthalten. Es besteht in der mitgewussten *Möglichkeit einer Abweisung des Entschlusses zur Eigentlichkeit* zugunsten eines ursprünglichen Gehorsams. Aus der Sicht der Philosophie ist diese Möglichkeit zwar verloren und sinnlos, aber gerade dem hinter dieser Sicht stehenden sündigen Selbstverständnis des Menschen gilt der Widerspruch der Offenbarung. – Die in der Philosophie verhandelte Frage nach der Eigentlichkeit des Menschen ist genau der Punkt, an dem die christlichen Verkündigung ansetzt; dies tut sie aber so, dass sie dem philosophischen Verständnis menschlicher Existenz gerade widerspricht.

In der Tat weiß die Philosophie um den Glauben, und zwar gerade indem sie um die Freiheit des Daseins weiß; denn damit weiß sie um die dieser Freiheit wesenhaft zukommende Fraglichkeit. Gerade wenn sie den freien Entschluß kennt, in dem sich das Dasein selbst übernimmt, weiß sie von einer anderen Möglichkeit, jenen Entschluß abzuweisen. Aber wie weiß sie vom Glauben? Als um eine verlorene, sinnlose Möglichkeit; [...] Als eschatologisches Ereignis, in dem die Versöhnung wirklich wird, *führt der Glaube zur ursprünglichen Schöpfung zurück*; d. h. jene verlorene, sinnlose Möglichkeit des Glaubens als eines ursprünglichen Gehorsams, um die die Philosophie weiß, ist im christlichen Glauben verwirklicht.

R. Bultmann, Das Problem der ‚natürlichen Theologie', 310 f.

Die den Menschen, der er selbst sein will und der sein Selbst verloren hat, bewegende Frage nach seiner Eigentlichkeit ist der Anknüpfungspunkt für Gottes Wort. Und sofern die Frage nach seiner Eigentlichkeit eben *den* Menschen bedrängt, der sich in den Widerspruch zu Gott gesetzt hat, und sofern ihm also Gottes Wort als Widerspruch begegnet, läßt sich sagen: der Widerspruch des Menschen gegen Gott ist der Anknüpfungspunkt für den Widerspruch Gottes gegen ihn. *Die Sünde des Menschen ist der Anknüpfungspunkt* für das widersprechende Wort von der Gnade.

R. Bultmann, Anknüpfung und Widerspruch, 120.

Um mit der christlichen Verkündigung kritisch an das philosophische Verständnis der menschlichen Existenz anknüpfen zu können, ist es nach Bultmann nötig, die Botschaft des Neuen Testaments auf das menschliche Existenzverständnis zu beziehen; er forderte deshalb eine *existentiale Interpretation der* im Neuen Testament enthaltenen *mythologischen Begrifflichkeit*.

In seinem am. 4. Juni 1941 auf der Tagung der „Gesellschaft für Evangelische Theologie" in Alpirsbach gehaltenen Vortrag „Neues Testament und Mythologie" hat Bultmann seinen Entmythologisierungsansatz programmatisch vorgetragen. Nach dem 2. Weltkrieg löste dieser Ansatz heftige Debatten in der kirchlichen und theologisch interessierten Öffentlichkeit aus.

In seinem Entmythologisierungsprogramm ging es Bultmann um eine Abkoppelung der – auch unter neuzeitlich-modernen Verhältnissen noch aktuellen – *Botschaft* des Neuen Testaments von den – für den gegenwärtigen Menschen nicht mehr akzeptablen – mythologischen *Ausdrucksformen*, die diese Botschaft in der Bibel gefunden hat. Als auch gegenwärtig aktuellen Kern der Christusbotschaft identifizierte er die im Evangelium verheißene Befreiung des Menschen von sich selbst, d.h. die Befreiung vom Zwang zur eigenmächtigen Verwirklichung der Eigentlichkeit seines Daseins (zu den Folgen von Bultmanns Programm der existentialen Interpretation des Neuen Testaments auf der Grundlage der Entmythologisierung seiner Inhalte für die Christologie vgl. 2. Hauptteil, § 10.4.2).

Das Weltbild des Neuen Testaments ist ein mythisches. […] *Dem mythischen Weltbild entspricht die Darstellung des Heilsgeschehens*, das den eigentlichen Inhalt der neutestamentlichen Verkündigung bildet. […] Kann die christliche Verkündigung dem Menschen heute zumuten, *das mythische Weltbild als wahr anzuerkennen?* Das ist sinnlos und unmöglich. […] Man kann nicht elektrisches Licht und Radioapparat benutzen, in Krankheitsfällen moderne medizinische und klinische Mittel in Anspruch nehmen und gleichzeitig an die Geister- und Wunderwelt des Neuen Testaments glauben. […] Soll also die Verkündigung des Neuen Testaments ihre Gültigkeit behalten, so gibt es gar keinen anderen Weg, als sie zu entmythologisieren. […D]ie Philosophie […] ist der Meinung, *daß den Menschen das Wissen um seine Eigentlichkeit ihrer schon mächtig mache.* […] Nach der Meinung des Neuen Testaments hat der Mensch die faktische Möglichkeit verloren, ja auch sein Wissen um seine Eigentlichkeit ist dadurch verfälscht, daß es mit der Meinung, ihrer mächtig zu sein, verbunden ist. […] Das heißt in der Sprache des Neuen Testaments, daß er ein Sünder ist. Denn *diese Eigenmächtigkeit ist die Sünde*, ist Empörung gegen Gott. […S]teht es so, daß der Mensch als ganzer der Eigenmächtigkeit verfallen ist, […] so ist sein eigentliches Leben faktische Möglichkeit für ihn nur, *wenn er von sich selbst befreit wird*. Eben das aber sagt die Verkündigung des Neuen Testaments; eben das ist der Sinn des Christusgeschehens. […] Sein Sinn ist ja in paulinischer Sprache die Tilgung der Sünde. […] Dies also ist das Entscheidende, das das Neue Testament von der Philosophie, das den christlichen Glauben vom ‚natürlichen' Seinsverständnis unterscheidet: das Neue Testament redet und der christliche Glaube weiß von einer *Tat Gottes, welche die Hingabe, welche den Glauben, welche die Liebe, welche das eigentliche Leben des Menschen erst möglich macht.*

R. Bultmann, Neues Testament und Mythologie, 15f. 18. 22. 37–40.

6.3.2 Die Wiederentdeckung der Geschichte im deutschen Protestantismus

Die Kritik der frühen Dialektischen Theologie am liberalen Kulturprotestantismus hatte sich auch an dessen Versuch entzündet, mit Hilfe des Instrumentariums der historischen Kritik ein wissenschaftlich unanfechtbares Element des christlichen

Glaubens zu ermitteln. Dieser Ansatz hatte sich etwa in Harnacks Versuch niedergeschlagen, die Wesensbestimmung des Christentums ausschließlich aufgrund der historisch rekonstruierten Lehre Jesu zu vollziehen (vgl. 5.3.2).

Ihren Charakter erhielt die liberale Theologie wesentlich durch die Vorherrschaft des *historischen Interesses*, und hier liegen ihre großen Verdienste [...]
Wohin führte der Weg der historisch-kritischen Theologie? War er anfangs geleitet von dem Vertrauen, daß die Kritik von der Last der Dogmatik befreit und dahin führt, das echte Jesusbild, auf das der Glaube sich gründen kann, zu erfassen, so ward diese Meinung schnell als Wahn offenbar. Die Geschichtswissenschaft kann überhaupt nicht zu irgendeinem Ergebnis führen, das für den Glauben als Fundament dienen könnte, denn alle *ihre Ergebnisse haben nur relative Geltung.* [...]
Gerade das, was das Charisma der liberalen Theologie ist, wird ja verleugnet, wenn es am Ende des kritischen Weges heißt: ganz so schlimm ist es nun doch nicht, und die Ergebnisse der historisch-kritischen Theologie sind immerhin noch brauchbar für den Glauben.
R. Bultmann, Die liberale Theologie, 2f.

In der hier von Bultmann eingenommenen Perspektive galt die historische Forschung – so relevant sie in *wissenschaftlicher* Hinsicht sein mag – im Blick auf die *Glaubensbegründung* als unerheblich. Zu den Folgen dieser Auffassung gehörte vor allem die wiederum durch Bultmann vertretene Behauptung, der *historische* (vorösterliche) Jesus sei *theologisch* unbedeutend. Diese Ablehnung der Rückfrage nach dem vorösterlichen Jesus hat allerdings Bultmanns Schüler Ernst Käsemann (1906–1998) kritisiert und damit eine neue Runde der Frage nach dem historischen Jesus eingeläutet (vgl. 2. Hauptteil, § 10.4.2).

Analog zu dieser (Wieder-)Entdeckung der theologischen Relevanz des historischen Jesus in der neutestamentlichen Wissenschaft hat Wolfhart Pannenberg (geb. 1928) in grundsätzlicher Weise die Bedeutung der Geschichte für die christliche Theologie behauptet.

Geschichte ist der umfassendste Horizont christlicher Theologie. Alle theologischen Fragen und Antworten haben ihren Sinn nur innerhalb des Rahmens der Geschichte, die Gott mit der Menschheit und durch sie mit der ganzen Schöpfung hat, auf eine Zukunft hin, die vor der Welt noch verborgen, an Jesus Christus jedoch schon offenbar ist.
W. Pannenberg, Heilsgeschehen und Geschichte, 22.

Pannenbergs Ansatz war geleitet vom Interesse an einer wissenschaftlich plausiblen Verwurzelung des Glaubens in historischer Erkenntnis. Mit Barths Weigerung, die den christlichen Glauben begründenden heilsgeschichtlichen Tatsachen, namentlich die Auferstehung Jesu, dem kritischen Zugriff der Geschichtswissenschaft auszusetzen, verliert die Theologie nach Pannenberg den Anschluss an den wissenschaftlichen Diskurs; Bultmanns Einschränkung des Relevanzbereichs der Christusbotschaft auf die individuelle Existenz des Menschen entspricht nach Pannenberg nicht dem biblischen Zeugnis, das das Offenbarungsgeschehen in einen universalhistorischen Rahmen stellt. – Entsprechend dieser doppelten Frontstellung hat Pannenberg die auch *unabhängig vom Glauben* zu erfassende *Offenbarungsqualität der*

Geschichte behauptet und nachzuweisen versucht. Die Einzelheiten seiner Argumentation sind hier nicht von Interesse; wichtig ist allerdings, dass es bei Pannenberg infolge seines Ansatzes zu einer deutlichen Aufwertung der Vernunft im theologischen Erkenntnisprozess kam. So hat er für theologische Aussagen den wissenschaftstheoretischen Status von Hypothesen reklamiert (vgl. 2. Hauptteil, § 2.3.3) und mit Nachdruck die Forderung nach einer rational nachvollziehbaren Bewahrheitung der christlichen Glaubensinhalte erhoben (vgl. 2. Hauptteil, § 4.3.2). Zu den Konsequenzen seines Ansatzes gehören das Interesse an einer konstruktiven Verbindung des christlichen Schöpfungsglaubens mit naturwissenschaftlichen Erkenntnissen (vgl. 2. Hauptteil, § 8.3) sowie die Behauptung der historischen Faktizität des Auferstehungsereignisses (vgl. 2. Hauptteil, § 10.4.3).

Wiederentdeckung der Geschichte

– Bultmann: Historische Forschung ist für Begründung des christlichen Glaubens unerheblich.
– Käsemann: Historische Rückfrage nach vorösterlichem Jesus ist auch theologisch bedeutsam (vgl. 2. Hauptteil, § 10.4.2).
– Pannenberg: Behauptung einer Offenbarungsqualität der Geschichte.

6.3.3 Theologie der Befreiung und feministische Theologie

Der vom Neomarxismus inspirierte Zeitgeist der 60er Jahre des 20. Jahrhunderts führte in verschiedenen Formen zur Kritik an der bestehenden kapitalistisch geprägten deutschen Gesellschaft. Diese Kritik kam auch in der damaligen Theologie zum Ausdruck und war nicht auf den Protestantismus beschränkt. Es war Johann Baptist Metz (geb. 1928), einer der bedeutendsten und einflussreichsten deutschsprachigen katholischen Theologen nach dem 2. Vatikanischen Konzil, der in seiner Programmschrift „Zur Theologie der Welt" (1968) eine sog. ‚Politische Theologie' konzipiert hat. Als deren Anliegen formulierte er die Forderung, die *gesellschafts*gestaltende Kraft des christlichen Glaubens zur Geltung zu bringen und die von ihm kritisch beurteilte Tendenz zur *Privatisierung* des Glaubens zu überwinden. Dieser Ansatz von Metz verband sich mit einer Neubelebung der futurischen Eschatologie, die auf evangelischer Seite durch Jürgen Moltmann (geb. 1926) mit seiner „Theologie der Hoffnung" (1964) vollzogen wurde. Nach Moltmann setzt die christliche Hoffnung auf den Anbruch des Reiches Gottes Impulse zu weltverändernder Gestaltung frei (vgl. 2. Hauptteil, § 14.3.1). Genau diese christliche Hoffnung ist es, die nach Metz in die gesellschaftliche Verantwortung hineinführt, indem sie die Theologie zu gesellschaftskritischem Engagement anhält und sie damit politisch werden lässt.

Die Rede von der politischen Theologie sucht in der gegenwärtigen Theologie das Bewußtsein zu reklamieren vom anhängenden Prozeß zwischen der eschatologischen Botschaft Jesu und der gesellschaftlich-politischen Wirklichkeit. Sie betont, daß das von Jesus verkündete Heil zwar nicht in einem naturhaft-kosmologischen Sinn, wohl aber in einem gesellschaftlich-politischen Sinne bleibend weltbezogen ist: als kritisch befreiendes Element dieser gesellschaftlichen Welt und ihres geschichtlichen Prozesses. Die eschatologischen Verheißungen der biblischen Tradition – Freiheit, Friede, Gerechtigkeit, Versöhnung – lassen sich nicht privatisieren. Sie zwingen immer neu in die gesellschaftliche Verantwortung hinein.

J. B. Metz, Zur Theologie der Welt, 105.

Die eschatologische und politische Theologie von Moltmann und Metz spielte eine wichtige Rolle bei der Herausbildung der – zumeist von katholischen Theologen getragenen – Befreiungstheologie. Ihre Bezeichnung erhielt diese Bewegung in Anlehnung an das von dem Peruaner Gustavo Gutiérrez (geb. 1928) verfasste Buch „Teología de la Liberacíon" (1972, 1973 unter dem Titel „Theologie der Befreiung" auf Deutsch erschienen).

Theologie der Befreiung

- Hintergrund: Kapitalismuskritischer Zeitgeist und Politische Theologie in Westeuropa (Metz, Moltmann); sozialistische Revolution auf Kuba.
- Merkmale:
  • Kontextualität (Verwurzelung in der Massenarmut der Dritten Welt),
  • Option für die Armen (Forderung einer christlichen Praxis als Parteinahme für die sozial Benachteiligten).

Ähnlich wie im Fall etwa zeitgleich auftretender eigenständiger – vom kulturellen Horizont Westeuropas emanzipierter – Theologien in Asien, Afrika und Nordamerika (Bürgerrechtsbewegung) handelt es sich bei der stark vom Marxismus geprägten Theologie der Befreiung um eine *kontextuelle* Theologie. Sie definiert sich über ihre Verwurzelung in der sozialen und wirtschaftlichen Situation der Dritten Welt mit ihrer Massenarmut – und eben nicht in der westlichen Wohlstandsgesellschaft. Mit dieser spezifischen kontextuellen Verwurzelung verbindet sich bei Gutiérrez eine ausdrückliche Kritik an der mangelnden politisch-gesellschaftlichen Konkretion von Moltmanns Hoffnungstheologie.

Angesichts der realen Erfahrung einer von Ausbeutung und Ungerechtigkeit geprägten Gesellschaft und mit dem politischen Rückenwind der kubanischen Revolution von 1959 formulierte die Befreiungstheologie als ihr theologisches Prinzip die *Option für die Armen*: Weil sich Jesus mit seinem Wirken und seiner Verkündigung vornehmlich an die Sünder, die Entrechteten und die Armen gewendet habe, sei die Kirche aufgefordert, sich ebenfalls an die Seite der Armen zu stellen und die christliche Praxis als Parteinahme für die Benachteiligten auszugestalten. Das Motto einer Option für die Armen spielte eine zentrale Rolle bei der vom 24. August bis 6. September 1968 in Medellín (Kolumbien) tagenden zweiten Generalversammlung des Lateinamerikanischen Episkopats.

Die feministische Theologie, die vielfach ausdrücklich an die lateinamerikanische Befreiungstheologie anknüpft, ist eine in ihren nordamerikanischen Ursprüngen zunächst maßgeblich im Katholizismus verwurzelte Bewegung; dies gilt z. B. im Blick auf Mary Daly (geb. 1928) und Rosemary Radford Ruether (geb. 1936). Auch bei der feministischen Theologie handelt es sich um eine kontextuelle Theologie, die unter besonderer Berücksichtigung der Frauenperspektive formuliert wird. Die nordamerikanische feministische Theologie wurde in Deutschland seit den 70er Jahren des 20. Jahrhunderts in der kirchlichen Praxis und seit den 80er Jahren des

20. Jahrhunderts auch in der universitären Wissenschaft zunehmend rezipiert. Von Bedeutung für die deutsche feministische Theologie sind Elisabeth Moltmann-Wendel (geb. 1926), Dorothee Sölle (1929–2003), Heide Göttner-Abendroth (geb. 1941), Susanne Heine (geb. 1942) und Christa Mulack (geb. 1943).

Wegen ihrer Vielgestaltigkeit und auch aufgrund teilweise tief greifender innerfeministischer Kontroversen ist eine präzise Allgemeincharakteristik der feministischen Theologie schwierig. Gemeinsam ist allen Vertreterinnen die kritische Haltung gegenüber einer Dominanz patriarchaler Vorstellungen in Christentum und Kirche. Aufgrund dieser Situation werde die gesamtgesellschaftlich spürbare Benachteiligung der Frauen als gleichsam göttlich sanktioniert und damit unantastbar ausgegeben. Die feministischen Theologinnen unterscheiden sich allerdings im Blick auf die Vorschläge zur Überwindung dieses Missstandes. Die Frage, ob eine Überwindung der diesen Missstand bedingenden Vorstellungen im Rahmen der bestehenden Kirche und im Horizont der biblisch-theologischen Tradition möglich ist, wird verschieden beantwortet. So ist etwa Susanne Heine – ebenso wie Helen Schüngel-Straumann (geb. 1940; vgl. 2. Hauptteil, § 9.3.2) – darum bemüht, die Anliegen der feministischen Theologie mit den Fragestellungen der traditionellen Theologie zu *verbinden*. Dagegen bietet etwa Heide Göttner-Abendroth, die Begründerin der modernen Matriarchatsforschung, die vorchristliche indoeuropäische Mythologie mit den von ihr darin diagnostizierten verdrängten matriarchalen Schichten als *Alternative* zu dem vom zerstörerischen Patriarchat geprägten christlich dominierten Kulturmodell auf.

Einen guten Überblick zu Schwerpunkten und Richtungen der feministischen Theologie gibt:
– S. Heine, Wiederbelebung der Göttinnen?

Eine aktuelle Einführung in die feministische Theologie mit beiliegender CD-Rom präsentiert:
– I. Leicht/C. Rakel/S. Rieger-Goertz (Hg.), Arbeitsbuch feministische Theologie.

Einen (nicht auf Deutschland beschränkten) Überblick zur theologischen Entwicklung zwischen 1968 und 1990 bietet:
– J. Rohls, Protestantische Theologie der Neuzeit, Band 2, 677–842.

Selbstportraits maßgeblicher Systematischer Theologen der Gegenwart enthält:
– Chr. Hennig/K. Lehmkühler (Hg), Systematische Theologie der Gegenwart in Selbstdarstellungen.

Informieren Sie sich über maßgebliche Vertreter des deutschen Protestantismus am Ende des 20. Jahrhunderts sind anhand von:
– H. Fischer, Protestantische Theologie, 207–271.

2. Hauptteil: Systematische Entfaltung

I Religionsphilosophische Vorbemerkungen

§ 1 Die Religion

1.1 Herkunft und neuzeitliche Prägung des Religionsbegriffs

1.1.1 *Ursprung und Bedeutung des Wortes* religio

Das deutsche Wort *Religion* hat seinen Ursprung im lateinischen *religio*. Dabei handelt es sich um einen bereits in vorchristlicher Zeit im römischen Kulturkreis neu gebildeten Terminus, für den es kein direktes (alt)griechisches Äquivalent gibt. Seit der Zeit der lateinischen Kirchenväter wird dieses Wort auch von christlichen Schriftstellern verwendet.

Die genaue Bedeutung von *religio* ist nicht restlos klar. Dies liegt auch daran, dass es im Blick auf die Herkunft dieses Wortes zwei unterschiedliche Erklärungsansätze gibt. Die erste Variante geht auf den vorchristlichen römischen Staatsmann und Philosophen Marcus Tullius Cicero (106–43 v.Chr.) zurück; der zweite Erklärungsansatz stammt von dem lateinischen Kirchenvater Lactantius (Lucius Cae[ci]lius Firmianus; ca. 250–ca. 325): Während Cicero das Wort *religio* auf *relegere* (wieder lesen, genau beachten) zurückgeführt hat, behauptete der Christ Lactantius das Wort *religare* (rückbinden) als Ursprung von *religio*.

[Die Menschen,] die alles, was zur Verehrung der Götter gehörte, immer wieder sorgfältig überdachten und gewissermaßen immer wieder lasen, diese wurden [in Ableitung] von wieder lesen ‚religiös' [wörtlich: ‚wieder Lesende'] genannt. (Übersetzung RL)	[...] qui [...] omnia quae ad cultum deorum pertinerent diligenter retractarent et tamquam relegerent, [ii] sunt dicti religiosi ex relegando.
	Cicero, De natura deorum II 72 (ed. Gigon 150).
Wir werden [...] unter der Bedingung geboren, dass wir Gott, der uns erschaffen hat, gerechte und schuldige Gehorsamsleistungen darbringen, ihn allein anerkennen, ihm folgen. Durch diese Fessel der Ehrfurcht sind wir Gott verpflichtet und an ihn rückgebunden; von daher erhielt die Religion [wörtlich: Rückbindung] selbst ihren Namen, nicht, wie Cicero es deutete, von wieder lesen. (Übersetzung RL)	Hac [...] condicione gignimur ut generanti nos Deo iusta et debita obsequia praebeamus, hunc solum nouerimus, hunc sequamur. Hoc uinculo pietatis obstricti Deo et religati sumus: unde ipsa *religio* nomen accepit, non, ut Cicero interpretatus est, a *relegendo*.
	Lactantius, Institutiones divinae IV 28,2f (Sources chretiennes 377, 232,6–11).

Religio diente also ursprünglich zur Bezeichnung gewissenhafter Gottesverehrung (Cicero), zu der, wie die christliche Tradition ergänzt, der Mensch durch Ehrfurcht gegenüber dem Schöpfer angehalten wird (Lactantius). In diesem Sinne wurde das Wort in der christlichen Theologie des lateinischen Abendlandes verwendet, wobei zugleich der Charakter des Christentums als *wahrer Religion* (lat. religio vera) gegenüber der durch *Aberglauben* (lat. superstitio) geprägten Kultpraxis Andersgläubiger betont wurde. Entscheidend ist aber: Weder in der vorchristlichen römischen Antike noch in der lateinischsprachigen christlichen Tradition diente *religio* als Oberbegriff bzw. Sammelbezeichnung für die Gesamtheit der das menschliche Gottesverhältnis betreffenden inneren Haltungen und äußerlichen Vollzüge. Er steht vielmehr auf derselben Ebene wie etliche andere Ausdrücke, die sich ebenfalls auf Einstellungen oder Handlungen gegenüber Gott bzw. den Göttern beziehen; dazu gehören z. B. Ehrfurcht bzw. Frömmigkeit (lat. pietas), (Gottes-) Verehrung (lat. cultus) oder Opfer (lat. sacrificium).

1.1.2 Neuzeitlicher Religionsbegriff und konfessionelles Zeitalter

Die heute geläufige Verwendung des Wortes *Religion* als einer *Sammelbezeichnung für die unterschiedlichen Ausprägungen menschlichen Gottesverhältnisses* begegnet erst in der Neuzeit. Den Hintergrund der Entstehung dieses Religionsbegriffs bilden die gewaltsamen Auseinandersetzungen infolge der Konfessionalisierung des europäischen Christentums (vgl. zum theologiegeschichtlichen Kontext: 1. Hauptteil, Abschnitt 3). Die hiermit verbundene Erfahrung unüberwindbarer *Differenzen* wurde dadurch kompensiert und gleichsam entschärft, dass man eine allen unterschiedlichen Ausprägungen christlichen Glaubens zugrunde liegende *Gemeinsamkeit* annahm; diese Gemeinsamkeit wurde als ein für alle Menschen gleichermaßen geltender Gottesbezug einschließlich eines ebenso universalen Grundbestandes an moralischen Überzeugungen beschrieben und eben als *Religion* bezeichnet. Weil zugleich angenommen wurde, dass diese Religion allen Menschen – unabhängig von ihrer biographischen und kulturellen Prägung – schon aufgrund ihres Menschseins selbst, also aufgrund ihrer *Natur* zukommt, wurde sie als *natürliche Religion* (lat. religio naturalis) bezeichnet.

Natürliche Religion
– Definition: In der (Vernunft-) Natur des Menschen gegründeter Bestand religiöser und moralischer Auffassungen.
– Bedeutung: Problematisierung der übernatürlichen Offenbarung, auf die sich die positiven Religionen berufen.
– Historischer Ort: Erster neuzeitlicher Konjunkturschub im englischen Deismus.

Der Religionsbegriff in seiner uns gebräuchlichen Verwendung ist ein *postkonfessionalistischer Reflexionsbegriff neuzeitspezifischer Prägung*, der die fatalen Folgen der Konfessionskriege reflektiert und sie auf seine Weise zu kompensieren sucht. [... Mit der durch die Reformation ausgelösten Konfessionalisierung des europäischen Christentums] war eine im Vergleich zur relativen Einheitskultur des Mittelalters grundlegend neue Situation gegeben. Das Bewusstsein einer bisher nicht gekannten Differenz bestimmte den Geist der Zeit. Da sich die konfessionellen Gegensätze kommunikativ nicht dauerhaft beheben ließen, kam es in Europa zu einer Vielzahl blutiger Konflikte [...] Auf diese Situation, so scheint es, ist der moderne Religionsbegriff wesentlich bezogen. [... Er versucht,] die Folgelasten konfessioneller Auseinandersetzungen dadurch zu bewältigen, dass er einen dem konfessionellen Streit enthobenen allgemeinchristlichen, ja allgemeinmenschlichen Standpunkt benennt und erschließt. Die Devise lautet: Es gibt eine religiöse Bindung über konfessionelle Bindungen hinaus und jenseits dieser.

G. Wenz, Religion, 91.94.

Hinter dem Begriff der natürlichen Religion stand der Gedanke, man könne einen Grundbestand an religiösen Aussagen zusammentragen, die allen damals vorfindlichen – und teilweise gegeneinander streitenden – konkreten Ausprägungen menschlicher Religiosität zugrunde liegen. Um einen hinter diesen faktisch gegebenen (positiven) Religionen liegenden „allgemeinmenschlichen Standpunkt" (G. Wenz, s. o.) zu markieren, mussten die inhaltlichen Aussagen der natürlichen Religion einschließlich ihrer moralischen Implikationen aber allen Menschen natürlicherweise einleuchten. Und weil die *Vernunftbegabung* das *Spezifikum der menschlichen Natur* darstellt, mussten diese religiös-moralischen Grundsätze rational nachvollziehbar sein.

Aus der Forderung nach Vernünftigkeit dieser Grundsätze ergab sich eine mehr oder weniger radikal formulierte Kritik all derjenigen religiösen Lehren, von denen behauptet wurde, sie seien das Ergebnis einer *über*natürlichen Offenbarung Gottes – und deshalb sei auch dann an sie zu glauben, wenn sie menschlicher Vernunfteinsicht unzugänglich blieben. Damit führte der Begriff der natürlichen Religion zur Problematisierung des Verhältnisses von natürlich-menschlicher Vernunft und der die Maßstäbe dieser Vernunft sprengenden (und deshalb übernatürlichen) *Offenbarung* (vgl. § 3, bes. 3.2), der der Mensch im *Glauben* entsprechen soll (vgl. § 4, bes. 4.4).

Seinen ersten neuzeitlichen Konjunkturschub erlebte der Begriff der natürlichen Religion im englischen Deismus (vgl. zum theologiegeschichtlichen Kontext: 1. Hauptteil, Abschnitt 4.4). Bereits Herbert von Cherbury hatte in seiner Schrift „De veritate" (1619; gedruckt 1624) fünf allgemeine (für alle Menschen rational nachvollziehbare) Grundsätze der wahren Religion formuliert.

Herberts *allgemeine Grundsätze der wahren Religion* (lat. notitiae communes verae religionis) lauten folgendermaßen:
1. Es gibt ein höchstes Wesen.
2. Das höchste Wesen muss verehrt werden.
3. Diese Verehrung äußert sich vorrangig in Tugend, die mit Ehrfurcht verbunden ist.
4. Für begangenes Unrecht muss Buße getan werden.
5. Nach diesem Leben erwarten die Menschen Lohn oder Strafe.

Die eigentliche Konfrontation von natürlich-vernünftiger und positiv-geoffenbarter Religion vollzog sich aber erst in den deistischen Auseinandersetzungen, die das intellektuelle Klima Englands vom Ende des 17. bis etwa zur Mitte des 18. Jahrhunderts bestimmten. Im Folgenden werden zwei in diesen Debatten wichtige Positionen behandelt: (1) Die um Harmonie von Vernunft und Offenbarung bemühte Religionsphilosophie John Lockes und (2) die offenbarungskritische Hochschätzung der Vernunftreligion bei Matthew Tindal.

1. Lockes religionsphilosophisches Hauptwerk „The Reasonableness of Christianity" (1695) zielte, wie bereits der Titel sagt, darauf ab, die Vernünftigkeit des (biblischen) Christentums zu erweisen. Locke ging zunächst davon aus, dass die natürlich-menschliche Vernunft im Prinzip auch ohne Unterstützung durch eine übernatürliche Offenbarung zur sachgerechten Erkenntnis Gottes und der menschlichen Pflichten in der Lage sei. Allerdings musste er zugleich feststellen, dass die Vernunft von dieser Fähigkeit faktisch nie und nirgends Gebrauch gemacht hat. Diese Verdunkelung der natürlichen Religion und der sich daraus ergebenden moralischen Grundsätze wurde durch die positiven Religionen gefördert.

Englischer Deismus

– Vorläufer: Herbert von Cherbury (1619/24) – fünf allgemeine Grundsätze der wahren Religion.
– Gemäßigter Vertreter: John Locke (1695) – Offenbarung ist nötig als ‚Katalysator' für die sachgerechte Erfassung der natürlichen Religion.
– Klassischer Vertreter: Matthew Tindal (1730) – Offenbarung geht inhaltlich nicht über natürliche Religion hinaus.

Wenn auch die Werke der Natur in allen ihren Teilen zur Genüge das Dasein eines göttlichen Wesens bezeugen, so machte doch die Welt von ihrer Vernunft so wenig Gebrauch, dass sie Gott gar nicht sah, selbst da nicht, wo er aus seinen Wirkungen leicht zu erkennen war. [...] In diesem Zustand der Finsternis und Unbekanntschaft mit dem wahren Gott hielten Laster und Aberglaube die Welt gefangen. Dabei war von der Vernunft keine Hilfe zu erlangen oder zu erhoffen [...], da die Priester, um sich die Herrschaft zu sichern, auf dem Gebiet der Religion die Vernunft überall ausgeschaltet hatten. [...] Neben der Erkenntnis des einen Gottes, des Schöpfers aller Dinge, fehlte der Menschheit die klare Erkenntnis ihrer Pflicht. [...] Die Priester sahen es nicht als ihre Aufgabe an, Tugend zu lehren. Wenn Bräuche und Zeremonien fleißig beobachtet, Festfeiern und religiöses Possenwerk pünktlich innegehalten werden, dann versicherte die fromme Zunft, die Götter seien befriedigt und verlangten nichts weiter. [...] Um die natürliche Religion in ihrem vollen Umfang bemühte sich	Though the Works of Nature, in every part of them, sufficiently Evidence a Deity; Yet the World made so little use of their Reason, that they saw him not; Where even by the impressions of himself he was easie to be found. [...] In this state of Darkness and Ignorance of the true God, Vice and Superstition held the World. Nor could any help be had or hoped for from Reason; which could not be heard, and was judged to have nothing to do in the case: The Priests every where, to secure their Empire, having excluded Reason form having any thing to do in Religion. Next to the Knowledge of one God; Maker of all things; A clear *knowledge of their Duty* was wanting to Mankind. [...] The Priests made it not their business to teach them *Virtue*. If they were diligent in their Observations and Ceremonies; Punctual in their Feasts and Solemnities, and the tricks of Religion; The holy Tribe assured them, the Gods were pleased; and they looked no farther. [...] Natural Religion in its full extent,

[...] die natürliche Vernunft nirgends. (Übersetzung RL)

was no where [...] taken care of by the force of Natural Reason.

J. Locke, The Reasonableness of Christianity (Chap. 14), 256 f; 264 f (ed. Higgins-Biddle 143,6–9.15–20; 147,5 f.10–15; 148,3–5).

Wegen dieser offensichtlichen *Unfähigkeit der Vernunft* ist die natürliche Religion auf die *Hilfe der* (im Neuen Testament enthaltenen) *Offenbarung* angewiesen: Durch die Verkündigung Jesu wurde die Menschheit sowohl zur wahren Gotteserkenntnis als auch zur vollständigen Erkenntnis ihrer moralischen Verpflichtungen geführt. Die göttliche Autorität der Verkündigung Jesu ergibt sich nach Locke aus den von ihm vollbrachten Wundern, deren Echtheit er als unzweifelhaft verbürgt betrachtete. Das schon erwähnte Interesse an einer Harmonie von Vernunft und Offenbarung wird daran deutlich, dass Locke die Offenbarungswahrheiten als vollständig vernunftkompatibel dargestellt hat: Die Offenbarung fungiert als eine Art ‚Katalysator', d. h. sie orientiert und beschleunigt lediglich den der Vernunft auch aus sich selbst heraus *möglichen* Erkenntnisweg, den diese allerdings *faktisch* nicht geht, weil sie daran durch eigene Trägheit und Ablenkung durch die positive Religion gehindert wird.

Diese Erleuchtung brauchte die Welt, und diese Erleuchtung empfing sie von ihm [Jesus]: Dass es nur einen [einzigen] Gott gibt, der ewig und unsichtbar ist, der nicht ist wie sichtbare Gegenstände und auch nicht durch sie dargestellt werden kann. [...] Wo gab es, vor der Zeit unseres Retters, ein solches Gesetzbuch, an das sich die Menschheit als an eine unfehlbare Regel halten konnte? [...] Ein solches Gesetz der Moral hat uns Jesus Christus im Neuen Testament gegeben, aber [...] durch Offenbarung. [...] Die Richtigkeit und Verbindlichkeit ihrer Vorschriften hat für uns ihre Begründung in der Sendung Jesu und wird durch diese über jeden Zweifel hinaus erhoben. Er war von Gott gesandt; das bezeugen seine Wunder. [...] Bei Kenntnisnahme und Prüfung [dieser Vorschriften] ergibt sich freilich, dass sie mit der Vernunft übereinstimmen und keinerlei Widerspruch gegen sie erhoben werden kann. Jeder kann beobachten, dass zahlreiche Wahrheiten, die er zuerst von anderen empfängt und denen er bereitwillig zustimmt, mit der Vernunft im Einklang stehen, [Wahrheiten,] bei denen er es schwierig, vielleicht unmöglich gefunden haben würde, sie selbst zu entdecken. (Übersetzung RL)

This Light the World needed, and this Light it received from him: That there is but *One God*, and he *Eternal, Invisible;* Not like to any visible Objects, nor to be represented by them.
Where was there any such Code, that Mankind might have recourse to, as their unerring Rule, before our Saviour's time? [...] Such a *Law of Morality*, Jesus Christ hath given us in the New Testament; But by [...] Revelation. [...] But the truth and obligation of its Precepts have their force, and are put past doubt to us, by the evidence of his Mission. He was sent by God: His Miracles shew it. [...] Though as soon as they are heard and considered, they are found to be agreeable to Reason; and such as can by no means be contradicted. Every one may observe a great many truths which he receives at first from others, and readily assents to, as consonant to reason; which he would have found it hard, and perhaps beyond his strength to have discovered himself.

J. Locke, The Reasonableness of Christianity (Chap. 14), 261. (ed. Higgins-Biddle 145,27–30; 153,5–7.10–12.14–16; 149,5–10).

2. In seiner als Dialog zwischen zwei Gesprächspartnern gestalteten unvollendeten Schrift „Christianity as old as the Creation" (1730), die als ‚Bibel des Deismus' bezeichnet worden ist, hat Matthew Tindal nachdrücklich eingeschärft, dass bereits die auf Vernunfterkenntnis beruhende natürliche Religion alles enthält, was die Menschen im Blick auf Gott und ihre moralischen Pflichten wissen müssen. Die geoffenbarte Religion enthält dieselben Inhalte, macht sie nur auf anderem Weg bekannt. Damit wandte sich Tindal gegen den in der christlichen Offenbarungslehre immer wieder begegnenden Grundsatz, wonach die auf Vernunft beruhende natürliche Gotteserkenntnis aufgrund der menschlichen Sünde durch die auf (übernatürliche) Offenbarung zurückgehende Gotteserkenntnis in inhaltlicher Hinsicht ergänzt oder gar ersetzt werden muss (vgl. dazu § 3.2). Die Bedeutung der *christlichen* Offenbarung erblickte Tindal gerade darin, dass damit die Inhalte der schon immer vorhanden natürlichen Religion restituiert werden. – Insofern ist das Christentum so alt wie die Schöpfung.

Wenn Gott zu allen Zeiten wollte, *dass alle Menschen zur Erkenntnis der Wahrheit kommen sollten* [I Tim 2,4], konnte nicht seine unendliche Weisheit und Macht zu allen Zeiten ausreichende Mittel finden, um die Menschheit zu befähigen, zu wissen, wovon seine unendliche Güte wollte, dass sie es wissen sollten? [...] Ich möchte versuchen, Euch zu zeigen, dass der Mensch, wenn er aufrichtig danach strebt, den Willen Gottes zu erkennen, merken wird, dass es ein Gesetz der Natur oder der Vernunft gibt, das so genannt wird, weil es allgemeingültig oder natürlich für alle vernünftigen Wesen ist. Zudem wird er erkennen, dass dieses Gesetz, wie auch sein Urheber, absolut vollkommen, ewig und unveränderlich ist. Und dass es nicht die Absicht des Evangeliums war, dieses Gesetz zu ändern oder zu ergänzen, sondern den Menschen von der Last des Aberglaubens zu befreien, der mit ihm [dem Gesetz der Natur oder der Vernunft] vermischt worden war. Also ist das wahre Christentum keine Religion von gestern, sondern das, was Gott am Beginn vorgab und bis heute den Christen genau wie anderen vorgibt. (Übersetzung RL)	If God, at all Times, was *willing all Men should come to the Knowledge of his Truth*; cou'd not his infinite Wisdom and Power, at all Times, find sufficient Means, for making Mankind capable of knowing, what his infinite Goodness design'd they shou'd know? [...] I shall attempt to shew You, That Men, if they sincerely endeavour to discover the Will of God, will perceive, that there's a *Law of Nature*, or *Reason*; which is so call'd, as being a Law, which is common, or natural, to all rational Creatures; and That this Law, like its Author, is absolutely perfect, eternal, and unchangeable; and That the Design of the Gospel was not toad to, or take from this Law; but to free Men from that Load of Superstition, which had been mix'd with it: So that TRUE CHRISTIANITY is not a Religion of Yesterday, but what God, at the Beginning, dictated, and still continues to dictate to Christians, as well as Others.

M. Tindal, Christianity as old as the Creation, 4. 8 (Chap. 1).

Auch in der deutschsprachigen Theologie der Aufklärungszeit, der sog. Neologie, diente der Begriff der Religion dazu, den *allgemeinen* Wahrheits- und Geltungsanspruch von sich auf Offenbarung berufenden *faktisch* nur *partikularen* Glaubensüberzeugungen zu relativieren (vgl. zum theologiegeschichtlichen Kontext: 1.

Historisch-gesellschaftliche und moralisch-private Religion

- Unterschieden von Johann Salomo Semler (1786).
- These: Hinter dem historisch überlieferten Christentum (Bibel, Dogmen, Bekenntnisse) stehen allgemeine moralische Wahrheiten.
- Folge: Zweiteilung der Christen in (1) Anhänger der historischen und (2) Anhänger der moralischen Religion.

Hauptteil, Abschnitt 4.5). Diese Relativierung wurde von Johann Salomo Semler auf der Grundlage seiner Differenzierung von Bibel und Offenbarung vollzogen (vgl. dazu auch § 5.2.3) und führte zur Unterscheidung zweier Ausprägungen von Religion: Auf der einen Seite steht die *öffentliche Religion*. Sie beruht auf dem biblischen, namentlich auf dem neutestamentlichen Zeugnis sowie auf den Dogmen und Bekenntnissen, die in einer bestimmten – in ihrem Bestand vom Staat geschützten – Kirche oder Konfession gelten. Weil in der öffentlichen Religion das Christentum von seinen historischen Wurzeln her verstanden ist, kann sie auch als *historische Religion* bezeichnet werden. Auf der anderen Seite steht die *private Religion*. Sie besteht in den religiösen Überzeugungen jedes Einzelnen, die durchaus von den Grundsätzen der historisch-gesellschaftlichen Religion unterschieden sein können. Die Besonderheit dieser privaten Religion erblickt Semler darin, dass sie an den allgemeinen moralisch-geistigen Wahrheiten orientiert ist, die hinter den historischen Überlieferungsbeständen des Christentums stehen; daher wird sie auch als *moralische Religion* bezeichnet. Gemäß diesen Religionsformen unterscheidet Semler zwei Arten von Christen, wobei er die Anhänger der moralischen Religion als religiös fortgeschritten beurteilt. Er richtet sich allerdings nicht gegen die öffentliche Religion als solche, sondern nur gegen eine Regulierung der Privatreligion durch die historische Religion.

Die Erzälung der äusserlichen Historie von Christo, ging immer voran, in dem Unterricht, wodurch Menschen [...] Christen werden solten. Blieb man bey dieser Historie stehen, so beförderte man eine neue historische Religion. [...] Zu gleicher Zeit gab es aber verständigere und würdigere Christen, welche [...] die moralische Religion, oder die algemeinen Wahrheiten, die jeder Christ selbst innerlich frei anwendet, und seine moralische Volkommenheit befördert, als die grossen fortgehenden Folgen der ganzen, nicht blos äusserlichen Historie Jesu, wirklich empfelen. [...] Beide Classen der Christen sind [...] von jeher neben einander; es ist nicht möglich, daß sie zu einer Stufe der Erkentnis und Uebung innerlich erhoben werden könten.

Man mus also gestehen, daß ein festes historisches Maas des Inhalts der christlichen Religion nur für Anfänger, und unfähigere Menschen eigentlich gehöre; daß es keine algemeine götliche Vorschrift über die einzele Summe der moralischen Religion, in Absicht aller Christen, wirklich gebe; daß die Summe und Einrichtung der öffentlichen gemeinschaftlichen Religion für mehrere, äusserlich schon zusammengehörige Christen, allezeit in menschlicher oder kirchlicher Verordnung den Grund der angenommenen Einschränkung, habe; wenn gleich sehr viele Christen dis alles nicht einsehen, und ihre moralische Wohlfart, geradehin blos aus dem historischen Glauben des Inhalts der Bibel, schon erwarten.

J. S. Semler, Über historische, geselschaftliche und moralische Religion, 142–144 (§ 51); 151 (§ 52).

1.1.3 *Die Neuformulierung des Religionsbegriffs bei Friedrich Schleiermacher*
Am Ende des 18. Jahrhunderts befand sich die christliche Religionsphilosophie in einer schwierigen Lage. Dies hing vor allem mit der von Immanuel Kant namentlich in seiner „Kritik der reinen Vernunft" vollzogenen Destruktion der traditionellen *Metaphysik* zusammen (vgl. zum theologiegeschichtlichen Kontext: 1. Hauptteil, Abschnitt 4.6.2). Die in der neuzeitlichen Religionstheorie bis dahin durchweg vorausgesetzte rational-philosophische Beweisbarkeit der Existenz Gottes war dadurch hinfällig geworden, auch wenn bei Kant der Gottesbegriff den Rang eines für die Begründung der *Ethik* wichtigen Postulats behalten hatte (vgl. § 6.2.1).

Religion bei Schleiermacher

– Abgrenzung der Religion von Metaphysik und Ethik.
– Bestimmung als „Anschauung und Gefühl" bzw. „Sinn und Geschmack fürs Unendliche".
– Betonung des unvermeidbar pluralistischen Charakters von Religion.
– Trennung des Religionsbegriffs vom Gottesbegriff.
– Kritik am Begriff der natürlichen Religion.

Schleiermachers vom Geist der deutschen Frühromantik geprägte Religionstheorie ist auf diese Problemlage bezogen (vgl. zum theologiegeschichtlichen Kontext: 1. Hauptteil, Abschnitt 5.1). In seinen Reden „Über die Religion" hat er die Religion deshalb von der *Metaphysik* abgegrenzt. Ebenso distanzierte er sich aber von der durch Kant vorgeschlagenen Begründung der Religion durch die *Ethik*. Stattdessen erblickte er das Wesen der Religion in „Anschauung und Gefühl", und es kam ihm darauf an, den *passiven* Charakter der Religion im Unterschied zur Erkenntnis- bzw. Handlungs*aktivität* von Metaphysik bzw. Moral zu betonen.

> [Die Religion] begehrt nicht das Universum seiner Natur nach zu bestimmen und zu erklären wie die Metaphysik, sie begehrt nicht aus Kraft der Freiheit und der göttlichen Willkür des Menschen es fortzubilden und fertig zu machen wie die Moral. Ihr Wesen ist weder Denken noch Handeln, sondern Anschauung und Gefühl. Anschauen will sie das Universum, in seinen eigenen Darstellungen und Handlungen will sie es andächtig belauschen, von seinen unmittelbaren Einflüßen will sie sich in kindlicher Paßivität ergreifen und erfüllen laßen.
>
> F. Schleiermacher, Über die Religion, 50: 2. Rede
> (KGA I 2, 211,29–36).

Die Anschauung des *Universums*, von der Schleiermacher spricht, löst im von dieser *Anschauung* ergriffenen Menschen unweigerlich eine bestimmte ‚Grundstimmung' aus: ein *Gefühl*. Anschauung und Gefühl beziehen sich nun konkret auf das Verhältnis des *Einzelnen und Endlichen* zum *Unendlichen*; es geht, in heutigem Sprachgebrauch, um die Sinnhaftigkeit des Wirklichen angesichts einer Unendlichkeit des Möglichen; deshalb hat Schleiermacher Religion auch als „Sinn und Geschmack fürs Unendliche" charakterisiert (KGA I 2, 212,32). Indem Schleiermacher die Entstehung einer (durch die Endlichkeit des Betrachters bedingten) endlichen Darstellung des Unendlichen als Resultat einer Offenbarung durch die Tätigkeit des Universums bestimmt, hat er zugleich eine Transformation des Offenbarungsbegriffs vollzogen (vgl. § 3.3).

[D]as Universum ist in einer ununterbrochenen Thätigkeit und offenbart sich uns jeden Augenblik. Jede Form die es hervorbringt, [...] ist ein Handeln deßelben auf Uns; und so alles Einzelne als einen Theil des Ganzen, alles Beschränkte als eine Darstellung des Unendlichen hinnehmen, das ist Religion.

F. Schleiermacher, Über die Religion, 56: 2. Rede
(KGA I 2, 214,9–11.13–15).

Wegen der Unendlichkeit des Universums einerseits und der Endlichkeit des religiösen Betrachters andererseits gibt es nach Schleiermacher eine unendliche Zahl religiöser Perspektiven und insofern einen mit der Religion selbst gegebenen *Pluralismus*.

Jeder muß sich bewußt sein, daß die seinige [Religion] nur ein Theil des Ganzen ist, daß es über dieselben Gegenstände, die ihn religiös affiziren, Ansichten giebt, die eben so fromm sind und doch von den seinigen gänzlich verschieden, und daß aus andern Elementen der Religion Anschauungen und Gefühle ausfließen, für die ihm vielleicht gänzlich der Sinn fehlt.

F. Schleiermacher, Über die Religion, 62 f: 2. Rede
(KGA I 2, 216,38–217,3).

Zwei weitere wichtige Aspekte von Schleiermachers früher Religionstheorie sind noch zu erwähnen. Von Bedeutung ist zunächst die *Trennung des Religionsbegriffs vom Gottesbegriff*. Für Schleiermacher gehört der Gottesbegriff nicht notwendig zur Religion; der Gottesgedanke – also die Annahme eines der Welt gegenüberstehenden Urhebers und Lenkers – ist nur eine Möglichkeit der Ausdeutung religiöser Widerfahrnisse.

[L]aßt uns gleich zu dem höchsten [Begriff von Gott] gehn, zu dem von einem höchsten Wesen, von einem Geist des Universums, der es mit Freiheit und Verstand regiert, so ist doch auch von dieser Idee die Religion nicht abhängig. Religion haben, heißt das Universum anschauen, und auf der Art, wie ihr es anschauet, auf dem Prinzip, welches ihr in seinen Handlungen findet, beruht der Werth Eurer Religion. [...] In der Religion also steht die Idee von Gott nicht so hoch als ihr meint.

F. Schleiermacher, Über die Religion, 126. 130: 2. Rede
(KGA I 2, 244,8–14; 245,33 f.).

Weiter wichtig ist die *Kritik am* – in der Aufklärung prominenten – *Begriff der natürlichen Religion*. Dabei handelt es sich nach Schleiermacher um ein unhistorisches Konstrukt. Wegen der darin enthaltenen „philosophische[n] und moralische[n] Manieren" ist die Trennung von Metaphysik und Moral nicht durchgeführt; überdies wird das Spezifische der Religion, eine endliche (also keine allgemeingültige) Darstellungsform des Unendlichen zu sein, gerade unterschlagen. Die seit dem Deismus diskutierte Frage nach dem Verhältnis zwischen natürlicher Religion und positiven Religionen wird damit religionsphilosophisch uninteressant; sie wird ersetzt durch die Frage nach dem Verhältnis der verschiedenen positiven Religionen zueinander (vgl. 1.2).

Positive Religionen nennt Ihr diese vorhandenen bestimmten religiösen Erscheinungen und sie sind unter diesem Namen schon lange das Objekt eines ganz vorzüglichen Haßes gewesen; dagegen Ihr [...] die natürliche Religion [...] immer leichter geduldet, und sogar mit Achtung davon gesprochen habt. [...] Die sogenannte natürliche Religion ist gewöhnlich so abgeschliffen, und hat so philosophische und moralische Manieren, daß sie wenig von dem eigenthümlichen Charakter der Religion durchschimmern läßt. [...]
[Bei genauerer Betrachtung] werdet Ihr finden, daß grade die positiven Religionen diese bestimmten Gestalten sind unter denen die unendliche Religion sich im Endlichen darstellt [...]; Ihr werdet finden, daß in jenen allein eine wahre individuelle Ausbildung der religiösen Anlage möglich ist.

F. Schleiermacher, Über die Religion, 242 f. 248 f: 5. Rede
(KGA I 2, 296,24–29.37–40; 298,38–40; 299,3 f.)

Über die Verwendung von *religio* bei maßgeblichen Autoren seit der römischen Antike informiert:
- E. Feil, Religio, 39–49 (zu Cicero). 60–64 (zu Lactantius);
- E. Feil, Religio. Dritter Band, 189–205 (zu Herbert von Cherbury).

Über die religionstheoretische Bedeutung des englischen Deismus, der französischen Aufklärung und der deutschen Neologie informiert:
- U. Barth, Aufgeklärter Protestantismus, 201–224; Gott als Projekt der Vernunft, 127–144. 145–171.

Schleiermachers Ansatz in seinem theologie- und sozialgeschichtlichen Kontext wird skizziert bei:
- U. Barth, Aufgeklärter Protestantismus, 259–289.

Ulrich Barth knüpft mit seinem eigenen religionsphilosophischen Ansatz ausdrücklich an Schleiermacher an (Aufgeklärter Protestantismus, 287 Anm. 80); nehmen Sie Barths hochkarätigen Eigenentwurf zur Kenntnis anhand von:
- U. Barth, Religion in der Moderne, 4–27.

Eine ,Alternativtheorie' zu Schleiermachers Religionsverständnis stammt von G.W.F. Hegel; informieren Sie sich über die Schwerpunkte von Hegels Religionsphilosophie anhand von:
- G. Wenz, Religion, 166–212.

1.2 Das Verhältnis des Christentums zu den anderen Religionen

1.2.1 *Der Absolutheitsanspruch des Christentums und seine Problematisierung bei Ernst Troeltsch*

Seit der altkirchlichen Apologetik (vgl. 1. Hauptteil, Abschnitt 1.1) waren christliche Theologen darum bemüht, ihren Glauben an die Letztgültigkeit der Christusoffenbarung mit dem Nachweis einer Überlegenheit des Christentums gegenüber anderen

Religionen zu verbinden (zu den ekklesiologischen Implikationen der Überlegenheitsthese vgl. § 13.2.3). Damit knüpften sie an das biblische Zeugnis an (u. a. Act 4,12; Joh 14,6; vgl. dazu auch § 3.1) und nahmen zunächst vor allem das *Judentum* und die *römische Staatsreligion* kritisch in den Blick; seit dem hohen Mittelalter trat zunehmend auch der *Islam* in den Horizont des christlichen Denkens. Als im Laufe der Neuzeit – bedingt durch die *Konfessionalisierung* – die Einheit des europäischen Christentums zerbrach und sich zugleich – bedingt durch die *geographischen Entdeckungen* – der europäische Wahrnehmungshorizont zunehmend erweiterte und den Blick auf eine große Zahl nichtchristlicher Kulturen freigab, stand die Überlegenheit der christlichen Religion zwar noch nicht sofort in Frage. Aber es waren die realgeschichtlichen Voraussetzungen für die *Etablierung des historischen Denkens* gegeben, das sich in der Aufklärung durchzusetzen begann und den Höhepunkt seiner Entfaltung in der 2. Hälfte des 19. Jahrhunderts erreichte: Das in sich selbst als höchst differenziert wahrgenommene Christentum erschien nun – gerade auch im innerchristlichen Diskurs – als eines von vielen religiös-kulturellen Phänomenen. Die Annahme einer Überlegenheit des Christentums gegenüber anderen Religionen, also die Behauptung, der Mensch könne das Heil nur über Christus erlangen, büßte deshalb ihre Selbstverständlichkeit zusehends ein.

Dieses Bewusstsein einer *Unselbstverständlichkeit der ausschließlichen Heilskompetenz des Christentums* bildete den Hintergrund für die Entstehung der Frage nach seiner Absolutheit. Das Wort *Absolutheit* wurde erstmals um die Mitte des 19. Jahrhunderts im Blick auf die Überlegenheit des Christentums gegenüber anderen Religionen verwendet. Die unter diesem Stichwort seit der 2. Hälfte des 19. Jahrhunderts geführten Diskussionen stellen den Beginn einer reflektierten Auseinandersetzung über das Verhältnis des Christentums zu den anderen Religionen dar, einer Auseinandersetzung, die unter anderen begrifflichen Vorzeichen bis in die Gegenwart geführt wird (vgl. zum 20. Jahrhundert die in 1.2.2 und 1.2.3 behandelten Ansätze).

Absolutheit des Christentums

- Die im Neuen Testament grundgelegte Behauptung der ausschließlichen Heilswirksamkeit des Christusglaubens wurde seit der altkirchlichen Apologetik vorgetragen.
- Die Etablierung des historischen Denkens seit der Aufklärung erschütterte die Selbstverständlichkeit dieser Annahme.

Eine markante Position in der Absolutheitsfrage wurde von Ernst Troeltsch geltend gemacht. In seiner Schrift „Die Absolutheit des Christentums und die Religionsgeschichte" (1902, ²1912) beschäftigte er sich mit der Frage, ob und in welcher Hinsicht unter den Voraussetzungen des historischen Denkens die Behauptung einer Absolutheit des Christentums möglich ist. Dabei stand an erster Stelle die Einsicht, dass durch das historische Denken die selbstverständliche Geltung des je eigenen Wertesystems unvermeidbar relativiert ist.

Es darf als anerkannt gelten, daß die seit dem 18. Jahrhundert zu großen und beherrschenden Gestaltungen entwickelte moderne Welt einen eigenen Kulturtypus darstellt […] Einer

der wichtigsten Grundzüge dieser neueren Welt ist die Ausbildung einer restlos historischen Anschauung der menschlichen Dinge. [S]ie [die historische Anschauung] ist etwas prinzipiell Neues, die Folge der Erweiterung des Horizontes rückwärts in die Vergangenheit und seitwärts über die ganze Breite der Gegenwart, wodurch die ursprüngliche naive Zuversicht jedes herrschenden Kulturtypus und Wertsystems zur Selbstverständlichkeit seiner eigenen Geltung erschüttert und diese ein historisches Objekt neben andern werden [...] kann.
E. Troeltsch, Die Absolutheit des Christentums, KGA 5, 112f (1. Kapitel).

Diese alle Lebensgebiete betreffende Relativierung des bis dahin als selbstverständlich gültig Angenommenen macht auch vor religiösen Überzeugungen nicht halt. Wird dieser Sachverhalt ernst genommen, dann zeigt sich, dass im Horizont des historischen Denkens alle Versuche, die Absolutheit des Christentums zu erweisen, zum Scheitern verurteilt sind.

Troeltsch hat drei unterschiedliche Begründungen für die Absolutheit des Christentums unterschieden: (1) Die *naive Absolutheit* wurzelt in der Gottesgewissheit Jesu und ihrer erlösenden und befreienden Wirkung auf den Glaubenden. (2) Die *künstliche (apologetische) Absolutheit* ist das Ergebnis einer theologischen Theorie, in der die Überlegenheit des Christentums auf argumentativem Weg erwiesen wird; sie erreichte *einen* Höhepunkt im katholischen Lehrsystem. Hier wurde die alleinige Heilskompetenz des Christentums durch das Wahrheitsmonopol der Kirche garantiert (vgl. dazu 1.2.3 sowie § 13.2.1). Den *anderen* Höhepunkt markiert die altprotestantische Orthodoxie. Hier wurde die alleinige Heils-

Troeltschs Absolutheitsschrift (I)

– Unterscheidung von naiver, künstlicher (apologetischer) und evolutionistischer Absolutheit.
– Das Hauptinteresse gilt der Kritik des evolutionistischen Absolutheitsverständnisses.

kompetenz des Christentums durch die Inspiriertheit der Heiligen Schrift garantiert (vgl. zum theologiegeschichtlichen Kontext: 1. Hauptteil, Abschnitt 4.2 sowie § 5.2.1). (3) Die *evolutionistische Absolutheit* – und vor allem ihr wandte sich Troeltsch kritisch zu – beruht auf der Herausarbeitung eines (aus der historisch erschlossenen Fülle faktischer Religionen ‚destillierten') Allgemeinbegriffs von Religion und zeigt, dass dieser Religionsbegriff ausschließlich im Christentum zur absoluten Verwirklichung gekommen ist; deshalb gilt das Christentum als definitiver und unüberbietbarer Höhepunkt der Religionsgeschichte.

Die Konstruktion des Christentums als der absoluten Religion ist von historischer Denkweise aus und mit historischen Mitteln unmöglich [...]
Die Historie kennt keinen Allgemeinbegriff, aus dem sie Inhalt und Reihenfolge des Geschehenden ableiten könnte, sondern nur konkrete, individuelle, jedes Mal im Gesamtzusammenhang bedingte, im Kerne aber unableitbare und rein tatsächliche Erscheinungen. [...] Die Historie kennt [...] keine Entwickelung, in der das tatsächlich-gesetzmäßige Allgemeine das Allgemeingültig-Wertvolle durch sich selbst hervorbrächte, und schließlich keine absolute Realisation des allgemeinen Begriffes innerhalb eines Zusammenhanges, der in Wahrheit an jedem Punkte nur besonders bestimmte und begrenzte und dadurch individualisierte Erscheinungen hervorbringt. [...D]er Verzicht auf den Erweis des Christentums als absoluter Religion durch geschichtsphilosophische Spekulation [...] ist daher in weiten Kreisen der gegenwärtigen Theologie anerkannt.
E. Troeltsch, Die Absolutheit des Christentums, KGA 5, 137. 140. 158 (2. Kapitel).

Troeltschs Absolutheitsschrift (II)

- Streng historisches Denken führt nicht zwangsläufig zu Werterelativismus, sondern fordert zu persönlicher Stellungnahme auf.
- Statt von Absolutheit kann von einer Höchstgeltung des Christentums gesprochen werden, weil in dieser prophetischen Erlösungsreligion der persönlichen Gottesbeziehung der höchste Stellenwert eingeräumt wird.

Allerdings wehrte sich Troeltsch auch dagegen, aus diesem Befund einen vollkommenen Relativismus der Werte und Normen abzuleiten; dieser ist nach seiner Auffassung mit dem streng historischen Denken keineswegs zwingend verbunden. Vielmehr ging er davon aus, dass sich in der Geschichte durchaus Werte und Normen manifestieren, dies aber immer im individuellen historisch-bedingten Gewand. Gerade insofern aber ruft die Geschichte selbst zur persönlichen Stellungnahme gegenüber den in ihr erscheinenden Werten auf: Wer die geschichtsmächtig und daher kulturprägend gewordenen Höhepunkte der geistigen Entwicklung nachvollziehend betrachtet, der sieht sich zu einer vergleichenden Wertung aufgerufen. Diese Wertung und die mit ihr einhergehende Abstufung sind unvermeidbar an einem zugrunde liegenden Maßstab orientiert, der allerdings ebenso unvermeidbar nur ein individueller sein kann, weil er selbst immer schon von einem bestimmten historischen Kontext geprägt ist.

Die Geschichte [...] schließt die Normen nicht aus, sondern ihr wesentlichstes Werk ist gerade die Hervorbringung der Normen und der Kampf um Zusammenfassung dieser Normen. [...] Nicht das Entweder-Oder von Relativismus und Absolutismus, sondern die Mischung von beidem, das Herauswachsen der Richtungen auf absolute Ziele aus dem Relativen ist das Problem der Geschichte [...] So erwächst aus der Historie selbst die zu ihr immer hinzuzudenkende [...] Aufgabe einer geschichtsphilosophischen Zusammenfassung und Wertung [...]
[Den dabei anzusetzenden Maßstab] verstehen wir [...] als die in der Lebensbewegung selbst durch Ueberschau und Mitleben sich erzeugende Einstellung in die große geschichtliche Hauptrichtung. [...] Ein solcher Maßstab ist dann freilich Sache der persönlichen Ueberzeugung und im letzten Grunde subjektiv. Allein anders kann ein Maßstab zur Entscheidung zwischen den kämpfenden historischen Werten überhaupt nicht beschaffen sein.
E. Troeltsch, Die Absolutheit des Christentums, KGA 5, 170 f. 176 f (3. Kapitel).

Ein Vergleich der Wertbildungen in den unterschiedlichen Religionen zeigt nach Troeltsch, dass im – als *prophetische Erlösungsreligion* charakterisierten – Christentum der Gedanke des *Personalismus* am stärksten ausgeprägt ist: Gott und Mensch werden im Christentum von ihrer Bindung an die Naturerscheinungen gelöst, und der Mensch sieht sich von Gott her zu ethischer Weltgestaltung freigestellt und aufgefordert. Weil Troeltsch für diesen vom Christentum in die historische Wirklichkeit überführten Gedanken eine *über*historische Relevanz beansprucht, kann nach seiner Auffassung mit guten Gründen von einer *Höchstgeltung* des Christentums gesprochen werden. Von daher führt die wissenschaftlich-historische Forschung gerade nicht zur Zerstörung der Glaubensgewissheit, sondern lediglich zur Einsicht in den relativen Charakter der jeweiligen historischen Verwirklichungsformen christlicher Religiosität.

Das Christentum ist in der Tat unter den großen Religionen die stärkste und gesammeltste Offenbarung der personalistischen Religiosität. [...] Es ist der einzige vollkommene Bruch mit den Grenzen und Bedingungen der Naturreligion und die Darbietung der höheren Welt als unendlich wertvollen, alles andere erst bedingenden und gestaltenden persönlichen Lebens.

E. Troeltsch, Die Absolutheit des Christentums, KGA 5, 195 (4. Kapitel).

[Die] personalistische Erlösungsreligion des Christentums ist die höchste und folgerichtigst entfaltete religiöse Lebenswelt, die wir kennen. Was in ihr wahrhaftiges Leben ist, wird Leben bleiben auch in jeder irgend denkbaren Weiterentwicklung und von einer solchen mit umfaßt, aber nicht vernichtet werden. [...] Die „Absolutheit", die sich so ergibt, ist dann nichts anderes als die Höchstgeltung und die Gewißheit, in die Richtung auf die vollkommene Wahrheit sich eingestellt zu haben.

AaO, KGA 5, 199f (5. Kapitel).

Die höchste Religion hat den freiesten und innerlichsten Absolutheitsanspruch [...] Die wissenschaftliche Betrachtung aber wird diesem naiven Anspruch nur insofern die Schranken der Naivetät abbrechen, als sie die Einzigartigkeit in einem größeren Zusammenhang als Sonderart [...] lehrt. Sie kann die erste individuell historische Form des Christentums nicht als endgültige, sondern nur als Ausgangspunkt immer neuer historisch-individueller Formen betrachten.

AaO, KGA 5, 228 (6. Kapitel).

1.2.2 *Karl Barths Kritik der Religion im Namen der (Christus-)Offenbarung*

Typisch für die Barthsche Theologie ist die Betonung der vom Menschen her unüberbrückbaren und einzig in Christus von Gott her überbrückten Differenz zwischen Gott und Mensch. Daraus ergibt sich die konsequente Bestreitung jedes Zusammenhangs zwischen menschlichen Bemühungen um die Erkenntnis Gottes einerseits und der in Christus erschienenen Offenbarung Gottes andererseits. Diese Bestreitung wird in Barths theologischem Hauptwerk in besonderer Klarheit an zwei Stellen greifbar: In der Diskreditierung der *Religion* als einer Angelegenheit des gott*losen* Menschen (Die Kirchliche Dogmatik I/2, 1938, § 17; s.u.) und in der vehementen Bestreitung der Existenz einer neben der Christusoffenbarung bestehenden Quelle menschlicher Gotteserkenntnis (Die Kirchliche Dogmatik II/1, 1940, § 26; vgl. § 3.2.3). Die Schärfe dieser Kritik verdankt sich überdies einem bestimmten von Barth hergestellten Zusammenhang: Die in der evangelischen Theologie seit dem Pietismus betonte Bedeutung der menschlichen Subjektivität für den christlichen Glauben gilt ihm als letzte Wurzel der Theologie der Deutschen Christen (vgl. zum theologiegeschichtlichen Kontext: 1. Hauptteil, Abschnitt 6.2).

Religionstheoretisch interessant ist daran, dass Barth aufgrund seiner Denkvoraussetzungen eine *offenbarungstheologische Religionskritik* vorgetragen hat. Die Kategorie der Religion, in der neuzeitlichen Theologie ein Zentralbegriff theologischer Reflexion, galt ihm als ungeeignet, ja verfehlt, wenn es darum geht, das menschliche Gottesverhältnis sachgerecht zu charakterisieren. Dies kann nur aufgrund von *göttlicher Offenbarung* geschehen, die gegenüber der *menschlichen Religion* als schlechthin überlegen behauptet wird.

Barths Religionskritik

- Gegen die – stets von menschlichen Interessen getragene – Religion wird die – auf Gott zurückgeführte – (Christus-)Offenbarung ausgespielt.
- Religion gilt aus der Perspektive des Offenbarungsglaubens als Gottlosigkeit und Unglaube.
- Wahre Religion gibt es nur in dem Sinne, in dem von der Rechtfertigung des Sünders gesprochen wird.

Es bedeutet immer schon ein entscheidendes Mißverständnis, wenn man es überhaupt unternimmt, die Offenbarung und die Religion systematisch zusammenzuordnen [...] Ist man überhaupt in der Lage, die menschliche Religion auf der gleichen Ebene und im gleichen Sinn ernst zu nehmen wie die göttliche Offenbarung [...] – so zeigt man eben damit, daß man schon von der Religion, das heißt vom Menschen und nicht von der Offenbarung her zu denken die Meinung und die Absicht hat [... W]o man die Offenbarung mit der Religion überhaupt vergleichen und ausgleichen wollen kann, da hat man sie als Offenbarung mißverstanden. [...] Verstanden ist die Offenbarung nur da, wo das erste und das letzte Wort über die Religion von ihr und nur von ihr erwartet wird.

K. Barth, Kirchliche Dogmatik I/2, 320 f (§ 17,1).

Diese Einsicht in das von der Offenbarung gesprochene „erste und das letzte Wort über die Religion" betont aber vor allem deren Wesen als Sünde und Unglaube. Dieses sündig-ungläubige Wesen der Religion erkennt der Mensch freilich erst im Glauben an die Offenbarung.

Religion ist *Unglaube*; Religion ist eine Angelegenheit, man muß geradezu sagen: *die* Angelegenheit des *gottlosen* Menschen. [...] Dieser Satz [...] formuliert das Urteil der göttlichen Offenbarung über alle Religion. [...]
Die Offenbarung widerfährt dem Menschen unter Voraussetzung und in Bestätigung der Tatsache, daß die Versuche des Menschen, Gott von sich aus zu erkennen [...] umsonst sind. [... D]ie Religion des Menschen als solche wird durch die Offenbarung, wird im Glauben an die Offenbarung aufgedeckt als *Widerstand* gegen sie. [...]
Die Offenbarung knüpft nicht an die schon vorhandene und betätigte Religion des Menschen, sondern sie widerspricht ihr, wie zuvor die Religion der Offenbarung widersprach, sie hebt sie auf, wie zuvor die Religion die Offenbarung aufhob.

K. Barth, Kirchliche Dogmatik I/2, 327–329. 331 (§ 17,2).

Angesichts dieses Befundes kann nicht ohne weiteres davon gesprochen werden, dass das Christentum die wahre Religion sei. Barth meint deshalb, man könne diese Bezeichnung nur kontrafaktisch verwenden, also in dem selben Sinn, in dem in der reformatorischen Soteriologie von der Rechtfertigung des Sünders gesprochen wird (vgl. § 11.2.2): Der Sünder/die Religion wird von Gott her gerechtfertigt, also so betrachtet, als sei er/sie gerecht/wahr, ohne dass Gerechtigkeit/Wahrheit als Ergebnis der Bemühungen des Sünders/der Religion gelten könnten.

Keine Religion *ist* wahr. Wahr [...] kann eine Religion nur *werden*, und zwar genau so, wie der Mensch gerechtfertigt wird, nur von außen, d. h. nicht aus ihrem eigenen Wesen und Sein [...] Es gibt eine wahre Religion: genau so, wie es gerechtfertigte Sünder gibt. Indem wir streng und genau in dieser Analogie bleiben [...] dürfen wir nicht zögern, es auszusprechen: *die christliche Religion ist die wahre Religion.*

K. Barth, Kirchliche Dogmatik I/2, 356 f (§ 17,3).

1.2.3 Christliche Kirche und nichtchristliche Religionen im modernen Katholizismus

Die Frage nach dem Verhältnis des Christentums zu den anderen Religionen ist für den Katholizismus ein Thema, das in die *Ekklesiologie* fällt, in die Lehre von der Kirche (vgl. §13.2.3). Dies hat damit zu tun, dass aus katholischer Sicht eben die institutionell-hierarchisch verfasste römisch-katholische Kirche den einzigen Ort darstellt, an dem wahre Gottesverehrung möglich ist. Es ist daher konsequent, dass das Verhältnis des Katholizismus zu *nichtchristlichen Religionen* im selben Zusammenhang behandelt wird wie sein Verhältnis zu den *anderen christlichen Konfessionen*. Der für beide Problemaspekte gleichermaßen einschlägige lehramtlich verbindliche Text entstammt der Dogmatischen Konstitution über die Kirche „Lumen gentium", die am 21. November 1964 im Rahmen des 2. Vatikanischen Konzils verabschiedet wurde.

Kirche und nichtchristliche Religionen im Katholizismus

– Die nur in Christus offenbarte Wahrheit Gottes ist ausschließlich in der katholischen Kirche authentisch überliefert.
– Dennoch sind auch andere Konfessionen, Religionen und Weltanschauungen auf die im Katholizismus schon realisierte Einheit des Gottesvolkes hingeordnet.

Die für diese Konstitution leitenden Einsichten verdanken sich im wesentlichen dem katholischen Theologen Karl Rahner (1904–1984), der vor allem über den Begriff des *anonymen Christentums* die Möglichkeit gefunden hatte, den Anspruch des Christentums auf Alleingeltung mit einer Positivwertung außerkirchlicher wie nichtchristlicher, ja sogar areligiöser Wahrheitsüberzeugungen zu verbinden.

So wie einerseits die Wahrheit in ihrer vollen Gestalt ausschließlich in Christus geoffenbart und einzig in der römisch-katholischen Kirche bis in die Gegenwart authentisch überliefert ist, so entfalten sich andererseits auch die anderen Konfessionen, Religionen und Weltanschauungen im Rahmen des göttlichen Vorsehungswirkens, das alle Menschen zum Heil führen will. Im Rahmen dieser Gesamtschau spricht der nachstehend zitierte Text von einer je spezifischen *Hinordnung* sowohl der nichtchristlichen Religionen als auch der nichttheistischen und nichtreligiösen Formen von Wahrheitssuche auf die – im römischen Katholizismus schon realisierte – „Einheit des Gottesvolkes".

Zu dieser katholischen Einheit des Gottesvolkes, die den allumfassenden Frieden vorzeichnet und fördert, sind also alle Menschen berufen, und auf verschiedene Weise gehören ihr zu oder sind ihr zugeordnet die katholischen Gläubigen, die anderen an Christus Glaubenden und schließlich alle Menschen überhaupt, die durch die Gnade Gottes zum Heile berufen sind.

Ad hanc igitur catholicam Populi Dei unitatem, quae pacem universalem praesignat et promovet, omnes vocantur homines, ad eamque variis modis pertinent vel ordinantur sive fideles catholici, sive alii credentes in Christo, sive denique omnes universaliter homines, gratia Dei ad salutem vocati.

2. Vatikanisches Konzil, Konstitution Lumen gentium, Kap. 2, Nr. 13 (DH 4135; NR 416).

Es folgen Ausführungen zum Verhältnis des römischen Katholizismus zu den anderen christlichen Konfessionen (DH 4136–4139; vgl. dazu § 13.2.3).

Diejenigen endlich, die das Evangelium noch nicht empfangen haben, sind auf das Volk Gottes auf verschiedene Weisen hingeordnet. In erster Linie freilich jenes Volk, dem der Bund und die Verheißungen gegeben worden sind und aus dem Christus dem Fleische nach geboren ist [...] Die Heilsabsicht umfaßt aber auch die, welche den Schöpfer anerkennen, unter ihnen besonders die Muslim [...] Aber auch den anderen, die in Schatten und Bildern den unbekannten Gott suchen, auch solchen ist Gott selbst nicht ferne [...] Wer nämlich das Evangelium Christi und seine Kirche ohne Schuld nicht kennt, Gott jedoch aufrichtigen Herzens sucht und seinen durch den Anruf des Gewissens erkannten Willen unter dem Einfluß der Gnade in den Taten zu erfüllen versucht, kann das ewige Heil erlangen. [...]	Ii tandem qui Evangelium nondum acceperunt, ad Populum Dei diversis rationibus ordinantur. In primis quidem populus ille cui data fuerunt testamenta et promissa et ex quo Christus ortus est secundum carnem [...] Sed propositum salutis et eos amplectitur, qui Creatorem agnoscunt, inter quos imprimis Musulmanos [...] Neque ab aliis, qui in umbris et imaginibus Deum ignotum quaerunt, ab huiusmodi Deus ipse longe est [...] Qui enim Evangelium Christi Eiusque Ecclesiam sine culpa ignorantes, Deum tamen sincero corde quaerunt, Eiusque voluntatem per conscientiae dictamen agnitam, operibus adimplere, sub gratiae influxu, conantur, aeternam salutem consequi possunt. [...]
Die göttliche Vorsehung verweigert auch denen die zum Heil notwendigen Hilfen nicht, die ohne Schuld noch nicht zur ausdrücklichen Anerkennung Gottes gelangt sind und nicht ohne die göttliche Gnade ein rechtes Leben zu führen sich bemühen. Was sich nämlich an Gutem und Wahrem bei ihnen findet, wird von der Kirche als Vorbereitung für die Frohbotschaft [...] geschätzt.	Nec divina Providentia auxilia ad salutem necessaria denegat his qui sine culpa ad expressam agnitionem Dei nondum pervenerunt et rectam vitam non sine divina gratia assequi nituntur. Quidquid enim boni et veri apud illos invenitur, ab Ecclesia tamquam praeparatio evangelica aestimatur.

AaO, Nr. 16 (DH 4140).

📖 Die oben (1.2.1; 1.2.2) skizzierten Ansätze von Troeltsch und Barth behandelt:
– R. Bernhardt, Der Absolutheitsanspruch des Christentums, 128–173.

📖📖 Einen ultrakurzen Überblick über die Weltreligionen bietet:
– M. Hutter, Die Weltreligionen.

📖📖 Eine Darstellung der evangelischen Dogmatik mit Blick auf die durch die Globalisierung forcierte Präsenz nichtchristlicher Religionen im primär christlich geprägten Europa hat im Jahre 2001 der Marburger Systematiker Hans-Martin Barth vorgelegt; der theologische Ansatz seines Projekts ist erläutert in:
– H.-M. Barth, Dogmatik, 37–65, bes. 58–64.

✏️ Nehmen Sie die Position von Karl Rahner zur Kenntnis anhand von:
– K. Rahner, Das Christentum und die nichtchristlichen Religionen;
– ders., Der eine Jesus und die Universalität des Heils;
– ders., Über die Heilsbedeutung der nichtchristlichen Religionen.

Einen aus dem angloamerikanischen Raum stammenden Versuch der konsequenten Gleichordnung aller Religionen stellt die *Pluralistische Religionstheologie* dar; die verschiedenen Religionen werden hier als unterschiedliche Wahrnehmungen und Konzeptualisierungen desselben transzendenten Gottes verstanden. Nehmen Sie die für diesen Ansatz einschlägige Position von John Hick und die Kritik von Schubert M. Ogden zur Kenntnis:
- J. Hick, An Interpretation of Religion;
- S. M. Ogden, Gibt es nur eine wahre Religion oder mehrere?.

1.3 Säkulare Religionstheorien

1.3.1 *Religionskritik im 19. Jahrhundert: Ludwig Feuerbach und Karl Marx*

Unter dem Wort *Religionskritik* wird in aller Regel eine vom nichtreligiösen Standpunkt aus vorgetragene Kritik an bestehenden Religionen verstanden. Allerdings bezog sich das Wort ursprünglich auf ein religionsinternes Kritikverfahren; gemeint war eine Selbstkritik der (christlichen) Religion einschließlich ihrer überlieferten inhaltlichen Aussagen vor dem Forum der Vernunft.

Das in diesem Sinne verstandene Wort *Religionskritik* wurde erstmals von dem evangelischen Theologen Johann Heinrich Tieftrunk gebildet, der seit 1792 an der Universität Halle lehrte: „Versuch einer Kritik der Religion und aller religiösen Dogmatik, mit besonderer Rücksicht auf das Christenthum" (1790); „Censur des christlichen protestantischen Lehrbegriffs nach den Principien der Religionskritik" (3 Bände, 1791–1795). Als engagierter Anhänger der kritischen Philosophie Immanuel Kants (vgl. zum theologiegeschichtlichen Kontext: 1. Hauptteil, Abschnitt 4.6.2) wollte Tieftrunk die Vernunft in Fragen der Religion unverkürzt zur Geltung bringen. Dabei ging es ihm darum, die christlich-religiösen Gehalte so zu reformulieren, dass sie der menschlichen Vernunftautonomie entsprechen. Tieftrunks Ansatz stand der Sache nach in der Tradition der seit dem englischen Deismus greifbaren Bemühungen um eine auf rational nachvollziehbaren Grundsätzen basierende natürliche Religion (vgl. 1.1.2); theologiegeschichtlich gilt Tieftrunk als Vertreter des theologischen Rationalismus (vgl. zum theologiegeschichtlichen Kontext: 1. Hauptteil, Abschnitt 5.2). Zugleich kann sein Werk als theologische Entsprechung zu den prominenten zeitgenössischen Entwürfen einer Vernunftreligion auf philosophischer Grundlage gelten; gemeint sind Johann Gottlieb Fichtes (1762–1814) „Versuch einer Critik aller Offenbarung" (1792) und Kants Unterscheidung von Religionsglauben und Kirchenglauben in seiner Schrift „Die Religion innerhalb der Grenzen der bloßen Vernunft" (vgl. § 4.3.1).

Gegenüber diesem um eine selbstkritische *Läuterung* des Christentums bemühten Verständnis von Religionskritik etablierte sich, zuerst in der französischen Aufklärung (vgl. zum theologiegeschichtlichen Kontext: 1. Hauptteil, Abschnitt 4.5) und seit dem 19. Jahrhundert auch in Deutschland, eine Gestalt der Religionskritik, die auf *Überwindung* des Christentums zielte (vgl. zum theologiegeschichtlichen Kontext: 1. Hauptteil, Abschnitt 5.2). Die Wurzeln dieses Ansatzes liegen in der Spaltung der Schülerschaft Georg Wilhelm Friedrich Hegels. Veranlasst wurde diese Spaltung durch unterschiedliche Deutungen von Hegels Religionsphilosophie; die daraus entstehenden Differenzen verbanden sich in der Epoche des deutschen Vormärz mit ge-

Religionskritik

– J. H. Tieftrunk: Religionsinternes Kritikverfahren vor dem Forum der Vernunft mit dem Ziel einer selbstkritischen Läuterung des Christentums.
– Linkshegelianismus – L. Feuerbach (1841), Karl Marx (1844) –: Argumentation, durch die das Christentum aufgrund einer Destruktion seines Wahrheitsanspruchs überwunden werden soll.

gensätzlichen politischen Optionen. Darauf weisen die Stichwörter *Linkshegelianismus* und *Rechtshegelianismus* hin, auch wenn deren philosophiegeschichtliche Prägnanz eher gering ist.

Ludwig Feuerbach hat seinen religionskritischen Ansatz aus der Kritik an seinem Lehrer Hegel entwickelt: Während Hegel das Gottesbewusstsein des Menschen als das Selbstbewusstsein Gottes interpretierte, hat Feuerbach in seiner Schrift „Das Wesen des Christentums" (1841) den menschlichen Gottesbegriff als Projektion einer Idealvorstellung des Menschen von seinem eigenen Wesen verstanden.

Die Religion, wenigstens die christliche, ist das *Verhalten des Menschen zu sich selbst* oder richtiger: *zu seinem* (und zwar subjektiven) *Wesen*, aber das Verhalten zu seinem Wesen *als zu einem andern Wesen. Das göttliche Wesen ist nichts andres als* das menschliche Wesen oder besser: *das Wesen des Menschen*, gereinigt, befreit von den Schranken des individuellen Menschen, verobjektiviert, d. h. angeschaut und verehrt, als *ein andres, von ihm unterschiednes, eignes Wesen* – alle *Bestimmungen* des göttlichen Wesens sind darum menschliche Bestimmungen.

L. Feuerbach, Das Wesen des Christentums, 48 f.

Feuerbach hat zwar nicht bestritten, dass sich der Mensch über die Schranken seiner Individualität erheben kann und soll, er kritisierte aber, dass sich diese Erhebung in der Religion als Konstruktion eines *göttlichen* Wesens vollzieht. Durch die in der Religion geforderte Liebe zu Gott wird nämlich der Mensch nach Feuerbach von der eigentlich geforderten Liebe zum anderen Menschen abgelenkt.

[D]ie Religion hat nicht das Bewußtsein von der Menschlichkeit ihres Inhalts; sie setzt sch vielmehr dem Menschlichen entgegen, oder wenigstens sie *gesteht nicht ein*, daß ihr Inhalt menschlicher ist. Der notwendige Wendepunkt der Geschichte ist daher dieses *offne Bekenntnis und Eingeständnis*, daß das Bewußtsein Gottes nichts andres ist als das Bewußtsein der Gattung, daß der Mensch sich nur über die Schranken seiner Individualität erheben kann und soll, aber nicht über die [...] *positiven Wesensbestimmungen seiner Gattung.* [...] Unser Verhältnis zur Religion ist daher kein *nur negatives*, sondern ein *kritisches*; [...] Die Liebe zum Menschen darf keine abgeleitete sein; [...] Ist das Wesen des Menschen das *höchste Wesen* des Menschen, so muß auch praktisch das *höchste* und *erste Gesetz* die *Liebe des Menschen zum Menschen sein.*

L. Feuerbach, Das Wesen des Christentums, 443 f.

Insbesondere in der Einleitung zu seiner „Kritik der Hegel'schen Rechts-Philosophie" (1844) hat Karl Marx an Feuerbachs Kritik der Religion angeknüpft und sie zugleich zu einer umfassenden Sozial- und Gesellschaftskritik weiterentwickelt. Der von Feuerbach kritisch festgestellte Sachverhalt, dass die Religion nicht eingesteht, „daß ihr Inhalt menschlicher ist", hat nach Marx seine Wurzel in unmenschlichen gesellschaftlichen Verhältnissen. Die Religionskritik ist danach nur die Voraussetzung einer auf revolutionäre Veränderung zielenden Kritik bestehender Verhältnisse, in denen die Religion als ideologische Stütze einer konservativ-restaurativen politischen Ordnung dient, als, wie Marx formulierte, „*Heiligenschein*" eines „*Jammerthales*".

Für Deutschland ist die *Kritik der Religion* im Wesentlichen beendigt und die Kritik der Religion ist die Voraussetzung aller Kritik. [...] Die Aufhebung der Religion als des *illusorischen* Glücks des Volkes ist die Forderung seines *wirklichen* Glücks. Die Forderung, die Illusionen über seinen Zustand aufzugeben, ist die *Forderung, einen Zustand aufzugeben, der der Illusionen bedarf*. Die Kritik der Religion ist also im *Keim* die Kritik des *Jammerthales*, dessen *Heiligenschein* die Religion ist. [...] Es ist also die *Aufgabe der Geschichte*, nachdem das *Jenseits der Wahrheit* verschwunden ist, die *Wahrheit des Diesseits* zu etablieren. Es ist zunächst die *Aufgabe der Philosophie*, die im Dienste der Geschichte steht, nachdem die *Heiligengestalt* der menschlichen Selbstentfremdung entlarvt ist, die Selbstentfremdung in ihren *unheiligen Gestalten* zu entlarven. Die Kritik des Himmels verwandelt sich damit in die Kritik der Erde, die *Kritik der Religion* in die *Kritik des Rechts*, die *Kritik der Theologie* in die *Kritik der Politik*. [...] Die Kritik der Religion endet mit der Lehre, daß der *Mensch das höchste Wesen für den Menschen* sei, also mit dem *categorischen Imperativ, alle Verhältnisse umzuwerfen*, in denen der Mensch ein erniedrigtes, ein geknechtetes, ein verlassenes, ein verächtliches Wesen ist.

K. Marx, Zur Kritik der Hegel'schen Rechts-Philosophie
(MEGA I 2, 170,5 f; 171,5–9.18- 25; 177,19–23).

1.3.2 *Sozialphilosophische Religionstheorie im 20. Jahrhundert: Hermann Lübbe*
Im 19. Jahrhundert etablierte sich die Soziologie als eine eigenständige Wissenschaft, die sich auf empirischer Grundlage mit den Struktur-, Funktions- und Entwicklungszusammenhängen der modernen Gesellschaft beschäftigt. Dabei hat sie sich von Anfang auch mit der gesellschaftlichen und kulturellen Bedeutung der Religion befasst. Die für diese Fragestellung einschlägigen Entwürfe sind zu zahlreich und zu verschieden, als dass es möglich wäre, sie im Rahmen dieser Grundinformation umfassend zu würdigen. Statt eines allgemeinen Überblicks soll deshalb im Folgenden eine einschlägige sozialphilosophische (also aus dem Grenzbereich zwischen Philosophie und Soziologie stammende) Position skizziert werden; es handelt sich um die Religionstheorie des Zürcher Philosophen Hermann Lübbe (geb. 1926).

In seinem Buch „Religion nach der Aufklärung" (1986) geht Lübbe zunächst davon aus, dass die Religion im Zuge der europäischen Aufklärung ihren vormodernen Status in der Tat eingebüßt hat: Die moderne Naturwissenschaft hat sich von den Dominanzansprüchen der christlichen Schöpfungstheologie emanzipiert (vgl. dazu § 8.3); die religiöse Orientierung der Menschen hat für ihre staatsbürgerlichen Rechte und ihre sozialen Beziehungen keine wesentliche Bedeutung mehr; auch das Verhältnis der Menschen zu ihrer je eigenen Religion ist nicht (mehr) das einer vorbehaltlosen Zustimmung, sondern es ist zunehmend in vielfacher Hinsicht gebrochen. Die Vertreter der radikalen Religionskritik (vgl. z. B. 1.3.1) leiten nun, so Lübbe weiter, aus diesem Befund die Annahme eines baldigen Verschwindens der Religion ab. Gegen diese Vorhersage spreche aber die unbestreitbare Tatsache, dass Religion, sofern sie sich auf die seit der Aufklärung gegebene Situation eingestellt

Religionstheorie bei Hermann Lübbe (1986)

– Religiöse Praxis bezieht sich auf solche „Lebenstatsachen", die von den Emanzipationsprozessen seit der Aufklärung unbetroffen sind.
– In der Religion geht es um das Verhältnis des Menschen zu dem, was durch menschliches Handeln nicht geändert werden kann: Das Unverfügbare.
– Religion ist Praxis der Kontingenzbewältigung.

hat, auch unter den Bedingungen der Moderne für viele Menschen eine wichtige Rolle spielt. Daraus folgert Lübbe, dass sich religiöse Praxis auf solche Lebenssituationen bezieht, die von den genannten Emanzipationsprozessen gar nicht berührt werden.

Die radikale Religionskritik erklärt die Religion für ein Pseudokompensat von Lebensmängeln, die sich im Verlauf gesellschaftlich-politischer und intellektueller Emanzipationsprozesse, statt illusionär, schließlich real beheben lassen, so daß, mit dem Wegfall ihrer vormodernen, voraufgeklärten Nötigkeitsgründe die Religion selber verschwindet. [...] Der Realität religiösen Lebens bleibt man indessen näher, wenn man, statt dessen, von der umgekehrten These ausgeht, daß die Religion die kulturelle Form humaner Beziehung auf genau diejenigen Lebenstatsachen ist, auf die sich intellektuelle und politische Aufklärungs- und Emanzipationsprogramme prinzipiell gar nicht beziehen können.

H. Lübbe, Religion nach der Aufklärung, 144 f.

Diejenigen „Lebenstatsachen", hinsichtlich derer Religion auch nach der Aufklärung nötig bleibt, sind nach Lübbe die Summe all dessen, was für die Menschen unverfügbar ist, also durch ihr Handeln weder bewirkt wurde, noch geändert werden kann; dazu gehört neben der schlichten Tatsache menschlicher Existenz auch all das, wodurch jeder Einzelne immer schon geprägt ist, ohne sich für eben diese Prägung entschieden zu haben. Lübbe spricht im Blick auf diese Sachverhalte von *Kontingenz* sowie, anknüpfend an Schleiermacher (vgl. 1.1.3), auch von den *schlechthinnigen Abhängigkeiten* des Menschen. Religion wird dann gekennzeichnet als Praxis einer Bewältigung dieser Kontingenz, wobei Bewältigung nicht als Veränderung oder Beseitigung des Unverfügbaren verstanden ist, sondern als „Anerkennung unserer schlechthinnigen Abhängigkeiten".

Die Religion hat ihren lebenspraktischen Ort da, wo es ganz sinnlos wäre, im Bemühen, Kontingenz in Sinn zu transformieren, auf unsere mannigfachen Vermögen, Wirklichkeiten handelnd zu verändern, zu rekurrieren. Kurz: In religiöser Lebenspraxis verhalten wir uns zu derjenigen Kontingenz, die sich der Transformation in Handlungssinn prinzipiell widersetzt.

H. Lübbe, Religion nach der Aufklärung, 154.

Niemand kann sich seine Existenz als Resultat einer Zustimmung zu ihr verständlich machen [... Zur Daseinskontingenz gehört auch] die ganze Fülle der Lebenstatsachen [...], die, statt Resultat selbstverantworteter Sinnstiftungsakte zu sein, ganz unabhängig von unseren Sinnstiftungsverfügungen unhintergehbare Elemente unserer Identität bereits festgelegt haben.

AaO, 158 f.

Bewältigte Kontingenz ist anerkannte Kontingenz. [...] Im Akt der Anerkennung unserer schlechthinnigen Abhängigkeiten ändern sich nicht diese, vielmehr ändern wir uns, nämlich in unserem Verhältnis zu diesen Abhängigkeiten.

AaO, 166 f.

Informieren Sie sich über Hauptvertreter und Grundzüge neuzeitlicher Religionskritik anhand von:
– R. Konersmann, Religionskritik (HWP 8).

Einen Überblick zu maßgeblichen Entwürfen und Fragestellungen der Religionssoziologie bietet:
– V. Krech, Religionssoziologie.

Eine Skizze von insgesamt 30 modernen Religionstheorien von Schleiermacher bis zur Gegenwart enthält:
– Kompendium Religionstheorie.

II Fundamentaltheologie

§ 2 Die Theologie

Diejenige wissenschaftliche Disziplin, die sich mit den Grundlagen, der Geschichte, den Inhalten und der gegenwärtigen Gestalt der *christlichen Religion* beschäftigt, heißt *Theologie*. Nun war das, was wir heute unter Dogmatik (und Ethik) im Rahmen der Systematischen Theologie verstehen, etwa anderthalb Jahrtausende lang mit Theologie insgesamt nahezu identisch; die Aufgliederung der Theologie in ihre Einzeldisziplinen mit jeweils spezifischen Fragestellungen hat sich erst in der Neuzeit vollzogen, hauptsächlich zwischen dem 16. und 19. Jahrhundert. Deshalb tritt am Beginn dieses Überblicks über die Hauptprobleme der christlichen Dogmatik die Theologie als Ganze ins Blickfeld. Dabei geht es, nachdem in der Einleitung die Binnenstruktur der Systematischen Theologie angesprochen wurde, hier zunächst um die Bestimmung der *Aufgabe der Dogmatik innerhalb des Kanons der theologischen Einzelfächer* (2.1). Daran schließen sich Überlegungen zum *Gegenstand* (2.2) und zum *Wissenschaftsstatus* (2.3) der *(systematischen bzw. dogmatischen) Theologie* an.

2.1 Systematische Theologie bzw. Dogmatik als Disziplin der Theologie

Systematische Theologie ist diejenige Gestalt von Theologie, die auf dem Boden des biblischen Zeugnisses und im Horizont der (kirchen-)geschichtlichen Tradition als Funktion der Kirche den auf Offenbarung beruhenden christlichen Glauben nach seinen zentralen Inhalten (Dogmatik) und nach seinen praktischen Handlungsorientierungen (Ethik) auf wissenschaftliche Weise, d. h. methodisch, begründend und kritisch, und systematisch, also als klares und gegliedertes Ganzes, denkend entfaltet, auf die jeweilige Situation bezieht und so die christliche Wahrheit als eine gegenwärtige verantwortet.

H. Fischer, Protestantische Theologie, 305.

Die zitierte Definition von Hermann Fischer (geb. 1933) hat das Ziel, die für die Systematische Theologie charakteristische Fragestellung zu verdeutlichen. Das Spezifikum der Systematischen Theologie besteht nach Fischer darin, dass sie die christliche Wahrheit zusammenhängend entfaltet und als eine gegenwärtige verantwortet. Dies tut die *Dogmatik* im Hinblick auf die zentralen Inhalte des Glaubens; dies tut die *Ethik* hinsichtlich praktischer Handlungsorientierungen, die sich im Zusammenhang mit dem christlichen Glauben ergeben (vgl. § 15). Über diese Hinweise zur Binnenstruktur der Systematischen Theologie hinaus gibt das Zitat Aufschluss über den weiteren Horizont systematisch-theologischer Arbeit: Diese vollzieht sich „*auf dem Boden des biblischen Zeugnisses und im Horizont der (kirchen-) geschichtlichen Tradition als Funktion der Kirche*". – Mit dieser Formulierung ist das Verhältnis zu den wichtigsten anderen an deutschsprachigen Theologischen Fakultäten vertretenen Fächern angesprochen, namentlich der Bezug zur Wissenschaft vom

Alten und Neuen Testament („*auf dem Boden des biblischen Zeugnisses*"), zur Kirchengeschichte („*im Horizont der (kirchen-)geschichtlichen Tradition*") sowie zur Praktischen Theologie („*Funktion der Kirche*").

Die damit angesprochene Frage nach dem Verhältnis der theologischen Einzelfächer untereinander und der inneren Gliederung der Theologie als Ganzer wird gewöhnlich unter dem Titel einer *Theologischen Enzyklopädie* verhandelt.

Das Stichwort *Theologische Enzyklopädie* ist dabei nicht im Sinne einer umfassenden Gesamtdarstellung des in der Theologie verfügbaren Wissens gemeint. Zwar kann das Wort *Enzyklopädie* auch das Gesamtwissen einer Wissenschaft (Fachenzyklopädie) oder aller Wissenschaften (Universalenzyklopädie) bezeichnen; hier ist jedoch die *Darstellung der inneren Einheit und Struktur der Theologie* gemeint: Welches ist der allen theologischen Einzeldisziplinen gemeinsame Gegenstand (Einheit), und wie sind die Einzeldisziplinen bei der Bearbeitung dieses Gegenstandes aufeinander bezogen (Struktur)?

Als nach wie vor bedeutendster (weil bis in die Gegenwart diskutierter) Entwurf einer theologischen (Formal-) Enzyklopädie im protestantischen Bereich kann die „Kurze Darstellung des theologischen Studiums" von Friedrich Schleiermacher gelten (1811; ²1830). Der Text ist aus Vorlesungen entstanden, die Schleiermacher in Halle und Berlin gehalten hat. Wichtig an seinem Konzept ist, dass die einzelnen Fächer der Theologie nicht von selbst zu einem einheitlichen Ganzen ‚verschmelzen'. Ihre Einheit erhalten sie vielmehr erst durch den Bezug auf eine positive Religion (das Christentum) und die mit diesem Bezug verbundene Aufgabe, nämlich das christliche „Kirchenregiment".

§. 1. Die Theologie in dem Sinne, in welchem das Wort hier immer genommen wird, ist eine positive Wissenschaft, deren Theile zu einem Ganzen nur verbunden sind durch ihre gemeinsame Beziehung auf eine bestimmte Glaubensweise, d.h. eine bestimmte Gestaltung des Gottesbewußtseins; die der christlichen also durch die Beziehung auf das Christenthum. [...]
§. 3. Die Theologie eignet nicht Allen, welche und sofern sie zu einer bestimmten Kirche gehören, sondern nur dann und sofern sie an der Kirchenleitung Theil haben; so daß der Gegensaz zwischen solchen und der Masse und das Hervortreten der Theologie sich gegenseitig bedingen. [...]
§. 5. Die christliche Theologie ist sonach der Inbegriff derjenigen wissenschaftlichen Kenntnisse und Kunstregeln, ohne deren Besiz und Gebrauch eine zusammenstimmende Leitung der christlichen Kirche, d.h. ein christliches Kirchenregiment nicht möglich ist. [...]
§. 6. Dieselben Kenntnisse, wenn sie ohne Beziehung auf das Kirchenregiment erworben und besessen werden, hören auf theologische zu sein, und fallen jede der Wissenschaft anheim, der sie ihrem Inhalte nach angehören.
    F. Schleiermacher, Kurze Darstellung des theologischen Studiums, Einleitung
        (KGA I 6, 325,2–7; 327,3–7; 328,6–9.14–17).

Nach Schleiermacher ergibt sich die Einheit der Theologie als Wissenschaft daraus, dass die in ihren unterschiedlichen Einzelfächern erworbenen Kenntnisse auf eine *identische Funktion* (die Kirchenleitung) bezogen werden; unabhängig von dieser „Beziehung auf das Kirchenregiment" haben diese Kenntnisse, wie es in § 6 der „Kurze[n] Darstellung" ausdrücklich heißt, keinen theologischen Charakter.

Im Unterschied zu diesem Ansatz ist im 20. Jahrhundert versucht worden, die Einheit der theologischen Disziplinen (nicht mehr funktional, sondern) inhaltlich zu begründen, indem ein allen Einzelfächern *gemeinsamer Gegenstand* behauptet wurde.

> Die Theologie ist ein unteilbares Ganzes, weil sie es mit einem Einzigen, Grundeinfachen zu tun hat: dem Worte Gottes, das nicht vielerlei, sondern eines ist. [...] Die Grundstruktur der Theologie ist durch die Bewegung von geschehener Verkündigung zu geschehender Verkündigung gegeben. Entsprechend ist die Aufgabe der Theologie einerseits auf die geschehene Verkündigung gerichtet, und zwar in der dreifachen Gliederung dieser historischen Ausrichtung: auf das Alte Testament als Zeugnis der vorläufigen, auf das Neue Testament als Zeugnis der endgültigen und auf die Kirchengeschichte als Zeugnis der nachfolgenden Verkündigung; andererseits auf die geschehende Verkündigung, und zwar in der doppelten Ausrichtung dieser systematisch-normativen Aufgabe: auf das zu Verkündigende (Dogmatik) und auf den Vorgang der Verkündigung (Praktische Theologie).
>
> G. Ebeling, Diskussionsthesen, 448.

Nach diesem Definitionsvorschlag von Gerhard Ebeling (1912–2001) zur inneren Gliederung der Theologie gilt als der allen theologischen Einzeldisziplinen gemeinsame Gegenstand das *Wort Gottes*. Aus dieser einheitlichen Gegenstandsbestimmung ergibt sich als Struktur der Theologie eine bestimmte Aufgabenverteilung der theologischen Fächer: Dem *verkündigten* Wort widmen sich in je verschiedener Weise Bibelwissenschaften und Kirchengeschichte; Dogmatik bzw. Praktische Theologie beschäftigen sich mit dem *zu verkündigenden* Wort bzw. mit dem *Vorgang der Verkündigung*.

In der gegenwärtigen Realität von Forschung und Lehre an den Evangelisch-Theologischen Fakultäten der deutschen Universitäten funktioniert die hier in Anlehnung an Ebeling dargestellte Aufgabenverteilung freilich keineswegs reibungslos. Man wird weniger von einem Miteinander als vielmehr von einem unverbundenen Nebeneinander der verschiedenen theologischen Einzeldisziplinen sprechen müssen. Gerade Studierende machen oft die Erfahrung, dass z. B. das in den Bibelwissenschaften erworbene Wissen bei der Bearbeitung dogmatischer oder praktisch-theologischer Probleme keine wirkliche Hilfe darstellt. Diese Erfahrung ist das Ergebnis einer bestimmten Entwicklung: Der *konsequenten Historisierung der Bibelwissenschaften und der Kirchengeschichte*.

> Was bedeutet diese Historisierung für den Zusammenhang der genannten Fächer mit der Dogmatik? Jene Fächer, die sich nach Ebeling mit dem *verkündigten* Wort Gottes befassen, untersuchen die Texte des Alten und Neuen Testaments sowie die Quellen der Kirchengeschichte zunächst als historische Dokumente einer vergangenen Zeit:
> – Die historische Beschäftigung mit der Bibel macht deutlich, dass sich in den sehr unterschiedlichen Texten vielgestaltige Glaubenserfahrungen niedergeschlagen haben, die entscheidend von der zeitgenössischen Sprach- und Vorstellungswelt der Verfasser geprägt sind. In der evangelischen Theologie setzte sich die historisch-kritische Untersuchung der biblischen Schriften seit der Neologie als allgemein akzeptierte Basis sachgerechter

Bibelauslegung durch (vgl. § 5.2.3 sowie – zum theologiegeschichtlichen Kontext – 1. Hauptteil, Abschnitt 4.5).

– Als Gegenstand der Kirchengeschichte kann die vielfältige Wirkung und Deutung der biblischen Texte in der Geschichte der christlichen Kirche(n) gelten. Sie arbeitet die Zeitbedingtheit der unterschiedlichen historischen Ausprägungen christlichen Lebens und Denkens heraus und macht auf die Wechselwirkung zwischen bedeutenden kirchlichen und theologischen Entscheidungen einerseits und spezifischen politischen Konstellationen und Machtinteressen andererseits aufmerksam. – So wie die Emanzipation der Bibelauslegung von der Dogmatik (s. o.), so vollzog sich auch die Herauslösung der Kirchengeschichte aus der Theologie im Zeitalter der Aufklärung; als ‚Vater der modernen Kirchengeschichtsschreibung' gilt der der Übergangstheologie zuzurechnende zunächst in Helmstedt und dann in Göttingen lehrende Theologe Johann Lorenz Mosheim (ca. 1693–1755).

Theologische Enzyklopädie

– Gegenstand: Der innere Zusammenhang der theologischen Disziplinen.
– Gegenwärtige Situation: Konsequente Historisierung von Bibelwissenschaften und Kirchengeschichte führt zur Ausklammerung der – für die Systematische Theologie gerade wesentlichen – Frage nach der aktuellen Relevanz der Tradition.
– Folge: Unverbundenes Nebeneinander der historischen und der systematisch-normativen Disziplinen (Systematische/ Praktische Theologie).

Die historische Untersuchung der biblischen und kirchengeschichtlichen Quellen führt zwar zu einem bunten aber nicht zu einem einheitlichen Bild. Dies bedeutet, dass Bibelwissenschaften und Kirchengeschichte, wenn sie konsequent historisch verfahren, gerade nicht auf das *eine* Wort Gottes stoßen werden, mit dem es nach Ebeling die Theologie insgesamt zu tun haben soll. Vielmehr kommt den historischen Disziplinen eher eine *kritische Funktion gegenüber allen Ansprüchen einer ‚dogmatischen' Festlegung* dessen zu, was als das eine Wort Gottes behauptet wird. So warnt die historische Bibelwissenschaft vor Harmonisierungen und leichtfertigen Entstellungen der Textaussagen, und die Kirchengeschichte wendet sich dagegen, eine bestimmte historische Gestalt christlichen Lebens und Denkens als allein dem wahren Glauben gemäß zu verabsolutieren. Der konsequent historische Zugang ermöglicht den biblischen Fächern und der Kirchengeschichte außerdem einen intensiven wissenschaftlichen Dialog mit nichttheologischen Nachbardisziplinen (z. B. Orientalistik, Altertumswissenschaft, Profangeschichte).

Die Probleme, die sich aus der durchgreifenden Historisierung von Bibelwissenschaften und Kirchengeschichte für ihr Verhältnis zur Dogmatik ergeben, liegen auf der Hand. Wenn die Dogmatik mit ihrer Darstellung der zentralen Glaubensinhalte die – in den historischen Disziplinen auf ihre *Vergangenheit* befragte – christliche Wahrheit als eine *gegenwärtige* verantworten soll, dann kann sie nicht im Bereich des rein Historischen bleiben. Aufgrund ihrer Aufgabenbestimmung muss die Dogmatik genau jene Frage stellen, bezüglich derer die historischen Fächer der Theologie vielfach abstinent bleiben: Sie muss fragen, was innerhalb der historischen Vielfalt wahr, gültig und deshalb auch aktuell relevant und verbindlich ist; aufgrund des für sie konstitutiven Gegenwartsinteresses kommt der Dogmatik also eine *kritische Funktion gegenüber einer vollständigen historischen Relativierung* aller christentumsgeschichtlichen Phänomene zu. – Schon in der oben zitierten Formulierung von Ebeling war dieser Unterschied angedeutet: Gegenüber der *historischen* Ausrichtung von Bibelwissenschaften und Kirchengeschichte kommt der Dogmatik (wie der Ethik) und der Praktischen Theologie eine *systematisch-normative* Aufgabe zu. Das nachstehende Zitat verdeutlicht nochmals den Unterschied zwischen beiden Zugängen.

> Die *historischen Wissenschaften* beschäftigen sich mit Gegenständen, die nur in einer bestimmten historischen Ausprägung existieren und daher überhaupt nicht anders als historisch studiert werden können. [...] Eine ganz andere Fragestellung verfolgen jedoch die *systematischen Wissenschaften*. Sie gehen nicht von zu interpretierenden historischen Zeugnissen aus, sondern von einem jeweils aktuellen Problemzusammenhang, der immer auf die Form oder Formulierung gebracht werden soll, die der jeweiligen Gegenwart am angemessensten und richtigsten erscheint. [...]
> In der Einleitung der ‚Kritik der reinen Vernunft' findet man die berühmte Behauptung KANTS, es gebe ‚synthetische Urteile a priori' [...] Der historisch denkende Philosoph nimmt nun KANTS Behauptung für bare Münze. Er stellt nicht ihren Wahrheitsgehalt in Frage, sondern bemüht sich lediglich, ihren gemeinten Sinn zu erfassen. [...] Ganz anders der systematisch denkende Philosoph [...] KANT wird hier aus der pietätvoll konservierenden historischen Atmosphäre erbarmungslos in die Ebene gegenwärtiger systematischer Auseinandersetzung gezogen. [... M]an scheut sich nicht, schlankweg zu behaupten, KANT sei logisch und mathematisch ungenügend informiert gewesen, erreiche also den Stand heutiger Einsicht in diese Dinge nicht.
>
> H. Seiffert, Historisch/systematisch 140 f.

Wendet man die Unterscheidung historisch-systematisch auf das Verhältnis zwischen Bibelwissenschaften und Kirchengeschichte einerseits und Dogmatik/Systematischer Theologie sowie Praktischer Theologie andererseits an, so ergeben sich im Blick auf die Kooperation der theologischen Fächer verschiedene Schwierigkeiten, die sich in der erwähnten Tendenz zum unverbundenen Nebeneinander der theologischen Einzeldisziplinen spiegeln.

– Die Systematische Theologie wird zwar „*auf dem Boden des biblischen Zeugnisses und im Horizont der (kirchen-)geschichtlichen Tradition*" agieren (Hermann Fischer); sie kann ihre Aussagen zur Gegenwartsrelevanz des christlichen Glaubens aber nicht durch den schlichten Verweis auf die Autorität der Tradition begründen, sondern sie muss zugleich die Kriterien offen legen, von denen ihr Umgang mit der Tradition geleitet ist.

– Die Systematische Theologie ist zwar prinzipiell an die Einsichten ihrer historischen Nachbardisziplinen gewiesen, kann aber nicht genötigt werden, die Ergebnisse historisch-kritischer Detailarbeit an den Texten der biblischen und theologischen Tradition umfassend zu integrieren; dies gilt insbesondere angesichts zunehmender Unübersichtlichkeiten in der exegetischen Diskussion.

– Die Systematische Theologie hat ihrerseits auf eine inhaltliche Normierung der exegetischen Forschung zu verzichten, weil andernfalls das Eigenrecht der historischen Wissenschaften verletzt würde.

📖 Die Frage nach der Bedeutung „einer restlos historischen Anschauung der menschlichen Dinge" für das Selbstverständnis des modernen Christentums wurde in beispielhafter Weise von Ernst Troeltsch diskutiert (vgl. § 1.2.1). Was konkret die Historisierung von Bibelwissenschaften und Kirchengeschichte für die christliche Theologie bedeutet, hat Troeltsch u. a. im folgenden Text reflektiert:
– E. Troeltsch, Ueber historische und dogmatische Methode in der Theologie.

📖📖 Einen neueren – ersichtlich am Theologieverständnis von Eilert Herms (vgl. 2.3.4) orientierten – Entwurf Theologischer Enzyklopädie hat vorgelegt:
– K. Stock, Die Theorie der christlichen Gewißheit.

✍ Informieren Sie sich genauer über den Zusammenhang der einzelnen theologischen Fächer in Schleiermachers Enzyklopädie. Ziehen Sie dazu – neben dem Text der „Kurze[n] Darstellung" – heran:
– H.-J. Birkner, Schleiermachers ‚Kurze Darstellung' als theologisches Reformprogramm.

2.2 Der Gegenstand der (systematischen bzw. dogmatischen) Theologie

Für die Frage nach dem Gegenstand der (dogmatischen) Theologie ist die Bedeutung des Wortes *Theologie* im Kontext des christlichen Glaubens maßgeblich. Wörtlich übersetzt und im Sinne des klassischen griechischen Sprachgebrauchs heißt *Theo*logie ‚Lehre von *Gott*' (gr. *theos*) – analog z. B. zur *Bio*logie als der ‚Lehre vom *Leben*' (gr. *bios*). Bei der Theologie handelt es sich also um eine *menschliche Erkenntnisbemühung*, die *Gott zum Gegenstand* hat. Dabei ist von Bedeutung, dass die durch theologisches Nachdenken gewonnenen Erkenntnisse Anspruch auf allgemeine Plausibilität und mithin *Wissenschaftlichkeit* erheben. Nach antikem Verständnis ist es nun die *Philosophie*, die diesem Anspruch in besonderer Weise gerecht wird; die Theologie als wissenschaftliche Lehre von Gott war deshalb zunächst eine *philosophische* Disziplin, die sich mit der Frage nach der Eigenart des göttlichen Urprinzips beschäftigte.

Der Gegenstand der Theologie

– Theologie im christlichen Sinne ist eine
  • vom Menschen vorgetragene Lehre über Gott,
  • die sich auf eine von Gott her ergangene auf das Heil des Menschen abzielende Offenbarung bezieht
  • und das dadurch begründete Gottesverhältnis des Menschen zum Thema hat.

Das christliche Denken hat seit der altkirchlichen Apologetik *einerseits* an die philosophische Theologie der Antike angeknüpft. So hat z. B. Augustin die Auffassung vertreten, dass die Philosophie des Neuplatonismus mit der christlichen Lehre im Grundsatz übereinstimmt (vgl. zum theologiegeschichtlichen Kontext: 1. Hauptteil, Abschnitt 2.1). *Andererseits* hat die christliche Theologie behauptet, dass es neben der *vernunft*geleiteten wissenschaftlichen Erkenntnis, auf der die philosophische Theologie der Antike beruhte, noch eine zweite Quelle wahrer Gotteserkenntnis gibt, nämlich die göttliche *Offenbarung*, deren Aussagen die menschliche Vernunftfähigkeit übersteigen (, weshalb sie im *Glauben* anzunehmen sind) und die Erkenntnisse der philosophischen Gotteslehre überbieten. Diese in der Bibel enthaltene, in den Glaubensbekenntnissen zusammengefasste und in den kirchlichen Dogmen näher erläuterte sowie schließlich in der theologischen Tradition bewahrte und vertiefte Offenbarung Gottes galt als Grundlage einer theologischen Erkenntnis, die auf den *Heilswillen Gottes* ausgerichtet ist, während sich die richtigen Einsichten der philosophischen Theologie auf die *Existenz und das Wesen Gottes* beschränkten. – Diese für das christliche Denken von Anfang an leitende Orientierung am Heilswillen Gottes steht im Hintergrund, wenn in der oben zitierten Formulierung von Hermann Fischer davon die Rede ist, dass die Systematische Theologie den *„auf Offenbarung beruhenden christlichen Glauben [...] denkend entfaltet"* und aktualisiert, also *„auf die jeweilige Situation bezieht"*.

Der Niederschlag der göttlichen Offenbarung in Bibel, Bekenntnissen, Dogmen und theologischer Überlieferung sowie die über den Bezug darauf hergestellte Verankerung der Systematischen Theologie – und damit auch der Dogmatik – in der Offenbarung Gottes ist in der nachstehenden Übersicht verdeutlicht.

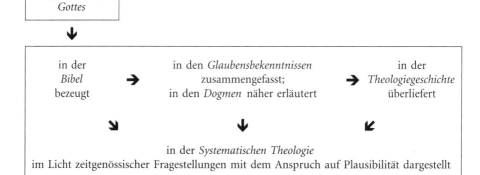

Da aus christlicher Sicht auch die menschliche Rationalität, also die Quelle der philosophischen Theologie, als ein dem Menschen von Gott gewährtes Erkenntnisvermögen verstanden wurde, hat man die menschliche Fähigkeit zu vernünftiger Gotteserkenntnis als Ausdruck einer *allgemeinen* oder *natürlichen Offenbarung* Gottes bestimmt. Die Erfassung dieser natürlichen Offenbarung durch den Menschen führte zur Ausbildung einer *natürlichen* (Vernunft-)*Religion* (lat. religio naturalis; vgl. § 1.2.1) bzw. einer *natürlichen Theologie* (lat. theologia naturalis). Über die Bedeutung einer solchen natürlichen Theologie für wahre Gotteserkenntnis gab es im Verlauf der christlichen Theologiegeschichte vielfältige Auseinandersetzungen (vgl. § 3, insbesondere 3.2).

Das Verständnis von christlicher Theologie, das sich aus dieser ‚Zweiquellentheorie' wahrer Gotteserkenntnis (Vernunft und Offenbarung) ergibt, hat seinen klassischen

Niederschlag bei Thomas von Aquin gefunden. Im ersten Artikel seines theologischen Hauptwerks begründet Thomas die Notwendigkeit der von ihm als *heilige Lehre* (lat. sacra doctrina) bezeichneten christlichen Gotteslehre damit, dass um des menschlichen Heils willen der philosophischen Gotteserkenntnis eine auf Offenbarung beruhende Gotteslehre hinzugefügt werden muss.

Es war zum Heil der Menschen nötig, dass es außer den philosophischen Wissenschaften, die im Bereich der menschlichen Vernunft bleiben, eine Lehre gibt, die auf göttlicher Offenbarung beruht. Primär deshalb, weil Gott den Menschen für ein Ziel bestimmt hat, das die Fassungskraft der Vernunft übersteigt. Jes 64,4: „Außer dir hat kein Auge gesehen, was du, o Gott, denen bereitet hast, die dich lieben." Es ist aber nötig, dass das Ziel den Menschen vorher bekannt ist, die ihr Wollen und Handeln auf das Ziel hinordnen sollen. Von daher war es für den Menschen im Blick auf das Heil nötig, dass ihm manche Dinge, die über die menschliche Vernunft hinausgehen, durch göttliche Offenbarung bekannt wurden. (Übersetzung RL)	[N]ecessarium fuit ad humanam salutem, esse doctrinam quandam secundum revelationem divinam, praeter philosophicas disciplinas, quae ratione humana investigantur. Primo quidem, quia homo ordinatur a Deo ad quemdam finem qui comprehensionem rationis excedit, secundum illud Isai. 64: „Oculus non vidit Deus, absque te, quae praeparasti diligentibus te." Finem autem oportet esse praecognitum hominibus, qui suas intentiones et actiones debent ordinare in finem. Unde necessarium fuit homini ad salutem, quod ei nota fierent quaedam per revelationem divinam, quae rationem humanam excedunt.

Thomas von Aquin, Summa Theologiae I 1,1 corp.art.
(Gottes Dasein und Wesen, 5).

Sofern nun, so Thomas weiter, die christliche (= auf dem biblischen Offenbarungszeugnis beruhende) Gotteslehre die bereits auf philosophischem Wege (= durch Vernunfterkenntnis) erreichte Einsicht in das Wesen Gottes sowohl aufnimmt als auch überbietet, hat sie denselben Gegenstand (lat. subiectum) wie die philosophische Theologie, nämlich Gott.

Gott ist Gegenstand dieser Wissenschaft. [...] In der heiligen Lehre wird nämlich alles im Blick auf Gott behandelt: entweder weil es sich um Gott selbst handelt, oder weil es eine Beziehung zu Gott als zu Ursprung und Ziel hat. Daraus folgt, dass tatsächlich Gott der Gegenstand dieser Wissenschaft ist. (Übersetzung RL)	Deus est subjectum hujus scientiae. [...] Omnia autem tractantur in sacra doctrina sub ratione Dei: vel quia sunt ipse Deus; vel quia habent ordinem ad Deum, ut ad principium et finem. Unde sequitur quod Deus vere sit subjectum hujus scientiae.

Thomas von Aquin, Summa Theologiae I 1,7 corp.art.
(Gottes Dasein und Wesen, 20f).

In der reformatorischen Theologie wurde die Heilsbedeutung für die Bestimmung des Gegenstands der Theologie leitend: Nicht mehr (nur) Gott galt als Gegenstand (subiectum) der Theologie, sondern weil es konkret um den *rechtfertigenden Gott* in seinem Bezug zum heilsbedürftigen weil *schuldigen und verlorenen Menschen* geht, sind bei Martin Luther und Johannes Calvin Gott *und* Mensch – vergleichbar zwei Brennpunkten einer Ellipse – Gegenstand der Theologie (subiectum Theologiae)

Die Erkenntnis Gottes und des Menschen ist die göttliche und im eigentlichen Sinne theologische Weisheit. Und wie die Erkenntnis Gottes und des Menschen schließlich bezogen wird auf den rechtfertigenden Gott und den Menschen als einen Sünder, so sind der schuldige und verlorene Mensch und Gott als der rechtfertigende und als Erlöser im eigentlichen Sinne Gegenstand der Theologie. (Übersetzung RL)	Cognitio dei et hominis est sapientia divina et proprie theologica. Et ita cognitio dei et hominis, ut referatur tandem ad deum iustificantem et hominem peccatorem, ut proprie sit subiectum Theologiae homo reus et perditus et deus iusticans vel salvator.

M. Luther, Ennaratio Psalmi LI
(WA 40 II, 327,11 f; 328,1 f).

All unsere Weisheit, sofern sie wirklich den Namen Weisheit verdient und wahr und zuverlässig ist, umfasst im Grunde eigentlich zweierlei: Die Erkenntnis Gottes und unsere Selbsterkenntnis.	TOTA fere sapientiae nostrae summa, quae vera demum ac solida sapientia censeri debeat, duabus partibus constat, Dei cognitione et nostri.

J. Calvin, Unterricht/Institutio, I 1,1
(Weber 1/Opera selecta III 31,6–9).

Die mit dieser Fokussierung des Blicks auf Gott in seiner Heilsbedeutung für den Menschen zusammenhängende Veränderung bei der Bestimmung des Gegenstands der Theologie hat weitreichende Folgen, von denen hier nur die wichtigsten genannt seien.
– Das Interesse an der Heilsfrage und die damit verbundene Verschiebung des Gegenstands der Theologie führte bei Luther zu einer Kritik an der Verbindung von philosophischer und christlicher Theologie (vgl. § 3.2.2); diese Kritik hat zu der für den neueren Protestantismus überwiegend typischen Zurückhaltung hinsichtlich der Möglichkeit und des theologischen Wertes von rationalen Gottesbeweisen geführt (vgl. § 6.2.2).
– Dieser Kritik an einer rational-philosophischen und insofern nicht von vornherein auf das menschliche Heil bezogenen Lehre über Gott entspricht auf der Ebene des Glaubensverständnisses Luthers theologische Diskreditierung all jener Spielarten des Glaubens, die nicht ausschließlich im Vertrauen in die Heilsmacht des Christusgeschehens bestehen, also im Vertrauen auf die in Christus ‚greifbare' Zuwendung Gottes zum Menschen, die jederzeit unbedingt ist, also weder von menschlichen ‚Vorleistungen' abhängt, noch durch ‚gute Werke' ergänzt werden muss (vgl. § 4.2.2).

Die von den Reformatoren vollzogene Konzentration der christlichen Theologie auf die Heilsfrage führte dazu, dass sich im Bereich des protestantischen Christentums das theologische Interesse dauerhaft auf das *Gottesverhältnis des Menschen* gerichtet hat. – Das *menschliche* Verhältnis zu Gott, und nicht mehr *Gott*, wie er ‚an sich' ist, ist daher als Gegenstand der (dogmatischen) Theologie anzugeben. Diese Auffassung hat Rudolf Bultmann mit besonderem Nachdruck vorgetragen, indem er postuliert hat, dass „von Gott reden" immer heißt, „*von sich selbst* [zu] *reden*".

Versteht man unter ‚von Gott' reden ‚*über Gott*' reden, so hat solches Reden überhaupt keinen Sinn; denn in dem Moment, wo es geschieht, hat es seinen Gegenstand, Gott, verloren. Denn wo überhaupt der Gedanke ‚Gott' gedacht ist, besagt er, daß Gott der Allmächtige, d. h. die Alles bestimmende Wirklichkeit sei. Dieser Gedanke ist aber überhaupt nicht gedacht, wenn ich *über* Gott rede, d. h. wenn ich Gott als ein Objekt des Denkens ansehe, über das ich mich orientieren kann, wenn ich einen Standpunkt einnehme, von dem aus ich neutral zur Gottesfrage stehe, über Gottes Wirklichkeit und sein Wesen Erwägungen anstelle, die ich ablehnen oder, wenn sie einleuchtend sind, akzeptieren kann. [...] Denn in wissenschaftlichen Sätzen, d. h. in allgemeinen Wahrheiten von Gott reden, bedeutet eben, in Sätzen reden, die gerade darin ihren Sinn haben, daß sie allgemeingültig sind, daß sie von der konkreten Situation des Redenden absehen. Aber gerade indem der Redende das tut, stellt er sich außerhalb der tatsächlichen Wirklichkeit seiner Existenz, mithin außerhalb Gottes, und redet von allem andern als von Gott. [...] Es zeigt sich also: will man von Gott reden, so muß man offenbar *von sich selbst reden.*

R. Bultmann, Welchen Sinn hat es, von Gott zu reden, 26–28.

2.3 Theologie als Wissenschaft

2.3.1 *Problempräzisierung*

In der in 2.1 zitierten Definition von Hermann Fischer hieß es, dass die Systematische Theologie die zentralen Inhalte und die praktischen Handlungsorientierungen des christlichen Glaubens „*auf wissenschaftliche Weise*" entfaltet. Was damit gemeint ist, wird dann näher erläutert: „*d. h. methodisch, begründend und kritisch, und systematisch, also als klares und gegliedertes Ganzes*". Anhand dieser Bestimmungen soll im Folgenden das Problem des Verhältnisses zwischen Theologie und Wissenschaft deutlich gemacht werden.

Theologie als Wissenschaft?

– Unstrittige Kriterien: Aussagen der Theologie müssen sich auf einen einheitlichen Gegenstandsbereich erstrecken und untereinander in einem nachvollziehbaren Zusammenhang stehen.
– Strittiges Kriterium: Kontrollierbarkeit theologischer Aussagen unabhängig vom Glauben.

– „*systematisch, also als klares und gegliedertes Ganzes*". Mit dieser Formulierung ist zunächst zum Ausdruck gebracht, dass sich eine wissenschaftliche Darstellung auf einen einheitlichen Gegenstandsbereich beziehen muss: Alle Einzelaussagen müssen auf ein „*Ganzes*" orientiert sein.
– Damit sich ein „*klares und gegliedertes*" Ganzes ergibt, müssen auch alle Einzelaussagen untereinander in einem nachvollziehbaren Zusammenhang stehen und dürfen sich nicht widersprechen. Deshalb muss „*methodisch*" vorgegangen, d. h. Rechenschaft darüber abgelegt werden, auf welche Weise die Systematische Theologie ihre Einzelaussagen gewinnt.
– Dieses methodische Vorgehen im Zuge der systematischen Entfaltung eines klaren und gegliederten Ganzen muss sich „*begründend und kritisch*" vollziehen: Es muss angegeben werden, wie die Richtigkeit der Einzelaussagen in ihrem Gesamtzusammenhang kontrolliert werden kann.

142 Fundamentaltheologie

Nach dem in 2.2 Gesagten kann zunächst festgehalten werden, dass sich die Aussagen der (dogmatischen) Theologie in der Tat auf einen

- einheitlichen Gegenstandsbereich beziehen: Es geht um Gott, sofern dieser sich dem Menschen geoffenbart hat und in einem Verhältnis zu ihm steht. Die Offenbarung Gottes, die sich in der Bibel niedergeschlagen hat, wurde später zusammengefasst (Bekenntnisse), präzisiert (Dogmen) und bis in die Gegenwart überliefert (Theologiegeschichte) – vgl. die Übersicht in 2.2.
Die Erkenntnisse der Theologie stehen danach auch
- untereinander in einem nachvollziehbaren Zusammenhang: Die geordnete Darstellung der christlichen Glaubensinhalte verdeutlicht, dass und wie die Einzelaussagen der Dogmatik zusammengehören und miteinander verbunden sind.

Strittig ist allerdings, und damit ist das eigentliche Problem benannt, inwieweit die Aussagen der (dogmatischen) Theologie

- einer Prüfung zugänglich sind, wie also ihre Richtigkeit kontrolliert werden kann. Angesichts des oben skizzierten Gegenstandes der Theologie ergibt sich in dieser Frage ein gewisser Zwiespalt: Wäre einerseits die Kontrollierbarkeit theologischer Aussagen so verstanden, dass diese – zunächst unabhängig vom Glauben – jederzeit und von jedem auf ihre Richtigkeit hin überprüft werden können, würde es sich um eine rein rationale Theologie handeln, die, im Sinne Bultmanns, „von der konkreten Situation des Redenden", also von seinem Gottesverhältnis, gerade absieht. Wäre aber andererseits die Kontrollierbarkeit theologischer Aussagen nur insoweit möglich, als akzeptiert wird, dass Gott die „Alles bestimmende Wirklichkeit" ist, wäre eine gerade nicht allgemein akzeptierte Glaubensaussage zur unhinterfragbaren Voraussetzung theologischer Argumentation erhoben.

Im Folgenden sollen vier unterschiedliche Auffassungen zur Wissenschaftlichkeit der Theologie zu Wort kommen. Die erste Position wurde bereits im 13. Jahrhundert formuliert, die drei anderen Auffassungen entstammen der zeitgenössischen evangelischen Theologie.

2.3.2 Theologie als untergeordnete Wissenschaft – Thomas von Aquin

Im zweiten Artikel der „Summa Theologiae" klärt Thomas von Aquin, ob die Heilige Lehre als Wissenschaft gelten kann.

Es ist festzuhalten, dass es sich bei der Heiligen Lehre um eine Wissenschaft handelt. Man muss aber wissen, dass es zweierlei Wissenschaften gibt. Die einen nämlich gehen von Grundsätzen aus, die durch das natürliche Licht des Verstandes bekannt sind, wie Arithmetik, Geometrie usw. Es gibt aber andere, die von durch das Licht einer höheren Wissenschaft bekannten Grundsätzen ausgehen: Wie die Perspektive	[D]icendum sacram doctrinam scientiam esse. Sed sciendum est quod duplex est scientiarum genus. Quaedam enim sunt, quae procedunt ex principiis notis lumine naturali intellectus, sicut arithmetica geometria et hujusmodi. Quaedam vero sunt, quae procedunt ex principiis notis lumine

von den durch die Geometrie bekannt gemachten und die Musik von den durch die Arithmetik bekannten Grundsätzen ausgeht. Und in dieser [zweiten] Weise ist die Heilige Lehre eine Wissenschaft, weil sie von durch das Licht einer höheren Wissenschaft bekannten Grundsätzen ausgeht, nämlich vom Wissen Gottes und der Seligen. Wie daher die Musik auf die ihr von der Arithmetik überlieferten Grundsätze vertraut, so vertraut die Heilige Lehre auf die ihr von Gott geoffenbarten Grundsätze. (Übersetzung RL)

superioris scientiae: sicut perspectiva procedit ex principiis notificatis per geometriam, et musica ex principiis per arithmeticam notis. Et hoc modo sacra doctrina est scientia, quia procedit ex principiis notis lumine superioris scientiae, quae scilicet est Dei et beatorum. Unde, sicut musica credit principia sibi tradita ab arithmetico, ita sacra doctrina credit principia revelata a Deo.

Th. von Aquin, Summa Theologiae I 1,2 corp.art. (Gottes Dasein und Wesen, 8).

An der Auffassung des Thomas wird deutlich, dass der Wissenschaftscharakter der Theologie behauptet werden kann, ohne dass an eine vom Glauben unabhängige Kontrolle ihrer Voraussetzungen gedacht wird. Es wird zwar eingeräumt, dass die Grundsätze der Theologie nicht jederzeit jedem einleuchten. Aber ihre Richtigkeit ist dennoch verbürgt – freilich nicht innerhalb der Theologie als einer *menschlichen* Erkenntnisbemühung, sondern im „Wissen *Gottes* und der Seligen". Damit fällt die Theologie allerdings nicht aus dem Rahmen; auch manche weltliche Wissenschaft ‚leiht' sich ihre Grundsätze anderswoher, so z.B. die Musik bei der Arithmetik.

Der bei diesem Vergleich zwischen Musik und Theologie *aus heutiger Sicht* sofort ins Auge springende Unterschied ist aber, dass der Musiker durchaus die Richtigkeit der von ihm zunächst übernommenen Grundsätze selbst kontrollieren kann (indem er z.B. den Mathematiker konsultiert); diese Möglichkeit besteht im Fall der Theologie nicht, und insofern ist die Überzeugung von der Wahrheit der christlichen Offenbarung, also der Glaube, bei Thomas in der Tat die fraglos vorausgesetzte Grundlage dogmatisch-theologischer Argumentation. Hier musste sich *aus damaliger Sicht* noch kein Problem ergeben, weil prinzipielle Zweifel an der Wahrheit der „von Gott geoffenbarten Grundsätze" nicht wirklich denkbar waren. Diese Situation hat sich aber spätestens seit der Aufklärung geändert. Die neuere Diskussion um die Wissenschaftlichkeit der Theologie kreist deshalb um die Frage, inwieweit das, was Thomas noch als zweifelsfrei gewiss voraussetzen konnte, heute einer Kontrolle anhand allgemein einsichtiger Kriterien zu unterwerfen ist.

2.3.3 Theologische Aussagen als wissenschaftliche Hypothesen? – Wilfried Joest und Wolfhart Pannenberg

Das Verhältnis von Theologie und Wissenschaft wird von Wilfried Joest (1914–1995) im Schlusskapitel seiner „Fundamentaltheologie" behandelt.

Die Theologie kann und soll der Forderung nach Kontrollierbarkeit ihrer Denkvollzüge in deren Ausgang von bestimmten zu explizierenden Voraussetzungen genügen. Sie kann sich aber nicht der Forderung unterstellen, die Gültigkeit ihrer Grundvoraussetzung selbst vor einem allgemeinen Forum nach Kriterien, die jenseits dem Sich einlassen auf diese Voraussetzung liegen, zu rechtfertigen. [...] Der Theologe kann jeden seiner Sätze, in denen er die Offenbarung Gottes in

Christus auslegend entfaltet, als vorläufig und auf künftige Bewährung so formuliert verstehen und damit dem Dialog und der Korrektur offen halten. Aber die Wahrheit der Gottesbekundung in Christus selbst, deren Weiterbezeugung er mit seinen auslegenden Sätzen dienen will, kann er nicht als eine vorläufige und problematische These behandeln. Und das Vertrauen, in dem er solche vorläufigen Sätze wagt: daß sich ‚Jesus Christus durch die Zeiten hindurch als der lebendige Herr erweisen [...] wird' [...], kann er nicht als Hypothese verstehen, die, wenn die besseren Gründe gegen sie sprechen, auch wieder fallen gelassen werden kann. Denn damit ist ja das letzte Kriterium angegeben, vor dem theologische Sätze sich hinsichtlich ihrer Sachgemäßheit zu verantworten haben, und zugleich die Basis des Dialogs, in dem sie ihre gegenseitige Korrektur vollziehen.

W. Joest, Fundamentaltheologie, 252 f.

Betrachtet man die Position von Joest im Lichte des oben beschriebenen Problems, so lässt sich feststellen, dass er eine vom Glauben unabhängige Kontrolle der Grundvoraussetzung aller theologischen Sätze ablehnt. Die Notwendigkeit der Kontrolle bezieht sich nach Joest zwar auf sämtliche Denkvollzüge der Dogmatik, die von dieser Voraussetzung ausgehen, nicht aber auf diese Voraussetzung selbst. Die Zustimmung zu ihr gründet er vielmehr auf ein Vertrauen, das nicht, nach Art einer Hypothese, einfach zur Disposition allgemein-wissenschaftlicher Überprüfung gestellt werden kann.

In kritischer Abgrenzung von dieser Position möchte Wolfhart Pannenberg um der Wissenschaftlichkeit und des Wahrheitsanspruchs der Theologie willen die von Joest abgewiesene vom persönlichen Glauben unabhängige Kontrolle *aller* theologischen Aussagen zulassen. Im Sinne seines Glaubensbegriffs (vgl. § 4.3.2) unterscheidet er deshalb die subjektive Glaubens*überzeugung* des Einzelnen vom Wahrheitsanspruch der Glaubens*inhalte*. Dies lässt sich als ein Versuch interpretieren, den in 2.3.1 beschriebenen Zwiespalt zu überwinden. Denn nun kann, ohne dass der Glaubende die Wahrheit seiner Überzeugung „dahingestellt sein ließe", die Frage aufgeworfen werden, ob den Glaubensinhalten auch unabhängig von der Überzeugung des Glaubenden Wahrheit zukommt. Damit gerät allerdings zugleich die „Wahrheit der Gottesbekundung in Christus selbst" (Joest) in den Status einer Hypothese. Ihre Wahrheit wird also nicht von vornherein vorausgesetzt, sondern sie wird in ihrer Strittigkeit reflektiert und soll als plausibel entfaltet werden.

[Es sollte] nicht als sonderbar empfunden werden, wenn sowohl den Aussagen der Dogmatik als auch den Behauptungen der durch sie dargestellten christlichen Lehre wissenschaftstheoretisch der Status der Hypothese zugeschrieben wird. In beiden Fällen handelt es sich um Sätze, die weder selbstevident sind, noch logisch notwendige Folgerungen aus selbstevidenten Sätzen darstellen. Es sind Behauptungen, die formal gesehen entweder wahr oder falsch sein können, bei denen daher sinnvoll gefragt werden kann, ob sie zutreffen, also wahr sind, und deren Wahrheit von Bedingungen abhängt, die nicht mit der Behauptung selber schon gegeben sind. [...] Die Behauptungen sind wahr, wenn ihre Bedingungen zutreffen. Solange Zweifel daran möglich sind, ist ihre Wahrheitsgeltung ‚hypothetisch' im weiteren Sinne dieses Wortes. Damit ist aber nun in keiner Weise gesagt, daß derjenige, der solche Behauptungen ausspricht, ihre Wahrheit dahingestellt sein ließe. Das würde dem Charakter von Glaubensaussagen in der Tat widersprechen. Es wäre auch schon mit der logischen Struktur von Behauptungen überhaupt unvereinbar: Mit der

Aufstellung einer Behauptung wird der Anspruch auf Wahrheit des Gesagten erhoben. Aber es gehört eben deshalb auch zur logischen Struktur von Behauptungen, daß der Hörer oder Leser die Frage aufwerfen kann, ob sie tatsächlich zutreffen [...] Die Ebene der theologischen Reflexion unterscheidet sich von der der Bekenntnisaussagen des Glaubens dadurch, daß auf ihr die Strittigkeit der Glaubensaussagen wie auch der theologischen Sätze und der in ihnen behaupteten Wirklichkeit [...] mitbedacht werden kann.

W. Pannenberg, Systematische Theologie 1, 66–69.

2.3.4 Die Abhängigkeit aller Wissenschaft von vorwissenschaftlichen Gewissheiten – Eilert Herms

Die Positionen von Joest und Pannenberg unterscheiden sich im Blick auf die Frage, ob eine vom Glauben unabhängige Kontrolle theologischer Aussagen möglich ist bzw. angestrebt werden soll. Sofern sich mit dieser Frage die Frage nach der Wissenschaftlichkeit der Theologie verbindet, ist ein bestimmtes Verständnis von Wissenschaft vorausgesetzt: Wissenschaft gilt als religiös-weltanschaulich neutrale Prüfungsinstanz für die Rationalität religiös-weltanschaulicher Positionen.

Im Gegensatz dazu betont der Tübinger Systematiker Eilert Herms (geb. 1940), dass dieses Wissenschaftsverständnis nur für die Antike und die frühe Neuzeit gegolten hat. Das gegenwärtige Verständnis ist dagegen nach Herms von der Einsicht bestimmt, dass Wissenschaft schon deshalb keine neutrale Prüfungsinstanz für religiös-weltanschauliche Positionen sein kann, weil die Kriterien für wissenschaftliche Rationalität stets im Horizont bestimmter religiös-weltanschaulicher Positionen stehen, die dem Menschen unverfügbar vorgegeben sind – ein Sachverhalt, den Herms mit seinem Offenbarungsverständnis verknüpft (vgl. § 3.3). Der traditionelle Gegensatz zwischen der angeblichen Glaubensgebundenheit der Theologie und der beanspruchten Rationalität der Wissenschaft wird im Rahmen dieser Argumentation hinfällig; einen Widerspruch macht die Theologie lediglich dort geltend, wo die Wissenschaft einerseits ihre eigene weltanschauliche Verwurzelung leugnet und andererseits für sich eine privilegierte Weltdeutungskompetenz beansprucht.

Das frühneuzeitliche Verständnis von Wissenschaft lebte wie das antike von der Überzeugung, daß die Wissenschaft *für* den Konstitutionszusammenhang von Handeln und Gewißheit eine begründende Leistung erbringe. Demgegenüber liegt dem heutigen Verständnis von Wissenschaft die Einsicht zugrunde, daß Wissenschaft nur *aus* dem konstitutiven Zusammenhang von Gewißheit und Handeln heraus begriffen werden kann und in seinem Kontext verstanden werden muß. [...]
Aus der Besinnung auf den Konstitutionsprozeß von Wissenschaft und sein Subjekt erfolgt die Einsicht, daß Wissenschaft irgendwelche Leistungen für den Lebenszusammenhang von Gewißheit und Handeln überhaupt nur aufgrund der Tatsache erbringen kann, daß sie zuvor selbst *durch* diesen Lebenszusammenhang [...] konstituiert ist und wirkt. [...]
Der [christliche] Glaube präsentiert sich [...] als der exemplarische Fall von ethisch-orientierender Selbstgewißheit, wie sie jedem Menschen in letztlich unverfügbarer Weise durch die Erfahrung seines eigenen Lebens im Umgang mit traditionellen Lebensdeutungen – und in diesem bestimmten Sinne durch ‚Offenbarung' – zuwächst und als derart vorwissenschaftlich konstituierte das unabdingbare Fundament seiner Handlungsfähigkeit ist. [...] Dieses Glaubens- und das da-

mit verbundene Theologieverständnis] schließt einen entschiedenen Widerspruch gegen das klassische Verständnis von Wissenschaft ein [...], der sich zentral auf den [...] Anspruch der Wissenschaft richtet, die handlungsbefähigende Gewißheit von Personen zu *begründen*, also die Macht zur Bildung, zur Begründung und zur Garantie des Fundamentes von Handlungsfähigkeit, Tüchtigkeit, Tugend zu sein. [...]
[Gegenüber diesem Anspruch] kann Theologie gelassen auf die Tatsache verweisen, daß die Selbstgewißheit der Menschen [...] in den Schichten der vor- und transwissenschaftlichen Selbst- und Lebenserfahrung fundiert ist und reift.
    E. Herms, Das Selbstverständnis der Wissenschaften heute, 359. 376. 382. 385.

📖📖 Die Problematik einer theologischen Enzyklopädie (vgl. 2.1) und die Frage nach der Wissenschaftlichkeit der Theologie (vgl. 2.3) verbinden in je unterschiedlicher Weise:
– F. Mildenberger, Biblische Dogmatik, Band 1, 32–53; W. Pannenberg, Wissenschaftstheorie und Theologie.
Den Einstieg in Pannenbergs umfangreiches Buch erleichtert:
– G. Wenz, Wolfhart Pannenbergs Systematische Theologie, 19–37, bes. 23 ff.

§ 3 Die Offenbarung

Die (christliche) *Religion* (vgl. § 1) ist das Thema der wissenschaftlichen *Theologie* (vgl. § 2) insgesamt, wobei die innerhalb der Systematischen Theologie angesiedelte *Dogmatik* (vgl. Einleitung) über die inhaltlichen Aussagen der christlichen Religion gedanklich Rechenschaft gibt. Als Ursprung jener Inhalte der christlichen Religion gilt eine auf Gott zurückgeführte Bekanntmachung, eine *Offenbarung*. Und weil die von Gott her ergehende Offenbarung das *Fundament* jener religiösen Einsichten darstellt, die in der Dogmatik behandelt werden, ist die Lehre von der Offenbarung ein zentrales Thema der *Fundamental*theologie. Auch die weiteren fundamentaltheologischen Themen hängen von der Offenbarungslehre ab: Der *Glaube* gilt als menschliche Entsprechung zur göttlichen Offenbarung (vgl. § 4) und die *Heilige Schrift* als das Dokument, in dem sich die göttliche Offenbarung in maßgeblicher Weise niedergeschlagen hat (vgl. § 5).

3.1 Das biblische Zeugnis und seine dogmatischen Folgeprobleme

In der Bibel begegnet kein einheitlicher Ausdruck für das theologische Fachwort *Offenbarung*, sondern es ist in vielfältiger Weise von dem der Welt und den Menschen zugewandten Handeln Gottes die Rede. Nach dem Zeugnis des Alten Testaments gibt sich Jahwe als Herr der Geschichte zu erkennen (Dtn 26,5–9), der zunächst nur Israel aus allen Völkern erwählt und mit ihm einen Bund geschlossen hat (Gen 17), dessen Gottheit sich in seinem Geschichtshandeln erweisen wird (Ex 3,14) und der deshalb als der eine und einzige Gott (Dtn 6,4) von seinem Volk in Liebe (Dtn 6,5) anerkannt werden will. Das Alte Testament spricht auch von einer für die Zukunft erwarteten Offenbarung Gottes, die gegenwärtig noch aussteht: In seinem zukünftigen Geschichtshandeln will Jahwe seine Herrlichkeit allen Völkern enthüllen (Jes 40,5) und seine bisher auf Israel beschränkte Heilszuwendung bis an

> **Offenbarung (gr. *apokalypsis*/ lat. revelatio)**
> – Begriff der theologischen Fachsprache (kein einheitlicher Ausdruck in der Bibel).
> – Bezeichnet das der Welt und dem Menschen zugewandte Handeln Gottes.
> – Gottes Handeln manifestiert sich in Schöpfung und Geschichte (Altes Testament) und erreicht in Jesus Christus seinen Höhepunkt (Neues Testament).

das Ende der Erde ausdehnen (Jes 49,6). In der alttestamentlichen Apokalyptik, einer Literaturgattung, die von visionären Enthüllungen über das Ende der Welt geprägt ist, führte dieser Gedanke zur Erwartung einer umfassenden Verwirklichung der Gottesherrschaft nach dem von Gott herbeigeführten Ende der Geschichte.

Nach dem Neuen Testament hat die im Alten Testament eingeleitete Selbstkundgabe Gottes in Jesus Christus ihren unüberbietbaren Höhepunkt erreicht: „Nachdem Gott vorzeiten vielfach und auf vielerlei Weise geredet hat zu den Vätern durch die Propheten,/hat er in diesen letzten Tagen zu uns geredet durch den Sohn, den er eingesetzt hat zum Erben über alles, durch den er auch die Welt gemacht hat" (Hebr 1,1.2). Zahlreiche im Alten Testament formulierte Erwartungen und Verheißungen sah man in Jesus Christus erfüllt (vgl. z. B. Jes 7,14/Mt 1,23; Sach 9,9/Mt 21,5). Nach dem Zeugnis des Neuen Testaments führt deshalb der Weg zu Gottes Heil ausschließlich über Christus (Act 4,12; Joh 14,6). Das definitive Geschick eines jeden Menschen (sein Heil oder Unheil) hängt also davon ab, ob der Mensch vom gläubigen Vertrauen zu Christus bestimmt ist. Dieses Vertrauen richtet sich darauf, dass mit dem Wirken Jesu Christi und seinem Schicksal (Kreuz und Auferstehung) die als zukünftig erwartete umfassende Verwirklichung der Gottesherrschaft schon begonnen hat.

Aus den differenzierten biblischen Zeugnissen zur Selbstkundgabe Gottes, die in der alttestamentlichen Glaubensgeschichte begann und in Christus ihren Höhepunkt erreichte, ergaben sich mehrere dogmatische Folgeprobleme. Das erste dieser Probleme betrifft das *Verhältnis von Altem und Neuem Testament*: Aus neutestamentlich-christlicher Sicht wird, wie gesehen, das alttestamentliche Offenbarungszeugnis als vorlaufende Offenbarung desselben Gottes verstanden, der sich letztgültig in Jesus Christus erschlossen hat. Die historisch-kritische Erforschung der Bibel hat allerdings gezeigt, dass eine Interpretation des Alten Testaments von Christus her der ursprünglichen Aussageabsicht seiner Texte nicht gerecht wird. Das Verhältnis der Christusoffenbarung zum Offenbarungszeugnis des Alten Testament stellt deshalb ein wichtiges Problem dar, das allerdings erst im Rahmen der dogmatischen Lehre von der Heiligen Schrift zu erörtern ist (§ 5; vgl. insbesondere 5.3.1)

Das zweite – im weiteren Verlauf dieses Paragraphen behandelte – dogmatische Folgeproblem betrifft den *Wahrheitsgehalt von Aussagen über Gott, die ohne Bezug auf Christus formuliert sind*. Die Frage lautet: *Ist wahre Gotteserkenntnis auch unabhängig vom Christusglauben möglich?*

Die unterschiedlichen Antworten, die im Laufe der Theologiegeschichte auf die formulierte Frage gegeben worden sind, beruhen zu einem guten Teil auf der Ambivalenz des biblischen Zeugnisses. Denn einerseits gilt nach christlicher Auffassung, dass der Weg zum Heil nur über Christus führt (siehe oben; vgl. nochmals Act 4,12; Joh 14,6).

Aus dieser Feststellung ergab sich sowohl die Behauptung einer Überlegenheit des Christentums gegenüber anderen Religionen (vgl. dazu § 1.2.1) als auch die Bindung der Aussicht auf Heilserlangung an die Zugehörigkeit zur christlichen Kirche (vgl. § 13.2.3).

Andererseits hebt das Neue Testament auch hervor, dass jenen Gottesoffenbarungen Wahrheit zukommt, die dem Volk Israel zuteil geworden sind. Der Gott, der sich in Jesus Christus geoffenbart hat, ist nach Hebr 1 derselbe Gott, der „vorzeiten vielfach und auf vielerlei Weise geredet hat zu den Vätern durch die Propheten". Besonders deutlich wird die positive Anknüpfung des Neuen Testaments an das Glaubenszeugnis Israels durch die Gestalt Abrahams. Obwohl Abraham selbst die Christusoffenbarung nicht empfangen hat, gilt er im Neuen Testament gerade für die Christen als ‚Vater des Glaubens' (vgl. Gal 3; Röm 4). Er gehört zu den herausragenden Glaubenszeugen des Alten Bundes (vgl. Hebr 11), und es heißt von ihm, er sei gemeinsam mit Isaak und Jakob und allen Propheten im Reich Gottes (Lk 13,28). Dass im Neuen Testament für das Christentum exklusive Heilskompetenz beansprucht wird, bedeutet also nicht, dass sich Gott überhaupt erst in Christus geoffenbart hat. Wahre Gotteserkenntnis gab es schon in Israel, und sie bleibt wahr, auch wenn sie durch das Christusgeschehen überboten ist.

Wahrheitsgehalt nichtchristlicher Gottesaussagen?

– Einerseits: Christusglaube gilt als einzige Basis wahrer Gotteslehre.
– Andererseits wird
(1) der Gotteserkenntnis Israels Wahrheit zuerkannt;
(2) eine Selbstkundgabe Gottes auch außerhalb des jüdisch-christlichen Offenbarungsraumes behauptet.

Kann man das, was für die Gotteserkenntnis Israels gilt, auf die Gotteserkenntnis der ‚Heiden' ausweiten? Es gibt einige Stellen im Neuen Testament, die von einer allgemeinen Gottesoffenbarung zu sprechen scheinen, d. h. von einer Selbstkundgabe Gottes nicht nur außerhalb der Christusoffenbarung, sondern auch außerhalb der alttestamentlichen Glaubensgeschichte. Vor allem eine Passage aus dem ersten Kapitel des paulinischen Römerbriefs ist in diesem Zusammenhang von Bedeutung (Röm 1,19–32). Die enorme Wirkungsgeschichte dieses Textes belegt, mit welcher Leidenschaft die Auseinandersetzung um die Möglichkeit einer außerbiblischen Gottesoffenbarung im Verlauf der christlichen Theologiegeschichte geführt worden ist. Paulus stellt hier zweierlei fest:

1. Es gibt eine wahre Offenbarung Gottes, die allen Menschen jederzeit zugänglich ist, die Offenbarung durch die Werke der Schöpfung: „Was man von Gott erkennen kann, ist unter ihnen offenbar; denn Gott hat es ihnen offenbart./Denn Gottes unsichtbares Wesen, seine ewige Kraft und Gottheit, wird seit der Schöpfung der Welt ersehen aus seinen Werken, wenn man sie wahrnimmt" (1,19f). Alle Menschen haben danach eine wirkliche und richtige Erkenntnis Gottes; jeder Mensch ist in der Lage, aus der Schöpfung Gott wahrhaft zu erkennen – auch unabhängig von der Christusoffenbarung.

2. Die Menschen haben aus der tatsächlich vorhandenen Erkenntnis Gottes nicht die Konsequenz gezogen, Gott als Gott anzuerkennen und zu verehren; darin besteht ihre Schuld, aus der sie sich nicht herausreden können: „Obwohl sie von Gott wussten, haben sie ihn nicht als Gott gepriesen noch ihm gedankt, sondern sind dem Nichtigen verfallen in ihren Gedanken, und ihr unverständiges Herz ist verfinstert" (1,21); sie „haben die Herrlichkeit des unvergänglichen Gottes mit einem Bild gleich dem eines vergänglichen Menschen vertauscht" (1,23) und „Gottes Wahrheit in Lüge verkehrt und das Geschöpf verehrt und ihm gedient [...] statt dem Schöpfer" (1,25). Die durch die allgemein zugängliche Schöpfungsoffenbarung Gottes eröffnete Chance zu wahrer Gottesverehrung bleibt vom Menschen ungenutzt. Deshalb ist von Christus her deutlich: Gottes Offenbarung durch die Werke der Schöpfung hat nur die Funktion, die unentschuldbare Sündigkeit des Menschen und sein Angewiesensein auf die in der Christusoffenbarung manifeste Gnade zu verdeutlichen.

Gottes über die Schöpfungswerke vermittelte Selbstkundgabe außerhalb der biblischen Offenbarungsgeschichte wird in der dogmatischen Fachsprache traditionell als *allgemeine* oder *natürliche* Offenbarung bezeichnet (lat. revelatio generalis bzw. naturalis). Die Christusoffenbarung selbst gilt demgegenüber als *besondere* oder *übernatürliche* Offenbarung (lat. revelatio specialis bzw. supernaturalis). Das sich aus der allgemeinen bzw. natürlichen Offenbarung ergebende menschliche Wissen über Gott wird *natürliche* Theologie (lat. theologia naturalis) genannt – im Gegensatz zur *übernatürlichen* oder *geoffenbarten* Theologie (lat. theologia supernaturalis bzw. revelata), der spezifisch christlichen Gotteslehre.

Selbstkundgabe Gottes außerhalb der jüdisch-christlichen Offenbarung?
– Röm 1,19–32;
– Röm 2,12–16;
– Act 14,8–18;
– Act 17,16–34.

Wie die verschiedenen Gestalten menschlicher Gotteserkenntnis außerhalb von Christusoffenbarung und alttestamentlicher Glaubensgeschichte beurteilt wurden, hing in der Theologiegeschichte im Allgemeinen davon ab, welche der beiden von Paulus in Röm 1 getroffenen Feststellungen man stärker betont hat:

– Wo im Sinne von 1. der Akzent auf die Erkennbarkeit Gottes an den Werken der Schöpfung gelegt wurde, behauptete man zugleich eine gewisse Kontinuität zwischen Schöpfungs- und Christusoffenbarung: Die Christusoffenbarung kann an das Wissen über Gott anknüpfen, das nach Paulus alle Menschen immer schon haben. Daraus ergab sich ein *inklusives* (außerbiblische Gottesaussagen einschließendes) Verständnis der Christusoffenbarung.
– Wo dagegen im Sinne von 2. Verkennung, Missachtung und Missbrauch der Schöpfungsoffenbarung durch den Menschen in den Vordergrund gestellt wurden, betonte man die Differenz zur Christusoffenbarung: Da das, was die Menschen unabhängig von Christus über Gott wissen, nach Paulus stets ein falsches und von menschlicher Sünde geprägtes Wissen ist, muss es durch die Christusof-

fenbarung überwunden werden. Daraus ergab sich ein *exklusives* (außerbiblische Gottesaussagen ausschließendes) Verständnis der Christusoffenbarung.

Die nachstehenden Übersichten veranschaulichen die genannten Modelle.

Das inklusive Offenbarungsverständnis

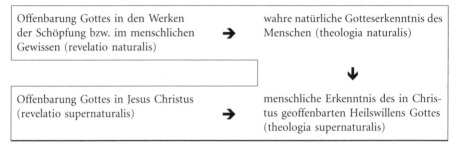

Das exklusive Offenbarungsverständnis

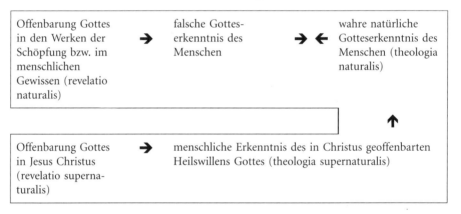

Im Folgenden sollen die beiden skizzierten Auffassungen zu außerbiblischen Gottesaussagen an einigen Beispielen aus der christlichen Theologiegeschichte präzisiert werden.

📖 Hinweise zur Wirkungsgeschichte der genannten Bibelstellen geben:
– U. Wilckens, Der Brief an die Römer, 116–121 (zu Röm 1,18–32); 138–142 (zu Röm 2,12–16);
– R. Pesch, Die Apostelgeschichte, 60f (zu Act 14,8–20); 142–144 (zu Act 17,16–34).

3.2 Inklusives und exklusives Offenbarungsverständnis

3.2.1 Das inklusive Offenbarungsverständnis

Das *frühe Christentum* polemisierte – dem alttestamentlichen Monotheismus konsequent folgend – gegen den Polytheismus und den ‚Götzendienst' der römischen Staatsreligion. Es konnte sich dabei auf die scharfe Kritik des Paulus an der heidnischen Religionswelt in Röm 1 berufen. Auch in Teilen der spätantiken Philosophie (besonders im Neuplatonismus) wurde Kritik am Polytheismus der heidnischen Kulte laut. Diese zwei Stränge der Polytheismus-Kritik – Christentum und spätantike Philosophie – waren freilich keineswegs natürliche Verbündete, sondern lagen auch untereinander in teilweise erbittertem Streit. Allerdings haben die christlichen Theologen der philosophischen Polytheismus-Kritik ihre Achtung nicht verweigert. Vielmehr haben sie der Philosophie die Fähigkeit zuerkannt, durch vernünftiges Denken einen wichtigen Schritt von der Unwahrheit des heidnischen Götzendienstes zur Wahrheit zu vollziehen, in deren Vollbesitz freilich erst die Christen gelangt seien (vgl. zum theologiegeschichtlichen Kontext: 1. Hauptteil, Abschnitt 1.1). Von daher konnte die philosophische Theologie, also eine auf menschlicher Vernunfterkenntnis beruhende Lehre von Gott, als Grundlage christlicher Wahrheitserkenntnis akzeptiert werden. Zwar bleibt sie unvollständig, weil sie lediglich zur Einsicht in die Existenz und Einzigkeit Gottes führt, nicht aber zur Erkenntnis des erst in Christus erschienenen göttlichen Heilswillens – hierfür ist eine übernatürliche Offenbarung notwendig. Gleichwohl kann sie auf den Empfang der übernatürlichen Christusoffenbarung vorbereiten.

Die in der *altkirchlichen Theologie* ausgebildete Auffassung einer (stets begrenzten) Fähigkeit der menschlichen Vernunft zu wahrer Gotteserkenntnis hat das *mittelalterliche Denken* über weite Strecken geprägt. Dagegen hat die *reformatorische Theologie* zunächst die völlige Untauglichkeit rational-philosophischer Gotteserkenntnis für den christlichen Glauben eingeschärft; entsprechend wurde die natürliche Theologie weniger als Station, sondern vielmehr als Hindernis auf dem Weg zur Wahrheit verstanden (vgl. 3.2.2). Bereits die *altprotestantische Orthodoxie* hat allerdings der natürlichen Gotteserkenntnis wieder eine positive Vorbereitungsfunktion für den Offenbarungsglauben zuerkannt (vgl. die Hinweise zu Johannes Musäus im 1. Hauptteil, Abschnitt 4.5). Aufgrund der umfassenden Sündigkeit des natürlichen (nicht begnadeten) Menschen wurde freilich der ‚theologische Wert' natürlicher Gotteserkenntnis geringer veranschlagt als im mittelalterlichen Denken.

Natürliche Theologie als Station auf dem Weg zur Wahrheit

– Judentum, Frühchristentum und Teile der spätantiken Philosophie kritisierten gemeinsam Polytheismus und ‚Götzendienst' der römischen Staatsreligion.
– Die philosophische Theologie des Neuplatonismus diente der altkirchlichen Theologie daher als Anknüpfungspunkt der christlichen Gotteslehre.
– Diesem – auch in der altprotestantischen Orthodoxie rezipierten – Ansatz folgt die römisch-katholische Theologie bis in die Gegenwart.

Die europäische Aufklärung hat, analog zu ihrer Problematisierung des Verhältnisses von natürlicher und positiver Religion, auch über die Zuordnung von natürlicher und übernatürlicher Offenbarung nachgedacht. Im Gegensatz zur mittelalterlichen Theologie, aber auch im Unterschied zur altprotestantischen Orthodoxie tendierte sie dazu, die auf natürlicher Offenbarung beruhende Vernunftreligion den Inhalten der übernatürlichen Offenbarung vorzuordnen: Die für die menschliche Vernunft nachvollziehbare natürliche Offenbarung galt als Grundlage der natürlichen Vernunftreligion; als Basis der positiven Religionen galten dagegen übernatürliche Offenbarungen. Deren Inhalte konnten allerdings nur dann Geltung beanspruchen, wenn sie mit den Grundsätzen der Vernunftreligion vereinbar waren (vgl. § 1.1.2).

In klarer Kontinuität zur altkirchlichen und mittelalterlichen Tradition stand – und steht bis heute – der *römische Katholizismus*. Wichtig ist in diesem Zusammenhang die vom 1. Vatikanischen Konzil am 24. April 1870 verabschiedete Dogmatische Konstitution über den katholischen Glauben „Dei Filius". Darin wurde sowohl die Unterscheidung von natürlicher und übernatürlicher Offenbarung als auch die Behauptung der sicheren Erkennbarkeit Gottes „mit dem natürlichen Licht der menschlichen Vernunft aus den geschaffenen Dingen" zur offiziellen Lehre erhoben und die Gegner dieser Auffassung mit dem ‚Anathema' (Fluch) belegt. Das 2. Vatikanische Konzil hat in seiner Dogmatischen Konstitution über die göttliche Offenbarung „Dei verbum" (verabschiedet am 18. November 1965) die entscheidenden Aussagen zur natürlichen Gotteserkenntnis des Menschen von 1870 wiederholt (im Text sind die Zitate aus „Dei Filius" durch Kursivdruck gekennzeichnet).

Das heilige Konzil bekennt, *daß Gott, der Ursprung und das Ziel aller Dinge, mit dem natürlichen Licht der menschlichen Vernunft aus den geschaffenen Dingen sicher erkannt werden kann* [vgl. Röm 1,20]; doch lehrt es, seiner Offenbarung sei es zuzuschreiben, *daß das, was an den göttlichen Dingen der menschlichen Vernunft an sich nicht unzugänglich ist, auch bei der gegenwärtigen Verfasstheit des Menschengeschlechtes von allen ohne Schwierigkeit, mit sicherer Gewißheit und ohne Beimischung eines Irrtums erkannt werden kann.*

Confitetur Sacra Synodus, *Deum, rerum omnium principium et finem, naturali humanae rationis lumine e rebus creatis certo cognosci posse* [cf. Rm 1,20]; eius vero revelationi tribuendum esse docet, *ut ea, quae in rebus divinis humanae rationi per se impervia non sunt, in praesenti quoque generis humani conditione ab omnibus expedite, firma certitudine et nullo admixto errore cognosci possint.*

2. Vatikanisches Konzil, Konstitution Dei verbum, Kap. 1, Nr. 6 (DH 4206; NR 82);
vgl. Dei Filius, Kap. 2 (DH 3004f. 3026; NR 27–29. 45).

Im zitierten Text wird zunächst unter Hinweis auf Röm 1,20 die Fähigkeit der menschlichen Vernunft zur Erkenntnis Gottes als „Ursprung und [...] Ziel aller Dinge" hervorgehoben. Daraufhin begründet das Konzil, warum diese bereits durch die natürliche Vernunft erkennbaren Wahrheiten von Gott zusätzlich auch durch Offenbarung bekannt gemacht werden. Diese Begründung ist nötig, weil die Lehren von der Einzigkeit Gottes und von Gott als dem Schöpfer der Welt auch in der Bibel überliefert, also nicht ausschließlich der menschlichen Vernunfteinsicht überlassen sind. Als Argument wird angeführt, dass diese Lehren deshalb zusätzlich durch (die biblische) Offenbarung bekannt gemacht werden, weil sie so von der menschlichen Vernunft leichter erfasst werden können: „von allen ohne Schwierigkeit, mit sicherer Gewißheit und ohne Beimischung eines Irrtums". Die Leistungsfähigkeit der menschlichen Vernunft wird demnach durch die göttliche Offenbarung gesteigert. – Diese Auffassung einer Ergänzungsbedürftigkeit der natürlich-menschlichen *Vernunft*einsicht führt dann zur Forderung einer Unterordnung rationaler Gewissheitsansprüche gegenüber den *über*natürlich geoffenbarten *Glaubens*lehren (vgl. § 4.4).

3.2.2 Das exklusive Offenbarungsverständnis

Die reformatorische Theologie hat, wie schon erwähnt, die menschliche Wahrheitsfähigkeit weniger positiv beurteilt als es vielfach in der mittelalterlichen Tradition üblich war und bis heute im römischen Katholizismus der Fall ist. Zwar wurde nie bestritten, dass „Gottes unsichtbares Wesen [...] aus seinen Werken" erkannt werden kann (Röm 1,20) und dass allen Menschen, auch den ‚Heiden', „in ihr Herz geschrieben ist, was das Gesetz fordert, zumal ihr Gewissen es ihnen bezeugt" (Röm 2,15). Die reformatorische Theologie kannte also durchaus den Gedanken einer *Selbstbekundung Gottes* außerhalb der Christusoffenbarung. Aber das aus dieser natürlichen Offenbarung mit Hilfe der Vernunft gewonnene *menschliche Wissen über Gott* wurde, anders als im inklusiven Offenbarungsverständnis, nicht als ein Schritt auf dem Weg von der Unwahrheit zur Wahrheit akzeptiert, sondern galt lediglich als eine andere Variante von Unwahrheit. Gerade Luther hat die philosophische Theologie nicht als Überwindung, sondern nur als eine weitere Spielart des Götzendienstes verstanden.

Natürliche Theologie als Hindernis auf dem Weg zur Wahrheit

– Philosophische Theologie ist keine Überwindung, sondern eine Variante des Götzendienstes.
– Es gibt eine Selbstbekundung Gottes außerhalb der Christusoffenbarung; wegen der menschlichen Sünde ist die rationale Gotteslehre aber ungeeignet als Anknüpfungspunkt für christliche Theologie.

Aus dem Kommentar zu Jon 1,5a:
Und die Schiffsleute fürchteten sich und schrien, ein jeder zu seinem Gott.

So weit reicht das natürliche Licht der Vernunft, dass sie Gott als gütig, gnädig, barmherzig und milde erachtet; das ist ein großes Licht. Aber es fehlt noch an zwei großen Stücken. Erstens: Sie [die Vernunft] glaubt durchaus, dass Gott wissend und mächtig genug ist, an ihr helfend und gebend zu handeln. Aber dass er will bzw. bereit

So weyt reicht das naturlich liecht der vernunfft, das sie Gott fur eynen gütigen, gnedigen, barmhertzigen, milden achtet; das ist eyn gross liecht. Aber es feylet noch an zwey grossen stucken. Das erst, sie gleubt wohl, das Gott solchs vermuge und wisse zuthun, zu helffen und zugeben. Aber das er ist, dieses *an ihr* auch zu tun, das kann sie nicht [glauben]; darum hält sie an ihrer Orientierung [auf Gott] nicht fest. Denn an die Macht glaubt und die Macht erkennt sie, aber am Willen zweifelt sie [...] Zweitens: [...] Sie [die Vernunft] weiß, dass es Gott gibt. Aber wer oder welcher es sei, der richtigerweise Gott heißt, das weiß sie nicht. [...] So spielt auch die Vernunft ‚Blinde Kuh' mit Gott und tut lauter Fehlgriffe und schlägt immer daneben, so dass sie das Gott nennt, was nicht Gott ist und wiederum nicht Gott nennt, was Gott ist. [...] Darum ist es ein ganz großer Unterschied: zu wissen, dass es Gott gibt, und zu wissen, *was* oder *wer* Gott ist. Das erste weiß die Natur, und es ist in alle Herzen geschrieben. Das andere lehrt ausschließlich der Heilige Geist. (Übertragung RL)

wolle oder willig sey, solchs an yhr auch zu thun, das kann sie nicht; darumb bleybt sie nicht feste auff yhrem synn. Denn die macht gleubt sie und kennet sie, aber am willen zweyffelt sie [...] Das ander: [...] Sie [die Vernunft] weys, das Gott ist. Aber wer oder wilcher es sey, der da recht Gott heyst, das weys sie nicht. [...] Also spielt auch die vernunfft der blinden kue mit Gott und thut eytel feyl griffe und schlecht ymer neben hin, das sie das Gott heysst das nicht Gott ist, und widderumb nicht Gott heysst das Gott ist [...] Darumb ists gar eyn gros unterscheyd, wissen, das eyn Gott ist, und wissen, was odder wer Gott ist. Das erste weys die natur und ist ynn allen hertzen geschrieben. Das ander leret alleine der heylige geyst.

M. Luther, Der Prophet Jona
(WA 19, 206,12–18.31–33; 207,3–13).

Das natürliche Licht der Vernunft befähigt den Menschen zwar zu wahren Aussagen über das Sein und z. T. auch über das Wesen Gottes, aber ohne den (durch Christus vermittelten) Heiligen Geist ist eine von echtem Vertrauen getragene Beziehung zu Gott nicht möglich. Bei dem Versuch, von sich aus eine Beziehung zu Gott herzustellen, versagt die menschliche Vernunft, weil sie von der Sünde ergriffen ist (vgl. zum reformatorischen Sündenverständnis § 9.2); sie spielt „Blindekuh mit Gott", d. h. sie ‚identifiziert' stets das Falsche als Gott.

Worin aber besteht der Unterschied zwischen dem vom Menschen mit Hilfe der Vernunft konstruierten und dem durch den Heiligen Geist gelehrten in Christus offenbar gewordenen Gott? Nach Luther führt das durch natürliches Wissen erworbene Gottesbild den Menschen dazu, auf seine eigenen guten Handlungen zu setzen, die er als belohnungswürdige Verdienste vor Gott bringen will: Für gute Taten wird der Mensch belohnt, für böse Taten wird er bestraft. Dagegen hat Luther in seiner Rechtfertigungslehre die Unabhängigkeit der Gnade Gottes von menschlichen Werken und Verdiensten betont und einen direkten Zusammenhang zwischen der natürlichen Gotteserkenntnis (im Sinne von Röm 1,20) und jener ‚Werkgerechtigkeit' hergestellt, gegen die er sich mit seiner Rechtfertigungslehre gewendet hat (vgl. § 11.2.2).

Aus dem Kommentar zu Jon 1,5a:
Und die Schiffsleute fürchteten sich und schrien, ein jeder zu seinem Gott.

Die Papstanhänger und Geistlichen [...] haben eine solche Wahnvorstellung von Gott, dass sie meinen, Gott sei jemand, der sich mit guten Werken bewegen und zufrieden stellen lässt.

Die papisten und geystlichen [...] haben solchen wahn von Gott, das sie meynen, Gott sey eyn solcher, der sich lasse mit guten wercken bewegen odder benügen. [Dage-

[Dagegen gilt nach Luther:] der rechte, einzige, wahrhaftige Gott ist der, dem man nicht mit Werken, sondern aus reinem Herzen mit rechtem Glauben dient, der seine Gnade und seine Güter ganz umsonst ohne Werk und Verdienst gibt und schenkt; das glauben sie nicht. Darum kennen sie ihn auch nicht und liegen zwangsläufig falsch und schlagen daneben. (Übertragung RL)

gen gilt nach Luther:] der rechte, eynige, warhafftiger Gott ist der, dem man nicht mit wercken sondern mit rechtem glauben von reynem hertzen dienet, der seyne gnade und güter lauter umbsonst on werck und verdienst gibt und schenckt; das gleuben sie nicht. Darumb kennen sie yhn auch nicht und mussen feylen und neben hin schlahen.
M. Luther, Der Prophet Jona
(WA 19, 207,14–16.26–30).

Die *lutherische Theologie im 20. Jahrhundert* hat an das reformatorische Erbe unterschiedlich angeknüpft. Einerseits ging es ihr stets darum, den exklusiven Charakter der Christusoffenbarung hervorzuheben: Sie stigmatisierte die natürliche Gotteserkenntnis des Menschen als Resultat seiner sündhaften Abwendung vom wahren Gott. Andererseits wurde sowohl in Anknüpfung an das Neue Testament und unter Berufung auf Luther als auch in Abgrenzung von der Theologie Karl Barths (vgl. 3.3.3) daran festgehalten, dass es sich bei der durch die Sünde pervertierten natürlichen Gotteserkenntnis *des Menschen* doch um die Perversion einer Selbstbekundung *Gottes* handelt. Sonst könnte der Mensch, wenn sich ihm die Wahrheit der Christusoffenbarung erschlossen hat, seine vormalige natürliche Gotteserkenntnis gar nicht als Resultat einer Abwendung von Gott verstehen. Um dieses Doppelanliegen zu wahren, hat Paul Althaus den Begriff der *Ur-Offenbarung* eingeführt.

Wir nennen die Selbstbezeugung Gottes vor und außer Christus, von der die Heilige Schrift zeugt und welche die alte Dogmatik als ‚allgemeine Offenbarung' bezeichnete, ‚Ur-Offenbarung'. [...] Die theologische Notwendigkeit, Ur-Offenbarung zu lehren, hat ihren Grund darin, daß die heilsgeschichtliche Offenbarung sich überall auf Ur-Offenbarung bezieht. [...] Die Ur-Offenbarung wird von der sündigen Menschheit im Empfangen überall verkannt und entstellt. Erst im Lichte des biblischen Zeugnisses von Gott wird sie wieder klar und rein erkannt. Aber was in diesem Lichte gesehen wird, ist das Licht Gottes, das in der Wirklichkeit unseres Lebens von jeher leuchtet. [...] Der Begriff der natürlichen Theologie [...] bezeichnet die dem natürlichen Menschen trotz seiner Sünde auf Grund der Ur-Offenbarung kraft der relativ unversehrten Vernunft mögliche Erkenntnis Gottes. [...] Daher meint er das, was wir als Ur-Offenbarung lehren, auch als wirkliche Gotteserkenntnis des Menschen behaupten zu können. Uns Evangelischen ist das durch die Erkenntnis von der völligen Sündhaftigkeit des Menschen verboten [...] Wir haben in der Lehre von der Ur-Offenbarung von der Selbstbezeugung Gottes an den Menschen geredet, aber nicht von dem, was der Mensch daraus macht [...] Die Gotteserkenntnis des natürlichen Menschen, die an der Ur-Offenbarung entsteht, ist als seine, des Sünders, Erkenntnis niemals neutral. [...] Das Vernehmen der Ur-Offenbarung ist immer schon entweder zum Götzendienste und selbstgemachter Heilslehre entstellt oder es ist erfüllt im Glauben an das Evangelium.
P. Althaus, Grundriß der Dogmatik, 19.23.29f (§§ 3–5).

3.2.3 Die Ablehnung aller ‚natürlichen Theologie' bei Karl Barth

Die bisher skizzierten Positionen gehen gemeinsam davon aus, dass es eine Selbstkundgabe Gottes außerhalb der Christusoffenbarung gibt, die vom Menschen – wie verfälscht und verzerrt auch immer – an den Werken der Schöpfung (Röm 1) und/ oder im Zeugnis des menschlichen Gewissens (Röm 2) wahrgenommen wird. Dagegen hat Karl Barth, analog zu seiner Charakterisierung der Religion als Unglauben (vgl. § 1.2.2), mit größter Konsequenz die Auffassung vertreten, dass sich Gott *ausschließlich in Christus* geoffenbart hat und dass es neben Christus keine weitere Offenbarungsquelle gebe. Ein unabhängig von der Christusoffenbarung gewonnenes Wissen des Menschen über Gott, eine ‚natürliche Theologie', ist deshalb nach Barth prinzipiell unmöglich, und wo eine solche Möglichkeit dennoch behauptet wird, verfehlt die Theologie zwangsläufig ihren eigentlichen Gegenstand und macht sich zum Anwalt des von Gott vollständig abgekehrten Menschen (diesem Ansatz entspricht die ausschließlich christologische Orientierung der Anthropologie Barths; vgl. § 9.3.1).

Natürliche Theologie ist die Lehre von einer auch ohne Gottes Offenbarung in Jesus Christus bestehenden Gottverbundenheit des Menschen; sie entwickelt die aufgrund dieser selbständigen Gottverbundenheit mögliche und wirkliche Gotteserkenntnis und deren Konsequenzen für das ganze Verhältnis von Gott, Welt und Mensch. Das ist ein im Bereich des Menschen als solchen [...] notwendiges Unternehmen. Dieser Bereich (was auch von seinem Charakter als Wirklichkeit oder Illusion zu denken sei) entsteht und besteht, indem sich der Mensch Gott gegenüber auf sich selbst, damit aber, indem ihm Gott in Wahrheit jetzt unerkennbar wird, sich faktisch Gott gleich stellt. Gott wird ihm, der sich seiner Gnade entzogen hat, zum Inbegriff dessen, was er selbst als das Höchste suchen, wählen, schaffen und sein kann. Eben darüber gibt er sich in der natürlichen Theologie Rechenschaft. Er muß das tun, weil eben das die Selbstauslegung und Selbstrechtfertigung des Seins des Menschen in diesem Bereiche ist.
[Aus christlicher Sicht aber gilt:] Der Mensch findet sich selbst in Jesus Christus und allein in ihm. Wie er auch Gott in Jesus Christus und allein in ihm findet. Menschsein und Menschheit an sich und für sich, als selbständige Träger selbständiger Prädikate, sind durch die Offenbarung Jesu Christi zu einer Abstraktion geworden, die nur noch zum Verschwinden bestimmt sein kann. [...] es gibt keinen selbständigen Menschen als solchen. Es gibt nur den Menschen, für den Jesus Christus gestorben und auferstanden ist, dessen Sache er in seine Hände genommen hat.
[Daraus folgt dann,] daß die christliche Verkündigung für das Angebot der natürlichen Theologie, wie es auch lauten möge, *keine Verwendung* habe. [...] Darum nicht, weil sie durch die Aufgabe der wahren Explikation der wahren Existenz des Menschen in Jesus Christus so vollständig in Anspruch genommen ist, daß sie für die natürliche Theologie als die Selbstexplikation des Menschen als solchen schlechterdings keinen Raum und keine Zeit hat.
K. Barth, Kirchliche Dogmatik II/1, 189. 167. 188 (§ 26,2).

Anknüpfend an die Übersichten zum inklusiven und exklusiven Offenbarungsbegriff ließe sich das Offenbarungsverständnis bei Karl Barth so darstellen:

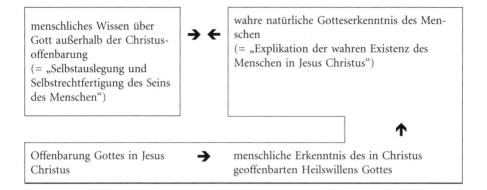

Die Besonderheit von Barths Offenbarungsverständnis gegenüber den in 3.2.1 und 3.2.2 vorgestellten Ansätzen besteht darin, dass die Wirklichkeit des von der Christusoffenbarung nicht ergriffenen „Menschen als solchen" für theologisch völlig unerheblich erklärt wird. Was von Christus her über Gott und den Menschen zu sagen ist, kann sich auf das, was der Mensch außerhalb der Christusoffenbarung über Gott weiß oder zu wissen meint, weder zustimmend noch ablehnend beziehen. Denn die natürliche Theologie wurzelt überhaupt nicht in göttlicher Offenbarung. Sie entwirft kein wahres oder falsches Wissen von *Gott*, sondern ist nur ein Ausdruck der „Selbstauslegung und Selbstrechtfertigung des Seins des *Menschen*". Sie gilt als Produkt jenes „selbständigen Menschen als solche[m]", der „durch die Offenbarung Jesu Christi zu einer Abstraktion geworden" ist. Deshalb muss das vermeintliche menschliche Wissen über Gott außerhalb der Christusoffenbarung preisgegeben und durch eine vom Christusglauben geprägte „Explikation der wahren Existenz des Menschen in Jesus Christus" ersetzt werden.

> Die von Karl Barth mit äußerster Entschiedenheit vorgetragene Ablehnung aller ‚natürlichen Theologie' stand sowohl im Horizont der durch die Erfahrung des 1. Weltkriegs bedingten Krise des Kulturprotestantismus als auch im Zusammenhang mit den Sympathien der deutsch-christlichen Theologie für den Nationalsozialismus. Ihren wirkungsvollsten Ausdruck hat diese Ablehnung in der „Barmer Theologische[n] Erklärung" von 1934 gefunden (vgl. zum theologiegeschichtlichen Kontext: 1. Hauptteil, Abschnitt 6.2), deren Christozentrismus zugleich eine Absage an die traditionelle lutherische Unterscheidung von Gesetz und Evangelium bedeutete (vgl. § 12.1.3).

Allerdings konnte Barth trotz seines schroff christozentrischen Offenbarungsverständnisses auch nichtchristlichen Lebens- und Weltdeutungen einen positiven theologischen Sinn abgewinnen; gerade die Christologie hat ihm einen inklusiven Zugang zu außerchristlicher Wahrheitserkenntnis ermöglicht: Weil der in Christus Fleisch gewordene Gott wirklich der Herr der *gesamten* Welt als seiner Schöpfung ist, kann es in der Welt gar keinen Raum geben, der dem Zugriff durch Christus verschlossen wäre. Es ist ihm deshalb zuzutrauen, dass er auch im Bereich „der

Natürliche Theologie als Ausdruck menschlicher Selbstrechtfertigung (K. Barth)

– KD II/1, 1940 (§ 26): Außerhalb der Christusoffenbarung gewonnenes Wissen von Gott ist ein theologisch unerheblicher Ausdruck menschlicher Selbstrechtfertigung.
– KD IV/3, 1959 (§ 69): Auch außerhalb des Christentums kann es Zeugen für die Wahrheit Christi geben (‚Lichterlehre').

schlechthinnigen Gottlosigkeit" Menschen zu Zeugen seiner Wahrheit macht – und sei es ohne deren Wissen. Über die Einschärfung der *Möglichkeit* Gottes, auch außerhalb des kirchlich verfassten Christentums „wahre Worte" hervorzubringen, geht Barth allerdings nicht hinaus; d. h. er verzichtet bewusst auf die Behandlung konkreter Beispiele.

Daß Jesus Christus das eine Wort Gottes ist, heißt nicht, daß es nicht – in der Bibel, in der Kirche und in der Welt – auch *andere*, in ihrer Weise auch bemerkenswerte Worte – andere, in ihrer Weise auch helle Lichter – andere, in ihrer Weise auch reale Offenbarungen gebe. [...] Wir müssen uns darüber erklären, was es im Verhältnis zu dem einen Wort Gottes, das Jesus Christus heißt, mit all den *anderen* Worten auf sich hat, die [...] dennoch *wahre* Worte sind.
[... Diese wahren Worte wurzeln] in dem Vermögen *Jesu Christi*, [...] *Menschen* in seinen Dienst zu nehmen, zu diesem Dienst zu befähigen und in diesem Dienst reden zu lassen, denen das eigene Vermögen dazu ganz und gar *abgeht*. [...] Es gibt in der von Gott in Jesus Christus versöhnten Welt keine von ihm sich selbst überlassene, keine seiner Verfügung entzogene Profanität, auch da nicht, wo sie sich, menschlich gesehen und geredet, der Reinheit, der Absolutheit, der schlechthinnigen Gottlosigkeit in der gefährlichsten Weise zu nähern scheint.
K. Barth, Kirchliche Dogmatik IV/3, 107. 122. 132 f (§ 69,2).

📖 Einen guten Überblick zu den bis hierher behandelten Problemen – und teilweise darüber hinaus – bietet:
– W. Joest, Fundamentaltheologie, 27–101 (§§ 2–4).

📖 Die Geschichte des Begriffs ‚Natürliche Theologie' ist dargestellt bei:
– H.-J. Birkner, Natürliche Theologie und Offenbarungstheologie.

✍ Vergleichen Sie den Umgang von Barth und Althaus mit den einschlägigen biblischen Belegstellen für eine natürliche Theologie (3.1); lesen Sie dazu:
– K. Barth, Kirchliche Dogmatik II/1, 107–139 (§ 26,1);
– P. Althaus, Die Christliche Wahrheit, 37–50 (§ 4), bes. 38–41.

✍ Setzen Sie sich mit Barths sog. ‚Lichterlehre' genauer auseinander anhand von:
– K. Barth, Kirchliche Dogmatik IV/3, 122–188 (§ 69,2).

📖 Eine aktualisierende Behandlung der Lichterlehre Barths bietet:
– Th. Gundlach, Kulturprotestantismus nach Karl Barth.

3.3 Schleiermachers Transformation des Offenbarungsbegriffs und ihre Bedeutung für die Gegenwartstheologie

Die von Karl Barth mit äußerster Entschiedenheit vorgetragene Ablehnung aller ‚natürlichen Theologie' stand, wie erwähnt, sowohl im Horizont der durch die Erfahrung des 1. Weltkriegs bedingten Krise des Kulturprotestantismus als auch im Zusammenhang mit den Sympathien der deutsch-christlichen Theologie für den Nationalsozialismus. Die Theologie der Deutschen Christen galt ihm dabei als folgerichtige Konsequenz einer mit dem Pietismus beginnenden Entwicklung, innerhalb derer die Bedeutung der menschlichen Subjektivität für den christlichen Glauben immer stärker betont und, so Barth, der christliche Glaube auf die subjektiven Bedürfnissen und Interessen des Menschen hin zurechtgestutzt wurde (vgl. zum theologiegeschichtlichen Kontext: 1. Hauptteil, Abschnitt 6.2). Schleiermacher wurde nun von Barth als bedeutendster Vertreter dieser Entwicklung identifiziert. Barths Absage an diese Tradition musste sich deshalb als Grundsatzkritik eben jenes Begriffs artikulieren, den Schleiermacher ins Zentrum seiner Theologie gestellt hatte; gemeint ist der Begriff der (menschlichen) *Religion* (vgl. § 1.1.3), die Barth im Namen der (göttlichen) Offenbarung als „Angelegenheit des *gottlosen* Menschen" diskreditierte. Allerdings hat Barth letztlich doch nicht ganz auf die Einbindung des Religionsbegriffs in seinen offenbarungstheologischen Ansatz verzichtet (vgl. § 1.2.2); ebenso hat sich auch Schleiermacher in seinem religionstheologischen Entwurf mit dem Offenbarungsbegriff auseinandergesetzt – und ihn dabei einer bedeutsamen Transformation unterzogen.

Den Hintergrund von Schleiermachers Zugang zum Offenbarungsbegriff bildet die durch die Aufklärung vollzogene Neuordnung des Verhältnisses von natürlicher und übernatürlicher Offenbarung (analog zur Problematisierung des Verhältnisses von natürlicher und positiver Religion; vgl. § 1.1.2).

Traditionell galt die – für die menschliche Vernunft nachvollziehbare – natürliche Offenbarung als Grundlage der natürlichen (Vernunft-)Religion. Die übernatürliche Offenbarung galt dagegen als Basis der positiven Religion; zu ihren Inhalten wurden theologische Aussagen gezählt, die über die menschliche Vernunftkapazität hinausgingen und deshalb im Glauben anzunehmen waren (wie z. B. die christliche Trinitätslehre; vgl. § 7) und/oder deren Geltung auf einen bestimmten Kulturkreis beschränkt war (wie z. B. die jüdische Opfergesetzgebung). Im Gegensatz zur mittelalterlichen Theologie, aber auch im Unterschied zur altprotestantischen Orthodoxie tendierte die Aufklärung dazu, die auf natürlicher Offenbarung beruhende Vernunftreligion den Inhalten der übernatürlichen Offenbarung vorzuordnen. Dies konnte aber in unterschiedlicher Weise geschehen. So hat etwa John Locke die (übernatürliche) Offenbarung als grundsätzlich unvermeidbaren Katalysator für die Durchsetzung der natürlichen Vernunftreligion betrachtet (vgl. § 1.1.2); dagegen hat z. B. Immanuel Kant die (übernatürliche) Offenbarung als nur historisch notwendiges, prinzipiell aber entbehrliches Hilfsmittel zur Realisierung des Vernunftglaubens eingestuft (vgl. § 4.3.1).

Offenbarung bei Schleiermacher

– Hintergrund: Neuordnung des Verhältnisses von natürlicher und übernatürlicher Offenbarung in der Aufklärung.
– Schleiermacher: Ausweitung des Offenbarungsbegriffs auf eine Pluralität religiöser Perspektiven.
– Perspektivität menschlicher Gotteserkenntnis verhindert exklusiven Wahrheitsanspruch.

Auf die in der Aufklärung vollzogene Neuordnung des Verhältnisses von natürlicher und übernatürlicher Offenbarung hatte bereits Johann Georg Hamann (1730–1788) durch seine Kritik an Kants Vernunftverständnis reagiert. Die damit verbundene Rehabilitierung des Begriffs der Offenbarung wurde durch Friedrich Heinrich Jacobi (1743–1819) weitergeführt.

Offenbarung bedeutet [nach Jacobi] nicht länger Mitteilung suprarationaler Kenntnisse, [...] [sondern] jenes ursprüngliche Erschließungsgeschehen, das allem Begreifen und Tun insofern vorausgeht, als dadurch Denken und Handeln allererst für sich erschlossen werden. [...] Es ist die Offenbarung, welche jenen Horizont eröffnet, innerhalb dessen Denken und Handeln vernünftig ihre Ziele verfolgen können.

G. Wenz, Offenbarung, 30 f.

Den skizzierten Ansatz Jacobis hat der frühe Schleiermacher dadurch aufgenommen, dass er das passive Erleben, das für das religiöse Gefühl konstitutiv ist, als Resultat einer Offenbarung bestimmt hat: Das Universum „*offenbart* sich uns jeden Augenblick" (im Kontext zitiert in § 1.1.3). Die damit angebahnte *Ausweitung des Offenbarungsbegriffs auf eine Pluralität religiöser Perspektiven* liegt auf einer anderen Ebene als die bisher behandelten Auffassungen, nach denen alle unabhängig von Christus formulierten Gottesaussagen durch die Christusoffenbarung entweder überboten (vgl. 3.2.1) oder kritisiert (vgl. 3.2.2) bzw. als theologisch unerheblich betrachtet werden (vgl. 3.2.3).

Das damit angebahnte Verständnis von Offenbarung als etwas, das mehreren oder gar allen Religionen gemeinsam ist, begegnet auch in den Lehnsätzen aus der Religionsphilosophie in der Einleitung zu Schleiermachers „Glaubenslehre": Offenbarung wird bestimmt als die aus früheren geschichtlichen Zusammenhängen nicht ableitbare und auf Gott zurückgeführte „Ursprünglichkeit" jener „Thatsache", die „einer religiösen Gemeinschaft zum Grunde" liegt. Einen exklusiven Wahrheitsanspruch bezüglich der ihr zugrunde liegenden Offenbarung kann freilich, wegen der unhintergehbaren Perspektivität menschlicher Gotteserkenntnis, nach Schleiermacher keine religiöse Gemeinschaft für sich geltend machen.

Dass, im Unterschied zu den Reden „Über die Religion", die Offenbarung hier nicht mehr auf den Einzelnen, sondern auf eine *religiöse Gemeinschaft* bezogen und überdies nicht mehr auf das Universum, sondern auf die einer solchen Gemeinschaft zugrunde liegende *Tatsache* zurückgeführt wird, hängt damit zusammen, dass Schleiermacher in der „Glaubenslehre" die christliche *Kirche* mit *Christus* als ihrem Ursprung vor Augen hatte.

[Man kann sagen,] der Begriff [der Offenbarung] bezeichne die Ursprünglichkeit der einer religiösen Gemeinschaft zum Grunde liegenden Thatsache, insofern sie als den individuellen Gehalt der in der Gemeinschaft vorkommenden frommen Erregungen bedingend selbst nicht wieder aus dem früheren geschichtlichen Zusammenhang zu begreifen ist. Daß nun hier in dem ursprünglichen eine göttliche Causalität gesetzt ist, bedarf keiner weiteren Erörterung.

F. Schleiermacher, Der christliche Glaube, Band 1, 70: § 10. Zusaz
(KGA I 13,1, 90,9–15).

Endlich wird auch dieses noch hinzuzufügen sein, daß wenn eine Glaubensweise die Anwendung, welche sie von dem Begriff [der Offenbarung] macht, geltend machen will gegen die übrigen, sie dies keineswegs durchführen könne vermittelst der Behauptung, daß ihre göttliche Mittheilung reine und ganze Wahrheit sei, die andern aber falsches enthalten. Denn zur vollkommenen Wahrheit würde gehören, daß Gott sich kund machte, wie er an und für sich ist; [...] Eine Kundmachung Gottes, die an und in uns wirksam sein soll, kann nur Gott in seinem Verhältniß zu uns aussagen; und dieß ist nicht eine untermenschliche Unwissenheit über Gott, sondern das Wesen der menschlichen Beschränktheit in Beziehung auf ihn.

AaO, 73 (KGA I 13,1, 92,17–23; 92,29–93,1).

Schleiermachers Transformation des Offenbarungsbegriffs gehört nicht nur in die Vorgeschichte der innerchristlichen Problematisierung des christlichen Absolutheitsanspruchs (vgl. § 1.2.1); sie inspiriert überdies das Offenbarungsverständnis zeitgenössischer Theologen. So versteht z. B. Eilert Herms Offenbarung nicht als eine ausschließlich christlich-theologische Kategorie. Sondern er erblickt darin ein passiv erlebtes *Erschließungsgeschehen*, das menschliche Gewissheiten und Handlungsoptionen allererst begründet. Einen spezifisch religiösen Charakter erhält ein solches Erschließungsgeschehen dadurch, dass das darin begründete *Gegebensein* menschlicher Gewissheiten und Handlungsoptionen in deren *Inhalt* aufgenommen wird. – Diese nach Herms' Selbstverständnis an Schleiermacher orientierte Deutung des Offenbarungsbegriffs bestimmt sein Verständnis von christlicher Dogmatik insgesamt und wirkt sich namentlich auf seine Bestimmung des Wissenschaftscharakters der Theologie aus (vgl. § 2.3.3).

Religion ist das Innewerden und der Umgang des Menschen mit der Tatsache, daß seine Macht, etwas in der Welt zu bewirken, nur existiert als eine ihm gewährte, von ihm völlig passiv empfangene begrenzte Anteilhabe an der uns schlechthin überlegenen weltschöpferischen Macht über alle Wirklichkeit. [...]
Als ‚Offenbarung' bezeichnen wir umgangssprachlich [...] das Zustandekommen des Wirklichkeitsbezuges von welthaftem Personsein, wie es sich in all denjenigen Erschließungsvorgängen vollzieht, in die sich Personen schlechthin einbezogen erleben.
Als ‚religiöse Offenbarungen' bezeichnen wir diejenigen – ebenfalls rein passiv erlebten – Erschließungsvorgänge, in denen eben der Sachverhalt dieses schlechthin passiven Zustandekommens des Spielraums menschlicher Handlungsmöglichkeiten [...] selbst erschlossen wird und in denen somit der spezifische Sach- und Wirklichkeitsbezug einer religiösen Gestalt menschlichen Lebens zustande kommt. Als ‚religiöse Offenbarung' bezeichnen wir also eine Klasse von Erschließungsvorgängen, die [...] durch einen ganz spezifischen Inhalt ausgezeichnet sind (nämlich: die passive Teilhabe menschlicher Macht an der überlegenen Ursprungsmacht).

E. Herms, Offenbarung, 180. 182.

📖 Über Schleiermachers Offenbarungsverständnis (und seine Bedeutung für den interreligiösen Dialog) informieren:
 – H.-J. Birkner, ‚Offenbarung' in Schleiermachers Glaubenslehre;
 – A. von Scheliha, Der Islam im Kontext der christlichen Religion, 59–66.

✍ Nehmen Sie das von Herms' Offenbarungsbegriff geprägte Dogmatik-Verständnis zur Kenntnis; ziehen Sie dazu heran:
 – E. Herms, Dogmatik (RGG⁴ 2).

§ 4 Der Glaube

Nach christlicher Auffassung hat sich Gott in Jesus Christus dem Menschen in endgültiger Weise geoffenbart. Innerhalb einer Darstellung christlicher Dogmatik gehört deshalb der Glaube – verstanden als *menschliche Entsprechung zur göttlichen Offenbarung* (vgl. § 3) – vorrangig in die Soteriologie; damit ist die Lehre von der – durch den Heiligen Geist bewirkten – *Heilsaneignung durch den Menschen* gemeint (vgl. § 11). Zu einem Thema der Fundamentaltheologie wurde die Lehre vom Glauben vor allem aus zwei Gründen:
– Die theologischen Auseinandersetzungen der *Reformationszeit* haben auch im Glaubensverständnis konfessionelle Differenzen deutlich gemacht, so dass die Klärung des Glaubensbegriffs vielfach der materialen Entfaltung der christlichen Glaubensinhalte vorangestellt wurde (vgl. 4.2).
– Im Verlauf der Geschichte des neuzeitlichen Denkens, namentlich infolge der *Aufklärung*, kam es – analog zur rationalen Kritik des überlieferten Offenbarungsverständnisses (vgl. § 3.3) – zur Problematisierung der Vernünftigkeit des (christlichen) Glaubens. Die Frage, wie sich der christliche Glaube zur menschlichen Vernunft verhält, ist dadurch zu einem Thema der Fundamentaltheologie geworden (vgl. 4.3).

4.1 Vorbemerkungen

Das Nomen *Glaube* und das dazugehörige Verb *glauben* werden im Deutschen in ganz verschiedenen Zusammenhängen verwendet. Dabei lassen sich zunächst zwei Grundbedeutungen erkennen:

1. Wenn jemand glaubt, er habe eine Tür geschlossen, es aber nicht sicher weiß, weil er sich nicht genau erinnert, dann wird *glauben* im Sinne von *nicht genau wissen* verwendet; Glaube ist danach *ein defizienter Wissensmodus*. Entscheidend für die Zuverlässigkeit des so Geglaubten ist die Frage, ob und wie der Glaube in Wissen überführt werden kann, d. h. inwieweit der geglaubte Sachverhalt einer Überprüfung zugänglich ist.

2. Wenn dagegen jemand an die unbedingte Zuverlässigkeit eines anderen Menschen glaubt, dann bedeutet *glauben* das Vertrauen in die Zuverlässigkeit eines Gegenüber; Glaube bezeichnet hier ein *personales Vertrauensverhältnis*, wobei entscheidend ist, dass diese Zuverlässigkeit einer Überprüfung zunächst nicht zugänglich ist.

Es ist vor allem die unter 2. genannte Grundbedeutung, die in zahlreichen biblischen Zusammenhängen begegnet und deshalb auch den theologischen Glaubensbegriff prägt. Dass Abraham als ‚Vater des Glaubens' gilt, darauf ist schon hingewiesen worden (vgl. § 3.1). Als zentraler Beleg dafür gilt die von Paulus mehrfach zitierte Aussage „Abram glaubte dem HERRN, und das rechnete er ihm zur Gerechtigkeit an" (Gen 15,6; vgl. Röm 4,3.9; Gal 3,6). Aus dem Zusammenhang von Gen 15 ergibt sich, dass der Glaube Abra(ha)ms darin besteht, dass er auf die Zuverlässigkeit Gottes bezüglich seiner in Gen 12,1–3 (vgl. 13,14–18) ausgesprochenen Verheißungen vertraut. Diese Zuverlässigkeit sollte sich freilich erst zukünftig erweisen; gemessen an dem, was man normalerweise erwarten würde, muss man den Glauben Abrahams sogar als irrational beurteilen, denn dass sich Gottes Versprechen einer zahlreichen Nachkommenschaft erfüllen würde, war angesichts der bisherigen Kinderlosigkeit von Sarai/Sara sowie ihres schon sehr hohen Alters alles andere als wahrscheinlich (vgl. Gen 18,10–13).

Auch in Jes 7,9, wo der Prophet König Ahas in bedrohter Lage zum Glauben aufruft („Glaubt ihr nicht, so bleibt ihr nicht"), wird ‚glauben' als ein *Festhalten am Vertrauen in die Zuverlässigkeit Gottes* verstanden, ein Vertrauen, das durch eine akute Bedrohungssituation erschüttert ist und zu welchem deshalb neu aufgerufen werden muss (vgl. auch Jes 28,16: „Wer glaubt, der flieht nicht").

> **Glaube/glauben in der Bibel (I)**
> – In Bezug auf Gott fast durchgängig als personales Vertrauensverhältnis beschrieben.
> – Grundlage: Erfahrungen der Zuverlässigkeit Gottes (Ex 14,31).
> – Glaube kann auch gegen alle Wahrscheinlichkeit stehen (Gen 15,6).

Allerdings ist dieser vertrauende Glaube an die Zuverlässigkeit Gottes in der Bibel nicht immer ein Glaube gegen alle Wahrscheinlichkeit, sondern kann sich auch auf bestimmte Erfahrungen stützen. So ist in Ex 14,31 vom Glauben Israels als Reaktion auf die erfahrene Rettung die Rede, wobei der Glaube hier auch auf Mose als den bevollmächtigten Boten Gottes ausgedehnt wird: „So sah Israel die mächtige Hand, mit der der HERR an den Ägyptern gehandelt hatte. Und das Volk fürchtete den HERRN, und sie glaubten ihm und seinem Knecht Mose."

Im Neuen Testament ist wesentlich häufiger vom Glauben die Rede als im Alten Testament. ‚Glaube' bezeichnet hier zunächst das sich aus der Begegnung mit Jesus ergebende neue Verhältnis zwischen Mensch und Gott. Jesu Zuwendung zu den Menschen wird in den synoptischen Evangelien als das Nahekommen Gottes beschrieben. In der Einzelbegegnung gewinnt Jesus den Menschen ein Zutrauen ab, das dem für Gen 15,6 festgestellten Vertrauen in die Zuverlässigkeit des göttlichen Gegenüber entspricht. Als herausragendes Beispiel dafür kann der (heidnische) Hauptmann von Kapernaum gelten, dessen Vertrauen in die Vollmacht Jesu („sprich nur ein Wort, so wird mein Knecht gesund"; Mt 8,8) dieser mit den Worten kommentiert: „Solchen Glauben habe ich in Israel bei keinem gefunden!" (8,10). Von Bedeutung ist in diesem Zusammenhang, dass sich ein solcher Glaube nicht an den Wundern Jesu entzündet, sondern ihnen vorangehen muss (Mk 6,5f). Dies gilt sowohl für Heilungen (Mk 5,34) als auch die damit gelegentlich verbundene Sündenvergebung (Mk 2,1–12).

Auch bei Paulus begegnet ein solcher Vertrauensglaube (vgl. II Kor 1,9), allerdings wird dieses Vertrauen stets auf die Heilsbedeutung von Tod und Auferstehung Jesu Christi bezogen: „Denn wenn wir glauben, dass Jesus gestorben und auferstanden ist, so wird Gott auch die Entschlafenen durch Jesus mit ihm zusammen führen" (I Thess 4,14). Das Vertrauen in die Zuverlässigkeit Gottes gründet sich demnach darauf, dass das durch die menschliche Sünde zerstörte Gott-Mensch-Verhältnis von Gott her durch Jesus Christus prinzipiell bereits wieder in Ordnung gebracht ist: Die Vergebung ihrer Sünden gibt allen Menschen die Chance eines Neuanfangs, die Menschen müssen diese Chance nur wahrnehmen. Zum maßgeblichen Orientie-

> **Glaube/glauben in der Bibel (II)**
>
> – Im Horizont des Christusgeschehens: Glaube wird als Vertrauen in die Heilsbedeutung von Tod und Auferstehung Jesu Christi verstanden.

rungspunkt des christlichen Glaubens wird daher die Überzeugung, dass sich das entscheidende Heilshandeln Gottes in Christus bereits ereignet hat. Christlicher Glaube kommt also stets ‚von etwas her‘. Natürlich ist er auch ‚auf etwas hin‘ orientiert, nämlich auf den umfassenden Sieg Gottes über den Tod und alles Böse. Aber dieses Zukünftige kann deshalb *begründet* erhofft werden, weil Gottes Sieg über den Tod und das Böse mit dem Christusgeschehen schon begonnen hat (vgl. § 14.1): „Gott aber hat den Herrn auferweckt, und er wird auch uns auferwecken durch seine Kraft" (I Kor 6,14).

Aus dieser Orientierung des christlichen Glaubens an einem bestimmten historischen Geschehen, nämlich dem Schicksal Jesu von Nazaret, ergeben sich zwei Probleme, die zunächst benannt und im Folgenden genauer besprochen werden.

– Wie verhält sich das menschliche *Vertrauen* in die Heilsbedeutung des Christusgeschehens zur Kenntnis der im Neuen Testament enthaltenen *Inhalte*, auf die sich dieses Vertrauen bezieht? (vgl. dazu 4.2)
– Inwieweit können die im Neuen Testament enthaltenen Inhalte, bei denen es sich um *vergangene* Ereignisse über Person und Bedeutung Jesu von Nazaret handelt, als Grundlage *gegenwärtigen* Heilsvertrauens gelten? (vgl. dazu 4.3)

Eine gründliche Darstellung des biblischen Glaubensverständnisses sowie Hinweise auf weiterführende Literatur gibt:
– K. Haacker, Glaube II (TRE 13).

Eine im Namen des alttestamentlichen Glaubensbegriffs sowie des Glaubens Jesu vorgetragene Kritik am paulinischen und johanneischen Glaubensverständnis stammt von:
– M. Buber, Zwei Glaubensweisen.
Eine kritische Auseinandersetzung mit Buber vollzieht:
– G. Ebeling, Zwei Glaubensweisen?

4.2 Glaubensakt und Glaubensinhalt

4.2.1 *Zur altkirchlichen und mittelalterlichen Tradition*

Dass jemand die Bibel liest und sich mit den Aussagen des Neuen Testaments über die Bedeutung der Ereignisse um Jesus Christus beschäftigt, hat nicht automatisch zur Folge, dass er glaubt. Auch eine möglicherweise durch intensive Lektüre erworbene sehr genaue Kenntnis jener in der Bibel dargestellten Ereignisse, auf die sich der Glaube bezieht, bewirkt als solche noch nicht, dass der Leser darin das entscheidende Heilshandeln Gottes erkennt, das ihn selbst direkt betrifft: Man kann gegenüber der biblischen Botschaft auch neutral bleiben. Solche in Neutralität verharrende Kenntnis kann aber nicht als Glaube im neutestamentlichen Sinne gelten, denn dieser meint gerade ein Sich-Einlassen auf das in Christus offenbarte Versöhnungsangebot Gottes an die Menschen. Allerdings ist ein solches vertrauendes Sich-Einlassen des Menschen nicht möglich, ohne dass man über eine gewisse Kenntnis darüber verfügt, worauf man sich einlässt; man kann nicht einfach irgendwie vertrauen, ohne sagen zu können, worauf das Vertrauen gerichtet ist.

Die beiden Aspekte des Glaubens, die Kenntnis der Inhalte und das Vertrauen in ihre Heilsbedeutung, wurden in der Theologiegeschichte in verschiedener Weise terminologisch unterschieden. Von besonderer Bedeutung ist die auf Augustin zurückgehende Differenzierung zwischen den Inhalten des Glaubens und ihrer Aneignung durch den Einzelnen.

Wahrhaftig sagen wir, dass der Glaube der Gläubigen den Herzen der Einzelnen, die [alle] dasselbe glauben, in der Tat durch eine Unterweisung eingegeben wurde. Aber *das, was geglaubt wird* ist etwas anderes als der *Glaube, durch den geglaubt wird.* Jenes [das, *was geglaubt wird*] besteht nämlich in den Dingen, von denen gesagt wird, dass sie sind, waren oder sein werden; dieser aber [der Glaube, *durch den geglaubt wird*] ist im Geist des Glaubenden und nur für den wahrnehmbar, der ihn besitzt. (Übersetzung RL)	Ex una sane doctrina impressam fidem credentium cordibus singulorum qui hoc idem credunt uerissime dicimus, sed aliud sunt *ea quae creduntur*, aliud *fides qua creduntur*. illa quippe in rebus sunt quae uel esse uel fuisse uel futura esse dicuntur; haec autem in animo credentis est, ei tantum conspicua cuius est.

Augustin, De Trinitate 13, 2,5
(CChrSL 50A, 386; Zeilen 26–31; Hervorhebungen RL).

Augustin, der hier der Frage nachgeht, wie der christliche Glaube zugleich ein einziger (und damit für alle Glaubenden derselbe) sein und dennoch jedem Christen persönlich zukommen kann, unterscheidet zwischen dem gegenständlich bestimmten *Inhalt* des Glaubens (ea quae creduntur), der in der Tat allen gemeinsam ist, und dem *Akt* des Glaubens, also der je individuellen Aneignung dieses Inhalts, die er ausdrücklich als *Glauben* bezeichnet (*fides qua creduntur*).

Im Mittelalter wurde es allerdings üblich, auch die reine Kenntnis der Glaubensgegenstände unabhängig von ihrer persönlichen Aneignung durch den Christen schon *Glauben* zu nennen; man sprach dann, über Augustin hinausgehend, von einem *Glauben*, welcher geglaubt wird (lat. *fides* quae creditur) bzw. von einem durch Aneignung christlicher Lehrinhalte erworbenen Glauben (lat. fides acquisita); gelegentlich begegnet auch die lateinische Bezeichnung *fides historica*, weil es sich um eine Kenntnis der biblischen Geschichte(n) handelt.

Die sich so ergebende Unterscheidung zwischen Glaubensakt und Glaubensinhalt warf verschiedene Fragen auf, die in der mittelalterlichen Theologie eingehend diskutiert wurden. Zum einen musste geklärt werden, wie sich der wahre Glaube, d. h. die durch den Heiligen Geist gnadenhaft bewirkte personale Gottesbeziehung des Menschen, zur zustimmenden Kenntnis der Glaubensinhalte verhält. Es wurde davon ausgegangen, dass es sich in diesem Fall lediglich um einen noch ‚ungeformten' Glauben handelt (lat. fides informis). Denn der so Glaubende bejaht zwar die Zuverlässigkeit der Inhalte, ist aber in dieser Haltung (noch) nicht durch die vom Hei-

‚Ungeformter Glaube'
(fides informis)

– Zustimmende Kenntnis der Glaubensinhalte ohne ‚Formung' durch die vom Heiligen Geist geschenkte Liebe (caritas).
– Durch die Liebe wird die Wesenswirklichkeit des christlichen Glaubens erreicht (fides caritate formata).

‚Eingewickelter Glaube'
(fides implicita)

– Vertrauen in die Zuverlässigkeit der kirchlichen Überlieferung des (im Einzelnen unbekannten) Glaubensgutes.
– Das Vertrauen in die bekannten Inhalte des Glaubensgutes wird als ‚ausgefalteter' Glaube (fides explicita) bezeichnet.

ligen Geist eingegossene Liebe (lat. caritas) getragen. Sein Glaube ist erst aufgrund dieser Liebe zu Gott voll verwirklicht, als ein durch die (Gottes-)Liebe ‚geformter' Glaube (lat. fides caritate formata). Dieser auf Eingießung (lat. infusio) der Liebe durch den Heiligen Geist beruhende Glaube wurde auch *eingegossener Glaube* genannt (lat. fides infusa).

Zum Zweiten stellte sich die Frage, über welche Kenntnisse der Glaubensinhalte jemand verfügen muss, damit sein Vertrauen auf einer ausreichenden Basis steht: Einerseits muss der Vertrauensglaube einen Gegenstand haben, auf den er sich richten kann; andererseits soll die Stärke des Glaubens nicht vom Ausmaß der Kenntnis dieses Gegenstandes und damit vom Grad der theologischen Bildung abhängen – schließlich kann nicht jeder Gläubige ein Theologe sein. Eine Lösung dieses Problems ergab sich aus der Unterscheidung von ‚ausgefaltetem' (explizitem) Glauben (lat. fides explicita) auf der einen und ‚eingewickeltem' (implizitem) Glauben (lat. fides implicita) auf der anderen Seite. Die fides explicita wurde verstanden als ein Vertrauen, das sich auf die Dinge bezieht, die der Glaubende selbst im Einzelnen genau weiß. Als für den christlichen Glauben erforderlicher ‚Mindestbestand' solcher Kenntnisse galten vor allem die Artikel des Apostolischen Glaubensbekenntnisses sowie der Dekalog und das Vaterunser. Die fides implicita bezeichnete dagegen ein Vertrauen zu solchen Glaubensaussagen, mit denen der Einzelne selbst nicht unmittelbar vertraut sein konnte, auf deren Richtigkeit er sich aber verließ. Als Instanz, die diese Richtigkeit garantierte, galt letztlich die Kirche mit dem Papst an der Spitze, in dessen Kompetenz es nach mittelalterlicher Auffassung fiel, verbindliche Bekenntnisaussagen zu formulieren, um Irrtümern zu begegnen und die Einheit des kirchlichen Glaubens zu sichern. – Diese Auffassung hat Thomas von Aquin in seinem theologischen Hauptwerk im Rahmen der Behandlung des Glaubens ausdrücklich formuliert.

Die Neuherausgabe eines Bekenntnisses ist zur Vermeidung aufkommender Irrtümer nötig. Die Herausgabe eines Bekenntnisses erstreckt sich also auf Kompetenz dessen, der die Kompetenz zur definitiven Festlegung der den Glauben betreffenden Dinge hat, damit sie von allen in unerschütterlichem Glauben festgehalten werden. Dies aber kommt der Kompetenz

[N]ova editio symboli necessaria est ad vitandum insurgentes errores. Ad illius ergo auctoritatem pertinet editio symboli ad cujus auctoritatem pertinet finaliter determinare ea quae sunt fidei, ut ab omnibus inconcussa fide teneantur. Hoc autem pertinet ad

des Papstes zu [...] Und der Grund dafür ist, dass der Glaube der ganzen Kirche einer sein soll [...] Dies könnte nicht gewahrt werden, wenn nicht eine über den Glauben auftauchende Frage entschieden würde durch den, der der gesamten Kirche vorsteht, damit so dessen Entscheidung von der ganzen Kirche standhaft festgehalten wird. Und von daher kommt die Kompetenz zur Neuherausgabe eines Bekenntnisses allein dem Papst zu. (Übersetzung RL)

auctoritatem Summi Pontificis [...] Et hujus ratio est quia una fides debet esse totius Ecclesiae [...] Quod servari non posset nisi quaestio fidei de fide exorta determinetur per eum qui toti Ecclesiae praeest, ut sic ejus sententia a tota Ecclesia firmiter teneatur. Et ideo ad solam auctoritatem Summi Pontificis pertinet nova editio symboli.

Thomas von Aquin, Summa Theologiae II-II 1,10 corp.art.
(Glaube als Tugend, 46 f).

Der mit dieser Kompetenzzuweisung verbundene Anspruch auf ein Wahrheitsmonopol des katholischen Lehramtes wirkt bis in die Gegenwart fort. Diese Fortwirkung äußert sich erstens *innerkirchlich*, nämlich in Gestalt der Lehrhoheit des Papstes, die 1870 durch die Dogmatisierung seiner Unfehlbarkeit untermauert wurde (vgl. zum theologiegeschichtlichen Kontext: 1. Hauptteil, Abschnitt 3.2.2); sie äußert sich zweitens *im ökumenischen und interreligiösen Dialog*, hier in Gestalt des Anspruchs, nur in der institutionell-hierarchisch verfassten römisch-katholischen Kirche sei der wahre christliche Glaube unverfälscht bewahrt (vgl. dazu § 1.2.3; § 13.2.1); sie äußert sich drittens in der *Auseinandersetzung mit der Moderne*, hier als Forderung nach Unterordnung der Gewissheitsansprüche der Vernunft gegenüber den christlichen Glaubenslehren (vgl. dazu 4.3.2).

4.2.2 *Zum reformatorischen Glaubensverständnis*

Die reformatorische Theologie hat die skizzierten Überlegungen zum Verhältnis von Glaubensinhalt und Glaubensvollzug verworfen. Luther hat, wie die bekannten Formulierungen aus seiner Auslegung des 1. Gebots im „Großen Katechismus" belegen, den Vertrauensaspekt als entscheidendes Merkmal des Glaubens betrachtet. Daher verloren die scholastischen Differenzierungen des Glaubensbegriffs ihre Bedeutung und wurden schließlich sogar als schädlich für eine angemessene Beschreibung des christlichen Glaubens beurteilt.

‚Einen Gott haben' heißt also nichts anderes als ihm von Herzen vertrauen und glauben; wie ich oft gesagt habe, daß allein das Vertrauen und Glauben des Herzens etwas sowohl zu Gott als zu einem Abgott macht. [...] Denn die zwei gehören zuhauf (zusammen), Glaube und Gott. Woran Du nun, sage ich, dein Herz hängst und [worauf du dich] verlässest, das ist eigentlich dein Gott.

Deum habere nihil aliud sit quam illi ex toto corde fidere et credere. Quemadmodum saepenumero a me dictum est solam cordis fidem atque *fiduciam* et Deum et idolum aeque facere et constituere. [...] Siquidem haec duo, fides et deus, una copula conjugenda sunt. Jam in quacunque re animi tui *fiduciam* et cor fixum habueris, haec haud dubie Deus tuus est.

M. Luther, GrKat, 1. Hauptstück
(Unser Glaube 595 f: Nr. 587/BSLK 560,16–21.25–29).

Aufgrund dieser Betonung des Vertrauensglaubens hat Luther mit Nachdruck bestritten, dass die traditionell als fides acquisita bezeichnete Aneignung christlicher

Lehrinhalte durch den *Menschen* überhaupt als Glaube oder gar als eine Vorstufe des echten Glaubens verstanden werden kann. Den wahren Glauben bewirkt einzig *Gott* selbst durch den Heiligen Geist, und jede andere Art der menschlichen Gottesbeziehung ist Unglaube und damit Sünde.

Der erworbene Glaube ohne eingegossenen ist nichts, der eingegossene ohne erworbenen ist alles. Das wird erstens dadurch bewiesen, dass [nach der Schrift] jeder Mensch ein Lügner [Ps 116,11] und jeder Mensch ganz und gar Nichtigkeit ist [Ps 39,6]. Daher ist ein Werk, welcher Art auch immer, außerhalb der Gnade Gottes Sünde. Aber der erworbene Glaube ist, wie sie [die scholastischen Theologen] sagen, als Befähigung oder Handlungsvollzug durch menschliche Kräfte erworben. Also ist er selbst nichtig und lügnerisch. (Übersetzung RL)	*Fides acquisita sine infusa nihil est, infusa sine acquisita omnia est.* Probatur primo: Quia omnis homo mendax et universa vanitas omnis homo vivens. Quare omnis generis opus extra gratiam Dei peccatum est. Sed Fides acquisita est habitus vel actus, ut dicunt, humanis viribus paratus. Quare ipse vanus et mendax est.

M. Luther, Resolutio (WA 6, 89,27–32).

Reformatorisches Glaubensverständnis

– Ablehnung der fides acquisita: Glaube als Gnadengabe Gottes ist nichts vom Menschen Erwerbbares.
– Ablehnung der fides implicita: Unvertretbarkeit der individuellen Glaubensgewissheit.
– Glaube wird verstanden als Ergreifen der in Christus verbürgten Gnade (fides apprehensiva Christi).

Während Luther in der zitierten „Resolutio" aus dem Jahre 1520 den Begriff der fides infusa noch als Bezeichnung für den wahren Glauben beibehalten hat, lehnte er die mittelalterliche Terminologie später völlig ab; dies gilt auch für die fides infusa bzw. die fides caritate formata. Die scholastische Lehre, die Vollgestalt des Glaubens sei erst durch den von der Liebe überformten Glauben erreicht, beschuldigte er sogar einer Verfälschung des Evangeliums. Er verstand diese unter Berufung auf Gal 5,6 vorgetragene Auffassung so, dass der christliche Glaube einer ‚Ergänzung' durch menschliche *Werke* der Liebe bedürfe, um vollkommen zu sein. – Dies aber widersprach seiner Lehre von der Rechtfertigung des Sünders *allein aus Glauben* (vgl. § 11.2.2). Da nach dieser Lehre der wahre Glaube einzig darin besteht, daß der Mensch Christus *ergreift* (lat. apprehendit), indem er sein ganzes Vertrauen auf die Heilsmacht des Christusgeschehens richtet, sprach Luther vom *Glauben, der Christus ergreift* (lat. fides apprehensiva Christi).

Aus dem Kommentar zu Gal 2,4 f:
Denn es hatten sich einige falsche Brüder mit eingedrängt und neben eingeschlichen, um unsere Freiheit auszukundschaften, die wir in Christus Jesus haben, und uns zu knechten. Denen wichen wir auch nicht eine Stunde und unterwarfen uns ihnen nicht, damit die Wahrheit des Evangeliums bei euch bestehen bliebe.

Unsere Sophisten [die scholastischen Theologen] lehrten genau ebenso, daß man einmal an Christus glauben müsse und daß der Glaube das Fundament des	Sophistae nostri idem docuerunt Quod scilicet in Christum sit credendum fidemque esse fundamentum salutis,

Heiles sei, daß der Glaube aber nur rechtfertige, wenn er durch Liebe ergänzt werde. [... Dagegen gilt nach Luther:] *Der* Glaube nämlich rechtfertigt, der Christus, den Sohn Gottes, ergreift und durch ihn geschmückt wird, nicht *der* Glaube, der die Liebe einschließt. Denn es ist notwendig, dass der Glaube, wenn er gewiß und fest sein soll, nichts ergreifen muß, als allein Christus.

sed eam non iustificare, nisi formata sit charitate. [...] Ea enim fides, quae apprehendit Christum filium Dei et eo ornatur, non quae includit charitatem, iustificat. Nam fidem, si certa et firma esse debet, nihil apprehendere oportet quam solum Christum.

M. Luther, Großer Galaterkommentar (Galaterbriefauslegung [Kleinknecht], 66 f/WA 40 I, 164,15–17; 165,13–16).

4. Sie [die scholastischen Theologen] lehren, dass auch der vom Heiligen Geist eingegossene Glaube nur rechtfertigt, wenn er durch die Liebe geformt ist. [...]
8. Weil aber Paulus die Rechtfertigung des Glaubens so reichlich behandelt, sagt er notwendigerweise nichts über diese Glaubensarten (wie ich sie nennen will): den erworbenen, den eingegossenen, den ungeformten, den geformten, den expliziten, den impliziten, den allgemeinen, den speziellen. [...]
10. Es ist also nötig, daß er über einen gewissen anderen Glauben spricht, der Christus in uns gegen Tod, Sünde und Gesetz wirksam macht. [...]
12. Dies aber ist der ergreifende Glaube (wie wir ihn nennen wollen) an den für unsere Sünden sterbenden und für unsere Gerechtigkeit auferstehenden Christus. (Übersetzung RL)

4. Imo docent, neque infusam spiritu Sancto fidem iustificare, nisi formata sit Caritate. [...]
8. Cum vero Paulus prolixe tribuit iustificationem fidei, necesse est ipsum de istis fidebus (ut sic dicam) acquisita, infusa, informi, formata, explicita, implicita, generali, speciali nihil dicere. [...]
10. Oportet igitur de alia fide quadam eum loqui, quae faciat Christum in nobis efficacem contra mortem, peccatum et legem. [...]
12. Haec est autem *fides apprehensiva* (ut dicimus) *Christi*, pro peccatis nostris morientis, et pro iustitia nostra resurgentis.

M. Luther, Propositiones disputatae (WA 39 I, 45,1 f.11–13.16 f.21 f).

Nicht weniger deutlich haben die Reformatoren den Gedanken der fides implicita abgelehnt. Weil der Glaube verstanden wird als *unmittelbare* Beziehung des Menschen zu einem personalen Gegenüber, als ein unbedingtes Sich-Verlassen auf Gott, kann sich der Mensch weder durch die Kirche noch durch irgendeine andere Instanz vertreten lassen (die Konsequenzen dieser Auffassung für die Lehre von der Kirche sind in § 13.2.2 anzusprechen). So ist letztlich jeder einzelne Christ selbst über seinen Glauben in vollem Umfang rechenschaftspflichtig. Von daher wird dann – besonders deutlich bei Calvin – ausdrücklich betont, dass zum Glauben auch eigene Erkenntnis (lat. cognitio) gehört, allerdings nicht als Voraussetzung, sondern als Folge des durch den Heiligen Geist geschenkten Glaubens.

[Der Gedanke der fides implicita] begräbt nicht allein den wahren Glauben, sondern zerstört ihn von Grund auf. Heißt das denn noch Glauben, wenn man keinerlei Erkenntnis hat und seinen Sinn bloß gehorsam der Kirche unterwirft? Nein, *der Glaube ruht*

[C]ommentum hoc veram fidem non modo sepelit, sed penitus destruit. Hoccine credere est, nihil intelligere, modo sensum tuum obedienter Ecclesiae submittas? Non in ignoratione, sed in

nicht auf Unwissenheit, sondern auf Erkenntnis [...] Wir erlangen nämlich das Heil nicht dadurch, daß wir bereit sind, alles, was die Kirche uns zu glauben vorschreibt, als wahr anzunehmen, [...] sondern nur dann, wenn wir erkennen, daß Gott um der Versöhnung willen, die durch Christus geschehen ist, unser gnädiger Vater ist, und daß Christus uns zur Gerechtigkeit, zur Heiligung und zum Leben gegeben ist.

cognitione sita est fides [...] Nec enim ex eo salutem consequimur, [...] quod parati sumus pro vero amplecti quicquid Ecclesia praescripserit [...] sed quando Deum agnoscimus nobis esse propitium Patrem, reconciliatione per Christum facta: Christum vero in iustitiam, sanctificationem, et vitam nobis esse datum.

J. Calvin, Unterricht/Institutio, III 2,2 (Weber 342/Opera selecta IV 10,9–19).

In der späteren Entwicklung der reformatorischen Theologie hat allerdings die fides informis wieder eine begrenzte positive Bedeutung bekommen, nämlich bei der Analyse des Prozesses, innerhalb dessen sich der Glaube im Menschen durchsetzt. Die altprotestantische Orthodoxie hat dabei drei Stufen unterschieden: (1) der *Kenntnis* (lat. notitia) des Evangeliums von Jesus Christus aufgrund der kirchlichen Verkündigung folgt (2) die *Zustimmung* (lat. assensus) des Hörers dazu, dass die Botschaft des Evangeliums nicht einfach nur allgemein wahr ist (lat. assensus generalis), sondern ihn auch konkret betrifft (lat. assensus specialis). Der Prozess mündet (3) in das durch den Heiligen Geist bewirkte *Vertrauen*, kraft dessen sich der Mensch die Heilsbotschaft einschließlich der daraus für sein Leben resultierenden Folgen zu eigen macht. Bezeichnet wird dieses Vertrauen mit dem Wort *fiducia*, das bereits in der lateinischen Version des oben zitierten Abschnitts aus Luthers „Großem Katechismus" begegnete (dort hervorgehoben).

Glaube in der Altprotestantischen Orthodoxie

– Die Durchsetzung des Glaubens im Einzelnen wird als ein dreistufiger Prozess beschrieben:
1. Kenntnis (notitia);
2. Zustimmung (assensus);
3. Vertrauen (fiducia).

Bezogen auf die Unterscheidung von fides quae und fides qua gilt: Die *Zustimmung* zur Wahrheit des Evangeliums (assensus) gehört zwar einerseits noch in den Bereich der fides quae, denn es sind die Glaubensinhalte, denen zugestimmt wird. Andererseits setzt das Bewusstsein einer Relevanz der Heilsbotschaft des Evangeliums schon jene für die fides qua charakteristische Vertrauenshaltung voraus, deren Vollgestalt allerdings erst in der fiducia verwirklicht ist. Wegen dieser Zwischenstellung ist der assensus nochmals zweigeteilt in die generelle Zustimmung zur Wahrheit der Inhalte des christlichen Glaubens und die spezielle Zustimmung zur Relevanz dieser Inhalte für den Glaubenden. Auch wenn notitia und assensus zum christlichen Glauben im Vollsinn gehören, so bildet doch die fiducia dessen entscheidenden Bestandteil, weil der Mensch erst durch sie die Heilsbotschaft mit Zuversicht ergreift. – Der beschriebene Zusammenhang soll in der nachstehenden Übersicht verdeutlicht werden.

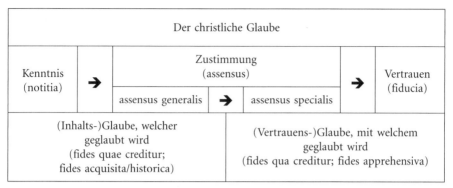

📖 Das Glaubensverständnis der Reformatoren ist detailliert dargestellt bei:
– M. Seils, Glaube, 21–90 (Luther). 149–181 (Calvin).

📖📖 Neuere Darstellungen des Glaubensbegriffs im reformatorischen Horizont bieten:
– W. Härle, Dogmatik, 55–71;
– E. Jüngel, Glaube (RGG⁴ 3);
– H.-M. Barth, Dogmatik, 69–84.

✍ Informieren Sie sich darüber, an welchen Stellen und in welchem Sinne in den lutherischen Bekenntnisschriften vom Glauben gesprochen wird; ziehen Sie dazu die Sachwortregister heran:
– BSLK 1160–1218; Unser Glaube 858–928.

4.3 Glaube und Vernunft

4.3.1 Glaube und Vernunft in der Aufklärung

Die für das Verhältnis von Glaubensakt und Glaubensinhalt entscheidende Frage war die nach der theologischen Beurteilung einer nicht vom Vertrauensglauben getragenen Kenntnis der Glaubensinhalte. Unabhängig von den Differenzen bei der Beantwortung dieser Frage galten die Glaubensinhalte sowohl im mittelalterlichen Denken als auch in der reformatorischen Theologie als eine durchaus gesicherte Grundlage des Vertrauensglaubens: Man ging davon aus, dass die in der Bibel berichteten Ereignisse zuverlässig überliefert sind und in der kirchlichen Lehre sachgemäß interpretiert wurden. Dieser Ausgangspunkt wurde im Verlauf der Geschichte des neuzeitlichen Denkens zunehmend in Frage gestellt (vgl. 1. Hauptteil, Abschnitte 4.4 bis 4.6). Bereits die frühneuzeitliche Naturwissenschaft hatte die Autorität der Bibel für die Welterkenntnis erschüttert und das Verhältnis von Schöpfungsglauben und Naturwissenschaft problematisiert (vgl. § 8.3). Die seit dem englischen Deismus im europäischen Denken maßgebliche Forderung, nur solche Glaubenswahrheiten als verbindlich anzuerkennen, die für die Vernunft nachvollziehbar sind, führte schließlich zur umfassenden Infragestellung der Wahrheit der in der Bibel

Verhältnis Glaube – Vernunft

- Mittelalter/Reformation: Die biblischen Berichte gelten als zuverlässig überliefert und sachgemäß interpretiert.
- Neuzeit/Aufklärung: Menschliche Vernunft wird zum Maßstab für die Beurteilung biblischer Berichte und christlicher Lehrinhalte.
- Folge: Neubestimmung des Verhältnisses von christlichem Glauben und autonomer Vernunft.

überlieferten Berichte. Nur solche Lehren des Christentums galten noch als glaubhaft, die sich die Vernunft unabhängig vom biblischen Zeugnis auch selbst erschließen könne. Weil sich auf Grund einer kritischen Prüfung an diesem Maßstab viele der in der älteren Tradition als fides quae bezeichneten Glaubensinhalte als ungesichert erwiesen, kam es in der Aufklärung zu einer *Neubestimmung des Verhältnisses von christlichem Glauben und menschlicher Vernunft.*

Die im Namen der Vernunft vorgetragene Kritik richtete sich einerseits gegen solche biblischen Aussagen, die den normalen menschlichen Erfahrungshorizont sprengen; dabei handelte es sich vornehmlich um Wundergeschichten, vor allem aber rückte die Frage nach der Wahrheit des Auferstehungsereignisses in den Blick (vgl. § 10.4.3). Andererseits wurde herausgearbeitet, dass es innerhalb der Bibel zahlreiche Uneinheitlichkeiten und Widersprüche gibt (vgl. § 5.2.3) und dass i. Ü. die kirchliche Lehre, sei sie römisch-katholischer oder protestantischer Prägung, nicht ohne weiteres als sachgemäße Interpretation des biblischen Zeugnisses gelten kann. Der zuletzt genannte Kritikpunkt betraf vor allem das Verhältnis des historischen Jesus zum christologischen Dogma (vgl. § 10.4.1).

Ein klassisches Dokument für die Neubestimmung des Verhältnisses zwischen dem an der Schriftautorität orientierten christlichen Wahrheitsanspruch und dem an der Vernunftautorität orientierten aufgeklärten Wahrheitsbewusstsein liegt vor in der kleinen Schrift „Über den Beweis des Geistes und der Kraft" von Gotthold Ephraim Lessing. Grundlegend ist Lessings Unterscheidung zwischen *durch andere überlieferten* Nachrichten und selbst angeeigneten Überzeugungen: Erstere, zu denen die biblischen Berichte gehören, sind zwar (als „zufällige Geschichtswahrheiten") historisch gewiss, diese Gewissheit ist aber keine ausreichende Basis für die Formulierung von allgemeingültigen Wahrheiten. Solche „notwendigen Vernunftwahrheiten" müssen nämlich *auf eigener Einsicht* beruhen und auch *gegenwärtig rational nachvollziehbar* sein. Daher kann die Wahrheit des Christentums nicht aufgrund der Autorität der Bibel, sondern nur aufgrund der Vernünftigkeit seiner Lehren behauptet werden.

Die im Herbst 1777 anonym publizierte Schrift gehört in den Zusammenhang des sog. „Fragmentenstreits" (vgl. zum theologiegeschichtlichen Kontext: 1. Hauptteil, Abschnitt 4.6.1); es handelt sich um eine Antwort auf die gegen die „Fragmente eines Ungenannten" gerichtete Untersuchung des Hannoverschen Lyceumsdirektors Johann Daniel Schumann (1714–1787) „Über die Evidenz der Beweise für die Wahrheit der christlichen Religion" (erschienen im September 1777, datiert 1778). Lessings Titel nimmt Bezug auf I Kor 2,4: „und mein Wort und meine Predigt geschahen nicht mit überredenden Worten menschlicher Weisheit, sondern in Erweisung des Geistes und der Kraft". Diesen Text hatte bereits

Origenes in seiner apologetischen Schrift „Gegen Kelsos" (248) zitiert, um die in Christus erfüllten Weissagungen und die von ihm getanen Wunder als Argument für die überlegene Wahrheit des Christentums geltend zu machen. Lessing hat die entsprechende Origenes-Stelle seiner Schrift als Motto vorangestellt.

Ein andres sind erfüllte Weissagungen, die ich selbst erlebe: ein andres erfüllte Weissagungen, von denen ich nur historisch weiß, daß andere sie wollen erlebt haben.
Ein andres sind Wunder, die ich mit meinen Augen sehe und selbst zu prüfen Gelegenheit habe: ein andres sind Wunder, von denen ich nur historisch weiß, daß sie andere wollen gesehn und geprüft haben. [...]
Wenn ich zu Christi Zeiten gelebt hätte: [...] so würde ich zu einem, von so langeher ausgezeichneten, wundertätigen Mann, allerdings so viel Vertrauen gewonnen haben, daß ich willig meinen Verstand dem seinigen unterworfen hätte. [...]
[Jedoch:] wie ist mir denn zuzumuten, dass ich die nemlichen unbegreiflichen Wahrheiten, welche Leute vor 16 bis 18 hundert Jahren auf die kräftigste Veranlassung glaubten, auf eine unendlich mindere Veranlassung eben so kräftig glauben soll? [...]
[Z]ufällige Geschichtswahrheiten können der Beweis von notwendigen Vernunftwahrheiten nie werden. [...]
Das, das ist der garstige breite Graben, über den ich nicht kommen kann, so oft und ernstlich ich auch den Sprung versucht habe. [...]
Ich leugne gar nicht, daß in Christo Weissagungen erfüllt worden; ich leugne gar nicht, daß in Christus Wunder getan: sondern ich leugne, daß diese Wunder [...] mich zu dem geringsten Glauben an Christi anderweitige Lehren verbinden können und dürfen.
G. E. Lessing, Über den Beweis, 439,10–16.19.23–26;
441,9–13.37; 443,35–37; 444,4- 7.11–13

Eine im Horizont der deutschen Aufklärung vollzogene *Reformulierung des Glaubensbegriffs* geht auf Immanuel Kant zurück. In seiner „Kritik der reinen Vernunft" hatte er zunächst die traditionelle Metaphysik umfassend destruiert (vgl. zum theologiegeschichtlichen Kontext: 1. Hauptteil, Abschnitt 4.6.2). Die dabei erwiesene Unzulänglichkeit der menschlichen Vernunft zur theoretisch-philosophischen Erkenntnis der Existenz Gottes, der Freiheit des Menschen und der Unsterblichkeit der Seele bildete allerdings zugleich ein Sprungbrett zum – vor allem in der „Kritik der praktischen Vernunft" (1788) durchgeführten – Nachweis der praktisch-philosophischen Bedeutung von Gott, Freiheit und Unsterblichkeit als Postulaten (vgl. § 6.2.1). Die Selbstkritik der reinen *theoretischen* Vernunft hat gezeigt, dass diese nur über Gegenstände möglicher Erfahrung zuverlässige Erkenntnisse gewinnen kann. Daher ist sie in Sachen Gott, Freiheit und Unsterblichkeit nicht zuständig, und sie verhält sich unkritisch, wo sie dies nicht einsieht. Aus dieser

Glaube und Vernunft bei Lessing und Kant

– Lessing: Überlieferte Geschichtswahrheiten (Wunder, Offenbarungen usw.) können keine Grundlage für gegenwärtigen Glauben sein.
– Kant: Gott, Freiheit, Unsterblichkeit müssen (bei theoretischer Unbeweisbarkeit) als Postulate praktischer Vernunft angenommen werden.
– Der aus praktischer Vernunftautonomie entstandene reine Religionsglaube überwindet den Kirchenglauben.

Feststellung leitet die reine *praktische* Vernunft, die Ethik, das Recht ab, die für ihr Nachdenken über Moralität unverzichtbare menschliche Freiheit als wirklich anzunehmen. Die von dieser Annahme ausgehende philosophische Behandlung der moralischen Praxis zeigt dann, ungeachtet der von Kant festgehaltenen Differenz von Ethik und Religion (vgl. § 15.2.2), dass der Glaube – die Annahme der Existenz Gottes, der Freiheit des Menschen und der Unsterblichkeit der Seele – für den praktischen Vernunftgebrauch von Bedeutung sein kann.

> Ich kann also *Gott, Freiheit* und *Unsterblichkeit* zum Behuf des nothwendigen praktischen Gebrauchs meiner Vernunft nicht einmal *annehmen*, wenn ich nicht der speculativen Vernunft zugleich ihre Anmaßung überschwenglicher Einsichten *benehme*, weil sie sich, um zu diesen zu gelangen, solcher Grundsätze bedienen muß, die, indem sie in der That bloß auf Gegenstände möglicher Erfahrung reichen, wenn sie gleichwohl auf das angewandt werden, was nicht ein Gegenstand der Erfahrung sein kann, wirklich dieses jederzeit in Erscheinung verwandeln, und so alle *praktische Erweiterung* der reinen Vernunft für unmöglich erklären. Ich mußte also das *Wissen* aufheben, um zum *Glauben* Platz zu bekommen.
>
> I. Kant, Kritik der reinen Vernunft, B XXX
> (Akademie-Textausgabe III 18,33–19,6).

Bei dem Glauben, von dem in diesem Zitat die Rede ist, handelt es sich allerdings gerade nicht um ein Fürwahrhalten traditioneller kirchlich überlieferter Glaubensinhalte. Glaube im Sinne von Kant besteht zwar in Annahmen über Sachverhalte, die auf der Ebene theoretischer Vernunft nicht beweisbar sind. Entscheidend ist aber, dass diese Annahmen mit der Autonomie der praktischen Vernunft vereinbar und von dieser als moralitätsfördernd erkannt worden sind.

> Unter Glaubenssätzen versteht man nicht, was geglaubt werden soll (denn das Glauben verstattet keinen Imperativ), sondern das, was in praktischer (moralischer) Absicht anzunehmen möglich und zweckmäßig, obgleich nicht eben erweislich ist, mithin nur geglaubt werden kann. Nehme ich das Glauben ohne diese moralische Rücksicht blos in der Bedeutung eines theoretischen Fürwahrhaltens, z. B. dessen, was sich auf dem Zeugniß anderer geschichtmäßig gründet, [...] so ist ein solcher Glaube, weil er weder einen besseren Menschen macht noch einen solchen beweiset, gar kein Stück der *Religion*.
>
> I. Kant, Der Streit der Facultäten
> (Akademie-Textausgabe VII 42,3–9.11–13).

Während der kirchlich überlieferte Glaube stets nur „auf dem Zeugniß anderer" und nicht auf Vernunftautonomie beruht, zielt der *Religionsglaube* – analog zu Semlers moralischer Religion (vgl. § 1.1.2) und zu Lessings „*notwendigen Vernunftwahrheiten*" (s.o.) – auf eine Ablösung der als Gebote Gottes verstandenen Moralgrundsätze von geschichtlich bedingten Vermittlungen. Wie schon Lessing in seiner Schrift „Die Erziehung des Menschengeschlechts" die allgemeine Verbreitung einer vernunftgemäßen und moralisch ausgerichteten Menschheitsreligion als Ziel der von Gott gelenkten Geschichte avisiert hat (vgl. zum theologiegeschichtlichen Kontext: 1. Hauptteil, Abschnitt 4.6.1), so hat Kant in seiner Schrift „Die Religion innerhalb der Grenzen der bloßen Vernunft" die moralische Entwicklung der

Menschheit als einen allmählichen Übergang vom Kirchenglauben zur Alleinherrschaft des reinen Religionsglaubens beschrieben; diesen Prozess hat er zugleich als Annäherung an das Reich Gottes verstanden (vgl. § 14.3.1).

[Es ist unvermeidlich,] daß diese [die Religion] endlich von allen empirischen Bestimmungsgründen, von allen Statuten, welche auf Geschichte beruhen, und die vermittelst eines Kirchenglaubens provisorisch die Menschen zur Beförderung des Guten vereinigen, allmählich losgemacht werde, und so reine Vernunftreligion zuletzt über alle herrsche, ‚damit Gott sei alles in allem' [I Kor 15,28 ...]
Das Leitband der heiligen Überlieferung, mit seinen Anhängseln, den Statuten und Observanzen, welches zu seiner Zeit gute Dienste tat, wird nach und nach entbehrlich, ja endlich zur Fessel.
I. Kant, Die Religion innerhalb der Grenzen der bloßen Vernunft
(Akademie- Textausgabe VI 121,13–18.20–22).

4.3.2 Glaube und Vernunft in der neueren Theologie

Die vom Gedanken der Vernunftautonomie getragene Entwicklung der Wissenschaften seit der Aufklärung führte dazu, dass das religiös bestimmte Weltbild des christlichen Glaubens in breiten Kreisen zunehmend als wissenschaftsfeindlich, ja als unvernünftig betrachtet wurde. Die moderne Wissenschaft verstand die Vernunft nicht mehr (wie noch Kant) als *Läuterungsinstrument der Religion*, sondern als Instrument zur Etablierung eines *nichtreligiösen Weltbildes*. Die so entstandene Frontstellung hat das Verhältnis zwischen dem religiösen Glauben und der an der Vernunft orientierten Wissenschaft seit dem 19. Jahrhundert bestimmt und wirkt sich bis in die Gegenwart aus. Die Reaktion der Theologie auf die damit verbundene Herausforderung war und ist nicht einheitlich. Im Folgenden sollen anhand dreier Positionen zwei protestantische Entgegnungen sowie die römisch-katholische Antwort auf die Provokation des Glaubens durch die Vernunft skizziert werden.

1. Für die *konsequente Differenzierung zwischen christlichem Glauben und rational-wissenschaftlicher Erkenntnis* steht beispielhaft das Glaubensverständnis von Albrecht Ritschl (vgl. zum theologiegeschichtlichen Kontext: 1. Hauptteil, Abschnitt 5.3.1). Für ihn geht es in der Religion gerade nicht um allgemeingültige Seins- oder Tatsachenurteile, auf die z.B. das philosophische oder naturwissenschaftliche Erkennen orientiert ist. Zwar haben wissenschaftliches und religiöses Erkennen denselben *Erkenntnisgegenstand*, nämlich die Welt. Der Unterschied besteht aber in der *Erkenntnisweise*. Religiöses Erkennen bewegt

Glaube und Vernunft in der neueren Theologie

– Ausgangspunkt: Vernunft dient im 19. Jahrhundert nicht mehr zur Läuterung, sondern, in Verbindung mit moderner Wissenschaft, zur Überwindung des religiösen Glaubens.
– Reaktionen in der neueren Theologie: (1) Trennung von Glaube und Wissenschaft (A. Ritschl); (2) Bewährung der Glaubensinhalte gegenüber der Vernunft (W. Pannenberg); (3) Behauptung der Überlegenheit der Glaubenslehren gegenüber der Vernunfterkenntnis (Katholizismus).

sich in *selbständigen Werturteilen*, während das wissenschaftliche Erkennen von Werturteilen nur begleitet oder geleitet ist.

> Das religiöse Erkennen bewegt sich in selbständigen Werthurtheilen, welche sich auf die Stellung des Menschen zur Welt beziehen, und Gefühle von Lust oder Unlust hervorrufen, in denen der Mensch entweder seine durch Gottes Hilfe bewirkte Herrschaft über die Welt genießt, oder die Hilfe Gottes zu jenem Zweck schmerzlich entbehrt. [...] Das wissenschaftliche Erkennen ist durch ein Urtheil über den Werth des unparteiischen Erkennens aus Beobachtung begleitet oder geleitet.
>
> A. Ritschl, Die christliche Lehre, 195. 197.

Das religiöse Erkennen, mithin der Glaube, bezieht sich also auf die Situation des Menschen, wie sie von ihm innerhalb der Weltwirklichkeit im Ganzen erlebt wird. Die Kollision mit dem rational-wissenschaftlichen Erkennen ergibt sich daraus, dass dieses seinerseits eine (dem religiösen Erleben sachlich überlegene) Beschreibung der Weltwirklichkeit im Ganzen liefern will. Ritschl sieht hier allerdings keinen Konflikt zwischen Religion und *Wissenschaft*. Vielmehr diagnostiziert er als Hintergrund des von der Wissenschaft erhobenen Anspruchs auf eine *umfassende* Weltdeutung selbst einen „Antrieb *religiöser* Art". Daher geht es, wie er an der materialistischen Kritik des christlichen Denkens verdeutlicht, lediglich um das Verhältnis zwischen einer unreflektierten und einer über sich selbst zur Klarheit gelangten Religiosität.

> [D]ie Vermischung oder auch die Collision zwischen Religion und Philosophie [entsteht] immer daraus, daß die letztere den Anspruch erhebt, in ihrer Weise eine Weltanschauung als Ganzes zu produciren. Hierin aber verräth sich vielmehr ein Antrieb religiöser Art [...]
> In allen den Verknüpfungen, welche die materialistische Theorie der Weltentstehung darbietet, zeigt sich ein Aufwand von Einbildungskraft, welcher seine nächste Analogie in den heidnischen Kosmogonieen findet, und dadurch beweist, daß in diesem Kreise nicht die Methode der wissenschaftlichen Erkenntniß, sondern ein verirrter über sich selbst unklarer religiöser Trieb waltet.
>
> A. Ritschl, Die christliche Lehre, 197. 199.

Dieses nicht auf (tendenziell objektive) Welt*erkenntnis*, sondern auf (unvermeidlich subjektive) Welt*deutung* ausgerichtete Glaubensverständnis hat Ritschl eng mit Luthers Betonung des Vertrauensglaubens verbunden (vgl. 4.2.2). Denn für den Fiduzialglauben im Sinne Luthers zielt die Welt- und Gotteserkenntnis ja gerade nicht auf das Fürwahrhalten von Glaubensinhalten als objektiver Sachverhalte, sondern auf deren religiösen ‚Wert' für den Glaubenden. Ritschl gelangte durch diese Anknüpfung an Luther nicht nur zur beschriebenen Differenzierung von Glaubens- und Vernunfterkenntnis, sondern er verband damit auch eine Kritik an der (in der Theologie seiner Zeit gelegentlich erhobenen) Forderung, das Fürwahrhalten bestimmter Sachverhalte unabhängig von ihrer Relevanz (ihrem Wert) für den Menschen als notwendigen Bestandteil des Glaubens aufzufassen. Diese Forderung lehnte er als Aufforderung zur Heuchelei („Hypokrisie") sowie als Zumutung eines sacrificium intellectus (ein vom Verstand zu bringendes Opfer) ab.

[D]er Wille, welcher den Verstand nöthigt, unverständlichen Wahrheiten wegen der Auctorität der Offenbarung zuzustimmen, ist willkürlicher Wille; der Erfolg seiner Wirkung auf den Verstand ist überhaupt Schein, und die darauf gerichtete Vorschrift leitet zur Hypokrisie, d. h. Schauspielerei an. [...] Dieses Verhalten also [...] ist überhaupt nichts werth in Beziehung auf die christliche Religion. Hingegen ist der Wille, welcher als Vertrauen sich auf Gott und Christus richtet, um darin die Seligkeit und alle Hilfe im Leben zu erfahren, durch den Werth Gottes und Christi für die Menschen bestimmt. [...]
    Der allgemeine Sinn dieser Entdeckung Luther's ist, daß das Glauben in *Werthurtheilen* sich bewegt. [...] In dieser von Luther gemachten Entdeckung, daß das Glauben oder das religiöse Erkennen in directen Werthurtheilen besteht, ist der richtige Gegensatz gegen das Wissen oder Welterkennen in allen seinen möglichen Abstufungen erreicht. Um dieser Entdeckung willen aber dürfen wir die Brauchbarkeit der Deutung des Glaubens als sacrificium intellectus ablehnen.
A. Ritschl, Fides implicita, 67 f.

2. Für die Forderung nach einer *Bewahrheitung der christlichen Glaubensinhalte* auch und gerade angesichts der historischen Kritik steht beispielhaft das Glaubensverständnis von Wolfhart Pannenberg (vgl. zum theologiegeschichtlichen Kontext: 1. Hauptteil, Abschnitt 6.3.2). Pannenbergs Glaubensverständnis entspricht seiner Auffassung zum hypothetischen Charakter theologischer Aussagen (vgl. § 2.3.3). In seinen Thesen zur Offenbarungslehre von 1961 hat er behauptet, dass die in der Bibel überlieferten geschichtlichen Ereignisse, in denen sich Gott geoffenbart hat (die Geschichte Israels bis zur Auferweckung Jesu), durchaus als Gegenstand historischen *Wissens* gelten können (vgl. zu seiner entsprechenden Auffassung über die Historizität der Auferstehung Jesu § 10.4.3). Dieses Wissen ist nach Pannenberg zuverlässig genug, um die Wahrheit des christlichen Glaubens auch gegenwärtig abzusichern. Dieser Ansicht entspricht, dass Pannenberg in seiner erstmals 1972 publizierten Auslegung des Apostolischen Glaubensbekenntnisses – in klarem Unterschied zu Ritschl – die Bedeutung der fides quae (des Fürwahrhaltens bestimmter Tatsachen) für den christlichen Glauben hervorgehoben hat.

Die Gott offenbarenden Ereignisse und die Botschaft, die von diesem Geschehen berichtet, bringen den Menschen zu einer Erkenntnis, die er nicht aus sich selbst hat. Aber diese Ereignisse haben nun auch wirklich überführende Kraft. Wo sie als das, was sie sind, in dem Geschichtszusammenhang, dem sie von Haus aus zugehören, wahrgenommen werden, da sprechen sie ihre eigene Sprache, die Sprache der Tatsachen. In dieser Sprache der Tatsachen hat Gott seine Gottheit erwiesen. [... Daraus folgt:] Man muß keineswegs den Glauben schon mitbringen, um in der Geschichte Israels und Jesu Christi die Offenbarung Gottes zu finden. Vielmehr wird durch die unbefangene Wahrnehmung dieser Ereignisse der echte Glaube erst geweckt. [...] Wahrer Glaube ist nicht blinde Vertrauensseligkeit. [...] Der Christ wagt sein Vertrauen, sein Leben, seine Zukunft daran, daß Gott in Jesu Geschick offenbar geworden ist. [...] Diese Voraussetzung muß ihm so sicher wie möglich sein. [...] Das Wissen von Gottes Offenbarung in der seine Gottheit erweisenden Geschichte muß also Grund des Glaubens sein.
W. Pannenberg, Dogmatische Thesen, 100 f.

Man hat in der neueren Theologie den persönlichen Akt des Vertrauens oft in Gegensatz zu einem bloßen Fürwahrhalten gesetzt. Daran ist richtig, daß Glaube in der Tat seinen Kern im Vertrauen hat und nicht nur darin besteht, daß man dies oder jenes für wahr hält. [...] Aber solches Vertrauen schließt in sich auch ein Fürwahrhalten, von dem es nicht getrennt werden und ohne das es nicht bestehen kann. [...] Die Wirklichkeit des Gottes, auf den der christliche Glaube vertraut, ist nicht zu haben ohne die sogenannten ‚Tatsachen', auf die das apostolische Bekenntnis verweist und durch die er als dieser Gott identifiziert ist.

W. Pannenberg, Das Glaubensbekenntnis, 14 f. 18.

3. Eine *Unterordnung der Gewissheitsansprüche der Vernunft gegenüber den christlichen* Glaubenslehren propagiert traditionell der römische Katholizismus. So wurde im 1. Vatikanischen Konzil (im Kapitel 4 der Konstitution „Dei Filius") herausgestellt, dass die geoffenbarten Wahrheiten die Fassungskraft der Vernunft überschreiten. Die Vernunft (lat. ratio) kann daher niemals darüber entscheiden, ob die Inhalte der Offenbarung sachgemäß sind, sie kann sie lediglich in begrenztem Maße erforschen und interpretieren. Es gilt allerdings auch, dass die Offenbarungswahrheiten nie im Widerspruch zum rationalen Erkennen stehen können, so dass die Behauptung eines Dissenses zwischen Glaube und Vernunft falsch ist.

Auch dies hielt und hält das fortwährende Einverständnis der katholischen Kirche fest, daß es eine zweifache Ordnung der Erkenntnis gibt, die nicht nur im Prinzip, sondern auch im Gegenstand verschieden ist: und zwar im Prinzip, weil wir in der einen [Ordnung] mit der natürlichen Vernunft, in der anderen mit dem göttlichen Glauben erkennen; im Gegenstand aber, weil uns außer dem, wozu die natürliche Vernunft gelangen kann, in Gott verborgene Geheimnisse zu glauben vorgelegt werden, die, wenn sie nicht von Gott geoffenbart wären, nicht bekannt werden könnten. [...] Aber auch wenn der Glaube über der Vernunft steht, so kann es dennoch niemals eine wahre Unstimmigkeit zwischen Glauben und Vernunft geben: denn derselbe Gott, der die Geheimnisse offenbart und den Glauben eingießt, hat in den menschlichen Geist das Licht der Vernunft gelegt.	Hoc quoque perpetuus Ecclesiae catholicae consensus tenuit et tenet, duplicem esse ordinem cognitionis non solum principio, sed obiecto etiam distinctum: principio quidem, quia in altero naturali ratione, in altero fide divina cognoscimus; obiecto autem, quia praeter ea, ad quae naturalis ratio pertingere potest, credenda nobis proponuntur mysteria in Deo abscondita, quae, nisi revelata divinitus, innotescere non possunt. [...] Verum etsi fides sit supra rationem, nulla tamen umquam inter fidem et rationem vera dissensio esse potest: cum idem Deus, qui mysteria revelat et fidem infundit, animo humano rationis lumen indiderit.

1. Vatikanisches Konzil, Konstitution Dei Filius, Kap. 4
(DH 3015–3017; NR 38–40).

An den Gedanken des letztlich nichtwidersprüchlichen Verhältnisses zwischen Glauben und Vernunft knüpft die 1998 von Papst Johannes Paul II. (Pontifikat: 1978–2005) herausgegebene Enzyklika „Fides et ratio" an. Darin wird betont, dass die für das neuzeitliche Denken weithin typische Trennung von Glaube und Vernunft sowohl der Überzeugungskraft des Glaubens als auch der Würde der Vernunft schadet. Johannes Paul II. regt daher nachdrücklich zur Überwindung dieser Trennung an.

Nachdem die Vernunft ohne den Beitrag der Offenbarung geblieben war, hat sie Seitenwege eingeschlagen, die die Gefahr mit sich bringen, daß sie ihr letztes Ziel aus dem Blick verliert. [...] Es ist illusorisch zu meinen, angesichts einer schwachen Vernunft besitze der Glaube größere Überzeugungskraft; im Gegenteil, er gerät in die ernsthafte Gefahr, auf Mythos bzw. Aberglauben verkürzt zu werden. [...] Nicht unangebracht mag deshalb mein entschlossener und eindringlicher Aufruf erscheinen, daß Glaube und Philosophie die tiefe Einheit wiedererlangen sollen, die sie dazu befähigt, unter gegenseitiger Achtung der Autonomie des anderen ihrem eigenen Wesen treu zu sein.

Ratio, Revelatione nudata, devia itinera decucurrit, quae eandem in discrimen inferunt haud cernendi ultimam metam. [...] Fallax est cogitare fidem, coram infirma ratione, plus posse; ipsa, contra, in grave periculum incidit ne in fabulam ac superstitionem evadat. [...] Ne importuna igitur videatur gravis firmaque Nostra compellatio, ut fides et philosophia artam illam coniunctionem redintegrent, quae eas congruas efficiat earum naturae, autonomia vicissim servata.

Johannes Paul II., Enzyklika Fides et ratio, Nr. 42. 48.

📖 Die bei Kant vollzogene Verbindung von Religion und Moralität wird dargestellt bei:
– U. Barth, Gott als Projekt der Vernunft, 263–307.

📖📖 Ritschls Verhältnis zur lutherischen Reformation untersucht:
– U. Barth, Aufgeklärter Protestantismus, 125–146.

💻 Der deutsche Text der Enzyklika „Fides et ratio" sowie zahlreiche aktuelle Stimmen zu diesem Text sind über das Münsteraner Forum für Theologie und Kirche zugänglich:
– http://www.muenster.de/~angergun/fides-et-ratio.html.

Informieren Sie sich über die Verschiebung von Pannenbergs Auffassung zum Verhältnis von Glaube und Geschichte, wie sie sich im 1. Band seiner „Systematischen Theologie" (1988) im Vergleich den Offenbarungsthesen von 1961 niedergeschlagen hat:
– W. Pannenberg, Systematische Theologie, Band 1, 251–281, bes. 266 ff.

📖📖 Hinweise zum Verhältnis von Glaube und Vernunft geben:
– E. Heintel, U. Dierse, Glauben und Wissen (HWP 3).

§ 5 Die Heilige Schrift

Die Heilige Schrift (lat. scriptura sacra) umfasst jene Texte, die in der aus Altem und Neuem Testament bestehenden Bibel zusammengefasst sind. Die biblischen Schriften haben für die Dogmatik grundlegende Bedeutung, weil sich in ihnen nach christlicher Auffassung Gottes Offenbarung mit ihrem Höhepunkt im Christusgeschehen (vgl. § 3) in maßgeblicher Weise niedergeschlagen hat. Ein Gegenstand der Fundamentaltheologie ist das Thema *Heilige Schrift* vor allem aus zwei Gründen:
– In der *Reformation* brach ein Streit darüber aus, wie die grundlegende Bedeutung der Bibel für den christlichen Glauben genau zu bestimmen ist. Seitdem ist strittig, wie sich

die Autorität der Bibel auf der einen und die Autorität der Kirche und ihrer Lehre auf der anderen Seite zueinander verhalten (vgl. 5.2); dieser Streit ist bis heute nicht vollständig beigelegt, die damals aufgebrochenen Gegensätze bestehen allerdings nur noch zum Teil (vgl. 5.3.3).
– Seit der *Aufklärung* und der von ihr angeregten historisch-kritischen Erforschung der biblischen Schriften, die sich innerhalb des Protestantismus im 19. Jahrhundert endgültig durchgesetzt hat, wurden gegenüber der älteren Auffassung, nach der die gesamte Bibel als einheitliches Zeugnis der in Christus gipfelnden Offenbarung Gottes galt, der menschliche Charakter der biblischen Schriften und vor allem ihre Uneinheitlichkeit und Vielfalt hervorgehoben. Strittig ist seitdem, wie angesichts der in der modernen Exegese gewonnenen Einsichten am Charakter der Bibel als eines einheitlichen Offenbarungszeugnisses festgehalten werden kann (vgl. 5.3.1/5.3.2).

Der Behandlung der angesprochenen Probleme sollen einige Informationen zur Entstehung des biblischen Kanons sowie zur Autorität und Auslegung der Bibel in altkirchlicher und mittelalterlicher Zeit vorangestellt werden (5.1).

5.1 Vorbemerkungen

5.1.1 *Zur Entstehung des biblischen Kanons*
Der Prozess der Sammlung und Kanonisierung der sog. alttestamentlichen Schriften hat eine eigene Geschichte, die vom 6. vorchristlichen bis zum 2. nachchristlichen Jahrhundert reicht, schwer rekonstruierbar und im Einzelnen sehr kompliziert ist. Für die christliche Theologie hat von Anfang an die griechische Version der jüdischen Bibel, die sog. Septuaginta (LXX), eine wichtige Rolle gespielt. Sie enthielt allerdings auch Schriften, die später in den (hebräischen) Schriftenkanon des Judentums nicht aufgenommen wurden.

Über die Frage, inwieweit diese Schriften als Bestandteil der christlichen Bibel zu gelten haben, gehen die Auffassungen zwischen römisch-katholischer, lutherischer und reformierter Kirche auseinander: Die katholische Kirche hat diese Schriften als ‚Apokryphen' ausdrücklich aufgenommen. In der reformierten Tradition, die, zuerst in der Confessio Gallicana (1559), den genauen Umfang des Kanons auch bekenntnismäßig fixiert hat, wurden sie ausdrücklich abgelehnt (vgl. 1. Hauptteil, Abschnitt 3.5). Die lutherischen Kirchen haben bis heute auf eine definitive Abgrenzung des biblischen Kanons verzichtet (vgl. 1. Hauptteil, Abschnitt 3.4); die Apokryphen gelten deshalb nicht als unkanonisch, sie spielen allerdings in der kirchlichen Praxis nur eine sehr geringe Rolle.

Das frühe Christentum bekannte sich von Anfang an zur Autorität der jüdischen Bibel (in Gestalt der LXX), die als Vorankündigung des in Christus offenbar gewordenen Heils gedeutet wurde. Als ersten Schritt zum zweiteiligen Kanon kann man die um 50/60 n. Chr. einsetzende Fixierung der Jesusüberlieferung und die Sammlung von apostolischen Briefen betrachten. Seit ca. 150 gab es greifbare Tendenzen zu einer verbindlicheren Festlegung des Umfangs der christlichen Schriften. Gefördert wurde diese Entwicklung durch die Kanonbildung Markions (vgl. 1. Hauptteil,

Abschnitt 1.2). Die Kirche entschied sich einerseits für ein Festhalten am Alten Testament (LXX). Andererseits kam es (in Abgrenzung von Markions Interpretation von Gal 1,6f) zu einer prinzipiellen Festlegung auf eine *Mehrzahl* normativer Evangelien im Neuen Testament sowie zur Kanonisierung einer noch unbestimmten Zahl von Apostelschriften. Die endgültige Fixierung des Umfangs der zweiteiligen Bibel fiel erst ins 4. Jahrhundert. Eine vollständige Aufzählung aller 27 kanonischen Schriften des Neuen Testaments aus dem Jahre 367 geht auf Athanasius von Alexandrien zurück. Erstmals wurde hier auch das griechische Wort *kanon* für die biblischen Bücher gebraucht. Im Westen hat wahrscheinlich im Jahre 382 eine römische Synode unter dem römischen Bischof Damasus (Amtszeit: 366–384) eine Liste der biblischen Bücher verabschiedet, deren neutestamentlicher Teil dem Kanon des Athanasius (freilich in anderer Reihenfolge) entspricht.

Die Entstehung der Bibel

- ‚Heilige Schrift' der ersten Christen war die jüdische Bibel (in Gestalt der LXX), gelesen als Verheißung des Christusgeschehens.
- Markions umstrittene Kanonbildung förderte die Kanonisierung urchristlicher Bücher und die Fixierung des zweiteiligen Kanons.
- Die definitive Festlegung des Kanonumfangs erfolgte im 4. Jahrhundert (367/ 382).

5.1.2 *Die Bibel in altkirchlicher und mittelalterlicher Zeit*
Die Fixierung der zweiteiligen Bibel bedeutete, dass sich die Kirche zu der besonderen Autorität aller kanonischen Schriften aufgrund ihrer göttlichen Urheberschaft bekannte. Aus Sicht der christlichen Kirche haben die Verfasser der biblischen Schriften nicht aus eigenem Antrieb Zeugnis abgelegt, sondern sie wurden vom Geist Gottes dazu angeregt: „Denn noch nie wurde eine Weissagung aus menschlichem Willen hervorgebracht, sondern getrieben vom heiligen Geist haben Menschen im Namen Gottes geredet" (II Petr 1,21). Als eigentlicher ‚Verfasser' der biblischen Schriften galt danach Gott selbst, der bestimmte Menschen durch Geistbegabung (Inspiration) dazu befähigt hat, seine Offenbarung festzuhalten und dadurch weiterzugeben. Auch die aus solcher Geistbegabung hervorgegangene Schrift selbst wurde als durch Gott inspiriert betrachtet (II Tim 3,16 spricht ausdrücklich von einer göttlich inspirierten Schrift – gr.: *graphe theopneustos*).

Aufgrund dieser Autorität der Heiligen Schrift wurde deren Auslegung zur Hauptaufgabe theologischer Arbeit. Weil sich diese Auslegung im Horizont des Christusbekenntnisses vollzog, musste insbesondere die Exegese des Alten Testaments über den reinen Wortsinn hinausgehen, da nur so die innere Einheit der gesamten Bibel erwiesen werden konnte. Die alttestamentlichen Anordnungen über Opfer, Beschneidung, Speisen u.a. wurden in einem höheren, geistig-geistlichen Sinn gedeutet, etwa als göttliche Forderung nach Sündenbewusstsein und ‚Beschneidung der Herzen'. Der sog. Barnabasbrief (um 130) erklärte diese geistige Deutung sogar für den *eigentlichen* Sinn des im Alten Testament Gemeinten; den Juden wird ihr ‚historisches' Verständnis dieser Schriften als Grundfehler zum Vorwurf ge-

Autorität und Interpretation der Bibel

- Die kanonischen Schriften galten als inspiriert, d. h. als vom Geist Gottes ‚autorisiert'.
- Die Auslegung der ganzen Bibel als eines einheitlichen Christuszeugnisses nötigte zu einer über den Wortsinn hinausgehenden Deutung zahlreicher alttestamentlicher Texte.
- Im Mittelalter wurden Theorien über die unterschiedlichen ‚Sinne' (Bedeutungsebenen) der biblischen Texte entwickelt.

macht. Diese Trennung zwischen der buchstäblich-historischen und der geistlichen Bedeutung der biblischen Schriften bildete die Grundlage für die Lehre vom mehrfachen Schriftsinn.

In Anlehnung an Origenes hat der Mönch Johannes Cassianus (ca. 360–ca. 435; vgl. § 11.2.1) vier Arten der Schriftinterpretation unterschieden: An erster Stelle steht die historische Interpretation (a); sie fragt nach den geschichtlichen Ereignissen, die hinter den biblischen Berichten stehen. Darüber hinaus gibt es eine dreifache geistliche Deutung (b); sie sucht nach einer über den Wortsinn hinausgehenden Bedeutung der biblischen Texte. Der Weisung Augustins, aus der Schrift Glaube, Liebe und Hoffnung zu schöpfen, entspricht Cassians Differenzierung des geistlichen Schriftsinnes in (1) allegorischen (die christliche Lehre betreffenden), (2) moralischen bzw. tropologischen (das sittliche Handeln betreffenden) und (3) anagogischen (die eschatologische Vollendung betreffenden) Schriftsinn. Die folgende Übersicht stellt diese Unterscheidung zusammenfassend dar.

Augustin:		Wir schöpfen aus der Schrift		
		Glaube	Liebe	Hoffnung
		↓	↓	↓
Cassian:	(a) historische Interpretation	(b) dreifache geistliche Interpretation		
		(1) allegorisch	(2) moralisch	(3) anagogisch
	↓	↓	↓	↓
Im 13. Jahrhundert formulierter Merkvers zum vierfachen Schriftsinn:	Littera gesta docet,	quid credas allegoria;	moralis, quid agas,	quo tendas anagogia.
	Der *Buchstabe* lehrt das Geschehene,	was man glauben soll, die *Allegorie*;	der *moralische* (*Sinn*), was man tun soll,	die *Anagogie*, worauf man sich richten soll.
	↓	↓	↓	↓
Beispiel: *Jerusalem*	Stadt in Israel	Bild der Kirche	Bild der menschlichen Seele	Bild der himmlischen Herrlichkeit

Einen Überblick zur biblischen Kanonbildung und ihren Hintergründen bieten:
- B. Lang, Die Bibel, 15–40;
- W.-D. Hauschild, Lehrbuch der Kirchen- und Dogmengeschichte, Band 1, 75–77.

Vergleichen Sie Bestand und Anordnung der biblischen Bücher
- im Tanach (der dem hebräischen Alten Testament entsprechenden jüdischen Bibel) und im Alten Testament der Luther-Bibel;
- im Alten sowie Neuen Testament der Luther-Bibel und der römisch-katholischen Bibel (enthalten in der sog. Einheitsübersetzung).
Ermitteln Sie (ggf. unter Heranziehung einer Bibelkunde oder einer Einleitung in das Alte/Neue Testament) die Ursachen für die aufgefundenen Differenzen.

5.2 Die normative Bedeutung der Heiligen Schrift

5.2.1 *Die reformatorische Lehre von der Heiligen Schrift*

Die Frage, ob Lehre und Praxis der Kirche mit den Aussagen der Bibel, an denen sie orientiert sein sollten, wirklich im Einklang stehen, ist seit der Alten Kirche immer wieder gestellt worden: Einerseits wurde die in der Kirche überlieferte apostolische *Tradition* schon sehr früh als Schlüssel sachgerechter Schriftauslegung in Anschlag gebracht (vgl. die Hinweise zu Tertullian: 1. Hauptteil, Abschnitt 1.2); andererseits erfolgte in innerkirchlichen Kontroversen die Berufung auf die Bibel auch immer wieder in *traditionskritischer* Absicht.

Die Frage nach dem Verhältnis von Kirche und Bibel entfaltete in der Reformation eine bis dahin unbekannte Sprengkraft, weil Martin Luther mit großem Nachdruck die kritische Funktion der Schrift gegenüber Lehre und Praxis der Kirche betonte, indem er gefordert hat, dass *allein aufgrund der Schrift* (lat. sola scriptura) entschieden werden dürfe, was legitimerweise zur kirchlichen Verkündigung gehört. Mit dieser Forderung hat er die traditionelle Lehre von der Autorität der Bibel in zweifacher Weise zugespitzt:

1. Alles, was für die Erlangung des Heils nötig ist, ist in der Bibel enthalten. Diese Auffassung hat Luther aufgrund intensiver Bibelstudien ganz persönlich gewonnen. Für ihn ist, theologisch gesehen, Christus der einzige Inhalt der Schrift. D.h. in der Bibel geht es letztlich und entscheidend darum, dass Gott den Menschen zum Glauben rufen will, zum Vertrauen darauf, dass er trotz seiner Sünde durch Christus aus reiner Gnade angenommen ist. Wegen der Heilsbedeutung der biblischen Botschaft kommt es darauf an, die Schrift wirklich zu Wort kommen zu lassen, sie als *letzte Autorität und verbindliche Entscheidungsinstanz in theologischen Kontroversen* zu akzeptieren und ihr alle menschliche Auslegung unterzuordnen.

[W]er ist Richter, durch den eine Frage zum Ende kommt, wenn die Sprüche der Väter gegeneinander streiten? Es ist nämlich nötig, hier nach dem Richtspruch der Schrift das Urteil zu fällen, was nicht geschehen kann, wenn wir nicht der Schrift den ersten Platz in allem geben, was von den Vätern ausgelegt	[Q]uo iudice finietur quaestio, si patrum dita sibi pugnaverint. Oportet enim scriptura iudice hic sententiam ferre, quod fieri non potest, nisi scripturae dederimus principem locum in omnibus quae tribuuntur patribus,

wird, d. h. dass sie selber durch sich selber sei die sicherste, zugänglichste, verständlichste, die sich selber auslegt, die alle [Interpretationen] aller prüft, beurteilt und erleuchtet […] So sollen also die ersten Prinzipien der Christen nichts außer den göttlichen Worten sein, die Worte aller Menschen aber sind Schlüsse, die davon abgeleitet sind und wieder darauf zurückgeführt und daran geprüft werden müssen. (Übersetzung RL)	hoc est, ut sit ipsa per sese certissima, facillima, apertissima, sui ipsius interpres, omnium omnia probans, iudicans et illuminans […] Sint ergo Christianorum prima principia non nisi verba divina, omnium autem hominum verba conclusiones hinc eductae et rursus illuc reducendae et probandae.

M. Luther, Assertio omnium articulorum
(WA 7, 97,19–24; 98,4–6/LDStA 1, 78,29 f; 80,1–4.23–25).

2. Die Autoritätsfähigkeit der Schrift gründet in ihrer *Klarheit*. Für Luther ist die Gesamtintention der Heiligen Schrift so deutlich, dass sie keiner weiteren Auslegung oder Weiterentwicklung durch eine andere Instanz bedarf. Damit soll allerdings nicht behauptet werden, dass es keine schwer verständlichen Stellen in der Bibel gäbe. Luther meint aber, dass die ‚Sache' oder die ‚Mitte' der Schrift, das Evangelium von Jesus Christus, deutlich ist. Von dieser Mitte her kann dann auch alles andere in ihr verstanden werden, wenn Wortbedeutung und grammatischer Zusammenhang angemessen berücksichtigt werden.

Das allerdings gebe ich zu, dass viele Stellen in der Schrift dunkel und verworren sind, nicht um der Hoheit der Dinge sondern um unserer Unkenntnis der Worte und der Grammatik willen, die aber nicht die Erkenntnis aller Dinge in der Schrift hindern können. Denn was kann in der Schrift noch Erhabeneres verborgen sein, nachdem […] jenes höchste Geheimnis verkündigt worden ist, dass Christus, der Sohn Gottes, Mensch geworden, dass Gott dreifältig und doch einer sei, dass Christus für uns gelitten hat und ewiglich regieren werde? […] Es liegt wirklich nichts daran, wenn die Sache sich im Lichte befindet, dass irgendeines ihrer Merkmale im Dunkeln liegt, während jedoch viele andere ihrer Merkmale im Lichte stehen. Wer wird behaupten, ein öffentlicher Brunnen befinde sich nicht im Lichte, weil die, die in der Seitenstraße stehen, ihn nicht sehen, während doch alle, die auf dem Markt sind (wo er steht), ihn sehen können?	Hoc sane fateor, esse multa loca in scripturis obscura et abstrusa, non ob maiestatem rerum, sed ob ignorantiam vocabulorum et grammaticae, sed quae nihil impediant scientiam omnium rerum in scripturis. Quid enim potest in scripturis augustius latere reliquum, postquam […] illud summum mysterium proditum est, Christum filium Dei factum hominem, Esse Deum trinum et unum, Christum pro nobis passum et regnaturum aeternaliter? […] Iam nihil refert, si res sit in luce, an aliquid eius signum sit in tenebris, cum interim multa alia eiusdem signa sint in luce. Quis dicet fontem publicum non esse in luce, quod hi qui in angiporto sunt, illum non vident, cum omnes qui sunt in foro videant?

M. Luther, De servo arbitrio (Luther deutsch 3, 161 f/
WA 18, 606,22–28.35–39/LDStA 1, 234,23–30; 236,8–11).

Diese Auffassung von der Christusbotschaft als Mitte der (durch ihre Klarheit autoritätstauglichen) Schrift machte es Luther möglich, vom so identifizierten Zentrum her die theologische Angemessenheit aller biblischen Einzeltexte danach zu beurteilen, ob und inwieweit sie das Christusgeschehen als reine Gnadentat Gottes lehren.

Sein Schriftprinzip beinhaltet daher auch die *Möglichkeit von Schriftkritik*, die sich sogar als Kritik am Umfang und der Reihenfolge der Bücher des überlieferten Kanons äußern kann (vgl. die Aufgabenstellung am Ende von 5.1).

Das ist auch der rechte Prüfstein, alle Bücher zu beurteilen, wenn man siehet, ob sie Christus treiben oder nicht. Sintemal alle Schrift Christus zeiget, Röm. 3, 22 ff., und Paulus nichts als Christus wissen will, 1. Kor. 2, 2. Was Christus nicht lehret, das ist nicht apostolisch, wenns gleich Petrus oder Paulus lehret; umgekehrt, was Christus predigt, das ist apostolisch, wenns gleich Judas, Hannas, Pilatus und Herodes täte.	Auch ist das der rechte prufesteyn alle bucher zu taddeln, wenn man sihet, ob sie Christum treyben, odder nit, Syntemal alle schrifft Christum zeyget Ro. 3. unnd Paulus nichts denn Christum wissen will .1.Cor. 2. Was Christum nicht leret, das ist nicht Apostolisch, wens gleich Petrus odder Paulus leret, Widerumb, was Christum predigt, das ist Apostolisch, wens gleych Judas, Annas, Pilatus und Herodes thett.

M. Luther, Vorrede auf die Episteln Sanct Jacobi unnd Judas
(Luther deutsch 5, 63/WA DB 7, 384,26–31).

49. Denn wenn die Gegner die Schrift gegen Christus ins Feld führen, führen wir Christus gegen die Schrift ins Feld. (Übersetzung RL)	49. Quod si adversarii scripturam urserint contra Christum, urgemus Christum contra Scripturam.

M. Luther, Propositiones disputatae
(WA 39 I, 47,19 f.).

Die von Luther behauptete Klarheit der Schrift ist mit einer deutlichen *Kritik an der Lehre vom mehrfachen Schriftsinn* verbunden. Denn nach dieser Lehre ist der Wortsinn der Schrift – als Bericht über ‚das Geschehene' – theologisch weitgehend bedeutungslos. Dagegen hat Luther gelehrt, dass gerade dieser einfache Wortsinn für das Erfassen der Mitte der Schrift entscheidend ist. Dem Wortsinn der Bibel nachzugehen heißt aber zugleich, die Sprach- und Denkwelt der Autoren der biblischen Bücher bei der Interpretation eingehend zu berücksichtigen. Mit dieser Forderung hat Luther der modernen Bibelauslegung wichtige Impulse gegeben (vgl. 5.2.3).

Ein weiterer wichtiger Aspekt der reformatorischen Lehre von der Schrift ist Hervorhebung der ursprünglichen *Mündlichkeit des Wortes Gottes*. Luther und Calvin sind gemeinsam der Auffassung, dass das Wort Gottes zuerst mündliches Wort ist. Die schriftliche Fixierung ist demgegenüber etwas Zweitrangiges. Zwar war, wie beide gleichermaßen betonten, diese schriftliche Fixierung nötig, damit Gottes Wort nicht durch die Vergesslichkeit oder mutwillige Verfälschung entstellt würde. Aber die Urform des Evangeliums ist das mündliche Wort, zu dessen Verkündigung Christus den Aposteln den Heiligen Geist gegeben, sie also inspiriert hat.

Die spätere reformatorische Theologie hat den Vorgang der Inspiration der Bibel auf deren *schriftliche* Fixierung bezogen; das Wort Gottes wurde dadurch mit seiner schriftlichen Form identifiziert. – Um der Bibel ihre Autorität zu sichern, hat man sie quasi vergöttlicht. So galt nach der in der altprotestantischen Orthodoxie ausgebildeten Lehre von der sog. Verbalinspiration die Schrift in allen Einzelheiten (einschließlich der hebräischen Vokalzeichen) als unmittelbar von Gott ‚diktiert' (vgl. zum theologiegeschichtlichen Kontext:

Grundeinsichten der reformatorischen Schriftlehre

– Was für den Glauben und das Heil des Menschen nötig ist, kann dem Wortlaut der Schrift vollständig und unzweideutig entnommen werden.
– Das – ursprünglich in mündlicher Form überlieferte – Evangelium von Jesus Christus ist das Zentralanliegen der gesamten Schrift und damit zugleich der kritische Maßstab aller ihrer Einzelaussagen.

1. Hauptteil, Abschnitt 4.2). Jedes Zugeständnis einer auch menschlichen Beteiligung an der Entstehung der Bibel wurde vermieden. Dahinter stand das Interesse, der Bibel ihren Rang als der einzigen und vollgültigen Grundlage aller menschlichen Theologie zu sichern. Die Gleichsetzung des Wortlautes der Bibel mit dem Wort Gottes verband sich allerdings mit der Ablehnung einer kritischen Untersuchung der biblischen Schriften. Die mit der Aufklärung einsetzende Bibelkritik war deshalb mit einer Absage an die Lehre von der Verbalinspiration verbunden (vgl. 5.3).

5.2.2 Zur römisch-katholischen Lehre von der Schrift

Die römisch-katholische Kirche hat seit den Auseinandersetzungen der Reformationszeit ausdrücklich betont, dass die Heilige Schrift zu ihrem rechten Verständnis einer kirchlich autorisierten Auslegung bedarf. Eine solche Autorität stellt nach katholischer Auffassung das kirchliche Lehramt dar, das letztlich entscheiden kann, wie die Schrift verbindlich auszulegen ist. Dass es eine solche Instanz geben muss, wurde und wird damit begründet, dass schon der biblische Kanon ein Werk der Kirche sei und die Schriftinterpretation deshalb von der Kirchenautorität nicht abgetrennt werden könne. Diese Begründung wird untermauert mit der Bestreitung der von Luther behaupteten Klarheit der Schrift: Wegen der Vieldeutigkeit nicht weniger Stellen in der Bibel ist nach katholischer Auffassung eine sachgerecht urteilende kirchliche Auslegungstradition unverzichtbar. – Der reformatorischen Forderung, die kirchliche Lehre *allein aufgrund der Schrift* zu regulieren, setzte die katholische Kirche also die Ergänzungsbedürftigkeit der Schrift durch *Kirche und Tradition* entgegen.

Es ist allerdings wichtig, die Doppelbedeutung dessen im Auge zu behalten, was aus katholischer Sicht als Tradition gelten kann:

1. Einerseits wird damit eine neben der Schrift bestehende, mit ihr gleichursprüngliche *(mündliche) Tradition* bezeichnet. Ausgangspunkt dieses Traditionsbegriffs ist die Vorstellung, dass die Apostel bestimmte ihnen übermittelte Lehren von und über Christus auch mündlich weitergegeben haben. Hinzu kommt die Behauptung, diese mündliche Tradition sei unabhängig von der (in den biblischen Schriften fixierten) schriftlichen Überlieferung bis in die Gegenwart in der Kirche weitergegeben worden. Es wird also die Existenz einer der Kirche zur Verfügung stehenden Überlieferung vorausgesetzt, die zwar durch Christus autorisiert ist, die aber inhaltlich über das in der Heiligen Schrift enthaltene Offenbarungszeugnis hinausgeht.

2. Andererseits ist damit auch die der Heiligen Schrift folgende und sich an ihr orientierende *Auslegungstradition* gemeint. Die Tradition hat nach diesem Verständnis die Hilfsfunktion einer Erhellung des wahren Sinnes der Schrift, der eben nicht ohne weiteres jedermann vor Augen steht. Dabei kommt dem kirchlichen Lehramt

die Aufgabe zu, angemessene von unangemessenen Auslegungstraditionen zu unterscheiden.

Aus dieser zweifachen Bestimmung der Tradition ergibt sich eine doppelte Differenz zwischen römisch-katholischer und lutherischer Lehre. Der Traditionsbegriff im Sinne von (2) bestreitet die reformatorische Lehre von der *Klarheit* der Schrift und beharrt auf der Notwendigkeit einer kirchlich anerkannten Auslegung. Der Traditionsbegriff im Sinne von (1) richtet sich gegen die reformatorische Lehre, nach der die Bibel *alles* enthält, was für die Erlangung des Heils nötig ist. Denn direkt auf Christus zurückgehende Offenbarungswahrheiten sind stets heilsnotwendig, aber nach dem dargestellten Traditionsverständnis sind eben nicht alle derartigen Wahrheiten schon in der Bibel enthalten. Welches aber die zwar heilsnotwendigen aber nicht in der Schrift enthaltenen Traditionen sind, wird wiederum vom Lehramt entschieden.

Die römisch-katholische Lehre von der Schrift

- Grundthese: Die Heilige Schrift bedarf einer Autorisierung durch die Kirche sowie einer Ergänzung und Auslegung durch die kirchliche Tradition.
- Doppelter Traditionsbegriff:
  1. mit der Schrift gleichursprüngliche mündliche Tradition (in der kirchlichen Lehre bewahrt);
  2. der Schrift nachfolgende Auslegungstradition, deren Schriftgemäßheit vom Lehramt beurteilt wird.

In den beiden ersten Lehrdekreten des Konzils von Trient (verabschiedet auf der 4. Sitzung am 8. April 1546) wird einerseits deutlich, dass eine mündliche mit der Bibel gleichursprüngliche Tradition angenommen wird: Die Rede ist davon, dass die Wahrheit des Evangeliums „in geschriebenen Büchern und ungeschriebenen Überlieferungen" enthalten sei (in libris scriptis et sine scripto traditionibus). Andererseits wird gegen eine kirchen- und traditionskritische Schriftauslegung sowohl das Interpretationsmonopol des Lehramts (der „Mutter Kirche") als auch die „Übereinstimmung der Väter" (consensus patrum) eingeschärft.

Das hochheilige ökumenische und allgemeine Konzil von Trient, im Heiligen Geiste rechtmäßig versammelt, [...] erkennend, daß diese Wahrheit und Lehre [des Evangeliums] in geschriebenen Büchern und ungeschriebenen Überlieferungen enthalten sind, die, von den Aposteln aus dem Munde Christi selbst empfangen oder von den Aposteln selbst auf Diktat des Heiligen Geistes gleichsam von Hand zu Hand weitergegeben, bis auf uns gekommen sind, folgt dem Beispiel der rechtgläubigen Väter und nimmt an und verehrt mit dem gleichen Gefühl der Dankbarkeit und der gleichen Ehrfurcht alle Bücher sowohl des Alten als auch des Neuen Testamentes, da der eine Gott Urheber von beiden ist, sowie auch die Überlieferungen – sowohl die, welche zum Glauben, als	Sacrosancta oecumenica et generalis Tridentina Synodus, in Spiritu Sancto legitime congregata, [...] perspiciensque, hanc veritatem et disciplinam contineri in libris scriptis et sine scripto traditionibus, quae ab ipsius Christi ore ab Apostolis acceptae, aut ab ipsis Apostolis Spiritu Sancto dictante quasi per manus traditae ad nos usque pervenerunt, orthodoxorum Patrum exempla secuta, omnes libros tam Veteris quam Novi Testamenti, cum utriusque unus Deus sit auctor, nec non traditiones ipsas, tum ad fidem, tum ad mores pertinentes, tamquam vel oretenus a

auch die, welche zu den Sitten gehören – als entweder wörtlich von Christus oder vom Heiligen Geiste diktiert und in beständiger Folge in der katholischen Kirche bewahrt.	Christo, vel a Spiritu Sancto dictatas et continua successione in Ecclesia catholica conservatas, pari pietatis affectu ac reverentia suscipit et veneratur.

Konzil von Trient, Dekret über die Annahme der heiligen Bücher und der Überlieferungen (DH 1501; NR 87 f.).

Außerdem beschließt es [das Konzil], um leichtfertige Geister zu zügeln, daß niemand wagen soll, auf eigene Klugheit gestützt in Fragen des Glaubens und der Sitten, soweit sie zum Gebäude christlicher Lehre gehören, die heilige Schrift nach den eigenen Ansichten zu verdrehen und diese selbe heilige Schrift gegen jenen Sinn, den die heilige Mutter Kirche festgehalten hat und festhält, [...] oder auch gegen die einmütige Übereinstimmung der Väter auszulegen.	Praeterea ad coercenda petulantia ingenia decernit, ut nemo, suae prudentiae innixus, in rebus fidei et morum, ad aedificationem doctrinae christianae pertinentium, sacram Scripturam ad suos sensus contorquens, contra eum sensum, quem tenuit et tenet sancta mater Ecclesia, [...] aut etiam contra unanimem consensum Patrum ipsam Scripturam sacram interpretari audeat.

Konzil von Trient, Dekret über die Vulgata-Ausgabe der Bibel und die Auslegungsweise der Heiligen Schrift (DH 1507; NR 93).

5.2.3 Die Durchsetzung der historisch-kritischen Methode und ihre Bedeutung für die evangelische Theologie

Luthers Bemühen, durch Überwindung der Unkenntnis von Wörtern und Grammatik in den biblischen Schriften deren Klarheit zu erweisen (vgl. das Zitat aus „De servo arbitrio" in 5.2.1), hat in der Entwicklung der protestantischen Schriftlehre nach der Orthodoxie zu wachsendem Interesse an der Sprach- und Denkwelt der Autoren der biblischen Bücher geführt und somit der modernen historisch-kritischen Bibelauslegung wichtige Impulse gegeben. Insofern verdankt sich die mit der Aufklärung einsetzende historisch-kritische Erforschung der Bibel in gewisser Weise den Einsichten der Reformation. Aber eben nur in gewisser Weise. Denn die konsequent historische Untersuchung führte – im Gegenzug zu der erwähnten *Vergöttlichung* in der altprotestantischen Orthodoxie – zu einer völligen *Entgöttlichung* der Schrift: Die Bücher der Bibel wurden nicht mehr als unmittelbarer Ausdruck göttlicher Offenbarung betrachtet, sondern in erster Linie als historische Dokumente menschlichen Ursprungs behandelt und analysiert. Daraus folgte die folgenschwere Preisgabe einer wichtigen Voraussetzung, die Luther niemals infrage gestellt hatte: Dass es in allen biblischen Schriften letztlich um ein- und denselben Sachverhalt geht, der in je verschiedener Weise zum Ausdruck gebracht wird, nämlich um Christus. Die historisch-kritische Bibelauslegung arbeitete dagegen die Vielfalt an theologischen Konzeptionen innerhalb der biblischen Bücher heraus. Es gibt danach nicht mehr die eine Sache der Schrift, sondern nur noch die vielen Sachen der Schriften.

Diese Art der Bibelauslegung setzte sich im Zusammenhang mit der Entstehung der Aufklärung durch. Ein kritischer Umgang mit der Bibelautorität begegnete bereits im englischen Deismus. In Deutschland wurde die orthodoxen Inspirationslehre seit der Übergangstheologie zunehmend infrage gestellt (vgl. zu den angesprochenen theologiegeschichtlichen Kontexten: 1. Hauptteil, Abschnitte 4.4 und 4.5): Der noch der Übergangstheologie zuzurechnende Christoph Matthäus Pfaff hatte die mit der Verbalinspirationslehre unweigerlich verbundene Behauptung einer völligen Irrtumslosigkeit der Bibel in all ihren Aussagen bereits nicht mehr behauptet; die in der Neologie von Johann Gottlieb Töllner und Johann Salomo *Semler* vollzogene Unterscheidung von Schrift und Wort Gottes führte nicht nur zu der durch Johann Philipp *Gabler* (1753–1826) programmatisch geforderten Trennung von biblischer und dogmatischer Theologie, sondern ebenso zu einer biblisch begründeten Kritik kirchlicher Lehraussagen. Eine besondere Sprengkraft entfalteten in diesem Zusammenhang die von Hermann Samuel *Reimarus* stammenden „Fragmente eines Ungenannten", die Gotthold Ephraim Lessing herausgegeben hatte.

Semler hat die in der altprotestantischen Orthodoxie festgehaltene Identifikation der Schrift als Wort *Gottes* aufgelöst: Die Bibel gilt als *menschliches* (und inhaltlich durchaus uneinheitliches) Offenbarungszeugnis, keinesfalls aber als unmittelbare Offenbarung Gottes. Dadurch verlor auch die an der Bibel orientierte kirchliche Lehre ihre unbedingte Verbindlichkeit für den einzelnen Christen: Die bislang angenommene Heilsbedeutung einer Zustimmung des Christen zur kirchlichen Lehre wurde relativiert; eine Folge dieser Relativierung war die Betonung des pluralistischen Charakters des christlichen Glaubens und die damit verbundene Stärkung der individuellen Religiosität; dabei spielte Semlers Unterscheidung von historisch-gesellschaftlicher und moralisch-privater Religion eine Rolle (vgl. § 1.1.2).

Bibelautorität und historische Kritik

– Die Schriftauslegung vor der Aufklärung hat die Bibel als einheitliches Wort Gottes verstanden.
– Die historische Kritik zielte auf eine Erfassung der christlichen Religion (und ihrer biblischen Grundlagen) als eines rein geschichtlichen Phänomens.

Gabler hat in seiner am 30. März 1787 gehaltenen Antrittsvorlesung an der Universität Altdorf eine scharfe methodische Trennung von biblischer und dogmatischer Theologie gefordert (Oratio de iusto discrimine theologiae biblicae et dogmaticae regundisque utriusque finibus). Es war Gablers Ziel, auf der Basis undogmatischer und insofern theologisch neutraler Erforschung der biblischen Texte in ihrem jeweiligen historischen Kontext eine ‚biblische Theologie' zu formulieren, deren Aussagen als eine gesicherte Grundlage dogmatischer Lehrbildung gelten können. Gabler hat dieses Programm zwar nicht verwirklichen können, aber seine Forderung nach Trennung von Bibelauslegung und Dogmatik hat das Selbstbewusstsein einer eigenständigen, rein historisch verfahrenden und insofern von dogmatischen Vorgaben emanzipierten Schriftauslegung nachhaltig gestärkt.

In den von Lessing herausgegebenen „Fragmente[n] eines Ungenannten" (vgl. zum theologiegeschichtlichen Kontext: 1. Hauptteil, Abschnitt 4.6) hat *Reimarus* u. a. die historische Zuverlässigkeit der biblischen Berichte über Jesu Leben, Verkündigung und Auferstehung durch den Nachweis innerbiblischer Inkonsistenzen bestritten; von besonderer Bedeutung waren dabei sein Aufweis einer Differenz zwischen vorösterlicher Verkündigung Jesu und nachösterlicher Christusverkündigung (vgl. § 10.4.2) und seine Bestreitung der Historizität der Auferstehung (vgl. § 10.4.3).

Entstehung der historisch-kritischen Methode

- Luthers Hochachtung des Literalsinns motivierte das Interesse an der Sprach- und Denkwelt biblischen Autoren.
- Deismus, Neologie und Aufklärungsphilosophie fragten nach einer vernunftgemäßen überzeitlichen Wahrheit in der Bibel.
- Der quellen- und tendenzkritische Zugang zum Neuen Testament führte im 19. Jahrhundert zur Durchsetzung der historisch-kritischen Forschung.

Der endgültige Durchbruch der der historisch-kritischen Methode ist mit den Namen Ferdinand Christian Baur und David Friedrich Strauß verbunden (vgl. zum theologiegeschichtlichen Kontext: 1. Hauptteil, Abschnitt 5.2). War es in allen bisherigen Ansätzen eines kritischen Umgangs mit den biblischen Schriften darum gegangen, ihnen eine überzeitliche Wahrheit zu entnehmen, zielte Baur auf eine *rein geschichtliche Erfassung der christlichen Religion* und ihrer – in den neutestamentlichen Schriften vorliegenden – Voraussetzungen.

Mit seinem grundlegenden Aufsatz „Die Christuspartei in der korinthischen Gemeinde, der Gegensatz des paulinischen und petrinischen Christenthums [...]" (1831) deckte Baur die von internen Konflikten geprägte Uneinheitlichkeit des frühen Christentums auf. Dabei erblickte er den Hauptgegensatz zwischen einem gesetzestreuen partikularistischen (petrinischen) Judenchristentum und einem gesetzeskritischen universalistischen (paulinischen) Heidenchristentum. Dieser Konflikt hat nach Baur die Entwicklung des frühen Christentums geprägt und vorangetrieben und kam im Frühkatholizismus zu einem ersten Ausgleich. Den damit begründeten quellen- und tendenzkritischen Zugang zum Neuen Testament hat Baur in den Folgejahren weitergeführt und aus den 1831 skizzierten Vorstellungen ein eindrucksvolles Gesamtbild der christentums- und dogmengeschichtlichen Entwicklung entworfen. Baurs diesbezügliche Einsichten erwiesen sich teilweise bereits im 19. Jahrhundert als überholt; die wissenschaftliche Methodik blieb aber wegweisend für die protestantische Bibelwissenschaft.

Die Entwicklung von Baurs Schüler Strauß zu einem radikalen Christentumskritiker zeigte, dass die historische Methode nicht nur als Grundlage für die bessere Erfassung des Wesens der christlichen Religion dienen, sondern auch als Instrument einer Destruktion des christlichen Wahrheitsanspruchs verwendet werden konnte und kann (vgl. § 10.4.3).

Angesichts der Ergebnisse der historisch-kritischen Methode ist es nicht mehr ohne weiteres möglich, die Bibel als verbindliche Norm aller theologischen Urteilsbildung im traditionellen Sinn zu betrachten, denn:

1. Ihre Einzelaussagen sind selbst auch nichts anderes als die Resultate zeitgebundenen menschlichen Nachdenkens über Gott, Resultate, denen erst im Verlauf eines historischen Prozesses kanonische Geltung zugesprochen worden ist.

2. Ihre Einzelaussagen sind untereinander höchst uneinheitlich; das Evangelium von Jesus Christus kann deshalb nicht ohne weiteres als das eine Zentrum der Bibel in ihrer Gesamtheit gelten.

Beide Einsichten haben zum Nachdenken über die Bedeutung des lutherischen Schriftprinzips im gegenwärtigen Protestantismus genötigt (vgl. 5.3.2). Vor allem die unter (1) genannte Feststellung hat zur Entschärfung im katholisch-reformatorischen Streit um die Schriftautorität beigetragen (vgl. dazu 5.3.3); sie hat überdies die Möglichkeit einer vom christlichen Glauben getragenen Kritik an zeitgebundenen – und aus neuerer Sicht nicht mehr nachvollziehbaren – Grundannahmen eröffnet, von denen biblische Texte geleitet sind (als eines von vielen Beispielen hierfür kann die von der feministischen Theologie formulierte Kritik an den in vielen Bibeltexten vorausgesetzten patriarchalischen Gesellschaftsverhältnissen gelten; vgl. dazu die Hinweise in § 9.3.2). Der unter (2) angedeutete Befund hat vor allem das in § 2.1 und § 3.1 bereits erwähnte Problem einer gesamtbiblischen Theologie bewusst gemacht, also die Frage nach der Bedeutung des Alten Testaments für den christlichen Glauben (vgl. dazu auch 5.3.1).

Informieren Sie sich über die Schriftlehre in den lutherischen Bekenntnisschriften anhand von:
- BSLK 767–769/Unser Glaube Nr. 871–876. 833–838;
- H. G. Pöhlmann, Schrift und Wort Gottes.

Die Ergebnisse der oben zitierten Dekrete des Konzils von Trient sind kurz zusammengefasst bei:
- W.-D. Hauschild, Lehrbuch der Kirchen- und Dogmengeschichte, Band 2, 498 f.
Einen differenzierten Überblick zur Entstehung und zu Auslegungsfragen dieser Texte gibt:
- H. Jedin, Geschichte des Konzils von Trient, Band 2, 42–82.

Die Bedeutung der Altdorfer Antrittsvorlesung von Johann Philipp Gabler für die Etablierung der historisch-kritischen Forschung behandelt:
- R. Leonhardt, Skeptizismus und Protestantismus, 203–225.

Die Auflösung des altprotestantischen Schriftprinzips seit dem Pietismus stellt dar:
- U. Barth, Aufgeklärter Protestantismus, 167–199.

Den Prozess der Transformation vom reformatorischen Schriftprinzip zur historisch-kritischen Methode behandelt umfassend:
- J. Lauster, Prinzip und Methode.

Die systematisch-theologische Relevanz der Ergebnisse historisch-kritischer Forschung wurde unterschiedlich beurteilt; nehmen Sie die drei nachstehenden – für die deutsche evangelische Theologie der 2. Hälfte des 20. Jahrhunderts maßgeblichen – Positionen zur Kenntnis:
- G. Ebeling, Die Bedeutung der historisch-kritischen Methode;
- E. Käsemann, Begründet der neutestamentliche Kanon die Einheit der Kirche?;
- W. Pannenberg, Die Krise des Schriftprinzips.

5.3 Die Schriftautorität in der gegenwärtigen Theologie

5.3.1 *Die jüdische Bibel im christlichen Kanon*

Die historisch-kritische Erforschung des Alten Testaments hat deutlich gemacht, dass der bei weitem umfangreichere Textbestand innerhalb der biblischen Überlieferung einer nichtchristlichen Tradition entstammt. Denn wenn sich die Interpretation eines Textes maßgeblich von der am Text selbst ablesbaren Intention leiten lässt, kann das im Alten Testament enthaltene vorchristliche Offenbarungszeugnis nicht vom Christusgeschehen her gedeutet, sondern es muss aus sich selbst heraus verstanden werden. Von daher steht die moderne alttestamentliche Exegese einer dogmatischen Inanspruchnahme des Alten Testaments durch die christliche Theologie gegenüber.

> Die Differenz zwischen der historischen Aussageabsicht der alttestamentlichen Texte und ihrer Deutung vom Christusgeschehen her war auch vor der Aufklärung nicht unbekannt. Die Lehre vom mehrfachen Schriftsinn löste das Problem durch eine über den reinen Wortsinn hinausgehende geistliche Interpretation der alttestamentlichen Schriften (vgl. 5.1.2). Dies war in der Aufklärung allerdings nicht mehr möglich, weil sich die historisch-kritische Forschung eben nur auf den buchstäblich-historischen Sinn der biblischen Texte stützen wollte, der ‚Ausweg' einer geistlichen Deutung also verbaut war.

In der neueren Theologie ist mit der dargestellten Problemlage in verschiedener Weise umgegangen worden. Hier sollen zwei maßgebliche Ansätze der Problembewältigung kurz vorgestellt werden:

1. *Ausscheidung des Alten Testaments aus dem biblischen Kanon.* – Dieser Lösungsansatz nimmt die Erkenntnis ernst, dass das Alte Testament – für sich betrachtet – eine Sammlung nichtchristlicher Schriften darstellt, die überdies als Heilige Schrift einer anderen, nämlich der jüdischen Religion gelten, von der sich das Christentum gerade distanziert hat.

> Die Sorge um die Reinheit des Evangeliums hatte schon in altkirchlicher Zeit (bei Markion; vgl. 1. Hauptteil, Abschnitt 1.2) zu einem letztlich fehlgeschlagenen Versuch der Verwerfung des Alten Testaments und seiner Ausscheidung aus dem christlichen Schriftenkanon geführt. Die Aufnahme des Alten Testaments in die christliche Bibel und die Überbrückung der inhaltlichen Unterschiede durch eine geistliche Interpretation sind nicht zuletzt als Reaktionen auf diesen Vorstoß zu verstehen. Vor dem Hintergrund der historisch-kritischen Forschung stellte sich die Frage nach der Kanonizität des Alten Testaments erneut. Zu Beginn des 19. Jahrhunderts hat Friedrich Schleiermacher die gleichberechtigte Geltung des Alten Testaments im biblischen Kanon hinterfragt. Er befürchtete, dadurch könnte das Christentum lediglich als eine Fortsetzung des Judentums erscheinen.

Zu Beginn des 20. Jahrhunderts hat vor allem Adolf von Harnack in seiner Monographie zu Markion das Festhalten des modernen Protestantismus an der Kanonizität des Alten Testaments massiv kritisiert.

> [D]*as AT im 2. Jahrhundert zu verwerfen, war ein Fehler, den die große Kirche mit Recht abgelehnt hat; es im 16. Jahrhundert beizubehalten, war ein Schicksal, dem sich die Reformation noch nicht zu entziehen vermochte; es aber seit dem 19. Jahrhundert als kanonische Urkunde im Protestantismus noch zu konservieren, ist die Folge einer religiösen und kirchlichen Lähmung.*
> A. v. Harnack, Marcion, 217.

Im deutschsprachigen Protestantismus der 2. Hälfte des 20. Jahrhunderts war es besonders Falk Wagner (1939–1998), der die Geltung des Alten Testaments für den christlichen Glauben hinterfragt hat. Zwar gehören die Schriften der Hebräischen Bibel nach Wagner unstreitig zu den historischen Entstehungsbedingungen des frühen Christentums. Durch den Rückbezug auf den Gott des Alten Testaments (als den Vater Jesu) werde jedoch die Spezifik des christlichen Gottesgedankens gerade unterdrückt.

In systematischer Hinsicht erscheint das Festhalten an der kanonischen Geltung des Alten Testaments deshalb als problematisch, weil auf diese Weise das spezifisch Neue und Eigentümliche des christlichen Grundgedankens eher verstellt als erhellt wird. Judentum und Christentum unterscheiden sich sowohl durch den trinitarischen Gottesgedanken wie durch die Christologie. [...] Indem aber die christliche Theologie den ‚Vater' Jesu Christi immer wieder auf Jahwe, den Gott des Alten Testaments, beziehen will, verbaut sie sich die Möglichkeit, den spezifisch neuen und revolutionären Gehalt zu explizieren, auf den der trinitarische Gottesgedanke und die Christologie zielen.

F. Wagner, Auch der Teufel zitiert die Bibel, 251 f.

Solche Stimmen sind jedoch eher selten. Im Allgemeinen wird weniger die Differenz zwischen Altem und Neuem Testament betont, vielmehr wird, wie die nachfolgend behandelte Position zeigt, die Zusammengehörigkeit beider Testamente im christlichen Bibelkanon hervorgehoben.

2. *Kanonische Interpretation des Alten Testaments.* – Die Vertreter dieses Lösungsansatzes gehen davon aus, dass im Neuen Testament die Weiterführung des in sich unvollendeten Alten Testaments vorliegt. Das heißt zugleich, dass es tatsächlich in der gesamten Schrift letztlich um ein- und denselben Sachverhalt geht, nämlich um Christus, in dem uns Gott begegnet. Weil danach bereits im Alten Testament von Christus gesprochen wird – wenn auch in anderer Weise als im Neuen Testament –, gilt das Alte Testament als unveräußerlicher Bestandteil der zweiteiligen christlichen Bibel. Profiliert vorgetragen wird diese Auffassung von dem Alttestamentler Hermann Spieckermann (geb. 1950).

Beide Testamente bezeugen Jesus Christus auf je eigene Weise. Das Alte Testament tut es dergestalt, daß es nicht direkt von Jesus Christus redet. Der Erkenntnisgrund für die eine Wahrheit der beiden Testamente liegt im Neuen Testament. [...]
Das Neue Testament enthält das direkte Christuszeugnis dergestalt, daß es seine Botschaft nicht ausrichten könnte ohne Kenntnis und Gebrauch der Heiligen Schrift der Juden in Gestalt der Septuaginta. [...]
Die alttestamentlichen Schriften wären wie die neutestamentlichen nicht kanonisiert worden, wenn nicht die eine Wahrheit im vielstimmigen Chor der ursprungsnahen Zeugen durch die eine Heilige Schrift im vielgestaltigen Ensemble der Schriften hätte gewahrt werden sollen. [...]
Die seit der Aufklärung immer stärker etablierte kritische historische Methodik wissenschaftlicher Exegese der heiligen Schrift hat zu einer Relativierung, zuweilen sogar Eliminierung des Wahrheitsanspruchs des biblischen Zeugnisses geführt. [...] Biblische Exegese bedarf unter Beibehaltung kritischer historischer Methodik zur Wahrnehmung der Fremdheit und Eigensinnigkeit der Texte einer theologischen Neubesinnung [...] Erst eine Exegese, die die Wahrheit und Verbind-

lichkeit des biblischen Zeugnisses in der Mannigfaltigkeit seiner Bezeugungen wissenschaftlich verantwortet weitersagt, [...] kann mit Recht theologische Auslegung genannt werden. [...] Darf Theologie des Alten Testaments als kanonische Disziplin ihren externen Erkenntnisgrund nicht ignorieren, so darf sie ebensowenig die Zeugnisvielfalt des ihr anvertrauten Testaments reduzieren. [...] Dabei kommt in einer Theologie des Alten Testaments neben dem masoretischen Kanon dem griechischen der Septuaginta besondere Bedeutung zu. [...]
Verfehlen werden sie [die Darstellungen einer Theologie des Alten Testaments] ihre Aufgabe [...], wenn sie das einheitliche Thema der beiden Testamente und den damit gesetzten Anspruch auf Wahrheit und Verbindlichkeit nicht zum Fundament ihrer Darstellung machen.

H. Spieckermann, Die Verbindlichkeit des Alten Testaments, 47–51.

Spieckermann vertritt die Auffassung, dass das Alte Testament zu seiner rechten Interpretation eines außerhalb seiner selbst liegenden Erkenntnisgrundes bedarf; dabei handelt es sich um Christus, der im Neuen Testament direkt bezeugt ist. Zugleich bleibt das im Neuen Testament enthaltene Christuszeugnis an das Alte Testament gebunden; „ohne Kenntnis und Gebrauch der Heiligen Schrift der Juden in Gestalt der Septuaginta" könnte die Christusbotschaft nicht vermittelt werden. Als das entscheidende Argument für die Zusammengehörigkeit der beiden Testamente gilt das Faktum ihrer christlichen Kanonisierung: Darin drücke sich die Absicht aus, „die eine Wahrheit [...] durch die eine Heilige Schrift im vielgestaltigen Ensemble der Schriften" zur Geltung zu bringen. Den damit gesetzten Anspruch der biblischen Texte auf „Wahrheit und Verbindlichkeit" bringt die historisch-kritische Forschung nach Spieckermann weitgehend zum Verschwinden. Von einer sich theologisch nennenden Theologie des Alten Testaments erwartet er daher, dass sie diesen Anspruch „zum Fundament ihrer Darstellung" macht.

5.3.2 Das reformatorische Schriftprinzip im gegenwärtigen Protestantismus

Angesichts der Ergebnisse, zu denen die historisch-kritische Erforschung der Schrift geführt hat, hat sich die neuere lutherische Theologie von der unmittelbaren Gleichsetzung von Bibel und Wort Gottes distanziert. Die Autorität der Bibel wird nicht mehr, wie noch in der altprotestantischen Orthodoxie, auf ihre schriftlich vorliegende Gestalt als solche bezogen, sondern auf das ‚hinter' ihr stehende und in ihr zum Ausdruck gebrachte Offenbarungsgeschehen. Anhand eines Beispiels soll dies im Folgenden näher erläutert werden.

Wilfried Härle (geb. 1941) hat zunächst, ähnlich wie dies Spieckermann aus bibelwissenschaftlicher Perspektive getan hat, die Bedeutung der Kanonbildung für die Schriftautorität betont.

Der *Sinn* der Kanonbildung besteht darin, einer Verfälschung des christlichen Glaubens zu wehren, und zwar durch Sammlung und Sichtung derjenigen Schriften, in denen das *Zeugnis* von der Offenbarung, wie es im Glaubensbekenntnis zusammengefaßt ist, so *authentisch* wie möglich bewahrt wird. Es sind demnach inhaltliche Merkmale der einzelnen Schriften, durch die sie sich als Bestandteil des Kanons qualifizieren.

W. Härle, Dogmatik, 113.

Die biblischen Schriften sind danach nicht als solche identisch mit Gottes Offenbarung, sondern sie „qualifizieren" sich dadurch „als Bestandteil des Kanons", dass in ihnen „das *Zeugnis* von der Offenbarung [...] so *authentisch* wie möglich bewahrt" ist. Diese Rückbindung der Schriftautorität an „das *Zeugnis* von der Offenbarung" ermöglicht es dann, an der normativen Bedeutung der Bibel für den christlichen Glauben festzuhalten, ohne die von der historisch-kritischen Exegese vollzogene Entgöttlichung der Schrift rückgängig zu machen.

Die Bibel ist nicht selbst eine von der Selbsterschließung Gottes in Jesus Christus unabhängige, zweite Gottesoffenbarung. [...] Ebenso wichtig ist aber das Positive: *Weil und sofern* die Bibel die Selbstoffenbarung Gottes in Jesus Christus *bezeugt*, hat sie Autorität, ja *partizipiert sie* an der Autorität der Christusoffenbarung.

[Inspiration der biblischen Schriften heißt danach,] daß eine Person so von dem in der Christusoffenbarung erschlossenen Wirklichkeitsverständnis ergriffen ist, daß ihr Reden und Schreiben von daher entscheidend bestimmt wird.

W. Härle, Dogmatik, 119. 122f.

Die Autorität der Bibel beruht also nicht auf der zeitgebundenen Gestalt, in der sie das Christuszeugnis zum Ausdruck bringt, sondern auf dem Inhalt des Christuszeugnisses selbst, als dessen authentisches Zeugnis sie sich qualifiziert hat. Dies wiederum bedeutet, dass der Inhalt des Christuszeugnisses durchaus zur kritischen Instanz gegenüber dem Wortlaut der biblischen Texte werden kann; damit knüpft Härle ausdrücklich an Luthers Schriftkritik im Namen der Mitte der Schrift an (vgl. 5.2.1).

Die Schrift, genauer: die biblischen Schrift*en* werden von der Mitte der Schrift her zum *Gegenstand und Adressaten* der Kritik. Es war wiederum Luther, der dieses Prinzip der Schriftkritik [...] *exemplarisch praktiziert* [...] hat [...] Weil die Schriftautorität aus der Christusoffenbarung *abgeleitet* ist, darum ist das, was Christus treibt, zugleich *der kritische Maßstab*, an dem sich die einzelnen Aussagen der Schrift und der einzelnen biblischen Schriften auf ihre Christusgemäßheit hin messen lassen müssen.

W. Härle, Dogmatik, 138f.

5.3.3 Die Bibelautorität im gegenwärtigen ökumenischen Dialog

In 5.2 war zwischen römisch-katholischer und lutherischer Lehre eine doppelte Differenz im Schriftverständnis deutlich geworden: Die katholische Seite lehrte (1) die Ergänzungsbedürftigkeit der Schrift durch die vom Lehramt verwaltete aus apostolischer Zeit stammende (mündliche) Tradition sowie (2) die Autorisierungsbedürftigkeit der Bibel durch die Kirche und ihre Erklärungsbedürftigkeit durch die (schriftliche) Auslegungstradition, über deren Angemessenheit das Lehramt entscheidet. Im 20. Jahrhundert ist eine recht weitgehende Verständigung möglich geworden, weil auf katholischer Seite auf die Behauptung einer Ergänzungsbedürftigkeit der Schrift verzichtet wurde und weil es im katholisch-lutherischen Dialog bezüglich der Autorisierungs- und Erklärungsbedürftigkeit der Schrift zu Annäherungen kam.

1. Die Formulierung des Konzils von Trient, nach der Wahrheit und Lehre des Evangeliums „in geschriebenen Büchern und ungeschriebenen Überlieferungen" (in libris scriptis et sine scripto traditionibus) enthalten seien, wird im Katholizismus seit Ende der 50er Jahre des 20. Jahrhunderts nicht mehr im Sinne einer *inhaltlichen* Ergänzung der Schriftaussagen verstanden. Man interpretiert sie jetzt vielfach so, dass ein- und derselbe Inhalt (Wahrheit und Lehre des Evangeliums) in verschiedener Form (schriftlich und mündlich) überliefert ist. Danach lehren die ungeschriebenen Überlieferungen nichts, was nicht auch im biblischen Zeugnis enthalten ist; die Heilsoffenbarung Gottes ist also vollständig in der Bibel enthalten, an der allein sich deshalb alle verbindlichen Festlegungen der Kirche zu orientieren haben.

2. Grundlage für die Lehre von der Autorisierungs- und Erklärungsbedürftigkeit der Schrift durch die Kirche war die Bestreitung der Klarheit des Wortlauts der biblischen Schriften. Die Öffnung der katholischen Kirche für die moderne Exegese (verstärkt seit den 60er Jahren des 20. Jahrhunderts) hat zwar zu einer größeren Wertschätzung der buchstäblichen Schriftauslegung geführt. Allerdings wird nach wie vor betont, dass sich die theologische Bedeutung des Wortlauts der Schrift erst durch die vom Lehramt normierte Verkündigung der Kirche erschließt. Weiter wird betont, dass die Bücher der Bibel ihre Autorität als Heilige Schrift auch nur innerhalb der Kirche und aufgrund ihrer Kanonisierung durch die Kirche haben. – Mit dieser Auffassung verbindet sich letztlich die Bestreitung jeder Möglichkeit einer Kritik an der Kirche aufgrund der Schrift. Die reformatorische Theologie erkennt zwar durchaus an, dass die Schrift im Rahmen der Kirche entstanden ist und dass sich der biblische Kanon im Rahmen der Kirche herausgebildet hat. Allerdings wird auf die prinzipielle Vorordnung des Inhalts der Schrift, also der Christusoffenbarung selbst, gegenüber ihrer Autorisierung durch die Kirche Wert gelegt. – Mit dieser Auffassung verbindet sich letztlich das Interesse, die Möglichkeit einer Kritik an der Kirche im Namen der Schrift aufrechtzuerhalten.

Die katholische Bereitschaft zu einer Verständigung mit der reformatorischen Schriftlehre hat einen konkreten Hintergrund: In Verarbeitung und Fortschreibung der auf dem Trienter Konzil (und auch dem 1. Vatikanischen Konzil) formulierten Festsetzungen hat das 2. Vatikanische Konzil in seiner dogmatischen Konstitution „Dei Verbum" (vgl. §3.2.1) das Verhältnis von Schrift, Tradition und Lehramt unter Berücksichtigung der Einsichten der historisch-kritischen Forschung in bis dahin ungewohnter Weise bestimmt.

Von Bedeutung für den oben unter (1) genannten Problemkreis ist die Feststellung der untrennbaren *Zusammengehörigkeit von Schrift und Tradition*. Damit wird – jedenfalls indirekt – zum Ausdruck gebracht, dass sich kirchliche Lehrbildung nicht an der Schrift vorbei vollziehen kann, sondern sich an ihr zu orientieren hat. Zwar wird zugleich die umstrittene Formulierung des Konzils von Trient erneut wiederholt, aber an einer anderen Stelle der Konstitution

Ökumenische Annäherungen zum Thema Schriftautorität

– Die gegenwärtige römisch-katholische Kirche betont den Vorrang der Schrift gegenüber der kirchlichen Lehre.
– Die evangelisch-lutherische Theologie erkennt die Bedeutung der Kirche für Entstehung und Auslegung der Bibel an.
– Offen ist die Frage nach der kritischen Funktion der Schrift gegenüber der kirchlichen Lehre.

wird die Orientierungsfunktion der Schrift für „jede kirchliche Verkündigung" ausdrücklich betont.

Die heilige Überlieferung und die Heilige Schrift sind also eng miteinander verbunden und haben aneinander Anteil. Demselben göttlichen Quell entspringend, fließen beide nämlich gewissermaßen in eins zusammen und streben demselben Ziel zu. Denn die Heilige Schrift ist Gottes Rede, insofern sie unter dem Anhauch des göttlichen Geistes schriftlich aufgezeichnet wird; die Heilige Überlieferung aber gibt das Wort Gottes, das von Christus, dem Herrn, und vom Heiligen Geist den Aposteln anvertraut wurde, unversehrt an deren Nachfolger weiter [...]; so ergibt sich, daß die Kirche ihre Gewißheit über alles Geoffenbarte nicht aus der Heiligen Schrift allein schöpft. Daher sind beide mit dem gleichen Gefühl der Dankbarkeit und der gleichen Ehrfurcht anzunehmen und zu verehren.	Sacra Traditio ergo et Sacra Scriptura arcte inter se connectuntur atque communicant. Nam ambae, ex eadem divina scaturigine promanantes, in unum quodammodo coalescunt et in eundem finem tendunt. Etenim Sacra Scriptura est locutio Dei quatenus divino afflante Spiritu scripto consignatur; Sacra autem Traditio verbum Dei, a Christo Domino et a Spiritu Sancto Apostolis concreditum, successoribus eorum integre transmittit [...]; quo fit ut Ecclesia certitudinem suam de omnibus revelatis non per solam Sacram Scripturam hauriat. Quapropter utraque pari pietatis affectu ac reverentia suscipienda et veneranda est.

2. Vatikanisches Konzil, Konstitution Dei verbum, Kap. 2, Nr. 9 (DH 4212; NR 148).

Jede kirchliche Verkündigung muß sich also wie die christliche Religion selbst von der Heiligen Schrift nähren und sich an ihr ausrichten.	Omnis ergo praedicatio ecclesiastica sicut ipsa religio christiana Sacra Scriptura nutriatur et regatur oportet.

AaO, Kap. 6, Nr. 21 (DH 4228; NR 154).

Im Hinblick auf das unter (2) genannte Problemfeld ist der Befund – aus protestantischer Sicht – weniger klar. So wird die Kompetenz zur verbindlichen Interpretation des Wortes Gottes und damit der Heiligen Schrift allein dem Lehramt der Kirche zugesprochen. Vom Lehramt wird allerdings zugleich gesagt, es stehe nicht über dem Wort Gottes, sondern diene ihm. Von daher kann durchaus die wissenschaftliche Exegese in ihrer Bedeutung für das theologische Urteil der Kirche gewürdigt werden.

Die Aufgabe aber, das geschriebene oder überlieferte Wort Gottes authentisch auszulegen, ist allein dem lebendigen Lehramt der Kirche anvertraut, dessen Vollmacht im Namen Jesu Christi ausgeübt wird. Das Lehramt steht also nicht über dem Wort Gottes, sondern dient ihm, indem es nur lehrt, was überliefert ist, da es ja dieses [Wort Gottes] nach göttlichem Auftrag und mit dem Beistand des Heiligen Geistes ehrfürchtig hört, heilig bewahrt und treu erklärt und all das, was es als von Gott geoffenbart zu glauben vorlegt, aus dieser einen Hinterlassenschaft des Glaubens schöpft.	Munus autem authentice interpretandi verbum Dei scriptum vel traditum soli vivo Ecclesiae Magisterio concreditum est, cuius auctoritas in nomine Iesu Christi exercetur. Quod quidem Magisterium non supra verbum Dei est, sed eidem ministrat, docens nonnisi quod traditum est, quatenus illud, ex divino mandato et Spiritu Sancto assistente, pie audit, sancte custodit et fideliter exponit, ac ea omnia ex hoc uno fidei deposito haurit quae tamquam divinitus revelata credenda proponit.

2. Vatikanisches Konzil, Konstitution Dei verbum, Kap. 2, Nr. 10 (DH 4214; NR 149).

Da aber Gott in der Heiligen Schrift durch Menschen nach Menschenart gesprochen hat, muß der Ausleger der Heiligen Schrift, um zu durchschauen, was er uns mitteilen wollte, sorgfältig erforschen, was die Hagiographen wirklich zu sagen beabsichtigten und [was] Gott mit ihren Worten kundtun wollte. [...] Aufgabe der Exegeten aber ist es, [...] auf ein tieferes Verstehen und Erklären des Sinnes der Heiligen Schrift hinzuarbeiten, damit so gleichsam aufgrund wissenschaftlicher Vorarbeit das Urteil der Kirche reife. All das nämlich, was die Art der Schrifterklärung betrifft, untersteht letztlich dem Urteil der Kirche, die den göttlichen Auftrag und Dienst verrichtet, das Wort Gottes zu bewahren und auszulegen.	Cum autem Deus in Sacra Scriptura per homines more hominum locutus sit, interpres Sacrae Scripturae, ut perspiciat, quid Ipse nobiscum communicare voluerit, attente investigare debet, quid hagiographi reapse significare intenderint et eorum verbis manifestare Deo placuerit. [...] Exegetarum autem est [...] adlaborare ad Sacrae Scripturae sensum penitius intelligendum et exponendum, ut quasi praeparato studio, iudicium Ecclesiae maturetur. Cuncta enim haec, de ratione interpretandi Scripturam, Ecclesiae iudicio ultime subsunt, quae verbi Dei servandi et interpretandi divino fungitur mandato et ministerio.

AaO, Kap. 3, Nr. 12 (DH 4217. 4219; NR 151).

Die Verhältnisbestimmung von Schrift, Tradition und Lehramt, wie sie auf dem 2. Vatikanischen Konzil formuliert wurde, hat in Deutschland im Rahmen des Ökumenischen Arbeitskreises evangelischer und katholischer Theologen zu Lehrgesprächen über Fragen des biblischen Kanons und der verbindlichen Schriftauslegung geführt. Aus den 1986 begonnenen Gesprächen ist 1992 eine Gemeinsame Erklärung hervorgegangen, die eine Reihe von Übereinstimmungen feststellt und die verbleibenden Differenzpunkte präzise benennt.

[Einerseits widerspricht es nicht] dem evangelischen Verständnis von der Bedeutung der Hl. Schrift, wenn man sagt: Die in einem langen Überlieferungsprozeß im Raum der Kirche entstandene und kanonisch gewordene Schrift ist selbst eine Traditionsgestalt, nämlich die bleibend maßgebliche Gestalt der apostolischen Verkündigung mit Einschluß ihrer Grundlagen in den alttestamentlichen Schriften. [Andererseits widerspricht es nicht] dem römisch-katholischen Schriftverständnis, wenn man sagt: Alle kirchlichen Traditionen haben an der Schrift den Maßstab ihrer Geltung.
Ob in der Frage der Schriftautorität und der Schriftauslegung heute noch unüberwindlich konfessionelle Differenzen zwischen der reformatorischen und der römisch-katholischen Auffassung bestehen, hängt entscheidend davon ab, ob auf der einen Seite eine kritische Funktion der buchstäblich auszulegenden Schrift auch im Verhältnis zu Lehraussagen des kirchlichen Lehramtes anerkannt oder aber bestritten wird und ob auf der anderen Seite eine Funktion des Verkündigungsamtes der Kirche für die Schriftauslegung bejaht oder verneint wird.

Gemeinsame Erklärung, in: Verbindliches Zeugnis I, 388. 396.

Über die Grundprobleme und Hauptrichtungen der biblischen Hermeneutik informiert:
– M. Oeming, Biblische Hermeneutik.

Eine von M. Oeming zusammengestellte und auf ständige Aktualisierung angelegte Bibliographie zur biblischen Hermeneutik findet man im Internet unter der Adresse:
– http://www.rzuser.uni-heidelberg.de/~dr6/hermeneutik.html.

📖 Eine kritische Bestandsaufnahme zeitgenössischer Versuche zur Reformulierung des *sola scriptura* im Horizont der Krise des Schriftprinzips bietet:
– R. Leonhardt, Skeptizismus und Protestantismus, 143–277, bes. 233–275.

📖📖 Die in 5.3.3 zitierte Erklärung wird mittlerweile ergänzt durch einen Abschlussbericht des Arbeitskreises, der das 1986 begonnene Projekt *Verbindliches Zeugnis* zu einem vorläufigen Ende bringt:
– Abschließender Bericht, in: Verbindliches Zeugnis III, 288–389.

III Materiale Dogmatik

§ 6 Gotteslehre I: Gottes Sein, Wesen und Eigenschaften

Dass eine ‚allgemeine' Lehre von Gott der erst in § 7 folgenden Lehre von der Dreieinigkeit Gottes vorangestellt wird, ist nicht selbstverständlich. Denn aus christlicher Sicht können Aussagen über Sein, Wesen und Eigenschaften Gottes nicht unabhängig davon gemacht werden, dass er sich als der Drei-Eine (als Vater, Sohn und Heiliger Geist) geoffenbart und sich damit in ein Verhältnis zum Menschen gesetzt hat. Einer vom Bezogensein Gottes auf den Menschen zunächst abstrahierenden Gotteslehre kann deshalb der Vorwurf gemacht werden, sie würde „von der konkreten Situation des Redenden absehen" (Rudolf Bultmann; vgl. das in § 2.2 herangezogene Zitat).

Die lange übliche Trennung von allgemeiner Gotteslehre und Trinitätslehre hat verschiedene Ursachen. So ging man bis zum 18. Jahrhundert weithin davon aus, dass man mit Hilfe philosophischer Vernunft auch unabhängig von Christus (nämlich aufgrund natürlicher Offenbarung; vgl. § 3.2) zu wahren Aussagen über Gott kommen kann. Weil solche Aussagen als Voraussetzung für die Erkenntnis des Heilswillens Gottes betrachtet wurden, hat man sie der Behandlung des (nur durch *über*natürliche Offenbarung zugänglichen) dreieinigen göttlichen Wesens vorangestellt. Wegen der dogmatischen Bedeutung der traditionellen ‚allgemeinen' Gotteslehre sind auch hier der Behandlung der Trinitätslehre in § 7 einige Hinweise zur Lehre vom Dasein (6.1; 6.2) sowie dem Wesen und den Eigenschaften Gottes (6.3) vorangestellt.

6.1 Philosophische Beweise der Existenz Gottes

6.1.1 *Zu Bedeutung und Einteilung der Gottesbeweise*

In Philosophie und Theologie kam es immer wieder zu Versuchen, die im Glauben stets schon vorausgesetzte Existenz Gottes auch auf rationalem Wege zu erweisen. Die mit diesen Versuchen befassten sog. Gottesbeweise sind allerdings sehr verschieden verwendet und beurteilt worden.

Bedeutung und Einschätzung der Gottesbeweise (I)

- Mittelalter: Rationale Bestätigung des Glaubens (vgl. 6.1.2; 6.1.3).
- Neuzeit: Sicherstellung des Fundaments einer wissenschaftlich gesicherten Welterklärung (vgl. 6.1.2).

Die mittelalterliche Theologie ging, entsprechend dem für sie typischen inklusiven Offenbarungsverständnis (vgl. § 3.2.1) und ähnlich wie die in § 4.3.2 angesprochene spätere römisch-katholische Position, von einer prinzipiellen Konvergenz zwischen Glauben und Vernunft bei Vorrang des Glaubens aus. So wurde einerseits das Erkenntnisstreben des Glaubens betont: Glaube ist stets *denkender Glaube*. Andererseits wurde hervorgehoben, dass die menschliche Vernunft, wenn sie sich auf Gott als den höchsten Gegenstand ihrer Erkenntnisbemühungen richtet, von selbst ihre Grenzen erkennt. Damit aber soll sie zugleich ihr Angewiesensein auf eine nur im Glauben zu erfassende Offenbarung akzeptieren: Denken ist stets *gläubiges Denken*. Aufgrund dieser Voraussetzungen konnte es bei den Gottesbeweisen des Mittelalters gar nicht primär um den Nachweis der (möglicherweise zweifelhaften) Existenz Gottes gehen. Es handelte sich lediglich um den Versuch, auch dem Verstand zu bestätigen, was bereits eine Sache festen Glaubens war. Gelingen oder Scheitern der Gottesbeweise hatten daher auch keine unmittelbare Auswirkung auf die Glaubenshaltung; ein rational gescheiterter Gottesbeweis musste nicht zur Verunsicherung des Glaubens oder gar zum Atheismus führen.

Im neuzeitlichen Denken sind die Gottesbeweise vielfach anders aufgefasst worden. Als von allen Glaubensvoraussetzungen unabhängige rationale Nachweise der Existenz Gottes sollten sie einen unerschütterlichen Ausgangspunkt für die Konstruktion philosophischer Welterklärungssysteme schaffen. Dabei griff man auf die Argumente der mittelalterlichen Theologie zurück, was freilich bedeutete, dass diesen eine Last aufgebürdet wurde, für die sie nicht ausgerüstet waren und die sie deshalb nicht dauerhaft tragen konnten. Es ist Immanuel Kant gewesen, der, im Rahmen seiner Destruktion der traditionellen Metaphysik in der „Kritik der reinen Vernunft", auch die grundsätzliche Möglichkeit einer rationalen Theologie wirkungsvoll bestritten hat (vgl. 6.2.1). In der protestantischen Theologie wird seitdem auf die Formulierung einer philosophischen Theologie als Basis der geoffenbarten Theologie weithin verzichtet. Sowohl im römischen Katholizismus als auch in einigen Strömungen der Gegenwartsphilosophie besteht dagegen weiterhin ein Interesse an den mittelalterlichen Argumenten sowie an möglichen neuen Beweisen für die Existenz Gottes (vgl. 6.2.2).

Bedeutung und Einschätzung der Gottesbeweise (II)

– Immanuel Kant: Gottesbeweise sind eine Grenzüberschreitung der Kompetenzen theoretischer Vernunft (vgl. 6.2.1).
– Gegenwart: Weitgehende Zurückhaltung in der evangelischen, Aufgeschlossenheit in der katholischen Theologie; teilweise großes Interesse in der Philosophie (vgl. 6.2.2).

Seiner Kritik der Gottesbeweise hat Kant eine Darstellung möglicher „Beweisarten vom Dasein Gottes aus speculativer Vernunft" vorangestellt; diese Einteilung ist im nachstehenden Zitat wiedergegeben und darunter in Form einer Tabelle verdeutlicht.

Es sind nur drei Beweisarten vom Dasein Gottes aus speculativer Vernunft möglich. Alle Wege, die man in dieser Absicht einschlagen mag, fangen entweder von der bestimmten Erfahrung und der dadurch erkannten besonderen Beschaffenheit unserer Sinnenwelt an und steigen von ihr nach Gesetzen der Kausalität bis zur höchsten Ursache außer der Welt hinauf; oder sie legen nur unbestimmte Erfahrung, d.i. irgend ein Dasein, empirisch zum Grunde; oder sie abstrahieren endlich von aller Erfahrung und schließen gänzlich a priori aus bloßen Begriffen auf das Dasein einer höchsten Ursache. Der erste Beweis ist der *physiko-theologische*, der zweite der *kosmologische*, der dritte der *ontologische* Beweis. Mehr giebt es ihrer nicht, und mehr kann es auch nicht geben.

I. Kant, Kritik der reinen Vernunft, B 618 f
(Akademie-Textausgabe III 396,20–31).

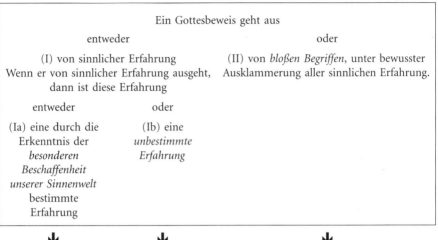

6.1.2 Der ontologische Gottesbeweis nach Anselm von Canterbury und René Descartes

In den Kapiteln 2–4 seiner um 1080 entstandenen und heute unter dem Namen „Proslogion" („Anrede") bekannten Schrift, die zunächst unter dem Titel „Fides quaerens intellectum" verbreitet war, hat Anselm von Canterbury ein Argument für die Notwendigkeit der Existenz Gottes vorgelegt, das seit Kant als *ontologischer Beweis* bezeichnet wird. Anselm wendet sich an den Toren, der in seinem Herzen spricht: „Es ist kein Gott" (vgl. Ps 14,1/53,2) und will ihn mit Vernunftgründen von der Widersinnigkeit dieser Formulierung überzeugen.

Also, Gott, der Du dem Glauben Erkenntnis gibst, erlaube mir, dass ich, soweit Du es für nützlich hältst, erkenne, dass Du bist, wie wir glauben und so bist, wie wir glauben. Wir glauben nämlich, dass Du etwas bist, worüber hinaus nichts Größeres gedacht werden kann. Oder aber gibt es ein solches Wesen gar nicht, weil der Tor in seinem Herzen spricht: Es ist kein Gott? Aber sicherlich versteht selbst dieser Tor, wenn er dieses selbst hört, dass ich sage: ‚das, worüber hinaus nichts Größeres gedacht werden kann'. Und was er versteht, ist in seinem Verstand, auch wenn er noch nicht versteht, dass es existiert. [...]	Ergo, domine, qui das fidei intellectum, da mihi, ut quantum scis expedire intelligam, quia es sicut credimus, et hoc es quod credimus. Et quidem credimus te esse aliquid quo nihil maius cogitari possit. An ergo non est aliqua talis natura, quia ‚dixit insipiens in corde suo: non est Deus'? Sed certe ipse idem insipiens, cum audit hoc ipsum quod dico: ‚aliquid quo maius nihil cogitari potest', intelligit quod audit; et quod intelligit in intellectu eius est; etiamsi non intelligat illud esse. [...]

Auch der Tor ist also überzeugt, dass das, worüber hinaus nichts Größeres gedacht werden kann, wenigstens im Verstand ist, weil er versteht, was er hört und [weil,] was er versteht, im Verstand ist. Und sicherlich kann das, worüber hinaus nichts Größeres gedacht werden kann, nicht nur im Verstand sein. Wenn es nämlich nur im Verstand ist, kann gedacht werden, dass es auch in Wirklichkeit ist: was mehr ist. Wenn aber das, worüber hinaus nichts Größeres gedacht werden kann, nur im Verstand ist, ist eben das, worüber hinaus nichts Größeres gedacht werden kann, etwas, worüber hinaus Größeres gedacht werden kann: Das aber kann nicht sein. Es existiert also zweifellos das, worüber hinaus nichts Größeres gedacht werden kann, sowohl im Verstand als auch in Wirklichkeit. (Übersetzung RL)

Convincitur ergo etiam insipiens esse vel in intellectu aliquid quo nihil maius cogitari potest, quia hoc cum audit intelligit, et quidquid intelligitur in intellectu est. Et certe id, quo maius cogitari nequit, non potest esse in solo intellectu. Si enim vel in solo intellectu est, potest cogitari esse et in re, quod maius est. Si ergo id quo maius cogitari non potest, est in solo intellectu, id ipsum, quo maius cogitari non potest, est quo maius cogitari potest. Sed certe hoc esse non potest. Existit ergo procul dubio aliquid, quo maius cogitari non valet, et in intellectu et in re.

A. v. Canterbury, Proslogion 2
(Opera omnia, Band 1, 101,3–9; 101,13–102,2).

Die Argumentation vollzieht sich in drei Schritten:

1. Anselm identifiziert das Wort *Gott* mit der Wendung „etwas, über das hinaus nichts Größeres gedacht werden kann" (aliquid quo maius cogitari non potest).

2. Diese Formulierung versteht nach Anselm auch der Gottesleugner, und weil er sie versteht, hat Gott zumindest eine Existenz im Verstand – auch im Verstand des Gottesleugners.

3. Gott als das, „über das hinaus nichts Größeres gedacht werden kann", kann aber nicht allein im Verstand, sondern muss auch in der Realität sein; würde ihm das reale Sein fehlen, wäre er nämlich etwas Geringeres als das höchste Denkbare. – Damit ergibt sich nach Anselm die reale Existenz Gottes zwingend aus einer sorgfältigen Analyse des Begriffs dessen, „über das hinaus nichts Größeres gedacht werden kann".

Das Argument Anselms wurde im Mittelalter nur wenig beachtet und diskutiert. Zu größerer Prominenz gelangten die – nach Kants Einteilung – von sinnlicher Erfahrung ausgehenden Gottesbeweise (Ia; Ib); sie sind vor allem durch Thomas von Aquin vorgetragen worden (vgl. 6.1.3) und haben für den Katholizismus bis in die Gegenwart eine gewisse Bedeutung behalten (vgl. 6.2.2).

Wenn sich Kant auf den ontologischen Gottesbeweis bezieht, hat er, wie das nachstehende Zitat zeigt, nicht das Argument Anselms vor Augen.

Es ist also an dem so berühmten ontologischen (cartesianischen) Beweise vom Dasein eines höchsten Wesens aus Begriffen alle Mühe und Arbeit verloren, und ein Mensch möchte wohl eben so wenig aus bloßen Ideen an Einsichten reicher werden, als ein Kaufmann an Vermögen, wenn er, um seinen Zustand zu verbessern, seinem Cassenbestande einige Nullen anhängen wollte.

I. Kant, Kritik der reinen Vernunft, B 630
(Akademie-Textausgabe III 403,17–22).

Der hier von Kant vorgenommene Bezug auf René Descartes weist darauf hin, dass der ontologische Beweis in der Philosophie der Neuzeit eine Renaissance erlebt und, aufgrund der maßgeblichen Bedeutung der Philosophie Descartes', eine zentrale Rolle gespielt hat.

Descartes hat den ontologischen Beweis in der 5. Meditation seiner „Meditationes de prima Philosophia" vorgetragen. Dabei handelt es sich bereits um den zweiten Gottesbeweis in dieser Schrift (vgl. zum ersten in der 3. Meditation entfalteten Beweisgang: 1. Hauptteil, Abschnitt 4.1).

Descartes geht von der Feststellung aus, dass alle Dinge, deren Beschaffenheit vom *Denken* klar und deutlich (clare et distincte) erfasst werden kann, auch *wirklich* so beschaffen sind, wie sie der Denkende vor seinem geistigen Auge hat. Diesen für seine Erkenntnistheorie zentralen Befund münzt Descartes nun in einen Gottesbeweis um: Nimmt man den Begriff Gottes als des in jeder Hinsicht vollkommenen Wesens ernst, dann lässt sich vom so bestimmten – zunächst nur *gedachten* – Wesen Gottes die *reale* Existenz ebenso wenig ablösen wie die Idee des Tales von der des Berges.

[7] Wenn nun ausschließlich daraus, dass ich die Vorstellung eines Dinges aus meinem Denken entnehmen kann, folgt, dass alles, was ich als diesem Ding zugehörend klar und deutlich erfasse, auch wirklich ihm zugehört, kann daraus nicht auch ein Argument entnommen werden, mit dem das Dasein Gottes bewiesen werden kann? [...]	[S]i ex eo solo, quod alicuius rei ideam possim ex cogitatione mea depromere, sequitur ea omnia, quae ad illam rem pertinere clare et distincte percipio, revera ad illam pertinere, numquid inde haberi etiam potest argumentum, quo Dei existentia probetur? [...]
[8. Es ist klar,] dass das Dasein Gottes ebenso wenig von seiner Wesenheit getrennt werden kann, wie es bei dem Dreieck möglich ist, von dessen Vorstellung die Gleichheit seiner drei Winkel mit zwei rechten abzutrennen oder von der Vorstellung des Berges die des Tales zu trennen. [...]	[F]it manifestum non magis posse existentiam ab essentia Dei separari quam ab essentia trianguli magnitudinem trium eius angulorum aequalium duobus rectis, sive ab idea montis ideam vallis [...]
[10] Aber hier steckt ein Trugschluss. Denn daraus, dass ich den Berg ohne Tal nicht denken kann, folgt nicht, dass Berg und Tal irgendwo existieren, sondern nur, dass Berg und Tal, mögen sie existieren oder nicht, voneinander nicht getrennt werden können. Daraus aber, dass ich Gott nur als existierend denken kann, folgt, dass die [reale] Existenz von Gott untrennbar ist und er deshalb in Wahrheit existiert; [...] weil die Notwendigkeit der Sache selbst, nämlich des Daseins Gottes, mich bestimmt, dies zu denken. Es steht mir nämlich nicht frei, Gott ohne Existenz zu denken (d.h. ein vollkommenstes	Imo sophisma hic latet, neque enim ex eo, quod non possim cogitare montem nisi cum valle, sequitur alicubi montem et vallem existere, sed tantum montem et vallem, sive existant, sive non existant, a se mutuo seiungi non posse. Atqui ex eo, quod non possim cogitare Deum nisi existentem, sequitur existentiam a Deo esse inseparabilem ac proinde illum revera existere; [...] quia ipsius rei, nempe existentiae Dei, necessitas me determinat ad hoc cogitandum: neque enim mihi liberum est Deum absque existentia (hoc est ens summe perfectum absque

Wesen, dem eine Vollkommenheit fehlt). (Übersetzung RL)

summa perfectione) cogitare.

R. Descartes, Meditationes de prima Philosophia, Meditation V (Adam/Tannery, Band 7, 65–67).

6.1.3 Der kosmologische Gottesbeweis nach Thomas von Aquin

In direktem Anschluss an seine Bestimmung der Theologie als Wissenschaft (vgl. §2.3) hat Thomas von Aquin in seinem theologischen Hauptwerk die Frage nach dem Dasein Gottes behandelt. Er geht dabei in drei Schritten vor.

1. Zunächst stellt er die Frage, ob die Aussage: ‚Gott existiert' eine von selbst einleuchtende und damit notwendig wahre Feststellung (propositio per se nota) darstellt, die von jedermann nachvollzogen werden muss. Dies war die Auffassung Anselms (und auch die von Descartes), denn nach dem ontologischen Beweis gehörte die *reale* Existenz notwendig zum *Begriff* Gottes als des höchst vollkommenen Wesens. Thomas bestreitet zwar keineswegs, dass das Dasein, die reale Existenz, zum Wesen Gottes gehört. Aber dieser Zusammenhang ist seiner Auffassung nach aus *menschlicher* Perspektive nicht denknotwendig, weil die Menschen das Wesen Gottes nicht so erkennen können, wie das Wesen irdischer Gegenstände. Er bestreitet daher, dass die – von ihm freilich angenommene – selbstverständliche Existenz Gottes jedem einleuchten muss.

Ein Satz ist [...] dadurch von selbst einleuchtend, dass das Prädikat im Begriff des Subjektes enthalten ist, wie [in dem Satz:] Der Mensch ist ein Lebewesen. ‚Lebewesen' gehört nämlich zum Begriff des Menschen. Wenn nun allen bekannt ist, was Prädikat und Subjekt im Satz sind, dann wird jener Satz allen von selbst einleuchtend sein. [...] Wenn aber einigen nicht bekannt ist, was Prädikat und Subjekt im Satz sind, so wird zwar der Satz an sich von selbst einleuchtend sein, nicht aber für jene, die Subjekt und Prädikat nicht kennen. (Übersetzung RL)

Ex hoc [...] aliqua propositio est per se nota, quia praedicatum includitur in ratione subjecti, ut homo est animal: nam animal est de ratione hominis. Si igitur notum sit omnibus et de praedicato et de subjecto quid sit, propositio illa erit omnibus per se nota [...] Si autem apud aliquos notum non sit de praedicato et subjecto quid sit, propositio quidem, quantum in se est, erit per se nota: non tamen apud illos qui praedicatum et subjectum propositionis ignorant.

Thomas von Aquin, Summa Theologiae I 2,1 corp.art. (Gottes Dasein und Wesen, 37 f).

2. Dass die Existenz Gottes nicht für jeden von selbst einleuchtend ist, bedeutet aber, wie Thomas im zweiten Schritt zeigt, gerade nicht, das Gottes Dasein unbeweisbar wäre. Als Ausgangspunkt eines solchen Beweises kann aber – wegen der Unbekanntheit des göttlichen Wesens für den Menschen – nicht ein *Begriff von Gott* herangezogen werden. Als Ausgangspunkt gelten vielmehr die *Wirkungen Gottes*, die dem Menschen durchaus bekannt sind.

Wenn für uns eine Wirkung offensichtlicher ist als ihre Ursache, schreiten wir von der Wirkung [ausgehend] fort zur Erkenntnis der Ursache. Aus jeder

Cum [...] effectus aliquis est nobis manifestior quam sua causa, per effectum procedimus ad cognitionem causae.

Wirkung aber kann das Dasein ihrer eigenen Ursache bewiesen werden [...] Daher kann das Dasein Gottes, sofern es für uns nicht von selbst einleuchtend ist, durch seine uns bekannten Wirkungen bewiesen werden. (Übersetzung RL)	Ex quolibet autem effectu demonstrari potest propriam causam ejus esse [...] Unde Deum esse, secundum quod non est per se notum quoad nos, demonstrabile est per effectus nobis notos.

Thomas von Aquin, Summa Theologiae I 2,2 corp.art.
(Gottes Dasein und Wesen, 41 f).

3. Im dritten Schritt markiert Thomas fünf Wege (lat. quinque viae), auf denen Gottes Dasein ausgehend von seinen Wirkungen bewiesen werden kann. Alle fünf Wege gehen, im Sinne der oben zitierten Einteilung Kants, von sinnlicher Erfahrung aus, wobei es sich bei den ersten vier um unterschiedliche Varianten des kosmologischen Beweises handelt, während der fünfte Weg den physiko-theologischen Beweis darstellt. Nachstehend soll lediglich der erste von der Tatsache der Bewegung ausgehende Weg dargestellt werden. Der Beweis setzt ein mit der Feststellung, dass es offensichtlich Bewegung gibt; vorausgesetzt ist dabei der aristotelische Begriff der Bewegung (gr. *kinesis*), der sich nicht nur auf Ortsbewegung bezieht, sondern sämtliche quantitativen und qualitativen Veränderungsprozesse umfasst. Daraufhin wird festgehalten, dass im Bereich menschlicher Erfahrung jedes Bewegtwerden von einem Beweger ausgeht, wobei dieser Beweger seinerseits wiederum von etwas anderem bewegt wurde usw. Bei diesem Verschieben der Bewegungsursache auf andere ihrerseits wiederum fremdbewegte Ursachen kann man aber nach Thomas nicht ins Unendliche weitergehen. Denn dann käme man nur auf solche Beweger, die zugleich von etwas anderem bewegt sind. Um das Phänomen der Bewegung hinreichend zu erklären, muss deshalb notwendigerweise ein Seiendes angenommen werden, das ausschließlich bewegend ist und nicht zugleich auch von etwas anderem bewegt wird. Dieses Seiende aber nennen wir nach Thomas *Gott*.

Es ist sicher und steht aufgrund sinnlicher Wahrnehmung fest, dass auf dieser Welt Dinge bewegt werden. Alles aber, was bewegt wird, wird von etwas anderem bewegt. [...] Wenn [...] das, von dem es bewegt wird, [selbst] in Bewegung ist, muss es von etwas [wieder] anderem bewegt werden; und dieses [nochmals] von etwas anderem. Hier kann man aber nicht ins Unendliche fortgehen: weil es dann kein erstes Bewegendes gäbe; und folglich gar kein Bewegendes, weil die Zweitbewegenden nur aufgrund ihres Bewegtseins durch den Erstbeweger bewegen [...] Also ist es notwendig, zu einem ersten Bewegenden zu kommen, das von nichts anderem bewegt wird; und das erkennen alle als Gott. (Übersetzung RL)	Certum est [...], et sensu constat, aliqua moveri in hoc mundo. Omne autem quod movetur, ab alio movetur. [...] Si [...] id a quo movetur, moveatur, oportet et ipsum ab alio moveri; et illud ab alio. Hic autem non est procedere in infinitum: quia sic non esset aliquod primum movens; et per consequens nec aliquod aliud movens, quia moventia secunda non movent nisi per hoc quod sunt mota a primo movente [...] Ergo necesse est devenire ad aliquod primum movens, quod a nullo movetur; et hoc omnes intelligunt Deum.

Thomas von Aquin, Summa Theologiae I 2,3 corp.art.
(Gottes Dasein und Wesen, 44 f).

📖 Eine zweisprachige kommentierte Ausgabe der Kapitel 2–4 von Anselms „Proslogion" (einschließlich der Kritik von Anselms Zeitgenossen Gaunilo von Marmoutiers [11. Jahrhundert] und Anselms Replik) mit einer informativen Einleitung enthält die nachstehende Edition:
– Kann Gottes Nicht-Sein gedacht werden?

📖 Einen Überblick zu Geschichte und Problematik der Gottesbeweise bietet:
– K. Cramer, Der Gott der biblischen Offenbarung.

📖📖 Über die Geschichte des ontologischen Gottesbeweises informieren:
– D. Henrich, Der ontologische Gottesbeweis;
– J. Rohls, Theologie und Metaphysik.

✍ Erarbeiten Sie sich einen genaueren Einblick in die fünf Wege des Thomas von Aquin (Summa Theologiae I 2,3); ziehen Sie dazu heran:
– Th. v. Aquin, Die Gottesbeweise.

6.2 Neuzeitliche Krise und gegenwärtige Bedeutung der Gottesbeweise

6.2.1 *Die Kritik der Gottesbeweise durch Immanuel Kant*

Das Denken Immanuel Kants bildete den Höhepunkt der deutschen Aufklärungsphilosophie (vgl. zum theologiegeschichtlichen Kontext: 1. Hauptteil, Abschnitt 4.6.2). Um die von Kant vorgetragene Kritik an den traditionellen Gottesbeweisen zu verstehen, muss man sich das Problem vergegenwärtigen, das er in seinem erkenntnistheoretischen Hauptwerk, der „Kritik der reinen Vernunft", behandelt hat. Ihm ging es um die Frage, unter welchen Bedingungen unsere Erkenntnisse über Gegenstände als zuverlässig und damit wissenschaftlich gesichert gelten können. Die Antwort lautet (sehr vereinfacht), dass dies nur für solche Erkenntnisse zutrifft, die sich auf *Gegenstände möglicher Erfahrung* richten. Daraus ergibt sich bereits, dass wir über Gott, der eben kein Gegenstand möglicher Erfahrung ist, niemals wissenschaftlich gesicherte Aussagen machen können. Dass dies in den klassischen Gottesbeweisen dennoch versucht wurde, ist nach Kant die Folge einer Anmaßung der menschlichen Vernunft, die ihre Erkenntniskräfte unzulässigerweise auf den transzendenten Bereich ausgeweitet hat. Dass sie dabei zum Scheitern verurteilt war, hat er an den genannten Beweisen im Einzelnen deutlich gemacht.

Er stellte zunächst fest, dass auch die von sinnlicher Erfahrung ausgehenden Beweise letztlich auf dem ontologischen Argument beruhen. Dessen Widerlegung stellt demnach den entscheidenden Punkt der gesamten Kritik Kants dar.

Der physiko-theologische Beweis ist nochmals vom kosmologischen Argument abhängig. Denn Ordnung und

> **Kants Kritik der Gottesbeweise**
>
> – Nach Kant kann es zuverlässige Erkenntnis nur von Gegenständen möglicher Erfahrung geben; Gottesbeweise sind damit notwendig zum Scheitern verurteilt.
> – In der Auseinandersetzung mit den klassischen Gottesbeweisen kommt der Widerlegung des ontologischen Arguments eine Schlüsselstellung zu.

Zweckmäßigkeit in der Welt, die Kant keineswegs bestreitet, führen noch nicht zum Gedanken eines göttlichen Ursprungs der Welt insgesamt. Dieser müsste durch den kosmologischen Beweis bewahrheitet werden, also durch den Nachweis, dass sich von den Bewegungs- und Ursachenzusammenhängen in der Welt zwingend auf einen Erstbeweger schließen lässt (vgl. 6.1.3). Dies ist aber deshalb nicht möglich, weil der Ursache-Wirkung-Zusammenhang nur an Gegenständen möglicher Erfahrung kontrollierbar ist, weshalb über dessen Geltung im Bereich jenseits möglicher Erfahrung keine gesicherten Aussagen möglich sind. Der kosmologische Beweis kann also die Existenz eines notwendigen Wesens nicht selbst beweisen, sondern muss sie bereits voraussetzen. Bewiesen werden soll die Existenz eines notwendigen Wesens durch den ontologischen Beweis.

Der Ansatz seiner Kritik ist der für das ontologische Argument charakteristische Übergang von der Ebene der *begrifflichen Analyse* des höchsten Denkbaren zur Ebene der *faktischen Realität*: Weil dem höchsten Denkbaren etwas an seiner Vollkommenheit fehlen würde, wenn es nicht auch real existierte, muss es, wenn es wirklich das höchste Denkbare sein soll, notwendig real existieren. Kant bestreitet nun, dass das reale Dasein als Prädikat eines Dinges aufgrund einer Begriffsanalyse dieses Dinges behauptet werden kann.

[Wenn ich nämlich sage:] *Gott ist,* [...] so setze ich kein neues Prädikat zum Begriffe von Gott, sondern nur das Subject an sich selbst mit allen seinen Prädicaten, und zwar den *Gegenstand* in Beziehung auf meinen *Begriff.* Beide müssen genau einerlei enthalten. [... Andernfalls] würde nicht eben dasselbe, sondern mehr existiren, als ich im Begriffe gedacht hatte, und ich könnte nicht sagen, daß gerade der Gegenstand meines Begriffs existire. [...] *Sein* ist offenbar kein reales Prädicat, d. i. ein Begriff von irgend etwas, was zu dem Begriffe eines Dinges hinzukommen könne. [...] Hundert wirkliche Taler enthalten [auf der Begriffsebene!] nicht das mindeste mehr, als hundert mögliche.
    I. Kant, Kritik der reinen Vernunft, B 626–628 [z. T. umgestellt]
    (Akademie-Textausgabe III 401,7 f.15–19.23 f; 402,1–3).

Weil also Begriffsebene und Existenzebene klar zu unterscheiden sind, kann die Begriffsanalyse nie zu Urteilen über die *reale* Existenz führen. Das notwendige Wirklichsein Gottes als des höchsten Denkbaren im Sinne des ontologischen Beweises ist daher nach Kant kein wirkliches Wirklichsein, sondern lediglich ein gedachtes Wirklichsein. Ein wirkliches Wirklichsein könnte erst aufgrund des Zusammenhangs mit einer sinnlichen Wahrnehmung behauptet werden, ein Zusammenhang, den es im Hinblick auf Gott als ein Objekt des reinen Denkens allerdings grundsätzlich nicht geben kann.

Unser Begriff von einem Gegenstande mag also enthalten, was und wie viel er wolle, so müssen wir doch aus ihm [dem Begriff] herausgehen, um diesem [dem Gegenstand] die Existenz zu ertheilen. Bei Gegenständen der Sinne geschieht dieses durch den Zusammenhang mit irgend einer meiner Wahrnehmungen nach empirischen Gesetzen; aber für Objecte des reinen Denkens ist ganz und gar kein Mittel, ihr Dasein zu erkennen, weil es gänzlich a priori erkannt werden müßte, unser Bewußtsein aller Existenz aber (es sei durch Wahrnehmung unmittelbar, oder durch Schlüsse, die etwas mit der Wahrnehmung verknüpfen) gehört ganz und gar zur Einheit der Er-

fahrung, und eine Existenz außer diesem Felde kann zwar nicht schlechterdings für unmöglich erklärt werden, sie ist aber eine Voraussetzung, die wir durch nichts rechtfertigen können.
I. Kant, Kritik der reinen Vernunft, B 629
(Akademie-Textausgabe III 402,26–37).

Kants Beitrag zum Problem der Gottesbeweise war allerdings nicht nur negativer Art. Zwar hat er die Ansprüche der *theoretischen* Vernunft zurückgewiesen, über die Existenz Gottes gesicherte Aussagen machen zu können. Aber die *praktische* Vernunft liefert nach Kant durchaus gute Gründe für die Annahme des Daseins Gottes; dies hat er in seiner „Kritik der praktischen Vernunft" gezeigt. Ausgangspunkt der Argumentation ist das Faktum eines moralischen Gesetzes, das jeden Menschen innerlich zur Sittlichkeit verpflichtet. Diese Forderung nach sittlichem Handeln, die im sog. Kategorischen Imperativ konkretisiert ist, impliziert aber die Annahme, dass eine umfassende Befolgung des moralischen Gesetzes auch zu einem in jeder Hinsicht befriedigenden Gesamtzustand des Menschen in der Welt führt, den Kant *Glückseligkeit* nennt. Allerdings ist niemand in der Lage, einen Zusammenhang von Sittlichkeit bzw. Tugend und Glückseligkeit zu verbürgen. Da dieser Zusammenhang aber im Vollzug tugendhaften Handelns stets als existent vorausgesetzt wird, muss eine Instanz gedacht werden, die ihn garantiert: Gott.

[Es] ist in dem moralischen Gesetze nicht der mindeste Grund zu einem nothwendigen Zusammenhang zwischen Sittlichkeit und der ihr proportionirten Glückseligkeit eines zur Welt als Theil gehörigen und daher von ihr abhängigen Wesens, welches eben darum durch seinen Willen nicht Ursache dieser Natur sein und sie, was seine Glückseligkeit betrifft, mit seinen praktischen Grundsätzen aus eigenen Kräften nicht durchgängig einstimmig machen kann. Gleichwohl wird in der praktischen Aufgabe der reinen Vernunft [...] ein solcher Zusammenhang als nothwendig postulirt: wir *sollen* das höchste Gut (welches also doch möglich sein muß) zu befördern suchen. Also wird auch das Dasein einer von der Natur unterschiedenen Ursache der gesammten Natur, welche den Grund dieses Zusammenhanges, nämlich der genauen Übereinstimmung der Glückseligkeit mit der Sittlichkeit, enthalte, *postulirt*. [...] Also ist das höchste Gut in der Welt nur möglich, so fern eine oberste Ursache der Natur angenommen wird, die eine der moralischen Gesinnung gemäße Causalität hat. [...] Also ist die oberste Ursache der Natur, so fern sie zum höchsten Gute vorausgesetzt werden muß, ein Wesen, das durch *Verstand* und *Willen* die Ursache (folglich der Urheber) der Natur ist, d. i. *Gott*. [...] Nun war es Pflicht für uns das höchste Gut zu befördern, mithin [...] auch mit der Pflicht als Bedürfniß verbundene Nothwendigkeit, die Möglichkeit dieses höchsten Guts vorauszusetzen, welches, da es nur unter der Bedingung des Daseins Gottes stattfindet, die Voraussetzung desselben mit der Pflicht unzertrennlich verbindet, d. i. es ist moralisch nothwendig, das Dasein Gottes anzunehmen.
I. Kant, Kritik der praktischen Vernunft, 224–226
(Akademie-Textausgabe V 124,30–125,8; 125,14–16.19–22.25–30).

Diese Argumentation, die Kant später (in der „Kritik der Urteilskraft" von 1790) als moralischen *Beweis* des Daseins Gottes bezeichnet hat, zielt allerdings nicht auf eine Erweiterung menschlichen *Wissens* über den Bereich von Gegenständen möglicher Erfahrung hinaus und stellt daher keine Neubegründung einer *objektiven* Gotteserkenntnis dar. Dass es „moralisch notwendig [ist], das Dasein Gottes anzunehmen", heißt lediglich, dass die praktische Vernunft zu einer *subjektiven* Gewissheit über die Existenz Gottes gelangen kann. Das Dasein Gottes ist daher nach Kant – im Unterschied zu den älteren Beweisen – keine Sache des *theoretischen* Wissens, sondern eine Angelegenheit des *praktischen* Vernunft*glaubens* (vgl. § 4.3.1).

6.2.2 Zur Beurteilung der Gottesbeweise in der neueren Theologie und Philosophie

Aufgrund seines inklusiven Offenbarungsverständnisses (vgl. § 3.2.1) sowie seiner spezifischen Verhältnisbestimmung von Glaube und Vernunft (vgl. § 4.3.2) neigt der *römische Katholizismus* traditionell zu einer positiven Beurteilung der Möglichkeit sowie der theologischen Bedeutung von Gottesbeweisen: Diese gelten auch gegenwärtig als wichtiger Ausdruck der Rechenschaft des Glaubens und dienen der Theologie dazu, den Vorwurf des Irrationalismus zurückzuweisen. Dass vor allem die Argumente des kosmologischen Beweistyps für tragfähig gehalten werden, zeigt die in § 3.2.1 zitierte Formulierung des 1. Vatikanischen Konzils, die das 2. Vatikanische Konzil wiederholt hat: „dass Gott, der Ursprung und das Ziel aller Dinge, mit dem natürlichen Licht der menschlichen Vernunft *aus den geschaffenen Dingen* sicher erkannt werden kann". Allerdings wird darauf verzichtet, bestimmte Argumentationswege als verbindlich festzuschreiben. Im „Katechismus der Katholischen Kirche" von 1993 wird aus der biblisch begründeten Gott*ebenbildlichkeit* des Menschen (vgl. § 9.2) eine ‚Gott*offenheit*' abgeleitet, in der die Fähigkeit gründet, auf *verschiedenen* Wegen zu einer rationalen Gotteserkenntnis zu gelangen; die Beweiskraft dieser Argumente führt allerdings nach der Auffassung des Katechismus nicht zu einer Evidenz, die der von mathematisch-naturwissenschaftlichen Beweisen vergleichbar ist.

Da der Mensch nach dem Bilde Gottes erschaffen und dazu berufen ist, Gott zu erkennen und zu lieben, entdeckt er auf der Suche nach Gott gewisse ‚Wege', um zur Erkenntnis Gottes zu gelangen. Man nennt diese auch ‚Gottesbeweise', nicht im Sinn naturwissenschaftlicher Beweise, sondern im Sinn übereinstimmender und überzeugender Argumente, die zu wirklicher Gewißheit gelangen lassen.	Homo, ad Dei imaginem creatus et ad Deum cognoscendum et amandum vocatus, cum Deum quaerit, quasdam detegit ‚vias' ut ad Dei accedat cognitionem. Illae etiam ‚argumenta existentiae Dei' appellantur, non tamen eodem sensu quo scientiae naturales quaerunt argumenta, sed quatenus ‚argumenta convergentia et persuadentia' sunt quae ad veras certitudines pertingere sinunt.
Diese ‚Wege' zu Gott haben die Schöpfung – die materielle Welt und die menschliche Person – zum Ausgangspunkt.	Hae ‚viae' Deo appropinquandi initium a creatione sumunt: a mundo materiali et a persona humana.
Die *Welt*. Aus der Bewegung und dem Werden, aus der Kontingenz, der Ordnung und der Schönheit der Welt kann man Gott als Ursprung und Ziel des Universums erkennen. […]	*Mundus*: Deus potest, ex motu et efficientia, ex contingentia, ex ordine et pulchritudine mundi, ut origo et finis universi cognosci. […]
Der *Mensch*. Mit seiner Offenheit für die Wahrheit und Schönheit, mit seinem Sinn für das sittlich Gute, mit seiner Freiheit und der Stimme seines Gewissens, mit seinem Verlangen nach Unendlichkeit und Glück fragt der Mensch nach dem Dasein Gottes. […]	*Homo*: allectus sua veritati et pulchritudini apertione, boni moralis sensu, libertate et suae conscientiae voce, infiniti et beatitudinis appetitu homo de exsistentia Dei se interrogat. […]

Die Welt und der Mensch bezeugen, daß sie weder ihre erste Ursache noch ihr letztes Ziel in sich selbst haben, sondern daß sie am ursprungslosen und endlosen Sein schlechthin teilhaben.	Mundus et homo testantur se in semetipsis neque primum principium neque finem habere ultimum, sed participare illius ‚Esse' quod in se est sine origine et sine fine.

Katechismus der Katholischen Kirche, Nr. 31–34.

Intensives Interesse an der Frage nach der Beweisbarkeit Gottes lässt sich in verschiedenen Richtungen der *Gegenwartsphilosophie* feststellen, namentlich in der britischen Religionsphilosophie nach 1945. So hat Richard Swinburne (geb. 1934), der bis zu seiner Emeritierung in Oxford lehrte, den Versuch einer wahrscheinlichkeitstheoretischen Neuformulierung des kosmologischen und physiko-theologischen Arguments unternommen.

> In seinem 1979 erschienenen Buch „The Existence of God" (^{3}1991), das 1987 in deutscher Übersetzung erschienen ist („Die Existenz Gottes") geht er davon aus, dass auf der Basis rationaler Argumentation zwar keine hundertprozentige Sicherheit über die Existenz Gottes – und insofern auch kein Einvernehmen darüber – erzielt werden kann. Er behauptet aber, dass durch die Annahme der Existenz Gottes gerade auch die von den Naturwissenschaften untersuchten Weltphänomene letztlich besser erklärt werden können als auf atheistischer Basis. Daher gilt ihm die Existenz Gottes als deutlich wahrscheinlicher („significantly more probable") als die Nichtexistenz, zumal die Tatsache religiöser Erfahrungen als ein weiteres Indiz angeführt wird. In seinem 1996 erschienenen Buch „Is there a God?", das seit 2006 in deutscher Übersetzung vorliegt („Gibt es einen Gott?"), hat Swinburne seine Auffassung in einer für ein breiteres Publikum geschriebenen Darstellung nochmals zusammengefasst. Das nachstehend abgedruckte Zitat gibt Swinburnes Resümee wider.

Es ist die Schlussfolgerung dieses Buches, dass Existenz, Ordnung und Feinabstimmung der Welt, die Existenz von bewussten Menschen in ihr mit der Möglichkeit, sich selbst, sich untereinander und die Welt zu formen, [dass] die historische Evidenz von Wundern in Verbindung mit menschlichen Bedürfnissen und Gebeten, besonders im Zusammenhang mit der Entstehung des Christentums, gestützt durch die offensichtlich von Millionen [Menschen] gemachte Erfahrung seiner Gegenwart – [dass] es all das deutlich wahrscheinlicher macht, dass es Gott gibt, als dass es ihn nicht gibt. (Übersetzung RL)	The conclusion of this book [„Is there a God"] is that the existence, orderliness, and fine-tunedness of the world; the existence of conscious humans within it with providential opportunities for moulding themselves, each other, and the world; some historical evidence of miracles in connection with human needs and prayers, particularly in connection with the foundation of Christianity, topped up finally by the apparent experience by millions of his presence, all make it significantly more probable than not that there is a God.

R. Swinburne, Is there a God?, 139.

Im *modernen Protestantismus* bestehen sowohl hinsichtlich der Möglichkeit als auch bezüglich des theologischen Wertes von Gottesbeweisen eher Bedenken. Selbst Wolfhart Pannenberg, der, wie in § 4.3.2 gesehen, durchaus großes Interesse an einer rational-wissenschaftlichen Bewährung der Inhalte des christlichen Glaubens hat, äußert sich zur Überzeugungskraft der traditionellen Gottesbeweise, sofern diese ausschließlich auf der Basis rationaler Argumentation agierten, eher zurückhaltend.

[Nach Pannenberg hat das Christentum der philosophischen Theologie von Anfang an den Anspruch bestritten,] eine Gotteserkenntnis allein auf der Grundlage philosophischer Reflexion begründen zu können. Gott kann [, wie Pannenberg unter Verweis auf Hegel sagt,] nur durch Gott selbst erkannt werden. Darum ist Gotteserkenntnis nur durch die Offenbarung der göttlichen Wirklichkeit möglich. Daß solche Offenbarung schon in der Tatsache der Welt vor aller Augen überführend stattgefunden hätte, läßt sich angesichts der Strittigkeit des Daseins Gottes [...] schwerlich behaupten. Die Resultate der Geschichte der Gottesbeweise und der Diskussionen um ihre Aussagekraft zeigen, daß die Sachlage der Strittigkeit des Daseins Gottes durch solche Argumente nicht entscheidend geändert werden kann.
W. Pannenberg, Systematische Theologie, Band 1, 107.

Allerdings betont Pannenberg in aller Deutlichkeit (und unter stetem Verweis auf Röm 1,19–32; vgl. dazu § 3.1), dass der Mensch von seiner Natur her durchaus darauf angelegt ist, im Rahmen seiner Welterfahrung ein Bewusstsein von Gott zu entwickeln, das sich in den Gotteserfahrungen der Religionen niedergeschlagen hat; die Frage nach der Wahrheit *dieses* Gottesgedankens ist nach Pannenberg vom Scheitern der traditionellen Gottesbeweise nicht betroffen.

Eine selbständige Erkenntnis des Daseins und Wesens Gottes (unabhängig von der religionsphilosophischen Reflexion auf die Wahrheitsansprüche der positiven Religionen) ist von der philosophischen Theologie heute nicht mehr zu erwarten. [...] Mit der Unmöglichkeit einer rein rational begründeten Theologie aber ist die Frage nach Möglichkeit und Tatsächlichkeit einer natürlichen Gottes*erkenntnis* im Sinne einer dem Menschen als solchen immer schon eigenen *faktischen* Kenntnis von Gott, den die christliche Botschaft [etwa in Röm 1,19 ff] verkündet, noch nicht beantwortet. [...]
Die Intuition eines unbestimmt Unendlichen, des das Leben des Menschen übersteigenden und tragenden Geheimnisses des Seins, das ihn zum Vertrauen ermutigt, wird erst im Laufe der Welterfahrung unterschieden von den endlichen Dingen. Bei diesem Prozeß der Welterfahrung und des durch sie entstehenden Bewußtseins von Gott handelt es sich nun aber [...], um die Gotteserfahrung der Religionen [... So] hat sich in der Geschichte der Menschheit immer in der einen oder anderen Weise ein explizites Gottesbewußtsein ausgebildet, das in Verbindung mit der Erfahrung der Werke der Schöpfung entsteht.
W. Pannenberg, Systematische Theologie, Band 1, 120. 131 f.

Im Gegenwartsprotestantismus wird aber vielfach auch eine theologische Grundsatzkritik an allen Bemühungen um eine vom persönlichen Glauben unabhängige Sicherstellung der Existenz Gottes geübt. Damit wird nicht nur der Unterschied zwischen dem philosophischen Gottesbegriff und dem biblisch-christlichen Verständnis Gottes betont, sondern es wird überdies an jene ‚Existentialisierung' des christlichen Denkens angeknüpft, die seit der Reformation zu einer Verschiebung bei der Bestimmung des Gegenstandes der christlichen Theologie geführt hat (vgl. § 2.2). Das nachstehende Zitat von Ingolf Dalferth (geb. 1948) kann als Beispiel für diese Tendenz gelten.

Nicht ob Gott ist, ist das zentrale Denkproblem, sondern *was denn anders wäre, wenn man wüßte, dass Gott wirklich ist*, und nicht *was Gott ist und wie das kohärent gedacht werden kann*, ist die zentrale Frage, sondern *was Gott für mich und für andere* ist und was daraus für den Vollzug menschlichen Lebens folgt; und das läßt sich nicht im Nacheinander eines philosophischen und eines theologischen Denkschrittes beantworten, von denen der erste auch ohne den zweiten vollzogen werden könnte: Man kann nicht zunächst zeigen, daß Gott ist, und erst, falls das gelingt, weiterfragen, was Gott für uns ist. Entweder ist mit dem ersten Schritt auch der zweite schon entschieden, oder er hat nicht das Sein dessen nachgewiesen, von dem im zweiten als Gott die Rede ist.

I. Dalferth, Inbegriff oder Index?, 106 f.

📖 Kants Widerlegung des ontologischen Beweises ist genauer dargestellt bei:
  – W. Röd, Der Gott der reinen Vernunft, 132–168, bes. 153–159.

📖 Eine theologische Würdigung der Kritik Kants an den überlieferten Gottesbeweisen formuliert:
  – U. Barth, Gott als Projekt der Vernunft, 235–262.

✍ Während in Schleiermachers früher Religionstheorie „die Idee von Gott nicht so hoch" steht (vgl. § 1.1.3), hat er in seiner Darstellung der christlichen Glaubenslehre dem Gottesbegriff einen durchaus prominenten Stellenwert eingeräumt, auf eine Anknüpfung an die Tradition der Gottesbeweise aber programmatisch verzichtet. Erarbeiten Sie sich die Spezifik des Gottesbegriffs sowie die Beurteilung der Gottesbeweise in Schleiermachers theologischem Hauptwerk; ziehen Sie dazu heran:
  – F. Schleiermacher, Der christliche Glaube, Band 1, 16–24. 187–193 (§§ 4. 33; KGA I 13,1, 32–40. 205–212).

💻 Der „Katechismus der Katholischen Kirche" ist deutscher und lateinischer Sprache zugänglich unter der Adresse:
  – *www.stjosef.at/kkk/* (deutsch);
  – *http://www.vatican.va/archive/catechism_lt/index_lt.htm* (latein).

6.3 Gottes Wesen und Eigenschaften

6.3.1 *Gottes Unzugänglichkeit als Ausgangspunkt seiner Wesensbestimmung*

Die Verbindung des biblischen mit dem (neu)platonischen Gottesgedanken in der altkirchlichen Theologie (vgl. zum theologiegeschichtlichen Kontext: 1. Hauptteil, Abschnitt 1.1) führte dazu, dass die Bestimmung von Wesen und Eigenschaften Gottes im christlichen Denken – trotz seiner in der Heiligen Schrift greifbaren Offenbarung – stets vom Bewusstsein der unüberbrückbaren Kluft zwischen der begrenzten menschlichen Erkenntniskraft und der Fülle des göttlichen Seins begleitet war: Gott ist mit Hilfe des menschlichen Denk- und Begriffsvermögens nicht angemessen zu beschreiben, weil er jenseits der Reichweite des endlichen Verstandes ‚liegt'. Für diese Auffassung boten sich allerdings auch einige biblische Belege an; so heißt es in I Tim 6,16 von Gott, er wohne „in einem Licht, zu dem niemand kommen kann". Auch Joh 1,18a und Mt 11,27 wurden gelegentlich herangezogen.

Aus der Überlegenheit Gottes gegenüber allen menschlichen Erkenntnisbemühungen folgerte man zunächst, dass Theologie (als menschliche Rede über Gott) nur *negative (apophatische) Theologie* sein, d.h. von Gott nur sagen kann, was er *nicht* ist. Zugleich wurde aber davon ausgegangen, dass zwischen der Schöpfung

Eigenschaften Gottes angesichts seiner Transzendenz

– Die ältere Dogmatik gelangte auf drei Wegen zu Eigenschaften Gottes:
1. via negationis: Verneinung geschöpflicher Eigenschaften;
2. via eminentiae: Überhöhung geschöpflicher Eigenschaften;
3. via causalitatis: Feststellung göttlicher Ursächlichkeit geschöpflicher Vollkommenheiten.
– Alle Eigenschaften werden Gott nur in analoger Weise zugesprochen.

und Gott als dem Schöpfer wenigstens eine entfernte Ähnlichkeit besteht. Eine methodisch kontrollierte Überschreitung der geschöpflichen Welt erlaubt daher eine gewisse Annäherung menschlicher Sprache an Gott und insofern den Schritt zu einer *positiven* (*kataphatischen*) Bestimmung seines Wesens, ohne dabei die von der negativen Theologie betonten Grenzen zu verletzen.

Als die drei Wege einer solchen Annäherung galten traditionell

1. der Weg der *Verneinung* (gr./lat. *hodos aphhaireseos*/via negationis): Gott ist, was das Weltliche nicht ist; daraus konnten z. B. Ewigkeit und Unendlichkeit als Gottesprädikate abgeleitet werden;
2. der Weg der *Überhöhung* (gr./lat. *hodos hypeoches*/via eminentiae): Gott ist in umfassender Weise das, was das Weltliche in begrenztem Maße ist; daraus konnten z. B. Allgegenwart und Allmacht als Gottesprädikate abgeleitet werden;
3. der Weg der *Ursächlichkeit* (gr./lat. *hodos aitias*/ via causalitatis): Gott ist der Ursprung aller von ihm in den Geschöpfen hervorgebrachten Vollkommenheiten; daraus konnten z. B. Heiligkeit und Gerechtigkeit als Gottesprädikate abgeleitet werden.

Dionysios Areopagita hat um 500 die bis hierher referierten Gedanken zur Bestimmung von Wesen und Eigenschaften Gottes in klassischer und für die Theologiegeschichte der nächsten 13 Jahrhunderte maßgeblicher Weise formuliert.

[Gott] ist das für jede Vernunft Nicht-Vernunfthafte [, das] über alle Vernunft Eine, unaussprechlich für jede Ausdrucksform [ist er] das über aller Ausdrucksform [stehende] Gute, [...] eine überwesentliche Wesenheit, ein nicht verstehbarer Verstand, ein unaussprechliches Wort, Wort- und Gedanken- und Namenlosigkeit, dem Wesen nach keinem Seienden entsprechend, zwar Ursache allen Seins, selbst aber nichts Seiendes, weil jenseits jeder Wesenheit. (Übersetzung RL)

Dionysios Areopagita, Die Namen Gottes/De divinis nominibus I 1
(Corpus Dionysiacum I 109,11–16).

[Deshalb gilt,] dass die Negationen [*apophaseis*] bei den göttlichen Dingen wahr, die positiven Aussagen [*kataphaseis*] aber der Verborgenheit der Unaussprechlichkeit unangemessen sind. (Übersetzung RL)

Dionysios Areopagita, Über die himmlische Hierarchie/De Coelesti Hierarchia II 3
(Corpus Dionysiacum II 12,20–13,2).

[Wir erkennen Gott] aus der gleichsam aus ihm hervorgegangenen Ordnung alles Seienden, die Abbilder und Ähnlichkeiten seiner göttlichen Urbilder enthält; zu dem jenseits von allem Befindlichen steigen wir mit Methode [*hodo*] und Ordnung nach [unserer] Möglichkeit hinauf kraft der

Abstraktion [*aphhairesei*] von allem, des Vorrangs [*hyperoche*] vor allem sowie der Ursache [*aitia*] von allem. (Übersetzung RL)

Dionysios Areopagita, Die Namen Gottes/De divinis nominibus VII 3 (Corpus Dionysiacum I 197,20–198,3).

Eine in der beschriebenen Weise vorgehende kataphatische Theologie stand allerdings vor dem Problem, dass sie sich bei ihrer Gewinnung *göttlicher* Eigenschaften zwangsläufig *menschlicher* Sprache bedienen musste. Angesichts dieses unvermeidlichen *Anthropomorphismus* (der Übertragung menschlicher Vorstellungen auf [Gott als] einen nichtmenschlichen Gegenstand) konnte man die Sachgemäßheit menschlicher Rede von Gott grundsätzlich bestreiten. Diese Konsequenz wollte man jedoch vermeiden, nicht zuletzt um am Offenbarungswert der Bibel festhalten zu können. Diese nämlich galt, obgleich in menschlicher Sprache verfasst, unbestritten als Wort Gottes. Die menschlichen Aussagen über Gott wurden deshalb so verstanden, dass die in ihnen verwendeten Ausdrücke nicht ‚direkt', wohl aber in bestimmter Weise auf Gott zutreffen: Menschliche Rede von Gott besteht weder aus *univoken* (synonymen) noch aus *äquivoken* (homonymen) Aussagen, sondern sie ist *analoge* Rede. Diese Unterscheidung geht auf Aristoteles zurück und ist vor allem durch Thomas von Aquin für die christliche Theologie fruchtbar gemacht worden. In seinem Kommentar zur „Metaphysik" des Aristoteles hat Thomas die Unterschiede der drei Redeformen benannt.

Man muss wissen, dass über verschiedene Dinge in vielfältiger Weise gesprochen wird: Manchmal nämlich in ganz derselben Hinsicht, und dann sagt man, sie werden *univok* bezeichnet, wie ‚Lebewesen' vom Pferd und vom Ochsen [ausgesagt wird]; manchmal aber in ganz verschiedenen Hinsichten, und dann sagt man, sie werden *äquivok* bezeichnet, wie ‚Hund', vom Stern[bild] und vom Lebewesen [ausgesagt wird].
Manchmal aber in Hinsichten, die teilweise verschieden und teilweise nicht verschieden sind: verschieden nämlich, sofern sie gewisse Beziehungen ausdrücken, einheitlich aber, sofern diese verschiedenen Beziehungen auf ein- und dasselbe orientiert sind; und in diesem Fall sagt man, dass sie *analog* bezeichnet werden, d. h. dem Verhältnis nach, je nachdem, wie jedes [Ding] gemäß seiner Beziehung auf jenes eine orientiert ist. [...]

Er [Aristoteles in seiner „Metaphysik"] gibt nämlich zuerst ein Beispiel dafür, dass viele Dinge auf eines wie auf ein Ziel bezogen sind, wie es offensichtlich ist bei dem Wort *gesund* oder *wohlauf*. *Gesund* nämlich wird von gesunder Ernährung, Medizin, Urin und

[S]ciendum quod aliquid praedicatur de diversis multipliciter: quandoque quidem secundum rationem omnino eamdem, et tunc dicitur de eis univoce praedicari, sicut animal de equo et bove. quandoque vero secundum rationes omnino diversas; et tunc dicitur de eis aequivoce praedicari, sicut canis de sidere et animali.
quandoque vero secundum rationes quae partim sunt diversae et partim non diversae: diversae quidem secundum quod diversas habitudines important, unae autem secundum quod ad unum aliquid et idem istae diversae habitudines referuntur; et illud dicitur analogice praedicari, idest proportionaliter, prout unumquodque secundum suam habitudinem ad illud unum refertur. [...]
Ponit enim primo unum exemplum, quando multa comparantur ad unum sicut ad finem, sicut patet de hoc nomine sanativum vel salubre. sanativum enim non dicitur univoce de diaeta,

dem Lebewesen nicht univok ausgesagt. Denn der Grund dafür, gesunde Ernährung gesund zu nennen, besteht darin, dass diese die Gesundheit erhält. Sofern es aber von der Medizin gesagt wird, [darin,] dass sie Gesundheit bewirkt. Sofern es aber vom Urin gesagt wird, ist ein Zeichen für Gesundheit gemeint. Sofern es aber vom Lebewesen gesagt wird, ist der Grund, dass es die Gesundheit empfängt und annimmt. (Übersetzung RL)

medicina, urina et animali. nam ratio sani secundum quod dicitur de diaeta, consistit in conservando sanitatem. secundum vero quod dicitur de medicina, in faciendo sanitatem. prout vero dicitur de urina, est signum sanitatis. secundum vero quod dicitur de animali, ratio eius est, quoniam est receptivum vel susceptivum sanitatis.

Thomas von Aquin, Sententia super Metaphysicam IV 1, Nr. 7. 9 (Sancti Thomae Aquinatis opera omnia, Band 4, 418).

Weil nun, wie Thomas an anderer Stelle zeigt, univoke Aussagen die *Differenz* zwischen Gott als Erstursache und der von ihm verursachten Welt nicht berücksichtigen würden, während äquivoke Aussagen die *Beziehung* zwischen Schöpfer und Geschöpf außer acht ließen, ist für ihn einzig die Redeform der Analogie für Aussagen über Gott angemessen: Die Eigenschaften, die Gott auf den von Dionysios Areopagita angegebenen Wegen mittels menschlicher Sprache beigelegt werden, sind zwar dem Erfahrungsbereich der Schöpfung entnommen; sofern aber all diese Eigenschaften Gott als dem Schöpfer in ursprünglichster Weise zukommen, sind sie auf ihn als Erstursache hingeordnet.

Die Formen der Dinge, deren Ursache Gott ist, erreichen nicht die Art der göttlichen Kraft: weil sie nur teilweise und einzeln empfangen, was in Gott einfach und allgemein vorgefunden wird. Es ist also offensichtlich, dass über Gott und die anderen Dinge nichts univok ausgesagt werden kann. [...] Bei den Dingen, die nur zufällig äquivok sind, wird keine Ordnung oder Ausrichtung des einen auf das andere angenommen. Sondern es wird zwei Dingen aus reinem Zufall dieselbe Bezeichnung zugelegt [...] Bei dem, was über Gott und die Geschöpfe gesagt wird, verhält es sich aber nicht so. Bei der Gemeinsamkeit solcher Benennungen ist nämlich die Beziehung von Ursache und Verursachtem im Blick [...] Von Gott und den übrigen Dingen wird also nichts im Sinne reiner Äquivokation ausgesagt. [...]
So bleibt nach dem Gesagten übrig, dass diese [Eigenschaften], die von Gott und den übrigen Dingen ausgesagt werden, weder univok noch äquivok, sondern analog gesagt werden, d. h. im Sinne einer Ordnung oder Ausrichtung auf eines. (Übersetzung RL)

Rerum quarum deus est causa, formae ad speciem divinae virtutis non perveniunt: cum divisim et particulariter recipiant quod in deo simpliciter et universaliter invenitur. patet igitur quod de deo et rebus aliis nihil univoce dici potest. [...]
in his quae sunt a casu aequivoca, nullus ordo aut respectus attenditur unius ad alterum, sed omnino per accidens est quod unum nomen diversis rebus attribuitur [...] sic autem non est de nominibus quae de deo dicuntur et creaturis. consideratur enim in huiusmodi nominum communitate ordo causae et causati [...] non igitur secundum puram aequivocationem aliquid de deo et rebus aliis praedicatur. [...]

sic igitur ex dictis relinquitur quod ea quae de deo et rebus aliis dicuntur, praedicantur neque univoce neque aequivoce, sed analogice: hoc est, secundum ordinem vel respectum ad aliquid unum.

Thomas von Aquin, Summe gegen die Heiden I 32–34 (Band 1, 132. 136. 138).

6.3.2 Gottes Offenbarung als Ausgangspunkt seiner Wesensbestimmung

Anders als die altkirchliche und die mittelalterliche Tradition hatte die reformatorische Theologie zunächst kein Interesse an einem philosophischen Gottesbegriff. Sie orientierte sich deshalb bei ihrem Nachdenken über Gottes Wesen und Eigenschaften primär an der Heiligen Schrift. Daher wurde die *Geschichtlichkeit Gottes* in besonderer Weise betont: Gott wurde nicht zuerst von seiner Differenz gegenüber der Welt her verstanden, sondern als entscheidend galt seine *Beziehung zum Menschen*, auf die sein Handeln nach biblischem Zeugnis ausgerichtet ist.

Die altprotestantische Orthodoxie hat versucht, den in 6.3.1 beschriebenen Zugang zur Bestimmung von Gottes Wesen und Eigenschaften mit dem Aspekt der Geschichtlichkeit Gottes zu verbinden, indem sie die göttlichen Attribute danach geordnet hat, ob sie nur Gott selbst (abgesehen von seinem Verhalten zur Schöpfung) zukommen (vom Weltbezug abgelöste Eigenschaften: lat. attributa absoluta) oder ob sie Gott in seinem Verhalten zur Welt beschreiben (auf die Schöpfung bezogene Eigenschaften: lat. attributa operativa).

Das Wesen Gottes im Lichte seiner Offenbarung

– Eine Gotteslehre auf biblischer Basis stellt Gottes (in Christus offenbar gewordenen) Heilswillen ins Zentrum.
– Als das Wesen Gottes gilt daher die Liebe.

Im Zentrum des auf den Menschen gerichteten göttlichen Handelns steht nach dem gesamtbiblischen Zeugnis Jesus Christus und der in dessen Schicksal greifbare Wille, die infolge der menschlichen Sünde (vgl. § 9.2) gestörte Gott-Mensch-Beziehung wieder in Ordnung zu bringen. Von daher lag es nahe, die Gottes Zuwendung zugrunde liegende Zuneigung zur Welt und zum Menschen als Ausgangspunkt seiner Wesensbestimmung zu wählen: Gott ist die Liebe (I Joh 4,8.16).

Nun haben wir von Gott eitel Liebe und Wohltat empfangen, denn Christus hat für uns gestiftet und gegeben Gerechtigkeit und alles, was er hatte, hat alle seine Güter über uns ausgeschüttet, welche niemand ermessen kann; kein Engel kann sie begreifen noch ergründen, denn Gott ist ein glühender Backofen voller Liebe, der da reichet von der Erde bis an den Himmel.	Nuon haben wir von got eyttel liebe und wolthat empfangen, dann Christus hat für uns gesatzt und geben gerechtickeit und alles, was er hatt, alle seyne guoter über uns außgeschüttet, welche nyemants ermessen kan, keyn engel kan sie begreyffen noch ergründen, dann got ist ein glüender backofen foller liebe, der da reichet von der erden biß an den hymmel.

M. Luther, Predigt am Samstag vor Reminiscere
(Luther deutsch 4, 89/WA 10 III, 55,12 f; 56,1–3).

Allerdings musste der biblische Gedanke der *Liebe* Gottes bzw. die direkte Identifikation von Gott und Liebe mit der ebenso biblischen Rede vom *Zorn* Gottes vermittelt werden (vgl. im Neuen Testament vor allem Röm 1,18–3,20). Dazu wurde der Zorn Gottes, der den ewigen Tod des Sünders will und insofern eine totale Bedrohung der menschlichen Existenz bedeutet, als angemessene Reaktion auf die Abwendung des Menschen von Gott infolge der Sünde verstanden. Dass Gott dennoch seinem gerechten Zorn nicht freien Lauf lässt, wurde in Anlehnung an Gedanken Augustins als Ausdruck der in Christus manifesten ungeschuldeten Liebe Gottes (dilectio mera et gratuita) zu seinen Geschöpfen interpretiert.

Gott ist doch die Gerechtigkeit in ihrer höchsten Vollkommenheit, und darum kann er die Ungerechtigkeit, die er an uns allen wahrnimmt, nicht lieben. [...] Aber der Herr will in uns nicht dem Verderben preisgeben, was doch sein ist, und darum findet er immer noch etwas, was er in seiner Güte lieben kann. Denn wir sind zwar in unserer Verdorbenheit *Sünder* – aber wir bleiben doch seine *Geschöpfe*; wir haben zwar den *Tod* verdient – aber er hat uns doch einst zum *Leben* erschaffen! So kommt er aus reiner gnädiger Liebe zu uns doch dazu, uns in Gnaden anzunehmen!	Deus enim, qui summa iustitia est, iniquitatem, quam in omnibus nobis conspicit, amare non potest. [...] Verum quia Dominus quod suum est in nobis perdere non vult, adhuc aliquid invenit quod pro sua benignitate amet. Utcunque enim peccatores vitio nostro simus, manemus tamen eius creaturae: utcunque mortem nobis asciverimus, ipse tamen nos ad vitam condiderat. Sic mera et gratuita nostri dilectione excitatur ad nos in gratiam recipiendos.

J. Calvin, Unterricht/Institutio II 16,3
(Weber 314 f/Opera selecta III 484,20 f. 25–31).

Für die Verhältnisbestimmung von Liebe und Zorn Gottes wurde außerdem der Gedanke wichtig, dass die Liebe zwar der ungleich stärkere Impuls in Gott ist, dass sie aber vom Menschen erst auf dem Hintergrund der Erfahrung des göttlichen Zornes über die Sünde wirklich wahrgenommen werden kann; in der reformatorischen Lehre über den Zusammenhang von Gesetz und Evangelium wird dies genauer behandelt (vgl. dazu § 12.1.2).

Dass der Gott des christlichen Glaubens seinem Wesen nach in Liebe auf die Welt und den Menschen hin orientiert ist, wird an Person und Werk Jesu Christi deutlich. Christi theologische Bedeutung wird in je verschiedener Weise in Trinitätslehre (§ 7) und Christologie (§ 10) erörtert.

📖 Eine zeitgenössische vom Gedanken der Liebe Gottes her konzipierte Behandlung der Eigenschaftslehre liegt vor bei:
– W. Härle, Dogmatik, 236–269.

📖📖 Eine Neuinterpretation der Lehre von Gottes Eigenschaften im Horizont der weitgehenden ‚Gottesvergessenheit' im Gegenwartsbewusstsein stammt von:
– W. Krötke, Gottes Klarheiten.

📖📖 Eine von der Wesensbestimmung Gottes als Liebe ausgehende Profilierung des christlichen Glaubens aus katholischer Sicht bietet die am 25. Januar 2006 publizierte erste Enzyklika des jetzigen Papstes:
– Benedikt XVI. (Pontifikat seit 19. April 2005), Deus caritas est.

💻 Die offizielle deutsche Version dieser Enzyklika ist zugänglich unter:
– http://www.vatican.va/holy_father/benedict_xvi/encyclicals/documents/hf_ben-xvi_enc_20051225_deus-caritas-est_ge.html.

§ 7 Gotteslehre II: Die Trinität Gottes

Die Lehre von der Dreieinigkeit (Trinität) Gottes stellt eine Besonderheit der christlichen Theologie gegenüber nichtchristlichen Auffassungen von Gott dar. Zwar hielt man bis ins 18. Jahrhundert (und z. T. darüber hinaus) sowohl an der Beweisbarkeit Gottes durch menschliche Vernunft als auch an der Identität dieses Vernunftgottes mit dem trinitarischen Gott des Christentums fest. In § 6 wurde bereits darauf hingewiesen, dass die Behauptung dieser Identität zu einer (auch hier aus praktischen Gründen beibehaltenen) Zweiteilung der Gotteslehre geführt hat. Aber die Trinitätslehre als die spezifisch christliche Lehre von Gott unterscheidet sich dadurch von allen philosophischen Gotteslehren, dass sie aus Überlegungen zur Gestalt Jesu Christi und seiner theologischen Bedeutung hervorgegangen ist. Von da aus ist sie zu Aussagen vorgedrungen, die auf das innere Geheimnis der Gottheit hinweisen wollen.

Nicht nur in der Trinitätslehre, sondern auch in der Christologie geht es um die theologische Bedeutung der Gestalt Jesu Christi. Jedoch haben Trinitätslehre und Christologie einen jeweils unterschiedlichen Zugang: Während die *Trinitätslehre das Verhältnis Jesu Christi (und des Heiligen Geistes) zu Gott* behandelt, fragt die *Christologie* nach dem *Verhältnis von Gottheit und Menschheit in der geschichtlichen Person Jesus von Nazareth* (vgl. dazu § 10.1).

7.1 Vorbemerkungen

Nach dem Zeugnis des Neuen Testaments hat Jesus das nahegekommene Reich Gottes verkündigt und zugleich gelehrt, dass es in seinem Wirken schon zeichenhaft gegenwärtig sei. Seine Botschaft mündete in den Ruf zur Nachfolge in eine der Gottesherrschaft entsprechende Lebenshaltung. Im Licht des Auferstehungsglaubens galt die Wahrheit der Botschaft Jesu als durch seinen Tod hindurch bewährt. Jesu Person, seine Verkündigung und sein Werk wurden als universale Erfüllung der Verheißungen Gottes interpretiert. Aus christlicher Sicht führt deshalb der Weg zu Gott ausschließlich über Jesus Christus, der durch den Heiligen Geist den Glaubenden gegenwärtig ist. Das heißt zugleich: Wo wir es mit *Christus* und dem *Heiligen Geist* zu tun haben, haben wir es mit *Gott* selbst zu tun.

Die Trinitätslehre verhandelt die Frage, wie die Einheit Gottes gewahrt bleiben und zugleich das dem Gottsein des Vaters ‚ebenbürtige' Gottsein des Sohnes und des Heiligen Geistes behauptet werden kann. Die Bibel selbst enthält keine ausgeführte Trinitätslehre. Deshalb setzte die theologische Verarbeitung der Frage nach dem Verhältnis von Einheit und Dreiheit in Gott zwar stets beim biblischen Befund an, ging dann aber weit über das in der Schrift Gesagte hinaus. Das im 4. Jahrhundert schließlich verbindlich formulierte trinitarische Dogma stellte den Versuch dar, die verschiedenartigen biblischen Aussagen zum Verhältnis von Gott als Vater, Sohn und Heiligem Geist mit Hilfe philosophischer Begriffe in einen einheitlichen Zusammenhang zu bringen.

> **Thema der Trinitätslehre**
>
> – Verhältnis zwischen Gott, Christus und Heiligem Geist: Wie kann Gottes Einzigkeit gewahrt bleiben und dennoch das volle Gott-Sein des Sohnes und des Heiligen Geistes behauptet werden?

Die vier Stellen aus dem Neuen Testament, die als eigentliche Schriftgrundlage für die Trinitätslehre gelten, sind nachstehend genannt und – unter Hervorhebung der wichtigsten Passagen – ausdrücklich zitiert:

- I Kor 12,4–6: „Es gibt verschiedene Gnadengaben, aber *den einen Geist*. Es gibt verschiedene Dienste, aber *den einen Herrn*. Es gibt verschiedene Kräfte, die wirken, aber *den einen Gott*: Er wirkt alles in allen."
- II Kor 13,13: „Die *Gnade Jesu Christi*, des Herrn, die *Liebe Gottes* und die *Gemeinschaft des Heiligen Geistes* sei mit euch allen!"
- Eph 4,4–6: „Ein Leib und *ein Geist*, wie euch durch eure Berufung auch eine Hoffnung gegeben ist; *ein Herr*, ein Glaube, eine Taufe, *ein Gott und Vater aller*, der über allem und durch alles und in allem ist."
- Mt 28,19: „Geht nun zu allen Völkern, und macht alle Menschen zu meinen Jüngern; tauft sie auf den Namen des *Vaters* und des *Sohnes* und des *Heiligen Geistes*."

Über diese *triadischen Formeln* hinaus enthält der 1. Johannesbrief eine Erweiterung, die bereits weitergehende trinitarische Reflexionen voraussetzt: Das sog. *Comma Johanneum* in I Joh 5,7 f. Lange galt dieser Abschnitt als ein klarer biblischer Beleg für die Trinitätslehre. Den ersten stringenten Nachweis der Unechtheit dieses Passus lieferte im 18. Jahrhundert Johann Salomo Semler (vgl. zum theologiegeschichtlichen Kontext: 1. Hauptteil, Abschnitt 4.5). Heute ist allgemein anerkannt, dass es sich um einen späteren Zusatz handelt. Der Text hat folgenden Wortlaut (der als nachträglicher Einschub erkannte Abschnitt ist kursiv gedruckt): „Denn drei sind, die das bezeugen *im Himmel: der Vater, das Wort und der Heilige Geist, und diese drei sind eins; und* drei sind es, die Zeugnis ablegen auf Erden: der Geist und das Wasser und das Blut; und die drei stimmen überein."

In den zitierten triadischen Formeln werden die drei Personen, die nach der späteren Lehre die göttliche Trinität konstituieren, in einem Zusammenhang genannt. Doch spielten für die Formulierung der Trinitätslehre noch zahlreiche weitere Stellen des Neuen Testaments eine wichtige Rolle.

Das vermutlich älteste im Neuen Testament enthaltene Christusbekenntnis lautet: Jesus ist der Herr (Röm 10,9: „wenn du mit deinem Mund bekennst: ‚Jesus ist der Herr' und in deinem Herzen glaubst: ‚Gott hat ihn von den Toten auferweckt', dann wirst du gerettet werden"; vgl. I Kor 8,6; Phil 2,11). Hier wird das in der Septuaginta zur Übersetzung des Gottesnamens Jahwe herangezogene griechische Wort *kyrios* (Herr) auf Jesus Christus bezogen. In Jesus Christus hat danach tatsächlich Gott selbst gehandelt: „Gott war es, der in Christus die Welt mit sich versöhnt hat" (II Kor 5,19). Die damit zum Ausdruck gebrachte Zugehörigkeit Jesu Christi zur Sphäre des Göttlichen wird im Johannesevangelium in besonderer Weise betont: Als fleischgeworde-

Grundlagen der Trinitätslehre

- Das Neue Testament enthält keine ausgeführte Trinitätslehre.
- Schriftbasis der kirchlichen Trinitätslehre: Triadische Formeln; verschiedene Aussagen über die Göttlichkeit Jesu Christi und des Heiligen Geistes.

nes Wort Gottes (Joh 1,1.14) ist der Sohn eins mit dem Vater – „Ich und der Vater sind eins" (Joh 10,30; vgl. 14,10.11.20). Auch vom Geist Gottes wird gesagt, dass er *kyrios* (Herr) ist: „Der Herr aber ist der Geist, und wo der Geist des Herrn wirkt, da ist Freiheit" (II Kor 3,17). Das Verhältnis zwischen dem Vater, dem Sohn und dem Geist, der den Jüngern als ‚Tröster' nach Jesu Weggang beistehen wird, ist in den sog. Abschiedsreden des Johannesevangeliums am breitesten entfaltet (vgl. Joh 14,15–26; 15,26; 16,5–15).

Auch *Texte aus dem Alten Testament* wurden – mit Hilfe der geistlichen Bibelauslegung (vgl. dazu §5.1.2) – als Hinweise auf die Trinität gedeutet: Die drei Jünglinge im Feuerofen (Dan 3), die drei Ranken, die der Mundschenk des Pharao im Traum erblickt (Gen 40,9 f), Abrahams Begegnung mit den drei Männern im Hain Mamre (Gen 18,1 ff; vgl. dazu Exkurs 1) sowie einzelne Verse aus dem 2. und 110. Psalm (Ps 2,7; Ps 110,1). Das christliche Nachdenken über das Verhältnis von Einheit und Dreiheit in Gott konnte sich auch auf den im alttestamentlich-frühjüdischen Umfeld verbreiteten Gedanken stützen, dass zwischen dem zunehmend rein jenseitig gedachten Gott und dem Bereich des Weltlichen bestimmte Wesenheiten vermitteln. Diese Wesenheiten gehören zwar unmittelbar zu Gott, können aber auch getrennt von ihm erscheinen. Von besonderer Bedeutung waren die Spekulationen über die Weisheit (gr. *sophia*) als personifizierte Botin Gottes (vgl. Prov 8; Hi 28). In Sir 24 wurde die Weisheit mit der Thora identifiziert, sie selbst ist „das Buch des Bundes, den der höchste Gott aufgerichtet hat" (Sir 24,32). Auch vom Wort (*logos*) Gottes sprach man als von einer zwar göttlichen, aber doch von Gott unterscheidbaren Größe. So konnte z. B. Ps 33,6 als eine Aussage über das Wort Gottes als Schöpfungsmittler verstanden werden – von solchen Vorstellungen führte ein direkter Weg zur Identifizierung Jesu Christi mit dem Wort Gottes in Joh 1,1.

   Informieren Sie sich über das *Comma Johanneum* anhand von:
– H.-J. Klauck, Der erste Johannesbrief, 303–311.

7.2 Zum Inhalt des trinitarischen Dogmas

7.2.1 *Positionen im Vorfeld der Dogmenformulierung*

Die sich vom Neuen Testament her nahelegende Forderung, über Christus und den Geist so zu reden wie über Gott, warf folgende Fragen auf:

– Wie kann man an der Einheit und Einzigkeit Gottes festhalten, ohne die jeweilige *Eigenständigkeit von Sohn und Geist* zum Verschwinden zu bringen?
– Wie kann man an der Eigenständigkeit von Sohn und Geist festhalten, ohne sie zu ‚Nebengottheiten' zu machen und damit die *Einheit und Einzigkeit Gottes* zum Verschwinden zu bringen?

Im Vorfeld der Festlegung des trinitarischen Dogmas sind eine Reihe von Lösungsversuchen formuliert und diskutiert worden. Die drei wichtigsten dieser Lösungsansätze werden im Folgenden benannt und kurz charakterisiert.

1. Der *Modalismus*, nach Sabellius (3. Jahrhundert), einem seiner wichtigsten Vertreter, auch *Sabellianismus* genannt, war in erster Linie an der Wahrung der Einheit und Einzigkeit Gottes interessiert. Die Betonung einer Eigenständigkeit von Sohn und Geist wurde als eine verdeckte Dreigötterlehre gedeutet (*Tri*theismus statt *Mono*theismus). Deshalb sah der Modalismus in Christus (und im Geist) lediglich eine Erscheinungsweise (lat. modus) Gottes: Derselbe eine Gott offenbart sich je nach der heilsgeschichtlichen Situation nacheinander in dreifacher Gestalt. Die Bestreitung einer Eigenständigkeit von Sohn und Geist gegenüber dem Vater führte aber zu der Frage, wie die Menschlichkeit Christi und sein Leiden und Tod zu verstehen sind: Wenn Christus wirklich Mensch geworden ist, gelitten hat und gestorben ist und zugleich als Erscheinungsweise Gottes gelten kann, hat dann etwa Gott selbst am Kreuz gelitten? Eine solche Position, die dem Vater (lat. pater) Leiden (lat. passio) zuspricht, wird als *Patripassianismus* bezeichnet. Diese Annahme wurde abgelehnt, weil ihr die damals verbreitete Auffassung widersprach, dass Gott in seiner Jenseitigkeit für Leiden nicht zugänglich ist. – Oder Gott hat in Christus garnicht am Kreuz gelitten. Dann aber ist Christus nicht wirklich, sondern nur zum Schein (gr. *dokesis*) ein Mensch gewesen, und sein Leib war nur ein Scheinleib. Eine solche Position wird als *Doketismus* bezeichnet. Auch diese Annahme wurde abgelehnt, weil man davon ausging, dass Christus wirklich und nicht nur dem Schein nach ein Mensch gewesen ist.

> **Das Verhältnis von Einheit und Dreiheit in Gott**
>
> – Denkmodelle in der altkirchlichen Theologie:
> – Modalistischer (1) und adoptianischer/dynamistischer (2) Monarchianismus: Betonung der Einheit und Einzigkeit Gottes;
> – Logos-Christologie (3): Betonung der Eigenständigkeit von Sohn (und Geist) gegenüber dem Vater.

2. Der *Dynamismus* hat gerade die Menschheit Jesu Christi ernstgenommen. Um zugleich an der Einheit und Einzigkeit Gottes festhalten zu können, schränkte er aber die Gottheit Christi ein und lehrte statt dessen, der Mensch Jesus habe in der Taufe den Geist Gottes und damit eine göttliche Kraft (gr. *dynamis*) empfangen, durch die er sich von allen Menschen unterscheide. Wenn Christus ‚Sohn Gottes‘ genannt wird, dann sei dies bildhaft gemeint, und bringe zum Ausdruck, dass er in der Taufe zum Sohn Gottes adoptiert wurde. Darauf geht die Bezeichnung *Adoptianismus* zurück. Es bleibt jedoch offen, worin letztlich die Differenz zwischen Jesus Christus und den ebenfalls vom Geist getriebenen Propheten des Alten Testaments oder den mit dem Heiligen Geist begabten Christen besteht.

> Die Positionen (1) und (2) sind auch unter dem Begriff *Monarchianismus* zusammengefasst worden, weil sie – wenn auch in jeweils verschiedener Weise – die Alleinherrschaft (gr. *monarchia*) Gottes betonten. Der Modalismus tut dies zu Lasten der Eigenständigkeit Jesu Christi, der Dynamismus zu Lasten seiner Göttlichkeit.

3. Die *Logos-Christologie* knüpfte an den oben erwähnten Gedanken von Zwischenwesen an, die den ‚Abstand‘ zwischen dem jenseitig gedachten Gott und der diesseitigen Welt überbrücken. Christus wurde als von Gott stammendes, mit Gott ver-

bundenes und der Welt zugewandtes Wort Gottes verstanden, das als eine eigenständige Verwirklichungsform (gr. *hypostasis*) des Göttlichen von Gott selbst unterschieden werden kann. Die Logos-Christologie, deren Erfolg in der Theologie des 3. Jahrhunderts nicht zuletzt auf ihre biblische Legitimierung zurückzuführen ist (Joh 1,1), erlaubte es, die Eigenständigkeit des Sohnes aufrechtzuerhalten, ohne die Einheit und Einzigkeit Gottes zu gefährden. Allerdings neigte sie wegen ihrer Betonung der Nachordnung des Logos gegenüber seinem Ursprung zu einer Unterordnung (Subordination), d. h. zur Position des sog. *Subordinatianismus*. Die Frage, ob die göttlichen Personen zueinander in einem Verhältnis der Gleichrangigkeit oder der Unterordnung stehen, musste deshalb in den theologischen Auseinandersetzungen des 4. Jahrhunderts entschieden werden.

7.2.2 Die trinitarischen Distinktionen

Die trinitarischen Auseinandersetzungen, die in den Jahren zwischen 318 und 381 stattgefunden und – nach dem Konzil von Nizäa 325 als erstem Höhepunkt – auf dem Konzil von Konstantinopel 381 ihren Abschluss gefunden haben, sind im Einzelnen sehr kompliziert verlaufen und sollen hier nicht erörtert werden. Im Folgenden ist lediglich der wesentliche Inhalt jener dogmatischen Lehrentscheidung zusammengefasst, die bis heute von allen christlichen Kirchen gleichermaßen anerkannt wird.

In der folgenden Übersicht sind zunächst die in Nizäa und Konstantinopel formulierten Bekenntnisse nebeneinandergestellt. Anschließend soll die damalige Interpretation dieser Bekenntnisformulierungen kurz dargestellt werden.

Nizänisches Glaubensbekenntnis (325)	Konstantinopolitanisches Glaubensbekenntnis (381)
Wir glauben an einen Gott, Vater, Allherrscher, alles Sichtbaren und Unsichtbaren Schöpfer.	Wir glauben an einen Gott, Vater, Allherrscher, Schöpfer von Himmel und Erde, alles Sichtbaren und Unsichtbaren.
Und an einen Herrn Jesus Christus, den Sohn Gottes, geboren aus dem Vater als *Eingeborener*[1], das heißt *aus dem Wesen des Vaters*[2], Gott aus Gott, Licht aus Licht, *wahren Gott aus wahrem Gott*, *gezeugt, nicht geschaffen*, *wesenseins mit dem Vater*[3], durch den alles geworden ist, sowohl das im Himmel als auch das auf der Erde, der wegen uns Menschen und wegen unserer Erlösung hinabgekommen ist und inkarniert worden ist,	Und an einen Herrn Jesus Christus, den Sohn Gottes, den *Eingeborenen*[1] der aus dem Vater geboren ist vor allen Zeiten, Licht aus Licht, *wahren Gott aus wahrem Gott*, *gezeugt, nicht geschaffen*, *wesenseins mit dem Vater*[3], durch den alles geworden ist, der wegen uns Menschen und wegen unserer Erlösung hinabgekommen ist aus den Himmeln und inkarniert worden ist,

Mensch geworden ist,	aus Heiligem Geist und Maria, der Jungfrau, und Mensch geworden ist und gekreuzigt worden ist für uns unter Pontius Pilatus
gelitten hat	und gelitten hat und begraben worden ist
und auferstanden ist am dritten Tag,	und auferstanden am dritten Tag nach der Schrift
aufgestiegen ist in die Himmel,	und aufgestiegen ist in die Himmel und zur Rechten des Vaters sitzt,
der kommt,	der wiederkommt in Herrlichkeit,
zu richten Lebende und Tote.	zu richten Lebende und Tote; für dessen Herrschaft wird es kein Ende geben.
Und an den Heiligen Geist.	Und an den Heiligen Geist, den Herrn und Lebensspender, der aus dem Vater hervorgeht, der mit dem Vater und dem Sohne zusammen angebetet und gepriesen wird, der durch die Propheten gesprochen hat. An eine heilige katholische und apostolische Kirche. Wir bekennen eine Taufe zur Sündenvergebung. Wir erwarten Totenauferstehung und Leben der künftigen Welt. Amen.

[1] *monogenes*
[2] *ek tes ousias tou patros*
[3] *theon alethinon ek theou alethinou, gennethenta ou poiethenta, homoousion to patri*

vgl. W.-D. Hauschild, Nicäno-Konstantinopolitanisches Glaubensbekenntnis (TRE 24), 445–447.

Die zeitgenössische Interpretation der Formulierungen im Bekenntnis von 381 lässt sich anhand zweier Grundsätze darstellen, die im Folgenden benannt und erläutert werden:

1. Vater, Sohn (und Heiliger Geist) sind *wesenseins* (gr. *homoousios*); d. h. alle drei Personen der Trinität sind im Vollsinn Gott und in ihrer Göttlichkeit einander gleich, es gibt keine Subordination.

Aus dieser Feststellung ergibt sich, dass allen drei Personen der Trinität gleichermaßen uneingeschränkte Göttlichkeit zukommt. Dennoch handelt es sich nicht um drei Götter, sondern um einen Gott, weil die drei Personen nicht voneinander getrennt werden können, sondern einander gegenseitig durchdringen. Diese Durchdringung (gr. *perichoresis*; der Begriff geht auf Johannes Damascenus zurück) wurde als innergöttliche Liebesbewegung verstanden: Die in Anlehnung an I Joh 4 als das Wesen Gottes aufgefasste Liebe (vgl. § 6.3.2) besteht im In- und Miteinandersein der drei göttlichen Personen.

Die mit dem Wort *homoousios* ausgedrückte Wesenseinheit der trinitarischen Personen gilt auch für den Geist. Allerdings war das Konzil von Nizäa noch vorrangig am Vater-

Sohn-Verhältnis interessiert. Das im Jahre 325 formulierte Glaubensbekenntnis enthielt deshalb, abgesehen von der Nennung des Heiligen Geistes, keinerlei Bestimmungen über sein Verhältnis zu den anderen trinitarischen Personen. Im Bekenntnis von Konstantinopel 381 begegnen zwar genauere Aussagen über den Heiligen Geist, das Wort *homoousios* wurde allerdings vermieden; es ist lediglich davon die Rede, dass der Geist „mit dem Vater und dem Sohne zusammen angebetet und gepriesen wird". Doch wurde die Wesenseinheit des Geistes mit Vater und Sohn allgemein angenommen. Ausdrücklich gesagt wurde dies im Athanasianum. Darin tauchten Formulierungen auf, die – wegen der Betonung der gleichen ‚Qualität' der drei Personen – die Wesenseinheit auch des Geistes mit Vater und Sohn voraussetzen.

Vater, Sohn und Heiliger Geist besitzen eine Gottheit, gleiche Herrlichkeit, gleich ewige Erhabenheit. Wie der Vater, so der Sohn, so [auch] der Heilige Geist: unerschaffen der Vater, unerschaffen der Sohn, unerschaffen der Heilige Geist; unermesslich der Vater, unermesslich der Sohn, unermesslich der Heilige Geist; ewig der Vater, ewig der Sohn, ewig der Heilige Geist [...] in dieser Dreifaltigkeit [ist] nichts früher oder später, nichts größer oder kleiner, sondern alle drei Personen sind untereinander gleich ewig und gleichartig.	Patris et Filii et Spiritus Sancti una est divinitas, aequalis gloria, coaeterna maiestas. Qualis Pater, talis Filius, talis [et] Spiritus Sanctus: increatus Pater, increatus Filius, increatus Spiritus Sanctus; immensus [inmensus] Pater, immensus Filius, immensus Spiritus Sanctus; aeternus Pater, aeternus Filius, aeternus Spiritus Sanctus [...] in hac Trinitate nihil prius aut posterius, nihil maius aut minus, sed totae tres personae coaeternae sibi sunt et coaequales.

(Pseudo-) Athanasianisches Bekenntnis
(DH 75 f; vgl. NR 915; BSLK 28; Unser Glaube, 45: Nr. 3).

2. Den einzelnen Personen der Trinität kommen – ungeachtet ihrer völligen Gleichheit bezüglich des Gottseins – jeweils besondere Merkmale zu. Jede der trinitarischen Personen muss deshalb als eine eigenständige *Verwirklichungsform* des einen Gottes aufgefasst werden.

Zum Verständnis dieser Aussage ist auf eine für die Trinitätstheologie äußerst wichtige Unterscheidung hinzuweisen: Dass Gott als der Drei-Eine bekannt wird, hat seinen Grund in der Offenbarung; Gott ist in Christus und im Heiligen Geist erschienen und gegenwärtig. Diese Dreiheit in der Einheit ist aber nicht so zu verstehen, als habe sich der eine Gott zu einem bestimmten Zeitpunkt ‚gedrittelt', um sich in Sohn und Geist offenbaren zu können. Vielmehr gilt, dass Gott ‚von Ewigkeit her' dreieinig ist und dass es Christus und den Heiligen Geist als eigenständige Hypostasen der Gottheit schon vor der Sendung des Sohnes und des Geistes, ja sogar ‚vor' der Schöpfung gab. – Der Gott des christlichen Glaubens ist also nicht deshalb dreieinig, weil er sich als der Drei-Eine offenbart hat, sondern er hat sich als der Drei-Eine

Das trinitarische Dogma (325/381)

– Vater, Sohn und Geist sind in ihrer Göttlichkeit einander gleich.
– Sie stellen eine je eigene Verwirklichungsform des einen Gottes dar.
– Das jeweilige Spezifikum der drei Personen betrifft die ‚Werke' der Trinität nach innen (opera ad intra) wie nach außen (opera ad extra).

offenbart, weil er dreieinig ist. Daher kann man vom dreieinen Gott in zweifacher Weise sprechen:

2.1 Die Trinität kann unabhängig davon betrachtet werden, dass Gott sich uns als der Drei-Eine offenbart hat. Dabei geht es um die sog. *immanente Trinität*, die Dreieinigkeit Gottes unabhängig von ihrer Offenbarung in Schöpfung und Geschichte (gelegentlich begegnet dafür auch die Bezeichnung *Wesenstrinität*).

2.2 Die Trinität kann in Abhängigkeit davon betrachtet werden, dass Gott sich uns als der Drei-Eine offenbart hat. Dabei geht es um die sog. *ökonomische* (oder *heilsgeschichtliche*) Trinität, die Dreieinigkeit Gottes, wie sie in Schöpfung und Geschichte offenbar wird (das Wort *ökonomisch* in diesem Zusammenhang rührt daher, dass das griechische Wort *oikonomia* den Heilsplan Gottes für seine Schöpfung bezeichnet – vgl. z. B. Eph 1,10).

Aus den beiden Zugangsweisen ergeben sich zwei unterschiedliche Betrachtungsmöglichkeiten des trinitarisch-göttlichen Seins und Handelns:

2.1 Man kann die Verhältnisse der göttlichen Personen zueinander im Innern der Trinität betrachten; die Dogmatik spricht hier von den *Werken der Trinität nach innen* (lat. opera trinitatis ad intra). Ausgangspunkt dieses Gedankens ist die Überlegung, dass, obwohl allen drei sich gegenseitig durchdringenden Personen der Trinität die Göttlichkeit gleichermaßen zukommt, ihre jeweilige Eigenständigkeit dennoch an bestimmten Merkmalen deutlich wird. Diese Merkmale beziehen sich aber nicht auf die (je gleiche) Beschaffenheit der drei Hypostasen, sondern ausschließlich auf ihre Verhältnisse (lat. relationes) untereinander. Diese ‚Relationen', von denen die jeweiligen Merkmale der drei göttlichen Personen abgeleitet werden, ergeben sich aus den innertrinitarischen ‚Hervorgängen' (lat. processiones).

Als innergöttliche ‚Hervorgänge' gelten:
– Die ‚Zeugung' (lat. generatio) des Sohnes durch den Vater.
– Die ‚Hauchung' (lat. spiratio) des Geistes durch den Vater (und den Sohn). – Die Frage, ob sich die Hauchung des Geistes durch den Vater allein oder durch den Vater „und den Sohn" (lat. filioque) gemeinsam vollzieht, ist Gegenstand einer Kontroverse (vgl. 7.2.3 sowie § 11.1).

Bei den innertrinitarischen processiones handelt es sich um überzeitliche Akte, die sich ewig in Gott selbst vollziehen und mit der heilsgeschichtlichen (ökonomischen) Sendung von Sohn und Geist nicht direkt etwas zu tun haben, sondern lediglich die ‚innergöttlichen Voraussetzungen' des göttlichen Welthandelns beschreiben. Diese opera trinitatis ad intra sind außerdem so zu verstehen, dass sie nur von bestimmten Personen ausgesagt werden können: Allein der Vater ‚zeugt', allein der Vater (und der Sohn) ‚haucht'; weder zeugt der Sohn, noch haucht der Geist. *Die Vorgänge im Innern der Trinität sind streng auf die Personen aufgeteilt* (die lateinische Formulierung dieses Grundsatzes lautet: opera trinitatis ad intra sunt divisa).

Daraus, wie die göttlichen Personen in die innertrinitarischen Hervorgänge jeweils eingebunden sind, erge-

---

Opera trinitatis ad intra

– Werke der göttlichen Personen, die die immanente Trinität betreffen (Zeugung des Sohnes und Hauchung des Geistes).
– Sie werden je einer Person ausschließlich zugeschrieben: opera trinitatis ad intra sunt divisa.

ben sich ihre insgesamt fünf (bzw. sechs) spezifischen Erkennungsmerkmale (lat. notiones personales).
Dem *Vater* kommen zu:
- Ungezeugtsein bzw. Ungewordenheit; 1
- aktive Zeugung bzw. Vaterschaft im Hinblick auf den Sohn; 2
- aktive Hauchung im Hinblick auf den Geist. 3

Dem *Sohn* kommen zu:
- passive Zeugung bzw. Sohnschaft im Hinblick auf den Vater; 4
- (aktive Hauchung im Hinblick auf den Geist). (6)

Dem *Geist* kommt zu:
- passive Hauchung im Hinblick auf Vater (und Sohn) 5

‚Zeugung' und ‚Hauchung' als Beschreibung der Hervorgänge von Sohn und Geist aus dem Vater sind natürlich nicht im Sinne unseres üblichen Sprachgebrauchs zu verstehen; auch dass sie analog zu interpretieren sind (vgl. § 6.1.3), wird man kaum sagen können. Letztlich gibt es keinerlei Zusammenhang zwischen der Bedeutung dieser Wörter in der immanenten Trinitätslehre und ihrer Bedeutung im menschlichen Sprachgebrauch. Insofern wird hier die Grenze des Versuchs, das drei-eine Wesen Gottes mit Hilfe menschlicher Begrifflichkeit zu beschreiben, besonders deutlich. Im Bewusstsein dieser Grenze spricht die christliche Theologie im Hinblick auf das innere Leben Gottes vom Geheimnis der Trinität (lat. mysterium trinitatis).

2.2 Man kann die Handlungen der göttlichen Personen im Welt- und Heilshandeln betrachten. Die Dogmatik spricht hier von der *Werken der Trinität nach außen* (lat. opera trinitatis ad extra). Der in sich dreieine Gott offenbart sein trinitarisches Wesen durch die Sendung des Sohnes und des Geistes.

Bei diesen opera trinitatis ad extra handelt es sich um
- Schöpfung (lat. creatio) der Welt;
- Erlösung (lat. redemptio) der Menschen durch die Sendung des Sohnes;
- Heiligung (lat. sanctificatio) der Menschen durch die Sendung des Geistes.

Um im Einzelnen beschreiben zu können, worin diese Werke jeweils bestehen, müsste die erst noch anstehende Entfaltung der Schöpfungslehre (vgl. § 8), der Christologie (vgl. § 10) sowie der Lehre vom Heiligen Geist (vgl. § 11.1) vorweggenommen werden. Dies ist an dieser Stelle noch nicht möglich, sondern wird sich erst aus der Behandlung der genannten Lehrstücke ergeben.

Bereits hier ist aber festzuhalten, dass die einzelnen Werke des Welt- und Heilshandelns der Trinität zwar jeweils einer Person vorrangig, aber nicht ausschließlich zugesprochen werden. So gilt zwar die Erschaffung der Welt als ein Werk der Trinität, das der Person des Vaters in besonderer Weise zukommt. Anders als in der Lehre von der immanenten Trinität gibt es aber keine Ausschließlichkeit. D. h. sowohl der Sohn als auch der Geist wirken bei der Schöpfung mit, auch wenn diese vorrangig dem Vater zugesprochen (appropriiert) wird. Dies

Opera trinitatis ad extra

- Werke der göttlichen Personen, die die ökonomische Trinität betreffen (Schöpfung, Erlösung, Heiligung).
- Sie werden zwar je einer Person besonders zugesprochen (appropriiert), dennoch sind stets auch die beiden anderen Personen beteiligt: opera trinitatis ad extra sunt indivisa.

gilt entsprechend für die beiden anderen Werke der Trinität nach außen: Die Erlösung der Menschen ist vor allem ein Werk des Sohnes; nichtsdestoweniger wirken sowohl Vater als auch Geist daran mit. Und die Heiligung ist zuerst ein Werk des Heiligen Geistes, dennoch sind sowohl Vater als auch Sohn daran beteiligt. *Die Werke der Trinität nach außen* werden danach zwar je einer Person in besonderer Weise zugesprochen, aber sie *sind nicht streng auf die Personen aufgeteilt*; in Anlehnung an den schon zitierten Grundsatz der immanenten Trinitätslehre heißt es deshalb: opera trinitatis ad extra sunt indivisa.

7.2.3 Augustins Beitrag zur Trinitätstheologie

In seiner etwa zwischen 399 und 419 entstandenen aus 15 Büchern bestehenden Schrift „De trinitate" hat Augustin einen profilierten und viel beachteten Beitrag zur Trinitätslehre im Horizont des westkirchlichen Denkens vorgelegt (vgl. zum theologiegeschichtlichen Kontext: 1. Hauptteil, Abschnitt 2.1). Es handelt sich um eine sowohl auf göttlichen Heilswillen konzentrierte als auch auf die menschliche Erfahrungswirklichkeit bezogene Interpretation des erst kurz zuvor verbindlich fixierten Dogmas (vgl. 7.2.2).

Seine spezifische Lösung zur Klärung des Verhältnisses von Einheit und Dreiheit in Gott erarbeitet Augustin so, dass er die Anwendung der aristotelischen Kategorienlehre auf den dreieinen Gott problematisiert.

> Nach Aristoteles lassen sich in allem Seienden Substanz und Akzidenzien unterscheiden: Die *Substanz* ist der beharrend-identische (und insofern unveränderliche) ‚Träger' der Merkmale eines Seienden, also dasjenige, von dem bestimmte Eigenschaften ausgesagt werden; *Akzidenzien* sind demgegenüber jene wechselhaften (und insofern veränderlichen) Merkmale bzw. Zustände, Eigenschaften und Bestimmungen der Substanz.

Grundsätzlich gilt Gott als das absolut einfache Sein, das ewig und unveränderlich ist. Er ist daher als Substanz zu begreifen, oder, wie Augustin lieber sagt, als Wesenheit (lat. essentia). Akzidentelles Sein, das stets mit Wandelbarkeit einhergeht, kann Gott keinesfalls zukommen.

Er [Gott] ist deshalb ohne Zweifel eine Substanz oder, wenn er besser so genannt wird, Wesenheit. So wie nämlich von Weise-Sein Weisheit und von Wissen Wissenschaft kommt, so kommt von Sein (esse) Wesenheit (essentia). [...] Anderes aber [von Gott Unterschiedenes], das Wesenheit oder Substanz genannt wird, enthält Akzidenzien, durch die darin eine große oder sonstige Veränderung geschieht; Gott aber kann irgendetwas Derartiges nicht zukommen. (Übersetzung RL)	Est tamen sine dubitatione substantia uel si melius hoc appellatur essentia, quam Graeci *ousian* uocant. Sicut enim ab eo quod est sapere dicta est sapientia et ab eo quod est scire dicta est scientia, ita ab eo quod est esse dicta est essentia. [...] Sed aliae quae dicuntur essentiae siue substantiae capiunt accidentias quibus in eis fiat uel magna uel quantacumque mutatio; deo autem aliquid eiusmodi accidere non potest. Augustin, De trinitate 5, 2,3 (CChrSL 50, 207 f; Zeilen 1–5.7–10).

Die im Rahmen der Trinitätslehre formulierten Differenzaussagen über die drei göttlichen Personen (z. B. das Ungezeugtsein des Vaters und das Gezeugtsein des

Sohnes) können daher niemals die – in Gott gar nicht vorhandenen – Akzidenzien betreffen; sie betreffen nach Augustin allerdings auch nicht die Substanz bzw. Wesenheit Gottes; dann nämlich müsste von drei göttlichen Substanzen ausgegangen werden. Die trinitarischen Differenzaussagen über die drei göttlichen Personen betreffen vielmehr die innergöttlichen *Beziehungen*, die mit Gottes Wesenheit in ihrem unveränderlichen Sein identisch sind. Die Rede von drei göttlichen *Personen* spielt bei Augustin eine deutlich untergeordnete Rolle.

In Bezug auf Gott [...] wird nichts im Blick auf ein Akzidens gesagt, weil nichts in ihm veränderlich ist; dennoch wird nicht alles, was gesagt wird, im Blick auf die Substanz gesagt. Es wird nämlich *im Blick auf ein anderes* gesagt, so wie Vater im Blick auf den Sohn und Sohn im Blick auf den Vater, was kein Akzidens ist, weil der eine immer Vater und der andere immer Sohn ist [...]	In deo [...] nihil quidem secundum accidens dicitur quia nihil in eo mutabile est; nec tamen omne quod dicitur secundum substantiam dicitur. Dicitur enim *ad aliquid* sicut pater ad filium et filius ad patrem, quod non est accidens quia et ille semper pater et ille semper filius [...]
Wenn aber der Vater nur im Blick auf sich selbst und nicht im Blick auf den Sohn so genannt wird, und wenn der Sohn nur im Blick auf sich selbst und nicht im Blick auf den Vater so genannt wird, würde die Aussage: ‚Jener ist Vater und jener Sohn' die Substanz betreffen. Aber weil der Vater nur deshalb Vater heißt, weil er einen Sohn hat und der Sohn nur deshalb Sohn genannt wird, weil er einen Vater hat, wird [die Verschiedenheit] nicht im Blick auf die Substanz ausgesagt.	Si uero quod dicitur pater ad se ipsum diceretur non ad filium, et quod dicitur filius ad se ipsum diceretur non ad patrem, secundum substantiam diceretur et ille pater et ille filius. Sed quia et pater non dicitur pater nisi ex eo quod est ei filius et filius non dicitur nisi ex eo quod habet patrem, non secundum substantiam haec dicuntur; [...]
Wenn daher Vater-Sein und Sohn-Sein auch verschieden sind, so ist dennoch die Substanz nicht verschieden, weil sie [die Verschiedenheit] nicht im Blick auf die Substanz, sondern im Blick auf die Beziehung ausgesagt wird. Die Beziehung ist aber kein Akzidens und ist nicht veränderlich. (Übersetzung RL)	Quamobrem quamuis diuersum sit patrem esse et filium esse, non est tamen diuersa substantia quia hoc non secundum substantiam dicuntur sed secundum relatiuum, quod tamen relatiuum non est accidens quia non est mutabile

Augustin, De trinitate 5, 5,6
(CChrSL 50, 210 f; Zeilen 1–5.10–15.19–22).

Die relationale Bestimmung der trinitarischen Differenzen versuchte Augustin anhand der menschlichen Selbsterfahrung plausibel zu machen, indem er Spuren der Trinität (lat. vestigia trinitatis) in den Erscheinungsformen der Kreatur aufspürte. Dabei ging es um ebenfalls dreigestaltige Entsprechungen zu den innertrinitarischen Relationen im menschlichen Geistesleben (Ternare); der katholische Theologe Michael Schmaus (1897–1993) hat hier von einer psychologischen Trinitätslehre gesprochen. So hat Augustin das von ihm im einheitlichen menschlichen Geist diagnostizierte differenzierte Aufeinanderverwiesensein der Dreiheit von Gedächtnis, Einsicht und Willen als Bild der göttlichen Dreieinigkeit charakterisiert.

Zu den Folgeproblemen der Trinitätslehre Augustins gehörte die Kontroverse über die Einfügung des filioque in das Nicäno-Konstantinopolitanische Glaubensbe-

Augustins Trinitätslehre

– Gottes eine Wesenheit (essentia) ist identisch mit den innertrinitarischen Beziehungen (relationes).
– Das menschliche Geistesleben weist Entsprechungen zu den innertrinitarischen Relationen auf (vestigia trinitatis).
– Der Heilige Geist geht innertrinitarisch von Vater *und Sohn* aus (filioque).

kenntnis (vgl. §11.1). Unter dem Einfluss der Theologie Augustins fand das filioque seit dem 6. Jahrhundert zunehmend Eingang in die spanische, gallische und angelsächsische Bekenntnistradition und gewann dadurch Bedeutung in dem Streit, der letztlich zur Kirchentrennung von 1054 führte (vgl. zum theologiegeschichtlichen Kontext: 1. Hauptteil, Abschnitt 2.2). Den Hintergrund des filioque bildete Augustins Bestimmung des Heiligen Geistes innerhalb der immanenten Trinität. Er unterschied den Geist von Vater und Sohn dadurch, dass er ihn als die beide verbindende Liebe charakterisierte. Weil der Geist demzufolge Vater und Sohn gleichermaßen zugehört, muss nach Augustin auch angenommen werden, dass er von Vater und Sohn gleichermaßen hervorgeht.

Es ist klar, dass er [der Heilige Geist] nicht einer von den beiden ist, weil beide durch ihn verbunden sind, weil durch ihn der Gezeugte vom Zeugenden geliebt wird und seinen Erzeuger liebt, und sie sind – nicht durch Teilhabe, sondern durch [ihre] Wesenheit, nicht durch das Geschenk eines Höheren, sondern durch ihr eigenes – *Bewahrer der Einigkeit im Geist durch das Band des Friedens* [Eph 4,3].

[M]anifestum est quod non aliquis duorum est quo uterque coniungitur, quo genitus a gignente diligatur generatoremque suum diligat, sintque non participatione sed essentia sua neque dono superioris alicuius sed suo proprio *seruantes unitatem spiritus in uinculo pacis.*

Augustin, De trinitate 6, 5,7 (CChrSL 50, 235; Zeilen 4–9).

Wir können nicht sagen, dass der Heilige Geist nicht auch vom Sohn hervorgeht; denn derselbe Geist heißt nicht umsonst *Geist des Vaters und des Sohnes.*

Nec possumus dicere quod spiritus sanctus et a filio non procedat; neque enim frustra idem spiritus et *patris et filii spiritus* dicitur.

AaO, 4, 20,29 (CChrSL 50, 199; Zeilen 102–105).

Wer die Zeugung des Sohnes durch den Vater zeitlos verstehen kann, möge das Hervorgehen des Heiligen Geistes von beiden zeitlos verstehen. [...] Er möge verstehen: Wie es der Vater in sich selbst hat, dass aus ihm auch der Heilige Geist hervorgeht, so hat er es dem Sohn gegeben, dass derselbe heilige Geist aus ihm hervorgeht – und beides zeitlos. Und so wird gesagt, dass der Heilige Geist vom Vater ausgeht, weil erkannt wird, dass er auch vom Sohn ausgeht, vom Sohn, der vom Vater ist. (Übersetzung RL)

[Q]ui potest intellegere sine tempore generationem filii de patre intellegat sine tempore processionem spiritus sancti de utroque. [...]
[I]ntellegat sicut habet pater in semet ipso ut et de illo procedat spiritus sanctus sic dedisse filio ut de illo procedat idem spiritus sanctus et utrumque sine tempore, atque ita dictum spiritum sanctum de patre procedere ut intellegatur quod etiam procedit de filio, de patre esse filio.

AaO, 15, 26,47 (CChrSL 50A, 528; Zeilen 87–89.94–98).

📖 Einen Überblick über die Entstehung des Trinitätsdogmas gibt:
- W.-D. Hauschild, Lehrbuch der Kirchen- und Dogmengeschichte, Band 1, 1–51 (= § 1).

📖 Die Entwicklung der Trinitätslehre von den Anfängen bis zur Neuzeit skizziert:
- B. Oberdorfer, Trinität/Trinitätslehre III (RGG⁴ 8).

✍ Informieren Sie sich über Augustins Trinitätslehre anhand von:
- M. Schmaus, Die Denkform Augustins;
- K. Flasch, Augustin, 326–368.

7.3 Zu Kritik und gegenwärtiger Gestalt der Trinitätslehre

Im Verlauf der christlichen Theologiegeschichte ist das Trinitätsdogma vielfältig bearbeitet, interpretiert, aber auch kritisiert worden. Bereits Johann Gottlieb Töllner hatte bestritten, dass die altkirchliche Trinitätslehre in ihrer 325/381 fixierten Gestalt die einzige Möglichkeit sei, das Spezifikum des christlichen Gottesbegriffs und insbesondere die theologische Bedeutung der Gestalt Jesu Christi zum Ausdruck zu bringen; von daher kam es bei Töllner zu einer gewissen Rehabilitierung der im 4. Jahrhundert als häretisch verurteilten Positionen (vgl. zum theologiegeschichtlichen Kontext: 1. Hauptteil, Abschnitt 4.5). Im Gegenzug zu dieser in der Neologie angebahnten und im theologischen Rationalismus verschärften Kritik wurde die Trinitätslehre sowohl in der Philosophie des Deutschen Idealismus, namentlich bei Georg Wilhelm Friedrich Hegel und Friedrich Wilhelm Joseph Schelling (1775–1854), als auch in der Spekulativen Theologie als sachgerechter Ausdruck des Christentums als der absoluten Religion gewürdigt (vgl. zum theologiegeschichtlichen Kontext: 1. Hauptteil, Abschnitt 5.2).

Friedrich Schleiermacher hat dagegen eine besonders wirkungsvolle Kritik an der klassischen Gestalt der Trinitätslehre vorgetragen. Anordnungstechnisch greifbar wird Schleiermachers kritische Haltung daran, dass er die Lehre von der göttlichen Dreiheit ganz an den Schluss seines theologischen Hauptwerkes gestellt hat.

[Die Trinitätslehre] ist nicht eine unmittelbare Aussage über christliches Selbstbewußtsein, sondern nur eine Verknüpfung mehrerer solcher. [...]
Wesentlich ist unserer Darstellung [...] die Lehre von der Vereinigung des göttlichen Wesens mit der menschlichen Natur, sowol durch die Persönlichkeit Christi als durch den Gemeingeist der Kirche [...] Denn ohne ein Sein Gottes in Christo anzunehmen, könnte die Idee der Erlösung nicht auf diese Weise in seiner Person concentrirt werden. Und wäre nicht eine solche Vereinigung auch in dem Gemeingeist der Kirche, so könnte auch diese nicht auf solche Weise der Träger und Fortbeweger der Erlösung durch Christum sein. [...]
[Der Trinitätslehre geht es daher um die] Verfechtung dessen, daß nicht etwas Geringeres als das göttliche Wesen in Christo war, und der christlichen Kirche als ihr Gemeingeist einwohnt. [...]
Hiebei aber möchten wir auch stehen bleiben, und können der weiteren Ausbildung dieses Dogma [...] nicht denselben Werth zugestehen. Denn der Name Dreieinigkeit beruht erst darauf, daß man beide Vereinigungen auf eine schon unabhängig von denselben und auf ewige Weise

in dem höchsten Wesen selbst gesetzte Sonderung zurükkführt [...] Nun aber ist schon jene Voraussetzung von einer ewigen Sonderung im höchsten Wesen keine Aussage über ein frommes Selbstbewußtsein, in welchem ja dieses niemals vorkommen konnte.

> F. Schleiermacher, Der christliche Glaube, Band 2, 458–460: § 170
> (KGA I 13,2, 514,6–8; 514,22–515,8; 515,10–12; 516,10–15.20–22).

Schleiermacher weist zunächst darauf hin, dass die Trinitätslehre in ihrer überlieferten Form ein für die christliche Theologie durchaus zentrales Anliegen zum Ausdruck bringt: Es geht um die „Verfechtung dessen, daß nicht etwas Geringeres als das göttliche Wesen in Christo war, und der christlichen Kirche als ihr Gemeingeist einwohnt". Die spekulative Durchdringung dieses Anliegens, die sich im Laufe der Lehrentwicklung vollzogen hat, ist ihm dagegen weniger wichtig, weil sie zu Aussagen geführt hat, die keine unmittelbaren Glaubensaussagen mehr sein können.

In einem weiteren Schritt wendet sich Schleiermacher der kirchlichen Trinitätslehre im Einzelnen zu und stellt dabei fest, dass sie sich gedanklich nicht widerspruchsfrei durchführen lässt.

> Die kirchliche Dreieinigkeitslehre fordert, daß wir jede der drei Personen sollen dem göttlichen Wesen gleich denken und umgekehrt, und jede der drei Personen den anderen gleich; wir vermögen aber weder das eine noch das andere, sondern wir können die Personen nur in einer Abstufung vorstellen, und eben so die Einheit des Wesens entweder geringer als die drei Personen oder umgekehrt. [...]
> Wenn [...] Vater und Sohn dadurch unterschieden werden, daß der Vater auf ewige Weise zeugend ist, selbst aber ungezeugt, der Sohn hingegen gezeugt von Ewigkeit, nicht aber selbst zeugend [...]: so ist unläugbar die Macht des Vaters größer als die des Sohnes, und auch die Herrlichkeit des Zeugenden bei dem Gezeugten muß größer sein, als die der Gezeugte hat bei dem Zeugenden. – Und eben so verhält es sich mit dem Geist. [...]
> [Im Verhältnis zwischen den drei Personen und dem einen göttlichen Wesen ist] keine Gleichheit zwischen der Einheit und der Dreiheit möglich, sondern wir müssen entweder [...] der Einheit [...] die Oberstelle einräumen, und dann erscheint die Geschiedenheit der Personen als das untergeordnete und tritt zurükk, die göttliche Monarchie aber hervor; oder [...] die Dreiheit, und dann tritt die Einheit als das abstrakte zurükk [...], und es besteht [die Gefahr an das Tritheistische zu streifen. [...]
> [Wenn die kirchliche Trinitätslehre weiter] annimmt, daß jene Ursächlichkeiten [gemeint sind hier die Werke der Trinität nach außen] zwar den drei Personen als solchen zukommen, aber daß jede in allen dreien auch Eine und dieselbe sei nicht in jeder ihre eigene, das heißt eigentlich sie nicht auf die Personen zurückführen, sondern doch auf das göttliche Wesen in seiner Einheit. Mithin kommen wir, wird einmal die ewige Dreiheit in der Einheit vorausgesetzt, auch von diesem Punkte nur zu demselben Schwanken zwischen Hervortreten der einen und Zurücktreten der andern oder umgekehrt.

> F. Schleiermacher, Der christliche Glaube, Band 2, 462–468: § 171
> (KGA I 13,2, 519,19–25; 521,16–19.26–29; 523,7–524,1; 524,4 f; 526,4–12).

Diese Ausführungen zeigen, dass nach Schleiermacher prinzipiell „keine Gleichheit zwischen der Einheit und der Dreiheit möglich" ist. Deshalb konnte es seiner Auffassung nach der kirchlichen Trinitätslehre nicht gelingen, einen Subordinatianismus zu vermeiden oder einen plausiblen Mittelweg zwischen Monarchianismus und Tritheismus zu finden.

Untersucht man neuere und gegenwärtige Darstellungen der Trinitätslehre, wird schnell deutlich, welche Bedeutung der Kritik Schleiermachers zukommt. So legt Wilfried Joest, ähnlich wie Schleiermacher, den Schwerpunkt auf das theologische Anliegen, das zur Formulierung der klassischen Trinitätslehre geführt hat und äußert zugleich Zurückhaltung gegenüber ihrer überlieferten Gestalt.

> Die Trinitätslehre ist kein unmittelbarer Inhalt der Offenbarung und auch kein unmittelbarer Ausdruck des Glaubens. Sie ist in ihrer von der Tradition vorgegebenen Gestalt das hoch formalisierte Ergebnis einer theologischen Reflexion und in dieser Gestalt jedenfalls kein Gesetz, an dessen fraglose und vollinhaltliche Übernahme der Glaube oder gar das Heil des Menschen gebunden wäre. Aber sie ist auch keine glaubensfremde Spekulation [...] Denn wenn christlicher Glaube nicht in einem allgemeinen Gottesgedanken, sondern in der biblisch bezeugten Geschichte des Kommens Gottes zum Menschen begründet ist, dann kann eine Theologie, die diesen Glauben zu reflektieren hat, auf die Frage ‚Wer ist Gott' in der Tat nicht anders antworten als mit der Auslegung des Bekenntnisses zu ihm als dem Dreieinigen.
>
> W. Joest, Dogmatik, Band 1, 332 f.

Von diesen Feststellungen her, die unübersehbar an die Ausführungen des § 170 in Schleiermachers „Glaubenslehre" erinnern, unternimmt Joest seinen eigenen Interpretationsversuch:

> [Nach dem biblischen Zeugnis gilt Gott als der] Schöpfer, durch den die Welt ihr Sein und der Mensch sein Leben hat. Alles ist *durch* ihn, und so ist er *vor* und *über* allem, auch über dem von ihm geschaffenen Menschen. Aber er bekundet sich als der Gott, der mit diesem Menschen *zusammensein* will [...]
> In der Sendung Jesu setzt er seinen Gemeinschaftswillen gegen die Verschlossenheit des Menschen durch. Er hört nicht auf, der Gott zu sein, der *über* uns und allem ist, [...] aber in Jesus ist er zugleich *mit* uns [...]
> Und so umfassend nimmt Gott sich dieses in sich selbst verschlossenen Menschen an, dass er [...] auch, Gott der heilige Geist, *in* ihm wirkt, was der Mensch aus sich selbst nicht sein und machen kann [...]
> [Diese Auslegung des trinitarischen Bekenntnisses legt es nahe, anstelle von drei *Personen*] von drei ‚Orten' zu sprechen, in die Gott kommt, um seine Selbstbewegung zur Einholung des Menschen in das Zusammensein mit ihm zu vollziehen. Damit das nicht modalistisch [...] verstanden wird, ist sofort hinzuzufügen: Gott ist in jedem dieser Orte so gegenwärtig, dass er damit nicht aufhört, auch an den je anderen Orten zu sein [...] Jesus Christus ist der ‚Ort', in dem Gott mit uns geworden ist (und dieser ‚Ort' ist in der Tat eine Person), ohne aufzuhören, als der Vater Christus gegenüber und über uns zu sein. Im Heiligen Geist macht Gott unser Selbst zu dem ‚Ort', in dem er ist und wirkt, ohne aufzuhören, in Christus mit uns und als Vater über uns zu sein [...]
> Wir werden die Selbstbewegung Gottes [...] nicht so verstehen dürfen, als sei und bleibe Gott dabei in sich eine unterschiedslose Einheit ohne jedes Gegenüber. Sie ist auch Bewegung *in* Gott selbst, Bewegung, in der Gott eine Selbstunterscheidung vollzieht. [...] Darum darf und muß man folgern: Hat Gott sich dreieinig offenbart, dann ist er auch in sich selbst der Dreieinige. In seiner Offenbarung *entspricht* Gott sich so, wie er ‚zuvor' in sich selber ist.
>
> W. Joest, Dogmatik, Band 1, 333–338.

Joest möchte die Trinitätslehre für die Gegenwart so formulieren, dass sie – anders als ihre überlieferte Gestalt – auch gegenwärtig als Ausdruck des christlichen Glaubens gelten kann. Er beschreibt deshalb – anknüpfend an das hinter der Trinitätslehre stehende theologische Anliegen – die Sendungen des Sohnes und des Geistes als Stationen des Kommens Gottes zum Menschen. Die Trinitätslehre reflektiert nach Joest die Glaubenserfahrung, dass Gott nicht nur (als Vater) *über uns* bleibt, sondern (in Christus) auch *zu uns* kommt und (durch den Geist) *in uns* unsere Verschlossenheit ihm gegenüber besiegt. Zugleich versucht Joest aber auch, seine Interpretation jedenfalls teilweise an die traditionelle Lehre zurückzubinden. Er weist ein modalistisches Verständnis seiner Rede von den drei ‚Orten' ab und versteht die heilsgeschichtliche „Selbstbewegung Gottes" (ökonomische Trinität) als Entsprechung einer ‚zuvor' in Gott selbst vollzogenen „Selbstunterscheidung" (immanente Trinität).

Der Versuch einer Neuformulierung der Trinitätslehre, in der die von Schleiermacher geltend gemachten Einwände berücksichtigt werden, stammt von:
– W. Pannenberg, Systematische Theologie, Band 1, 283–364; vgl. bes. 335–355.
Den Einstieg in diesen Text erleichtern:
– J. Rohls, Protestantische Theologie der Neuzeit, Band 2, 831 f.
– G. Wenz, Wolfhart Pannenbergs Systematische Theologie, 71–81.

Einen Überblick zur Behandlung der Trinitätslehre in der neueren Dogmatik bietet:
– E. Maurer, Tendenzen neuerer Trinitätslehre.
Einen Einblick in das breite Spektrum gegenwärtiger Ansätze und Probleme der Trinitätslehre bietet:
– U. Link-Wieczorek, Trinitätslehre (EKL[3] 4), bes. 976 ff.

Exkurs 1: Trinitätsdarstellungen in der christlichen Ikonographie

In der christlichen Kunst hat es schon sehr früh bildliche Darstellungen der Trinität gegeben. Diese Darstellungen wollten zu keiner Zeit eine vollgültige Wiedergabe von Gottes dreieinigem Wesen sein. Denn das innere Geheimnis der Gottheit entzieht sich nicht nur dem rationalen *Begreifen* (darauf wurde in § 7.2.2 bereits hingewiesen), sondern bleibt es auch menschlicher *Vorstellungskraft* unzugänglich. Darstellungen des dreieinen Gottes wollen daher auf das mysterium trinitatis lediglich verweisen. Außerdem dienten Bilder viele Jahrhunderte lang als ‚Bibelersatz' für die Masse der Menschen, die nicht lesen konnten. Noch Luther hat die didaktische und pädagogische Funktion von Bildern zu schätzen gewusst.

Im Folgenden sollen anhand dreier Beispiele zwei Typen von Trinitätsdarstellungen vorgestellt werden. Dadurch werden einerseits bestimmte schon behandelte Aspekte der Trinitätslehre nochmals verdeutlicht; andererseits wird auf eine wichtige Differenz in der Trinitätstheologie zwischen griechischer (Ost-) und lateinischer (West-)Kirche aufmerksam gemacht.

1. Drei gleichgebildete Gestalten

Zahlreiche Trinitätsdarstellungen zeigen drei gleich oder ähnlich aussehende Personen, die z. T. durch je unterschiedliche Haltung, Gestik und Blickrichtung aufeinander bezogen sind. Seine Wurzel hat dieser Darstellungstyp in der Geschichte von Abrahams Begegnung mit den drei Männern im Hain Mamre (Gen 18,1 ff), ein Text, der in altkirchlicher und mittelalterlicher Zeit als Hinweis auf die Trinität verstanden wurde.

„Und der HERR erschien ihm im Hain Mamre, während er an der Tür seines Zeltes saß, als der Tag am heißesten war. Und als er seine Augen aufhob und sah, siehe, da standen drei Männer vor ihm. Und als er sie sah, lief er ihnen entgegen von der Tür seines Zeltes und neigte sich zur Erde und sprach: Herr, hab ich Gnade gefunden vor deinen Augen, so geh nicht an deinem Knecht vorüber. Man soll euch ein wenig Wasser bringen, eure Füße zu waschen, und lasst euch nieder unter dem Baum. Und ich will euch einen Bissen Brot bringen, dass ihr euer Herz labet; danach mögt ihr weiterziehen. Denn darum seid ihr bei eurem Knecht vorüber gekommen. Sie sprachen: Tu, wie du gesagt hast. Abraham eilte in das Zelt zu Sara und sprach: Eile und menge drei Maß feinstes Mehl, knete und backe Kuchen. Er aber lief zu den Rindern und holte ein zartes gutes Kalb und gab's dem Knechte; der eilte und bereitete es zu. Und er trug Butter und Milch auf und von dem Kalbe, das er zubereitet hatte, und setzte es ihnen vor und blieb stehen vor ihnen unter dem Baum, und sie aßen. Da sprachen sie zu ihm: Wo ist Sara, deine Frau? Er antwortete: Drinnen im Zelt. Da sprach er: Ich will wieder zu dir kommen übers Jahr; siehe, dann soll Sara, deine Frau, einen Sohn haben. Das hörte Sara hinter ihm, hinter der Tür des Zeltes."

Abb. 1: Gott zu Gast bei Abraham (um 1120). Basilika Santa Maria Maggiore, Rom.

In drei Szenen dargestellt ist diese Geschichte auf einem Mosaik der Basilika Santa Maria Maggiore (Rom, 5. Jahrhundert; Abb. 1). Die Darstellung gehört zu einem monumentalen Bilderzyklus mit Szenen aus dem Alten Testament, die an den Wänden des Mittelschiffs dieser Kirche (in den Feldern unter den Fenstern) z. T. noch gut erhalten sind.

Die Szene im oberen Bildteil zeigt die Begegnung Abrahams mit den drei sehr ähnlich dargestellten Männern. Auffällig ist der die mittlere Person (Christus?) umgebende mandelformige Heiligenschein (Mandorla). Auf der linken Seite des unteren Bildteils bereitet Sara die Fladenbrote vor, die auf der rechten Seite auf dem Tisch liegen, an dem die drei Männer bereits sitzen, denen Abraham nun das zubereitete Kalb vorsetzt. Die Gäste sind wiederum einheitlich dargestellt; in dieser Szene ist die mittlere Person von den anderen nicht mehr unterschieden.

Die an diese biblische Szene anknüpfenden Trinitätsdarstellungen sind vor allem für die ostkirchliche Tradition typisch geworden. Weil sie auf den Bericht über Abrahams Gastfreundschaft (gr. *philoxenia*) zurückgehen, wird gelegentlich auch vom Philoxenie-Motiv gesprochen. Als ein Höhepunkt dieser Darstellungsform kann die in der ersten Hälfte des 15. Jahrhunderts entstandene Dreifaltigkeitsikone des russischen Malers Andrej Rubljov (ca. 1360–1430) gelten (Abb. 2). Die Darstellung ist zunächst auf die drei Männer reduziert, Sara und Abraham kommen nicht mehr vor. Außerdem ist das für das oben erwähnte Mosaik typische unvermittelte Nebeneinander der drei nahezu identischen Personen hier aufgelöst zu einem beziehungsreichen Miteinander von drei in Haltung und Kleidung durchaus unterscheidbaren Gestalten. Hinter dieser Darstellung steht offensichtlich das Bemühen, das innere Leben der Trinität als ein Geschehen gegenseitiger personaler Beziehungen abzubilden. Dieser innergöttliche Beziehungsreichtum war in der Tradition als gegenseitige Durchdringung (*perichoresis*) im Sinne einer innergöttlichen Liebesbewegung beschrieben worden (vgl. § 7.2.2).

Abb. 2: Andrej Rubljov, Die Dreifaltigkeit (1. Hälfte 15. Jahrhundert)

Wie die trinitarischen Personen den Gestalten auf dem Bild genau zuzuordnen sind, ist allerdings umstritten. Mehrheitlich wird die linke Gestalt als der Vater identifiziert, auf den Sohn und Geist wegen ihres jeweils unterschiedlichen Ursprungsverhältnisses (‚Zeugung' bzw. ‚Hauchung') bezogen sind. Entscheidend ist der im Zentrum der innertrinitarischen ‚Kommunikation' abgebildete Kelch. Er enthält den Kopf eines geschlachteten Tieres, wobei umstritten ist, ob es sich – wie in Gen 18 – um ein Kalb oder um ein Lamm handelt; letzteres steht im Neuen Testament für die zum Heil der Menschen geschehene Hingabe Christi am Kreuz (vgl. dazu § 10.2.2).

> Der im Alten Testament gelegentlich als Sinnbild des göttlichen Gerichtsvollzugs verstandene *Kelch* (Kelch des Zornes Gottes; Jes 51,22) wird im Neuen Testament dadurch zum Symbol des den Menschen von Gott geschenkten Heils, dass Christus den Kelch des Leidens und Todes am Kreuz stellvertretend auf sich nimmt: „[Jesus] sprach: Abba, mein Vater, alles ist dir möglich; nimm diesen Kelch von mir; doch nicht, was ich will, sondern

was du willst!" (Mk 14,36). Auf die sündenvergebende Kraft der Hingabe Christi weist das Kelchwort bei der Einsetzung des Abendmahls hin: „Und er nahm den Kelch und dankte, gab ihnen den und sprach: Trinket alle daraus;/das ist mein Blut des Bundes, das vergossen wird für viele zur Vergebung der Sünden." (Mt 26,27f). Sollte auf der Ikone Rubljovs ein Lamm abgebildet sein, würde die ebenfalls schon neutestamentliche Identifikation des am Kreuz sterbenden Christus mit dem in Jes 53 erwähnten Lamm als dem zur Schlachtbank geführten Opfertier aufgegriffen (vgl. Act 8,32). Der Zusammenhang von Kelch- und Lammmetaphorik ist bis in die Gegenwart auch in evangelischen Gottesdiensten greifbar: Das (auf Joh 1,29 zurückgehende) ‚Agnus Dei' (EG 190) wird unmittelbar vor der Austeilung des Abendmahls gesungen, das den Glauben an das durch den Kelch des Leidens durch Christus bewirkte Heil vergewissern soll.

In Rubljovs Ikone spiegelt sich die Bedeutung wieder, die in der griechischen Trinitätstheologie der *immanenten* Trinität zukommt. Von besonderem Interesse ist dabei die Betonung der Selbständigkeit der Personen, in deren Beziehungen untereinander die Schöpfung durch die Sendung des Sohnes einbezogen wird.

2. Der Gnadenstuhl

Der sog. Gnadenstuhl (vgl. Abb. 3) gilt als wichtigste Darstellungsform der Trinität in der lateinischen Kirche. Die Bezeichnung wurde durch den katholischen Theologen Franz Xaver Kraus (1840–1901) in die Kunstgeschichte eingeführt. Sie geht zurück auf die Übersetzung des griechischen Wortes *hilasterion* in Hebr 9,5 durch Luther (neuere Revisionen der Luther-Bibel übersetzen mit Gnaden*thron*). Damit ist die Deckplatte der Bundeslade gemeint (hebr.: *kapporæt*; vgl. Ex 25,17–22), die jedoch schon im Alten Testament nicht einfach als Deckel der Lade verstanden wurde, sondern als Ort der Anwesenheit Gottes (vgl. Ex 25,22; Num 7,89). Nach Lev 16 soll am Versöhnungstag (Jom Kippur), dem bis heute höchsten jüdischen Feiertag, das Blut zweier Opfertiere auf und vor die *kapporæt* gesprengt werden. Damit wird das zur Entsühnung des Heiligtums sowie des gesamten Volkes dienende Blut in die größtmögliche Nähe zur Gottheit gebracht. Aus neutestamentlicher Sicht tritt an die Stelle der jährlichen (Tier-) Opfer am Versöhnungstag das einmalige (Selbst-) Opfer Christi am Kreuz (vgl. Hebr 9,24–28); dem dabei vergossenen Blut wird sühnende Wirkung zugesprochen (vgl. Röm 3,25). – Dieses Verständnis des Kreuzestodes Christi als Sühnopfer macht den Zusammenhang verständlich, der zwischen den alttestamentlichen *kapporæt* und dem hier zu behandelnden Typ einer bildlichen Darstellung des mysterium trinitatis besteht.

Im Zentrum des Bildes befindet sich das Kreuz Christi, dessen Querbalken von dem auf einem Thron sitzenden Vater gehalten werden. Verbunden sind Vater und Sohn durch den Heiligen Geist, der (entsprechend Mk 1,10) als eine Taube dargestellt ist, die mit ihren Flügelspitzen die Lippen von Vater und Sohn berührt. Damit wird die in der lateinischen Kirche geltende Auffassung zum Ausdruck gebracht, dass der Heilige Geist nicht nur vom Vater, sondern gleichermaßen vom Vater *und vom Sohn* ausgeht (vgl. §7.2.2; §11.1). In den Ecken sind die Symbole der vier

Abb. 3: Gnadenstuhl. Illustration in einem Meßbuch aus Cambrai (um 1120).

Evangelisten erkennbar, die (in Anlehnung an Apk 4,7) als Zeugen für die Trinität verstanden wurden: Engel (Matthäus), Adler (Johannes), Löwe (Markus), Stier (Lukas). Im unteren Teil des Rahmens stehen die Worte „Te igitur, clementissime Pater" (Dich also, gütigster Vater). Dabei handelt es sich um den Anfang des Gebets, mit dem der Priester in der römischen Messe die Wandlung von Brot und Wein in der Eucharistie einleitet. Auch hier wird also der Zusammenhang zwischen dem Heilswirken des trinitarischen Gottes und der Vergegenwärtigung dieses Heilswirkens im Sakrament des Altars verdeutlicht.

Anders in der Ikone Rubljovs liegt der Schwerpunkt auf der Darstellung der *ökonomischen* Trinität. Im Mittelpunkt stehen nicht die Beziehungen von Vater, Sohn und Geist untereinander, sondern ihre je verschiedene Funktion im einheitlichen auf die Welt gerichteten Erlösungshandeln. Dies ist typisch für die westkirchliche Trinitätstheologie. Das darin vorherrschende Interesse an der Befreiung des Menschen von Schuld und Sünde führte zur Konzentration auf Gottes *heilsgeschichtliches* Handeln, in dessen einzelnen Etappen (Schöpfung, Erlösung, Heiligung) jeweils alle drei Personen zusammenwirken. Die Eigenständigkeit der Personen und die Gleichrangigkeit von Vater, Sohn und Geist treten demgegenüber zurück, wie vor allem die Darstellung des Geistes zeigt; in § 7.2.3 wurde auf die Ursprünge dieser Auffassung in der Trinitätstheologie Augustins hingewiesen.

📖 Einen Überblick zur Dreifaltigkeitsikonographie gibt:
– W. Braunfels, Art. Dreifaltigkeit (LCI 1).

📖 Auf Interpretationsprobleme von Rubljovs Darstellung verweist:
💻 – M. Mühling, Die theologische Problematik (*http://www.trinitaet.de/Texte/Rubljow/rublev-text.htm*).

📖📖 Einen Einblick in die theologischen Probleme, die mit einer bildlichen Darstellung des Göttlichen verbunden sind sowie in die damit zusammenhängenden Auseinandersetzungen im Verlauf der Theologiegeschichte vermitteln:
– R. Sörries, Art. Bilder, Bilderverehrung (EKL[3] 1);
– H. Ohme, Art Bilderkult (RGG[4] 1);
– H. Rosenau, Auf der Suche, 65–77;
– J. Cottin, Das Wort Gottes im Bild.

§ 8 Gottes Schöpfung und Weltregierung

8.1 Vorbemerkungen

In der biblischen Tradition wird von der Erschaffung der Welt durch Gott vor allem im Alten Testament gesprochen. Der alttestamentliche Schöpfungsglaube ist im Neuen Testament aufgenommen und in der christlichen Überlieferung bewahrt worden.

Im Alten Testament begegnen, abgesehen von den zwei Schöpfungsberichten in der Urgeschichte (Gen 1,1–2,4a; 2,4b-3,24), vor allem in drei weiteren Zusammenhängen Aussagen über die Erschaffung der Welt durch Gott: In den Psalmen (z. B. Ps 8; 74; 89; 104), in der Weisheitsliteratur (z. B. Prov 8; Hi 28) und beim Exilspropheten Deuterojesaja (DtJes; vgl. bes. Jes 40.44). Die alttestamentlichen Schöpfungsaussagen sind von ganz unterschiedlichen Vorstellungen geprägt, die z. T. sehr stark an die Weltentstehungslehren (Kosmogonien) der altorientalischen Religionen erinnern, sich freilich zugleich in charakteristischer Weise von diesen Vorstellungen der Umwelt unterscheiden.

Eine differenzierte Analyse der Einzelaussagen ist Sache der Wissenschaft vom Alten Testament. Hier sei nur zweierlei hervorgehoben:

1. Die starke Anlehnung der alttestamentlichen Schöpfungsaussagen an Vorstellungen aus den Umweltreligionen hängt vor allem damit zusammen, dass Jahwe ursprünglich nicht primär als *Schöpfer* verehrt wurde. Vielmehr galt er in erster Linie als Gott der *geschichtlichen* Erwählung und Führung Israels. Erst nach der Landnahme kam es zu einer Ausweitung der Gottesaussagen, nicht zuletzt aufgrund der Konfrontation mit den Weltentstehungslehren der altorientalischen Umwelt. Die hier begegnenden Elemente wurden z. T. übernommen, durch den Jahwe-Glauben aber nachhaltig verändert. So wurde das Motiv des Kampfes Gottes mit den Mächten des Chaos ersichtlich zurückgedrängt (vgl. z. B. Ps 18 mit Ps 104,26): Das Schöpfungshandeln soll nicht als siegreicher Kampf Gottes gegen etwas Antigöttliches, sondern als souveräne Verwirklichung seines Vorhabens verstanden werden. – Dieser Gedanke bildet den sachlichen Hintergrund der späteren Lehre von der Schöpfung aus dem Nichts (lat. creatio ex nihilo; vgl. 8.2.2).

2. Während das Bekenntnis zu Gott als dem Schöpfer zunächst eher die Folge der Erfahrung des göttlichen Heilshandelns war, wurde bei DtJes der Schöpfungsgedanke zur Grundlage neuer Heilsverheißungen: Weil Israels Gott der Schöpfer und damit der Herr der ganzen Welt ist, kann von ihm auch in der Situation einer geschichtlichen Krise (Exil) neues Heilshandeln erwartet werden. Wie eng für DtJes Jahwes Handeln bei der Schöpfung und bei der Hervorbringung des geschichtlich Neuen zusammengehören, zeigt seine Verwendung des Wortes *bara* (schaffen). Dieses Wort, das im Alten Testament allein Gott zum Subjekt hat und in Gen 1 Gottes daseinskonstituierendes Handeln beschreibt, verwendet DtJes auch für das Geschichtshandeln: „der ich das Licht mache und schaffe die Finsternis, der ich Frieden gebe und schaffe Unheil. Ich bin der

Biblische Schöpfungsaussagen

– Altes Testament: Anlehnung an die Kosmogonien der altorientalischen Religionen, doch Dominanz des Jahwe-Glaubens.
– Neues Testament: Verbindung des Schöpfungsglaubens mit dem Christusbekenntnis.

HERR, der das alles tut" (Jes 45,7). Damit verschwimmt die Grenze zwischen Gottes Schöpfungs- und Heilshandeln, so dass die Schöpfung theologisch nicht auf den Anfang der Welt beschränkt werden kann. – Dieser Gedanke bildet den sachlichen Hintergrund der späteren Lehre von der fortgesetzten Schöpfung (lat. creatio continua) und dem Vorsehungswirken Gottes in der Welt (vgl. 8.4).

Im Neuen Testament wird der Schöpfungsglaube eher vorausgesetzt als eigens entfaltet. Die Verkündigung Jesu nimmt das Bekenntnis zu Gott dem Schöpfer auf und bringt es in seiner Konsequenz für das Lebensverhalten zur Geltung (vgl. Mt 6,25–32; 19,4–6). Zugleich wird der Schöpfungsgedanke mit dem Christusglauben verbunden: Christus gilt als ewiges Wort des Vaters bzw. als der ewige Sohn und fungiert als ‚Schöpfungsmittler' (Joh 1,3; Kol 1,12–20; Eph 1,3–14; I Kor 8,6; Hebr 1,1–4); dieser wichtige Gedanke wurde später vertieft durch die trinitarische Fundierung des christlichen Schöpfungsglaubens (vgl. 8.2.1). Auch die (bereits alttestamentliche) Hoffnung auf einen neuen Himmel und eine neue Erde (vgl. Jes 65,17; 66,22) wurde im Neuen Testament auf Christus bezogen, in und mit dem die (eschatologische) neue Schöpfung bereits begonnen hat, in der der durch die Sünde des Menschen verlorengegangene Frieden wiederhergestellt, ja überboten ist (vgl. Jes 65,17a; II Petr 3,13; II Kor 5,17).

📖 Über biblische Schöpfungsvorstellungen informieren in Kurzform:
– B. Janowski, Schöpfung II (RGG⁴ 7);
– O. Wischmeyer, Schöpfung IV (RGG⁴ 7).

📖 Hinweise zur alttestamentlichen Schöpfungstheologie sowie Angaben zu weiterführender Literatur bieten:
– M. Albani/M. Rösel, Altes Testament, 132–136.

8.2 Hauptgedanken der christlichen Schöpfungslehre

8.2.1 *Schöpfung als freie Tat des dreieinen Gottes*

Die Schöpfung der Welt gilt in der christlichen Dogmatik als das erste Werk des dreieinen Gottes nach außen. Hervorzuheben ist dabei, dass das Werk der Schöpfung einerseits dem Vater als der ersten Person der Trinität in besonderer Weise zugesprochen (appropriiert) wird. Das Apostolicum und das Konstantinopolitanische Glaubensbekenntnis bekennen gleichermaßen Gott *den Vater* als den „Schöpfer des Himmels und der Erde". Andererseits wirken alle drei trinitarischen Personen bei der Schöpfung mit – gemäß dem Grundsatz: Die Werke der Trinität nach außen sind nicht streng auf die Personen aufgeteilt (opera trinitatis ad extra sunt indivisa; vgl. § 7.2.2). Vom *Sohn* als Schöpfer wird z. B. in Kol 1,16 gesprochen: „Denn in ihm wurde alles erschaffen im Himmel und auf Erden, das Sichtbare und das Unsichtbare, Throne und Herrschaften, Mächte und Gewalten; alles ist durch ihn und auf ihn hin geschaffen"; vom Schöpfungshandeln des *Geistes* ist z. B. in Hi 33,4 die Rede: „Der Geist Gottes hat mich gemacht. Der Odem des Allmächtigen hat mir das Leben gegeben" (vgl. auch schon Gen 1,2: „Gottes Geist schwebte über dem Wasser").

> Weiter wird betont, dass die Schöpfung ihren Ursprung in einer *freien* Tat Gottes hat und deshalb nicht notwendig zur Gottheit Gottes gehört. Die opera trinitatis ad intra, die innertrinitarischen Vorgänge der ‚Zeugung' des Sohnes und der ‚Hauchung' des Geistes, gelten als unlösbar mit der Gottheit des dreieinen Gottes verbunden. Dagegen werden die Werke der Trinität nach außen (opera trinitatis ad extra) auf einem freien Entschluss Gottes zurückgeführt. Gottes Gottheit würde daher nichts fehlen, wenn die Welt nicht ins Dasein getreten wäre.
>
> Hat die Welt ihren Ursprung in einer freien Tat Gottes, so geht sie nicht notwendig aus dem göttlichen Wesen hervor. Sie gehört nicht notwendig zur Gottheit Gottes. Sie könnte auch nicht-sein. Ihr Dasein ist daher kontingent, Ergebnis und Ausdruck eines freien Aktes göttlichen Wollens und Handelns. Sie ist nicht – wie der Sohn – in Ewigkeit das Korrelat des Daseins Gottes als des Vaters. [...]
>
> Frei ist auch das Handeln der trinitarischen Personen in ihren Beziehungen zueinander, aber nicht in dem Sinne, dass der Vater es auch unterlassen könnte, den Sohn zu zeugen, oder der Sohn den Willen des Vaters verleugnen, der Geist jemand anderen verherrlichen könnte als den Vater im Sohn und den Sohn im Vater. Der Ursprung der Welt als Schöpfung aus dem freien Handeln Gottes besagt gerade dies, daß auch dann, wenn die Welt nicht ins Dasein getreten wäre, der Gottheit Gottes nichts mangelte. [... Allerdings] beruht die Vorstellung, Gott hätte die Erschaffung der Welt auch unterlassen können auf einer Abstraktion von der faktischen Selbstbestimmung Gottes, die in der Ewigkeit seines Wesens begründet sein muß und also nicht als der konkreten Wirklichkeit Gottes äußerlich gedacht werden kann. Dennoch muß auch von Gott her der Ursprung der Welt als kontingent, weil aus der Freiheit des einen Gottes in seinem trinitarischen Leben entspringend, gedacht werden.
>
> W. Pannenberg, Systematische Theologie, Band 2, 15. 23.

Dieser Gedanke der *Kontingenz* (Nicht-Notwendigkeit) der Schöpfung ist deshalb wichtig, weil er eine Abgrenzung des biblisch-christlichen Schöpfungsverständnisses von solchen philosophischen Vorstellungen vollzieht, nach denen das Dasein Gottes und das Dasein der Welt einander bedingen und deshalb notwendig zusammengehören (z. B. Pantheismus oder Emanatismus).

> So behauptet der *Pantheismus*, dass die Welt mit Gott letztlich identisch ist, woraus sich ergibt, dass Gottes Sein und das Sein der Welt einander bedingen, deshalb unlösbar verbunden sind und die geschöpfliche Welt somit *notwendig* existiert. Der *Emanatismus* behauptet, dass alle Dinge in ihrer Vielheit durch ‚Ausfluss' (Emanation) in einer bestimmten Stufenfolge aus Gott als dem Einen hervorgehen: Während das Eine das Vollkommene ist, wird das daraus Hervorgehende mit zunehmender Entfernung vom Einen immer unvollkommener. Das Hervorgehen aller Wesen aus dem Einen vollzieht sich mit Notwendigkeit, so dass auch nach dieser Auffassung die Existenz der Welt in ihrer Vielfalt notwendig mit der Existenz Gottes zusammengehört. – Gegen Pantheismus oder Emanatismus betont die christliche Theologie die Nichtnotwendigkeit (Kontingenz) der Schöpfung: Die Erschaffung der Welt beruht auf einem freien Entschluss, den Gott zwar gefasst hat, den er aber nicht hätte fassen müssen.

8.2.2 Die Voraussetzungslosigkeit der Schöpfung

Neben der *Kontingenz* (Nichtnotwendigkeit) der Schöpfung wird in der christlichen Theologie die Voraussetzungslosigkeit der Welterschaffung durch Gott betont. Dies geschieht durch die Feststellung, Gott habe die Welt aus nichts geschaffen (die Lehre von der creatio ex nihilo).

> **Die christliche Schöpfungslehre**
>
> – Ursprung der Welt wird auf eine freie Tat des dreieinen Gottes zurückgeführt (Kontingenz der Schöpfung).
> – Betonung der Voraussetzungslosigkeit des göttlichen Handelns (creatio ex nihilo).

Biblisch ist diese Lehre nur sparsam belegt. Der einzige verwertbare Beleg im Alten Testament entstammt dem 2. Makkabäerbuch: „Ich bitte dich, mein Kind, sieh Himmel und Erde an und alles, was darin ist, und bedenke: dies alles hat Gott aus nichts gemacht" (II Mak 7,28). Allerdings ist die hier geäußerte Vorstellung ins Neue Testament übernommen worden und hat von daher Eingang in die christliche Schöpfungslehre gefunden. So sagt Paulus von Abraham, dieser habe dem Gott geglaubt, „der die Toten lebendig macht und ruft das, was nicht ist, dass es sei" (Röm 4,17). Allerdings geht es in II Mak 7,28 wohl noch nicht darum, die (erst später als dualistisch empfundene) Vorstellung der Formung der Welt aus einer vorgegebenen Materie auszuschließen. Denn im hellenistischen Judentum begegnet oft die auch Weish 11,17 bezeugte Vorstellung der Welterschaffung aus einer gestaltlosen Urmaterie: „Denn deiner allmächtigen Hand, die die Welt aus ungestaltetem Stoff geschaffen hat, fehlte es nicht an Macht, über sie eine Menge von Bären oder mutige Löwen kommen zu lassen".

Durch den Gedanken der creatio ex nihilo werden zwei für die christliche Schöpfungslehre wichtige Anliegen zur Geltung gebracht:

1. Einerseits spielt – wie schon beim Gedanken der Kontingenz – das Bemühen um Abgrenzung von anderen Weltentstehungstheorien eine Rolle. Es ging darum, jede denkbare Variante einer Zweiprinzipienlehre (*Dualismus*) auszuschließen: Weder musste Gott den aktiven Widerstand eines ihm entgegenstehenden Gegengottes überwinden, noch kann sein Schöpferhandeln lediglich als Ordnung und Strukturierung eines bereits bestehenden Weltstoffes verstanden werden. Nur er allein ist Urheber der Welt, und seine Schöpfungstat war an keine Voraussetzung gebunden, außer an seinen machtvollen Willen.

2. Andererseits macht die ausschließliche Begründung der Weltexistenz durch den freien Willen des trinitarischen Gottes deutlich, dass die geschaffene Welt in jeder Hinsicht von Gott abhängig ist; sie kann ihre dauerhafte Existenz nicht von sich selbst her garantieren, sondern sie verdankt sie der dauerhaften Zuwendung des dreieinen Gottes, der die Schöpfung nicht sich selbst überlässt, sondern sie durch sein Wirken begleitet (vgl. 8.4) Dieses Anliegen des Gedankens der creatio ex nihilo wird von Gerhard Ebeling betont.

[Die Lehre von der] Erschaffung aus dem Nichts widerspricht einer Abhängigkeit des Schöpfungshandelns Gottes von etwas, was ihm vorgegeben ist. Damit widerspricht sie zugleich einer Abhängigkeit der Welt von anderem als von Gott oder einer Einschränkung der schlechthinnigen

Abhängigkeit von Gott durch eine wesenhafte Selbständigkeit der Kreatur gegenüber Gott. Die creatio ex nihilo ist nur dann als Glaubensaussage verstanden, wenn um der Gottheit Gottes willen die Welt in dem Falle als nichtig geglaubt wird, dass ihr Sein ganz oder teilweise außerhalb des Zusammenseins mit Gott gegründet sein soll.

G. Ebeling, Dogmatik, Band 1, 309.

Eine zeitgenössische Interpretation des Gedankens der Voraussetzungslosigkeit der Schöpfung bietet:
– F. Lohmann, Die Bedeutung der dogmatischen Rede von der ‚creatio ex nihilo'.

Vollziehen Sie nach, wie Schleiermacher das Verhältnis von Schöpfungslehre und Vorsehungslehre bestimmt; ziehen Sie dazu heran:
– F. Schleiermacher, Der christliche Glaube, Band 1, 199–210 (§§ 36–39; KGA I 13,1, 218–230)

8.3 Schöpfungsglaube und Naturwissenschaft

Die biblischen Aussagen über die Schöpfung sind vielfach als gleichsam objektive Beschreibungen der Weltentstehung verstanden worden. Im Mittelalter galt die christliche Schöpfungslehre als alternativlose Weltentstehungstheorie, in der die prominenten kosmologischen Entwürfe der vorchristlichen Antike aufgenommen und zugleich überboten waren. Damit bildete die kirchliche Interpretation der biblischen Aussagen zur Schöpfung der Welt durch Gott den Leitfaden und zugleich die Grenze naturwissenschaftlicher Erkenntnis.

In der frühen Neuzeit setzte sich zunehmend eine von kirchlichen Vorgaben emanzipierte Erforschung der Natur durch, die schließlich in die moderne Naturwissenschaft mündete. Zwischen den Ergebnissen dieser Forschungen und dem biblisch-kirchlichen Weltbild wurden Spannungen deutlich, die zu Anfragen an den naturwissenschaftlichen Erklärungswert der biblischen Schöpfungsaussagen führten.

In einem an seinen ehemaligen Schüler Benedetto Castelli (1577–1643) gerichteten Brief vom 21. Dezember 1613 hat sich Galileo Galilei in grundsätzlicher Weise zum Verhältnis von empirisch fundierter physikalischer Kosmologie auf der einen und biblisch fundierter christlichen Schöpfungstheologie auf der anderen Seite geäußert. Im ersten Teil seines Schreibens stellt Galilei einige Überlegungen an, die sich auf das Verhältnis von Schriftautorität und Naturerforschung beziehen. Dabei erörtert er zunächst Gemeinsamkeiten und Unterschiede zwischen Bibel und Natur. *Gemeinsam* ist ihnen, dass sie beide „aus dem Göttlichen Wort hervorgegangen sind". Aus dieser Herkunftsgemeinsamkeit folgt, dass Naturerkenntnis und Schriftauslegung einander eigentlich nicht widersprechen können. Das Spezifikum der *Bibel* besteht nun darin, dass in ihr vieles anders verstanden werden muss, als es die bloße Bedeutung der Worte nahe legt. Die für das Heil des Menschen entscheidende Wahrheit der Bibel muss in einem Auslegungsverfahren erst ermittelt werden; zwischen Wortlaut und Wahrheit der biblischen Texte besteht also eine Differenz. Das Spezifikum der *Natur* besteht nach Galilei darin, dass sie, im übertragenen Sinne formuliert, immer ‚beim Wort' genommen werden muss. Die Gesetze, die wir in der

Schöpfungsglaube und Naturwissenschaft (I)

- Spätantike/Mittelalter: Christliche Schöpfungstheologie bildet Leitfaden und Grenze naturwissenschaftlicher Erkenntnis.
- Neuzeit: Tendenz zur methodischen Unterscheidung und zur Emanzipation der Naturwissenschaft von kirchlichen Vorgaben.

Natur entdecken, verweisen nicht noch einmal auf eine höhere Wahrheit, sondern sie geben direkt Auskunft über die ihr von Gott eingestiftete Beschaffenheit. Und daraus ergibt sich der *Unterschied* zwischen Bibel und Natur: Im Blick auf den Wortlaut der Schrift gibt es einen Interpretationsspielraum; hier muss nicht alles wahr sein. Im Blick auf die Naturabläufe gibt es einen solchen Spielraum nicht. Aus diesem Unterschied leitet Galilei eine wichtige Folgerung ab. Sie lautet: Der *Wortlaut* der Heiligen Schrift darf *nicht* gegen solche Erklärungen von Naturphänomenen ins Feld geführt werden, die auf *Erfahrung und Vernunftgebrauch* basieren.

Da also die Schrift es an vielen Stellen nicht nur zuläßt, sondern geradezu notwendig macht, eine von der scheinbaren Bedeutung der Worte abweichende Auslegung zu geben, halte ich dafür, daß ihr in den Disputen über die Natur der letzte Platz vorbehalten sein sollte: denn da die Heilige Schrift und die Natur in gleicher Weise aus dem Göttlichen Wort hervorgegangen sind, jene als Einflößung des Heiligen Geistes, diese als gehorsamste Vollstreckerin der göttlichen Befehle; und da ferner in den Schriften Übereinkunft besteht, viele Dinge dem Anschein und der Bedeutung der Worte nach anders zu sagen, als es die absolute Wahrheit wäre, um sich dem Verständnis der Menge anzubequemen; hingegen die Natur unerbittlich und unwandelbar und unbekümmert darum ist, ob ihre verborgenen Gründe und Wirkungsweisen dem Fassungsvermögen des Menschen erklärlich sind oder nicht, denn sie überschreitet niemals die Grenzen der ihr auferlegten Gesetze, scheint es, daß die natürlichen Wirkungen, die uns durch die Erfahrung der Sinne vor Augen geführt werden oder die wir durch zwingende Beweise erkennen, keinesfalls in Zweifel gezogen werden dürfen durch Stellen der Schrift, deren Worte scheinbar einen anderen Sinn haben, weil nicht jeder Ausspruch der Schrift an so strenge Regeln gebunden ist wie eine jede Wirkung der Natur.

Stante, dunque, che la Scrittura in molti luoghi è non solamente capace, ma necessariamente bisognosa d'esposizioni diverse dall'apparente significato delle parole, mi par che nelle dispute naturali ella doverebbe esser riserbata nell'ultimo luogo: perché, procedendo di pari dal Verbo divino la Scrittura Sacra e la natura, quella come dettatura dello Spirito Santo, e questa come osservantissima esecutrice de gli ordini di Dio; ed essendo, di più, convenuto nelle Scritture, per accomodarsi all'intendimento dell'universale, dir molte cose diverse, in aspetto e quanto al significato delle parole, dal vero assoluto; ma, all'incontro, essendo la natura inesorabile e immutabile e nulla curante che le sue recondite ragioni e modi d'operare sieno o non sieno esposti alla capacità de gli uomini, per lo che ella non trasgredisce mai i termini delle leggi imposteli; pare che quello de gli effetti naturali che o la sensata esperienza ci pone innanzi a gli occhi o le necessarie dimostrazioni ci concludono, non debba in conto alcuno esser revocato in dubbio per luoghi della Scrittura ch'avesser nelle parole diverso sembiante, poi che non ogni detto della Scrittura è legato a obblighi così severi com'ogni effetto di natura.

G. Galilei, Brief an Benedetto Castelli (Schriften, Briefe, Dokumente, Band 1, 169f); italienischer Text nach *http://www.liberliber.it/biblioteca/g/galilei/lettere/html/lett11.htm.*

Die dargestellte Position Galileis kann als beispielhaft für die neuzeitliche Verhältnisbestimmung von Schöpfungslehre und Naturwissenschaft gelten; die Entwicklung lief darauf hinaus, dass der biblisch fundierten Schöpfungstheologie ihre privilegierte Stellung in kosmologischen Fragen abgesprochen wurde. Die neuere protestantische Theologie hat auf diese Herausforderung vielfach dadurch reagiert, dass sie ihrerseits den christlichen Schöpfungsglauben vom Anspruch auf naturwissenschaftliche Welterklärung entlastete. Damit wurde die Konkurrenz zwischen religiöser Schöpfungsvorstellung und naturwissenschaftlicher Welterklärung entschärft.

Diese Auffassung nimmt *zunächst* die Feststellung ernst, dass schon die Bibel keine einheitliche Weltentstehungslehre enthält. Die Vielzahl der biblischen (alttestamentlichen) Vorstellungen von der Weltentstehung und ihre Abhängigkeit von entsprechenden Auffassungen der Umweltreligionen macht vielmehr deutlich, dass gar kein Interesse an einer einheitlichen Welterklärung bestand; vielmehr zeigt eine genaue Analyse der Texte, dass die Schöpfungsaussagen theologische Deutungen und Wertungen aussprechen. *Weiterhin* kann Luthers Auslegung zum ersten Artikel des Apostolicums im „Kleinen Katechismus" als Argument für die Trennung von Schöpfungsglauben und wissenschaftlicher Welterklärung dienen: Gottes Schöpferwirken wird von Luther weder als einer unter mehreren Faktoren im Bereich der natürlichen Entstehungszusammenhänge verstanden, noch als die Erstursache, die allen natürlichen Entstehungszusammenhängen zugrunde liegt. Vielmehr geht es um das *Selbstverständnis des Menschen* als eines Geschöpfes Gottes: Gott gilt als Schöpfer, weil der Mensch sich in seinem Leben als von Gott beschenkt und getragen begreift. Dieses Selbstverständnis beinhaltet aber keine bestimmte Weltentstehungstheorie, die mit anderen Konzeptionen konkurrieren würde und kann deshalb durch naturwissenschaftliche Untersuchungen weder bestätigt noch widerlegt werden.

Ich glaube, daß mich Gott geschaffen hat samt allen Kreaturen, mir Leib und Seele, Augen und Ohren und alle Glieder, Vernunft und alle Sinne gegeben hat und noch erhält; […] mich […] wider alle Fährlichkeit (Gefahren) beschirmt und vor allem Übel behütet und bewahrt, und das alles aus lauter väterlicher, göttlicher Güte und Barmherzigkeit, ohn alle mein Verdienst und Würdigkeit.	Credo, quod Deus creavit me una cum omnibus creaturis, quod corpus et animam, oculos, aures et omnia membra, rationem et omnes sensus mihi dedit et adhuc sustentat […], me contra omnia pericula protegit et ab omnibus malis liberat ac custodit et haec omnia ex mera sua paterna ac divina bonitate et misericordia sine ullis meis meritis aut ulla dignitate.

M. Luther, KlKat, 2. Hauptstück
(Unser Glaube, 542 f: Nr. 501; BSLK 510,33–511,6).

Die bei Luther schon angelegte Abkopplung des Schöpfungsbegriffs von einer bestimmten Weltentstehungstheorie wurde im 19. Jahrhundert durch Friedrich Schleiermacher konsequent durchgeführt: Die christliche Lehre von der Schöpfung der Welt durch Gott soll nach Schleiermacher lediglich die dem christlich-frommen

Weltverständnis entsprechende Unterschiedenheit und Abhängigkeit alles Entstandenen von Gott geltend machen, nicht aber über die Weltentstehung informieren.

[Die Schöpfungslehre als Ausdruck christlicher Frömmigkeit richtet sich gegen] jede Vorstellung von dem Entstehen der Welt, durch welche irgend etwas von dem Entstandensein durch Gott ausgeschlossen, oder Gott selbst unter die erst in der Welt und durch die Welt entstandenen Bestimmungen und Gegensäze gestellt wird. [...]

Und so begnügen wir uns damit, diese negativen Charaktere aufzustellen als Regeln der Beurtheilung für das, was als nähere Bestimmung dieses Begriffs in die Glaubenslehre [...] eingedrungen ist. [...] Die weitere Ausbildung der Schöpfungslehre in der Dogmatik rührt aus der Zeit her, wo man auch naturwissenschaftlichen Stoff aus der Schrift holen wollte, und wo die Elemente aller höheren Wissenschaften noch in der Theologie verborgen lagen. Es gehört daher zur gänzlichen Trennung beider, daß wir diese Sache den rükwärts gehenden Forschungen der Naturwissenschaft übergeben, ob sie uns bis zu den die Weltkörper bildenden Kräften und Massen oder noch weiter hinauf führen kann, und daß wir unter der obigen Voraussetzung die Resultate ruhig abwarten, indem ohne irgend von der christlichen Glaubenslehre abhängig zu sein oder es hiedurch zu werden, jedes wissenschaftliche Bestreben, welches mit den Begriffen Gott und Welt arbeitet, sich durch dieselben Bestimmungen abgrenzen muß, wenn nicht diese Begriffe aufhören sollen zweie zu sein.

F. Schleiermacher, Der christliche Glaube, Band 1, 210–212: § 40
(KGA I 13,1, 230,26–231,4; 231,12–15; 231,20–232,5).

Schöpfungsglaube und Naturwissenschaft (II)

– Eine Differenzierung von Schöpfungstheologie und Naturwissenschaft
  • ist durch die Uneinheitlichkeit biblischer Schöpfungsvorstellungen legitimiert;
  • ist in der protestantischen Tradition von Anfang an angelegt (Luther);
  • wurde im Protestantismus des 19. und 20. Jahrhunderts konsequent durchgeführt (Schleiermacher, Wagner);
  • wird aber teilweise problematisiert (Pannenberg).

Es ist die Pointe dieser Aussagen, dass eine Beschränkung der christlichen Schöpfungslehre auf die „negativen Charaktere" dem eigentlichen Anliegen dieses Lehrstücks hinreichend Rechnung trägt. Jede „weitere Ausbildung der Schöpfungslehre" bis hin zur ‚Einmischung' in die „rückwärtsgehenden Forschungen der Naturwissenschaft" liegt nicht im Interesse der Theologie. Wie der Theologie naturwissenschaftliche Kompetenz, so wird zugleich den Naturwissenschaften theologische Kompetenz abgesprochen; sie können nicht zu Gott vorstoßen. Denn als Gegenstand ihrer Untersuchungen haben sie immer nur „die erst in der Welt und durch die Welt entstandenen Bestimmungen und Gegensätze", in die der Gott der christlichen Frömmigkeit nicht ‚verwickelt' ist.

Der mit dieser Trennungsmaxime verbundene Verzicht der Theologie auf eine mit dem christlichen Glauben verbundene Kompetenz in naturwissenschaftlichen Fragen wird im nachfolgenden Zitat in aller Deutlichkeit eingeschärft.

Aus der neuzeitlich-modernen Geschichte des Verhältnisses von Physik und Theologie, von Naturwissenschaft und christlicher Religion gehen Theologie und Religion eindeutig als Verlierer hervor. Denn die [...] Geschichte des Streites zwischen Theologie und Naturwissenschaft hat inzwischen zu dem in der Regel allseits akzeptierten Ergebnis geführt, daß allein die Naturwissenschaften für die wissenschaftlich vertretbare Erkenntnis und Erklärung der äußeren Natur des Kosmos, des Planetensystems, der Erde und des Lebens zuständig und kompetent seien. Dieses Ergebnis schließt die selbstverständliche Annahme ein, daß die Naturwissenschaften nicht nur methodisch atheistisch verfahren müssen; ihre wissenschaftliche Verfahrensweise schließt zudem die kontrollierbare Möglichkeit aus, Naturvorgänge religiös oder theologisch zu deuten.

F. Wagner, Zur gegenwärtigen Lage, 90.

Gegenüber der zuletzt dargestellten Tendenz, den christlichen Schöpfungsglauben vom Anspruch auf naturwissenschaftliche Welterklärung zu entlasten, wird allerdings auch im evangelischen Bereich von manchen Theologen hervorgehoben, dass die Vereinbarkeit des Schöpfungsglaubens mit dem naturwissenschaftlichen Weltverständnis für die christliche Glaubensgewissheit unverzichtbar sei. Die Trennung des Schöpfungsglaubens von naturwissenschaftlichen Ansprüchen führt danach in einen letztlich unerträglichen Gegensatz zwischen dem *Selbst*- und dem *Welt*verständnis des glaubenden Christen. Dieser Gegensatz ist nur zu überwinden, wenn auch unter gegenwärtigen Bedingungen am Anspruch festgehalten wird, Naturvorgänge religiös oder theologisch zu deuten. Deshalb wird die Integration naturwissenschaftlicher Erkenntnisse in den christlichen Schöpfungsglauben auch nach der Emanzipation der Naturwissenschaften von der Theologie als eine unverzichtbare Aufgabe der christlichen Schöpfungslehre verstanden.

Als bedeutendster Vertreter dieser Auffassung im Protestantismus der Gegenwart kann Wolfhart Pannenberg gelten; sein Interesse an einer Kompatibilität von Schöpfungsglauben und Naturwissenschaft hängt mit seiner Bestimmung der christlichen Glaubensinhalte als wissenschaftlicher Hypothesen zusammen (vgl. § 2.3.3). Allerdings beruft auch er sich auf Luther.

Nur wenn diese Welt als Schöpfung des biblischen Gottes zu verstehen ist und Gott selbst als Schöpfer dieser Welt, nur dann kann für den Glauben an seine alleinige Gottheit der begründete Anspruch auf Wahrheit erhoben werden. [...] Darum hat Luther im Großen Katechismus als Grund dafür, daß der Glaube den Gott der Bibel, den Vater Jesu Christi, für den wahren Gott hält, angegeben, daß ‚sonst keiner ist, der hymel und erden schaffen künde' (WA 30/I, 483 zum ersten Glaubensartikel [= BSLK 647; vgl. Unser Glaube, 681: Nr. 728]). Man bedenke, was damit gesagt ist: Jede alternative Auskunft auf die Frage nach dem Ursprung der Welt wird damit für unzureichend erklärt. [...] Die Theologie wird allerdings damit zu rechnen haben, daß über das Recht des christlichen Wahrheitsanspruchs gerade auch im Hinblick auf das Verständnis der Welt als Schöpfung Gottes bis zum jüngsten Tage keine allgemeine Übereinstimmung zu erzielen sein wird. [...] Dennoch kann die Theologie nicht darauf verzichten, die Welt der Natur und der menschlichen Geschichte als Schöpfung Gottes zu beschreiben, und zwar mit dem Anspruch, daß erst so das eigentliche Wesen dieser Welt in den Blick kommt. Diesen Anspruch muß die Theologie auch im Dialog mit den Wissenschaften behaupten. Sie mag sich dabei als verwundbar erweisen und ihrer Aufgabe oft nur ungenügend gerecht werden. Doch das ist immer noch besser, als sie ganz zu vernachlässigen.

W. Pannenberg, Systematische Theologie, Band 2, 77.

📖📖 Pannenbergs eigene Schöpfungslehre, die an dem im vorstehenden Zitat artikulierten Anspruch orientiert ist, liegt vor in:
- W. Pannenberg, Systematische Theologie 2, 77–161;
Den Einstieg in diesen Text erleichtert:
- G. Wenz, Wolfhart Pannenbergs Systematische Theologie, 102–117.

📖 Das Verhältnis von Theologie und Naturwissenschaft am Beispiel der Weltentstehung (1) und der Evolutionstheorie (2) diskutiert:
- U. Barth, Religion in der Moderne, 401–426 (1). 427–460 (2).

💻🖱 Zahlreiche aktuelle Stimmen zum Verhältnis von Theologie und Naturwissenschaft sind im Münsteraner Forum für Theologie und Kirche zusammengetragen:
- http://www.muenster.de/~angergun/naturwissenschaft.html.

8.4 Gottes Wirken

Von großer Bedeutung für die christliche Schöpfungslehre ist der Zusammenhang zwischen dem schaffenden und dem erhaltenden bzw. lenkenden Wirken Gottes. Bereits in der Bibel begegnen auf Schritt und Tritt Hinweise, die von Gottes dauerhafter Fürsorge für die von ihm geschaffene Welt sprechen und damit Gottes Treue zu der von ihm frei ins Dasein gerufenen Schöpfung und seinen Willen zur Teilnahme am Leben der Geschöpfe zum Ausdruck bringen. Demnach verdankt sich die Welt trotz aller Kontingenz nicht einfach einer ‚Laune' des Schöpfers, der sein Werk nach der Erschaffung sich selbst überlassen hat. In der christlichen Dogmatik wird deshalb im Anschluss an das daseinskonstituierende Wirken Gottes (Schöpfung) sein geschichtliches Handeln thematisiert; dies geschieht traditionell unter dem Stichwort *Vorsehung* (gr./lat. *pronoia*/providentia), ein Ausdruck, der auf Weish 14,3, zurückgeht („deine Vorsehung, Vater, steuert es hindurch; denn du gibst auch im Meer Wege und mitten in den Wellen sichere Fahrt").

Die dogmatische Lehre von der providentia hat eine lange und komplizierte Geschichte. Die zahlreichen Varianten einer theologischen Bearbeitung dieses Themas machen vor allem eines deutlich: Es ist schwierig, das Wirken Gottes in der geschichtlichen Wirklichkeit mit dem Lauf der Natur und dem Handeln des Menschen in einen plausiblen Zusammenhang zu bringen. Denn die konkreten Ereignisse der natürlichen und geschichtlichen Wirklichkeit folgen nicht nur ihren jeweils eigenen Gesetzen. Sondern sie sind auch so unterschiedlich und widersprüchlich, dass sie kaum auf den Vorsehungswillen eines einzigen wohlwollenden Lenkers zurückgeführt werden können.

Einen Versuch der systematischen Klärung dieses Problems haben die Dogmatiker der altprotestantischen Orthodoxie unternommen. Danach gilt Gott nicht als *Allein*ursache des gesamten Geschehens in der Schöpfung, sondern z. T. nur als *Erst*ursache, die besonders dem menschlichen Handeln einen gewissen Spielraum zu eigener (*Zweit*-) Ursächlichkeit lässt. In diesen Spielraum gehört auch die Möglichkeit des Menschen, gegen den göttlichen Willen zu handeln: die Sünde.

Die Hauptaspekte dieses Lösungsansatzes sollen im Folgenden in geraffter Form dargestellt und anschließend in einer Übersicht verdeutlicht werden:

Die providentia umfasst zunächst (A) die *inneren* Akte des göttlichen Verstandes und Willens, die dem Handeln Gottes in der Schöpfung vorausgehen; dies sind:
(A 1) Gottes Vorherwissen (gr./lat. *prognosis*/praevisio, praescientia) dessen, auf das sich seine Fürsorge erstrecken soll;
(A 2) sein Entschluss (gr./lat. *prothesis*/propositum, decretum), diese Fürsorge zu üben.

Im nach *außen* gerichteten Handeln Gottes (**B**), der providentia im strengen Sinn, werden drei Aspekte unterschieden:
(**B 1**) Die erhaltende Vorsehung (lat. providentia conservatrix), die zugleich als fortgesetzte Schöpfung verstanden wird (lat. creatio continua/creatio continuata), im Unterschied zur hervorbringenden Schöpfung (lat. creatio originans). Damit wird dem Gedanken Rechnung getragen, dass die geschaffenen Dinge nicht die Fähigkeit haben, sich selbst im Sein zu erhalten, sondern dass sie auf das Erhaltungswirken Gottes angewiesen sind. Von den biblischen Aussagen, die diesen Gedanken nahe legen, sei hier nur Hebr 1,3 erwähnt: Gott „trägt alle Dinge mit seinem kräftigen Wort" (vgl. auch Ps 104,29 f).

Intentionen der klassischen Providenzlehre

– Es soll deutlich werden, dass Gott die von ihm geschaffene Welt nicht sich selbst überlässt, sondern erhält und das innerweltliche Geschehen mitwirkend begleitet.
– Es soll deutlich werden, dass Gott das innerweltliche Geschehen so lenkt, dass die Eigentätigkeit der Geschöpfe, namentlich die menschliche Freiheit, nicht beeinträchtigt wird.

(**B 2**) Die zusammenwirkende Vorsehung bzw. die Mitwirkung (lat. providentia cooperatrix bzw. concursus). Dieser Aspekt der Vorsehung bringt zum Ausdruck, dass Gott die Welt nicht nur schafft und erhält, sondern dass er auch bei allen Weltvorgängen mitwirkt – anders freilich als bei Schöpfung und Erhaltung nicht als alleinige Ursache, sondern lediglich als Erstursache (lat. causa prima). Die Art der Mitwirkung der geschöpflichen Zweitursachen (lat. causae secundae) ist von deren Beschaffenheit abhängig; bei der leblosen Natur verhält es sich anders als bei den mit Freiheit begabten Menschen, denen Gott Spielraum zu selbständiger Eigentätigkeit einräumt. Entscheidend ist freilich der Gedanke, dass auch die Menschen nicht allein aus sich heraus handeln können, sondern dass der Spielraum ihrer Aktivitäten durch die göttliche Vorsehung begrenzt und von ihr getragen ist (im Sinne von Act 17,27 f: „er ist nicht ferne von einem jeden von uns./Denn in ihm leben, weben und sind wir").
(**B 3**) Die lenkende Vorsehung Gottes bzw. seine Lenkung (lat. providentia gubernatrix bzw. gubernatio). Dieser Aspekt des Vorsehungshandelns betont die Zweckausrichtung der göttlichen Mitwirkung: Gott lenkt die von den Geschöpfen ausgehenden Handlungen so, dass sie seinen Zwecken entsprechen. Aufgrund des dem menschlichen Handeln zugestandenen Freiheitsspielraums, der durch die gubernatio nicht beeinträchtigt werden soll, vollzieht sich die zweckgerichtete Lenkung Gottes je nach Art der menschlichen Handlungen in verschiedener Weise:
(**B 3.1**) Zulassung (lat. permissio). Gott lässt, um die menschliche Freiheit nicht zu gefährden, viele Dinge zu, die seinen Zwecken nicht entsprechen und versucht, seine Absichten auf andere Weise zu erreichen; das wichtigste Beispiel hierfür ist die Zulassung der menschlichen Sünde (vgl. z. B. Röm 1,24.28).

(**B 3.2**) Lenkung (lat. directio). Gott lenkt die aus menschlicher Freiheit hervorgegangenen Handlungen so, dass sie seinen Zwecken dienen. Dabei werden die guten Handlungen so gelenkt, dass sie Gottes Zwecken entsprechen (vgl. Act 4,28), während die (nicht verhinderten, sondern zugelassenen) bösen Handlungen so gelenkt werden, dass ihre Folgen der Intention der handelnden Menschen nicht entsprechen, sondern ihr oft sogar entgegenstehen (vgl. z. B. Gen 50,19 f).

(**B 3.3**) Hinderung (lat. impeditio). Gott verhindert den Erfolg solcher Handlungen, die gegen seine Zwecke gerichtet sind.

(**B 3.4**) Begrenzung (lat. determinatio). Gott verwirklicht seine Zwecke auch dadurch, dass er dort, wo bestimmte Handlungen seinen Absichten entgegenstehen, die Handlungsfähigkeit begrenzt und so den Erfolg böser Absichten verhindert (vgl. Ps 124,2 f). Ausdrücklich wird eine solche Begrenzung der Handlungsmacht in Hi 1,12; 2,6 dem Satan auferlegt.

In der folgenden Übersicht ist das nach außen gerichtete Handeln Gottes nochmals verdeutlicht.

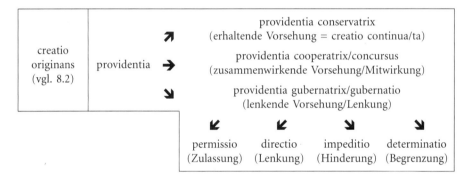

Der skizzierte Lösungsvorschlag ist allerdings in der neueren Theologie nur selten als wirklich befriedigend empfunden worden.

> Diese Begriffe [permissio, directio, impeditio, determinatio] sind sämtlich mit Rücksicht auf das Böse in der Welt gebildet. Sie setzen also die Verantwortung des Menschen für konkrete Geschichtsinhalte voraus. Der Verlauf der Geschichte wird dabei teils aus der Urheberschaft des Menschen verstanden, wobei Gott das Böse nur ‚zuläßt' (*permissio*) oder zum guten Ziel lenkt (*directio*) oder verhindert (*impeditio*) oder in seiner Wirkung begrenzt (*determinatio*). [...] Aber dieses ganze Schema erscheint doch zuletzt als ein Ausweichen vor der letzten Dunkelheit des Problems. Es erweckt mindestens den Anschein, als sollte es damit gelöst werden, daß die einzelnen Akte der Geschichte auf Gott und die Menschen verteilt werden.
>
> W. Elert, Der christliche Glaube, 338 f.

Bei jener „letzten Dunkelheit des Problems", dem nach Werner Elert (1885–1954) die Vorsehungslehre der protestantischen Orthodoxie ausweicht, handelt es sich um die *Verantwortung Gottes für das Böse in der Welt*. Anders formuliert: Es geht um die Frage, ob das sündige Handeln der Menschen, auch wenn es gegen den göttlichen Willen gerichtet ist, nicht doch letztlich Gott angelastet werden muss, da dieser es offensichtlich zugelassen hat (permissio). Hier wird ein grundsätzliches Problem deutlich, das nicht nur ein Einzelthema der christlichen Theologie betrifft, sondern letztlich den Gottesbegriff des christlichen Glaubens insgesamt infrage stellt: das sog. Theodizeeproblem (vgl. dazu den folgenden Exkurs).

📖 Eine zusammenfassende Darstellung zur Vorsehungslehre in der lutherischen Orthodoxie einschließlich einer theologischen Kritik formuliert:
- R. Bernhardt, Was heißt ‚Handeln Gottes'?, 123–143; bes. 135–142.

📖📖 Eine kritische Bestandsaufnahme neuerer Entwürfe zur Vorsehungslehre wird vorgelegt bei:
- A. von Scheliha, Der Glaube an die göttliche Vorsehung, 18–31.

Exkurs 2: Das Theodizeeproblem

1. Problembeschreibung

Das Problem der Theodizee, der Rechtfertigung (der Allmacht, Weisheit und Güte) Gottes angesichts der Übel in der Welt, ergibt sich aus dem Widerspruch zwischen dem in jeder Hinsicht vollkommenen Bild von Gott als Schöpfer und der in vieler Hinsicht höchst unvollkommenen geschöpflichen Welt. Obwohl das Wort *Theodizee* erst von Gottfried Wilhelm Leibniz gebildet wurde (in Anlehnung an Ps 51,6 und Röm 3,4f), war das Problem schon weit früher relevant. Die christliche Theologie hat die damit gestellte Frage bereits aus der heidnischen Philosophie übernommen. Die klassische Formulierung des Problems stammt aus dem 4. Jahrhundert von Lactantius, der sich auf den vorchristlichen Philosophen Epikur (341–271 v. Chr.) berufen hat.

Gott, so sagt er [Epikur], will entweder die Übel in der Welt abschaffen und kann nicht; oder er kann und will nicht; oder er kann nicht und will nicht; oder er kann und will. Wenn er will und nicht kann, dann ist er schwach; was auf Gott nicht zutrifft. Wenn er kann und nicht will, [dann ist er] schlecht, was ihm ebenfalls fremd ist. Wenn er nicht will und nicht kann, ist er schwach und schlecht und somit auch kein Gott. Wenn er will und kann, was allein Gott angemessen ist, woher kommen dann die Übel? Und warum beseitigt er sie nicht? (Übersetzung RL)	Deus, inquit, aut uult tollere mala et non potest; aut potest et non uult; aut neque uult, neque potest; aut et uult et potest. Si uult et non potest, inbecillus est; quod in Deum non cadit; si potest et non uult, inuidus, quod aeque alienum est a deo; si neque uult, neque potest, et invidus et inbecillus est ideoque nec deus; si et uult et potest, quod solum deo conuenit, unde ergo sunt mala aut cur illa non tollit?

Lactantius, De ira Dei 13,20f
(Sources chretiennes 289, 158.160; Zeilen 104–111).

Das Theodizeeproblem

– Frage: Wie kann angesichts von Bösem und Leid in der Welt am Gedanken eines allmächtigen, allwissenden und guten Gottes festgehalten werden?
– Seit Leibniz wurde der Versuch einer Beantwortung dieser Frage als Rechtfertigung Gottes (Theodizee) bezeichnet.

Das Zitat macht deutlich, dass das Aufkommen des Theodizeeproblems die Lehre von der Erschaffung, Erhaltung und Lenkung der Welt durch den einen Gott voraussetzt: Ein Gott, der nicht selbst die Welt geschaffen hat und/oder sich nicht um sie kümmert, kann auch nicht für die Übel der Welt verantwortlich sein, und bei der Annahme mehrerer Götter können die Weltübel auf deren Kampf gegeneinander zurückgeführt werden. In der jüdisch-christlichen Tradition wird aber davon ausgegangen, dass die Welt von dem einen und einzigen Gott „sehr gut" geschaffen ist (Gen 1,31), vom selben Gott erhalten, gelenkt und schließlich ihrem endgültigen Heil zugeführt wird. Daher muss angesichts der unbestreitbaren Existenz des Bösen die Frage nach dessen Ursprung auftreten. Bei der Beantwortung dieser Frage ist entscheidend, wie die Übel in der Welt mit dem wohlwollenden Vorsehungshandeln Gottes in Einklang gebracht werden können.

2. Leibniz' Lösung des Theodizeeproblems

Ein bedeutender philosophischer Lösungsentwurf zum Theodizeeproblem stammt von Leibniz, der, wie schon erwähnt, das Wort ‚Theodizee' erstmals verwendet hat.

> Seine berühmten „Essais de Théodicée sur la bonté de Dieu, la liberté de l'homme et l'origine du mal" (1710) sind aus Gesprächen mit der preußischen Königin Sophie Charlotte (1668–1705) über Pierre Bayles (1647–1706) „Dictionaire historique et critique" von 1695/1697 hervorgegangen. Die Hauptthesen dieser Schrift hat Leibniz ebenfalls 1710 in einer wesentlich kürzer und stringenter gehaltenen lateinischen Abhandlung zusammengefasst, die seit 1719 den „Essais" als Anhang beigefügt ist: „Causa Dei asserta per Justitiam eius cum ceteris ejus Perfectionibus cunctisque Actionibus concilatam".

Nach seiner Einteilung der Übel in der Welt in drei verschiedene Arten formuliert Leibniz sein entscheidendes Argument zur Rechtfertigung der Allmacht, Weisheit und Güte Gottes: Obwohl Gott in jeder Hinsicht vollkommen ist, sind Übel in der Welt unvermeidlich, weil die Welt von Gott unterschieden ist.

Man kann das Übel metaphysisch, physisch und moralisch auffassen. Das *metaphysische Übel* [1] besteht in der einfachen Unvollkommenheit, das *physische Übel* [2] im Leiden und das *moralische Übel* [3] in der Sünde. [...] [1] Wenn man [...] sagt, dass die Schöpfung in dem, was sie ist und tut, von Gott abhängt, [...] so bedeutet das, dass Gott der Schöpfung kontinuierlich alles Positive, Gute und Vollkom-	On peut prendre le mal métaphysiquement, physiquement et moralement. Le *mal métaphysique* consiste dans la simple imperfection, le *mal physique* dans la souffrance, et le *mal moral* dans la péché. [...] Et lorsqu'on dit que la créature depend de Dieu en tant qu'elle est et en tant qu'elle agit, [...] c'est que Dieu donne toujours à la créature et produit continuellement ce qu'il y

mene verleiht und es ununterbrochen hervorbringt [...]. Dagegen kommen die Unvollkommenheiten und Mängel der Handlungen von der ursprünglichen Beschränktheit, welche die Schöpfung notwendigerweise mit dem ersten Beginn ihres Seins durch die idealen Gründe erhalten mußte, die sie beschränken. Denn Gott konnte ihr nicht alles verleihen, ohne sie selbst zu einem Gott zu machen; es musste also verschiedene Stufen in der Vollkommenheit der Dinge und ebenso Beschränkungen jeder Art geben. (Übersetzung RL)	a en elle de positif, de bon et de parfait [...]; au lieu que les imperfections et les défauts des opérations viennent de la limitation originale que la créature n'a pu manquer de recevoir avec le premier commencement de son être par les raisons idéales qui la bornent. Car Dieu ne pouvait pas lui donner tout sans en faire un Dieu; il fallait donc qu'il y eût des différrents degrés dans la perfection des choses, et qu'il y eût aussi des limitations de tout sorte.

G. W. Leibniz, Essais de Théodicée, §§ 21. 31
(Philosophische Schriften, Band 2.1, 240. 256).

Wegen der Differenz zwischen Gott und seiner Schöpfung sind gewisse „Unvollkommenheiten und Mängel" in der Welt unvermeidbar; eine Schöpfung, die so vollkommen ist wie der Schöpfer selbst, kann es nicht geben.

Es ist richtig, dass man sich mögliche Welten ohne Sünde und ohne Elend vorstellen kann [...], aber diese Welten wären im Übrigen von geringerer Güte als unsere. Ich kann das nicht im Einzelnen zeigen [...] Aber Ihr müsst es mit mir *ab effectu* [aufgrund des Bewirkten] schließen, da Gott diese Welt gewählt hat, so wie sie ist. (Übersetzung RL)	Il est vrai qu'on peu s'imaginer des mondes possibles sans péché et sans malheur [...]; mais ces mêmes mondes seraient d'ailleurs fort inférieurs en bien au nôtre. Je ne serais vous le faire voir en detail [...] Mais vous le devez juger avec moi *ab effectu*, puisque Dieu a choisi ce monde tel qu'il est.

G. W. Leibniz, Essais de Théodicée, § 10
(Philosophische Schriften, Band 2.1, 220.222).

Unsere Welt ist also nach Leibniz nicht die beste denkbare, wohl aber die *bestmögliche* Welt. Die in ihr bestehenden Übel, die Leibniz keineswegs leugnet, berechtigen nicht dazu, Gott einen Vorwurf zu machen, weil sie ein unverzichtbarer Bestandteil dieser bestmöglichen Welt sind. Auch Gott selbst konnte sie nicht vermeiden, weil ohne sie eine insgesamt schlechtere Welt entstanden wäre. Dass die bestehende Welt wirklich die bestmögliche ist, wird von Leibniz allerdings nicht eigens begründet; er folgert es lediglich daraus, dass „Gott diese Welt gewählt hat, so wie sie ist".

Die Zurückweisung eines Vorwurfs gegen Gott angesichts der Weltübel verstärkt Leibniz, indem er die Rolle Gottes bei der Hervorbringung physischer und moralischer Übel näher beschreibt.

Was aber das Übel betrifft, so will Gott das moralische Übel überhaupt nicht; auch das physische Übel oder die Leiden will er nicht unbedingt; [... 2] man kann vom physischen Übel sagen, dass Gott es oft als eine der	Et pour ce qui est du mal, Dieu ne veut point du tout le mal moral, et il ne veut point d'une manière absolue le mal physique ou les souffrances; [...] et on peut dire du mal physique que Dieu le veut souvent comme

Schuld zukommende Strafe und oft auch als Mittel zum Zweck will, d. h. um größere Übel zu verhindern und größere Güter zu erlangen. Die Strafe dient auch zur Besserung und als warnendes Beispiel, und das Übel oft, um am Guten besseren Geschmack zu finden [...]

[3] Was die Sünde oder das moralische Übel betrifft, so ist dieses, obgleich es ebenfalls sehr häufig als Mittel dienen kann, um ein Gut zu erlangen oder ein anderes Übel zu verhindern, doch keineswegs deswegen ein hinreichender Gegenstand des göttlichen oder auch ein zulässiger Gegenstand eines erschaffenden Willens. Es darf vielmehr nur soweit gestattet oder zugelassen werden, wie es als die gewisse Folge einer unerlässlichen Pflicht erscheint [...] Und in diesem Sinne läßt Gott die Sünde zu; weil er gegen das verstoßen würde, was er sich selbst, seiner Weisheit, seiner Güte, seiner Vollkommenheit schuldig ist, wenn er nicht [...] das wählte, was unbedingt das Beste ist trotz des Übels der Sündenschuld. (Übersetzung RL)

une peine due à la coulpe, et souvent aussi comme un moyen propre à une fin, c'est-à-dire pour empêcher de plus grands maux ou pour obtenir de plus grands biens. La peine sert aussi pour l'amendement et pour l'exemple, et le mal sert souvent pour mieux goûter le bien [...]

Pour ce qui est du péché ou du mal moral, quoiqu'il arrive aussi fort souvent qu'il puisse servir de moyen pour obtenir un bien ou pour empêcher un autre mal, ce n'est pas pourtant cela qui le rend un objet suffisant de la volonté divine ou bien un objet légitime d'une volonté créée; il faut qu'il ne soit admis ou permis qu'en tant qu'il est regardé comme une suite certaine d'une devoir indispensable [...] Et c'est dans ce sens que Dieu permet le péché; car il manquerait à ce qu'il se doit, à ce qu'il doit à sa sagesse, à sa bonté, à sa perfection, s'il ne [...] choisissait pas ce qui est absolument le meilleur, nonobstant le mal de coulpe.

G. W. Leibniz, Essais de Théodicée, §§ 23–25 (Philosophische Schriften, Band 2.1, 244.246).

Das physische Übel [2] ist danach entweder ‚das kleinere Übel', sofern es dazu dient, „größere Übel zu verhindern und größere Güter zu erlangen". Oder es hat eine pädagogische Funktion, sofern es „als eine der Schuld zukommende Strafe" verhängt ist; in diesem Sinne ist das physische eine Folge des moralischen Übels. Das moralische Übel [3] bewirkt Gott nicht aktiv, sondern es ist lediglich mit Rücksicht auf den Optimalzustand der Welt insgesamt „gestattet oder zugelassen" („admis ou permis"; vgl. den in § 8.4 erwähnten Begriff der permissio). Zu dieser Zulassung war Gott gezwungen, weil ohne sie die bestmögliche Welt nicht realisierbar gewesen wäre.

Die Überzeugungskraft der skizzierten Argumente hängt davon ab, ob die bestehende Welt tatsächlich als bestmögliche betrachtet werden kann. Dazu müssen alle Übel entweder als unverzichtbarer Bestandteil der bestmöglichen Welt oder als göttliche Erziehungsmittel gedeutet werden. Es war schon im 18. Jahrhundert leicht, Weltübel zu finden, bei denen das nicht gelingt. Insbesondere das Erdbeben von Lissabon im Jahre 1755 hat den Leibnizschen Optimismus massiv erschüttert, und auch später hat Leibniz' Lösungsversuch die Vorwürfe gegen Gott nicht zum Schweigen gebracht. Im Gegenteil: Die Existenz des Leides in dieser Welt wurde schließlich zu einem wichtigen Argument für die Leugnung Gottes, zum sprichwörtlichen „Fels des Atheismus".

Schafft das Unvollkommne weg, dann allein könnt ihr Gott demonstrieren; [...] Man kann das Böse leugnen, aber nicht den Schmerz; nur der Verstand kann Gott beweisen, das Gefühl empört sich dagegen. [...] warum leide ich? Das ist der Fels des Atheismus. Das leiseste Zucken des Schmerzes, und rege es sich nur in einem Atom, macht einen Riß in der Schöpfung von oben bis unten.

G. Büchner, Dantons Tod, 3. Akt
(Text nach *http://gutenberg.spiegel.de/buechner/danton/dantn311.htm*).

📖 Vergegenwärtigen Sie sich die Konzeption der Theodizee von Leibniz anhand einer Gesamtlektüre von:
– G. W. Leibniz, Causa Dei.

📖📖 Die Erschütterung des Leibnizschen Optimismus durch das Erdbeben von Lissabon 1755 beschreibt:
– H. Günther, Das Erdbeben von Lissabon.

📖 Die Frage nach der Vereinbarkeit der Existenz Gottes mit der des Übels und des Bösen in der Welt wird auch in Richard Swinburnes Versuch, plausible Argumente für die Existenz Gottes zu formulieren, aufgenommen (vgl. § 6.2.2). Swinburnes Behandlung dieses Problems ist enthalten in:
– R. Swinburne, Die Existenz Gottes, 273–308.

📖📖 Einen neueren – weder philosophisch noch theologisch sonderlich gehaltvollen – Versuch, aufgrund der mit der Theodizeefrage verbundenen Schwierigkeiten den Atheismus plausibel zu machen, unternimmt:
– B. Gesang, Angeklagt: Gott.

3. Zum christlich-theologischen Umgang mit dem Theodizeeproblem

Die christliche Theologie hat niemals beansprucht, über eine ‚glatte' und allgemein plausible Lösung für die Frage nach dem Ursprung des Bösen angesichts der Allmacht, Weisheit und Güte Gottes zu verfügen. Gelegentlich – besonders deutlich im Protestantismus – wurde sogar ausdrücklich das unvermeidbare Scheitern einer rein rationalen Bewältigung dieser Frage betont. So hat es etwa Luther für unmöglich gehalten, die Gerechtigkeit des göttlichen *Welt*wirkens mit Hilfe der menschlichen Vernunft zu erkennen.

So lenkt Gott diese körperliche Welt in den äußerlichen Dingen, dass du gezwungen bist, wenn du das Urteil der menschlichen Vernunft betrachtest und ihm folgst, zu sagen: Entweder gibt es keinen Gott, oder Gott ist ungerecht [...] Und dennoch wird diese Ungerechtigkeit Gottes, die so sehr wahrscheinlich ist und durch so starke Argumente vorgetragen wird, denen keine vernünftige Überlegung oder das Licht der Natur widerstehen kann, sehr leicht durch das Licht des	[S]ic Deus administrat mundum istum corporalem in rebus externis, ut si rationis humanae iudicium spectes et sequaris, cogaris dicere, aut nullum esse deum, aut iniquum esse Deum [...] Et tamen haec iniquitas Dei vehementer probabilis et argumentis talibus traducta, quibus nulla ratio aut lumen naturae potest resistere, tollitur facillime per lucem Euangelii et cognitionem gratiae [...] Scilicet Esse vitam

Evangeliums und die Erkenntnis der Gnade beseitigt. [...] Es gibt ein Leben nach diesem Leben, in dem alles bestraft und vergolten wird, was hier nicht bestraft und vergolten wurde. (Übersetzung RL)

post hanc vitamin qua, quicquid hic non est punitum et remuneratum, illic punietur et remunerabitur.

M. Luther, De servo arbitrio (WA 18, 784,36–39; 785,12–15.17 f; LDStA 1, 652,31–33; 654,14–16.19 f).

Angesichts des Glücks der Ungerechten und des Unglücks der Frommen versagt nach Luther die menschliche Vernunft. Es helfen nur das „Licht des Evangeliums und die Erkenntnis der Gnade", d. h. der Glaube an eine ausgleichende Gerechtigkeit nach diesem Leben.

Anknüpfend an diese Lösung behandelt Luther die weitergehende Frage nach der Gerechtigkeit des göttlichen *Heils*wirkens: Kann es gerecht sein, dass Gott bestimmte Menschen erschafft, die zum Sündigen gezwungen sind und daher ohne wirkliche eigene Schuld auf ewig verdammt werden?

Nimm mir ein dreifaches Licht an: das Licht der Natur, das Licht der Gnade, das Licht der Herrlichkeit [...] Im Licht der Natur ist es unlösbar, dass das gerecht ist, dass der Gute unglücklich gemacht wird und der Böse es gut hat. Aber das Licht der Gnade löst das auf [s. o.]. Im Licht der Gnade ist es unlösbar, wie Gott den verdammen kann, der mit allen seinen Kräften nichts anderes tun kann als sündigen und schuldig sein. Hier sagen das Licht der Natur wie das Licht der Gnade, die Schuld liege nicht bei dem elenden Menschen, sondern bei dem ungerechten Gott. [...] Aber das Licht der Herrlichkeit sagt etwas anderes und wird zeigen, dass Gott, dessen Urteil jetzt nur von unbegreiflicher Gerechtigkeit ist, von gerechtester und offenkundigster Gerechtigkeit ist. (Übersetzung RL)

Tria mihi lumina pone, lumen naturae, lumen gratiae, lumen gloriae [...] In lumine naturae est insolubile, hoc esse iustum, quod bonus affligatur et malus bene habeat. At hoc dissolvit lumen gratiae. In lumine gratiae est insolubile, quomodo Deus damnat eum, qui non potest ullis suis viribus aliud facere quam peccare et reus esse. Hic tam lumen naturae quam lumen gratiae dictant, culpam esse non miseri hominis sed iniqui Dei [...] At lumen gloriae aliud dictat, et deum, cuius modo est iudicium incomprehensibilis iustitiae, tunc ostendet esse iustissimae et manifestissimae iustitiae.

M. Luther, De servo arbitrio (WA 18, 785,26–32.35–37; LDStA 1, 654,29–32; 656,1–3.6–8).

Auch nach der durch das ‚Licht der Gnade' eröffneten Auflösung der scheinbaren Ungerechtigkeiten des göttlichen Weltwirkens bleibt nach Luther die Frage, „wie Gott den verdammen kann, der mit allen seinen Kräften nichts anderes tun kann als sündigen und schuldig sein". Damit ist das *Problem der Prädestination* angesprochen (vgl. §11.3). Die Anstößigkeit dieses Gedankens einer Vorherbestimmung zur ewigen Verdammnis wird erst durch das ‚Licht der Herrlichkeit' aufgelöst, d. h. durch die den Seligen im Jenseits geschenkte Fähigkeit, die Schöpfung gewissermaßen ‚vom Standpunkt Gottes aus' zu sehen. Dann wird die Gerechtigkeit Gottes jedem einleuchten. – Die Lösung des Problems der Theodizee ist damit auf die Eschatologie verschoben.

📖 Einen instruktiven Überblick zur Theodizeethematik bietet:
- W. Sparn, Art. Theodizee (RGG⁴ 8).

📖 Die Behandlung der Theodizeefrage durch Luther ist dargestellt bei:
- Th. Reinhuber, Kämpfender Glaube, bes. 160–186.

📖 Eine im Horizont seiner Bestimmung der Religion als Praxis der Kontingenzbewältigung (vgl. § 1.3.2) angesiedelte Stellungnahme zum Theodizeeproblem formuliert:
- H. Lübbe, Religion nach der Aufklärung, 195–206 („Theodizee als Kontingenzerfahrungsdementi").

📖📖 Ein neuerer philosophischer Beitrag zum Theodizeeproblem stammt von:
- R. W. Puster, Das sogenannte Theodizee-Problem.

✍ Vollziehen Sie nach, wie die Behandlung von Schöpfungslehre und Anthropologie in Dietz Langes „Glaubenslehre" jeweils auf einen Aspekt des Theodizeeproblems zuläuft; lesen Sie dazu:
- D. Lange, Glaubenslehre, Band 1, 283–536, bes. 408–412. 526 ff.

§ 9 Der Mensch und die Sünde

In § 8 war von der Schöpfung der Welt durch Gott die Rede. Wendet man sich der Welt als solcher zu, so begegnet innerhalb der geschöpflichen Vielfalt auch der Mensch. Er nimmt in der Welt eine Sonderstellung ein, die aus christlicher Sicht mit seiner Bestimmung zum Ebenbild Gottes zusammenhängt, die er allerdings durch die Sünde verfehlt hat. Der Behandlung von *Ebenbildlichkeit* und *Sünde* des Menschen in 9.2 und 9.3 werden im Folgenden zunächst einige Hinweise zur *‚Einordnung' des Geschöpfes Mensch in die Gesamtwirklichkeit der Schöpfung* (9.1) vorangestellt.

9.1 Der Mensch in der Schöpfung

Im Anschluss an Kol 1,16 beschreibt das Bekenntnis von Konstantinopel Gott als den Schöpfer „alles Sichtbaren und Unsichtbaren" (gr./lat. *horaton te panton kai ahoraton*/ *visibilium omnium et invisibilium*: DH 150). Die hier ausgesagte Unterscheidung der Schöpfung in ihrer Gesamtheit in einen *sichtbaren* und einen *unsichtbaren* Teil hat in der älteren Dogmatik zu einer Dreiteilung der Schöpfungslehre geführt: Man behandelte

- die rein geistige (unsichtbare) Schöpfung – die Engelwelt;
- die rein körperliche (sichtbare) Schöpfung – nach Gen 1,1–25;
- die aus Körperlichem und Geistigem zusammengesetzte Schöpfung – den Menschen.

Die Stellung des Geschöpfes Mensch in der Gesamtwirklichkeit der Schöpfung (9.1.3) soll durch einen kurzen Blick auf die Lehre von der rein geistigen (9.1.1) und der rein körperlichen Schöpfung (9.1.2) verdeutlicht werden.

Die Lehre von den Engeln (Angelologie)

- Seit altkirchlicher Zeit wurden Erörterungen zum ontologischen Status und zur heilsgeschichtlichen Bedeutung der Engel angestellt.
- Engel galten als (,zwischen' Gott und die Menschen gestellte) reine Geistwesen, die das Weltgeschehen entweder im Sinne Gottes oder des Teufels beeinflussen.

9.1.1 Die unsichtbare Schöpfung (Engelwelt)

Sowohl im Alten als auch im Neuen Testament ist an vielen Stellen von Engeln die Rede. Bereits in der Theologie der Alten Kirche wurden diese Engel als rein geistige Wesenheiten und Mächte verstanden. Sie stehen zwar (als Geschöpfe) unter Gott, sind aber (als unkörperlich, d. h. als reine Geistwesen) den Menschen und der übrigen Schöpfung übergeordnet. Als ,Vermittler' zwischen der irdischen und der überirdischen Welt entfalten sie ihr Wirken in Natur und Geschichte – entweder im Auftrag Gottes oder in gegengöttlicher Verselbständigung. Das Nachdenken über die Engelwelt führte zur Ausbildung einer ausführlichen Lehre von den Engeln (Angelologie). In diesem Zusammenhang kommt Dionysius Areopagita eine wichtige Rolle zu, der in seiner Schrift „Über die himmlische Hierarchie" unter Berufung auf einen unbekannten Lehrer eine umfassende Systematik zum *ontologischen Status* der Engelmächte entfaltet hat, die nur in sehr begrenztem Maße durch biblische Aussagen gedeckt ist. Danach gibt es – dem dreieinen Wesen Gottes entsprechend – drei durch den Grad ihrer Nähe zu Gott unterschiedene Ordnungen (gr. *diakosmeseis*) von Engeln, die aus je drei Gruppierungen bestehen.

> Und die Erste [der Ordnungen] ist nämlich, sagt er [der unbekannte Lehrer], nach der Überlieferung die immer um Gott herum befindliche und direkt an ihn anschließende und vor den anderen unvermittelt mit ihm geeinte. Die heiligsten *Throne* und die vieläugigen und vielflügligen auf Hebräisch *Cherubim* und *Seraphim* genannten Abteilungen stehen nämlich, sagt er, in alles andere überragender Nähe unvermittelt um Gott herum. [...] Die zweite, sagt er, ist die von den *Mächten, Herrschaften* und *Kräften* erfüllte Ordnung, und die dritte im Bereich der letzten der himmlischen Hierarchien ist die der *Engel* und *Erzengel* und *Prinzipien*. (Übersetzung RL)
> Dionysios Areopagita, Über die himmlische Hierarchie VI 2 (Corpus Dionysiacum II 26,13–17; 26,21–27,3).

Wichtig für die Lehre von der *heilsgeschichtlichen Bedeutung* der Engel wurden die Spekulationen, die Augustin u. a. in seiner Schrift „De civitate Dei" angestellt hat. Darin hat er, allerdings nur im Sinne einer exegetischen Hypothese, die Erschaffung der Engel durch Gott mit Gen 1,3 in Zusammenhang gebracht: „Und Gott sprach: Es werde Licht! Und es ward Licht." Augustin ging weiter davon aus, dass sich ein Teil der Engel von Gott abgewandt und gegen ihn erhoben hat. Dafür berief er sich vor allem auf II Petr 2,4: „Gott hat nämlich selbst die Engel, die gesündigt haben, nicht verschont, sondern hat sie mit Ketten der Finsternis in die Hölle gestoßen und übergeben, damit sie für das Gericht festgehalten werden". Den hier geschilderten Vorgang fand er in Gen 1,4 angedeutet: „Gott schied das Licht von der Finsternis".

Wo die Heilige Schrift über die Schöpfung der Welt spricht, wird nicht klar gesagt, ob und wann die Engel geschaffen worden sind. [...] Wenn die Engel zu den Gotteswerken dieser [sechs Schöpfungs-] Tage gehören, dann sind sie das Licht, das den Namen Tag erhielt [...] Denn als Gott sprach: ‚Es werde Licht!', und es ward Licht, sind, falls mit Recht bei diesem Licht die Erschaffung der Engel gemeint ist, diese sicherlich des ewigen Lichtes teilhaftig geworden, d. h. der unwandelbaren Weisheit Gottes [...]; sie wurden Licht, weil sie von dem Licht erleuchtet wurden, von dem sie geschaffen wurden. (Übersetzung RL)	Vbi de mundi constitutione sacrae litterae loquuntur, non euidenter dicitur, utrum uel quo ordine creati sint angeli; [... S]i ad istorum dierum opera Dei pertinent angeli, ipsi sunt illa lux, quae diei nomen accepit [...] . Cum enim dixit Deus: *Fiat lux*, et facta est lux, si recte in hac luce creatio intellegitur angelorum, profecto facti sunt participes lucis aeternae, quod est ipsa incommutabilis sapientia Dei [...]; ut ea luce inluminati, qua creati, fierent lux.

Augustin, De ciuitate dei 11,9
(CChrSL 48, 328–330; Zeilen 6 f. 50–52. 57–60. 62).

Dass aber einige Engel gesündigt haben und in diese untere Welt verstoßen wurden, die für sie wie ein Kerker ist, bis zur künftigen endgültigen Verdammung am Tag des Gerichts, das hat der Apostel Petrus sehr klar aufgezeigt [es folgt der Verweis auf II Petr 2,4]. [...] Wo es heißt: ‚Da trennte Gott das Licht von der Finsternis', [sehen] wir diese beiden Engelscharen, die eine Gott genießend, die andere vor Arroganz strotzend. (Übersetzung RL)	Peccasse autem quosdam angelos et in huius mundi ima detrusos, qui eis uelut carcer est, usque ad futuram in die iudicii ultimam damnationem apostolus Petrus apertissime ostendit. [...] [I]n eo quod scriptum est: *Diuisit Deus inter lucem et tenebras*: nos tamen [vident] has duas angelicas societates, unam fruentem Deo, alteram tumentem typho.

AaO, 11,33 (CChrSL 48, 352 f; Zeilen 1–4. 16–19).

Diese Spekulationen führten in der mittelalterlichen Theologie und Frömmigkeit zu der noch lange nachwirkenden Vorstellung, der Sturz der abtrünnigen Engel durch Gott stelle eine Art himmlischen Prolog zur Geschichte Gottes mit dem Menschen auf Erden dar, und das kosmische Drama vom Anfang der Schöpfung reiche in das Leben jedes Einzelnen hinein: Es ist das Ziel der gefallenen Engel, Gottes Ehre zu mindern, indem sie die Menschen an der Erlangung des Heils hindern; ihnen arbeiten die gehorsam gebliebenen Engel entgegen, indem sie Gott durch die Förderung des Guten und die Hinderung des Bösen in der Welt dienen. – Der Mensch wird damit zum ‚Schlachtfeld' im Kampf zwischen Gott und seinen Getreuen einerseits und den vom Satan angeführten bösen Engeln andererseits um die Herrschaft in der Welt, ein Kampf, der erst am jüngsten Tag endgültig entschieden sein wird. Dieser Zusammenhang zwischen dem Engelsturz am ersten Schöpfungstag und dem Sündenfall der ersten Menschen sowie deren Vertreibung aus dem Paradies ist auf dem linken Flügel des Triptychons ‚Der Heuwagen' von Hieronymus Bosch (1450–1516) anschaulich dargestellt (Abb. 4).

Abb. 4: H. Bosch, Der Heuwagen (linker Flügel). Aus: Wilhelm Fraenger: Hieronymus Bosch, hg. von Gustel Fraenger/Ingeborg Baier-Fraenger, Verlag der Kunst Dresden, [11]1999.

Die Reformatoren Luther und Calvin haben die Existenz der Engel als von Gott ausgesandter Boten zwar vorausgesetzt, sie weigerten sich aber, den traditionellen Spekulationen über die Details der Engelwelt zu folgen. Dennoch wurde die spekulative Angelologie seit dem 17. Jahrhundert auch in der reformatorischen Theologie erneuert. Mit der Aufklärung und ihrer Infragestellung der herkömmlichen Anschauungen von einer Welt des Übernatürlichen wurde ein Festhalten an der traditionellen Angelologie allerdings zusehends problematischer. In der liberalen Theologie des 19. Jahrhunderts hat man deshalb auf eine Engellehre vielfach ganz verzichtet. Interessanterweise hat aber im 20. Jahrhundert die Angelologie neue Beachtung gefunden. Dabei wird allerdings nicht hinter die Kritik der Aufklärung an den Engelspekulationen der älteren Theologie zurückgegangen. Vielmehr wird die Vorstellung vom Wirken der Engel im Dienst Gottes lediglich als ein Ausdruck religiöser Erfahrung und nur insofern als notwendiger Bestandteil eines lebendigen Gottesglaubens interpretiert.

9.1.2 *Die sichtbare Schöpfung*

Innerhalb der Vielfalt im Bereich der sichtbaren Schöpfung ist das Verhältnis der einzelnen Schöpfungskomplexe zueinander keineswegs spannungsfrei. Denn einerseits ist jedes einzelne Geschöpf als solches ‚gut', sofern sein Dasein dem Willen Gottes des Schöpfers entspricht. Dies trifft sowohl für alles Unbelebte (Anorganische) als auch für Pflanzen, Tiere und Menschen zu. Andererseits gibt es eine Abstufung innerhalb der verschiedenen Ebenen von Geschöpflichkeit. So haben nach biblischem Verständnis sowohl das Anorganische als auch die Pflanzenwelt eine dienende Funktion; sie sind nicht nur (aufgrund ihrer Geschöpflichkeit) gut *an sich*, sondern dabei stets auch gut *für anderes*. Die Pflanzen etwa dienen nach Gen 1,29f von Anfang an sowohl den Tieren als auch den Menschen als Nahrung: „Und Gott sprach: Sehet da, ich habe euch gegeben alle Pflanzen, die Samen bringen, auf der ganzen Erde, und alle Bäume mit Früchten, die Samen bringen, zu eurer Speise./Aber allen Tieren auf Erden und allen Vögeln unter dem Himmel und allem Gewürm, das auf Erden lebt, habe ich alles grüne Kraut zur Nahrung gegeben." Schon zuvor (Gen 1,26.28) war von Gott die Herrschaft des Menschen über die Tiere aufgerichtet worden. Dieses hier noch nicht näher bestimmte Herrschaftsverhältnis wird nach der Sintflut als gewaltsames Unterdrückungsregime beschrieben; zugleich wird auch das Tier dem Menschen als Nahrung freigegeben: „Furcht und Schrecken vor euch sei über allen Tieren auf Erden und über allen Vögeln unter dem Himmel, über allem, was auf dem Erdboden wimmelt, und über allen Fischen im Meer; in eure Hände seien sie gegeben./Alles, was sich regt und lebt, das sei eure Speise; wie das grüne Kraut habe ich euch alles gegeben" (Gen 9,2 f).

Wird demnach sowohl bei Pflanzen als auch bei Tieren davon ausgegangen, dass ihre geschöpfliche Bestimmung den eigenen Tod zugunsten eines anderen Geschöpfs einschließt, so fehlt eine derartige funktionale Bestimmung im Hinblick auf den Menschen. Dieser wird vielmehr allen anderen Kreaturen vorgeordnet, weil er zum Ebenbild Gottes geschaffen ist. Das heißt, dass im Bereich der sichtbaren Schöpfung allein der Mensch zur freien Erwiderung der ihm von Gott zugewandten Liebe fähig ist.

Biblischer Anthropozentrismus

– Nach Gen 1,26–30 dienen dem Menschen die Pflanzen, nach Gen 9,2 f. auch die Tiere als Nahrung; die mit diesem Herrschaftsverhältnis verbundene Zentralstellung des Menschen wird als Anthropozentrismus bezeichnet.
– Der Anthropozentrismus der jüdisch-christlichen Tradition ist durch die ökologische Krise in die Kritik geraten; diese Kritik wird durch eine ‚Theologie der Natur' aufgenommen.

Diese in der Bibel verankerte *Zentral*stellung des Menschen (gr. *anthropos*) in der Schöpfung, der *Anthropozentrismus* der jüdisch-christlichen Tradition, ist, wie das nachstehende Zitat von Lynn Townsend White (1907–1987) zeigt, seit der ökologischen Krise in die Kritik geraten.

Ganz besonders in seiner abendländischen Form ist das Christentum die anthropozentrischste Religion, die die Welt je kennen gelernt hat. Der Mensch teilt in großem Maße Gottes Transzendenz der Natur. In vollständigem Gegensatz zum antiken Heidentum und zu den asiatischen Religionen führte das Christentum nicht nur einen Dualismus zwischen dem Menschen und der Natur ein, sondern betonte ferner, daß Gottes Wille geschehe, wenn der Mensch die Natur für seine eigenen Ziele ausbeutet. [...]
Das christliche Schöpfungsdogma, das im ersten Satz aller Glaubensbekenntnisse zu finden ist, hat für unser Verständnis der heutigen ökologischen Krise eine weitere Bedeutung.
[... Es gilt nämlich, dass] 1. aus historischer Sicht die moderne Naturwissenschaft eine Weiterentwicklung der Naturtheologie darstellt und daß 2. die moderne Technik wenigstens teilweise als eine abendländische, voluntaristische Verwirklichung des christlichen Dogmas von der Transzendenz des Menschen und seiner rechtmäßigem [sic!] Überlegenheit über die Natur zu erklären ist. Wie wir jedoch heute erkennen, haben sich vor ungefähr einem Jahrhundert Naturwissenschaft und Technik – bis dahin zwei völlig getrennte Gebiete – zusammengetan und gemeinsam Kräfte entwickelt, die, vielen ökologischen Auswirkungen nach zu urteilen, außer Kontrolle geraten sind. In diesem Falle trifft das Christentum eine schwere Schuld.

L. White jr., Die historischen Ursachen, 24 f. 27.

Angesichts dieser Kritik begegnen innerhalb der gegenwärtigen Schöpfungstheologie auch Versuche zur Verarbeitung der Umweltproblematik aus christlicher Sicht. Dabei wird, wie das nachstehende Zitat von Christian Link (geb. 1938) zeigt, hervorgehoben, dass die biblische Tradition als solche keineswegs ‚ökologiefeindlich' ist. Erst die Radikalisierung des biblischen Herrschaftsauftrags im Sinne grenzenloser Verfügungsgewalt des Menschen über die Natur habe die ökologische Krise verursacht.

[Nicht weil das Christentum] auf die geschichtlichen Verheißungen der biblischen Tradition setzte, sondern weil es sie fallenließ und vergaß, weil es auf das göttliche Angebot einer vorläufigen, geschichtlich *begrenzten* Kooperation mit dem Willen zu einer *grenzenlosen* Freiheit und Eigenmächtigkeit reagierte, hat es die natürlichen Grundlagen seiner eigenen Geschichte tödlich bedroht.

Chr. Link, Schöpfung, 460.

Als *theologischer* Beitrag zur Verarbeitung und Bewältigung der ökologische Krise wird von Link eine Ergänzung der traditionellen Schöpfungslehre (vgl. §8) durch eine ‚Theologie der Natur' empfohlen.

[Deren Ausbildung] führt zu einer unmerklichen, aber folgenreichen *Verschiebung* der Schwerpunkte und Interessen. Man geht methodisch bewußt von der Interpretation des *Naturzusammenhanges* als solchem aus. Das jeweils vorausgesetzte Verständnis der Natur bildet den *Entdeckungs*zusammenhang für die Ausbildung theologischer Erkenntnis, gewissermaßen den Fundort des Redens von Gott. Von der Frage nach Sinn und Begründung des *Glaubens* an Gott als Schöpfer der Welt weiß sich diese Theologie entlastet. [...] Sie wendet sich programmatisch demjenigen Aspekt der Schöpfung zu, der in der traditionellen Dogmatik im Hintergrund blieb.

Chr. Link, Schöpfung, 474.

9.1.3 Der Mensch

Nach der oben erwähnten Einteilung der geschöpflichen Welt in die rein geistige, die rein körperliche und die aus Körper und Geist zusammengesetzte Schöpfung ist der Mensch im Grenzbereich zwischen sichtbarer und unsichtbarer Schöpfung angesiedelt. Dem entspricht die traditionelle (auf den griechischen Philosophen Alkmaion von Kroton, ca. 500 v. Chr. zurückgehende) Definition des Menschen als eines vernunftbegabten Lebewesens (lat. animal rationale). Danach ist er einerseits als *Lebewesen* mit der sichtbaren und andererseits durch seine *Rationalität* mit der unsichtbaren Schöpfung verbunden. Die Stellung des Menschen im Grenzbereich zwischen sichtbarer und unsichtbarer Schöpfung wird auch daran deutlich, dass er als ein aus Leib und Seele ‚zusammengesetztes' Wesen gilt.

Diese philosophischen Bestimmungen wurden bereits in der altkirchlichen Theologie mit den biblischen Aussagen über den Menschen verbunden. Ein solcher Zusammenhang ergab sich nicht von selbst. Denn in der Philosophie wurden Leib und Seele oft als zwei einander entgegengesetzte Prinzipien verstanden. Dabei wurde – z.B. bei Platon (427–347 v.Chr.) – der Körper als Gefängnis der Seele aufgefasst und

Philosophisches und biblisch-christliches Menschenbild

– Antike Philosophie: Leib-Seele-Dualismus; Tendenz zur Abwertung der (vergänglichen) menschlichen Leiblichkeit.
– Christentum: Der Mensch ist als ganzer von Gott geschaffen; dennoch zunächst Aufnahme der philosophischen Lehre von der Unsterblichkeit der Seele (vgl. § 14.3.2).

der leibliche Tod als Befreiung der unsterblichen Seele verstanden. Leiblichkeit galt danach als etwas prinzipiell Negatives, von dem sich der Mensch so wenig wie möglich bestimmen lassen sollte, weil es ihn an der Erkenntnis der Wahrheit hindert. Nach der Bibel dagegen ist der Mensch *als ganzer* von Gott geschaffen (Gen 2,7). Die Leiblichkeit steht danach seinem Menschsein nicht entgegen, sondern sie gehört grundlegend dazu. Im Neuen Testament hat vor allem Paulus die Bedeutung der menschlichen Leiblichkeit für die Gottesbeziehung betont: „Wisst ihr nicht, dass eure Leiber Glieder Christi sind?" (I Kor 6,15); „Oder wisst ihr nicht, dass euer Leib ein Tempel des heiligen Geistes ist" (I Kor 6,19).

Die christliche Theologie hat zwar aufgrund des biblischen Zeugnisses von Anfang an die Zusammengehörigkeit von Leib und Seele in der Lebenseinheit des Menschen betont. Dabei hat sie aber zugleich an der Unterscheidung von Leib und Seele festgehalten. Gen 2,7 galt dafür als biblische Begründung: „Gott der HERR machte den Menschen aus Erde vom Acker [Leib] und blies ihm den Odem des Lebens in seine Nase [Seele]. Und so wurde der Mensch ein lebendiges Wesen". Anknüpfend an diese Unterscheidung wurde in der christlichen Theologie – wie auch in der antiken Philosophie – die Unsterblichkeit der Seele im Unterschied zur Vergänglichkeit des Leibes behauptet. Als zentraler Schriftbeleg für diese Lehre galt Mt 10,28: „Und fürchtet euch nicht vor denen, die den Leib töten, die Seele aber nicht töten können" (vgl. auch Koh 12,7).

Die Lehre von der Unsterblichkeit der Seele ermöglichte es, an einer den Tod überdauernden Identität des Menschen festzuhalten. Unter dieser Voraussetzung konnte das Auferweckungshandeln Gottes auf den konkreten Einzelnen bezogen werden. Dass die Lehre von der Unsterblichkeit der Seele notwendig zur christlichen Auffassung vom Menschen gehört, wurde allerdings auch bestritten. Während die katholische Theologie die Auffassung, dass die individuelle Seele des Menschen nicht zugrunde geht, wenn sie sich im Tod vom Leibe trennt, auf dem 5. Laterankonzil (1513) ausdrücklich verbindlich gemacht hat, steht die evangelische Theologie dieser Lehre teilweise sehr kritisch gegenüber, sowohl wegen der damit verbundenen Anlehnung der *theologischen* Anthropologie an ein *philosophisches* Menschenbild (vgl. Luthers Kritik an der philosophischen Anthropologie in 9.2) als auch wegen der als unzureichend empfundenen biblischen Begründung.

Verschieden beantwortet wurde die Frage, wie bei den aus menschlicher Zeugung entstehenden Menschen Seele und Leib zusammenkommen. Nach der Theorie des *Kreatianismus* bringt die menschliche Zeugung nur den Leib hervor; die Seele wird von Gott jeweils im Moment der Zeugung erschaffen und der Leibesmaterie beigegeben (diese Auffassung wird im Katholizismus sowie in der evangelisch-reformierten Theologie vertreten). Nach der Theorie des *Traduzianismus* (auch *Generatianismus*) wird allein durch den Zeugungsvorgang, also ohne unmittelbaren göttlichen Eingriff, auch die Seele des Kindes hervorgebracht (diese Auffassung wird in der evangelisch-lutherischen Theologie vertreten) – vgl. dazu § 14.3.2.

📖📖 Hinweise zu einer zeitgemäßen und theologisch verantwortlichen Rede von Engeln geben:
  – M. Plathow, Die Engel;
  – W. Härle, Dogmatik, 296–300;
  – H. Rosenau, Auf der Suche, 37–50.

📖 Einen Einblick in die neuere Diskussion zum Verhältnis von (christlicher) Religion und ökologischer Krise vermittelt:
- G. Löhr, Ist das Christentum für die gegenwärtige ökologische Krise verantwortlich?

📖📖 Eine Übersicht zum Thema „Natur und Umwelt" aus Sicht der christlichen Ethik gibt:
- M. Honecker, Grundriß der Sozialethik, 231–295 (= Kap. IV);
- ders., Schöpfung (TRE 30).

9.2 Der Mensch als Gottes Ebenbild und Sünder

Der seiner leibseelischen Konstitution nach im Grenzbereich zwischen sichtbarer und unsichtbarer Schöpfung angesiedelte Mensch ist nach Aussage der Bibel zum *Ebenbild Gottes* geschaffen. Mit dieser spezifisch theologischen Bestimmung wird zum Ausdruck gebracht, dass der Mensch auf eine Gemeinschaft mit Gott hin geschaffen ist, die sein irdisches Leben bestimmen und sich über den Tod hinaus fortsetzen soll.

Die wichtigste Belegstelle für den Gedanken der Gottebenbildlichkeit des Menschen ist Gen 1,26 f: „Und Gott sprach: Lasst uns Menschen machen, ein Bild, das uns gleich sei […]/ Und Gott schuf den Menschen zu seinem Bilde, zum Bilde Gottes schuf er ihn; und schuf sie als Mann und Frau." Im Neuen Testament wird der Ebenbildgedanke sowohl auf den Menschen (I Kor 11,7; Kol 3,10; Jak 3,9), als auch auf Christus angewandt. So sagt Paulus (von den Ungläubigen), „dass sie nicht sehen das helle Licht des Evangeliums von der Herrlichkeit Christi, welcher ist das Ebenbild Gottes" (II Kor 4,4; vgl. auch Kol 1,15; Hebr 1,3). Hier kommt zum Ausdruck, dass in Jesus Christus als *dem* Ebenbild Gottes die geschöpfliche Bestimmung des Menschen zur Gemeinschaft mit Gott vollkommen realisiert ist und der Mensch deshalb in der Christusnachfolge seiner Bestimmung gerecht wird.

Entsprechend der vorherrschenden Tendenz zur Verbindung des Christentums mit der antiken Philosophie wurde in der altkirchlichen und mittelalterlichen Theologie der biblische Begriff der Gottebenbildlichkeit auf die *Seele* des Menschen bezogen. Diese galt nicht nur als ‚Ort' der *Vernunft* als dem in 8.1.3 genannten Vorzug des Menschen gegenüber dem Rest der (sichtbaren) Schöpfung. Sondern in ihr wurde auch die Fähigkeit zu einem auf Gott in *Liebe* orientierten Leben lokalisiert.

Der Mensch wurde geschaffen zum Bild und Gleichnis Gottes, weil er in der *Seele* (die der bessere Teil des Menschen oder besser der Mensch selbst war) Bild und Gleichnis Gottes war. Bild gemäß der *Vernunft*, Gleichnis gemäß der *Liebe*; Bild gemäß der Erkenntnis der Wahrheit, Gleichnis gemäß der Liebe zur Tugend. […] Bild, weil er vernünftig, Gleichnis, weil er geistlich [ist]. (Übersetzung RL)

Factus est homo ad imaginem et similitudinem Dei, quia in anima (quae potior pars est hominis, vel potius ipse homo erat) fuit imago et similitudo Dei. Imago secundum rationem, similitudo secundum dilectionem; imago secundum cognitionem veritatis, similitudo secundum amorem virtutis. […] Imago quia rationalis, similitudo quia spiritualis.

Hugo von St. Victor, De sacramentis I 6,2 (MPL 176, 264).

Die Unterscheidung von *Bild* (lat. imago) und *Gleichnis* (lat. similitudo) hat ihren Ursprung im hebräischen Text von Gen 1,26. Darin werden zur Beschreibung der Ebenbildlichkeit zwei verschiedene Wörter verwendet, eine Doppelung, die sich in der griechischen und der lateinischen Übersetzung erhalten hat.

Und Gott sprach: Lasset uns Menschen machen,	ein *Bild*,	das uns *gleich* sei	
	zælæm	*d'mut*	Hebräisch
	eikon	*homoiosis*	Griechisch
	imago	similitudo	Latein

Diese Doppelung wurde vielfach als Ausdruck einer ‚gestuften' Gottebenbildlichkeit verstanden. So wird bei Hugo von St. Victor die imago als die Ausstattung des Menschen mit Vernunft aufgefasst, während die similitudo für die Verwirklichung der Gottbezogenheit durch die Liebe steht. Daraus wiederum wurde gefolgert, dass der Mensch infolge der Sünde lediglich die similitudo einbüßt, während ihm mit der imago eine unverlierbare Ausstattung verbleibt, die ihm hilft, den Weg zu Gott zurückzufinden.

Die Verbindung von biblischer und philosophischer Anthropologie hat Luther einer umfassenden Kritik unterzogen. Wie er 1536 in (insgesamt 40) Thesen dargelegt hat, ist seiner Auffassung nach der Mensch, von dem die Philosophie spricht, ein anderer als der, um den es der Theologie geht: Erstere fragt nach dem Menschen im Hinblick auf das irdische Leben und gesteht daher der Vernunft mit Recht große Bedeutung zu. Die Theologie aber, die den ganzen Menschen im Blick hat, muss feststellen, dass die Sünde auch von der Vernunft vollständig Besitz ergriffen hat. Das Gottesverhältnis des Menschen ist daher so tief gestört, dass es keine Möglichkeit gibt, aus eigener Kraft einen Schritt auf Gott zuzugehen. Eine sachgemäße *theologische* Definition des Menschen darf sich deshalb nach Luther nicht an der Rationalität orientieren. Sie muss vielmehr davon ausgehen, dass der Mensch für die Überwindung der Sünde auf die Rechtfertigung als das vergebende ‚Entgegenkommen' Gottes in Christus angewiesen ist.

1. Die Philosophie als menschliche Weisheit definiert den Menschen als ein vernünftiges, sinnlich empfindendes und körperliches Lebewesen. [...]	1. Philosophia, sapientia humana, definit, hominem, esse animal rationale, sensitivum, corporeum. [...]
3. Das aber muss man wissen, dass diese Definition nur den sterblichen Menschen dieses [irdischen] Lebens bestimmt. [...]	3. Sed hoc sciendum est, quod haec definitio tum mortalem et huius uitae hominem definit. [...]
11. Daher, wenn man die Philosophie oder die Vernunft mit der Theologie vergleicht, wird sich zeigen, dass wir über den Menschen fast nichts erfahren. [...]	11. Ideo si comparetur Philosophia seu ratio ipsa ad Theologiam, apparebit nos de homine pene nihil scire. [...]
20. Die Theologie aber definiert aus der Fülle ihrer Weisheit den ganzen und vollkommenen Menschen:	20. Theologia vero de plenitudine sapientiae suae Hominem totum et perfectum definit.

21. dass nämlich der Mensch ein Geschöpf Gottes ist, bestehend aus Fleisch und eingehauchter Seele, von Anfang an zum Bild Gottes ohne Sünde geschaffen, dass er sich vermehre, über die Dinge herrsche und niemals sterbe;	21. Scilicet, quod homo est creatura Dei, carne et anima spirante constans, ab initio ad imaginem Dei facta, sine peccato, ut generaret et rebus dominaretur, nec unquam moreretur.
22. nach dem Fall Adams aber der Macht des Teufels unterworfen, der Sünde und dem Tod, beiden mit eigenen Kräften unüberwindbaren Übeln auf ewig ausgeliefert;	22. Post lapsum vero Adae subiecta potestati diaboli, pecato et morti, utroque malo suis viribus insuperabili, et aeterno.
23. nicht zu befreien und mit ewigem Leben zu beschenken außer durch Jesus Christus, den Sohn Gottes, wenn er an ihn glaubt.	23. Nec nisi per filium Dei Iesum Christum liberanda (si credat in eum) et uitae aternitate donanda.
24. Daraus ergibt sich, dass unter diesen Umständen jene schönste und höchst hervorragende Sache, welche die Vernunft nach dem Fall geblieben ist, dennoch unter der Macht des Teufels steht. [...]	24. Quibus stantibus pulcherrima illa et excellentissima res rerum, quanta est ratio post peccatum, relicta sub potestate Diaboli tamen esse concluditur. [...]
32. Paulus stellt in Röm 3 (So halten wir nun dafür, dass der Mensch gerecht wird ohne des Gesetzes Werke, allein durch den Glauben) eine kurze Definition des Menschen vor, wenn er sagt, dass der Mensch durch Glauben gerechtfertigt wird. (Übersetzung RL)	32. Paulus Rom. 3: Arbitramur hominem iustificari fide absque operibus, breviter hominis definitionem colligit, dicens, Hominem iustificari fide.

M. Luther, Disputatio de homine
(WA 39 I, 175,3 f.7 f.24 f; 176,5–16.32–34;
LDStA 1, 664,1 f.5 f.22 f; 666,7–18; 668,1–3).

Da nach Luther auch „die nach dem Fall verbliebene Vernunft [...] unter der Herrschaft des Teufels steht" (These 24), hat er das traditionelle Verständnis der imago und damit die Annahme einer ‚gestuften' Gottebenbildlichkeit abgelehnt. Er und Calvin haben gleichermaßen betont, dass die beiden Wörter in Gen 1,26 nicht zwei verschiedene Dinge ausdrücken, sondern ein- und denselben Sachverhalt zum Ausdruck bringen; sie erblicken hier, wie auch die neuere Exegese, ein ‚Hendiadyoin' (= ‚eines durch zwei'), eine Stilfigur, die die Ausdruckskraft der Formulierung durch die Verbindung zweier synonymer Wörter stärkt.

An den zitierten Ausführungen Luthers wird deutlich, dass der zum Ebenbild Gottes geschaffene Mensch aus theologischer Sicht immer zugleich als *Sünder* in den Blick kommt. Einer lange geltenden Auffassung zufolge befindet er sich seit dem in Gen 3 geschilderten Vergehen Adams und Evas in dieser Verfassung (vgl. These 22). Die Ungehorsamstat des ersten Menschenpaares im Garten Eden, die zur Vertreibung aus dem Paradies führte, wurde als wahrheitsgemäßer Bericht über die Anfänge der Menschheitsgeschichte verstanden. Bereits im 4. Buch Esra, einem Hauptwerk der frühjüdischen Apokalyptik, das nur in der lateinischen Bibel vollständig überliefert ist, wurde Adams Ungehorsam als Ausgangspunkt eines *alle Menschen* betreffenden Verhängnisses interpretiert. Von dieser Universalisierung der Sünde Adams führt ein direkter Weg über die paulinische Adam-Christus-Typologie (vgl. bes. Röm 5,12–21) zur Erbsündenlehre Augustins, die bis weit in die Neuzeit hinein zum Kernbestand des christlichen Glaubens gezählt wurde, seit der Aufklärung aber zunehmend in die Kritik geriet. Aus exegetischer Sicht hat zuerst Johann August Eberhard darauf hingewiesen, dass nur die lateinische Übersetzung von Röm 5,12 als biblische Begründung dieser Lehre dienen kann (s. u.; vgl. 9.3.2 sowie – zum theologiegeschichtlichen Kontext – 1. Hauptteil, Abschnitt 4.5).

O Adam, was hast du getan? Weil Du nämlich gesündigt hast, wurde nicht allein Dein, sondern auch unser Fall bewirkt, die wir von Dir gekommen sind.	O tu quid fecisti, Adam? Si enim tu peccasti, non est factum solius tuus casus sed et nostrum qui ex te advenimus.

IV Esr 7,118.

Dass die durch Adams Ungehorsam ausgelöste Pervertierung des Gottesverhältnisses alle biologischen ‚Nachfahren Adams' betrifft, wurde von Augustin in der sog. ‚Erbsündenlehre' im Sinne eines quasi ‚genetischen Defekts' interpretiert, von dem alle Menschen aufgrund ihrer Abstammung von Geburt an betroffen sind.

Gott nämlich, der Urheber der Naturen, nicht der Mängel, schuf den Menschen gut. Dieser aber, aus eigenem Antrieb verdorben und verdammt, zeugte verdorbene und verdammte Nachkommen. Wir alle nämlich waren in jenem einen, wir alle waren damals jener eine, der durch die Frau, die aus ihm geschaffen wurde, bevor es die Sünde gab, zur Sünde abgefallen ist. [...] Die Natur, aus der wir hervorgehen sollten, gab es [in Adam] schon dem Samen nach; nachdem sie allerdings aufgrund der Sünde lasterhaft geworden, der Fessel des Todes unterworfen und gerechterweise verdammt worden war, konnte kein von einem Menschen stammender Mensch in einer anderen Lage geboren werden. (Übersetzung RL)	Deus enim creauit hominem rectum, naturarum auctor, non utique uitiorum; sed sponte deprauatus iusteque damnatus deprauatos damnatosque generauit. Omnes enim fuimus in illo uno, quando omnes fuimus ille unus, qui per feminam lapsus est in peccatum, quae de illo facta est ante peccatum. [...] [S]ed iam erat natura seminalis, ex qua propagaremur; qua scilicet propter peccatum uitiata et uinculo mortis obstricta iusteque damnata non alterius condicionis homo ex homine nasceretur.

Augustin, De ciuitate dei 13,14 (CChrSL 48, 395; Zeilen 1–5. 7–10).

In dem Zitat aus Augustins „De civitate Dei" kommt auch das Bemühen zum Ausdruck, die (Erb-) Sünde nicht nur als ein Verhängnis zu beschreiben, dem jeder Mensch aufgrund seiner Geburt ohne eigenes Zutun unterworfen ist. Dann nämlich wäre damit keine individuelle Schuld verbunden. Dass die Sünde als angeborener Defekt dennoch schuldhaft ist, ergibt sich nach Augustin daraus, dass *alle Menschen bereits in Adam virtuell gegenwärtig* waren. Deshalb kann ihnen eine Beteiligung an seiner freien und damit schuldhaften Entscheidung zum Ungehorsam gegen Gott zugerechnet werden: „Wir alle nämlich waren in jenem einen". Für diese Auffassung

Die Lehre von der Erbsünde (peccatum originis)

- In der westlichen Theologie maßgeblich durch Augustin etabliert.
- Gehörte bis zur Aufklärung zum Kernbestand des christlichen Glaubens in Katholizismus und Protestantismus.
- Grundaussage: Jeder Mensch befindet sich unweigerlich in einer von Adam ererbten und dennoch schuldhaften dauerhaften und umfassenden Oppositionshaltung gegen Gott.

berief sich Augustin auf die lateinische Übersetzung von Röm 5,12. Im griechischen Text heißt es, seit Adam sei die Sünde in die Welt gekommen, und infolge der Sünde sei der Tod „zu allen Menschen durchgedrungen, *weil sie alle gesündigt haben*" (gr. *eph' ho pantes hermaton*). Die lateinische Vulgata übersetzte den Schluss des Verses mit *in welchem alle gesündigt haben* (in quo omnes peccaverunt). Diese Formulierung wurde auf Adam bezogen, so dass sich die Folgerung nahe legte, alle Menschen hätten bereits ‚in Adam' gesündigt.

Die Interpretation von Gen 3 als eines wahrheitsgemäßen Berichts über den ‚Sündenfall' am Anfang der Menschheitsgeschichte führte in der altprotestantischen Orthodoxie zur Lehre von den vier bzw. fünf heilsgeschichtlichen Zuständen (lat. status) des Menschen.

1. In der Zeit vor der Sünde befand sich das erste Menschenpaar in einem *Zustand der Integrität* (lat. status integritatis). Diese Integrität bestand in einer ungebrochenen inneren Verbundenheit mit Gott, d. h. in voller Erkenntnis Gottes und freier Übereinstimmung mit seinem Willen. Die mit dem Terminus ‚Ursprungsgerechtigkeit' (lat. iustitia originalis) bezeichnete Integrität im Gottesverhältnis wirkte sich auf das Selbst- und Weltverhältnis der ersten Menschen aus: Von mühevoller Arbeit, von Schmerz, Krankheit, Leid und Tod blieben sie verschont.

2. Dieser ‚paradiesische' Zustand wurde durch die in Gen 3 berichtete Sünde beendet und von einem *Zustand der Korruption* (lat. status corruptionis) abgelöst. Durch diese Ursprungssünde (lat. peccatum originale) ging die Ursprungsgerechtigkeit verloren. Die Zerstörung der ursprünglichen Gottverbundenheit als Folge einer vom Menschen selbst verantworteten Übertretung eines Gottesgebotes führte zur Vertreibung aus dem Paradies (Gen 3,22–24) und damit zugleich zum Verlust aller Vollkommenheiten und Vorzüge des status integritatis: Der Mensch war jetzt Schmerz, Krankheit und Tod unterworfen sowie der Mühe eigenständiger Lebenserhaltung und -gestaltung ausgesetzt (vgl. Gen 3,16–19).

3. Die Befreiung aus dieser unheilvollen Situation vollzieht sich von Gott her durch die in Christus geschehene Erlösung aus der Gefangenschaft der Sünde; das dadurch eröffnete neue Gottesverhältnis versetzt den Menschen in den *Zustand der Gnade* (lat. status gratiae), durch den ihm abermals die Möglichkeit gegeben wird, seiner Bestimmung als Ebenbild Gottes gerecht zu werden.

4. Durch die gläubige Annahme des Heilswerkes Christi gelangt der Mensch nach dem Tod in den *Zustand der Herrlichkeit* (lat. status gloriae).

5. Dagegen werden die Ungläubigen nach ihrem Tod auf ewig verdammt (*Zustand der Verdammung*; lat. status damnationis).

Gemäß der Erbsündenlehre befindet sich jeder Mensch unweigerlich in der Situation einer zwanghaften, dauerhaften und umfassenden Opposition gegen Gott, die als Strafe die ewige Verdammnis nach sich zieht. Da es dem Menschen nicht möglich ist, sein Verhältnis zu Gott aus eigenen Kräften wieder in Ordnung zu bringen, ist er auf Gottes vergebende Gnade angewiesen, die in Jesus Christus manifest geworden ist (vgl. die oben zitierte These 23 aus Luthers „Disputatio de homine"). Durch diese Gnade wird den von Gott Erwählten (den Prädestinierten; vgl. §11.3) das zuteil, was alle Menschen erlangt hätten, wenn Adam sündlos geblieben wäre.

Die Erbsündenlehre hat die westkirchliche Anthropologie und Soteriologie seit Augustin maßgeblich geprägt (vgl. zur Bedeutung für die Soteriologie §11.2); sie ist ferner sowohl im römischen Katholizismus als auch in den protestantischen Konfessionen zur verbindlichen Lehre geworden. Dies machen der zweite Artikel der CA und das auf der 5. Sitzung des Konzils von Trient am 17. Juni 1546 verabschiedete „Dekret über die Ursünde" exemplarisch deutlich, das sich im Wesentlichen an die Konzilsentscheidungen von Karthago (418) und Orange (529) anlehnte (vgl. dazu die Hinweise in §11.2.1).

Weiter wird bei uns gelehrt, daß nach Adams Fall alle natürlich geborenen Menschen in Sünde empfangen und geboren werden, das heißt, daß sie alle von Mutterleib an voll böser Lust und Neigung (cum concupiscentia) sind und von Natur keine wahre Gottesfurcht, keinen wahren Glauben (sine fiducia) an Gott haben können.	Item docent, quod post lapsum Adae omnes homines, secundum naturam propagati, nascantur cum peccato, hoc est, sine metu Dei, sine fiducia erga Deum et cum concupiscentia.

CA 2 (Unser Glaube 60: Nr. 8/BSLK 53,2–6).

Wer nicht bekennt, daß Adam, der erste Mensch, nachdem er das Gebot Gottes im Paradiese übertreten hatte, sogleich die Heiligkeit und Gerechtigkeit, in die er eingesetzt worden war, verloren und sich durch den Verstoß dieser Übertretung den Zorn und die Ungnade Gottes und deshalb den Tod zugezogen hat, den ihm Gott zuvor angedroht hatte, und mit dem Tod die Knechtschaft unter der Gewalt dessen, ‚der' danach ‚die Herrschaft des Todes innehatte, das heißt des Teufels' [Hebr 2,14] und daß der ganze Adam durch jenen Verstoß der Übertretung dem Leib und der Seele nach zum Schlechteren gewandelt worden ist: der sei mit dem Anathema belegt. [...]	Si quis non confitetur, primum hominem Adam, cum mandatum Dei in paradiso fuisset transgressus, statim sanctitatem et iustitiam, in qua constitutus fuerat, amisisse incurrisseque per offensam praevaricationis huiusmodi iram et indignationem Dei atque ideo mortem, quam antea illi comminatus fuerat Deus, et cum morte captivitatem sub eius potestate, ‚qui mortis' deinde ‚habuit imperium, hoc est diaboli', totumque Adam per illam praevaricationis offensam secundum corpus et animam in deterius commutatum fuisse: anathema sit. [...]
Wer behauptet, diese Sünde Adams, die ihrem Ursprung nach eine ist und, durch Fortpflanzung, nicht durch Nachahmung übertragen, allen – einem jeden eigen – innewohnt, werde entweder durch die Kräfte der menschlichen Natur oder durch ein anderes Heilmittel hinweggenommen als durch das Verdienst des einen Mittlers, unseres Herrn Jesus	Si quis hoc Adae peccatum, quod origine unum est et propagatione, non imitatione transfusum omnibus inest unicuique proprium, vel per humanae naturae vires, vel per aliud remedium asserit tolli, quam per meritum unius mediatoris Domini nostri Iesu Christi, qui nos Deo reconciliavit

Christus, der – ‚uns zur Gerechtigkeit, Heiligung und Erlösung geworden' [I Kor 1,30] – uns in seinem Blute mit Gott wiederversöhnt hat [vgl. Röm 5,9f], oder leugnet, daß das Verdienst Christi Jesu selbst durch das in der Form der Kirche rechtmäßig gespendete Sakrament der Taufe sowohl Erwachsenen als auch kleinen Kindern zugewendet wird: der sei mit dem Anathema belegt.

in sanguine suo, ‚factus nobis iustitia, sanctificatio et redemptio' aut negat, ipsum Christi Iesu meritum per baptismi sacramentum, in forma Ecclesiae rite collatum, tam adultis quam parvulis applicari: anathema sit.

Konzil von Trient, Dekret über die Ursünde (DH 1511.1513).

Strittig zwischen katholischer und protestantischer Theologie war (und ist z. T. bis heute) die Frage nach der Möglichkeit eines menschlichen Eigenbeitrags sowohl zur Überwindung der Sünde als auch zur Festigung bzw. Vermehrung der Gnade. Auf diese wichtigen Differenzen wird im Rahmen der Soteriologie einzugehen sein (vgl. § 11.2.2/11.2.3).

Einen leicht verständlichen Einblick in zentrale Schwerpunkte theologischer Anthropologie gibt:
– G. Kruhoeffer, Der Mensch – das Bild Gottes.

Informieren Sie sich über die Wirkungsgeschichte von Gen 1,26f und Röm 5,12 anhand von:
– C. Westermann, Genesis, 203–214;
– E. Brandenburger, Adam und Christus, 168–175.

9.3 Zum Menschen- und Sündenverständnis in der neueren Theologie

9.3.1 Zur theologischen Anthropologie im 20. Jahrhundert

Der im Verlauf der neuzeitlichen Geistesgeschichte immer deutlicher artikulierte Anspruch des Menschen auf Autonomie und Unabhängigkeit gegenüber den Vorgaben der Tradition führte zwischen dem 16. und 18. Jahrhundert zur Herausbildung der *Anthropologie* als einer eigenen philosophischen Disziplin, die im 20. Jahrhundert zu großer Bedeutung gelangte. Es ist kennzeichnend für diese moderne Anthropologie, dass sie gänzlich unabhängig von der theologischen Definition des Menschen als Ebenbild Gottes und Sünder nach der *Natur des Menschen* und seiner Situation in der Welt fragt. Dabei berücksichtigt sie auch Einsichten der biologischen Forschung. Als Hauptvertreter der philosophischen Anthropologie im 20. Jahrhundert gelten Max Scheler (1874–1928), Helmuth Plessner (1892–1985) und Arnold Gehlen (1904–1976).

Für die christliche Theologie stellte sich angesichts der philosophischen Anthropologie die Frage, ob bzw. inwieweit die in solchen Entwürfen formulierten Auffassungen eine Bedeutung für das theologische Nachdenken über den Menschen haben können. Im Folgenden werden zwei gegensätzliche Positionen zu dieser Frage aus der protestantischen Theologie des 20. Jahrhunderts vorgestellt.

1. Schon in seiner Absage an die ‚natürliche Theologie' hatte Karl Barth davon gesprochen, dass die christliche Verkündigung „durch die Aufgabe der wahren Explikation der wahren Existenz des Menschen in Jesus Christus so vollständig in Anspruch genommen ist, dass sie für die natürliche Theologie als die Selbstexplikation des Menschen als solchen schlechterdings keinen Raum und keine Zeit hat" (vgl. § 3.2.3). Diesem Ansatz entspricht es, dass Barth seine theologische Anthropologie ausschließlich an der Christologie orientiert und jede von der Christusoffenbarung unabhängige Lehre vom Menschen für theologisch unerheblich erklärt hat.

Philosophische und theologische Anthropologie

– Im 20. Jahrhundert Herausbildung einer vom christlichen Menschenbild unabhängigen Anthropologie.
– Im Protestantismus theologisch begründete Ablehnung der philosophischen Anthropologie (Karl Barth), aber auch Anknüpfung an diese Tradition (Wolfhart Pannenberg).

Wir verlassen damit [sc. mit der Orientierung der Anthropologie an der Christologie] den üblichen Weg, auf welchem man bisher zuerst in irgend einer Allgemeinheit festzustellen versuchte, was die menschliche Natur sein möchte, um von da aus im besonderen die menschliche Natur Jesu Christi zu verstehen. [...] Die menschliche Sünde verwehrt uns doch den Ausblick auf die menschliche Natur: es wäre denn, daß er uns durch die Erkenntnis der dem Menschen zugewendeten göttlichen Gnade mit ihrer Aufdeckung und Bejahung der menschlichen Natur auch in der menschlichen Sünde neu – aber eben wirklich neu: mit dem Charakter des Glaubens an die göttliche Offenbarung – eröffnet würde. Fragen wir uns aber, wo es in dieser Hinsicht glaubwürdige Offenbarung gibt, dann sehen wir uns gerade nicht auf den Menschen im allgemeinen, sondern [...] auf den einen Menschen Jesus hingewiesen. [...]
Die Neuerung, zu der wir uns hier entschließen [...] besteht schlicht darin, daß wir [...] *bei der Entfaltung der Lehre vom Menschen Punkt für Punkt zunächst auf das Wesen des Menschen blicken müssen, wie es uns in der Person des Menschen Jesus entgegentritt, um dann erst und von da aus* – immer von jenem hellen Orte her fragend und antwortend – *auf das Wesen des Menschen zu blicken, wie es das Wesen jedes Menschen, aller anderen Menschen ist.*
K. Barth, Kirchliche Dogmatik III/2, 51. 54 (§ 43,2).

Eine von der Christusoffenbarung unabhängige Anthropologie enthält nach Barth überdies die Gefahr einer Entkopplung von Dogmatik und Ethik; eine gegenüber der Dogmatik verselbständigte Ethik führt aber nach seiner Auffassung zur Preisgabe des in Christus manifesten Gottes als des eigentlichen Themas der Theologie und zu seiner Ersetzung durch den Menschen (vgl. § 15.3).

2. Während für Barth wegen der menschlichen *Sünde* nur eine von der Christusoffenbarung ausgehende Anthropologie als theologisch sachgemäß gilt, betont Wolfhart Pannenberg mit Hinweis auf die *Geschöpflichkeit* des Menschen den theologischen Wert auch der philosophischen Anthropologie für die christliche Lehre vom Menschen.

Die Bestimmung des Menschen zur Gemeinschaft mit Gott, die in seiner Erschaffung zu Gottes Ebenbild begründet ist, kann dem realen Lebensvollzug der Menschen nicht äußerlich bleiben. Sie besteht nicht in einer der geschöpflichen Art des Menschen äußerlichen Absicht des Schöpfers mit ihm, die erst durch das Erscheinen Jesu Christi auf der Ebene menschlicher Lebenswirklichkeit erkennbar würde. [...] Die Absicht des *Schöpfers* kann seinem Geschöpf nicht so ohnmächtig und äußerlich gegenüberstehen.

W. Pannenberg, Systematische Theologie, Band 2, 261.

Dass, diesem Ansatz entsprechend, die Einsichten der *philosophischen* Anthropologie über den ‚natürlichen' Menschen tatsächlich einen Beitrag zur *theologischen* „Bestimmung des Menschen zur Gemeinschaft mit Gott" leisten können, hat Pannenberg, u. a. in Anknüpfung an die oben genannten Entwürfe von Scheler, Plessner und Gehlen, zu zeigen versucht. Anknüpfend an frühere Arbeiten zur Anthropologie hat er seinen Ansatz in dem Buch „Anthropologie in theologischer Perspektive" (1983) umfassend entfaltet.

9.3.2 Zur Sündenlehre in der neueren Theologie

Aufgrund der erwähnten Emanzipation der modernen Anthropologie vom christlichen Menschenbild hat die theologische Rede von der (Erb-)Sünde viel von ihrer früheren Selbstverständlichkeit verloren. Der Plausibilitätsverlust der im Wesentlichen von Augustin geprägten und in der frühen Neuzeit sowohl im Katholizismus als auch im Protestantismus übernommenen Erbsündenlehre begann in der *Aufklärung*. Eine Auslegung des Christentums als *Glückseligkeitslehre* gehörte zum Programm der Neologie, der deutschen protestantischen Theologie in der zweiten Hälfte des 18. Jahrhunderts (vgl. zum theologiegeschichtlichen Kontext: 1. Hauptteil, Abschnitt 4.5): Der christliche Glaube sollte eine Orientierungshilfe für die Erlangung menschlichen Glücks auf der Grundlage einer moralischen Lebensführung bieten – und auf diesem Wege einen Beitrag zur moralischen Verbesserung der Gesellschaft leisten.

Der in Frankfurt/Oder lehrende Philosoph und Theologe Gotthelf Samuel Steinbart, ein Schüler von Siegmund Jakob Baumgarten und Johann Gottlieb Töllner, hat dieses Vorhaben konsequent durchgeführt, indem er die christliche Dogmatik als ein „System der reinen Philosophie oder Glückseligkeitslehre des Christenthums" gestaltet hat. Steinbarts Ansatz, der an Johann August Eberhards exegetische Kritik an der biblischen Grundlage des Erbsündenlehre anknüpfte (vgl. 9.2), führte zu einer teilweise tief greifenden Umgestaltung der überlieferten Theologie, und von dieser Umgestaltung war die traditionelle (Erb-)Sündenlehre in besonderer Weise betroffen; diese wurde als biblisch unbegründet, in sich widersprüchlich und moralitätszersetzend kritisiert.

[Ein wesentlicher Aspekt der kirchlichen Sündenlehre lautet,] *daß durch Adams Fall die Natur des Menschen verdorben worden sey*, und diese Verderbniß dergestalt forterbe, daß die menschliche Seele bereits mit wirklicher Sünde behaftet, und mit einem positiven Hange zum Bösen zur Welt komme. [...]
[Dagegen behauptet Steinbart:] Es ist keine aus den apostolischen Zeiten her überlieferte oder sonst gegründete Glaubenslehre, [...] daß die Sünde eine solche Macht habe, daß sie bereits vor Ausbildung der Gliedmassen, vor dem Entstehen und der Ankunft der Seele, über den Samentheilchen bey der Empfängniß herflattre, in das Innerste des mütterlichen Leibes eindringe, und die zu Verbrechern mache, die noch erst geboren werden sollen: und auf diese Weise die Sünde

früher als der Mensch vorhanden seyn und schon da sitzen soll, die Ankunft der Seele zu erwarten. [...] Dergleichen Vorstellungen schwächen die Wirkung des natürlichen Gewissens, indem der Mensch seine Vergehungen denn nicht sich selbst, sondern der Verdorbenheit seiner Natur, wofür er selbst nichts kan, zur Last leget, auch es für vergeblich hält, auf seine Verbesserung Mühe zu verwenden.

G. S. Steinbart, System der reinen Philosophie
oder Glückseligkeitslehre des Christenthums, 114–116 (§ 50).

Die in der Aufklärung vollzogene Grundsatzkritik an der traditionellen christlichen Sündenlehre hat insbesondere die *liberal-kulturprotestantische Richtung der evangelischen Theologie des 19. Jahrhunderts* maßgeblich geprägt (zur Kritik an dieser Herabstufung der christlichen Sündenlehre vgl. die Hinweise zur Erweckungstheologie: 1. Hauptteil, 5.2). So hat z. B. Albrecht Ritschl zwar an der Allgemeinheit und Macht der Sünde festgehalten; in ausdrücklicher Abgrenzung vom augustinischen Erbe hat er aber die Zwanghaftigkeit, mit der die Menschen der Sünde verfallen, nicht *genetisch*, sondern *soziologisch* interpretiert: Es ist nicht so, dass der Mensch als Sünder geboren wird, sondern der prinzipiell zum Guten fähige Mensch wird an der Verwirklichung des Guten durch den übermächtigen Einfluss seiner von Sünde bestimmten Umgebung gehindert.

Die Behauptung Augustins von der Erbsünde, d. h. von der durch die Erzeugung fortgepflanzten ursprünglichen Neigung zum Bösen, welche für jeden zugleich persönliche Schuld und mit der ewigen Verdammnis durch Gott behaftet sei, wird durch keinen Schriftsteller des Neuen Testaments bestätigt. [...]
Eine allgemeine Notwendigkeit zu sündigen kann weder aus der Ausstattung des menschlichen Wesens, noch aus irgend einer Zweckbestimmung desselben, geschweige denn aus einer erkennbaren Absicht Gottes abgeleitet werden. Die Tatsache der allgemeinen Sünde der Menschen wird erfahrungsgemäß dadurch festgestellt, daß der Trieb schrankenlosen Gebrauchs der Freiheit, mit welchem jeder Mensch in die Welt tritt, mit den mannigfachen Reizen zur Selbstsucht zusammentrifft, welche aus der Sünde der Gesellschaft hervorgehen. [...]
Das Zusammenwirken der vielen [...] führt zu einer Verstärkung derselben [der Sünde] in gemeinsamen Gewohnheiten und Grundsätzen, in stehenden Unsitten und sogar in bösen Institutionen. So kommt eine fast unwiderstehliche Macht der Versuchung für diejenigen zustande, welche auf der unreifen Stufe der Charakterentwicklung dem bösen Beispiel umso mehr ausgesetzt sind, als sie das Gewebe der Beweggründe zum Bösen nicht durchschauen. Demgemäß erhält das Reich der Sünde [...] Zuwachs in jeder neuen Generation.

A. Ritschl, Unterricht in der christlichen Religion, §§ 35.37.39
(TKTG 3, 35–37).

Ein weiterer Aspekt der kirchlichen Sündenlehre wurde im 20. Jahrhundert von der feministischen Theologie kritisch aufgenommen (vgl. zum theologiegeschichtlichen Kontext: 1. Hauptteil, Abschnitt 6.3.3). Dabei handelt es sich um die frauenfeindliche Wirkungsgeschichte von Gen 2 und 3, deren Anfänge bereits im Buch Jesus Sirach greifbar werden (Von einer Frau nahm die Sünde ihren Anfang, ihretwegen müssen wir alle sterben, Sir 25,24). Diese Aussage setzt, wie Helen Schüngel-Straumann (geb. 1940) betont, eine in der zwischentestamentlichen Zeit erfolgte Um-

und Neuinterpretation der Geschichte vom Ungehorsam der ersten Menschen im Paradies voraus. Sie stützt sich dabei auf die Habilitationsschrift des in Fribourg (Schweiz) lehrenden Neutestamentlers Max Küchler (geb. 1944).

> Zwei Strömungen [...] stellt der Verfasser [Max Küchler ...] dar, die zu dieser Uminterpretation geführt haben: einmal die *Erotisierung* der alten Erzählungen, dann die *Dämonisierung* von Eros und Schönheit. [...] Während im AT selbst Schönheit positiv gesehen wird [...], wird nun [...] Schönheit als etwas Gefährliches gesehen und in den Zusammenhang mit ‚Verführung' gestellt. [...] Die Frau wird nun durch ihre besondere Schönheit und ihre erotische Ausstrahlung zu einer Gefahr für den Mann, zu einer Verführerin, vor der es gilt, auf der Hut zu sein! [...] Durch die Erotisierung der Schönheit und die Herausstellung der Frau als Verführerin ist der Schritt dann nur noch klein, die Frau *grundsätzlich* mit dem Bösen in Verbindung zu bringen. Die sexuelle Begierde, die mit der Frau identifiziert wird, wird zum Eingangstor für das Böse in dieser Welt überhaupt.
> H. Schüngel-Straumann, ‚Von einer Frau nahm die Sünde ihren Anfang'?, 35 f.

Die im Zitat vollzogene Benennung der Frau als der Ursache für den Einbruch des Bösen in die Welt führte nicht nur zur (schon im Neuen Testament greifbaren) Zurückdrängung der Frauen im christlichen Gottesdienst (vgl. z. B. I Tim 2,9–15). Sondern sie steht auch im Hintergrund der mit Sir 25,24 exakt korrespondierenden und in 9.2 zitierten Aussage Augustins, nach der Adam *durch die Frau* zur Sünde abgefallen ist (*per feminam* lapsus est in peccatum). Mit all dem verband sich schließlich die im Christentum bis weit in die Neuzeit hinein wirkende Tendenz zur kirchlichen und gesellschaftlichen Nachordnung von Frauen gegenüber Männern. Dagegen setzt Schüngel-Straumann eine Exegese der Texte von Gen 2 und 3, aus der sie dreierlei ableitet:

1. Eine historisch-kritische Exegese kann die Verwurzelung der Texte in patriarchalen Gesellschaftszusammenhängen aufdecken. Sofern nun diese Texte (entsprechend der zentralen Voraussetzung historischer Exegese; vgl. § 5.2.3) als Resultate *zeitgebundenen* menschlichen Nachdenkens über Gott aufgefasst werden, befreit die historisch-kritische Forschung zur Kritik der dogmatischen – und damit gleichsam zeitlosen – Geltung der in anachronistischen Kontexten verwurzelten biblischen Aussagen.

> Die Erzählungen verleugnen *nicht* ihre Entstehung in einer patriarchalen Gesellschaft. Man kann immer noch frauenfeindliche Tendenzen herauslesen [...] Immer noch beruft man sich auf die Genesistexte, um eine Unterordnung der Frau unter den Mann zu begründen, wenigstens in gewissen Bereichen. [... Man kann] die Stellen, die die gesellschaftlich schlechtere Position der Frau spiegeln, *kritisch* betrachten und sie *historisch* einer überholten Denkweise zuordnen. Solche Aussagen können dann keine theologische oder gar dogmatische Aussagekraft beanspruchen.
> H. Schüngel-Straumann, ‚Von einer Frau nahm die Sünde ihren Anfang'?, 51 f.

2. Eine historisch-kritische Exegese kann deutlich machen, dass sich das ursprüngliche Anliegen des Verfassers von Gen 2 und 3 (die alttestamentliche Wissenschaft spricht vom ‚Jahwisten') gravierend von dem unterscheidet, was die kirchlich-theologische Tradition in diesen Texten gefunden hat. So lässt sich zum einen aufweisen,

dass der Schöpfungsbericht in Gen 2 eine Gleichwertigkeit von Frau und Mann annimmt; und zum anderen wird nach Schüngel-Straumann deutlich, dass die Situation der ersten Menschen nach der Vertreibung aus dem Garten Eden, u. a. die Unterordnung der Frau, zwar faktisch besteht, aber so nicht von Gott gewollt ist.

J [= der Jahwist] zeigt [in Gen 2] Mann und Frau als gleichwertige Partner, beide sind von Gott geschaffen, und beide sind für ein dauerndes Zusammenleben begabt, das von *Freude* bestimmt ist. Daß die Verhältnisse de facto so nicht sind, versucht die zweite Erzählung [Gen 3] zu begründen. [...]
J stellt das Leben des Mannes dar, wie es zu seiner Zeit ist, mühsam und von Erfolglosigkeit gekennzeichnet, das Leben der Frau durch Kindergebären und die entsprechenden Schmerzen und Bedrohungen bestimmt sowie durch die Unterordnung unter den Mann [...] Sowohl aus der gattungsmäßigen Zuordnung dieser Sätze als auch aus der Stellung im Text ist ganz klar ersichtlich, daß es sich hier nicht um *Strafen* handelt, sondern um *Zustandsschilderungen*. So wie die Verhältnisse sind, sind sie nicht gottgewollt. [...] Speziell auf die Frau bezogen: die Mühsal und die Schmerzen beim Kindergebären und das Herrschen des Mannes über die Frau [...] sind eine *Perversion* der ursprünglichen Absicht, sind ein Zustand, wie er nicht sein soll.

H. Schüngel-Straumann, ‚Von einer Frau nahm die Sünde ihren Anfang‘?, 44.46 f.

3. Eine historisch-kritische Exegese kann zeigen, dass die gerade in der feministischen Theologie gelegentlich begegnende Hochstilisierung der Frau (Eva) zu einer Göttin am Sinn der alttestamentlichen Texte nicht weniger vorbeigeht als weite Teile der – mit Recht kritisierten – Auslegungstradition.

[Gelegentlich] wird durch phantasievolle Rekonstruktionen die Frau in manch populären feministischen Darstellungen zu einer Göttin gemacht. Solche Spekulationen, die weder historischer noch sprachlicher Nachprüfung standhalten, kehren die Verhältnisse einfach um: Die Frau wird vergöttlicht und der Mann verteufelt. Damit ergibt sich aber nur ein neues Mißverständnis mit umgekehrten Vorzeichen. ... Wo immer der Jahwist sein Material auch hernimmt, geht es ihm im Gegensatz zu allen späteren Dämonisierungen *um die volle Menschlichkeit* der Frau. ... Und unsere Zeit ist nun aufgefordert, unter neuen Fragestellungen diese menschliche Existenz vollmenschlich zu gestalten.

H. Schüngel-Straumann, ‚Von einer Frau nahm die Sünde ihren Anfang‘?, 52.

Informieren Sie sich genauer über die anthropologischen Entwürfe von M. Scheler, H. Plessner und A. Gehlen. Eine erste Orientierung bieten:
– W. Pannenberg, Theologie und Philosophie, 295–358, bes. 337–345;
– J. Rohls, Protestantische Theologie der Neuzeit, Band 2, 298–303.

Einen Überblick zu Geschichte und Profil der Anthropologie als philosophischer Disziplin bietet:
– O. Marquard, Anthropologie (HWP 1);
– ders., Der Mensch ‚diesseits der Utopie‘.

Eine katholisch geprägte, dabei ökumenisch offene Sündenlehre entfaltet:
– O. H. Pesch, Frei sein aus Gnade, 104–192.

📖 Über die Entwicklung des Sündenverständnisses in der Neuzeit informiert:
– S. Axt-Piscalar, Sünde (TRE 32).

📖 Einführende Hinweise zur Auslegung von Gen 1–3 aus Sicht der alttestamentlichen Wissenschaft geben:
– M. Albani/M. Rösel, Altes Testament, 153–162.

📖📖 Einen säkularen Zugang zur Sündenthematik, in dem die für die Moderne wichtig gewordene Suche nach dem Glück als Emanzipation von der – dem Autor nur unzureichend bekannten – christlichen Sündentheologie bestimmt wird, bietet:
– G. Schulze, Die Sünde.

§ 10 Jesus Christus (Christologie)

Neben der Trinitätslehre (vgl. § 7) ist die Christologie der zweite Themenkomplex der Dogmatik, in dem es um die theologische Bedeutung jener historischen Gestalt geht, mit der die Identität des Christentums untrennbar verbunden ist: Jesus Christus. Allerdings ist die Fragestellung jeweils verschieden: Die Trinitätslehre fragt nach dem Verhältnis des Sohnes und des Heiligen Geistes zum Vater. Dabei kommen sowohl die innertrinitarischen Beziehungen (immanente Trinität) als auch das auf die Welt gerichtete Handeln (ökonomische Trinität) des dreieinen Gottes in Schöpfung, Erlösung und Heiligung zur Sprache.

Die Christologie behandelt speziell *das Werk der Versöhnung des Menschen mit Gott durch die Erlösung von der Sünde*: Weil sich der Mensch aus seiner Verstrickung in die (Erb-) Sünde nicht selbst befreien kann, muss er durch Gott erlöst werden. Der dadurch mögliche Neuanfang im Gottesverhältnis bewirkt, dass der Mensch seiner ursprünglichen Bestimmung als Ebenbild Gottes gerecht werden kann.

Weil sich nach dem Zeugnis des Neuen Testaments (vgl. 10.1) dieses Werk des dreieinen Gottes durch die Sendung des Sohnes, genauer: durch die Fleischwerdung (Inkarnation) der zweiten Person der Trinität vollzieht, fragt die Christologie im Einzelnen danach,

– wie die mit den Stichwörtern *Sendung* und *Inkarnation* bezeichnete Menschwerdung Gottes in der historischen Gestalt Jesu genau zu verstehen ist. Denn wenn Gott in der geschichtlichen Person Jesus von Nazareth Mensch geworden ist, muss die Frage beantwortet werden, wie sich in ihm Gottheit und Menschheit zueinander verhalten (vgl. dazu 10.2.1).

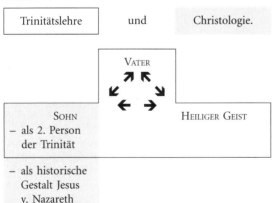

Die Übersicht verdeutlicht die unterschiedlichen Themenbereiche von Trinitätslehre und Christologie.

VATER

SOHN
– als 2. Person der Trinität
– als historische Gestalt Jesus v. Nazareth

HEILIGER GEIST

– wie es durch den Mensch gewordenen Gott zur Versöhnung des Menschen mit Gott bzw. zur Erlösung von der Sünde gekommen ist. Es ist das Geschehen zu beschreiben, infolge dessen dem in der (Erb-) Sünde gefangenen Menschen ein Neuanfang in seinem Verhältnis zu Gott ermöglicht wird (vgl. dazu 10.2.2).

An die Darstellung der klassischen Lehren zum Verhältnis von Gottheit und Menschheit in Jesus und zum Versöhnungsgeschehen schließen sich in 10.3 Bemerkungen zur Spezifik der reformatorischen Christologie an; in 10.4 schließlich wird die vor allem durch die Aufklärung ausgelöste Problematisierung der älteren Christologie behandelt und auf die Verarbeitung dieser Problemlage in der neueren protestantischen Theologie verwiesen.

10.1 Vorbemerkungen

Was die biblische Begründung der dogmatischen Christologie betrifft, so ist die Situation ähnlich wie im Fall der Trinitätslehre (vgl. § 7.1): Eine systematisch ausgeführte Lehre von der Person Jesu Christi ist in der Bibel nicht enthalten. Insofern geht das im 5. Jahrhundert formulierte und in der Folgezeit präzisierte christologische Dogma einerseits weit über das in der Schrift Gesagte hinaus.

Andererseits beruhen die dogmatischen Aussagen zur Christologie durchaus auf dem biblischen Zeugnis. Dies gilt in zweifacher Hinsicht:

1. Die *urchristliche Verkündigung*, deren detaillierte Darstellung eine Sache der neutestamentlichen Forschung ist, enthält bereits Ansätze zu einer Christologie. Denn sie hat die universale Bedeutung der Person und des Geschicks Jesu von Nazareth für die Gottesbeziehung des Menschen in verschiedener Weise beschrieben. Die Botschaft von der Auferstehung Jesu (Röm 10,9; Lk 24,34) sowie die Erscheinungen des Auferstandenen (I Kor 15,5–7) führten zur Deutung des Kreuzestodes als eines Heilsgeschehens (vgl. I Kor 15,3 – mit Anspielung auf Jes 53 –; Röm 3,25f; 4,25), das die gesamte Menschheit betrifft (Röm 5,12ff). Das urchristliche Bekenntnis zur universalen Heilsbedeutung der Gestalt und des Schicksals Jesu von Nazareth verband sich mit der Übertragung verschiedener damals geläufiger Hoheitstitel auf den Gekreuzigten und Auferstandenen. Man spricht hier von *christologischen Hoheitstiteln*. Diese Hoheitstitel sind für die spätere Dogmenbildung von großer Bedeutung gewesen. Dies gilt vor allem für die Bezeichnung Jesu als des Herrn (*kyrios*: Röm 10,9; I Kor 8,6; Phil 2,11). In § 7.1 ist schon darauf verwiesen worden, dass hier das in der Septuaginta zur Übersetzung des Gottesnamens *Jahwe* herangezogene griechische Wort auf Jesus bezogen wird. Weiter wichtig ist die Charakterisierung Jesu als Gottessohn (Röm 1,3f), als Gott selbst (Joh 20,28) und als fleischgewordenes Wort (*logos*) Gottes (Joh 1,1–18).

2. Eine weitere Quelle christologischer Aussagen sind die *Berichte über das Wirken Jesu von Nazareth vor seiner Kreuzigung*. Solche Berichte sind vor allem in den synoptischen Evangelien enthalten. Zwar hat die Jesusforschung seit der Aufklärung die historische Zuverlässigkeit dieser Darstellungen kritisch hinterfragt (vgl. dazu 10.4.2). Im allgemeinen wird aber davon ausgegangen, dass die Botschaft Jesu ein besonderes Vollmachtsbewusstsein voraussetzt: Indem er seine Botschaft von der nahe gekommenen Gottesherrschaft (Mk 1,15) mit der Behauptung verband, dass

das angekündigte Heil in seinem Handeln schon gegenwärtig sei (Lk 11,20/Mt 12,28; Mt 11,15/Lk 7,22), stellte er sich als Mittler des Heils der Gottesherrschaft dar. Auch wenn er selbst möglicherweise keinen Hoheitstitel auf sich bezogen hat, implizierten seine Botschaft und sein Verhalten eine Besonderheit seiner Person. In der Dogmatik hat man deshalb von einer ‚impliziten Christologie' in Botschaft und Verhalten des historischen Jesus gesprochen, an die die urchristliche Verkündigung und die nachfolgende theologische Entwicklung anknüpfen konnten.

📖 Eine didaktisch aufbereitete Darstellung des Verhältnisses von historischem Jesus und neutestamentlicher Christologie bieten:
– G. Theißen/A. Merz, Der historische Jesus, 447–492 (= § 16).

📖📖 Die Vielfalt und partielle Widersprüchlichkeit der neutestamentlichen Jesusbilder wird herausgearbeitet bei:
– G. Isermann, Widersprüche in der Bibel, 37–128 (= Kapitel 2–5).

10.2 Die ältere dogmatische Lehre von Person und Werk Jesu Christi

10.2.1 *Gottheit und Menschheit im fleischgewordenen Logos*

Die trinitarischen Auseinandersetzungen hatten zur Feststellung der Wesenseinheit von Vater, Sohn und Heiligem Geist geführt: Alle drei Personen der Trinität sind im Vollsinn Gott und in ihrer Göttlichkeit einander gleich (*homoousios*; vgl. § 7.2.2). Daraus ergab sich die Frage, wie die Verbindung von Gottheit und Menschheit im inkarnierten (Fleisch bzw. Mensch gewordenen) Sohn verstanden werden kann. Das Interesse daran, die volle Gottheit Jesu zu betonen, konnte leicht zu einer Unterbestimmung seiner Menschheit führen. Dagegen stand allerdings die Einsicht, dass nur dann der ganze sündige Mensch durch Christus gerettet werden kann, wenn Christus selbst auch ganz Mensch geworden ist. Demnach müssen Christus sowohl volles Gottsein als auch volles Menschsein zukommen. Andererseits darf die Gleichgewichtung von Gottheit und Menschheit in Christus nicht zu einer ‚Verdoppelung' des Erlösers und damit zur Infragestellung seiner Personeinheit führen. – Wie sowohl volles *Gottsein* als auch volles *Menschsein* in Christus mit der *Personeinheit* des Erlösers zusammengebracht werden können, darin bestand die entscheidende Frage in den christologischen Auseinandersetzungen der Alten Kirche.

Die christologischen Auseinandersetzungen haben in den Jahren zwischen 428 und 681 stattgefunden. Das kirchen- und dogmengeschichtlich wichtigste Ereignis in diesem Zusammenhang war das Konzil von Chalkedon (451). Die weitere Entwicklung war bestimmt von verschiedenen (und letztlich durchweg gescheiterten) Versuchen, die Anerkennung des in Chalkedon formulierten Dogmas im gesamten zerfallenden Römischen Reich durchzusetzen. Eine Erörterung der komplexen historischen Zusammenhänge, die zur Entstehung und Entwicklung des christologischen Dogmas geführt haben, ist Gegenstand der Kirchen- und Dogmengeschichte.

Eine wichtige Kontroverse im Vorfeld des Konzils von Chalkedon war der Streit um die Berechtigung der Bezeichnung Marias als ‚Gottesgebärerin' (gr. *theotokos*; vgl. Exkurs 3.1). Nestorius lehnte diese Bezeichnung mit dem Argument ab, dass damit eine Vermischung von göttlicher und menschlicher Natur in Christus ausgesagt sei: Maria habe nicht Gott geboren, sondern den Sohn Davids, mit dem sich der göttliche Logos verband. Sein Gegner Kyrill von Alexandrien (375/380–444) bewirkte auf dem Konzil von Ephesus (431) eine Verurteilung des Nestorius. Auch Kyrill wollte an der Verschiedenheit der göttlichen und der menschlichen Natur in Christus festhalten, allerdings erschien ihm die Auffassung des Nestorius als Verdopplung des einen Sohnes.

Die Formulierungen des Konzils von Chalkedon stellten den Versuch dar, einerseits eine Vermischung der Naturen in Christus zu unterbinden und andererseits eine Trennung des Göttlichen vom Menschlichen in Christus zu vermeiden.

In der Nachfolge der heiligen Väter also lehren wir alle übereinstimmend, unseren Herrn Jesus Christus als ein und denselben Sohn zu bekennen: derselbe ist vollkommen in der Gottheit und derselbe ist vollkommen in der Menschheit; derselbe ist wahrhaft Gott und wahrhaft Mensch aus vernunftbegabter Seele und Leib; derselbe ist der Gottheit nach dem Vater *wesensgleich*[1] und der Menschheit nach uns *wesensgleich*[1], in allem uns gleich außer der Sünde [vgl. Hebr 4,15]; derselbe wurde einerseits der Gottheit nach vor den Zeiten aus dem Vater gezeugt, andererseits der Menschheit nach in den letzten Tagen unsertwegen und um unseres Heiles willen aus Maria, der Jungfrau [und] *Gottesgebärerin*[2], geboren; ein und derselbe ist Christus, der einziggeborene Sohn und Herr, der *in zwei Naturen unvermischt, unveränderlich, ungetrennt und unteilbar*[3] erkannt wird, wobei nirgends wegen der Einung der Unterschied der Naturen aufgehoben ist, vielmehr die Eigentümlichkeit jeder der beiden Naturen gewahrt bleibt und sich *in einer Person und einer Hypostase*[4] vereinigt; der einziggeborene Sohn, Gott, das Wort, der Herr Jesus Christus, ist nicht in zwei Personen geteilt oder getrennt, sondern ist ein und derselbe, wie es früher die Propheten über ihn und Jesus Christus selbst es uns gelehrt und das Bekenntnis der Väter es uns überliefert hat.

[1] homoousios
[2] theotokos
[3] en dyo physesin asygchytos, atreptos, adiairetos, achoristos
[4] eis hen prosopon kai mian hypostasin

Glaubensbekenntnis von Chalkedon (DH 301 f; NR 178).

Die im trinitarischen Bekenntnis von 325/381 ausgesagte volle Gottheit Christi wurde in Chalkedon durch das Bekenntnis zur vollen Menschheit Christi ergänzt: Christus ist wahrer Gott und seiner Gottheit nach *wesenseins (homoousios) mit dem Vater*; er ist zugleich wahrer Mensch und *seiner Menschheit nach wesenseins (homoousios) mit uns* (mit einer Einschränkung: Christus ist – nach Hebr 4,15 – ohne Sünde). Die zwei Naturen in Jesus Christus werden (um ihre Unterscheidbarkeit zu wahren) als un-vermischt und un-verändert einerseits und (um die Personeinheit des Erlösers zu wahren) als un-geteilt und un-getrennt andererseits bestimmt. Das Dogma beschreibt das Geheimnis der Person Jesu Christi damit nicht positiv, sondern schließt lediglich bestimmte einseitige Festlegungen als unangemessen aus.

> **Die dogmatische Christologie**
>
> – Biblische Basis (vgl. 10.1): Christologische Hoheitstitel der frühchristlichen Verkündigung; Vollmachtsbewusstsein Jesu in den Berichten der Evangelien.
> – Altkirchliche Zwei-Naturen-Lehre (vgl. 10.2.1): In der einen Person Jesu bestehen göttliche und menschliche Natur.
> – Abendländische Satisfaktionslehre (vgl. 10.2.2): Durch den Tod des Gott-Menschen Jesus wird die Schuld der Menschen gegenüber Gott getilgt.

Anders als im 4. Jahrhundert im Fall des Trinitätsdogmas gelang es nach 451 nicht, die Annahme des Dogmas von Chalkedon (Chalkedonense) im gesamten Römischen Reich durchzusetzen. Nachdem sich die ostsyrisch-persische Kirche schon vor 451 der Verurteilung des Nestorius widersetzt hatte, opponierten nun ganze Regionen gegen die Zweinaturenlehre (vgl. zum theologiegeschichtlichen Kontext: 1. Hauptteil, Abschnitt 2.2). Wurden die Gegner des Konzils von Ephesus als *Nestorianer* bezeichnet, kam für die Gegner des Chalkedonense die Bezeichnung *Monophysiten* auf (*monos* – einzig; *physis* – Natur). Sie lehnten die Natur*zweiheit* in Christus ab und betonten die durch Vermischung bzw. Verbindung von Gottheit und Menschheit entstandene Person*einheit* Jesu Christi. Denn die in Chalkedon formulierte Annahme zweier eigenständiger Naturen in Christus führt aus monophysitischer Sicht zwingend zur Annahme zweier Personen. Dadurch aber würde – über Vater, Sohn (Logos) und Heiligen Geist als je eigenständige Hypostasen des einen Gottes hinaus – eine vierte Hypostase angenommen, nämlich die Hypostase der *menschlichen* Natur des Sohnes.

Das Konzil von Konstantinopel (553), auf dem Justinian I. (oströmischer Kaiser 527–565) seine religionspolitischen Entscheidungen kirchlich sanktionieren ließ, nahm das berechtigte Anliegen des Monophysitismus auf, indem es – in Form einer Verurteilung angeblich nestorianischer Positionen – dem Verdacht begegnete, durch das Beharren auf zwei eigenständigen Naturen im fleischgewordenen Logos sei die Personeinheit Christi gefährdet. Zugleich aber wurde an der schon im Chalkedonense formulierten Ablehnung einer Vermischung der Naturen in Christus festgehalten.

> Den sachlichen Hintergrund dieser Klärung bildete die Lehre von der *Enhypostasie* ('In-Verwirklichung') der menschlichen Natur Christi im göttlichen Logos. Danach kann die Menschheit Christi nicht unabhängig vom göttlichen Logos gedacht werden, seine menschliche Natur hat keine eigene Hypostase (*Anhypostasie* d. h. ,Verwirklichungslosigkeit' der menschlichen Natur Christi als solcher), sondern sie hat ihre Existenz nur durch ihr Sein im Logos als der zweiten Hypostase des einen Gottes.

> Wer [den Ausdruck] '*eine Hypostase unseres Herrn Jesus Christus*'[1] so versteht, als ob sie die Bedeutung von vielen Hypostasen annehmen könnte, und dadurch im Geheimnis Christi zwei Hypostasen bzw. zwei Personen einzuführen versucht, und [...] leugnet, *daß sich das Wort Gottes in der Hypostase mit dem Fleisch geeint hat*[2] und es deshalb eine Hypostase bzw. eine Person desselben [gibt ...], der sei mit dem Anathema belegt. Denn wenn auch der eine der heiligen Dreifaltigkeit, Gott, das Wort, fleischgeworden ist, so hat die heilige Dreifaltigkeit doch keine Hinzufügung einer Person bzw. Hypostase erfahren. [...]

Wer behauptet, Christus werde in zwei Naturen angebetet, woraus zwei Anbetungen folgen, eine eigene für Gott, das Wort, und eine eigene für den Menschen; oder wer, um das Fleisch aufzuheben oder *um die Gottheit und die Menschheit zu vermischen*[3], von einer Natur oder Wesenheit dessen, was zusammengekommen ist, daherphantasiert und in diesem Sinne Christus anbetet, aber nicht mit einer Anbetung den fleischgewordenen Gott, das Wort, mitsamt seinem ihm eigenen Fleisch anbetet, wie es die Kirche Gottes von Anfang an überliefert bekommen hat, der sei mit dem Anathema belegt.

[1] *mian hypostasin tou kyriou hemon Iesou Christou* [vgl. das *eis* [...] *mian hypostasin* von Chalkedon]

[2] *ton tou theou logon sarki kath' hypostasisn henothenai*

[3] *epi sygchysei tes theotetos kai tes anthropotetos* [vgl. das *a- sygchytos* von Chalkedon]

Anathematismen über die ‚Drei Kapitel' (DH 426.431; NR 184.188).

Die Auseinandersetzung zwischen den Anhängern des Chalkedonense und den Monophysiten setzte sich auch nach 553 fort und verlagerte sich auf die Frage, ob die enhypostatisch verstandene menschliche Natur Christi eine gegenüber dem göttlichen Logos eigenständige Wirkung (gr. *energeia*) hervorbringen und einen gegenüber dem göttlichen Logos eigenständigen Willen (gr. *thelema*) haben kann. Auf dem Konzil von Konstantinopel (680/681) wurde die Auffassung verurteilt, nach der in Christus nur von einer Wirkung (gr. *mone energeia*), nämlich der des Logos, und nur von einem Willen (gr. *monon thelema*), nämlich dem des Logos, die Rede sein kann. Gegen Monenergismus und Monotheletismus legte sich das Konzil auf seiner 18. Sitzung vom 16. September 681 auf zwei natürliche Willen und zwei natürliche Wirkweisen fest, die einander zwar nicht entgegenstehen, die aber wegen der Zweiheit der Naturen in Christus keinesfalls identifiziert werden dürfen.

Ebenso verkünden wir gemäß der Lehre der heiligen Väter, daß *sowohl zwei natürliche Weisen des Wollens bzw. Willen als auch zwei natürliche Tätigkeiten ungetrennt, unveränderlich, unteilbar und unvermischt*[1] in ihm sind; und die zwei natürlichen Willen sind einander nicht entgegengesetzt – das sei ferne! –, wie die ruchlosen Häretiker behaupteten; vielmehr ist sein menschlicher Wille folgsam und widerstrebt und widersetzt sich nicht, sondern ordnet sich seinem göttlichen und allmächtigen Willen unter [...]

Wir preisen aber zwei natürliche Tätigkeiten ungetrennt, unveränderlich, unteilbar und unvermischt in unserem selben Herrn Jesus Christus, unserm wahren Gott, d. h. eine göttliche Tätigkeit und eine menschliche Tätigkeit [...] Denn keineswegs werden wir zugeben, dass es eine natürliche Tätigkeit Gottes und des Geschöpfes gibt, damit wir weder das Geschaffene in das göttliche Wesen emporheben noch das Auserlesene der göttlichen Natur auf den Platz herabziehen, der dem Geschaffenen gebührt; denn wir erkennen sowohl die Wunder als auch die Leiden ein und desselben je nach der Verschiedenheit seiner Naturen, aus denen er ist und in denen er das Sein hat

[1] *dyo physikas theleseis etoi thelemata en auto, kai dyo physikas energeias adiairetos, atreptos, ameristos, asygchytos*

Definition über die zwei Willen und Tätigkeiten in Christus (DH 556f; NR 220f).

Die folgende Übersicht zeigt, von welchem Interesse die Entscheidungen in den christologischen Auseinandersetzungen jeweils getragen waren.

Interesse an der Unterscheidbarkeit von Göttlichem und Menschlichem	Interesse an der Personeinheit des Erlösers
451 Konzil zu Chalkedon: Jesus Christus ist wesenseins (*homoousios*) mit dem Vater der Gottheit nach (so Nizäa 325/Konstantinopel 381; vgl. § 7.2.2); er ist wesenseins (*homoousios*) mit uns der Menschheit nach. Die zwei Naturen in Christus sind	
un-vermischt un-verändert	un-geteilt un-getrennt
553 (2.) Konzil zu Konstantinopel:	
[...] aber keine Vermischung der Naturen	Einheit der zwei Naturen in einer Hypostase [...]
681 (3.) Konzil zu Konstantinopel: Zweiheit der Willen und Tätigkeiten entsprechend der Zweiheit der Naturen	

10.2.2 Das Heilswerk des fleischgewordenen Logos

Die altkirchliche Lehre über das Verhältnis von Gottheit und Menschheit im fleischgewordenen Logos war zwar zum überwiegenden Teil ein Produkt der griechischen Theologie, wurde aber im westlichen Reichsteil übernommen. Allerdings kam es hier zu einer Anpassung dieser Lehre an die für die lateinische Theologie – namentlich seit Augustin – typische Orientierung an der Frage nach dem Heil des Einzelnen und seiner Befreiung von der Macht der (Erb-) Sünde: Während in der altkirchlichen Lehre von der *Person Jesu Christi* das Faktum der Gott-Menschheit des Auferstandenen als das entscheidende Heilsereignis galt, konzentrierte sich die lateinische Theologie auf den Vorgang der in Christus am Kreuz bewirkten Versöhnung Gottes mit dem Menschen. Dies führte zum Ausbau der dogmatischen Christologie durch eine Lehre vom *Werk Jesu Christi*, die ergänzend neben die Lehre von seiner Person trat.

Als Ausdruck des Interesses der westlichen Theologie an der Frage nach der Befreiung des Menschen von Schuld und Sünde, wie sie durch das Christusgeschehen bewirkt ist, kann die Prominenz der sog. *Satisfaktionslehre* gelten, der Lehre von der stellvertretenden Genugtuung Christi am Kreuz für die Sünden der Menschen. Es war Anselm von Canterbury, der diese Lehre im 11. Jahrhundert formuliert und damit auf die abendländische Christologie bis in die Neuzeit eine enorme Wirkung ausgeübt hat. Wie schon im Fall seines „Proslogion"-Arguments für die Existenz Gottes (vgl. § 6.1.2) versuchte Anselm in seiner in Dialogform gehaltenen Schrift „Cur Deus homo" („Warum Gott Mensch [wurde]"), die *Notwendigkeit der Menschwerdung Gottes* in Jesus Christus ausschließlich mittels der Vernunft zu beweisen.

Aller Wille der vernunftbegabten Schöpfung muss dem Willen Gottes unterworfen sein. [...] Das ist die Verpflichtung, die Engel und Mensch Gott schulden [...] und jeder, der sie nicht einlöst, sündigt. [...] Wer Gott diese geschuldete Ehre nicht erweist, nimmt Gott das seine und entehrt Gott; und das heißt sündigen. Solange er aber nicht einlöst, was er geraubt hat, bleibt er in Schuld. Es reicht aber nicht aus, nur das zurückzugeben, was weggenommen wurde, sondern aufgrund der verursachten Beleidigung muss er mehr zurückgeben, als er genommen hat. [...] So muss also jeder, der sündigt, [bei] Gott die Ehre einlösen, die er geraubt hat; und das ist die Genugtuung, die jeder Sünder Gott leisten muss.	Omnis voluntas rationalis creaturae subiecta debet esse voluntati dei. [...] Hoc est debitum quod debet angelus et homo deo [...] et quod omnis qui non solvit peccat. [...] Hunc honorem debitum qui deo non reddit, aufert deo quod suum est, et deum exhonorat; et hoc est peccare. Quamdiu autem non solvit quod rapuit, manet in culpa. Nec sufficit solummodo reddere quod ablatum est, sed pro contumelia illata plus debet reddere quam abstulit. [...] Sic ergo debet omnis qui peccat, honorem deo quem rapuit solvere; et haec est satisfactio, quam omnis peccator deo debet facere.

Anselm von Canterbury, Cur Deus homo, I 11
(Opera omnia, Band 2, 68,12.14f.19–23; 68,29–69,2).

Das aber kann nicht geschehen, wenn nicht jemand [bei] Gott für die Sünde des Menschen etwas einlöst, das größer ist als alles, was außerhalb von Gott existiert. [...] Jener, der von sich her etwas geben kann, das alles außerhalb von Gott überragt, muss notwendig auch größer sein als alles Nichtgöttliche. [...] Nichts aber ist über allem Nichtgöttlichen außer Gott. [...] Also kann niemand außer Gott [selbst] diese Genugtuung leisten. Es darf sie aber niemand leisten außer dem Menschen. [...] Wenn also, wie es feststeht, notwendigerweise durch Menschen jene obere Stadt vollendet werden muss, das aber nicht ohne die genannte Genugtuung geschehen kann, die niemand außer Gott leisten kann und niemand außer dem Menschen leisten darf: so ist es nötig, dass sie ein Gott-Mensch leiste.	Hoc autem fieri nequit, nisi sit qui solvat deo pro peccato honinis aliquid maius quam omne quod praeter deum est. [...] Illum quoque qui de suo poterit dare aliquid, quod superet omne quod sub deo est, maiorem esse necesse est quam omne quod non est deus. [...] Nihil autem est supra omne quod deus non est, nisi deus. [...] Non ergo potest hanc satisfactionem facere nisi deus. [...] Sed nec facere illam debet nisi homo. Alioquin non satisfacit homo. [...] Si ergo, sicut constat, necesse est ut de hominibus perficiatur illa superna civitas, nec hoc esse valet, nisi fiat praedicta satisfactio, quam nec potest facere nisi deus nec debet nisi homo: necesse est ut eam faciat deus-homo.

AaO, II 6 (Opera omnia, Band 2, 101,3f.6–8.10.12.14.16–19).

Nichts Härteres aber und Schwereres kann der Mensch zur Ehre Gottes freiwillig und ohne Verpflichtung erleiden als den Tod, und in keiner Weise	Nihil autem asperius aut difficilius potest homo ad honorem dei sponte et non ex debito pati quam mortem, et nullatenus se

kann sich der Mensch Gott mehr hingeben als wenn er sich zu dessen Ehre dem Tod überliefert.	ipsum potest homo dare magis deo, quam cum se morti tradit ad honorem illius.

AaO, II 11 (Opera omnia, Band 2, 111,16–18).

Jener [nämlich Christus …] brachte dem Vater freiwillig dar, was er durch keine Notwendigkeit jemals verlieren sollte, und er löste für die Sünder ein, was er für sich selbst nicht [einlösen] musste. (Übersetzung RL)	Ille [sc. Christus …] sponte patri obtulit quod nulla necessitate umquam amissurus erat, et solvit pro peccatoribus quod pro se non debebat.

AaO, II 18 (Opera omnia, Band 2, 127,28–30).

Wie bereits im Fall des sog. ontologischen Gottesbeweises lässt sich die Argumentation in drei Schritten zusammenfassen:

1. Der Mensch als Teil der vernunftbegabten Schöpfung schuldet Gott die Unterwerfung unter dessen Willen. Durch die mit der Sünde verbundene Abkehr von Gottes Willen hat er aber Gott das Geschuldete verweigert und so Gottes Ehre verletzt.

2. Um der Wahrung der Ehre Gottes und der Vollendung jener ‚oberen Stadt' willen (= der Gemeinschaft der Seligen im Himmel) muss der sündige Mensch Genugtuung (lat. satisfactio) leisten. Dafür reicht allerdings eine einfache Rückerstattung des Geraubten nicht aus. Wegen der Schwere der Schuld muss die Satisfaktion vielmehr darin bestehen, dass „etwas" aufgebracht wird, „das größer ist als alles, was außerhalb von Gott existiert" (aliquid maius quam omne quod praeter deum est) – dies aber kann nur von Gott selbst geleistet werden.

3. Da die geforderte Genugtuung einerseits nur von *Gott* selbst geleistet werden kann, andererseits aber vom *Menschen* geleistet werden muss, kann sie nur durch einen *Gott-Menschen* erbracht werden: Jesus Christus. Die vom Gott-Menschen geleistete satisfactio besteht in der Hinnahme des Todes am Kreuz als des schwerstmöglichen Opfers. Weil der sündlose Jesus den ‚Ertrag' dieses Opfers für sich selbst nicht benötigt, kann er den Menschen zugute kommen, die mit ihm im Glauben verbunden sind.

Anselms Deutung des Kreuzestodes Christi stellt eine wichtige Zäsur in der Geschichte der Versöhnungslehre dar. Vorher war man im Allgemeinen davon ausgegangen, dass Gott mit dem Kreuzstod Jesu dem Teufel die Rechte auf die Menschheit abgekauft hatte. Mit seiner Interpretation vermied es Anselm, den Teufel in der Rolle des Fordernden und Gott in der Rolle eines Erfüllenden zu sehen. Vielmehr entscheidet sich Gott aus freien Stücken zur Sühnung der menschlichen Schuld. Kritisiert wurde an Anselms Argumentation u. a. der Anspruch, die Notwendigkeit der Menschwerdung Gottes rein rational zu begründen, d. h. allein mit Hilfe logischer Argumentation und unter Absehung von der biblischen Christusoffenbarung. Außerdem wurde immer wieder bemängelt, dass der Gedanke einer göttlichen Vergebung ohne satisfactio aus reiner Barmherzigkeit von Anselm mit dem Hinweis abgelehnt wurde, dass Gott durch diesen Strafverzicht seine gerechte Weltordnung willkürlich umstoßen würde; Luther hat an dieser Stelle anders optiert (s. u.). Diese Auffassung Anselms hat man mit der Abhängigkeit seiner Konzeption von der Denkwelt des

Lehnswesens seiner Zeit in Zusammenhang gebracht: Gott erscheint bei ihm wie ein beleidigter Lehnsherr, dem von seinem Vasallen eine angemessene Gegengabe geleistet werden muss.

Ein wohl nicht direkt gegen Anselms Satisfaktionstheorie gerichteter und dennoch oft als Alternative dazu aufgefasster Entwurf der christlichen Versöhnungslehre stammt von Petrus Abaelard. In seiner Auslegung von Röm 3,22–26 interpretierte er den Tod Jesu als Ausdruck der hingebenden *Liebe* Gottes, durch die eine Gegenliebe im Menschen hervorgerufen werden soll, in der sich die neue Existenz des Glaubenden manifestiert. Diese Interpretation hatte Nachwirkungen bis weit in die Neuzeit (z. B. Albrecht Ritschl).

Jesus Christus und die Erlösung

– **Anselm von Canterbury:** Jesu Tod kompensiert die Verletzung der gerechten Weltordnung durch die Menschen und erlöst diese dadurch von der Sünde. – Anselms Lehre wirkte auf die reformatorische Theologie.
– **Petrus Abaelard:** Jesu Leben und Leiden sind Ausdruck vollkommener Liebe zu Gott und zum Nächsten. Zur Erlösung kommt es infolge eines Ergriffen- und Verwandeltwerdens der Menschen durch Jesu Gottesliebe. – Abaelards Lehre wirkte auf die Theologie Albrecht Ritschls.

Obwohl Anselms Satisfaktionstheorie schon im Mittelalter umstritten war, hat sie eine enorme Wirkung gehabt. Dies gilt insbesondere für die reformatorische Theologie, wo der Satisfaktionsbegriff in der Lehre vom priesterlichen Amt Christi begegnete (vgl. dazu 10.3.3; insbesondere das Calvin-Zitat aus Institutio II 15,6). Auch in den nachstehenden Beispielen aus dem lutherischen und dem reformierten Bereich wird der Satisfaktionsbegriff aufgenommen. Im Zitat aus CA 4 kommt er freilich nur im lateinischen Text vor; die deutsche Version hat auf eine ausdrückliche Anknüpfung auf diesen Gedanken verzichtet, weshalb nachstehend eine direkte Übersetzung des lateinischen Textes angeführt ist.

Ebenso lehren sie, daß die Menschen vor Gott nicht durch eigene Kräfte, Verdienste oder Werke gerechtfertigt werden können, sondern daß sie geschenkweise um Christi willen durch den Glauben gerechtfertigt werden, wenn sie glauben, daß sie in die Gnade aufgenommen und daß die Sünden vergeben werden um Christi willen, *der durch seinen Tod für unsere Sünden Genugtuung geleistet hat*. Diesen Glauben betrachtet Gott als vor ihm selbst geltende Gerechtigkeit (Röm 3,21–28; 4,5).

Item docent, quod homines non possint iustificari coram Deo propriis viribus, meritis aut operibus, sed gratis iustificentur propter Christum per fidem, cum credunt se in gratiam recipi et peccata remitti propter Christum, *qui sua morte pro nostris peccatis satisfecit*. Hanc fidem imputat Deus pro iustitia coram ipso, Rom. 3 et 4.

CA 4 (BSLK 56,2–10; Evangelische Bekenntnisse, Band 1, 36; Hervorhebungen RL).

Frage 1
Was ist dein einziger Trost im Leben und im Sterben?
Dass ich mit Leib und Seele im Leben und im Sterben (Röm 14,7f) nicht mir (1 Kor 6,19), sondern meinem getreuen Heiland Jesu Christi gehöre (1 Kor 3,23). Er hat *mit seinem teuren Blut* (1 Petr

1,18f) *für alle meine Sünden vollkommen bezahlt* (1 Joh 1,7; 2,2) und mich aus aller Gewalt des Teufels erlöst (1 Joh 3,8).

HeidKat, 1. Frage (Reformierte Bekenntnisschriften, 154; Hervorhebungen RL).

Die dargestellte Wirkung von Anselms Satisfaktionstheorie auf die reformatorische Theologie darf aber nicht über eine wichtige Differenz hinwegtäuschen: In der Theologie der Reformatoren, namentlich bei Luther, spielte zwar der Gedanke einer gleichsam ‚objektiven' Heilswirkung des als stellvertretend gedachten Todes Christi eine wichtige Rolle; anknüpfend an die Bestimmung des Wesens Gottes als Liebe (vgl. § 6.3.2) hat Luther aber als Motiv für Christi Versöhnungswerk gerade nicht – wie Anselm – Gottes Interesse am Prinzip der (menschlich verstandenen) Gerechtigkeit, sondern die *reine Barmherzigkeit und Liebe Gottes* im Blick auf den sündigen Menschen herausgestellt. Von Bedeutung für Luther und die an seiner Theologie orientierte Lehrtradition sollte die – in der Aufklärung kritisierte (vgl. 10.4.1) – Auffassung werden, dass sowohl dem aktiven Gehorsam Christi (umfassende Gesetzesbefolgung) als auch seinem passiven Gehorsam (Leiden und Kreuzestod) eine Heilsbedeutung zukommt (vgl. dazu auch § 11.2.2).

> Aus dem Kommentar zu Gal 2,20:
> Ich lebe, doch nun nicht ich, sondern Christus lebt in mir. Denn was ich jetzt lebe im Fleisch, das lebe ich im Glauben an den Sohn Gottes, der mich geliebt hat und sich selbst für mich dahingegeben.

Mit diesen Worten [...] beschreibt Paulus aufs schönste das Priestertum und die Ämter Christi. Darin bestehen sie, daß er Gott versöhnt, für die Sünder eintritt und bittet, sich selbst als Opfer für ihre Sünden darbringt, sie erlöst etc. [...] Du musst Christus so beschreiben wie Paulus hier, daß er der Sohn Gottes ist, der nicht auf Grund unseres Verdienstes oder auf Grund irgendeiner Gerechtigkeit unsererseits, sondern aus lauter Barmherzigkeit und Liebe sich dahingegeben und sich Gott als Opfer dargebracht hat – für uns elende Sünder, um uns in Ewigkeit zu heiligen.	[H]is verbis Paulus pulcherrime describit sacerdotium et officia Christi. Ea sunt placare Deum, intercedere et orare pro peccatoribus, offerre seipsum hostiam pro peccatis eorum, redimere eos etc. [...] [D]efinias eum quemadmodum hic Paulus, quod sit filius Dei, qui non ex merito seu aliqua iustitia nostra, sed ex mera misericordia et dilectione tradiderit et obtulerit semetipsum Deo sacrificium pro nobis miseris peccatoribus, ut nos sanctificaret in aeternum.

M. Luther, Großer Galaterkommentar

(Galaterbriefauslegung [Kleinknecht], 117/WA 40 I, 297,33 f; 298,12.15–18).

Auf die Differenz zwischen Luthers Versöhnungslehre und der klassischen Satisfaktionslehre hat erstmals der Erlanger Lutheraner Johann Christian Konrad von Hofmann im 19. Jahrhundert hingewiesen (vgl. zum theologiegeschichtlichen Kontext: 1. Hauptteil, Abschnitt 5.2). In seinem Hauptwerk „Der Schriftbeweis" (1852–1856) hatte er den Gedanken der stellvertretenden Genugtuung zur Erläuterung des Versöhnungsgeschehens nicht herangezogen. Die Überwindung der durch die menschliche Sünde ausgelösten Störung des Gottesverhältnisses vollzog sich nach von Hofmann nicht dadurch, dass der Sohn stellvertretungsweise zum Gegenstand des göttlichen Zornes wird. Sondern die Sühnung der Sünde geschieht durch die Bewährung der persönlichen Gemeinschaft des Sohnes mit dem Vater bis in den Tod; durch diese Gehorsamsbewährung ist ein neuer Anfang der Geschichte Gottes mit dem Menschen gegeben. Um seine – in Teilen des Luthertums bestrittene – Rechtgläubigkeit zu erweisen, hatte von Hofmann darauf verwiesen, dass Luthers Versöhnungstheologie eher seiner Konzeption als der orthodoxen Satisfaktionstheorie entspricht (vgl. auch die Hinweise auf die in der evangelischen Theologie der Aufklärungszeit geäußerte Kritik an der dogmatischen Christologie am Anfang von 10.4.1).

Einen Überblick über den Verlauf der christologischen Auseinandersetzungen in altkirchlicher Zeit gibt:
- W.-D. Hauschild, Lehrbuch der Kirchen- und Dogmengeschichte, Band 1, 153–207 (= § 4).

Über Bedeutung und Nachwirkung des Enhypostasie-Begriffs informiert:
- Chr. Markschies, Enhypostasie/Anhypostasie (RGG⁴ 2).

Über Grundtypen und Entwicklungsschwerpunkte der Christologie informiert:
- G. Ebeling, Dogmatik, Band 2, 3–45 (= § 17), bes. 18–40.

Eine Interpretation der Anselmschen Satisfaktionslehre aus gegenwärtiger Sicht bietet:
- G. Plasger, Die Not-Wendigkeit der Gerechtigkeit.

Hinweise zum spezifischen Profil der ostkirchlichen Christologie geben:
- A. Kallis, Christologie (EKL³ 1);
- R. Flogaus, Christologie (RGG⁴ 2).

Über Ritschls Versöhnungslehre informiert in Kurzform:
- W. Pannenberg, Problemgeschichte der neueren evangelischen Theologie in Deutschland, 124–130.

Informieren Sie sich über die aktuelle exegetische, systematisch-theologische und religionspädagogische Diskussion über die theologische Bedeutung des Todes Jesu anhand der Beiträge in folgendem Sammelband:
- J. Frey / J. Schröter (Hg.), Deutungen des Todes Jesu im Neuen Testament.

Zwischenbemerkung: Das Werk Jesu Christi im Spiegel der mittelalterlichen Kunst
Seit altkirchlicher Zeit hat die bildende Kunst eine unübersehbare Vielfalt von Christusbildern hervorgebracht. Zahlreiche Darstellungen setzten sich speziell mit dem Werk Christi auseinander, d. h. mit der durch Jesu Tod am Kreuz bewirkten Versöhnung Gottes mit dem Menschen. Der besondere Reiz mittelalterlicher Werke liegt darin, dass in ihnen, nicht zuletzt aufgrund ihrer didaktischen Absicht, die dogmatische Christologie gewissermaßen ‚verbildlicht' wird (vgl. schon die in Exkurs 1 behandelten Trinitätsdarstellungen). Als ein in besonderer Weise typisches Beispiel für diese Verbildlichung der christlichen Versöhnungslehre kann die Kreuzigungsdarstellung aus dem „Hortus deliciarum" der Augustinerinnenäbtissin Herrad von Landsberg (1125/1130–1195) gelten (Abb. 5).

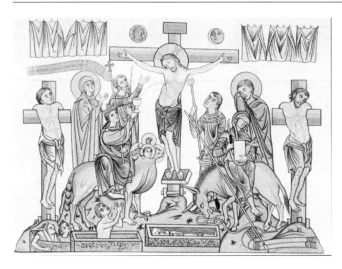

Abb. 5: Kreuzigungsdarstellung aus dem „Hortus deliciarum" der Herrad von Landsberg (2. Hälfte 12. Jahrhundert)

Bei diesem Werk handelt es sich um ein monumentales Lehrbuch mit zahlreichen Illustrationen, das eine heilsgeschichtlich angelegte Zusammenfassung des religiösen Wissens seiner Zeit enthielt. Der Titel („Garten der Köstlichkeiten") ist die damals gebräuchliche Bezeichnung für das irdische Paradies, also den am Anfang der Menschheitsgeschichte von Adam und Eva bewohnten „Garten Eden". Allerdings konnte diese Bezeichnung entsprechend der damals üblichen allegorischen Auslegungsweise auch auf die Kirche bezogen werden. Die zuletzt in Straßburg aufbewahrten Reste der Originalhandschrift sind nicht erhalten (sie sind 1870 bei der Beschießung durch deutsche Truppen verbrannt), die heutigen Rekonstruktionen des „Hortus" beruhen vorwiegend auf Kopien aus dem 19. Jahrhundert.

Die heilsgeschichtliche Bedeutung des Todes Jesu am Kreuz wird deutlich an der Aufnahme der Legende, nach der Christus direkt über dem Grab Adams gekreuzigt worden sei: Die Abbildung zeigt das geöffnete Adamsgrab direkt unter dem Gekreuzigten. Ihre Wurzel hat diese Überlieferung in der paulinischen Adam-Christus-Typologie: Christus wird als Haupt einer neuen Menschheit und ‚letzter Adam' dem ‚ersten Adam' gegenübergestellt (I Kor 15,45 ff). Adams auf alle Menschen übergegangene Schuld wurde durch Christi gehorsame Hingabe am Kreuz getilgt (vgl. Röm 5,12–20; I Kor 15,21 f). Auf der (vom Betrachter aus gesehen) linken Seite des Kreuzes fängt eine die Kirche (Ekklesia) symbolisierende Frau mit Krone das aus der geöffneten Seite Christi strömende Blut in einem Kelch auf. Sie sitzt auf einem Tier, dessen vier Köpfe und Füße für die vier Evangelisten stehen: Engel (Matthäus), Adler (Johannes), Löwe (Markus), Stier (Lukas). Die rechts vom Kreuz mit gesenktem Haupt auf einem Esel sitzende Frau symbolisiert die Synagoge, d. h. das Judentum, das Christus nicht als Messias anerkannt hat. Zu erkennen ist sie an der Verhüllung ihrer Augen, der abgewandten Haltung, Opfertier, Beschneidungsmesser und Gesetzestafel sowie der gesenkten Lanze (im Gegensatz zum aufrechten Kreuzesstab der Ekklesia). Hinter Ekklesia und Synagoge sind weitere am biblischen Kreuzigungsgeschehen beteiligte Personen abgebildet, nämlich einmal – als Repräsentant der zum Christentum bekehrten Heiden – der römische Hauptmann, der die Gottessohnschaft Jesu bekennt (Mk 15,39) und zum anderen – nicht zufällig auf der Seite der Synagoge stehend – ein Vertreter der Ungläubigen, der Jesus nach der Verspottung den Essigschwamm reicht (Mk 15,34–36; Mt 27,46–48). Neben den zuletzt genannten Personen sind Maria (links) und Josef (rechts) dargestellt. Auch von den zu beiden Seiten Jesu gekreuzigten Verbrechern wendet sich einer ab, während der andere zu ihm hin schaut (Lk 23,39–43). Am oberen Bildrand ist das Zerreißen des Tempelvorhangs dargestellt (Mk 15,38; Mt 27,51; Lk 23,45), während unten die – so nur bei Matthäus berichtete – Auferstehung der Heiligen aus den Gräbern angedeutet wird (Mt 27,52 f; vgl. Ez 37,12 f).

📖 Weitere Informationen und Darstellungen aus Herrads Werk enthält:
  – Herrad von Landsberg, Hortus Deliciarum.

📖 Über Christusbilder in der Kunst informiert:
  – A. Stock, Christusbilder (RGG^4 2).

📖📖 Die Besonderheiten von Christusdarstellungen in der Zeit nach 1914 behandelt eingehend:
  – K. Raschzok, Christuserfahrungen und künstlerische Existenz.

10.3 Akzente reformatorischer Christologie

10.3.1 *Die Lehre von der Person Christi*

Die Zwei-Naturen-Lehre wurde von den Kirchen der Reformation übernommen. Dennoch erhielt sie hier eine eigene Prägung, weil der bereits in der altkirchlichen Tradition geläufige Gedanke einer wechselseitigen Mitteilung (lat. communicatio) der Eigentümlichkeiten bzw. Eigenschaften (gr. *idiomata*) beider Naturen im lutherischen Protestantismus weiterentwickelt wurde.

Die Lehre von der [wechselseitigen] Mitteilung der Eigenschaften [der Naturen in Christus] (lat. communicatio idiomatum) besagte zunächst, dass die unlösbare Einheit der – unvermischt bleibenden – Naturen in der Person Jesus Christus dazu berechtigt, die Eigenschaften einer der beiden Naturen von der ganzen Person auszusagen: Weil der *Mensch* Jesus zugleich wahrer *Gott* ist, kann die Mutter des *Menschen* Jesus auch *Gottes*gebärerin genannt werden (vgl. 10.2.1). Auch kann dem Menschen Jesus aufgrund

Communicatio idiomatum

– Wechselseitige Mitteilung der Eigenschaften beider Naturen in Christus.
– Aufgrund der Personeinheit Christi können die Eigenschaften einer Natur auch von der Person als ganzer ausgesagt werden.
– Besonderheit der lutherischen Auffassung: Eigenschaften der göttlichen Natur können auch von der menschlichen Natur ausgesagt werden; Beispiel: Allgegenwart (Ubiquität).

seiner Personeinheit mit dem göttlichen Logos das göttliche Prädikat der Allwissenheit oder der Allmacht zugesprochen werden.

Die lutherische Theologie hat die communicatio allerdings auch als direkte Übertragung von Eigenschaften der göttlichen Natur auf die *menschliche Natur* Christi verstanden. Danach konnte z. B. die Allgegenwart (Ubiquität) als eine Eigenschaft der göttlichen Natur Jesu auch seiner menschlichen Natur als solcher zugesprochen werden – und nicht nur der Person als ganzer aufgrund ihrer Einheit mit dem göttlichen Logos. Diese schon bei Luther angelegte, u. a. durch Martin Chemnitz vertiefte und in die Konkordienformel aufgenommene sowie in der lutherischen Orthodoxie systematisierte Lehre entsprang dem Interesse an einer ‚Festlegung' Gottes auf die Christusoffenbarung: In Christus sind Gott und Mensch so eng verbunden, dass ein von der Inkarnation unabhängiger Begriff Gottes dessen Wesen verfehlen und die Personeinheit des Erlösers in Frage stellen würde.

Wo du sagen kannst: Hier ist Gott, da musst du auch sagen: Christus der Mensch ist auch da. Und wenn du einen Ort zeigen würdest, an dem [Christus] Gott wäre und nicht [zugleich] der Mensch, so wäre die Person schon zertrennt, weil ich dann wirklich sagen könnte: Hier ist Gott, der nicht Mensch ist und noch nie Mensch wurde. Komm mir aber nicht mit dem Argument, Christus sei doch Gott. Denn hieraus würde folgen, dass Raum und Aufenthaltsort die zwei Naturen voneinander absonderten und die Person zertrennten, obwohl doch der Tod und alle Teufel sie nicht trennen und auseinanderreißen konnten. Das sollte mir ein schlechter Christus sein, der nur an einem Ort eine göttliche und eine menschliche Person zugleich und an allen anderen Orten ein nur abgesonderter Gott bzw. eine göttliche Person ohne Menschheit wäre. Nein Geselle, wo du mir Gott hinsetzt, da musst du mir die Menschheit auch hinsetzen, sie lassen sich nicht absondern und voneinander trennen. Es ist eine Person geworden und trennt die Menschheit nicht so von sich, wie Meister Hans seinen Rock auszieht und weglegt, wenn er schlafen geht. (Übertragung RL)	[W]o du kanst sagen: Hie ist Gott, da mustu auch sagen: So ist Christus der mensch auch da. Und wo du einen ort zeigen wurdest, da Gott were und nicht der mensch, so were die person schoen zurtrennet, weil ich als denn mit der warheit kund sagen: Hie ist Gott, der nicht mensch ist und noch nie mensch ward, Mir aber des Gottes nicht. Denn hieraus wolt folgen, das raum und stette die zwo naturn von einander sonderten und die person zurtrenneten, so doch der tod und alle teuffel sie nicht kundten trennen noch von einander reissen, Und es solt mir ein schlechter Christus bleiben, der nicht mehr denn an einem eintzelen ort zu gleich eine Goettliche und menschliche person were, Und an allen andern orten muste er allein ein blosser abgesonderter Gott und Gottliche person sein on menscheit. Nein geselle, wo du mir Gott hinsetzest, da mustu mir die menscheit mit hin setzen, Sie lassen sich nicht sondern und von einander trennen, Es ist eine person worden und scheidet die menscheit nicht so von sich, wie meister Hans seinen rock aus zeucht und von sich legt, wenn er schlaffen gehet.

M. Luther, Vom Abendmahl Christi (WA 26, 332,31–333,10).

Während die lutherische Theologie stärker an der Personeinheit Christi interessiert war, betonte die reformierte Tradition die prinzipielle Differenz zwischen Göttlichem und Menschlichem und hob daher die Unterscheidbarkeit zwischen den Naturen in Christus hervor. Im Hintergrund stand dabei der philosophische Grundsatz, nach dem das Endliche (die menschliche Natur Christi) das Unendliche (seine göttliche Natur) nicht aufnehmen könne: Das Endliche ist nicht empfänglich für das Unendliche (lat. finitum non capax infiniti). Angesichts der lutherischen Behauptung einer Teilhabe der menschlichen Natur in Christus an den Majestätseigenschaften der göttlichen Natur befürchteten die Reformierten eine ‚monophysitische' (vom Chalkedonense abweichende) Vermischung der Naturen und damit die Preisgabe des wahren Menschseins Jesu. Schon Calvin hat daher nachdrücklich vermerkt, dass sich der göttliche Logos in Jesus Christus zwar mit der menschlichen Natur verbunden hat, dass dadurch aber weder die menschliche Natur vergöttlicht, noch das Göttliche in die Grenzen des Menschlichen eingeschlossen wird.

[D]as Wort ist zwar freilich in der Unermesslichkeit seines Wesens mit der Natur des Menschen zu einer Person zusammengewachsen, aber doch nicht darin eingeschlossen! Das ist das große Wunder: der Sohn Gottes ist vom Himmel herniedergestiegen – und hat ihn doch nicht verlassen; er ist aus der Jungfrau geboren worden, ist auf der Erde gewandelt, ja er hat mit seinem Willen am Kreuze gehangen – und doch hat er immerfort die ganze Welt erfüllt, wie im Anfange!	[E]tsi in unam personam coaluit immensa Verbi essentia cum natura hominis, nullam tamen inclusionem fingimus. Mirabiliter enim e caelo descendit Filius Dei, ut caelum tamen non relinquerit: mirabiliter in utero Virginis gestari, in terris versari, et in cruce pendere voluit, ut semper mundum impleret, sicut ab initio.

J. Calvin, Unterricht/Institutio, II 13,4 (Weber 298/Opera selecta III 458,7–13).

An dieser Stelle bestand seit dem 16. Jahrhundert eine Lehrdifferenz zwischen Lutheranern und Reformierten. Sie stand in engem Zusammenhang mit der je unterschiedlichen Auffassung zur Präsenz Christi im Abendmahl: Die Anteilhabe der menschlichen Natur des erhöhten Christus an den Eigenschaften der göttlichen Natur (vor allem: Allgegenwart) war für die lutherische Lehre von der realen Anwesenheit von Leib und Blut Christi in den Abendmahlselementen erforderlich (vgl. dazu § 12.2.3). Die Lehrunterschiede in *Christologie* und *Abendmahlslehre* (sowie in der Lehre von der Vorherbestimmung – *Prädestination* – des Menschen durch Gott; vgl. § 11.3) haben zu gegenseitigen Lehrverurteilungen zwischen Lutheranern und Reformierten geführt, denen freilich seit der Leuenberger Konkordie (vgl. zum theologiegeschichtlichen Kontext: 1. Hauptteil, Abschnitt 3.6) keine kirchentrennende Bedeutung mehr zukommt. Speziell im Blick auf die christologische Differenz hat die Konkordie mit dem gemeinsamen Bekenntnis zur vollen Menschheit und vollen Gottheit in der Person Jesu Christi die geschichtliche Bedingtheit jener Denkformen betont, in denen die Differenzen des Reformationszeitalters wurzelten.

21. In dem wahren Menschen Jesus Christus hat sich der ewige Sohn und damit Gott selbst zum Heil in die verlorene Menschheit hineingegeben. Im Verheißungswort und Sakrament macht der Heilige Geist und damit Gott selbst uns Jesus als Gekreuzigten und Auferstandenen gegenwärtig.
22. Im Glauben an diese Selbsthingabe Gottes in seinem Sohn sehen wir uns angesichts der geschichtlichen Bedingtheit überkommener Denkformen vor die Aufgabe gestellt, neu zur Geltung zu bringen, was die reformierte Tradition in ihrem besonderen Interesse an der Unversehrtheit

von Gottheit und Menschheit Jesu und was die lutherische Tradition in ihrem besonderen Interesse an seiner völligen Personeinheit geleitet hat.

Leuenberger Konkordie, Nr. 21 f
(Reformierte Bekenntnisschriften, 254).

10.3.2 Die Lehre vom zweifachen Stand Christi (Entäußerung, Erhöhung)

Der älteren Lehre vom Werk Christi entsprachen in der lutherischen Tradition die Stände- und die Ämterlehre. Mit diesen beiden Lehrstücken wurde die nachdrücklich betonte Einheit von göttlicher und menschlicher Natur in Christus auf dessen Weltwirken bezogen und insofern eine enge Verbindung von Person und Werk Jesu Christi hergestellt.

Status exinanitionis/exaltationis

– Biblische Basis: Phil 2,5-11.
– Streitpunkt: Zugehörigkeit der Höllenfahrt zum Stand der Erniedrigung (reformierte Orthodoxie) oder zum Stand der Erhöhung (lutherische Orthodoxie).
– Thema einer innerlutherischen Kontroverse im 17. Jahrhundert: Christi Gebrauch seiner göttlichen Eigenschaften im Stand der Erniedrigung.

Die in Anlehnung an Phil 2,5–11 formulierte *Lehre vom zweifachen Stand Christi* geht davon aus, dass an Christus seit seiner Menschwerdung ein zweifacher Zustand festzustellen ist, der mit seinem Erlösungswerk in direktem Zusammenhang steht. Es handelt sich um den

1. Zustand der Entäußerung (gr./lat. *kenosis*/*exinanitio*, daher *status exinanitionis*). Er umfasst die Ereignisse von der *Empfängnis* bzw. der *Geburt* Jesu bis zu seiner *Grablegung*. In dieser Zeit war der fleischgewordene Logos allen Schwächen der menschlichen Natur unterworfen. Diese Unterwerfung unter die Bedingungen des von Leid und Vergänglichkeit geprägten irdischen Lebens bedeutet allerdings keine Abwesenheit der göttlichen Natur. Sondern Christus hat während des Erdenwirkens seine Göttlichkeit lediglich eingeschränkt zur Geltung gebracht – aus Rücksicht auf das zu vollbringende Erlösungswerk.

2. Zustand der Erhöhung (lat. exaltatio, daher *status exaltationis*). Er umfasst *Auferstehung*, *Himmelfahrt* und Christi *Sitzen zur Rechten des Vaters*. Durch die Überwindung des Todes hat Christus alle Schwächen der menschlichen Natur abgelegt und macht von seiner Göttlichkeit uneingeschränkt Gebrauch.

Unterschiedlich beurteilt wurde bei Lutheranern und Reformierten die *Höllenfahrt*: Aus lutherischer Sicht (FC 9) beginnt damit der Zustand der Erhöhung, weil Christus bei der Höllenfahrt den einst ungehorsamen „Geistern im Gefängnis" gepredigt habe (vgl. I Petr 3,19 f; vgl. auch § 14.2, Zwischenbemerkung). Aus reformierter Sicht gehört die Höllenfahrt dagegen zum status exinanitionis, weil die Rede vom Herabstieg Christi in die Hölle nicht als dessen räumliche Anwesenheit, sondern als Bezeichnung für die am Kreuz erlittene Seelenqual der Gottverlassenheit verstanden wird. – So ergibt sich im Blick auf die Einzelheiten der beiden status eine Differenz zwischen lutherischer und reformierter Orthodoxie (vgl. die nachstehende Tabelle).

	Lutherische Orthodoxie	Reformierte Orthodoxie
status exinanitionis	Empfängnis Geburt Beschneidung Erziehung Lebenswandel auf Erden Leiden Tod Begräbnis Höllenfahrt	Geburt Leben und Leiden Tod Höllenfahrt
status exaltationis	Auferstehung Himmelfahrt Sitzen zur Rechten Gottes	

Von Bedeutung für die reformatorische Christologie war ferner eine im ersten Drittel des 17. Jahrhunderts geführte und nie definitiv entschiedene innerlutherische Auseinandersetzung. Dabei ging es um die Frage, *in welcher Weise und in welchem Umfang Christus im Stand der Erniedrigung von den göttlichen Eigenschaften Gebrauch gemacht hat*, die – im Sinne des lutherischen Verständnisses der communication idiomatum (vgl. 10.3.1) – seiner menschlichen Natur zukamen; es ging also um das sachgerechte Verständnis jener Entäußerung (*kenosis*) bzw. Annahme der Knechtsgestalt (gr. *morphe doulou*), von der in Phil 2,7 die Rede ist. Eine der Streitparteien, die Vertreter der Gießener Theologischen Fakultät, behauptete für die Zeit des status exinanitionis einen wirklichen Verzicht Jesu auf den Gebrauch seiner göttlichen Eigenschaften – man spricht daher von der Behauptung einer *Entäußerung des Gebrauchs* (gr. *kenosis chreseos*). Im Gegensatz zu dieser Auffassung, in deren Hintergrund das Interesse an der vollen Menschheit Jesu stand, behauptete die zweite Streitpartei, die Vertreter der Tübinger Theologischen Fakultät, lediglich eine *Verhüllung des Gebrauchs* der göttlichen Eigenschaften durch Jesus in der Zeit des status exinanitionis (gr. *krypsis chreseos*); im Hintergrund stand hier das Interesse an der Personeinheit des Erlösers. Es handelt sich also – hier nun im Horizont der reformatorischen Theologie – um dieselben Interessenkonstellationen, die sich bereits in der Entwicklungsgeschichte der altkirchlichen Christologie artikuliert hatten (vgl. 10.2.1).

10.3.3 Die Lehre vom dreifachen Amt Christi (Prophet, Priester und König)

Luther hatte lediglich vom *priesterlichen* und vom *königlichen* Amt Christi gesprochen und kannte demzufolge die Lehre vom dreifachen Amt noch nicht. Die *Lehre vom dreifachen Amt Christi als* Prophet, Priester und König wurde zuerst von Johannes Calvin ausgebildet und seit Johann Gerhard auch in die lutherische Theologie übernommen. Calvin hatte diese Lehre biblisch begründet: *Christus* ist die Übersetzung des hebräischen *Messias* (der Gesalbte). Nach dem Zeugnis des Alten Testaments aber werden sowohl Propheten (I Reg 19,16; Jes 61,1) als auch (Hohe-) Priester (Lev 4,3) und Könige gesalbt (I Sam 10,1; 16,1.13; I Reg 1,39). Jesus als *der* Gesalbte muss deshalb *der* Prophet, *der* Priester, *der* König sein.

Soll also der Glaube in Christus wirklich den festen Grund alles Heils finden, ... so muß der Grundsatz gelten: das Amt, das ihm der Vater vertraut hat, umfaßt *drei* Aufgaben. Er ist uns nämlich [1] zum *Propheten*, [2] zum *König* und [3] zum *Priester* gesetzt.	Ergo ut in Christo reperiat fides solidam salutis materiam, atque ita in ipso acquiescat, statuendum hoc principium est, tribus partibus constare quod ei iniunctum a Patre munus fuit. Nam et Propheta datus est, et Rex et Sacerdos.

J. Calvin, Unterricht/Institutio, II 15,1 (Weber 307/Opera selecta III 472,3–7).

Denn unter dem Gesetz sind, wie wir wissen, Propheten wie Priester wie Könige mit dem Heiligen Öl gesalbt worden. [...] [1] Christus empfing diese Salbung [zum Propheten] nicht für sich allein, damit er recht das Amt des Lehrers ausüben könnte, sondern für seinen ganzen Leib (die Gemeinde), damit in der immerwährenden Verkündigung des Evangeliums die Kraft des Geistes sich entsprechend auswirke.	[S]cimus enim sub Lege sacro oleo tam Prophetas quam sacerdotes ac reges fuisse unctos. [...] [Atque hic rursus notandum est,] non sibi modo unctionem accepisse, ut fungeretur docendi partibus: sed toti suo corpori, ut in continua Evangelii praedicatione virtus Spiritus respondeat.

AaO, II 15,2 (Weber 308/Opera selecta III 473,7 f.19–22).

[2] [W]ir können die Kraft und den Segen des *Königsamtes* Christi *nur dann* erfassen, wenn wir bedenken, daß es *geistlich* ist. Das wird uns ja schon dadurch deutlich, daß wir unser Leben lang unter dem Kreuze zu ringen haben und unser Dasein jämmerlich und hart ist! ... So sollen wir, mit seiner Gerechtigkeit umkleidet, alles Schmähen der Welt tapfer überwinden.	[Quod diximus] vim et utilitatem regni Christi non posse aliter a nobis percipi quam dum spirituale esse cognoscimus, vel hinc satis liquet, quod dum toto vitae cursu militandum sub cruce nobis est, aspera et misera est nostra conditio. ... Denique ut iustitia eius vestiti, omnia mundi opprobria fortiter superemus.

AaO, II 15,4 (Weber 309 f/Opera selecta III 475,30–33; 476,33–477,1).

[3] [Christi priesterliches Amt] hat seinen Zweck und Nutzen darin, daß er ein reiner, von allem Makel freier Mittler ist, der uns durch seine Heiligkeit mit Gott versöhnt. ... Der Hauptinhalt	[Iam de sacerdotio breviter sic habendum,] finem et usum eius esse ut sit mediator purus omni macula, qui sanctitate sua Deum nobis conciliet. ... Summa tamen huc redit, non-

seiner [des Hebräerbriefs] Beweisführung ist der: Die Würde des Hohenpriestertums kommt allein Christus zu, der mit dem Opfer seines eigenen Todes unsere Schuld abgetan und für unsere Sünden genuggetan hat. ... Hier ergibt sich aber auch, daß er ein *ewiger Fürsprecher* für uns ist: sein Eintreten für uns erwirkt uns Gottes Wohlgefallen.

nisi in Christum competere sacerdotii honorem, quia sacrificio mortis suae reatum nostrum delevit, et satisfecit pro peccatis. [...] Hinc sequitur aeternum esse deprecatorem, cuius patrocinio favorem consequimur.

AaO, II 15,6 (Weber 312/Opera selecta III 480,1–3.12–15.25 f).

Die dreifache Charakterisierung des Mittleramtes Christi konnte zwar mit dem geschichtlichen Wirken Jesu verbunden werden. Aber diese Verbindung wurde nicht als Beschränkung der drei Ämter auf einzelne ‚Etappen' seines Wirkens verstanden. Die in der nachstehenden Tabelle zusammengefasste Lehrbildung der altprotestantischen Orthodoxie hat die drei Ämter vielmehr ‚zeitübergreifend' interpretiert, d. h. sie wurden Christus sowohl im status exinanitionis als auch im status exaltationis zugeschrieben. Das königliche Amt Christi im status exaltationis ist wiederum dreigeteilt; sofern es sich auf die gegenwärtige Welt bezieht (regnum potentiae; regnum gratiae) handelt es sich um die Mitwirkung Christi an der Weltregierung Gottes (vgl. § 8.4).

prophetisches Amt (officium propheticum)	status exinanitionis	Verkündigung des göttlichen Willens durch den irdischen Jesus
	status exaltationis	Verkündigung des göttlichen Willens durch den erhöhten Christus in Gestalt der kirchlichen Verkündigung
priesterliches Amt (officium sacerdotale)	status exinanitionis	stellvertretendes Strafleiden und Sühnetod Jesu am Kreuz (satisfactio)
	status exaltationis	Fürbitte des erhöhten Christus beim Vater für die Menschen (intercessio)
königliches Amt (officium regium)	status exinanitionis	weitgehender Verzicht auf die Ausübung der Christus von Ewigkeit her zukommenden königlichen Herrschaft
	status exaltationis	Erhaltung und Regierung der (gegenwärtigen wie zukünftigen) Welt im allgemeinen und der Kirche im besonderen
⬇	⬇	⬇
Reich der Macht (regnum potentiae): Regierung der *gegenwärtigen Welt im allgemeinen*	Reich der Gnade (regnum gratiae): Regierung der *Kirche* in der *gegenwärtigen Welt*	Reich der Herrlichkeit (regnum gratiae): Regierung der *zukünftigen Welt* (nach dem Jüngsten Gericht)

In der Neologie (vgl. zum theologiegeschichtlichen Kontext: 1. Hauptteil, Abschnitt 4.5) wurde die Lehre vom dreifachen Amt Christi als unbiblisch kritisiert (erstmals durch Johann August Ernesti in seiner Schrift „De officio Christi triplici"). Ernesti verstand das neutestamentliche Christuszeugnis als Ausdruck einer einheitlichen Tätigkeit des Erlösers in Gestalt des stellvertretenden Opfertodes. Die (sich auf den Hebräerbrief stützende) Rede vom priesterlichen Amt war nach Ernesti ganz ohne Anhalt am Selbstverständnis Jesu, und auch das Verständnis des königlichen Amtes überschreitet s. E. die Grenzen des exegetisch Zulässigen; am ehesten wird die dogmatische Bezeichnung Christi als des vollkommenen Propheten dem biblischen Zeugnis gerecht. Allerdings hat die evangelische Theologie das von Ernesti kritisierte Lehrstück unter veränderten Bedingungen seit dem 19. Jahrhundert erneuert.

📖 Die Christologie der Reformatoren ist skizziert bei:
- C. H. Ratschow, Jesus Christus, 21–37 (zu Luther); 38–54 (zu Calvin).

✍ Verschaffen Sie sich einen Überblick zur lutherischen Lehre von der Person Christi anhand von:
- FC 8 SD (De persona Christi): BSLK 1017–1049.

📖📖 Über die Spezifika der lutherischen Christologie informiert eingehend:
- Th. Mahlmann, Das neue Dogma der lutherischen Christologie.

📖📖 Eine vergleichende Untersuchung von Luthers Zwei- und Calvins Dreiämterlehre stammt von:
- K. Bornkamm, Christus – König und Priester.

10.4 Probleme der neueren Christologie

10.4.1 Zur modernen Kritik am christologischen Dogma

Die sich aus dem neuzeitlichen Wahrheitsbewusstsein ergebende Kritik an der überlieferten Theologie hat die dogmatische Christologie stark betroffen: Zweinaturenlehre und Satisfaktionsdogma wurden seit der theologischen Aufklärung zunehmend als unbiblisch, aber auch als unvereinbar mit den Standards der zeitgenössischen Rationalität empfunden (vgl. zum theologiegeschichtlichen Kontext: 1. Hauptteil, Abschnitt 4.5).

Christologie im Geiste der Aufklärung

- Zweinaturenlehre und Satisfaktionsdogma galten als unplausibel.
- Den Ansatz der Christologie bildete Jesu sittliche Vollkommenheit, die ihn zum Vorbild wahrer Moralität erhob.

Indem Johann Friedrich Wilhelm Jerusalem die Besonderheit der *Person* Jesu in dessen moralischer Gesinnung (und gerade nicht in seiner göttlichen Natur) erblickte, stellte er die überlieferte Zweinaturenlehre (vgl. 10.2.1) in Frage. Johann Gottlieb Töllner dehnte die Kritik am christologischen Dogma auf die Lehre vom *Heilswerk* Jesu (10.2.2) aus: Er bestritt, dass der vollkommene Gesetzesgehorsam Jesu (sein aktiver Gehorsam) als Bestandteil des göttlichen Versöhnungswerkes gelten könne; die Vergebung der Sünden wird den Menschen nach Töllner nur aufgrund des Leidens und Sterbens Jesu (seines passiven Gehorsams) zuteil, und zwar konkret dadurch, dass durch Christi Tod für uns Sünder unser Vertrauen in die Gnadenverheißung Gottes geweckt wird und uns zur Hinwendung zu Gott sowie zu einem dieser Hinwendung entsprechenden neuen Lebenswandel (Heiligung) motiviert (vgl. dazu auch § 11.2.2). Gotthelf Samuel Steinbart begründete die Preisgabe der Deutung des Todes Jesu als eines Versöhnungswerkes damit, dass es sich dabei um eine der jüdischen Vorstellungswelt des 1. Jahrhunderts entstammende und daher gegenwärtig obsolete Theorie handle (vgl. auch die Hinweise auf die von Johann Christian Konrad von Hofmann im 19. Jahrhundert vorgetragene Kritik an der Satisfaktionslehre am Ende von 10.2.2).

Die zahlreichen Einwände waren jedoch keineswegs primär antichristlich motiviert, sondern zielten zumeist auf eine zeitgemäße Neuformulierung der Lehre von Jesus Christus. Dies wirkte sich so aus, dass Jesus nicht primär als Sohn Gottes, sondern zunächst als Mensch verstanden wurde. Seine sittliche Vollkommenheit galt als Anlass dafür, ihn mit Gott in enge Verbindung zu bringen. Die Art, wie diese Verbindung in altkirchlicher Zeit zum Ausdruck gebracht wurde, fasste man jedoch als zeitgebunden und – im Horizont der Aufklärung – revisionsbedürftig auf.

> Für den skizzierten Ansatz hat sich in der dogmatischen Fachsprache der Begriff einer *Christologie von unten* eingebürgert: Das Menschsein Jesu ist unstrittig, während seine dogmatische Bezeichnung als Sohn Gottes unter den Bedingungen von Neuzeit und Aufklärung unverständlich geworden und daher erläuterungsbedürftig ist. Demgegenüber wird die ältere dogmatische Christologie als *Christologie von oben* bezeichnet, weil für sie die Göttlichkeit Christi unstrittig war. Als klärungsbedürftig galt die Verbindung von Göttlichem und Menschlichem.

Dem Ansatz beim Menschsein Jesu und seiner sittlichen Vollkommenheit entsprach die Konzentration auf ethische Fragen. Jesus galt als Repräsentant authentischer Religiosität und damit zugleich als Vorbild echter Moralität. Die überlieferten dogmatischen Bestimmungen zu Person und Werk Christi konnten demgegenüber als unbedeutend oder gar als Hindernis für ein zeitgemäßes Christentum in der Nachfolge Jesu aufgefasst werden.

Die skizzierten Tendenzen sind bei Adolf von Harnack besonders deutlich greifbar, namentlich in der achten Vorlesung seiner Vorlesungsreihe zum Thema „Das Wesen des Christentums".

Nicht der Sohn, sondern allein der Vater gehört in das Evangelium, wie es Jesus verkündigt hat, hinein. […]
Der Satz ‚Ich bin der Sohn Gottes', ist von Jesus selbst nicht in sein Evangelium eingerückt worden, und wer ihn als einen Satz neben anderen dort einstellt, fügt dem Evangelium etwas hinzu. […]
Das Evangelium ist keine theoretische Lehre, keine Weltweisheit; Lehre ist es nur insofern, als es die Wirklichkeit Gottes des Vaters lehrt. Es ist eine frohe Botschaft, die uns des ewigen Lebens versichert und uns sagt, was die Dinge und die Kräfte *wert* sind, mit denen wir es zu thun haben. Indem es vom ewigen Leben handelt, giebt es die Anweisung für die rechte Lebensführung. Welchen Wert die menschliche Seele, die Demut, die Barmherzigkeit, die Reinheit, das Kreuz haben, das sagt es, und welchen Unwert die weltlichen Güter und die ängstliche Sorge um den Bestand des irdischen Lebens. Und es giebt die Zusage, daß trotz alles Kampfes Friede, Gewißheit und in-

nere Unzerstörbarkeit die rechte Lebensführung krönen werden. Was kann unter solchen Bedingungen ‚Bekennen' anders heißen, als den Willen Gottes thun in der Gewißheit, daß er der Vater und der Vergelter ist? Von keinem anderen ‚Bekenntnis' hat Jesus jemals gesprochen. [...] Wie weit entfernt man sich also von seinen Gedanken und von seiner Anweisung, wenn man ein ‚christologisches' Bekenntnis dem Evangelium voranstellt und lehrt, erst müsse man über Christus richtig denken, dann erst könne man an das Evangelium herantreten!

A. v. Harnack, Das Wesen des Christentums, 154. 156 f.

Harnack hat die Kritik an der älteren Christologie übernommen und zugleich das Evangelium Jesu als eigentlichen Grund des christlichen Glaubens von der kritisierten dogmatischen Lehre über Person und Werk des Sohnes nachdrücklich unterschieden. Mit seiner im Rückgang auf *Jesus* begründeten Ablehnung des *Christusdogmas* hat Harnack eine für den protestantischen Liberalismus im 19. Jahrhundert charakteristische Tendenz zur äußersten Konsequenz geführt (vgl. zum theologiegeschichtlichen Kontext: 1. Hauptteil, Abschnitt 5.3.2).

Diese Reaktion auf die Krise des christologischen Dogmas war allerdings keinesfalls die einzige Antwort der neueren Theologie. Ergänzend hinzuweisen ist vor allem auf die im wesentlichen an der Philosophie Hegels orientierten Versuche, die traditionellen dogmatischen Lehrformeln des Christentums durch philosophische Neuinterpretation zu bewahren. Weiterhin ist die für das 20. Jahrhundert besonders wichtige *Versöhnungslehre Karl Barths* zu nennen. Sie erinnert z. T. an die spekulative Theologie des 19. Jahrhunderts, ist von ihr aber durch die Betonung des Glaubens als einziger Quelle sachgemäßer theologischer Erkenntnis unterschieden. Barth hat sie im unvollendeten Teil IV seiner „Kirchlichen Dogmatik" entfaltet (zwischen 1953 und 1967 sind drei der geplanten vier Teilbände erschienen; vgl. zum theologiegeschichtlichen Kontext: 1. Hauptteil, Abschnitt 6.1.4). Wichtig an diesem Entwurf ist zum einen die umfassende Integration der klassischen Christologie, wie sie in 10.2 skizziert wurde, allerdings mit reformiertem Akzent (Kritik an der lutherischen Ubiquitätslehre im Namen des Grundsatzes *finitum non capax infiniti*). Weiter bedeutsam ist die Verschränkung der Christologie mit der Sündenlehre, der Lehre von der Heilserlangung, der Lehre vom Heiligen Geist und der christlichen Ethik (zum Verhältnis Dogmatik-Ethik bei Karl Barth vgl. § 15.3).

Im Folgenden werden die zuletzt erwähnten christologischen Ansätze nicht weiter dargestellt. Stattdessen weisen die nachstehenden Abschnitte auf zwei christologische Problemkomplexe hin, die durch die Krise der dogmatischen Christologie akut geworden sind und bis in die Gegenwart kontrovers diskutiert werden.

10.4.2 Die Frage nach dem historischen Jesus

Es wurde bereits darauf verwiesen, dass die moderne Kritik an der überlieferten Christologie u. a. in einer Konzentration auf das Menschsein Jesu zum Ausdruck kam. Dieser Tendenz entsprach das Interesse an einem zuverlässigen Bild des Menschen Jesus in seinem historischen Kontext. Um dies zu gewinnen, bemühte man sich etwa seit der 2. Hälfte des 18. Jahrhunderts zunehmend darum, zwischen dem ‚wirklichen' Jesus und späteren Interpretationen seiner Person und seines Schicksals zu unterscheiden. Diese Unterscheidung wurde mit Hilfe einer historisch-kritischen Bearbeitung der neutestamentlichen Texte (vor allem der Evangelien) vollzogen. Die

Voraussetzung dieses Zugangs zu den biblischen Texten bildete die in § 5.2.3 schon erwähnte ‚Entgöttlichung' der Schrift: Die Bücher der Bibel wurden nicht mehr als unmittelbarer Ausdruck göttlicher Offenbarung betrachtet, sondern in erster Linie als historische Dokumente menschlichen Ursprungs behandelt und analysiert.

Die Frage nach dem ‚historischen Jesus' (I)

– Im Hintergrund steht die Kritik am dogmatischen Jesusbild der kirchlichen Theologie.
– Dagegen soll ein historisch gesichertes Bild des Menschen Jesus von Nazaret auf der Basis der Evangelien gewonnen werden: *Erste Runde der Frage nach dem historischen Jesus*.

Die historische Rückfrage nach dem ‚wirklichen' Jesus hatte verschiedene Motive. Es ging einerseits darum, das zunehmend als unverständlich empfundene *dogmatische Jesusbild* unter Hinweis auf die biblische Überlieferung zu kritisieren. Zugleich wollte man die zahlreichen Unterschiede und Widersprüche innerhalb der biblischen Berichte und Aussagen über Jesus erklären und die hinter den verschiedenen *biblischen Jesusbildern* stehende historische Wahrheit ermitteln. Diesem Zweck dienten Versuche einer Rekonstruktion der Botschaft des ‚vorösterlichen' Jesus, die von der durch die Auferstehungsbotschaft begründeten Christusverkündigung der nachösterlichen Gemeinde unterschieden wurde. Mit dieser Unterscheidung verband sich schließlich das Interesse an der Freilegung einer wirklich zuverlässigen Basis eines zeitgemäßen, d. h. den Rationalitätsansprüchen der Aufklärung angemessenen Glaubens, der nicht auf der Annahme eines Auferstehungswunders beruht (vgl. dazu genauer 10.4.3).

Als ein klassisches Dokument für die in der Aufklärung typische Hervorhebung der Differenz zwischen vorösterlicher Verkündigung Jesu und nachösterlicher Christusverkündigung gilt die von Hermann Samuel Reimarus verfasste „Apologie oder Schutzschrift für die vernünftigen Verehrer Gottes", die Gotthold Ephraim Lessing auszugsweise herausgegeben hat (vgl. zum theologiegeschichtlichen Kontext: 1. Hauptteil, Abschnitt 4.6.1). Nach Reimarus hatte sich Jesus als *politischer* Befreier *seines* (des jüdischen) Volkes von der Fremdherrschaft verstanden. Die von ihm proklamierte Gottesherrschaft zielte dementsprechend auf die Errichtung eines weltlichen Reiches, die jedoch misslang. Erst nach diesem im Tod am Kreuz augenfälligen Scheitern haben die Jünger eine Lehre vom „*geistlichen* leidenden Erlöser des *ganzen* menschlichen Geschlechts" erfunden, die auch in die Evangelien sowie die übrigen Schriften des Neuen Testament und darüber in die christliche Theologie Eingang gefunden hat.

Wenn Johannes, wenn Jesus, wenn seine Boten oder Apostel allerwärts verkündigten *das Himmelreich ist nahe herbei kommen, glaubet an das Evangelium*: so wußten sie, daß ihnen die angenehme Botschaft von der baldigen Zukunft des erwarteten Messias gebracht würde [...] Der herrschende Begriff aber von dem Messias und dessen Reiche war, daß er ein weltlicher großer König sein, und ein mächtiges Reich zu Jerusalem errichten würde; dadurch er sie von aller Knechtschaft errettete, und vielmehr zu Herren über andre Völker machte. Dies war unstreitig die allgemeine Meinung der Juden von dem Messias, und folglich auch die Vorstellung welche sie sich machen mußten [...] Es war also kein Erlöser des menschlichen Geschlechts, der durch sein Leiden und Sterben die Sünde der ganzen Welt tilgen sollte, sondern ein Erlöser des Volks Israel von der weltlichen Knechtschaft, welchen sie sich beständig in Jesu vorgestellet [...] Demnach ist das nächste was wir hieraus zu schließen haben, dieses, daß die Apostel erst nach dem Tode Jesu das Systema von einem geistlichen leidenden Erlöser des ganzen menschlichen Geschlechts gefasset haben. [...] Nemlich, so lange sie noch Jesu würkliche Reden und Verrichtungen in seinem Leben, vor Augen hatten, hofften sie, er sollte Israel zeitlich erlösen [...] Nun aber da ihnen die Hoffnung fehl schlägt, ändern sie in ein paar Tagen ihr ganzes Systema, und machen ihn zu einem leidenden Erlöser aller Menschen.

H. S. Reimarus, Von dem Zwecke Jesu und seiner Jünger, 270,13–17.22–29; 271,32–36; 272,15–18 (§ 30); 276,11–16 (§ 33).

Mit seiner Kritik am Wahrheitsgehalt der Evangelien, deren Glaubhaftigkeit man bislang weitgehend vorausgesetzt hatte, verhalf Reimarus der historischen Bibelkritik in Deutschland zum Durchbruch (vgl. § 5.2.3). Zugleich regte er die für das 19. Jahrhundert typische Konjunktur der sog. Leben-Jesu-Forschung an, d. h. die zahlreichen Versuche, aufgrund einer kritischen und dogmatisch unvoreingenommenen Analyse der neutestamentlichen Quellen ein historisch zuverlässiges Bild des Menschen Jesus von Nazaret zu zeichnen. Allerdings führten diese Versuche keineswegs zu einem einheitlichen Ergebnis. Im Gegenteil: Mit der Zahl der Jesus-Biographien nahm auch die Zahl der Jesus-Bilder stetig zu. Die Krise, in die die von Reimarus angeregte Leben-Jesu-Forschung daher geriet, erreichte ihren Höhepunkt, als der Hallenser Theologe Martin Kähler im Jahre 1892 das gesamte Unternehmen als einen „Holzweg" bezeichnete. Albert Schweitzer (1875–1965) hat die einzelnen Stationen dieses „Holzwegs" nachgezeichnet (1906 in seinem Buch „Von Reimarus zu Wrede", das 1913 in erweiterter Fassung unter dem Titel „Geschichte der Leben-Jesu-Forschung" erschien).

Kähler betonte, die Evangelien als die einzig verfügbaren Quellen seien als Grundlage für die Gewinnung eines historisch seriösen Lebensbildes Jesu völlig unzureichend. Daher seien die Ergebnisse der Leben-Jesu-Forschung ebenso willkürlich und ungesichert wie das dogmatische Christusbild, aus dessen Kritik sie hervorgegangen sind.

Der Jesus der ‚Leben Jesu' ist nur eine moderne Abart von Erzeugnissen menschlicher erfindender Kunst, nicht besser als der verrufene dogmatische Christus der byzantinischen Christologie; sie stehen beide gleich weit von dem wirklichen Christus. Der Historizismus ist an diesem Punkte ebenso willkürlich, ebenso menschlich-hoffärtig, ebenso vorwitzig und so ‚glaubenslos-gnostisch' wie der seiner Zeit auch moderne Dogmatismus. [...]
Ich sehe diese ganze ‚Leben-Jesu-Bewegung' für einen Holzweg an. [...] Wir besitzen keine Quellen für ein Leben Jesu, welche ein Geschichtsforscher als zuverlässige und ausreichende gelten lassen kann. Ich betone: für eine Biographie Jesu von Nazaret von dem Maßstabe heutiger geschichtlicher Wissenschaft.

M. Kähler, Der sogenannte historische Jesus, 16. 18. 21.

Das von Kähler diagnostizierte Scheitern der älteren Leben-Jesu-Forschung verband sich schon bei ihm selbst, stärker aber noch bei Rudolf Bultmann, mit der Behauptung, der *historische* Jesus sei *theologisch* unbedeutend (vgl. zum theologiegeschichtlichen Kontext: 1. Hauptteil, Abschnitt 6.3.1). Denn die neutestamentliche Evangeliumsverkündigung ist seiner Auffassung nach von Person und Lehre des historischen Jesus gar nicht wesentlich geprägt, sondern sie besteht im Aufruf zum Glauben daran, dass (der gekreuzigte und auferstandene) Jesus der Messias ist. Exegetisch begründet wurde diese Auffassung mit dem Hinweis auf II Kor 5,16: „Darum kennen wir von nun an niemanden mehr nach dem Fleisch; und auch wenn wir Christus gekannt haben nach dem Fleisch (gr. *kata sarka*), so kennen wir ihn doch jetzt so nicht mehr". – Die Leben-Jesu-Forschung hat nach Bultmann eben die für Paulus nicht mehr relevante Frage nach „Christus ... nach dem Fleisch" gestellt. Dagegen hat die frühchristliche Verkündigung (das neutestamentliche Kerygma) im Horizont des Osterglaubens das Faktum des Gekommenseins Jesu in einem bestimmten Sinne interpretiert, nämlich als Aufruf Gottes an den Menschen, sich nicht auf sich selbst, sondern auf Gott zu verlassen. Dieses Kerygma ist als Inhalt der kirchlichen Verkündigung festzuhalten, unabhängig davon, inwieweit es auf den vorösterlichen Jesus selbst zurückgeführt werden kann.

Krise der älteren Leben-Jesu-Forschung

– Wegen der Eigenart der neutestamentlichen Quellen, die gerade keine gewöhnlichen historischen Quellen sind, erweist sich die Leben-Jesu-Forschung des 19. Jahrhunderts als „Holzweg" (M. Kähler).

[D]ie [frühchristliche] Gemeinde hat gar kein Bild der Persönlichkeit Jesu bewahrt. Aus seiner in den Evangelien enthaltenen Verkündigung läßt sich ein solches Bild nur mit Phantasie rekonstruieren; es bleibt höchstens subjektiv und verfällt immer der kritischen Skepsis. Wenn die Bedeutung Jesu in seiner Persönlichkeit läge, so wäre sie mit der ersten Generation erschöpft.
R. Bultmann, Die Christologie des Neuen Testaments, 250 f.

[D]er *Christos kata sarka* geht uns nichts an; wie es in Jesu Herzen ausgesehen hat, weiß ich nicht und will ich nicht wissen.
R. Bultmann, Zur Frage der Christologie, 101.

[D]ie Urgemeinde verkündigte ... Jesus als den Messias. ... [F]ür sie war Jesu geschichtliche Person die entscheidende Heilstat Gottes, einerlei, wie weit sie sich selbst darüber klar war. ... Damit ist aber schon gesagt, daß die Weitergabe der Verkündigung Jesu nicht eine einfache Reproduktion seiner Gedanken sein konnte, sondern der Verkündiger mußte zum Verkündigten werden. Das *Daß* seiner Verkündigung ist ja gerade das Entscheidende.
R. Bultmann, Die Bedeutung des geschichtlichen Jesus für die Theologie des Paulus, 204 f.

Indem die Urgemeinde ihn [Jesus] den Messias nennt, versteht sie ihn als das entscheidende Ereignis, als die Tat Gottes, die die neue Welt heraufführt. ... [D]er Messias ist der, der in der letzten Stunde das Heil bringt, Gottes Heil, das eschatologische Heil, das allem menschlichen Wesen und Wünschen ein Ende macht und nur für den Gehorsamen Heil ist, für den anderen Gericht.
R. Bultmann, Die Christologie des Neuen Testaments, 266.

Gegen Bultmanns historisch und theologisch begründete Ablehnung der Rückfrage nach dem vorösterlichen Jesus hat sein Schüler Ernst Käsemann in einem am 20. Oktober 1953 in Jungenheim gehaltenen Vortrag, der 1954 erstmals publizierte wurde, darauf verwiesen, dass die synoptischen Evangelien selbst um eine Rückbindung des frühchristlichen Kerygma an den historischen Jesus bemüht sind. Dieses bereits neutestamentliche Interesse am vorösterlichen Jesus lässt nach Käsemann sogar Elemente in der synoptischen Überlieferung sichtbar werden, deren Historizität als gesichert gelten kann. Bultmanns (und Kählers) Einspruch gegen die ältere Leben-Jesu-Forschung behält aber insofern sein Recht, als die authentischen Stücke der synoptischen Jesusüberlieferung für eine Biographie Jesu einschließlich seiner äußeren und inneren Entwicklung keinesfalls ausreichen.

Bei einem Leben Jesu kann man schlechterdings nicht auf äußere und innere Entwicklung verzichten. Von der letzten wissen wir jedoch gar nichts, von der ersten fast gar nichts [...] Nur Phantasie kann sich zutrauen, aus diesen kümmerlichen Anhaltspunkten das Geflecht einer auch im einzelnen nach Ursache und Wirkung bestimmbaren Historie herauszuspinnen.

Umgekehrt kann ich allerdings auch nicht zugeben, daß angesichts dieses Sachverhaltes Resignation und Skepsis das letzte Wort behalten und zum Desinteressement am irdischen Jesus führen dürften. Damit würde nicht nur das urchristliche Anliegen der Identität des erhöhten mit dem erniedrigten Herrn verkannt oder doketistisch entleert, sondern auch übersehen, daß es nun doch Stücke in der synoptischen Überlieferung gibt, welche der Historiker als authentisch einfach anzuerkennen hat, wenn er Historiker bleiben will.

E. Käsemann, Das Problem des historischen Jesus, 212 f.

Bultmann hat die Einsprüche Käsemanns und anderer Kritiker nur teilweise gelten lassen. Die Christologie im 20. Jahrhundert hat allerdings – gegen Bultmanns Festhalten an einer sachlichen Differenz zwischen historischem Jesus und kerygmatischem Christus – überwiegend an einer Rückbindung der kirchlichen Christuslehre an den historischen Jesus festgehalten. Im Hintergrund stand dabei freilich weniger ein historisches als vielmehr ein theologisches Interesse: Der Rekurs auf den irdischen Jesus diente exegetisch einer Sicherung der christlichen Identität gegenüber dem Judentum und frühchristlichen ‚Häresien'; in systematisch-theologischer Hinsicht ging es darum, die kirchliche Christuslehre als sachgemäße Fortschreibung der Botschaft des vorösterlichen Jesus zu erweisen.

Ausgehend vor allem von den USA und unter Aufnahme von Einsichten der jüdischen Jesusforschung hat sich in jüngerer und jüngster Zeit eine von den Perspektiven der Bultmannschule unabhängige Jesusforschung etabliert. Man spricht von der „Third Quest", der dritten Fragerunde nach dem historischen Jesus. Das Vertrauen in die historische Zuverlässigkeit breiter Teile der synoptischen Überliefe-

---

Die Frage nach dem ‚historischen Jesus' (II)

– Kähler und Bultmann behaupten die theologische Irrelevanz des historischen (vorösterlichen) Jesus.
– Bultmanns Schüler Käsemann betont den Zusammenhang zwischen irdischem Jesus und biblischer Christusbotschaft: *Zweite Runde der Frage nach dem historischen Jesus.*
– Für die zeitgenössische Forschung ist die Frage nach dem ‚historischen Jesus' nicht mehr nur aus theologischer Perspektive von Interesse: *Dritte Runde der Frage nach dem historischen Jesus* (Third Quest).

rung, die Einbeziehung nichtkanonischer Quellen und das sozialgeschichtliche Interesse verweisen auf eine Unabhängigkeit gegenüber dem kirchlichen Christusdogma. Mit ihrem historischen Optimismus lenkt die dritte Frageunde in gewisser Weise zur älteren Leben-Jesu-Forschung zurück.

10.4.3 Die Historizität der Auferstehung

Die schon biblisch greifbaren und seit altkirchlicher Zeit immer weiter durchreflektierten Überlegungen zur theologischen Bedeutung von Person und Schicksal Jesu haben sich stets im Horizont des Auferstehungsglaubens vollzogen. Schon für Paulus ist deshalb das Bekenntnis zur Auferstehung Jesu der Grundpfeiler des Christusglaubens (vgl. I Kor 15). Seit der Aufklärung wurde freilich die im christlichen Bekenntnis behauptete Auferstehung Jesu als ein die naturgesetzlichen Zusammenhänge durchbrechendes Wunder verstanden und die Wirklichkeit dieses Ereignisses folgerichtig bestritten.

Die biblischen Berichte über die Erscheinungen des Auferstandenen interpretierte man dann z. B. mit Blick auf Mt 28,11–15 als betrügerische Erfindungen der Jünger (so schon Reimarus in dem von Lessing 1777 publizierten Fragment „Über die Auferstehungsgeschichte"). Oder man bestritt, etwa unter Hinweis auf Mk 15,44f, die Wirklichkeit des Kreuzestodes Jesu (so z. B. der Rationalist Heinrich Eberhard Gottlob Paulus, 1761–1851). David Friedrich Strauß schließlich hat die Erscheinungsberichte auf Visionen der Jünger zurückgeführt, eine Deutung, an die der Göttinger Neutestamentler Gerd Lüdemann (geb. 1946) in seinem Buch „Die Auferstehung Jesu" (1994) angeknüpft hat (siehe unten).

Es gilt dann als Ergebnis einer streng historischen Nachfrage, dass sich für die Realität des Auferstehungsereignisses keine hinreichend plausiblen Gründe geltend machen lassen. Diesen Befund habe, so Gerd Lüdemann, eine sich im Horizont des neuzeitlichen Wahrheitsbewusstseins bewegende christliche Theologie unverkürzt zu akzeptieren.

Daß Geschichtlichkeit eine nicht zu überspringende Grundkategorie der menschlichen Verfaßtheit darstellt, ist eine der entscheidenden Einsichten der Neuzeit. Auch Theologen, die gegenüber einem historischen Ansatz in der Theologie skeptisch sind, können gar nicht anders, als selbst historische Aussagen bzw. Aussagen mit notwendig historischen Implikationen zu machen. Eine der *radikal* historisch-kritischen Fragestellung ausweichende Theologie ist seit David Friedrich Strauß ‚für immer mit dem Brandmahl der Unwissenschaftlichkeit gekennzeichnet worden'. [Zitat: D. F. Strauß]
[…] Wir können die Auferstehung Jesu nicht mehr im wörtlichen Sinne verstehen, […] denn, historisch gesehen, wissen wir nicht das geringste über das Grab (war es leer? war es überhaupt ein Einzelgrab?) und über das Schicksal des Leichnams Jesu: Ist er verwest? Ich halte diesen Schluß allerdings für unumgänglich. Aber selbst heute oder heute wieder versuchen nicht wenige, ihm zu entgehen […] Bei allen diesen Ansätzen handelt es sich m. E. eigentlich um apologetische Ausweichmanöver gegenüber der Historie. Die historische Rückfrage wird dabei entweder zu einer gegenüber der Theologie randständigen Frage herabgestuft, oder aber Theologie behauptet sich in einem Überbietungspathos als die bessere Geschichtswissenschaft, oder es wird der Begriff des Historischen […] ins Spekulative aufgehoben.

G. Lüdemann, Die Auferstehung Jesu, 31. 216f.

In der gegenwärtigen theologischen Diskussion ist auf die durch Lüdemann erneuerte Kritik am christlichen Bekenntnis zur Auferstehung Jesu unterschiedlich reagiert worden. So hat z. B. Wolfhart Pannenberg *Kritik an den Voraussetzungen von Lüdemanns Geschichtsverständnis* geübt. Dieser gehe nämlich von vornherein davon aus, dass es ein ‚übernatürliches' göttliches Eingreifen und eine Durchbrechung der naturgesetzlichen Zusammenhänge grundsätzlich nicht geben kann. Diese Voraussetzung ist nach Pannenberg allerdings nicht selbstverständlich.

> Für denjenigen, der mit dem Dasein Gottes und seiner Schöpfermacht rechnet, kann eine reale Auferweckung Jesu von den Toten und eine Selbstbekundung des Auferstandenen in den Christophanien, die Paulus I Kor 15,4–8 aufführt und deren Historizität auch Gerd Lüdemann behauptet, nicht von vornherein als ausgeschlossen gelten. Einer Auffassung der Ostererscheinungen in diesem Sinne [als wirkliche Selbstbekundungen des Auferstandenen] steht [...] nichts entgegen, wenn man nicht das Dogma eines säkularistischen Wirklichkeitsverständnisses, das ein göttliches Wirken grundsätzlich ausschließt, als zusätzliche Voraussetzung einbringt. [...]
> Es steht doch wohl so, daß gerade eine historisch-kritische Abwägung der Argumente nicht für, sondern gegen seine [Lüdemanns] Darstellung spricht, solange man sich in der Frage des Wirklichkeitsverständnisses und also auch des historisch Möglichen offen hält, offen auch dafür, mit der Existenz Gottes und seines schöpferischen Wirkens in den Ereignissen dieser Welt zu rechnen.
>
> W. Pannenberg, Die Auferstehung Jesu, 313. 318.

Pannenberg argumentiert also grundsätzlich auf einer Ebene mit Lüdemann, nur kommt er zu dem Schluss, dass die biblischen Berichte über die Erscheinungen Jesu nach Ostern dann am besten interpretiert sind, wenn tatsächlich mit der Auferstehung als einem historischen Ereignis gerechnet wird. Diese Auffassung entspricht seinem in § 3.3 schon skizzierten Interesse, die in der Bibel überlieferten und auf Gott zurückgeführten geschichtlichen Ereignisse als Gegenstand historisch gesicherten *Wissens* zu verstehen.

Dagegen kritisiert Ingolf Dalferth die *Art der Problemstellung* bei Lüdemann, nämlich dessen Fixierung auf die Frage nach der Realität des Auferstehungsereignisses. Er macht dagegen geltend, dass das christliche Bekenntnis zur Auferstehung Jesu gerade *keinen* historischen Sachverhalt feststellen will. Darin komme vielmehr zum Ausdruck, wie die ersten Christen den Tod Jesu und sein (in den Erscheinungsberichten bezeugtes) Lebendigsein zusammengebracht haben.

> Er [Lüdemann] kennt nur die Alternative: Entweder ist Ostern ein Ereignis im Leben Jesu, oder es ist ein Ereignis im Leben der Jünger. Im ersten Fall wäre es ‚objektivistisch' zu verstehen (was historisch nicht geht), im zweiten muß es psychologisch verstanden werden (weil nur das historisch einleuchte). Mit dieser Alternative verbaut er sich aber im Ansatz eine Einsicht in die theologische Pointe des Auferweckungsbekenntnisses: Ostern wird hier *als Ereignis im Leben Gottes* bekannt – und nur deshalb und insofern auch als etwas, das für Jesus und für die Jünger und für uns eine eschatologisch neue Wirklichkeit heraufführt. [...]
> Das Bekenntnis der Auferweckung Jesu artikuliert also keinen historischen Sachverhalt und ist auch keine direkte Folgerung aus historischen Sachverhalten (etwa dem leeren Grab oder den Jesus-Erscheinungen) als solchen. Es ist die – durchaus schlußfolgernde – Antwort der ersten Chris-

ten auf ein für sie gar nicht anders auflösbares *Dilemma* zwischen zwei inkompatiblen Sachverhalten: Der Erfahrung des Todes und der Erfahrung des Lebendigeins Jesu. Wie kommen sie zu dieser Antwort? Ich meine dadurch, daß sie in der nicht von ihnen erzeugten, sondern im Gegenteil Gott selbst als Ursache zugeschriebenen Erfahrung des Lebendigeins Jesu *die Botschaft von Gottes Heil schaffender und Leben eröffnender Nähe auf Jesus selbst anwenden* [...] Das christliche Auferweckungsbekenntnis [...] ist Ausdruck einer *fundamentalen Erfahrungsintensivierung durch hermeneutische Selbstanwendung* und als solches ein *hermeneutisches Ereignis*, das die Welt verändert hat.

I. U. Dalferth, Volles Grab, leerer Glaube?, 385 Anm. 15. 401.

📖 Über die Entwicklung der modernen Christologie informieren:
  - W.-D. Hauschild, Christologie II (RGG⁴ 2), 302–306;
  - U. Kühn, Christologie, 147–279.

✏️ Verschaffen Sie sich einen Überblick über den Aufbau und die Struktur von Barths Versöhnungslehre! Lesen Sie dazu:
  - K. Barth, Kirchliche Dogmatik IV/1, 83–170 (= § 58).

📖 Den Stand der neutestamentlichen Wissenschaft zu den Problemen gegenwärtiger Christologie im forschungsgeschichtlichen Horizont stellen dar:
  - G. Theißen/A. Merz, Der historische Jesus, 21–124 (= §§ 1–4: zu 10.4.2). 416–446 (= § 15: zu 10.4.3).

✏️ Informieren Sie sich über die Tendenzen der neuesten Jesusforschung anhand von:
  - P. Müller, Neue Trends in der Jesusforschung.

📖📖 Wichtige Beiträge aus der neueren Diskussion zur Frage nach dem historischen Jesus enthält der Sammelband:
  - J. Schröter/R. Brucker (Hg.), Der historische Jesus.

📖📖 Überlegungen zum theologischen Umgang mit neueren Jesusbildern wissenschaftlicher und populärer Art formuliert:
  - R. Leonhardt, Zur theologischen Bedeutung moderner Jesusbilder.

📖 Die neuere Diskussion um die Auferstehung resümieren:
  - C. Andresen/A. M. Ritter, Die Anfänge christlicher Lehrentwicklung, 11–18;
  - B. Oberdorfer, ‚Was sucht ihr den Lebendigen bei den Toten?'.

Exkurs 3: Die römisch-katholische Lehre von Maria (Mariologie)

In Anlehnung an Mt 1,18–25; Lk 1,26–35 formuliert das Apostolicum in seinem zweiten Artikel: „Und an Jesus Christus, seinen eingeborenen Sohn, unsern Herrn, empfangen durch den Heiligen Geist, *geboren von der Jungfrau Maria*". Ähnlich heißt es im Nicaeno-Constantinopolitanum von Christus, dass er „wegen uns Menschen und wegen unserer Erlösung hinabgekommen ist aus den Himmeln und inkarniert worden ist, aus Heiligem Geist *und Maria, der Jungfrau*". – Die Einzigartigkeit Jesu, zugleich Gott und Mensch in einer Person zu sein, wird danach an der Einzigartigkeit seiner Geburt deutlich. Dies ist der Ansatzpunkt der *Mariologie*, die sich im römischen Katholizismus (im Zusammenhang mit einer teilweise stark ausgeprägten Marienverehrung) zu einer umfangreichen Lehre entwickelt hat. Man unterscheidet *vier* mariologische Dogmen, die im folgenden in der Reihenfolge ihrer Entstehung dargestellt werden.

1. Maria als Gottesgebärerin (*theotokos*)

Die erste greifbare theologische Meinungsverschiedenheit, in der die Person Marias eine Rolle spielte, stand am Anfang der altkirchlichen Auseinandersetzungen über das Verhältnis von Gottheit und Menschheit im fleischgewordenen Logos: Es ging um die – im sog. Nestorianischen Streit (428–431) ausgetragene – Frage, ob Maria, die den Sohn Gottes dem Fleisch nach geboren hat, deshalb *Gottesgebärerin* genannt werden kann (vgl. § 9.2.1). Allerdings gab es schon früh (seit dem 4. Jahrhundert nachweisbar) Ansätze zur Herausbildung einer *Marienfrömmigkeit*, d. h. einer Verehrung der Person Marias neben Christus. Ihre wichtigsten Wurzeln hat die Marienverehrung in der ausführlichen Darstellung von Herkunft und Leben Marias im apokryphen *Protoevangelium des Jakobus*, dessen Wirkung immens war. Erstmals bei Justin und Irenäus von Lyon tauchte dann – neben der paulinischen Adam-Christus-Parallele (Röm 5) – die Eva-Maria-Parallele auf, nach der auch die Mutter Jesu eine spezifische heilsgeschichtliche Bedeutung bekam. Angesichts solcher Tendenzen bedeutete die (in einem anfechtbaren Verfahren) durch Kyrill von Alexandrien in Ephesus durchgesetzte Verurteilung des Nestorius und die (in Chalkedon 451 wiederholte) Bestätigung des *theotokos*-Titels für Maria nicht nur eine entscheidende *christologische* Weichenstellung, sondern auch die Legitimierung weiterer *mariologischer* Reflexionen.

Wer nicht bekennt, dass der Emmanuel wahrhaftig Gott und deshalb die heilige Jungfrau Gottesgebärerin (*theotokos*) ist (denn sie hat das Wort, das aus Gott ist und Fleisch wurde, dem Fleisch nach geboren), der sei mit dem Anathema belegt.

Konzil von Ephesus (431), Kyrills 1. Anathema der nestorianischen Chrostologie (DH 252; NR 160).

2. Marias immerwährende Jungfräulichkeit (*aeiparthenia*)

Von der Jungfräulichkeit Marias *vor* der Geburt Jesu (lat. virginitas ante partum) auch angesichts ihrer Schwangerschaft berichten die Kindheitserzählungen der Evangelien (Mt 1,18; Lk 1,26–31). Bereits seit dem 3./4. Jahrhundert war jedoch auch von Marias Jungfräulichkeit *während* und *nach* der Geburt die Rede (lat. virginitas in partu/virginitas post partum).

Glaubt, dass er empfangen wurde vom Heiligen Geist und geboren aus der Jungfrau, die Jungfrau war vor der Geburt und es nach der Geburt immer blieb und ohne Befleckung oder Makel der Sünde durchhielt. (Übersetzung RL)	Credite eum conceptum esse de Spiritu sancto, et natum ex Maria virgine, quae virgo ante partum, et virgo post partum semper fuit, et absque contagione vel macula peccati perduravit.

Caesarius von Arles, Sermo 10,1 (CChrSL 103, 51).

Der hier an einem Text des Caesarius von Arles (470–542) verdeutlichte Gedanke der immerwährenden Jungfräulichkeit Marias legte sich aufgrund bestimmter heilsgeschichtlicher Erwägungen nahe: Weil mit dem Kommen Christi die Erlösung der Menschen von der Macht der Sünde begonnen hat, musste sich auch der Vorgang seiner Geburt ohne die Sündenstrafe des Geburtsschmerzes (Gen 3,16) vollziehen.

In der Frau des ersten Menschen hat die Bosheit des Teufels den verführten Geist verdorben. In der Mutter aber des zweiten Menschen hat die Gnade Gottes auch das Fleisch bewahrt. Dem Geist verlieh sie den festesten Glauben, vom Fleisch entfernte sie jegliche Begierde. Wie also der Mensch elendig durch die Sünde verdammt wurde, so wurde der Gottmensch ohne Sünde wunderbar geboren. (Übersetzung RL)	In primi hominis coniuge nequitia diaboli seductam deprauauit mentem, in secundi autem hominis matre gratia Dei et mentem integram seruauit et carnem. Menti contulit firmissimam fidem, carni abstulit omnino libidinem. Quoniam igitur miserabiliter pro peccato damnatus est homo, ideo sine peccato mirabiliter natus est Deus homo.

Fulgentius von Ruspe, Sermo 2,6 (CChrSL 91 A, 902; Zeilen 115–121).

Doch auch nach der Geburt des Erlösers hat Maria ihre Jungfräulichkeit bewahrt; sie hat ihre Berufung und Aufgabe darin erblickt, ausschließlich Gott zu dienen und ist daher, wie es schon bei Caesarius von Arles hieß, ihr ganzes Leben lang „ohne Befleckung oder Makel der Sünde" geblieben. Das (2.) Konzil von Konstantinopel hat durch die ausdrückliche Aufnahme des Begriffs der *aeiparthenia* den Gedanken der immerwährenden Jungfräulichkeit anerkannt.

Wer nicht bekennt, daß es zwei Geburten Gottes, des Wortes, gibt, die eine vor den Zeiten aus dem Vater, zeitlos und leiblos, die andere in den letzten Tagen, als er selbst aus den Himmeln herabgestiegen ist, fleischgeworden ist aus der heiligen glorreichen Gottesgebärerin und immerwährenden Jungfrau Maria (*tes hagias endoxou theotokou kai aeiparthenou Marias*) und aus ihr geboren wurde, der sei mit dem Anathema belegt.

2. Konzil von Konstantinopel (553), Kanon 2 (DH 422; NR 181).

3. Marias unbefleckte Empfängnis (immaculata conceptio)

Die Pointe des Gedankens der immerwährenden Jungfräulichkeit der Gottesmutter war deren *vollständige Sündlosigkeit*. Die Dogmatisierung der Erbsündenlehre stellte nun die westliche Theologie vor die Frage, wie solche Sündlosigkeit angesichts der Universalität der Adamsschuld und der Erlösungsbedürftigkeit *aller* Menschen gedacht werden kann. Eine Lösung bot die in der spätscholastischen Theologie (namentlich bei Duns Scotus) ausgebildete Lehre von der vorhergehenden Gnade, durch die Maria vor der ihr drohenden Befallenheit durch die Erbsünde bewahrt wurde. Gemeint ist damit, dass Maria von Beginn ihrer Existenz an, d. h. bereits im Schoß ihrer Mutter Anna, geheiligt war. Die Sündlosigkeit der immerwährenden Jungfrau hat also ihre Wurzel in der gnädigen Bewahrung vor der Erbsünde; Maria hat vorab das Heil erfahren, das Christus am Kreuz bewirken sollte. Dieser Gedanke bildete den theologischen Hintergrund der von Papst Pius IX. (Pontifikat: 1846–1878) am 8. Dezember 1854 promulgierten Bulle „Ineffabilis Deus", in der, getragen von einem starken Strom katholischer Marienfrömmigkeit, die Freiheit der Gottesmutter von der Erbsünde zum geoffenbarten und damit für alle römisch-katholischen Christen zum verbindlichen Glaubensgut erhoben wurde.

Zur Ehre der heiligen und unteilbaren Dreifaltigkeit, zur Zierde und Auszeichnung der Jungfrau und Gottesgebärerin, zur Erhöhung des katholischen Glaubens und zum Wachstum der christlichen Religion, kraft der Autorität unseres Herrn Jesus Christus, der seligen Apostel Petrus und Paulus und Unserer eigenen, erklären, verkünden und definieren Wir, daß die Lehre, welche festhält, daß die seligste Jungfrau Maria im ersten Augenblick ihrer Empfängnis durch die einzigartige Gnade und Bevorzugung des allmächtigen Gottes im Hinblick auf die Verdienste Christi Jesu, des Erlösers des Menschengeschlechtes, von jeglichem Makel der Urschuld unversehrt bewahrt wurde, von Gott geoffenbart und deshalb von allen Gläubigen fest und beständig zu glauben ist.	Ad honorem sanctae et individuae Trinitatis, ad decus et ornamentum Virginis Deiparae, ad exaltationem fidei catholicae et christianae religionis augmentum auctoritate Domini nostri Iesu Christi, beatorum Apostolorum Petri et Pauli ac Nostra declaramus, pronuntiamus et definimus, doctrinam, quae tenet, beatissimam Virginem Mariam in primo instanti suae conceptionis fuisse singulari omnipotentis Dei gratia et privilegio, intuitu meritorum Christi Iesu Salvatoris humani generis, ab omni originalis culpae labe praeservatam immunem, esse a Deo revelatam atque idcirco ab omnibus fidelibus firmiter constanterque credendam.

Pius IX., Bulle Ineffabilis Deus (DH 2803; NR 479).

4. Leibliche Aufnahme (assumptio) Marias in den Himmel

Die Frage nach der leiblichen Aufnahme Marias in den Himmel stand in direktem Zusammenhang mit den Überlegungen zur unbefleckten Empfängnis: Wenn der Tod die Folge der Erbsünde ist, kann ein nicht von der Erbsünde betroffener Mensch nicht sterben. Von Maria gilt deshalb, dass sie niemals gestorben ist, sondern am Ende ihrer Tage *mit Leib und Seele* in den Himmel aufgenommen wurde. Daraus ergab sich das Verständnis von Maria als *Himmelskönigin*, die neben dem erhöhten Christus die Weltherrschaft innehat und an die deshalb die Gebete der Gläubigen gerichtet werden können.

Die skizzierte Lehre, deren stärkste Begründung erneut das Glaubensbewusstsein des Kirchenvolkes lieferte, wurde durch Pius XII. (Pontifikat: 1939–1958) am 1. November 1950 in der Bulle „Munificentissimus Deus" dogmatisiert. Wie im Fall des Dogmas von 1854 handelte es sich um eine rein päpstliche Lehrfestsetzung ohne Beteiligung eines Konzils, wobei nun – zum ersten und bislang einzigen Mal – die Dogmatisierung der Unfehlbarkeit päpstlicher Lehrentscheidungen von 1870 im Hintergrund stand (vgl. § 13.2.1).

Zur Ehre des Allmächtigen Gottes, welcher der Jungfrau Maria sein besonderes Wohlwollen schenkte, zur Ehre seines Sohnes, des unsterblichen	Quapropter … ad Omnipotentis Dei gloriam, qui peculiarem benevolentiam suam Mariae Virgini dilargitus est, ad sui Filii

Königs der Zeiten und Siegers über Sünde und Tod, zur Vermehrung der Herrlichkeit seiner erhabenen Mutter und zur Freude und Begeisterung der ganzen Kirche, kraft der Autorität unseres Herrn Jesus Christus, der seligen Apostel Petrus und Paulus und Unserer eigenen, verkünden, erklären und definieren Wir deshalb …: Es ist von Gott geoffenbarte Glaubenslehre, daß die Unbefleckte Gottesgebärerin und immerwährende Jungfrau Maria nach Vollendung des irdischen Lebenslaufes mit Leib und Seele in die himmlische Herrlichkeit aufgenommen wurde.

honorem, immortalis saeculorum Regis ac peccati mortisque victoris, ad eiusdem augustae Matris augendam gloriam et ad totius Ecclesiae gaudium exsultationemque, … auctoritate Domini Nostri Iesu Christi, Beatorum Apostolorum Petri et Pauli ac Nostra pronuntiamus, declaramus et definimus divinitus revelatum dogma esse: Immaculatam Deiparam semper Virginem Mariam, expleto terrestris vitae cursu, fuisse corpore et anima ad caelestem gloriam assumptam.

Pius XII., Bulle Munificentissimus Deus (DH 3903; NR 487).

Das Bekenntnis zur Geburt Jesu Christi „aus Heiligem Geist *und Maria, der Jungfrau*" (1) eint alle christlichen Konfessionen. Interessanterweise hat auch die Lehre von der immerwährenden Jungfräulichkeit (2) Eingang in die lutherischen Bekenntnisse gefunden, nämlich im 1. Teil der ASm. Von Maria als *semper virgo* (immer Jungfrau) ist allerdings nur in der von Selnecker besorgten lateinischen Übersetzung die Rede, während in Luthers deutschem Text lediglich „von der reinen, heiligen Jungfrau Maria" gesprochen wird. Die Dogmen von der unbefleckten Empfängnis Marias (3) sowie von ihrer leiblichen Aufnahme in den Himmel (4) werden dagegen sowohl von den (orthodoxen) Kirchen des Ostens sowie den aus der Reformation hervorgegangenen Kirchen abgelehnt. Aus protestantischer Sicht wird vor allem auf die fehlende biblische Basis hingewiesen. Ferner wird kritisiert, dass diese beiden Dogmen faktisch zu einer Verselbständigung der Mariologie gegenüber der Christologie führen. Greifbar wird eine solche Verselbständigung bei dem brasilianischen Franziskaner und Befreiungstheologe Leonardo Boff (geb. 1938). In seinem Buch „Das mütterliche Antlitz Gottes" (O rosto materno de Deus, 1979, dt. 1985) hat er ausdrücklich eine Befreiung der Mariologie vom Christozentrismus gefordert und deshalb vorgeschlagen, parallel zur Inkarnation des Logos in Christus, *Maria als Inkarnation des Heiligen Geistes* zu verstehen. Dadurch sei das Weibliche in gleicher Weise mit Gott verbunden wie das Männliche.

Eine kurze Skizze der römisch-katholischen Mariologie bietet:
- F. Courth, Art. Maria (TRE 22).

Eine umfassende Darstellung des römisch-katholischen Mariologie enthält:
- G. Söll, Mariologie.

Informieren Sie sich über die Mariologie des 2. Vatikanischen Konzils anhand von:
- Lumen gentium, Kapitel 8: Nr. 52–69 (DH 4172–4192);
- W. Dantine/E. Hultsch, Lehre und Dogmenentwicklung, 391–397.

§ 11   Die Heilsaneignung durch den Menschen (Soteriologie)

Die Soteriologie (von gr. *soteria*, Rettung, Heil) ist die Lehre vom Heil des Menschen, genauer: von der dem Menschen durch Gott angebotenen Rettung aus seiner Sünden- und Todesverfallenheit. Gegenstand der Soteriologie ist daher das *Heils- bzw. Rettungshandeln Gottes in seinem Wirksamwerden am Menschen.*

Aus dieser Gegenstandsbestimmung ergeben sich wichtige inhaltliche *Bezüge zu anderen Themen* der christlichen Dogmatik:

– Zur Lehre von Gottes Weltregierung: Das Wirksamwerden von Gottes Heilshandeln am Menschen setzt einen im Willen Gottes ‚verankerten' Heilsbeschluss voraus, der die Bestimmung des Menschen zum Heil mit umfasst (vgl. § 8.4).

– Zur Trinitätslehre: Das beim Einzelnen ankommende Heilshandeln des dreieinen Gottes, die Heiligung (sanctificatio) des Menschen durch die Sendung des Geistes, ist das dem Heiligen Geist vorrangig zugesprochene Werk der Trinität nach außen (vgl. § 7.2.2).

– Zur Christologie: Der universale Heilswille Gottes, dessen Verwirklichung am einzelnen Menschen in der Soteriologie behandelt wird, ist in Person und Werk Jesu Christi offenbar geworden (vgl. § 10.2); der erhöhte Christus nimmt an Gottes Weltregierung teil (vgl. § 10.3.3).

– Zum Glauben: Der Glaube als menschliche Entsprechung zur göttlichen Offenbarung ist der Vollzug, in dem sich der Mensch vertrauend auf das ihm von Gott her zukommende Heil bezieht (vgl. § 4.2).

– Zur Eschatologie: Im Glauben an die Heilsbedeutung des Christusgeschehens besitzt der Christ bereits gegenwärtig Anteil am eschatologischen Gottesheil, dessen zukünftige Vollendung er erhofft (vgl. § 14.1).

Aus diesen Bezügen ergeben sich als *Themen der Soteriologie*:

– 10.1: Der Heilige Geist (Pneumatologie): Die in Christus grundgelegte Begnadung des Menschen als Werk des Heiligen Geistes.

– 10.2: Die Rechtfertigung des Sünders: Die Befreiung des Menschen von der Sünde und seine dadurch bewirkte Versetzung in ein rechtes Gottesverhältnis, durch das er zu Werken der Liebe befähigt wird.

– 10.3: Die Lehre von der göttlichen Vorherbestimmung (Prädestination): Der das göttliche Gnadenhandeln am Menschen begründende Heilsbeschluss Gottes.

11.1   Der Heilige Geist (Pneumatologie)

In der christlichen Theologie wird vom Heiligen Geist nicht nur im Rahmen der Soteriologie und der Trinitätslehre gesprochen. Auch an die Lehre von der Heiligen Schrift ist zu erinnern (vgl. § 5): Die traditionelle Lehre von der göttlichen *Inspiration* der biblischen Schriften hat den Heiligen Geist als deren eigentlichen Urheber aufgefasst. Weiter kann auf die Lehre von der Kirche und den Sakramenten hingewiesen werden: Das Wirken des Heiligen Geistes vollzieht sich innerhalb der *Kirche*, in der die *Heilsmittel*, d. h. Wort und Sakramente, als Medien zur Vermittlung des Glaubens verwaltet werden (vgl. §§ 12.13).

An allen Stellen, an denen in der theologischen Tradition vom (Heiligen) Geist und seinen Wirkungen gesprochen wird, ist stets auf die dritte Person der Trinität

und ihr Handeln Bezug genommen. Demgegenüber ist der biblische Befund vielfältiger und offener.
Dies gilt vor allem für das *Alte Testament*. Hier kann das am ehesten mit *Geist* zu übersetzende hebräische Wort *ruach* auch in nichttheologischen Zusammenhängen verwendet werden, so z. B. wenn in Gen 45,27 vom „Geist Jakobs" gesprochen wird: „Da sagten sie ihm alle Worte Josefs, die er zu ihnen gesagt hatte. Und als er die Wagen sah, die ihm Josef gesandt hatte, um ihn zu holen, wurde der Geist Jakobs, ihres Vaters, lebendig." Die Wendung *Heiliger Geist* begegnet im Alten Testament lediglich in zwei Zusammenhängen (Jes 63,10f; Ps 51,13). Vom *Geist Gottes* wird allerdings an zahlreichen Stellen gesprochen:

Der Heilige Geist
- Altes Testament: Zunächst nur wenigen Auserwählten mitgeteilt.
- Neues Testament: Vermittlung der ‚Verbindung' aller Glaubenden mit Christus durch ‚Eingießung' der Liebe (Röm 5,5).
- Konzil von Konstantinopel (381): Dogmatisierung der vollen Gottheit des Heiligen Geistes als einer eigenständigen trinitarischen Person.

- Auf die Bedeutung des Geistes für das Schöpfungs- und Erhaltungswirken Gottes ist im Rahmen der Schöpfungslehre bereits hingewiesen worden (§ 8.2.1).
- Besondere Fähigkeiten und Taten einzelner Menschen wurden als Wirkungen des Geistes verstanden. Dies gilt in besonderer Weise für die Rettergestalten Israels während der sog. Richterzeit, die durch den „Geist des Herrn" zu charismatischen Führern erweckt wurden (vgl. Jdc 3,10; 6,34; 11,29).
- Während sich die Propheten des 8. und 7. Jahrhunderts kaum oder gar nicht auf den Geist berufen haben, wurde in exilisch-nachexilischer Zeit die prophetische Vollmacht wieder als Ergebnis des Geistwirkens verstanden (vgl. z. B. Ez 11,5: „Und der Geist des HERRN fiel auf mich und sprach zu mir: Sage: So spricht der HERR: [...]"). Der für die (eschatologische) Zukunft erwartete Herrscher wird als Träger des Geistes beschrieben (vgl. Jes 11,2: „Auf ihm wird ruhen der Geist des HERRN, der Geist der Weisheit und des Verstandes, der Geist des Rates und der Stärke, der Geist der Erkenntnis und der Furcht des HERRN"). Nach den exilisch-nachexilischen Zeugnissen bewirkt der Geist Gottes einerseits eine innere Wandlung des Menschen, infolge derer ihm das Gesetz Gottes nicht mehr als etwas Äußerliches und Fremdes gegenübersteht, sondern ihm ins Herz geschrieben ist (vgl. Ez 36,26f), andererseits ist die Geistmitteilung nicht auf den erwarteten Messias und die Auserwählten beschränkt, sondern sie betrifft alle Menschen im Volk Israel (vgl. Ez 39,29; Joel 3,1f).

Nach dem *Neuen Testament* ist die Messiaserwartung in Jesus Christus erfüllt. Dessen besondere Beziehung zu Gott, die Gottessohnschaft, wird mit seinem Geistbesitz begründet: Jesus ist der, der er ist, durch den Heiligen Geist. Dieser Geistbesitz wird bei Paulus mit der Auferstehung Jesu verbunden (Röm 1,4). Nach Markus wird ihm der Geist mit der Taufe zuteil (Mk 1,10f), Matthäus und Lukas führen Jesu Geistbesitz auf seinen physischen Ursprung zurück (Mt 1,18–20; Lk 1,35). Nach Ostern ist es der Geist, der den Zusammenhang zwischen Jesus und denen garantiert, die sich zu ihm bekennen:

- Der Geist leitet die Glaubenden auf ihrem Weg zum Leben (vgl. Joh 14–16); er wird sie an die Worte Jesu erinnern, sie darin unterweisen und sie so zur Wahrheit führen (Joh 14,26; 16,13).
- Das Bekenntnis zum Herr-Sein Jesu ist nur im Geist möglich („niemand kann Jesus den Herrn nennen außer durch den heiligen Geist": I Kor 12,3).
- Der Geistbesitz seinerseits ermächtigt zu weiterer Verkündigung des empfangenen Glaubens („und sie wurden alle erfüllt von dem heiligen Geist und fingen an, zu predigen in anderen Sprachen, wie der Geist ihnen gab auszusprechen": Act 2,4; in 2,14ff wird ausdrücklich auf die oben erwähnte Stelle aus Joel 3 Bezug genommen; „Denn unsere Predigt des Evangeliums kam zu euch nicht allein im Wort, sondern auch in der Kraft und in dem heiligen Geist und in großer Gewissheit": I Thess 1,5).
- Wo die vom Geist ermöglichte Verkündigung ihr Ziel erreicht und zum Glauben führt, handelt es sich wiederum um ein Werk des Heiligen Geistes („Ihr seid unserem Beispiel gefolgt und dem des Herrn und habt das Wort aufgenommen in großer Bedrängnis mit Freuden im heiligen Geist": I Thess 1,6).

Geistbesitz bedeutet für den Glaubenden, dass er Christus nahe ist und durch ihn in die Gemeinschaft mit Gott hineingenommen wird. Der Heilige Geist ist eine ‚Erstlingsgabe' (gr. *aparche*), deren Besitz schon jetzt auf die ersehnte zukünftige Auferstehung orientiert (vgl. Röm 8,23: „auch wir selbst, die wir den Geist als Erstlingsgabe haben, seufzen in uns selbst und sehnen uns nach der Kindschaft, der Erlösung unseres Leibes"). Auch die – in Analogie zum Christusgeschehen verstandene – Auferstehung der Gläubigen wird als ein Werk des Geistes beschrieben: „Wenn der Geist dessen, der Jesus von den Toten auferweckt hat, in euch wohnt, so wird er, der Christus von den Toten auferweckt hat, auch eure sterblichen Leiber lebendig machen durch seinen Geist, der in euch wohnt" (Röm 8,11).

Als mit dem Heiligen Geist Begabte sind die Menschen in den Herrschaftsbereich Christi eingetreten. Ihr Handeln erhält dadurch eine neue Grundlage: Die Liebe (gr./lat. *agape*/caritas). Sie wird als höchste der Geistesgaben (I Kor 13) bzw. erste Frucht des Geistes (Gal 5,22) zum entscheidenden Maßstab alles Verhaltens erhoben, weil durch sie der Heilige Geist im Gläubigen wirkt (vgl. vor allem Röm 5,5: „die Liebe Gottes ist ausgegossen in unsre Herzen durch den heiligen Geist, der uns gegeben ist").

Im Zuge der kirchlichen Lehrentwicklung hat das Konzil von Konstantinopel die Gottheit des Heiligen Geistes dogmatisiert.

> Im Sinne des Bekenntnisses von 325/381 sind alle drei Personen der Trinität im Vollsinn Gott und in ihrer Göttlichkeit einander gleich (vgl. § 7.2.2). Im Bekenntnis von 381 wurde die lebendigmachende Kraft des Heiligen Geistes betont und damit die soteriologische Funktion der dritten Person der Trinität unterstrichen: Die neue Existenz des Glaubenden,

nämlich die ihm im Glauben durch Christus zuteil gewordene Gemeinschaft mit Gott, ist vom Heiligen Geist bewirkt und getragen.

Von großer theologiegeschichtlicher Bedeutung war die in § 7.2.2 schon erwähnte Auseinandersetzung zwischen Ost- und Westkirche über die Berechtigung der Einfügung des *filioque* ins Glaubensbekenntnis. Es ging um die Frage, ob sich die *immanent*-trinitarische ‚Hauchung' des Geistes allein durch den Vater oder durch den Vater *und den Sohn* (filioque) gemeinsam vollzieht (die *ökonomisch*-trinitarische Sendung des Geistes in die Welt wurde einvernehmlich Vater und Sohn gemeinsam zugeschrieben). Die unterschiedlichen Auffassungen in dieser Frage haben die Kirchentrennung von 1054 mit veranlasst (vgl. zum theologiegeschichtlichen Kontext: 1. Hauptteil, Abschnitt 2.2).

Der Streit um das filioque

– Ostkirche: Die immanent-trinitarische ‚Hauchung' des Geistes vollzieht sich allein durch den Vater.
– Westkirche: Sie vollzieht sich durch den Vater und den Sohn (filioque).

Das Problem muss vor dem Hintergrund der Trinitätslehre Augustins gesehen werden (vgl. § 7.2.3). Dieser hat den Heiligen Geist als die Liebesbewegung verstanden, die Vater und Sohn verbindet. Immanent-trinitarisch geht der Geist deshalb von Vater und Sohn gemeinsam aus, ökonomisch-trinitarisch dringt er (im Sinne von Röm 5,5) in das Herz des Christen ein und bezieht ihn damit in die innergöttliche Liebesbewegung ein. Das Personsein des Geistes tritt bei Augustin zurück zugunsten eines dynamisch-relationalen Verständnisses: Der Heilige Geist wird begriffen als die Dynamik der Beziehung (Relation) zwischen Vater und Sohn, in die der Gläubige hineingenommen ist. Aus diesem Ansatz ergibt sich letztlich eine *Eingliederung der Lehre vom Geist in die Christologie.* – Die Sendung Christi ist das entscheidende heilsgeschichtliche Ereignis, und die Lehre vom Heiligen Geist präzisiert lediglich, was auch von Christus ausgesagt werden kann. Dabei kann es allerdings schwierig werden, am Personsein und der Eigenständigkeit des Geistes festzuhalten.

Aus ostkirchlicher Sicht bedeutet das *filioque*, dass der Sohn dem Wesen des Vaters näher steht als der Geist. Daraus aber ergibt sich entweder eine Bestreitung der Göttlichkeit des Geistes oder zumindest Subordinatianismus (vgl. § 7.2.1). Gegen eine Unterordnung der Pneumatologie unter die Christologie lehrt die östliche Theologie, dass Gott einen doppelten Bezug zur Welt besitzt: Einen personal-christologischen und einen dynamisch-pneumatologischen. Die durch den Geist gegebene Unmittelbarkeit der Gott-Mensch-Beziehung wird als eigenständiger Aspekt der Heilsaneignung verstanden und der christologischen Grundlegung nicht unter-, sondern nebengeordnet. Dadurch kann allerdings das Geistwirken zum Wirken Christi in Konkurrenz treten – mit der denkbaren Folge einer Ausblendung Christi aus der Gott-Mensch-Beziehung unter Berufung auf geistgewirkte Unmittelbarkeit zu Gott.

📖   Die biblischen Bezüge zum Thema Geist (Gottes) sind dargestellt bei:
– H. Seebaß/M. Reiser, Geist (NBL 1).

📖📖   Die theologiegeschichtlichen Zusammenhänge der Auseinandersetzung über das *filioque* sowie die aktuelle theologische Bedeutung der Differenz behandelt eingehend:
– B. Oberdorfer, Filioque.

🕮 Manche Sie sich mit verschiedenen neueren Positionen zum *filioque*-Streit vertraut:
- D. Staniloae, Orthodoxe Dogmatik, Band 1, 280–287 (orthodoxe Perspektive);
- W. Härle, Dogmatik, 402–405 (lutherische Perspektive pro *filioque*);
- W. Pannenberg, Systematische Theologie, Band 1, 344 (lutherische Perspektive contra *filioque*).

📖 Über die neuere Diskussion zum göttlichen Ursprung des Geistes informiert:
- U. Körtner, Die Gemeinschaft des heiligen Geistes, 47–62.

11.2 Die Rechtfertigung des Sünders

Trug die unterschiedliche Gewichtung der Pneumatologie zur Trennung von Ost- und Westkirche bei, so entzündeten sich die theologischen Auseinandersetzungen der Reformationszeit am Streit über das angemessene Verständnis der Rechtfertigung des Sünders. Kontrovers war dabei, wie das Verhältnis zwischen göttlicher Gnade und menschlichem Handeln im Sinne des christlichen Glaubens genau zu bestimmen sei. Dieses Problem wurde in der westkirchlichen Theologie bereits seit der Spätantike kontrovers diskutiert.

11.2.1 Von Augustin bis zum späten Mittelalter

Im Unterschied zur philosophisch-spekulativen Prägung des griechischsprachigen Christentums war die lateinische Theologie von Anfang an primär von praktischen Interessen geleitet. Die Frage, durch welche Lebenspraxis der Mensch sein Heil sichern kann und welche Rolle dabei der Institution Kirche zukommt, beschäftigte das westkirchliche Denken – namentlich im nordafrikanischen Raum – seit Tertullian (vgl. zum theologiegeschichtlichen Kontext: 1. Hauptteil, Abschnitt 1.2). Entsprechend war das voraugustinische Verständnis der Rechtfertigung des Sünders von dem Gedanken bestimmt, dass die menschliche Sünde durch die in Person und Werk Jesu Christi manifeste Gnade prinzipiell überwunden ist und dass die Erlangung des Seelenheils für den einzelnen Christen davon abhängt, ob sein Leben umfassend an Gottes Geboten orientiert ist. *Göttliche Gnade und menschliches Verdienst* sind damit *für die Heilserlangung gleichermaßen wichtig*.

Diese Auffassung, in deren Hintergrund altrömisches Rechtsdenken und alttestamentliche Traditionen standen, wurde von Augustin in folgenreicher Weise modifiziert. Unter Berufung auf die Theologie des Paulus lehnte er die Vorstellung einer irgendwie gearteten Mitwirkung des Menschen bei der Heilserlangung ab. Den der (Erb-)Sünde verfallenen Menschen (vgl. § 9.2) betrachtete er als völlig unfähig zum Halten der Gebote Gottes; ihm fehlt nach Augustin die Möglichkeit zur freien Entscheidung für Gott und das Gute, er unterliegt vielmehr einer Not-

Die Lehre von der Rechtfertigung des Sünders

- Zentraler Kontroverspunkt der theologischen Auseinandersetzungen im Reformationszeitalter.
- Thema: Verhältnis von göttlicher Gnade und menschlichem Handeln.
- Voraugustinischer common sense der westlichen Theologie: Göttliche Gnade und menschliches Verdienst wirken bei der Heilserlangung zusammen.

wendigkeit zum Sündigen. Gerade die moralische Anstrengung treibt ihn noch tiefer in die Sünde hinein. Denn solange er von Gott abgewendet und auf sich selbst fixiert ist, tut er das Gute nicht zu Gottes Ehre, sondern nur zur Steigerung seines Eigenruhmes. Der Glaube und die dadurch ermöglichte Befähigung zum Guten haben deshalb ihren Ursprung ausschließlich in der Gnade Gottes.

Diese *Alleinwirksamkeit Gottes bei der Begnadung des Menschen* hat freilich erst der ‚späte' Augustin (ab ca. 397) in voller Konsequenz behauptet. Greifbar wird diese Position in seiner Kommentierung von Röm 9,9–29 in Abschnitt I 2 der Schrift „Ad Simplicianum de diversis quaestionibus" („Verschiedene Probleme, an Simplician"). Im Sinne des hier festgestellten Leitgedankens im Römerbrief hebt Augustin hervor, dass alle vom Menschen vollbrachten Werke, die vor Gott als verdienstlich gelten können, ihre Wurzel einzig in der von Gott gewährten Gnade haben. Auch für den Glauben selbst gilt, dass er dem Menschen ausschließlich aufgrund einer entsprechenden göttlichen Berufung zuteil wird. Nur so bleibt nämlich ausgeschlossen, dass Gottes Rechtfertigungshandeln in eine Abhängigkeit von menschlichen Voraussetzungen gerät (zu den Konsequenzen dieser Auffassung für die Prädestinationslehre vgl. 11.3).

Zuerst werde ich die Intention des Apostels festhalten, die sich durch den ganzen Brief zieht, um mich an ihr zu orientieren. Diese aber lautet, dass sich niemand der Verdienste seiner Werke rühmen soll. [...]
Die Gnade ist also [die Sache] des Berufenden, [die Sache] des die Gnade Empfangenden sind aber die guten Werke, die die Gnade nicht hervorbringen können, sondern durch die Gnade hervorgebracht werden. [...] so handelt niemand deshalb gut, damit er die Gnade empfängt, sondern weil er sie empfangen hat. Denn wie kann [jemand] gerecht leben, der nicht gerechtfertigt ist? [...] Die Gnade also rechtfertigt, damit der Gerechtfertigte gerecht leben kann. [...]

Wenn also das Erbarmen Gottes in Gestalt seiner Berufung nicht vorausgeht, kann auch niemand glauben. (Übersetzung RL)

Et primo intentionem apostoli quae per totam epistulam uiget tenebo quam consulam. Haec est autem, ut de operum meritis nemo glorietur. [...] Vocantis est ergo gratia, percipientis uero gratiam consequenter sunt opera bona, non quae gratiam pariant, sed quae gratia pariantur. [...] Sic nemo propterea bene operatur ut accipiat gratiam, sed quia accepit. Quomodo enim potest iuste uiuere qui non fuerit iustificatus? [...] Iustificat autem gratia, ut iustificatus possit iuste uiuere. [...]
Nisi ergo uocando praecedat misericordia dei, nec credere quisquam potest.

Augustin, Ad Simplicianum I 2,2.3.7 (CChrSL 44, 24.27.32; Zeilen 12–14.84–86.88–90.92 f.208 f.).

Im sog. pelagianischen Streit setzte sich die augustinische Sünden- und Gnadenlehre zunächst gegen den durch Pelagius repräsentierten voraugustinischen *common sense* der westlichen Theologie durch.

Der aus Britannien stammende Theologe Pelagius (gest. kurz nach 418) lehrte, dass der Mensch als Ebenbild Gottes mit einer auf das Gute gerichteten Naturanlage ausgestattet ist, die auch durch die Sünde nicht verloren geht. Die Lehre von der Erbsünde lehnte er daher ab. Sünde und Glaube verstand er als zwei dem Menschen verfügbare Möglichkeiten, sich Gott gegenüber zu verhalten: Der Mensch kann und muss sich entscheiden, ob er dem in Adam erschienenen Leitbild der Sünde oder dem in Christus erschienenen Leitbild der Gerechtigkeit folgen will. Die Gnade wurde dementsprechend verstanden als eine von Jesu Lehre und seinem Beispiel ausgehende Überzeugungskraft, die den Willen des Menschen zum Glauben geneigt macht. Die 418 auf einem Generalkonzil der afrikanischen Provinzen in Karthago ausgesprochenen Verwerfungen der Pelagianischen Lehre setzten sich im Abendland durch; der Moralismus der voraugustinischen Soteriologie blieb ein nurmehr randständiges Phänomen.

Augustins Rechtfertigungslehre

– Im Anschluss an Paulus Betonung der Alleinwirksamkeit Gottes bei der Begnadung des Menschen.
– Konzil von Karthago (418): Verwerfung der (den voraugustinischen Moralismus repräsentierenden) Lehren des Pelagius.
– Synode von Orange (529): Verurteilung des monastischen Synergismus; Bekräftigung der augustinischen Gnadenlehre (Ausklammerung der Prädestinationsproblematik).

Auf Kritik stieß Augustins Lehre von der Erbsünde und der Rechtfertigung des Sünders allein durch Gottes Gnade im nordafrikanischen und südgallischen Mönchtum. Das für die mönchische (monastische) Existenz prägende Ideal einer umfassenden Hingabe an Gott setzte nämlich die – von Augustin geleugnete – Möglichkeit des Menschen zur freien Entscheidung für das Gute gerade voraus. Namentlich Johannes Cassianus, Abt des Klosters St. Victor in Marseille (vgl. § 5.1.2), behauptete das Zusammenwirken (Synergismus) von göttlicher Gnade und menschlichen Verdiensten im Prozess der Heilserlangung.

Diese – gelegentlich als *Semipelagianismus* bezeichnete – Behauptung eines wechselseitigen Zusammenhangs zwischen göttlicher Gnade und christlicher Lebenspraxis wurde im Jahre 529 auf der Synode von Orange (Arausio) unter maßgeblichem Einfluss des Caesarius von Arles verurteilt. Eingeschärft wurden dagegen die Erbsündenlehre, die Alleinwirksamkeit Gottes bei der Begnadung des Menschen und die Notwendigkeit des permanenten göttlichen Beistands für die guten Werke des Gerechtfertigten. Unbehandelt blieb die ebenfalls strittige Frage nach der Prädestination.

In der mittelalterlichen Theologie spielten die Beschlüsse der Synode von Orange allerdings keine bedeutende Rolle. Vielmehr wurde erneut betont, dass es für die Erlangung des Seelenheils notwendig ist, dass der Mensch die von Gott geschenkte Gnade in freier Entscheidung annimmt und den Begnadungsprozess durch gute Werke flankiert und unterstützt. Dieser im Wesentlichen von den Päpsten Leo I. (Pontifikat: 440–461) und Gregor I. geprägte ‚kirchliche Augustinismus' entsprach dem damaligen Selbstverständnis der Kirche, begriff diese sich doch als eine Institution, die sowohl für das jenseitige Heil als auch für die (im Blick auf das jenseitige Heil relevante) diesseitige moralische Erziehung der Menschen verantwortlich ist (vgl. § 15.1.3).

Sowohl im kirchlichen Augustinismus als auch in der hochscholastischen Gnadentheologie wurde grundsätzlich am Primat der Gnade gegenüber menschlicher

Verdienstlichkeit festgehalten und insofern das augustinische Erbe bewahrt. Innerhalb einer durch Wilhelm von Ockham und Gabriel Biel repräsentierten Richtung des spätmittelalterlichen Denkens, mit der sich Luther konfrontiert sah, änderte sich dies (vgl. zum theologiegeschichtlichen Kontext: 1. Hauptteil, Abschnitt 2.3.3). Im Interesse einer Wahrung der unbeschränkten Macht Gottes wurde behauptet, die Rechtfertigung des Menschen könne von Gott auch – am sonst üblichen Weg vorbei – ohne Eingießung der Gnade bewirkt werden; Gottes Gnade ist nicht auf den Weg der kirchlich-sakramentalen Vermittlung angewiesen, sondern kann einen Menschen auch dann erreichen, wenn dieser, um einen Akt wahrer Gottesliebe hervorzubringen, tut, was in seinen Kräften steht (lat. Si homo facit quod in se est, Deus dat gratiam). Diese Gnade befähigt dann dazu, die anfänglich selbst hervorgebrachte Gottesliebe auch dauerhaft durchzuhalten. Für die kirchliche Praxis in Predigt und Seelsorge legte es sich von dieser Auffassung her nahe, zu Akten der Gottesliebe aufzurufen und zu ermuntern. – Die theologiegeschichtliche Forschung spricht hier, namentlich im Blick auf Gabriel Biel, von einer Neuauflage des Semipelagianismus.

Gnadenlehre im Mittelalter

– Kirchlicher Augustinismus: Die von Gott geschenkte Gnade hat im Prozess der Heilserlangung Priorität, bedarf aber, um das Seelenheil zu bewirken, menschlicher Beteiligung.
– Spätscholastik: Gott kann – kraft seiner unbeschränkten Macht – dem Menschen die Gnade verleihen, wenn dieser tut, was in seinen Kräften steht (Neuauflage des Semipelagianismus).

11.2.2 Die Rechtfertigungslehre Martin Luthers

Luther hat seine für den Protestantismus bis in die Gegenwart wichtige Lehre von der Rechtfertigung zwar zunächst vor allem im Rahmen einer Auseinandersetzung mit dem spätscholastischen (Neo-)Semipelagianismus entwickelt. In der Konsequenz aber richtet(e) sich sein Ansatz gegen sämtliche Denkmodelle, die eine von Gott als verdienstlich betrachtete Beteiligung des Menschen an der Heilserlangung annehmen bzw. annahmen.

Im Hintergrund der reformatorischen Erkenntnis stand Luthers intensives *Bemühen um die Gewinnung persönlicher Heilgewissheit*. Um die – als Voraussetzung dafür betrachtete – umfassende Ausrichtung der Existenz auf Gott zu realisieren, bediente er sich so intensiv wie möglich aller dafür von der damaligen Kirche zur Verfügung gestellten Hilfsangebote; in diesen Zusammenhang gehört auch seine Entscheidung für das Leben im Kloster. Die Erfahrung, die er dabei machte, war allerdings die des Scheiterns:

– Ihm wurde einerseits deutlich, dass das eigentliche Motiv für das intensive Bemühen um ein gottgefälliges Leben das menschliche Heilsbedürfnis war, also das letztlich egoistische Interesse an der Herstellung, Sicherung und Steigerung des je eigenen Gnadenstandes. Von der sich in diesem Motiv manifestierenden menschlichen *Eigen*liebe kann aber niemals ein Weg zu jener (eigentlich erstrebten) umfassenden Ausrichtung der gesamten menschlichen Existenz auf *Gott* führen. Der Glaube, durch den der Mensch selig wird, besteht nach Luther vielmehr in konsequentem Absehen von allen Eigeninteressen.

Aus dem Kommentar zu Röm 9,3:
Ich selber wünschte, verflucht und von Christus getrennt zu sein für meine Brüder.

[Es ist aber anzumerken], daß jene, die [...] Gott mit der Liebe der Begehrlichkeit lieben, d. h. um ihrer Erlösung und ihrer ewigen Ruhe willen oder auch um der Hölle zu entrinnen, also (Gott) nicht um Gottes, sondern um ihrer selbst willen (lieben), diese Worte [aus Röm 9,3] für seltsam, ja für Torheit ansehen. [... Das ist so, weil] sie nicht wissen, was selig und erlöst sein eigentlich heißt, nämlich wenn es nicht genießen und sich wohl befinden bedeutet, wie sie es sich vorstellen. Dabei heißt selig sein (doch nichts anderes als) Gottes Willen und seine Ehre in allen Dingen zu wollen und nichts für sich selbst zu wünschen, weder hier noch in Zukunft.	Notandum autem, Quod hec verba iis, qui [...] Deum amore concupiscentie diligunt, i. e. propter salutem et requiem eternum aut propter fugam inferni, hoc est, non propter Deum, Sed propter seipsos, mira, immo stulta videntur [...] Hoc autem Sapiunt, Quia nesciunt, quid sit Beatum et saluum esse, Nisi scil. voluptari et bene habere secundum phantasiam suam. Cum sit hoc esse Beatum, Voluntatem Dei et gloriam eius in omnibus Velle et suum nihil optare, Neque hic neque in futuro.

M. Luther, Vorlesung über den Römerbrief
(Luther deutsch 1, 214 f/WA 56, 390,23–26; 391,2–6).

– Ihm wurde andererseits deutlich, dass auch die intensivste Nutzung kirchlicher Hilfsangebote zur Verwirklichung eines rundum gottgefälligen Lebens keine Heilsgewissheit gewährt. Denn der Mensch kann nie wirklich und dauerhaft sicher sein, dass seine – stets von egoistischen Motiven begleiteten (s. o.) – Bemühungen um einen gottgefälligen Lebenswandel ‚in den Augen Gottes' tatsächlich ausreichen. Deshalb wird er, solange er meint, durch eigene Bemühungen den Forderungen Gottes gerecht werden zu müssen, eher zum Hass gegen Gott als zur Gottesliebe motiviert.

Ich konnte den gerechten, die Sünder strafenden Gott nicht lieben, im Gegenteil, ich haßte ihn sogar. Wenn ich auch als Mönch untadelig lebte, fühlte ich mich vor Gott doch als Sünder, und mein Gewissen quälte mich sehr. Ich wagte nicht zu hoffen, daß ich Gott durch meine Genugtuung versöhnen könnte. Und wenn ich mich auch nicht in Lästerung gegen Gott empörte, so murrte ich doch heimlich gewaltig gegen ihn.	Ego autem, qui me, utcunque irreprehensibilis monachus vivebam, sentirem coram Deo esse peccatorem inquietissimae conscientiae, nec mea satisfactione placatum confidere possem, non amabam, imo odiebam iustum et punientem peccatores Deum, tacitaque si non blasphemia, certe ingenti murmuratione indignabar Deo.

M. Luther, Vorrede
(Luther deutsch 2, 19/WA 54, 185,21–25).

Die skizzierten Einsichten führten Luther zu dem Schluss, dass der Mensch, wenn er seine Situation vor Gott realistisch einschätzt, trotz aller Bemühungen um ein gottgefälliges Leben seine Sünde nicht überwinden kann. – Am Ende des Bemühens um die Gewinnung persönlicher Heilgewissheit stand also bei Luther die Verzweiflung angesichts der unweigerlich zu erwartenden ewigen Verdammnis.

Luthers reformatorische Erkenntnis beruhte nun auf der konsequenten *Auflösung des* – für die Unmöglichkeit der Heilsgewissheit verantwortlichen – *Bedingungszusammenhangs zwischen Heilserlangung und christlichem Lebensvollzug.* Die Zentralthese dieser Erkenntnis lautete dementsprechend: In den Augen Gottes ist das Heil des Menschen gerade *nicht* davon abhängig, inwieweit dieser im christlichen Lebensvollzug den göttlichen Geboten gerecht werden konnte.

Die Einsicht in die Unabhängigkeit der Heilserlangung vom christlichen Lebensvollzug hatte Luther aufgrund einer Auseinandersetzung mit dem biblischen Zeugnis gewonnen. Ausschlaggebend war dabei sein Verständnis des biblischen Begriffs der Gerechtigkeit Gottes.

Rechtfertigung nach Luther (I)

– Ausgangspunkt: Die Angst vor der ewigen Verdammnis weicht trotz allen Bemühens um ein gottgefälliges Leben nicht der Heilsgewissheit.
– Zentralthese: Das dem Menschen von Gott zugesagte Heil ist nicht von einem gottgefälligen Leben abhängig.
– Biblische Fundierung: Die ‚Gerechtigkeit Gottes' ist als Barmherzigkeit gegenüber dem Sünder zu verstehen.

Im *zwischenmenschlichen* Bereich besteht Gerechtigkeit darin, dass jeder erhält, was ihm aufgrund seiner durch Leistung erworbenen Ansprüche zusteht. Wenn man dieses Verständnis auf das Verhältnis *zwischen Gott und Mensch* überträgt, stößt man sofort auf jene Konstellation, die Luther in die Verzweiflung getrieben hatte: Angesichts der geforderten umfassenden Ausrichtung der menschlichen Existenz auf Gott reichen unsere durch Leistung erworbenen Ansprüche niemals für die Heilserlangung aus. Luther stellte nun fest, dass diese Übertragung unangemessen ist, weil sich der das Verhältnis zwischen Gott und Mensch betreffende biblische Begriff der Gerechtigkeit Gottes vom zwischenmenschlichen Gerechtigkeitsverständnis fundamental unterscheidet.

Nach Luthers Einsicht bedeutet ‚Gerechtigkeit Gottes' im biblischen Verständnis die barmherzig-gnädige Annahme des Menschen, der angesichts und trotz seiner Unfähigkeit zur umfassenden Ausrichtung seiner Existenz auf Gott von diesem *gerechtfertigt,* d. h. als gerecht (und damit als heilswürdig) betrachtet wird.

Aus dem Kommentar zu Ps 5,9:
HERR, leite mich in deiner Gerechtigkeit um meiner Feinde willen; ebne vor mir deinen Weg!

Wir müssen uns daran gewöhnen, den Ausdruck ‚die Gerechtigkeit Gottes' [...] schriftgemäß zu verstehen, nicht als die Gerechtigkeit nämlich, nach der Gott selbst gerecht ist, nach der er auch die Gottlosen verurteilt, wie ganz allgemein angenommen wird, sondern [...] als die Gerechtigkeit, mit der er den Menschen bekleidet und ihn damit gerecht macht, d. h. eben als die Barmherzigkeit

‚Iustitiam dei' [...] oportet, ut assuescamus vere canonica significatione intelligere, non eam, qua deus iustus est ipse, qua et impios damnat, ut vulgatissime accipitur. [...] Sed, qua induit hominem, dum eum iustificat: Ipsam scilicet miseri-

oder die gerechtmachende Gnade, auf Grund derer wir bei Gott als gerecht angesehen werden. Von ihr sagt der Apostel Röm 1,17: „Im Evangelium wird offenbart die Gerechtigkeit, die vor Gott gilt, wie denn geschrieben steht (Hab 2,4): Der Gerechte wird aus Glauben leben", und Röm 3,21: „Nun aber ist ohne Zutun des Gesetzes die Gerechtigkeit, die vor Gott gilt, offenbart, bezeugt durch das Gesetz und die Propheten".

cordiam seu gratiam iustificantem, qua apud deum iusti reputamur, de qua Apostolus Ro. i. ,Iustitia dei revelatur in Euangelio, sicut scriptum est: Iustus ex fide vivit'. Et Ro. iij. ,Nunc autem sine lege manifestata est iustitia dei, testificata per legem et prophetas'.

M. Luther, Operationes in psalmos (Luther deutsch 1, 408/WA 5,144,1–7).

Rechtfertigung nach Luther (II)

- Die im Christusgeschehen offenbare göttliche ‚Barmherzigkeitsgerechtigkeit' entlastet den Menschen von der Pflicht zur Mitwirkung bei der Erlangung des Heils.
- Wirkliche Sündenvergebung und Heilsgewissheit sind daher nur im Glauben an die Zuverlässigkeit der göttlichen Heilszusage möglich.

Diese sich als barmherzig-gnädige Annahme des Sünders manifestierende Gerechtigkeit Gottes im biblischen Verständnis ist in Person und Werk Jesu Christi deutlich geworden: Christus hat einerseits in seinem Leben die (eigentlich allen Menschen abgeforderte) vollständige Ausrichtung der gesamten Existenz auf Gott verwirklicht und damit Gottes Willen umfassend erfüllt (aktiver Gehorsam); er hat andererseits durch seinen Tod den Zorn Gottes erfahren und damit die (gerade nicht ihm selbst, sondern eigentlich nur) den Sündern zustehende Strafe auf sich genommen (passiver Gehorsam; vgl. § 10.2.2). – Die in Christus offenbar gewordene Gnade Gottes besteht also, im Unterschied zur Auffassung des kirchlichen Augustinismus und (erst recht) des spätscholastischen (Neo-)Semipelagianismus, gerade nicht darin, dass Gott dem Menschen eine ‚Starthilfe' für den Beginn eines kirchlich flankierten gottgefälligen Lebens und die Fähigkeit zum Durchhalten dieser Lebensform gibt. Nach Luther besteht die Gnade vielmehr in einer *Entlastung des menschlichen Gewissens* vom zuvor empfundenen Zwang, durch einen gottgefälligen Lebenswandel zur eigenen Rechtfertigung gegenüber Gott beitragen oder sie gar erwirken zu müssen.

Diese Entlastung beruht auf dem festen Vertrauen darauf, dass die Frage nach dem eigenen Seelenheil durch das Christusgeschehen von Gott her immer schon zugunsten des Menschen entschieden ist. Dieses Vertrauen in die Heilsmacht des Christusgeschehens bezeichnete Luther als *fiducia* (Vertrauensglaube) und als *fides apprehensiva Christi* (der Glaube, der Christus ergreift; vgl. § 4.2.2). Diesem Glaubensbegriff folgend haben auch die lutherischen Bekenntnisschriften die Untauglichkeit menschlicher Werke zur Besänftigung des Zornes Gottes hervorgehoben; sie haben darüber hinaus betont, dass wegen dieser Untauglichkeit die Sündenvergebung (und die dadurch entstandene Heilsgewissheit) nur durch den Vertrauensglauben möglich ist. Für diesen Vertrauensglauben ist nun charakteristisch, dass Christus im Glauben daran ergriffen wird (apprehenditur), dass dem Menschen um

Christi willen seine Sünden nicht angerechnet werden und er, unabhängig von selbstgewirkten Akten wahrer Gottesliebe, von der Gerechtigkeit Christi ‚profitiert'. Die lutherische Lehre, dass der Mensch sowohl die Rechtfertigungsgnade *allein durch den Glauben* (lat. sola fide) erlangt, ist also eine Konsequenz des Gedankens, dass *allein Christus* (lat. solus Christus) unser Heil bewirkt und dass Christi Heilswirken keiner menschlichen Ergänzung bedarf.

Der Zorn Gottes kann nicht versöhnt werden, wenn wir unsere Werke [ihm] entgegenhalten, weil Christus für uns eingesetzt ist als Versöhner, damit um seinetwillen der Vater mit uns versöhnt werde. Christus aber wird nur durch den Glauben ergriffen wie ein Mittler. Deshalb erlangen wir allein durch den Glauben die Sündenvergebung, wenn wir die Herzen erheben im Vertrauen auf die um Christi willen verheißene Barmherzigkeit.	Ira Dei non potest placari, si opponamus nostra opera quia Christus propositus est propitiator, ut propter ipsum fiat nobis placatus Pater. Christus autem non *apprehenditur* tanquam mediator nisi fide. Igitur sola fide consequimur remissionem peccatorum, cum erigimus corda *fiducia* misericordiae propter Christum promissae.

ApolCA 4,80 (Unser Glaube, 162: Nr. 111/BSLK 176,14–22); vgl. auch CA 4 (BSLK 56,2–10; Evangelische Bekenntnisse, Band 1, 36) – zitiert in § 10.2.2.

Vor diesem Hintergrund wird verständlich, warum Luther mit äußerster Entschiedenheit der Auffassung entgegengetreten ist, der Mensch habe im Blick auf sein Gottesverhältnis einen freien Willen. Denn in diesem Fall wäre erstens der Gnadenzuspruch Gottes abhängig davon, ob der Mensch von der mit dem freien Willen gegebenen Fähigkeit einer Hinwendung zu Gott Gebrauch gemacht hat – eine Auffassung, die nach Luther nicht nur dem biblischen Gerechtigkeitsbegriff widerspricht, sondern geradewegs in jene Gewissensskrupel (zurück)führt, von denen das Vertrauen in die „um Christi willen verheißene Barmherzigkeit" (ApolCA 4) gerade entlastet. Zweitens wäre mit dieser Auffassung genau das als unerheblich erklärt und damit in seiner Bedeutung geleugnet, was sich nach dem biblischen Zeugnis in Christus ereignet hat, nämlich die göttliche Zusage einer von menschlichen Eigenleistungen gerade unabhängigen Gnade.

[Aus der Voraussetzung, der Mensch könne und müsse einen Eigenbeitrag zur Heilserlangung leisten, folgte:] mein Gewissen würde, wenn ich auch ewig lebte und wirkte, niemals gewiß und sicher, wieviel es tun müßte, damit es Gott genug tue. Denn welches Werk auch immer vollbracht wäre, immer bliebe der beunruhigende Zweifel zurück, ob es Gott gefalle oder ob er irgend etwas darüber hinaus fordere, wie es auch die Erfahrung aller Werkheiligen beweist und wie ich es zu meinem großen Leidwesen so viele Jahre hindurch zur Genüge gelernt habe.	[N]eque enim conscientia mea, si in aeternum viverem et operarer, unquam certa et secura fieret, quantum facere deberet, quo satis Deo fieret. Quocunque enim opere perfecto reliquus esset scrupulus, an id Deo placeret, vel an aliquid ultra requireret, sicut probat experientia omnium iustitiariorum et ego meo magno malo tot annis satis didici.

M. Luther, De servo arbitrio (Luther deutsch 3, 327/WA 18, 783,24–28/LDStA 1, 650,7–12).

[Diejenigen, die der Meinung sind, der Mensch verfüge gegenüber Gott über einen freien Willen,] mögen wissen, dass sie Verleugner Christi sind. Denn wenn ich durch mein Bemühen die Gnade Gottes erlange, wozu muss ich [dann] die Gnade Christi als meine Gnade annehmen? (Übersetzung RL)

[S]ciant, sese abnegatores Christi, dum asserunt liberum arbitrium. Nam si meo studio gratiam Dei obtineo, quid opus est Christi gratia pro mea gratia accipienda?

AaO (WA 18, 777,33–36/LDStA 1, 634,12–15).

Mit seiner Bestreitung der Heilsbedeutung menschlicher Werke verfolgte Luther – anders als seine Gegner ihm unterstellten – nicht das Ziel, ‚gute Werke' als überflüssig zu erklären. Vielmehr behauptete er, dass wahrhaft gute Werke überhaupt erst zustande kommen können, dann aber auch zustande kommen müssen, wenn der Handelnde – seiner ihm in Christus zugesprochenen Heilswürdigkeit gewiss – seine Werke nicht mehr als Beitrag zur Heilserlangung versteht. Denn nur dann, wenn der Handelnde von der Frage nach der Bewertung seiner Werke durch *Gott* absehen kann, wird er sich mit diesen Werken tatsächlich auf seinen *Nächsten* um dieses Nächsten willen beziehen – und nicht um des *eigenen* Heiles willen.

Rechtfertigung nach Luther (III)

– Die Befreiung des Glaubenden von der Nötigung zu guten Werken im Blick auf Gott ist die Voraussetzung für wahrhaft gute Werke im Blick auf den Nächsten.
– Gute Werke sind Früchte des Glaubens: als dankbare ‚Weitergabe' der von Gott empfangenen Wohltat an den Nächsten.

Weil die Glaubenden in ihrer irdischen Existenz nicht völlig von der Sünde getrennt sind, bleiben allerdings auch ihre in diesem Sinne guten Werke stets mit Sünde ‚infiziert'. Daher gilt der glaubende Christ aus lutherischer Sicht zugleich als Gerechter und als Sünder (lat. simul iustus et peccator): Er ist *Gerechter*, weil Gott darauf verzichtet, ihn für seine Sünden zur Verantwortung zu ziehen, sondern ihn so ansieht, als wäre das Verdienst Christi des Sünders eigenes Verdienst; man spricht davon, dass dem Sünder die durch das Kreuz erworbene Gerechtigkeit Christi zugerechnet (‚imputiert') wird. Er ist *Sünder*, weil er permanent unfähig dazu ist, aus sich selbst heraus sündlos zu sein; die ihm zugerechnete Gerechtigkeit Christi wird nicht ein Teil seiner selbst, sondern bleibt eine ihm fremde Gerechtigkeit (lat. iustitia aliena). Weil die Rechtfertigung hier lediglich als ein vor dem göttlichen Gerichts-*Forum* erfolgter Zuspruch an den Menschen verstanden wird, spricht man von einem *forensischen* Rechtfertigungsverständnis.

Gerade die mit dem Glauben – als dem sicheren Bewusstsein der geschenkten Heilswürdigkeit – gegebene Entlastung von der Heilssorge *ermöglicht* nun einen von Eigeninteressen freien Blick auf die Bedürftigkeit des Nächsten, und die vom Glaubenden empfundene Dankbarkeit dafür, dass Gott ihm die quälende Sorge um sein Seelenheil abgenommen hat, *nötigt* den Menschen sogar dazu, in seinem Handeln der Bedürftigkeit des Nächsten auch tatsächlich gerecht zu werden (vgl. zur reformatorischen Ethik auch § 15.2.1).

Und ob er [der glaubende Christ] nun auch ganz frei [von der Nötigung zu guten Werken gegenüber Gott] ist, soll er sich wiederum willig zu einem Diener machen, seinem Nächsten zu helfen, mit ihm verfahren und handeln, wie Gott mit ihm durch Christus gehandelt hat. Und das alles (soll er) umsonst (tun), nichts darinnen suchen als göttliches Wohlgefallen und so denken: [...] Ei, so will ich solchem Vater, der mich mit seinen überschwenglichen Gütern so überschüttet hat, umgekehrt frei, fröhlich und umsonst tun, was ihm wohlgefällt, und gegen meinen Nächsten auch ein Christ werden, wie Christus es mir geworden ist, und nichts mehr tun, als was ich nur sehe, daß es ihm not, nützlich und selig sei, dieweil ich doch durch meinen Glauben alle Dinge in Christus genug habe. [...] Denn gleichwie unser Nächster Not leidet und dessen, was wir übrig haben, bedarf, so haben wir vor Gott Not gelitten und seiner Gnade bedurft.

Alßo soll ein Christen mensch, [...] ob er nu gantz frey ist, sich widderumb williglich eynen diener machen seynem nehsten zu helffenn, mit yhm faren und handeln, wie gott mit yhm durch Christum handlet hatt, und das allis umbsonst, nichts darynnen suchen denn gottliches wolgesallenn, und alßo denckenn [...] Ey so will ich solchem vatter, der mich mit seynen uberschwenglichen gutternn alßo ubirschuttet hatt, widerumb frey, froelich und umbsonst thun was yhm wolgefellet, Unnd gegen meynem nehsten auch werden ein Christen, wie Christus mir worden ist, und nichts mehr thun, denn was ich nur sehe yhm nott, nuetzlich und seliglich seyn, die weyl ich doch, durch meynenn glauben, allis dings yn Christo gnug habe [...] Denn zu gleych wie unser nehst nott leydet und unßers ubrigenn bedarff, alßo haben wir fur gott nott geliden und seyner gnaden bedurfft.

M. Luther, Von der Freiheit eines Christenmenschen
(Luther deutsch 3, 327/WA 7, 35,20.25–28; 35,32–36,2; 36,4–6).

Die als Früchte des Glaubens (vgl. Mt 7,16–20) verstandenen guten Werke sind also nicht als Beitrag zur Heilserlangung verstanden, sondern sie gelten als das Resultat der (im Glauben ergriffenen) Heilsgewissheit. Sie folgen dem Glauben *notwendig* nach (s. o.), ohne dass sich der Mensch dadurch bei Gott etwas verdienen könnte. Diese Notwendigkeit bedeutet dennoch: Der Glaube muss aus lutherischer Sicht im Leben des Christen ‚effektiv' werden.

Man kann hier von einem *effektiven* Rechtfertigungsverständnis sprechen: Der (forensischen) Gerecht*erklärung* des Menschen von Gott her (durch Vergebung der Schuld und Zurechnung der Gerechtigkeit Christi) entspricht als Folgewirkung seine Gerecht*machung*, d.h. eine durch den Heiligen Geist bewirkte reale sittliche Umwandlung des Glaubenden, die Heiligung. Die in diesem Leben stets fragmentarisch bleibende Heiligung ist einerseits – als effektive Seite des Rechtfertigungsglaubens – von diesem nicht zu trennen; sie ist andererseits vom Rechtfertigungsglauben klar zu unterscheiden, weil der Mensch ausschließlich durch den Glauben von Gott angenommen ist. Der zuletzt dargestellte Zusammenhang wird sehr schön deutlich in dem Text des Liedes „Es ist das Heil uns kommen her" (1523) von Paul Speratus (1484–1551): „Die Werk, die kommen g'wisslich her/aus einem rechten Glauben;/denn das nicht rechter Glaube wär,/wolltst ihn der Werk berauben./Doch macht allein der Glaub gerecht;/die Werk, die sind des Nächsten Knecht,/dran wir den Glauben merken" (EG 342,7).

11.2.3 Die Rechtfertigungslehre des Konzils von Trient

Angesichts der durch die Reformation markierten Herausforderung hat der römische Katholizismus das Rechtfertigungsthema auf dem Trienter Konzil eingehend thematisiert. Das aus den Beratungen hervorgegangene Rechtfertigungsdekret (verabschiedet auf der 6. Sitzung am 13. Januar 1547) bildet das erste (und bisher einzige) lehramtliche Dokument des Katholizismus zur Frage nach dem Verhältnis zwischen göttlicher Gnade und menschlichem Handeln (vgl. aber die Hinweise zur „Gemeinsamen Erklärung" in der Zwischenbemerkung).

Deutlich ausgesprochen ist die Ablehnung der spätmittelalterlichen Lehre von der Fähigkeit des Sünders zur Gottesliebe. Dagegen wurde, unter Berufung auf Augustin, die Priorität der Gnade vor allen menschlichen Werken und Verdiensten gegenüber Gott hervorgehoben: Ohne zuvorkommende Gnade (lat. gratia praeveniens) ist eine Hinwendung des sündigen Menschen zu Gott in keiner Weise möglich.

[Das Konzil erklärt,] daß diese Rechtfertigung bei Erwachsenen ihren Anfang von Gottes zuvorkommender Gnade durch Christus Jesus nehmen muß, das heißt, von seinem Ruf, durch den sie – ohne daß ihrerseits irgendwelche Verdienste vorlägen – gerufen werden, so daß sie, die durch ihre Sünden von Gott abgewandt waren, durch seine erweckende und helfende Gnade darauf vorbereitet werden, sich durch freie Zustimmung und Mitwirkung mit dieser Gnade zu ihrer eigenen Rechtfertigung zu bekehren.	[Declarat Synodus] ipsius iustificationis exordium in adultis a Dei per Christum Iesum praeveniente gratia sumendum esse, hoc est, ab eius vocatione, qua nullis eorum exsistentibus meritis vocantur, ut qui per peccata a Deo aversi erant, per eius excitantem atque adiuvantem gratiam ad convertendum se ad suam ipsorum iustificationem, eidem gratiae libere assentiendo et cooperando, disponantur.

Konzil von Trient, Dekret über die Rechtfertigung, Kapitel 5 (DH 1525; NR 795).

Wer sagt, der Mensch könne durch seine Werke, die durch die Kräfte der menschlichen Natur oder vermittels der Lehre des Gesetzes getan werden, ohne die göttliche Gnade durch Christus Jesus vor Gott gerechtfertigt werden: der sei mit dem Anathema belegt.	Si quis dixerit, hominem suis operibus, quae vel per humanae naturae vires, vel per Legis doctrinam fiant, absque divina per Christum Iesum gratia posse iustificari coram Deo: anathema sit.

AaO, Kanon 1 (DH 1551; NR 819).

Dass das Konzil von Trient lehrt, der Mensch werde durch die zuvorkommende Gnade dazu disponiert, „sich durch freie Zustimmung und Mitwirkung mit dieser Gnade" zur Rechtfertigung zu bekehren, macht allerdings auf einen wichtigen Unterschied zur lutherischen Rechtfertigungslehre aufmerksam: Die römisch-katholische Theologie hält in einem bestimmten Sinn an der – auf lutherischer Seite so konsequent bestrittenen – Willensfreiheit des Menschen im Hinblick auf Gott fest. So ist nach katholischer Auffassung der freie Wille nach dem Sündenfall durchaus nicht ganz und gar verloren. Vielmehr bleibt er – in korrumpierter Form – erhalten und bildet die Voraussetzung sowohl für das willentliche menschliche Mitwirken bei der Vorbereitung und beim Empfang der Rechtfertigungsgnade als auch für die

Erhaltung und Mehrung der Gnade im christlichen Lebensvollzug. Dem durch die Gnade Gerechtfertigten ist es also möglich, die ihm – zunächst ungeschuldet zugeeignete – Gnade durch einen an den Geboten Gottes orientierten Lebenswandel zu vergrößern; im Unterschied zur lutherischen Auffassung haben die aus freiem Willen vollbrachten guten Werke des Gerechtfertigten hier durchaus eine Heilsbedeutung. Eine solche frei vollzogene menschliche Beteiligung im Prozess der Gnadenmitteilung wurde (und wird) aus katholischer Sicht deshalb als wichtig angesehen, weil nur dann der biblische Gedanke vom ewigen Leben als Lohn für gute Werke und Verdienste sinnvoll aufgenommen werden und als Grundlage moralischer Weisungen und Ermahnungen gelten

Rechtfertigung im Katholizismus

– Ablehnung des spätmittelalterlichen Semipelagianismus; Betonung der Priorität der Gnade vor allen menschlichen Werken und Verdiensten gegenüber Gott.
– Festhalten an der Möglichkeit und Notwendigkeit freier menschlicher Mitwirkung beim Empfang und der Mehrung der Gnade.

kann. Im Hintergrund steht dabei das Interesse an einer möglichst weitgehenden Orientierung der katholischen Christen an den moralischen Vorgaben des Lehramtes und an einer umfassenden Einbindung in die sakramentale Praxis der Kirche.

Aus diesem Grunde also muß man den gerechtfertigten Menschen [...] die Worte des Apostels vor Augen halten: Seid überreich an jedem guten Werke und „wißt, daß eure Mühe nicht vergebens ist im Herrn" [I Kor 15,58]; [...] Und deshalb muß denen, die „bis ans Ende" [Mt 10,22; 24,13] gute Werke tun und auf Gott hoffen, das ewige Leben vorgestellt werden sowohl als Gnade, die den Kindern Gottes durch Christus Jesus barmherzig verheißen wurde, als auch „als Lohn" [Augustin], der nach der Verheißung Gottes selbst, für ihre guten Werke und Verdienste getreu zu erstatten ist.	Hac igitur ratione iustificatis hominibus [...] proponenda sunt Apostoli verba: Abundate in omni opere bono, „scientes, quod labor vester non est inanis in Domino"; [...] Atque ideo bene operantibus „usque in finem" et in Deo sperantibus proponenda est vita aeterna, et tamquam gratia filiis Dei per Christum Iesum misericorditer promissa, et „tamquam merces" ex ipsius Dei promissione bonis ipsorum operibus et meritis fideliter reddenda.

Konzil von Trient, Dekret über die Rechtfertigung, Kapitel 16 (DH 1545; NR 815).

Zwischenbemerkung: Die Gemeinsame Erklärung zur Rechtfertigungslehre
Die unterschiedlichen Auffassungen zur Rechtfertigung führten im 16. Jahrhundert dazu, dass die evangelisch-lutherische und die römisch-katholische Seite einander beschuldigt haben, jeweils eine mit den Grundsätzen des christlichen Glaubens unvereinbare Lehre zu vertreten. Nach dem Scheitern der Verständigungsversuche in der Reformationszeit hat der Dialog zwischen beiden Kirchen erst seit den 60er Jahren des 20. Jahrhunderts neue Impulse erhalten. Von besonderer Bedeutung war in diesem Zusammenhang die 1986 von Karl Lehmann (geb. 1936) und Wolfhart Pannenberg herausgegebene Studie des Ökumenischen Arbeitskreises evangelischer und katholischer Theologen: „Lehrverurteilungen – kirchentrennend?" (LV).

Der katholisch-lutherische Dialog zur Rechtfertigungslehre

– Nach dem Scheitern der Verständigung im 16. Jahrhundert Neuaufnahme des theologischen Dialogs in der 2. Hälfte des 20. Jahrhunderts.
– Vorläufiger Abschluss durch die Unterzeichnung der (in Deutschland sehr umstrittenen) „Gemeinsame[n] Erklärung zur Rechtfertigungslehre" am 31.10.1999 in Augsburg.

In der Studie LV wurde der Frage nachgegangen, ob die im 16. Jahrhundert die Kirchenspaltung begründenden Lehrverurteilungen auch gegenwärtig noch als kirchentrennend angesehen werden müssen. Im Blick auf diese Frage wurden die sowohl in den Lehrsätzen des Trienter Konzils als auch in den lutherischen Bekenntnisschriften ausgesprochenen Verurteilungen auf ihre kirchentrennende Bedeutung hin untersucht. Dies geschah anhand folgender Fragestellungen:

– Gegen wen richtete sich die Verwerfungsaussage?
– Hat sie den damals avisierten Gegner wirklich getroffen?
– Ist die damals verurteilte Position noch heute die Position des konfessionellen Gegenübers?
– Wenn ja: Muss die Differenz, die damals zur Verurteilung führte, noch heute als kirchentrennend beurteilt werden?

Das mit der Rechtfertigungslehre befasste Kapitel der Studie kam zu dem Ergebnis, dass reformatorische und tridentinische Rechtfertigungslehre einander durchaus nicht ausschließen müssen und den Lehrverurteilungen des 16. Jahrhunderts deshalb keine kirchentrennende Bedeutung mehr zukommt.

Zentrale Einsichten des Rechtfertigungskapitels aus LV haben Eingang gefunden in die „Gemeinsame Erklärung zur Rechtfertigungslehre" (GER) des Lutherischen Weltbundes (LWB) und des Päpstlichen Rates zur Förderung der Einheit der Christen vom Januar 1997. Dieser besonders im deutschen Protestantismus höchst umstrittene Text versuchte, einen katholisch-lutherischen Konsens in Grundwahrheiten der Rechtfertigungslehre zu formulieren, aufgrund dessen gezeigt werden kann, dass die weiterhin unterschiedlichen Entfaltungen in den Lehren beider Konfessionen nicht länger Anlass für Lehrverurteilungen sein müssen. Weiter wurde betont, dass der festgestellte Konsens eine tragfähige Grundlage für eine Klärung weiterer kontroverstheologischer Fragen bietet. Aus diesem Konsens ergab sich freilich seitens der katholischen Kirche bislang keine offizielle Anerkennung der lutherischen Gesprächspartner als Kirchen im Vollsinn (vgl. § 13.3.3).

Das in dieser Erklärung [der GER] dargelegte Verständnis der Rechtfertigungslehre zeigt, daß zwischen Lutheranern und Katholiken ein Konsens in Grundwahrheiten der Rechtfertigungslehre besteht, in dessen Licht die [...] verbleibenden Unterschiede in der Sprache, der theologischen Ausgestaltung und der Akzentsetzung des Rechtfertigungsverständnisses tragbar sind. [...] Damit erscheinen auch die Lehrverurteilungen des 16. Jahrhunderts, soweit sie sich auf die Lehre von der Rechtfertigung beziehen, in einem neuen Licht: Die in dieser Erklärung vorgelegte Lehre der lutherischen Kirchen wird nicht von den Verurteilungen des Trienter Konzils getroffen. Die Verwerfungen der lutherischen Bekenntnisschriften treffen nicht die in dieser Erklärung vorgelegte Lehre der römisch-katholischen Kirche. [...] Unser Konsens in Grundwahrheiten der Rechtfertigungslehre muß sich im Leben und in der Lehre der Kirchen auswirken und bewähren. Im Blick darauf gibt es noch Fragen von unterschiedlichem Gewicht, die weiterer Klärung bedürfen: sie betreffen unter anderem das Verhältnis von Wort Gottes und kirchlicher Lehre sowie die Lehre von der Kirche, von der Autorität in ihr, von ihrer Einheit, vom Amt und von den Sakramenten, schließlich von der Beziehung zwischen Rechtfertigung und Sozialethik. Wir sind der Überzeugung, daß das erreichte gemeinsame Verständnis eine tragfähige Grundlage für eine solche Klärung bietet.

GER Nr. 40.41.43.

Im Folgenden sind die für die Diskussion um die GER in Deutschland wichtigsten Ereignisse zwischen 1997 und 1999 aufgelistet:

- Januar 1997: Übermittlung des (nach mehrfacher Überarbeitung nunmehr zur endgültigen Stellungnahme vorliegenden) Textes der GER an den Vatikan und die Mitgliedskirchen des LWB. (1)
- Februar 1998: Votum evangelisch-theologischer Hochschullehrerinnen und Hochschullehrer zur GER, zu deren Ablehnung in der vorliegenden Form aufgefordert wird. (2)
- 16. Juni 1998: Beschluss des Rats des LWB, aufgrund der positiven Antworten der großen Mehrheit der antwortenden Kirchen den in der GER dargelegten Übereinstimmungen zuzustimmen und zu erklären, dass die Lehrverurteilungen der lutherischen Bekenntnisschriften, die die Lehre von der Rechtfertigung betreffen, die Lehre der römisch-katholischen Kirche, wie sie in der GER vorgelegt wird, nicht treffen.
- 25. Juni 1998: Antwort der katholischen Kirche, in der die GER zwar als ein bedeutender Fortschritt gewertet, aber zugleich auf verschiedene noch bestehende Differenzen hingewiesen wird, die genauer geklärt werden müssen. (3)
- Juni 1999: „Gemeinsame Offizielle Feststellung" (GOF) des LWB und der katholischen Kirche, deren integraler Bestandteil ein Anhang (Annex) ist, welcher im Licht der von beiden Seiten vorgebrachten Anfragen den in der GER erreichten Konsens weiter erläutert und – nunmehr auch der katholischen Seite – die Zustimmung zur GER ermöglicht. (4)
- September 1999: Stellungnahme theologischer Hochschullehrer zur geplanten Unterzeichnung der GOF, die schwerwiegende Bedenken gegen den Text zum Ausdruck bringt und vor der Unterzeichnung warnt. (5)
- 31. Oktober 1999: Unterzeichnung der GER in Augsburg.

Informieren Sie sich genauer über Luthers Lehre von den guten Werken anhand von:
- M. Luther, Von den guten Werken (Luther deutsch 2, 95–156/WA 6, 204–250).

Das Verhältnis von Rechtfertigung und Heiligung in reformatorischer Sicht behandelt im Anschluss an Luther:
- E. Herms, Luthers Auslegung des Dritten Artikels.

Über die Spezifika der (reformierten) Rechtfertigungslehre bei Johannes Calvin informiert:
- G. Sauter, Rechtfertigung, 323 f (TRE 28).

Die in der vorstehenden Liste aufgeführten Texte sind zugänglich unter:

- http://www.vatican.va/roman_curia/pontifical_councils/chrstuni/index_ge.htm (1; 3; 4);
- http://www.sonntagsblatt.de/artikel/1998/6/6-s9.htm (2);
- http://www.w-haerle.de/Stellungnahme.htm (5).

Zahlreiche aktuelle Stimmen zur GER sind im Münsteraner Forum für Theologie und Kirche zusammengetragen:
- http://www.muenster.de/~angergun/gemeinsamerkl.html.

📖📖 Eine umfassende Darstellung der lutherischen Rechtfertigungslehre im Horizont der Diskussionen um die GER gibt:
- E. Jüngel, Das Evangelium von der Rechtfertigung des Gottlosen.

📖 Eine informative und kritische Würdigung der Debatten um GER und GOF bietet:
- H. Fischer, Protestantische Theologie, 272–304.

11.3 Die Lehre von der göttlichen Vorherbestimmung (Prädestination)

Die Lehre von der göttlichen Prädestination (gelegentlich wird auch von ‚Gottes Gnadenwahl' gesprochen) gehört zwar grundsätzlich zur Lehre von Gottes Vorsehung und Weltregierung (vgl. § 8.4 und Exkurs 2); sofern es in ihr aber um das Wirken Gottes geht, das auf die Begnadung der Auserwählten zielt, wird sie innerhalb der Soteriologie verhandelt. Der Unterschied zwischen Vorsehungs- und Prädestinationslehre besteht darin, dass erstere zwar die *Erst*ursächlichkeit Gottes lehrt, dabei dem menschlichen Handeln aber einen gewissen Spielraum zu eigener (*Zweit-*)Ursächlichkeit lässt. Dagegen soll bezüglich der Gnade, d.h. der Erlangung des Glaubens an die versöhnende Kraft des Christusgeschehens, jede Art eines menschlichen Eigenbeitrags ausgeschlossen bleiben. Daher wird seit Augustin die *Allein*-wirksamkeit Gottes bei der Begnadung des Menschen und seiner Erwählung zum *Heil* gelehrt (vgl. 11.2.1). Schon bei Augustin selbst zeigte sich aber, dass die *Allein*wirksamkeit Gottes nur dann konsequent behauptet werden kann, wenn auch die *Verwerfung* derer, die nicht glauben, unmittelbar auf Gott zurückgeführt wird: Dass Gott einige Menschen zum Glauben kommen lässt, andere dagegen nicht, bedeutet zugleich, dass die von Gott nicht zum Glauben Gerufenen zur ewigen Verdammnis als der Strafe für ihre Sünde vorherbestimmt sind, eine Verdammnis, der die Erwählten nur aufgrund des unerforschlichen göttlichen Ratschlusses entgehen. So lehrte Augustin faktisch eine *doppelte Prädestination* (lat. praedestinatio gemina), d.h. die Verdammnis der Nichterwählten geht ebenso direkt auf Gottes Willen zurück wie die gnädige Aufnahme der Erwählten ins Reich Gottes. – „Ist nicht Esau Jakobs Bruder? spricht der HERR; und doch hab ich Jakob lieb und hasse Esau"

Prädestinationslehre

- Thema: Vorherbestimmung der von Gott Erwählten zum Heil.
- Unterschied zur Vorsehungslehre: Betonung der Alleinwirksamkeit Gottes (kein Eigenspielraum für die Geschöpfe).
- Mögliche (aber strittige) Konsequenz: Doppelte Prädestination (Vorherbestimmung der Erwählten zum Heil und der nicht Erwählten zur Verdammnis).

(Mal 1,2f): Vor allem anhand dieser bereits von Paulus herangezogenen Bibelstelle (Röm 9,13) hat Augustin seine Auffassung entwickelt.

Gott hasst [...] nicht Esau als Menschen, sondern Esau als Sünder. [...] Hat er also Jakob geliebt, weil dieser kein Sünder war? Aber Gott hat an ihm nicht die Schuld geliebt, die er getilgt, sondern die Gnade, die er geschenkt hat. [...] Gott hasst nämlich die Gottlosigkeit. Und so bestraft er sie bei den einen durch die Verdammung, bei den anderen nimmt er sie weg durch die Rechtfertigung, wie er selbst es als nötig beurteilt aufgrund jener unerforschlichen Ratschlüsse. (Übersetzung RL)	Non igitur odit deus Esau hominem, sed odit deus Esau peccatorem [...] Quod ergo Iacob dilexit, numquid peccator non erat? Sed dilexit in eo non culpam quam delebat, sed gratiam quam donabat. [...] Odit enim deus impietatem. Itaque in aliis eam punit per damnationem, in aliis adimit per iustificationem, quemadmodum ipse iudicat esse faciendum illis iudiciis inscrutabilibus.

Augustin, Ad Simplicianum I 2, 18 (CChrSL 44, 45; Zeilen 552f.561–563.565–568).

Obwohl Gott nicht alle Menschen zum Heil führt, sondern die Gottlosigkeit der Sünder durch Verdammung bestraft, kann er nach Augustin nicht als ungerecht gelten. Denn aufgrund der Erbsünde (vgl. § 9.2) sind zunächst einmal alle Menschen zu einem einzigen ‚Sündenklumpen' (lat. massa peccati) geworden und haben jeden Anspruch auf das Heil verwirkt. Es wäre demnach für Augustin gerade nicht gerecht, wenn jeder zum Heil gelangte. Angesichts der Sünde wäre vielmehr eine definitive Verdammung aller Menschen angemessen. Dass sich Gott dennoch einiger Sünder erbarmt und ihnen das Heil schenkt, ist deshalb der Ausdruck einer unverdienten Gnade, die niemand einfordern kann und für die Gott keine Rechenschaft schuldig ist. Daraus ergab sich die Auffassung, den Verdammten drohe eine *ewige* Höllenstrafe (vgl. § 14.2.1).

Aufgrund seiner konsequenten und umfassenden Bestreitung der menschlichen Heilskompetenz (vgl. 11.2.2) hat auch Luther die Alleinwirksamkeit Gottes so stark betont, dass er die definitive Verwerfung derer, die nicht zum Glauben gelangen, direkt im göttlichen Willen verankert hat. Er gestand durchaus zu, dass der sich damit ergebende Gedanke einer doppelten Prädestination dem ‚gesunden Menschenverstand' widerspricht. Jedoch betonte er zum einen, dass es nicht die Sache des Menschen sein kann, die Geheimnisse des göttlichen Willens zu erforschen. Zum zweiten, und das ist entscheidend, war für Luther die *menschliche* Heilsgewissheit geradezu zwingend daran gebunden, dass *ausschließlich Gott* Heil (und Unheil) bewirkt; andernfalls wäre der Mensch auf seine eigenen Kräfte angewiesen, damit völlig überfordert und deshalb in jedem Fall verloren, während aufgrund der göttlichen Verheißung wenigstens „einige und viele" gerettet werden.

[W]arum ändert er nicht auf einmal die bösen Willen, die er [weiter zum Bösen hin] bewegt? Das gehört zu den Geheimnissen der göttlichen Majestät, in der seine Entscheidungen unbegreiflich sind. Und es ist nicht unsere Aufgabe, das wissen zu wollen, sondern	At cur non simul mutat voluntates malas, quas movet? Hoc pertinet ad secreta maiestatis, ubi incomprehensibilia sunt iudicia eius [Röm 11,33]. Nec nostrum hoc est quaerere, sed adorare

vielmehr, diese Geheimnisse anzubeten. [...] Er ist Gott, und für seinen Willen gibt es keine Ursache noch Grund, die ihm als Richtschnur und Maß vorgeschrieben werden könnten, da es nichts gibt, das ihm gleich oder über ihm ist. Sondern sein Wille ist Richtschnur für alle Dinge.	mysteria haec. [...] Deus est, cuius voluntatis nulla est caussa nec ratio, quae illi ceu regula et mensura praescribatur, cum nihil sit illi aequale aut superius, sed ipsa est regula omnium.

M. Luther, De servo arbitrio
(Luther deutsch 3, 280/WA 18, 712,24–26.32–34/LDStA 1, 470,29f; 471,1.7f).

Aber jetzt, da Gott mein Heil aus meinem Willen herausgenommen und in seinen Willen aufgenommen hat, [...] bin ich sicher und gewiß, daß er getreu ist und mir nicht lügen wird. [...] So geschieht es, daß, wenn nicht alle, so doch etliche und viele gerettet werden, während durch die Kraft des freien Willens überhaupt keiner gerettet würde, sondern wir würden alle zusammen verloren gehen.	At nunc cum Deus salutem meam exta meum arbitrium tollens in suum receperit, [...] securus et certus sum, quod ille fidelis sit et mihi non mentietur. [...] Ita fit, ut si non omnes, tamen aliqui et multi salventur, cum per vim liberi arbitrii nullus prorsus servaretur, sed in unum omnes perderemur.

AaO (Luther deutsch 3, 327/WA 18, 783,28f.31.34–36/LDStA 1, 650,12–15.18–20).

Luther hat allerdings den Willen Gottes zur Verwerfung der Sünder nicht als Teil der Offenbarung Gottes verstanden, sondern dem *verborgenen* Gott zugeschrieben, ein aus Jes 45,15 stammender Gedanke: „Fürwahr, du bist ein verborgener Gott (lat. deus absconditus), du Gott Israels, der Heiland". In „De servo arbitrio" bezeichnete Luther damit nicht einen zweiten Gott, sondern die uns unbekannt bleibende und zugleich unheilvoll-erschreckende Seite jenes Gottes, der uns durch sein Wort *offenbar gemacht* ist (lat. deus revelatus). Die Rede vom verborgenen Gott, dessen Geheimnisse wir nicht zu ergründen versuchen dürfen, hat die Funktion, den Blick auf die uns zugängliche Offenbarung Gottes zu lenken, nämlich auf den in der Schrift bezeugten Gott, der in Christus Fleisch geworden ist und damit gerade seinen *Heils* willen (und nicht seine Verwerfungsabsicht) manifestiert hat.

Die lutherischen Bekenntnisschriften haben die Lehre von der *doppelten* Prädestination allerdings nicht übernommen. So betont die Konkordienformel in ihrem 11. Artikel vor allem in Anlehnung an I Tim 2,4 die Universalität des göttlichen Heilswillens und unterscheidet zwischen göttlichem Vorher*wissen* (praescientia) und göttlicher Vorher*bestimmung* (praedestinatio). Während das Vorherwissen sowohl Gutes als auch Böses umfasst, einschließlich der Verweigerung der Gnade durch die Verdammten, bezieht sich die Vorherbestimmung allein auf die Erwählten. In Gott gibt es danach ein Vorherwissen sowohl der Erwählung als auch der Verdammnis bestimmter Menschen, eine Vorherbestimmung gibt es aber nur hinsichtlich der Erwählung. – Die Verwerfung der Ungläubigen ist damit aus der Lehre von der göttlichen Prädestination im eigentlichen Sinn ausgegliedert und erscheint als vom Menschen verschuldete Folge der Verweigerung des Gnadenangebots, eine Verweigerung, deren Möglichkeit in der allgemeinen Vorsehungslehre mit dem Gedanken der Zulassung (permissio; vgl. § 7.4) erklärt werden kann.

1. Am Anfang ist der Unterschied zwischen der praescientia und der praedestinatio, das heißt zwischen der Vorsehung und der ewigen Wahl Gottes genau zu beachten.	I. Primum omnium est, quod accurate observari oportet, discrimen esse inter praescientiam et praedestinationem sive aeternam electionem Dei.
2. Denn die Vorsehung Gottes ist nichts anderes, als daß Gott alle Dinge weiß, ehe sie geschehen [...]	II. Praescientia enim nihil aliud est, quam quod Deus omnia noverit antequam fiant [...]
3. Diese Vorsehung ergeht zugleich über die Frommen und Bösen [...]	III. Haec Dei praescientia simul ad bonos et malos pertinet [...]
4. Die Prädestination aber oder die ewige Wahl Gottes ergeht allein über die frommen, wohlgefälligen Kinder Gottes [...]	IV. Praedestinatio vero seu aeterna Dei electio tantum ad bonos et dilectos filios Dei pertinet [...]
[Daher verurteilen wir die Lehre,] daß Gott nicht will, dass jeder selig wird, sondern daß [bestimmte Menschen] nicht nach ihrer Sünde, sondern allein aufgrund des bloßen Rates, Vorsatzes und Willens Gottes zur Verdammnis verordnet sind, so daß sie nicht selig werden können.	[Reiicimus itaque errorem,] Quod nolit Deus, ut omnes salventur, sed quod quidam, non ratione peccatorum suorum, verum solo Dei consilio, proposito et voluntate ad exitium destinati sint, ut prorsus salutem consequi non possint.

FC Epit. 11, 2–5. 19 (Unser Glaube, 833 f.839: Nr. 1002–1005.1018/ BSLK 817,4–10.15 f.29–31; 821,11–16).

Die in der Konkordienformel verworfene Auffassung, manche Menschen seien allein aufgrund des Vorsatzes und Willens Gottes zur Verdammnis bestimmt, bezieht sich auf die Prädestinationslehre im reformierten Protestantismus. Vor allem unter Berufung auf Eph 1,4 ff hatte bereits Calvin ein ewiges und unwandelbares Dekret Gottes angenommen (lat. aeternum Dei decretum), in dem schon vor der Erschaffung der Welt (und damit auch vor dem Sündenfall!) festgelegt ist, welche Menschen zum ewigen Leben und zur ewigen Verdammnis vorherbestimmt sind. Damit war die auch in der lutherischen Soteriologie hervorgehobene Alleinwirksamkeit Gottes bei der Begnadung des Menschen radikalisiert: Gottes Freiheit bleibt konsequent gewahrt, und jede Möglichkeit eines menschlichen Beitrags zum Heil ist ausgeschlossen. Bereits in der Lehre von Gottes Vorsehung hatte Calvin deshalb den Gedanken der permissio (vgl. § 7.4) verworfen und Gott – u. a. in Anlehnung an Am 3,6 und Jes 45,7 – als *direkten* Urheber des Bösen und damit auch der Sünde verstanden. Dem entsprach die in der Soteriologie vor allem anhand von Röm 9–11 vorgetragene Einsicht, nach der Gottes ewiges Dekret eine Entscheidung sowohl über die Begnadung als auch über die Verwerfung bestimmter Menschen enthält.

In der reformierten Lehrentwicklung nach Calvin – namentlich infolge der Lehrentscheidung der Dordrechter Synode (vgl. zum theologiegeschichtlichen Kontext: 1. Hauptteil, Abschnitt 3.5) – gewann die Prädestinationslehre zunehmend eine hervorgehobene Stellung und wurde gewissermaßen zum Zentraldogma, durch das sich die reformierte Theologie sowohl vom Katholizismus und vom Humanismus als auch vom Luthertum absetzte. Gegen die drei genannten Richtungen wurde – verschieden massiv – der Vorwurf erhoben, sie lehrten letztlich ein Zusammenwirken

Lutherische und Reformierte Prädestinationslehre

- Lutheraner: Unterscheidung zwischen Vorherwissen (praescientia) und Vorherbestimmung (praedestinatio)
- Reformierte: Direkte Rückführung der Erwählung (electio) und Verwerfung (reprobatio) auf Gottes ewigen Ratschluss.
- Innerreformierter Streitpunkt: Ist Gottes Dekret supralapsarisch oder infralapsarisch zu verstehen?

(Synergismus; vgl. 11.2.1) des Menschen mit Gott bei der Realisierung des göttlichen Heilsplanes, weil sie nicht *alles* das Heil (oder das Unheil) des Menschen betreffende Handeln *direkt* auf Gott zurückführten. Dem reformierten Ansatz wurde dagegen der Vorwurf gemacht, einen *Heilspartikularismus* zu lehren, weil in Gottes Dekret das Heil nur für einen *Teil* (lat. pars) der Menschheit vorgesehen ist; dagegen wurde betont, dass nach dem Zeugnis der Bibel Christus für *alle* Menschen gestorben ist (vgl. Röm 5,18).

Innerhalb der reformierten Theologie gab es allerdings Meinungsverschiedenheiten darüber, ob auch der Sündenfall im Paradies zum ewigen Dekret Gottes gehört und von Gott selbst direkt bewirkt wurde (supralapsarische Position), oder ob das Dekret nicht eine ‚Reaktion' Gottes auf den von ihm vorhergesehenen (aber eben nicht direkt bewirkten) Sündenfall darstellt (infralapsarische Position). Seit dem 17. Jahrhundert setzte sich im reformierten Protestantismus Europas weithin die infralapsarische Position durch.

Die bisher behandelten Typen der Prädestinationslehre lassen sich folgendermaßen schematisieren:

	supralapsarisch (das ewige Dekret beinhaltet auch den Sündenfall der ersten Menschen im Paradies)	*infralapsarisch* (das ewige Dekret ist die ‚Reaktion' Gottes auf den von ihm zwar vorhergesehenen, aber nicht direkt bewirkten Sündenfall im Paradies)
Prädestination nur zum Heil (keine direkte Rückführung der Verwerfung Ungläubiger auf Gottes Handeln)		FC 11 (BSLK 816–822. 1036–1091)
Prädestination zu Heil und Verdammnis (direkte Rückführung auch der Verwerfung auf Gottes Handeln)	J. Calvin, Institutio III 21–24 [I 16–18]	Augustinus, Ad Simplicianum; M. Luther, De servo arbitrio

Gegenüber den oft spekulativen und problematischen Aussagen der traditionellen Prädestinationslehre ist die neuere und gegenwärtige Theologie im Hinblick auf verbindliche Behauptungen sehr vorsichtig geworden. Dies lässt sich exemplarisch verdeutlichen an der Leuenberger Konkordie von 1973, in der die erwähnten luthe-

risch-reformierten Lehrdifferenzen ausgeräumt wurden; die Lehre von einem „ewigen Ratschluss Gottes zur definitiven Verwerfung gewisser Personen oder eines Volkes" hat man dabei ausdrücklich zurückgewiesen (vgl. zum theologiegeschichtlichen Kontext: 1. Hauptteil, Abschnitt 3.6).
24. Im Evangelium wird die bedingungslose Annahme des sündigen Menschen durch Gott verheißen. Wer darauf vertraut darf des Heils gewiss sein und Gottes Erwählung preisen. Über die Erwählung kann deshalb nur im Blick auf die Berufung zum Heil in Christus gesprochen werden.
25. Der Glaube macht zwar die Erfahrung, dass die Heilsbotschaft nicht von allen angenommen wird, er achtet jedoch das Geheimnis von Gottes Wirken. Er bezeugt zugleich den Ernst menschlicher Entscheidung wie die Realität des universalen Heilswillens Gottes. Das Christuszeugnis der Schrift verwehrt uns, einen ewigen Ratschluss Gottes zur definitiven Verwerfung gewisser Personen oder eines Volkes anzunehmen.
26. Wo solche Übereinstimmung zwischen Kirchen besteht, betreffen die Verwerfungen der reformatorischen Bekenntnisse nicht den Stand der Lehre dieser Kirchen.

Leuenberger Konkordie, Nr. 24–26
(Reformierte Bekenntnisschriften, 254).

Eine Interpretation von FC 11 bietet:
- G. Wenz, Theologie der Bekenntnisschriften, Band 2, 712–733.

Über Luthers Lehre vom Deus absconditus informiert:
- E. Jüngel, Quae supra nos, nihil ad nos.

Calvins Lehre von der ewigen Erwählung ist enthalten in:
- J. Calvin, Unterricht/Institutio, III 21–24 (Weber 615–664/Opera selecta IV 368–432);
sie steht in engem Zusammenhang mit der Vorsehungslehre in:
- J. Calvin, Unterricht/Institutio, I 16–18 (Weber 105–130/Opera selecta III 187–227).

Informieren Sie sich über die in 11.3. erwähnte Lehrscheidung der Dordrechter Synode; lesen Sie dazu:
- Reformierte Bekenntnisschriften, 221–229.

Die Entwicklung der Prädestinationslehre seit dem 16. Jahrhundert behandelt in Kurzform:
- T. Mahlmann, Prädestination (TRE 27).

Verschaffen Sie sich einen Eindruck über die von K. Barth vorgenommene Neufassung der Erwählungslehre anhand von:
- K. Barth, Kirchliche Dogmatik II/2, 1–100 (= § 32);
- E. Brunner, Dogmatik I, 353–357 (kritische Würdigung von Barths Ansatz).

§ 12 Die Heilsmittel

Das Heil des Menschen hat seinen Ursprung im dreieinen Gott, wobei dem Heiligen Geist die Zueignung des Heils an den Einzelnen in besonderer Weise zugesprochen wird (vgl. § 7.2.2; § 11.1). Durch die Rechtfertigungsgnade vermittelt er dem Sünder eine ‚Verbindung' zum auferstandenen Christus, in dem der Heilswille des Vaters Person geworden ist. Dem entspricht der Mensch im Glauben (vgl. § 4.2.2; § 11.2). Wie aber erlangt der Mensch solchen Glauben? – Nach der lutherischen Bekenntnistradition gelten als ‚Heilsmittel', d. h. als Instrumente zur Erlangung der Rechtfertigungsgnade im Glauben, einerseits die Predigt des Evangeliums (vgl. 12.1) und andererseits die Sakramente (vgl. 12.2).

[Um] diesen Glauben zu erlangen, hat Gott das Predigtamt eingesetzt, das Evangelium und die Sakramente gegeben, durch die er als durch Mittel den Heiligen Geist gibt, der den Glauben, wo und wann er will (ubi et quando visum est Deo), in denen, die das Evangelium hören, wirkt, das da lehrt, daß wir durch Christi Verdienst, nicht durch unser Verdienst, einen gnädigen Gott haben, wenn wir das glauben.

Ut hanc fidem consequamur, institutum est ministerium docendi evangelii et porrigendi sacramenta tamquam per instrumenta donatur spriritus sanctus, qui fidem efficit, ubi et quando visum est Deo in his qui audiunt evangelium, scilicet quod Deus non propter nostra merita, sed propter Christum iustificet hos, qui credunt se propter Christum in gratiam recipi.

CA 5 (Unser Glaube, 63: Nr. 11/BSLK 58,2–12).

12.1 Gesetz und Evangelium

12.1.1 *Vorbemerkungen*

Das in der Bibel enthaltene (und in der Predigt weiterzugebende) Wort Gottes hat verschiedene Gestalt. Neben dem *Evangelium* als der Verkündigung der Sündenvergebung aus Gnade durch den Glauben enthält die Bibel auch das *Gesetz* als die Verkündigung des Willens Gottes, dessen Befolgung Lohn und dessen Nichtbefolgung Strafe nach sich zieht.

Das Wort *Gesetz* (gr./lat. *nomos*/lex) geht zurück auf das hebräische Wort *tora*. Damit war zunächst die vom Priester mündlich erteilte Einzelweisung in sittlichen, juristischen und kultischen Fragen gemeint: „An die Weisung (*tora*), die sie dir geben, und an das Urteil, das sie dir sagen, sollst du dich halten, so dass du davon nicht abweichst" (Dtn 17,11). Seit der nachexilischen Zeit hat man damit die gesamte schriftlich fixierte Gesetzgebung Gottes für das Volk Israel bezeichnet; *tora* steht für den ersten Teil des jüdischen Kanons, den Pentateuch.

Das Evangelium Jesu, seine Botschaft von der nahegekommenen Gottesherrschaft, verband sich z. T. mit scharfer Kritik am damaligen jüdischen Gesetzesverständnis. Jesus hat alle Einzelvorschriften des Gesetzes unter das Gebot der Gottes- und Nächstenliebe gestellt (Mt 22,35–40). Einzig von diesem Doppelgebot der Liebe her empfangen die konkreten Bestimmungen ihren Sinn, und wo diese dem Liebesgebot entgegenstehen, wurde ihre Geltung von Jesus ausdrücklich relativiert. Von daher konnte Paulus einerseits Christus als das *Ende des Gesetzes* verstehen (Röm 10,4) und andererseits von der Liebe als der *Erfüllung* des Gesetzes sprechen (Röm 13,8–10) und das von der Nachfolge Christi getragene Leben des Glaubenden als ein vom *Gesetz Christi* bestimmtes Leben beschreiben (Gal 6,2; I Kor 9,21).

Die Arten des Gesetzes im Alten Testament

– Moralgesetz (lex moralis, lex naturae): Die für alle Menschen verbindlichen sittlichen Weisungen Gottes.

– Judizialgesetz (lex judicialis): Die Vorschriften zur Gestaltung des bürgerlichen Lebens im jüdischen Staatswesen.

– Zeremonialgesetz (lex ceremonialis): Die Vorschriften zur äußerlichen Gestaltung des Kultes.

Für das Verhältnis von Gesetzeskritik und Gesetzeserfüllung sind die unterschiedlichen Arten von gesetzlichen Vorschriften im Alten Testament wichtig. So lässt sich das (z. B. im Dekalog enthaltene) *Moralgesetz* (lat. lex moralis; auch Naturgesetz, lat. lex naturae, genannt) von dem die Rechtsprechung regelnden *Judizialgesetz* (lat. lex ceremonialis; z. B. Bundesbuch) und dem die Kultpraxis betreffenden *Zeremonialgesetz* (lat. lex ceremonialis; z. B. Priestergesetz in Ex bis Num) unterscheiden. Im Verständnis des Neuen Testaments gelten nur Judizial- und Zeremonialgesetz als Vorschriften mit zeitlich begrenzter Geltung; die Vorschriften des Dekalogs bleiben auch nach Christus in Kraft – Jesus selbst hat die Dekaloggebote sogar radikalisiert und vertieft (vgl. vor allem Mt 5,17–48). Wer nun durch den Heiligen Geist im Glauben zu einem Leben im Sinne des Liebesgebots befähigt wird, wer also den Glauben hat, der in der Liebe wirksam ist (Gal 5,6), erfüllt auch das Gesetz in der von Jesus gebotenen Weise. Allerdings tritt es ihm nicht mehr als eine Forderung gegenüber, sondern der Christ tut aufgrund seines Glaubens an das Evangelium aus sich selbst heraus das, was das Gesetz verlangt.

Aufgrund der paulinischen Rede vom Gesetz Christi hat man bis zur Reformation weniger zwischen *Gesetz und Evangelium*, sondern vielmehr zwischen *Altem und Neuem Gesetz* unterschieden. Das Neue Gesetz meinte dabei die durch Jesus vertieften Gebote des Dekalogs, deren – nur den Glaubenden durch den Heiligen Geist mögliche – Befolgung als Heilsweg der Christen verstanden wurde. In diesem Sinne gilt nach Augustin, dass die Gnade gegeben ist, damit das den Menschen sonst überfordernde Gesetz erfüllt werden kann.

Das Gesetz ist also gegeben, damit die Gnade begehrt wird, die Gnade ist gegeben, damit das Gesetz erfüllt wird. Denn nicht aufgrund seiner eigenen Schlechtigkeit wurde das Gesetz nicht erfüllt, sondern durch die Schlechtigkeit der Klugheit des Fleisches – eine Schlechtigkeit, die durch das Gesetz aufgezeigt und durch die Gnade geheilt werden musste. (Übersetzung RL)

[L]ex ergo data est, ut gratia quaereretur, gratia data est, ut lex inpleretur. neque enim suo uitio non inplebatur lex, sed uitio prudentiae carnis. quod uitium per legem demonstrandum, per gratiam sanandum fuit.

Augustin, De spiritu et littera 34 (CSEL 60, 187,22–25).

Altes Gesetz und Neues Gesetz versus Gesetz und Evangelium

– Alte Kirche/Mittelalter: Das vom Glauben getragene Leben der Christen folgt dem von Christus gegebenen neuen Gesetz.
– Luther: Das Evangelium ist ausschließlich als Entlastung vom Zwang zu menschlichen Leistungen gegenüber Gott zu verstehen.

12.1.2 *Gesetz und Evangelium in der reformatorischen Theologie*

Vor dem Hintergrund seiner Rechtfertigungslehre konnte Luther das Evangelium nicht als die Verkündigung eines neuen Gesetzes verstehen. Vielmehr galt ihm das Evangelium als Zuspruch der Sündenvergebung, der verbunden ist mit der Zurechnung der fremden Gerechtigkeit Christi (vgl. § 11.2.2). Adressat dieses Zuspruchs ist der an seiner eigenen Glaubensunfähigkeit verzweifelnde Sünder, der ständig die Erfahrung macht, dass er von sich aus zu wahrhafter Gottes- und Nächstenliebe nicht in der Lage ist und der sich deshalb durch das Gesetz überfordert sieht. Weil nun das Evangelium von dieser Überforderung durch das Gesetz gerade befreit, darf es nicht selbst wieder zu einem (neuen) Gesetz gemacht werden. Vielmehr schenkt Gott dem Menschen die Gnade, damit er von dem Zwang *entlastet* wird, im Hinblick auf sein Heil bestimmte Werke tun zu müssen. Zwar gelten gerade nach Luther die guten Werke als ‚Indikator' des wahren Glaubens, weil sie aber dennoch nicht heilsnotwendig sind, dürfen sie, so seine feste Überzeugung, nicht zu einem Gesetz des Christenlebens erhoben werden.

Da Luther seine Rechtfertigungslehre aufgrund intensiver Auseinandersetzungen mit der Bibel entwickelte, hat er die Unterscheidung von Gesetz und Evangelium als maßgeblichen Schlüssel zum Verstehen der Heiligen Schrift und damit zugleich als Grundlage sachgemäßer christlicher Theologie behauptet. Das als Gesetz und Evangelium in der Heiligen Schrift enthaltene Wort Gottes muss daher nach Luther in der Predigt auch in dieser doppelten Gestalt weitergegeben werden.

Ihr habt aber schon oft gehört, dass es keine bessere Art gibt, die reine Lehre zu überliefern und zu bewahren, als dass wir dieser Methode folgen: Nämlich dass wir die christliche Lehre in zwei Teile teilen, d.h. in Gesetz und Evangelium. – So wie es auch zwei Dinge sind, die uns im Wort Gottes vorgelegt werden: Zorn oder Gnade Gottes, Sünde oder Gerechtigkeit, Tod oder Leben, Hölle oder Himmel. (Übersetzung RL)	Audistis autem iam saepe, meliorem rationem tradendi et conservandi puram doctrinam non esse, quam ut istam methodum sequamur, nempe ut dividamus doctrinam christianam in duas partes, scilicet in legem et evangelium. Sicut etiam duae res sunt, quae in verbo Dei nobis proponuntur, scilicet aut ira gratia Dei, peccatum aut iustitia, mors aut vita, infernus aut coelum.

M. Luther, Disputation gegen die Antinomer (WA 39 I, 361,1–6).

Nun kannte Luther grundsätzlich zwei Funktionen des Gesetzes. So hat er einerseits vom ‚*politischen* Gebrauch des Gesetzes' gesprochen (lat. usus politicus legis). Dieser besteht darin, dass die äußere Ordnung im politischen Gemeinwesen erhalten wird, indem die Obrigkeit durch Gesetzgebung (und Sanktionen bei Zuwiderhandlung) die Menschen daran hindert, einen Zustand der Anarchie herbeizuführen, der die Verkündigung des Evangeliums unmöglich machen würde. Der Gehorsam gegenüber dem Gesetz in diesem politischen Gebrauch ist nach Luther allerdings nur äußerlicher Art und geschieht ausschließlich aus Furcht vor Strafe (vgl. § 13.3.2); mit der theologischen Frage nach der Bedeutung des Gesetzes für die Rechtfertigung hat er deshalb nicht zu tun.

Als theologisch relevante Funktion des Gesetzes, als dessen ‚theologischer oder geistlicher Gebrauch' (lat. usus theologicus seu spiritualis), gilt die Konfrontation des Menschen mit dem für ihn unerfüllbaren Gotteswillen. Diesem begegnet er vornehmlich im – durch Jesus radikalisierten – alttestamentlichen Moralgesetz. Diese Funktion des Gesetzes, die von Luther als dessen ‚eigentlicher Gebrauch' (lat. proprius usus) festgehalten wurde, besteht darin, den Menschen seine unüberwindbare Verstrickung in die Sünde erkennen zu lassen. Weil das Gesetz den Menschen seiner Sünde *überführt*, wurde auch vom *überführenden* Gebrauch des Gesetzes gesprochen (lat. usus elenchticus legis). Erst dann nämlich, wenn der Mensch aufgrund der Einsicht in seine Unfähigkeit zur Erfüllung des Gotteswillens aufs tiefste verzweifelt ist, wird er die im Evangelium angebotene Sündenvergebung und die Zurechnung der Gerechtigkeit Christi als Trost annehmen können.

Der zweifache Gebrauch des Gesetzes

1. Politischer Gebrauch des Gesetzes: Staatliche Durchsetzung von Recht und Ordnung (keine Bedeutung für Rechtfertigung).
2. Theologischer Gebrauch des Gesetzes: Konfrontation des Menschen mit dem (unerfüllbaren) Gotteswillen, die ihn seiner Sünde überführt und ihn für das Evangelium öffnet.

Aus dem Kommentar zu Gal 3,19:
Was soll dann das Gesetz? Es ist hinzugekommen um der Sünden willen, bis der Nachkomme da sei, dem die Verheißung gilt, und zwar ist es von Engeln verordnet durch die Hand eines Mittlers.

Der erste Verstand und Gebrauch des Gesetzes ist der, die Gottlosen in Zaum zu halten. [...] Dieser bürgerliche Zwang ist höchstnötig und von Gott geordnet, einmal wegen des öffentlichen Friedens und überhaupt, um alle Dinge zu bewahren, am meisten aber ist diese bürgerliche Gesetzesordnung nötig, damit die wilden Menschen nicht durch Aufbegehren und Aufruhr den Lauf des Evangeliums hindern. Paulus behandelt hier nicht diesen bürgerlichen Gebrauch des Gesetzes; er ist sehr nötig, aber er rechtfertigt nicht.	Primus ergo intellectus et usus legum est cohercere impios. [...] Haec civilis cohercio summe necessaria est et a Deo instituta, cum propter publicam pacem tum propter omnes res conservandas, maxime vero, ne tumultibus et seditionibus ferocium hominum cursus Evangelii impediatur. Illum civilem usum Paulus hic non tractat, Est quidem valde necessarius, sed non iustificat.

M. Luther, Großer Galaterkommentar
(Galaterbriefauslegung [Kleinknecht], 184/WA 40 I, 479,30; 480,22–26).

Der andere Gebrauch des Gesetzes ist der theologische oder geistliche, der dazu da ist, die	Alter legis usus est Theologicus seu Spiritualis, qui valet ad augendas transgressiones.

Übertretungen zu vermehren. Um den geht es hauptsächlich im Gesetz des Mose [...] Davon redet Paulus gewaltig Röm 7,7. So ist es das wahre Amt und der hauptsächliche und eigentliche Gebrauch des Gesetzes, daß es dem Menschen seine Sünde, Blindheit, Elend, Gottlosigkeit, Unwissenheit, Haß, Gottesverachtung, Tod, Hölle, Gericht und verdienten Gotteszorn offenbar macht [...] Wenn das Gesetz anklagt und das Gewissen erschreckt [...], dann ist es in seinem eigentlichen Werk und Amt.	Et is maxime quaeritur in lege Mosi [...] De hoc Paulus magnifice disputat ad Roma. 7. Itaque verum officium et principalis ac proprius usus legis est, quod revelat homini suum peccatum, caecitatem, miseriam, impietatem, ignorantiam, odium, contemptum Dei, mortem, infernum, iudicium et commeritam iram apud Deum. [...] Itaque quando lex accusat et perterrefacit conscientiam: .. tum in proprio usu et fine est lex.

AaO (Galaterbriefauslegung [Kleinknecht], 184 f/
WA 40 I, 480,32–34; 481,13–16; 482,26–28).

Der durch den Glauben an Christus Gerechtfertigte wird nun, da er weiß, dass seinen Werken keine Heilsbedeutung zukommt, die Angebote der Kirche zur Flankierung der menschlichen Mitwirkung bei der Heilserlangung als für sich nicht unbedingt bindend betrachten. Dort aber, wo die so gewonnene christliche Freiheit dadurch bedroht ist, dass die Kirche bestimmte menschliche Werke als heilsnotwendig behauptet, muss er deshalb widersprechen, weil in diesem Fall die Rechtfertigung erneut auf Werke gestützt wird.

> Aus dem Kommentar zu Gal 4,9:
> Nachdem ihr aber Gott erkannt habt, ja vielmehr von Gott erkannt seid, wie wendet ihr euch dann wieder den schwachen und dürftigen Mächten zu, denen ihr von neuem dienen wollt?

Wenn aber das Gesetz Gottes schwach und unnütz zur Rechtfertigung ist, so sind die Gesetze des Papstes erst recht schwach und unnütz zur Rechtfertigung. Nicht daß ich seine Gesetze samt und sonders verwerfen und verdammen wollte, ich sage, daß einige nützlich zur äußeren Zuchtübung sind. [...] Aber mit dieser Empfehlung und mit diesem Gebrauch seiner Gesetze ist der Papst nicht zufrieden, er begehrt, daß wir denken, wir könnten durch die Befolgung dieser Gesetze die Rechtfertigung und das Heil finden. [...] Soferne also der Papst auf der Beobachtung dieser Gesetze als heilsnotwendig besteht, ist er der Antichrist und der Stellvertreter des Satans.	Si autem lex Dei infirma et inutilis est ad iustificationem, multo magis leges Papae sunt infirmae et inutiles ad iustificationem. Non quod in universum reiiciam et damnem leges ipsius, sed dico plerasque utiles esse ad externam disciplinam [...] Hac autem commendatione et usu legum suarum Papa non contentus est, sed requirit, ut sentiamus, quod per observationem earum iustificemur et salutem consequamur. ... Quatenus igitur Papa exigit eas observari ut necessarias ad salutem, est Antichristus et Satanae Vicarius.

M. Luther, Großer Galaterkommentar
(Galaterbriefauslegung [Kleinknecht], 242/WA 40 I, 618,29–32; 619,10–12.18 f).

Luthers Verhältnisbestimmung von Gesetz und Evangelium hat zwei Folgeprobleme aufgeworfen, mit denen sich z. T. schon Luther selbst, z. T. aber auch erst die spätere theologische Lehrentwicklung auseinandergesetzt hat.

1. Die Feststellung, dass das Gesetz an allen, die an Christus glauben, sein Recht verloren hat, konnte zu der Folgerung Anlass geben, für den Christen habe das Gesetz keine Bedeutung mehr. Dazu hat Luther festgehalten:
a) Was die Christen als Glieder des politischen Gemeinwesens angeht, so bleibt für sie das Gesetz in seiner *politischen* Funktion uneingeschränkt gültig. Denn auch der Christ ist der göttlichen Erhaltungsordnung unterworfen, die sich u. a. in der weltlichen Regierung manifestiert. Die den Menschen von Christus geschenkte Freiheit ist gerade keine Freiheit in politischer Hinsicht (vgl. dazu § 13.3.2).

Aus dem Kommentar zu Gal 5,1:
Zur Freiheit hat uns Christus befreit! So steht nun fest und lasst euch nicht wieder das Joch der Knechtschaft auflegen!

Es geht [in diesem Vers] um die Freiheit, zu der Christus uns befreit hat, nicht um die Freiheit aus irgendeiner menschlichen Knechtschaft oder Tyrannengewalt, sondern um die Freiheit von dem ewigen Zorn Gottes. Wo? Im Gewissen. Hier hat unsere Freiheit ihren Ort und will diese Grenzen nicht überschreiten. Denn Christus hat uns nicht in politischer Hinsicht frei gemacht, nicht im Blick auf den äußeren Menschen, sondern theologisch oder in geistlicher Weise.	Ea est, qua Christus nos liberavit, non e servitute aliqua humana aut vi Tyrannorum, sed ira Dei aeterna. Ubi? in conscientia. Hic resistit neque latius progreditur nostra libertas. Nam Christus nos liberos reddidit non Politice, non carnaliter, sed Theologice seu spiritualiter.

M. Luther, Großer Galaterkommentar
(Galaterbriefauslegung [Kleinknecht], 275/WA 40 II, 3,20–23).

b) Auch seiner *theologischen* Funktion nach ist das Gesetz für den Christen nicht völlig bedeutungslos geworden. Zwar ist der Glaubende von der Herrschaft des Gesetzes befreit, doch weil er, solange er „im Fleische" lebt, zugleich Gerechter *und Sünder* ist (simul iustus et peccator; vgl. § 11.2.2), droht immer neu der Rückfall in das Denken der Werkgerechtigkeit. Deshalb muss er stets daran erinnert werden, dass seine Werke vor Gott nichts gelten; der usus elenchticus ist also auch für den Gerechtfertigten noch gültig, sofern er stets zugleich noch Sünder ist.

Aus dem Kommentar zu Gal 3,25:
Nachdem aber der Glaube gekommen ist, sind wir nicht mehr unter dem Zuchtmeister.

Wie eine Jungfrau von einem Mann nichts weiß, so weiß das Gewissen [des Gerechtfertigten] nichts von dem Gesetz, ja noch mehr, es muß ihm völlig gestorben sein und umgekehrt ist das Gesetz für das Gewissen gestorben. Das geschieht […] durch den Glauben, der Christus ergreift. Nach der Wirklichkeit unseres inneren Lebens aber hängt in unserem Fleische bis zur Stunde die Sünde, die immerfort anklagt und verwirrt. […] Solange wir also im Fleische, das nicht ohne Sünde ist, leben, kehrt das Gesetz immer wieder zurück und übt sein Amt, in	Ut ergo virgo viri, ita conscientia non solum legis ignara, sed etiam ei prorsus mortua esse debet et vicissim lex conscientiae. Hoc […] fit […] fide quae Christum apprehendit. Secundum affectum tamen haeret adhuc in carne peccatum quod subinde accusat et perturbat conscientiam. […] Quamdiu igitur in carne quae sine peccato non est, vivimus, subinde redit lex et facit suum officium, in uno plus, in alio minus, Non

dem einen mehr, in dem anderen weniger, aber das nicht zum Verderben, sondern zum Heil.

tamen ad perniciem, sed salutem.

M. Luther, Großer Galaterkommentar
(Galaterbriefauslegung [Kleinknecht], 205/WA 40 I, 536,18–23; 537,16–18).

Der dritte Gebrauch des Gesetzes

Über den politischen (1) und den (2) theologischen Gebrauch des Gesetzes hinaus lehrt Calvin (und mit ihm die reformierte Theologie) den 3. Gebrauch in den Wiedergeborenen (usus in renatis), der sogar als eigentliche Funktion (usus praecipuus) des Gesetzes bestimmt wird.

2. Die Betonung der bleibenden Bedeutung des Gesetzes für die Glaubenden (im Sinne von 1b) konnte auch zur Behauptung einer maßgeblichen Relevanz des Gesetzes im Leben der Gerechtfertigten führen. Seine auch von Luther teilweise zugestandene – und von Melanchthon breiter ausgeführte – Ermahnungs- und Ansporninfunktion für die Gerechtfertigten wäre dann in ein Regelwerk zur konkreten Gestaltung des christlichen Lebens zu überführen. Luther selbst hat solche Überlegungen abgelehnt, weil er die Gefahr einer neuen Gesetzlichkeit befürchtete. Der reformierte Protestantismus hat dagegen ausdrücklich von einer *dritten Funktion des Gesetzes* gesprochen (lat. tertius usus legis). Diese bestehe in der immer tieferen Erkenntnis des Gotteswillens und der Ermahnung zur Enthaltsamkeit gegenüber der Sünde. Diese Funktion des Gesetzes für die Wiedergeborenen (lat. usus in renatis) hat Johannes Calvin sogar als dessen *eigentlichen* Gebrauch bezeichnet (lat. usus praecipuus). Die Bedeutung des usus in renatis verband sich in der reformierten Ekklesiologie mit dem Gedanken der ‚Erziehung' des einzelnen Christen in der und durch die Kirche (vgl. § 13.2.2).

Die *dritte* Anwendung des Gesetzes ist nun die wichtigste [...]: sie geschieht an den *Gläubigen*, in deren Herz Gottes Geist bereits zu Wirkung und Herrschaft gelangt ist. [... Das Gesetz] ist (1.) für sie das beste Werkzeug, durch das sie von Tag zu Tag besser lernen, was des Herrn Wille sei [...] und durch das sie auch in solcher *Erkenntnis* gefestigt werden sollen. [...] Wir bedürfen aber nicht nur der Belehrung, sondern auch (2.) der *Ermahnung*; und auch *den* Nutzen wird der Knecht Gottes aus dem Gesetze ziehen, daß er durch dessen häufige Betrachtung zum Gehorsam angetrieben [...] und von dem schlüpfrigen Weg der Sünde [...] weggezogen wird.

Tertius usus, qui et praecipuus est [...] erga fideles locum habet, quorum in cordibus iam viget ac regnat Dei Spiritus. [... Lex est] enim illis optimum organum quo melius in dies ac certius discant qualis sit Domini voluntas, [...] atque in eius intelligentia confirmentur. [...] Deinde quia non sola doctrina, sed exhortatione quoque indigemus, hanc quoque utilitatem ex Lege capiet servus Dei, ut frequenti eius meditatione excitetur ad obsequium, [...] a delinquendi lubrico retrahatur.

J. Calvin, Unterricht/Institutio, II 7,12
(Weber 213/Opera selecta III 337,23–25.29–31; 338,1–4).

Auch der römische Katholizismus hat die Bedeutung der biblischen Gebote für das Leben des Gerechtfertigten betont. Anders als im reformierten Protestantismus geschah dies aber mit dem Interesse, an einer wenigstens teilweisen Heilsfähigkeit des Gerechtfertigten festzuhalten (vgl. § 11.2.3). Deshalb wurde im Rechtfertigungsdekret des Konzils von Trient ausdrücklich die (von Luther zurückgewiesene) Bezeichnung Jesu als eines Gesetzgebers (lat. legislator) eingeschärft. Dafür konnten sich die Konzilsväter auf eine lange Tradition berufen, die bis in die altkirchliche Zeit zurückreicht, hatte doch bereits Tertullian von Jesus gesagt, dieser habe „ein *neues Gesetz* (lex nova) und eine neue Verheißung des Himmelreichs gepredigt" (vgl. das Zitat im 1. Hauptteil, Abschnitt 1.2).

Aus dem Kommentar zu Gal 2,20:
Ich lebe, doch nun nicht ich, sondern Christus lebt in mir. Denn was ich jetzt lebe im Fleisch, das lebe ich im Glauben an den Sohn Gottes, der mich geliebt hat und sich selbst für mich dahingegeben.

Daher ist Christus nicht ein Mose, ein Einforderer oder Gesetzgeber, sondern ein Spender der Gnade, ein Heiland und Erbarmer und in Summa: er ist lautere und unendliche Barmherzigkeit.	Itaque Christus non est Moses, non exactor aut legislator, sed largitor gratiae, Salvator et miserator Et in summa nihil nisi mera et infinita misericordia.

M. Luther, Großer Galaterkommentar
(Galaterbriefauslegung [Kleinknecht], 117/WA 40 I, 298,19 f.).

Wer sagt, Christus Jesus sei von Gott den Menschen geschenkt worden als Erlöser, dem sie vertrauen sollen, nicht auch als *Gesetzgeber*, dem sie gehorchen sollen: der sei mit dem Anathema belegt.	Si quis dixerit, Christum Iesum a Deo hominibus datum fuisse ut redemptorem, cui fidant, non etiam ut legislatorem, cui obediant: anathema sit.

Konzil von Trient, Dekret über die Rechtfertigung, Kanon 21 (DH 1571; NR 839).

12.1.3 *Zur Entwicklung im 20. Jahrhundert*

Das Verhältnis von Gesetz und Evangelium wurde in den theologischen Auseinandersetzungen seit dem 1. Weltkrieg mit dem Streit um die natürliche Theologie verbunden (vgl. § 3.2). Unter Verweis auf die reformatorische Auffassung von der Gehorsamspflicht des Christen gegenüber der (als göttlich autorisiert geltenden) politischen Obrigkeit (vgl. § 13.3.2) wurde in Teilen des damaligen Luthertums die nationalsozialistische Machtergreifung ausdrücklich begrüßt, weil man darin das Vorsehungshandeln Gottes am Werk sah (vgl. zum theologiegeschichtlichen Kontext: 1. Hauptteil, Abschnitt 6.2). Diese Haltung hat Karl Barth als extremen Ausdruck eines theologischen Grundirrtums angesehen, von dem seiner Auffassung nach die gesamte neuzeitliche Theologie weitgehend beherrscht war. Dieser Irrtum bestand nach Barth darin, dass Kirche und Theologie außer Christus auch andere Autoritäten als für sich verbindlich betrachteten. Dabei konnte es sich (unter Berufung auf Röm 1 und 2) um die Vernunft oder das Gewissen (vgl. § 3.1), aber auch (in den Jahren 1933/1934) um das deutsche Volkstum handeln, dessen Erhaltung und Ausbreitung das Ziel der nationalsozialistischen Politik war. Die durch eine bestimmte Interpretation des lutherischen Gesetzesverständnisses möglich gewordene theologische Legitimation der nationalsozialistischen Machtergreifung hat also nach Barth ihre letzte Wurzel in der Annahme, dass es außerhalb der Christusoffenbarung eine vom Menschen wahrnehmbare Selbstkundgabe Gottes gebe. Barths Ablehnung aller natürlichen Theologie (vgl. § 3.2.3), die in der „Barmer Theologische[n] Erklärung" von 1934 ihren deutlichsten und wirkungsvollsten Ausdruck gefunden hat, musste sich daher mit einer Ablehnung der lutherischen Unterscheidung von Gesetz und Evangelium verbinden.

Jesus Christus, wie er uns in der Heiligen Schrift bezeugt wird, ist das eine Wort Gottes, das wir zu hören, dem wir im Leben und im Sterben zu vertrauen und zu gehorchen haben.
Wir verwerfen die falsche Lehre, als könne und müsse die Kirche als Quelle ihrer Verkündigung außer und neben diesem einen Worte Gottes auch noch andere Ereignisse und Mächte, Gestalten und Wahrheiten als Gottes Offenbarung anerkennen.

Barmer Theologische Erklärung, 1.These
(Reformierte Bekenntnisschriften, 243).

Da die 1. Barmer These – anschließend an Joh 14,6 sowie Joh 10,1.9 – das ‚Wort Gottes' exklusiv auf Christus bezieht und überdies vom ‚Gesetz' in den Thesen nicht ein einziges Mal die Rede ist, wird die Unterscheidung von Gesetz und Evangelium unausgesprochen als theologisch unerheblich, ja schädlich diskreditiert. An dieser Stelle hat die lutherische Kritik an Barth immer wieder angesetzt. Insbesondere der Erlanger Lutheraner Werner Elert hat die Gegenüberstellung von Gesetz und Evangelium als Ausgangspunkt seiner Dogmatik (wie auch als Einteilungsprinzip seiner Ethik) gegen Barth festgehalten. So kam er dazu, von *zwei* einander entgegenstehenden Worten Gottes zu sprechen, deren Einheit erst im Christusglauben erfasst werden kann.

[Der Versuch einer Aufhebung des Widerspruchs zwischen Gesetz und Evangelium] liegt zum Beispiel vor, wo der Gegensatz von Gesetz und Evangelium [...] unter dem Oberbegriff des ‚Wortes' aufgehoben werden soll oder wo die Anwendung dieses Begriffes zur Vergleichgültigung des Gegensatzes führt. [...] Gesetz und Evangelium dagegen sind *zwei* Worte Gottes. [...] Das Offenbarwerden Christi ist Offenbarwerden der Geltung des Gesetzes *und* der Geltung des Evangeliums. [...] Deshalb kann er [Christus] nicht nur wie *jeder* andere die Stimme des Gesetzes vernehmbar machen, sondern wie *kein* anderer zum Schweigen bringen [...], weil er im Unterschied von allen andern das Gesetz volkommen erfüllte und vollkommen erlitt. Nur bei ihm ist daher die Aufhebung der Todesordnung des Gesetzes kein Aufstand gegen Gott, der sie verhängte. Er hebt sie auch nicht für sich auf – er selbst hat sie ja vollkommen erlitten –, sondern für die andern.

W. Elert, Der christliche Glaube, 173.175.

  Eine Darstellung des Lutherschen Gesetzesverständnisses bzw. seiner der Lehre von Gesetz und Evangelium bieten:
 - B. Lohse, Luthers Theologie, 283–294;
 - M. Seils, Martin Luthers Gesetzesverständnis.

  Informieren Sie sich über die Lehre von Gesetz und Evangelium bzw. über die Behandlung des dritten Gesetzesgebrauchs in den lutherischen Bekenntnisschriften anhand von:
 - FC 5 und 6 (Epit.: Unser Glaube, 803–810: Nr. 934–951/BSLK 790–795; SD: BSLK 951–969);
 - G. Wenz, Theologie der Bekenntnisschriften, Band 2, 623–644.

📖📖 Wichtige Beiträge zum Thema Gesetz und Evangelium aus der lutherischen Nachkriegstheologie stammen von:
- P. Althaus, Gebot und Gesetz;
- G. Ebeling, Dogmatik, Band 3, 251–295 (= §35A).

12.2 Die Sakramente

12.2.1 *Allgemeines zum Sakramentsbegriff*

Das lateinische Wort *sacramentum* ist die Übersetzung des griechischen Wortes *mysterion*. Dieses Wort, das ursprünglich für *philosophische Geheimlehren* und *kultische Feiern* verwendet wurde, begegnet im Neuen Testament auffällig häufig bei Paulus (vor allem I Kor) sowie in den deuteropaulinischen Schriften (Eph; Kol). Als *mysterion* beschreibt Paulus den zunächst verborgenen Heilsplan Gottes, der in Christus geschichtlich verwirklicht und so allen offenbar geworden ist: „wir reden von Gottes Weisheit, die im Geheimnis (*mysterion*) verborgen ist, die Gott vorherbestimmt hat vor aller Zeit zu unserer Herrlichkeit (I Kor 2,7; auch in Kol 2,2 wird Christus mit dem göttlichen Geheimnis identifiziert). In Eph wird *mysterion* verwendet, um das Verhältnis zwischen Christus und der Kirche auszudrücken, das seinerseits mit dem Verhältnis zwischen Mann und Frau in Beziehung gesetzt wird: „Darum wird ein Mann Vater und Mutter verlassen und an seiner Frau hängen, und die zwei werden ein Fleisch sein [Gen 2,24]. Dies Geheimnis (*mysterion*) ist groß; ich deute es aber auf Christus und die Gemeinde" (Eph 5,31f).

In der frühen Theologiegeschichte wurde *mysterion* einerseits im Sinne des *philosophischen* Mysteriendenkens verwendet: Christus galt als Verkünder höchster Geheimnisse, deren Weitergabe sich nur auf Eingeweihte erstrecken durfte (diese Verwendung steht allerdings im Gegensatz zu der neutestamentlich bezeugten Offenheit des Geheimnisses Gottes seit dem Christusgeschehen). Andererseits erfolgte hinsichtlich religiöser Vollzüge der Christen eine Anknüpfung an das *kultische* Mysterienverständnis: In

Mysterion im Frühchristentum
- Neues Testament: Der im Christusgeschehen allen Menschen offenbar gemachte Heilsplan Gottes (Paulus); das Verhältnis zwischen Christus und der Kirche (Eph 5).
- Frühe Theologiegeschichte: Vergegenwärtigung der Heilstaten Christi in Taufe und Herrenmahl.

der Feier von Taufe und Herrenmahl wurden die Heilstaten Christi vergegenwärtigt und den Feiernden eine Teilhabe an den dadurch bewirkten Heilsgütern ermöglicht.

Tertullian hat wohl erstmals das lateinische Wort *sacramentum* auf die Taufe angewendet. Er bediente sich dabei auch der weltlichen Wortbedeutung (Eidesleistung bzw. Fahneneid) und beschrieb die Taufe als auf die Heilstaten Gottes antwortende sittliche Selbstverpflichtung des Menschen (die Taufe wurde damals noch nicht an Kindern, sondern nur an Religionsmündigen vollzogen). Im Horizont seiner neuplatonisch geprägten Weltsicht hat dann Augustin die Abbildhaftigkeit und den Verweischarakter alles sinnenhaft Wahrnehmbaren hervorgehoben: Die materielle Welt, die wir mit unseren Sinnen erfassen können, weist auf eine höhere geistige Wirklichkeit hin. Die Sakramente der Kirche – Augustin kennt faktisch nur Taufe und Eucharistie bzw. Abendmahl – besitzen diese Doppelstruktur. Die sichtbaren Elemente (Wasser bzw. Brot und Wein) verweisen auf die geistige (und damit unsichtbare) Wirklichkeit der Gnade. Diese geistige Wirklichkeit kommt in den Worten zum Ausdruck, die im kultischen Vollzug gesprochen werden (Taufformel bzw. Einsetzungsworte). Nach Augustin gilt daher: Ein Sakrament kommt zustande durch die Verbindung eines sichtbaren Elements mit einem Wort, das auf die hinter dem Element stehende geistige Wirklichkeit verweist; es ist gleichsam ein sichtbares Wort.

,Ihr seid schon rein um des Wortes willen, das ich zu euch geredet habe' [Joh 15,3]. Warum sagt er nicht: ,Ihr seid rein um der *Taufe* willen, durch die ihr abgewaschen seid', sondern: ,um des *Wortes* willen, das ich zu euch geredet habe', wenn nicht [deshalb,] weil auch im Wasser das Wort reinigt? Nimm das Wort weg, und was ist das Wasser mehr als [nur] Wasser? Es tritt ein Wort zum Element hinzu, und es entsteht ein Sakrament, gleichsam als ein sichtbares Wort. (Übersetzung RL)

Iam uos mundi estis propter uerbum quod locutus sum uobis. Quare non ait, mundi estis propter baptismum quo loti estis, sed ait: *propter uerbum quod locutus sum uobis*, nisi quia et in aqua uerbum mundat? Detrahe uerbum, et quid est aqua nisi aqua? Accedit uerbum ad elementum, et fit sacramentum, etiam ipsum tamquam uisibile uerbum.

Augustin, In Iohannis euangelium 80,3 (CChrSL 36, 529; Zeilen 1–7).

In der mittelalterlichen Entwicklung wurde Augustins Ansatz in verschiedener Hinsicht präzisiert, ergänzt und weiterentwickelt. Folgende Aspekte sind dabei von besonderer Bedeutung:

– Schon Augustin hatte neben dem *Zeichen*charakter der Sakramente auch deren *Verursachungs*charakter hervorgehoben: Sakramente weisen nicht nur in sichtbarer Weise auf die unsichtbare Gnade hin, sondern sie bewirken im Empfänger eine Partizipation an dieser Gnade. Im Mittelalter wurde diese Auffassung bekräftigt. Als im Sakrament eigentlich handelndes Subjekt wurde Christus aufgefasst, der den Empfängern Teilhabe an seiner Gnade gewährt. Daraus ergab sich die Überzeugung, dass die Sakramente schon durch die vollzogene Handlung als solche wirken: durch das gewirkte Werk (lat. ex opere operato; vgl. zu den Ursprüngen dieser Lehre in der Auseinandersetzung Augustins mit dem Donatismus § 13.2.2). Die Wirksamkeit eines ordentlich vollzogenen Sakraments ist deshalb vom persönlichen Glauben des Spenders und/oder Empfängers gleichsam unabhängig.

Sakramente im Mittelalter
– Wirksamkeit schon aufgrund des Vollzugs (ex opere operato) und damit auch unabhängig vom Glauben des Empfängers.
– Tendenz zur Siebenzahl der Sakramente (erst auf dem Konzil von Trient endgültig dogmatisiert).
– Kritik der reformatorische Theologie an den genannten Aspekten der überlieferten Sakramentenlehre.

- Seit dem 12. Jahrhundert verstärkte sich die Tendenz, von der Siebenzahl der Sakramente auszugehen. Neben Taufe und Eucharistie/Abendmahl galten noch Firmung, Buße, Krankensalbung (‚letzte Ölung'), Weihe, Ehe als Sakramente. Dogmatisiert wurde die Siebenzahl aber erst nach der Reformation auf dem Konzil von Trient (vgl. 12.3).

Die Reformatoren haben die katholische Sakramentenlehre vehement kritisiert. Luthers lateinisch verfasste Schrift „Von der babylonischen Gefangenschaft der Kirche" (1520) enthielt eine radikale theologische Kritik sowohl an der Sakramentstheologie als auch an der Praxis des kirchlichen Lebens und der Frömmigkeit seiner Zeit.

Entscheidend ist zum einen, dass Luther die Zahl der Sakramente von sieben auf zwei bzw. drei gekürzt hat: Es blieben nur die ‚klassischen' Hauptsakramente (Taufe und Abendmahl) und die Buße, über deren sakramentalen Charakter er sich nicht definitiv klar war. Als Kriterien für Sakramentalität formulierte Luther:

- Eine biblisch belegbare Einsetzung durch Jesus Christus.

  Dies ist zwar im Grundsatz auch die katholische Position. Dabei wird aber keine wirkliche Differenz zwischen dem (in der Bibel berichteten) Wirken des irdischen und des auferstandenen Jesus und dem späteren Handeln des Heiligen Geistes in der Kirche eingeräumt. Deshalb ist eine Rückführbarkeit aller sieben Sakramente auf Christus möglich, auch wenn keine biblisch belegbare Einsetzung vorliegt. Gerade diese ist es aber, die Luther fordert.

- Die Verbindung eines äußeren Zeichens mit einer im Glauben zu ergreifenden Gnadenverheißung.

  Aus diesem Kriterium ergab sich für Luther ein Problem hinsichtlich der Buße; ihr liegt zwar eine von Christus gegebene Verheißung zugrunde (Mt 16,19; 18,18; Joh 20,23), aber sie hat nach Luther kein sichtbares Element, das als äußeres Zeichen gelten könnte. Nach katholischer Auffassung kann der Ritus selbst – die Reue des Büßers, das Lossprechen durch den Beichtvater – als ein solches Zeichen gelten.

Die reformatorische Tradition hat auf eine definitive Festlegung der Sakramentenzahl verzichtet. Allerdings galten Taufe, Abendmahl und zunächst – trotz Luthers Schwanken – auch die Buße als Sakramente im eigentlichen Sinne, während die übrigen damals als Sakramente geltenden Vollzüge davon in unterschiedlicher Weise abgesetzt wurden.

Wenn wir die Sakramente als Riten (ritus) bezeichnen, die den Befehl Gottes (mandatum Dei) haben und denen die Verheißung der Gnade (promissio gratiae) beigefügt ist, [so] kann man leicht beurteilen, was eigentlich Sakramente sind. [...] Demnach sind eigentlich [nur] die Taufe, das Abendmahl des Herrn und die Absolution (Lossprechung), das heißt das Bußsakrament, Sakramente. [...]	Si sacramenta vocamus ritus, qui habent mandatum Dei et quibus addita est promissio gratiae, facile est iudicare, quae sint proprie sacramenta. [...] Vere igitur sunt sacramenta baptismus, coena Domini, absolutio, quae est sacramentum poenitentiae. [...]

Aber lassen wir das. Denn kein kluger Mann wird um die Zahl oder das Wort [‚Sakrament'] streiten, wenn nur jene Riten beibehalten werden, die den Befehl Gottes und Verheißungen haben.	Sed omittamus ista. Nomo enim vir prudens de numero aut vocabulo magnopere rixabitur, si tamen illae res retineantur, quae habent mandatum Dei et promissiones.

ApolCA 13,3.4.17 (Unser Glaube, 316. 319: Nr. 238.239.243/
BSLK 292,14–17.24–27; 294,44–49).

Wichtiger als die Zahl der Sakramente war den Reformatoren die Bedeutung des Glaubens beim Sakramentsvollzug: Die mit einem äußeren Zeichen verbundene Gnadenverheißung muss vom Empfänger *im Glauben* ergriffen werden. Damit verband sich eine Kritik an der oben erwähnten Auffassung, wonach die Sakramente durch die vom Spender vollzogene Handlung als solche wirken (ex opere operato). Es käme einem gefährlichen Heilsautomatismus gleich, wollte man die Gnadenmitteilung von der Disposition des Empfängers lösen. Der Glaube, der nach reformatorischer Auffassung allein rechtfertigt, wäre verzichtbar, wenn die Gnade den Menschen auch unabhängig davon erreichen würde.

Das ist [aber] notwendiger zu bedenken, wie die Sakramente empfangen werden müssen. Hier verdammen wir den ganzen Haufen der scholastischen Lehrer, die lehren, daß die Sakramente dem, der [ihnen] kein Hindernis (obex) entgegenstellt, ‚automatisch' (ex opere operato) ‚ohne innere Beteiligung' (sine bono motu) des Empfängers die Gnade vermitteln. […] Die Verheißung ist nutzlos, wenn sie nicht durch den Glauben empfangen wird. Aber die Sakramente sind Zeichen der Verheißungen. Also muß der Glaube beim Empfang dazukommen.	Illud magis est necessarium intelligere, quomodo sit utendum sacramentis. Hic damnamus totum populum scholasticorum doctorum, qui docent, quod sacramenta non ponenti obicem conferant gratiam ex opere operato sine bono motu utentis. […] Promissio est inutilis, nisi fide accipiatur. At sacramenta sunt signa promissionum. Igitur in usu debet accedere fides.

ApolCA 13,18.20 (Unser Glaube, 319f: Nr. 244/
BSLK 294,50–295,5; 295,19–22).

In ApolCA 13 hat Melanchton von Taufe, Abendmahl *und Buße* als Sakramenten im eigentlichen Sinn gesprochen. Dass im Folgenden nur *Taufe* und *Abendmahl* eigens behandelt werden, hat damit zu tun, dass sich in der kirchlichen Wirklichkeit des Protestantismus faktisch nur diese beiden Handlungen als Sakramente ‚durchgehalten' haben: Die Aufhebung einer (im römischen Katholizismus bis heute bestehenden) Verpflichtung zur Beichte hat im Laufe der Zeit zum weitgehenden Wegfall der Ohrenbeichte und damit zur Marginalisierung oder gar Zerstörung des Bußsakraments im Protestantismus geführt.

12.2.2 *Die Taufe*

Im Neuen Testament wird die Taufe nicht auf den irdischen Jesus zurückgeführt, sondern auf Johannes den Täufer (Mk 1,4–8). Auch wird nirgendwo berichtet, dass Jesus selbst getauft hat, in Joh 4,2 heißt es sogar ausdrücklich, dass „Jesus nicht selber taufte, sondern seine Jünger". Andererseits besteht durchaus ein Zusammenhang zwischen der von Johannes praktizierten und der christlichen Taufe: In beiden Fällen heißt es, die Taufe geschehe zur *Vergebung der Sünden* (vgl. Mk 1,4/Lk 3,3 mit Act 2,38), und in beiden Fällen wird Wasser verwendet. Überdies wird die Taufe in den christlichen Gemeinden offensichtlich von Anfang an geübt. Deutlich wird dies z. B. in Röm 6, wo Paulus die Praxis als üblich voraussetzt und auch ein bestimmtes theologisches Verständnis der Taufe als bekannt unterstellt: „Oder wisst ihr nicht, dass wir alle, die wir auf Christus Jesus getauft sind, in seinen Tod getauft sind?"(6,3). Der ausdrückliche Auftrag Jesu zur Taufe geht nach neutestamentlichem Zeugnis auf einen Befehl des Auferstandenen zurück (Mt 28,19 f; vgl. Mk 16,15 f).

Taufe im Neuen Testament

– Jesus selbst hat nicht getauft und erst als Auferstandener den ‚Taufbefehl' gegeben (Mt 28).
– In den christlichen Gemeinden wurde die Taufe zur Vergebung der Sünden offenbar von Anfang an praktiziert.
– Paulus hat das Taufgeschehen als Teilhabe an Sterben und Auferstehung Christi beschrieben (Röm 6).

Verstanden wird die Taufe im Neuen Testament zunächst als eine Reinigung von den Sünden, die symbolisch durch ein Abwaschen mit Wasser vollzogen wird. Gleichzeitig bedeutet diese Reinigung aber auch den Tod des alten in Sünden verstrickten Menschen. Deutlich wird dies bei Paulus (Röm 6,3–11), der die Taufe als symbolischen Durchgang durch den Tod beschreibt und das Taufgeschehen als Teilhabe am Sterben und der Auferstehung Christi deutet. Damit markiert die Taufe den Beginn der Zugehörigkeit eines Menschen zum Herrschaftsbereich Christi (bzw. zum ‚Leib' Christi, also der Kirche). Dass der Getaufte gegenüber seiner vorherigen Existenz in gewisser Weise neu geworden ist, bringt das Neue Testament durch die Feststellung zum Ausdruck, dass der Mensch in der Taufe „von neuem geboren" wird (Joh 3,3), und zwar „aus dem Geist" (Joh 3,8). Die Taufe wird von daher auch als „Bad der Wiedergeburt und der Erneuerung im heiligen Geist" beschrieben (Tit 3,5).

Für das *römisch-katholische* Verständnis der Taufe ist der bereits erwähnte Verursachungscharakter der Sakramente wichtig: Die Taufe symbolisiert nicht nur, sondern sie bewirkt zugleich die Reinigung von den Sünden und die ‚Neugeburt' des Menschen. Man spricht hier von einer *exhibitiven* (= bewirkenden) Bedeutung der Taufe, da sie als der Ritus aufgefasst wird, durch den die Anwesenheit der von Gott verheißenen Rechtfertigungsgnade im Empfänger ganz real bewirkt wird. Im Rechtfertigungsdekret des Konzils von Trient (vgl. §11.2.3) wurde dementsprechend die *Taufe als Instrumentalursache der Rechtfertigung* bestimmt.

Im *lutherischen* Taufverständnis wurde die Bedeutung des Empfängerglaubens für die Heilswirksamkeit des Sakraments betont. Das bedeutet jedoch nicht, dass die Sakramentalität der Taufe überhaupt erst durch den Glauben des Täuflings begründet würde. Die im Taufgeschehen zugesagte Gnadenverheißung wird dem Menschen wirklich zuteil. Andernfalls würde der Unglaube des Täuflings das Wort Gottes außer Kraft setzen – eine für Luther absurde Konsequenz. Insofern kann auch Luthers Taufverständnis in gewisser Weise als exhibitiv gelten, was sich nicht zuletzt in seiner Verteidigung der damals üblichen Praxis der Taufe (noch nicht glaubensfähiger)

Kleinkinder auswirkt. In der lutherischen Theologie wird diese Praxis bis in die Gegenwart theologisch mit dem Hinweis legitimiert, gerade die Säuglingstaufe verbürge die Bedingungslosigkeit der göttlichen Heilszusage.

Sodann sagen wir weiter, daß wir nicht das Hauptgewicht darauf legen, ob der, der getauft wird, glaubt oder nicht glaubt; [...] wenn das Wort bei dem Wasser ist, so ist die Taufe recht, auch wenn der Glaube nicht dazu kommt. Denn mein Glaube macht nicht die Taufe, sondern empfängt die Taufe.	Deinde hoc quoque dicimus nobis non summam vim in hoc sitam esse, num ille, qui baptizatur, credat [...] accedente aquae verbo baptismus rectus habendus est etiam non accedente fide. Neque enim fides mea facit baptismum, sed baptismum percipit et apprehendit.

M. Luther, GrKat, 4. Hauptstück
(Unser Glaube, 737: Nr. 822/BSLK 701,30–32.39–43).

Die Säuglingstaufe bringt auf eine unüberbietbare Weise die *Bedingungslosigkeit* der göttlichen Heilszusage zum Ausdruck. In einer Lebenssituation, in der von einer eigenen Leistung oder zu erfüllenden Bedingung des Täuflings noch nicht die Rede sein kann, wird einem neugeborenen Menschen die heilsame Bestimmung seines Lebens auf sinnenfällige Weise zugesprochen.

W. Härle, Dogmatik, 555.

Allerdings versteht die lutherische Theologie die Taufgnade nicht als eine dem Menschen zu eigen gemachte neue Seinsqualität – die uns in der Rechtfertigungsgnade von Gott her zugesprochene Gerechtigkeit bleibt eine uns fremde Gerechtigkeit (iustitia aliena; vgl. § 11.2.2). Im Taufgeschehen ‚bündelt' sich vielmehr die Verheißung Gottes, uns unsere Sünden im Endgericht nicht anzurechnen und die Macht der Sünde durch die Hilfe des Heiligen Geistes in unserem Leben zurückzudrängen. Während nach katholischer Auffassung die in der Taufe (sowie in Firmung und Eucharistie) dem Menschen real mitgeteilte Gnade durch die Sünde des Christen wieder verloren geht, durch das Bußsakrament aber erneuert werden kann, ist die Taufgnade im lutherischen Verständnis gar kein menschliches ‚Eigentum', dessen Verlust durch die Buße geheilt werden könnte. Buße wird vielmehr als die immer wieder nötige Umkehr des Menschen zur Heilszusage Gottes verstanden.

Konfessionelle Differenzen im Taufverständnis

- Römisch-katholische und evangelisch-lutherische Theologie verstehen in je unterschiedlicher Weise die Taufe exhibitiv (der Ritus bewirkt, was er anzeigt).
- Der reformierte Protestantismus vertritt ein signifikatives Taufverständnis (der Ritus zeigt an, was Gottes Wort durch den Heiligen Geist bewirkt).

Im *reformierten* Taufverständnis wird der Unterschied zwischen dem sichtbar-leiblichen Zeichen im Taufgeschehen und der dadurch vermittelten Gnade hervorgehoben. Den göttlichen Gnadenzuspruch bewirkt danach nicht das Geschehen der Wassertaufe als solches, sondern der im Glauben an das Verheißungswort Gottes empfangene Heilige Geist. Die Taufe ist ihrem äußerlichen Vollzug nach lediglich ein bestätigendes und bekräftigendes Zeichen (lat. signum) dessen, was von Gott her durch sein Wort und den Geist am Menschen geschieht. Man spricht deshalb von einer *signifikativen* (= bezeichnenden) Bedeutung der Taufe. Aus diesem Ansatz ergab sich nun in der Tat die in der lutherischen Theologie gerade vermiedene Konsequenz, dass die Sakramentalität der Taufe letztlich durch den Glauben des Täuflings begründet wird. Im 20. Jahrhundert hat Karl Barth daraus eine Kritik an der Unmündigentaufe abgeleitet, weil er die *Geisttaufe* als das Glauben weckende Gnadenhandeln Gottes vom Ritus der *Wassertaufe* als dem bekennenden Handeln des Menschen unterschieden wissen wollte. Wo jedoch die Wassertaufe ausschließlich als antwortendes Handeln des Menschen verstanden und vom Geschehen der Gnadenvermittlung getrennt wird, kann ihr nach Barth nicht mehr der Charakter eines Sakraments zukommen.

Die Taufe bezieht sich auf das eine in Jesus Christus geschehene Gotteswerk, das eine in Ihm gesprochene Gotteswort: sie ist aber kein solches; sie ist das Werk und Wort von Menschen, die Jesus Christus gehorsam geworden sind und ihre Hoffnung auf ihn setzen. Die Taufe geschieht als Wassertaufe von der Geistestaufe her und auf sie hin: sie ist aber nicht als solche auch Geisttaufe; [...] Die Taufe antwortet auf das eine ‚Mysterium', das eine ‚Sakrament' der Geschichte Jesu Christi [...]: sie selbst ist aber kein Mysterium, kein Sakrament. [...]
Der Rat, der ihr [der Kirche] hier – in Sachen der Kindertaufe – [...] gegeben wird, kann nicht dahin lauten, sie dürfe und solle auf dem in ihrer Taufpraxis in grauer Vorzeit eingeschlagenen und seither [...] fortgesetzten Weg [...] weiter und weiter gehen. Die Theologie kann [...] die Verantwortung, die die Kirche mit der Einführung dieser Taufpraxis übernommen hat [...], nicht mit ihr teilen. Sie ist eine tief unordentliche Taufpraxis.
K. Barth, Kirchliche Dogmatik IV/4, 112. 213.

12.2.3 *Das Abendmahl*

Während die in 12.2.2 angesprochenen konfessionellen Differenzen im Taufverständnis keine kirchentrennende Bedeutung erlangt haben, verhält es sich hinsichtlich der Abendmahlslehre anders; diese ist seit der Reformationszeit sogar zu einem kontroverstheologischen Zentralthema ersten Ranges geworden. Hier unterschieden sich nicht nur die reformatorischen Kirchen von der römisch-katholischen Kirche, sondern die Differenzen in der Abendmahlsfrage waren auch einer der Anlässe für die Trennung des lutherischen und des reformierten Protestantismus. Im Folgenden werden daher, im Anschluss an einen kurzen Blick auf die neutestamentlichen Grundlagen der Abendmahlstheologie, die bis in die Gegenwart erst teilweise ausgeräumten konfessionellen Differenzen dargestellt.

Die Wurzeln des christlichen Abendmahls liegen in der Mahlgemeinschaft, die der als „Fresser und Weinsäufer" (Mt 11,19) kritisierte Jesus nicht nur mit seinen Jüngern, sondern auch mit Zöllnern und Sündern, ja mit Pharisäern (Lk 7,36) gepflegt hat. Als Ursprung der christlichen Abendmahlspraxis gilt allgemein Jesu letztes Mahl mit seinen Jüngern. In den Einsetzungsworten, die in zwei unterschiedlichen Grundformen überliefert sind (vgl. I Kor 11,23–26; Lk 22,15–20 mit Mk 14,12–16; Mt 26,26–28), begegnet einerseits schon eine Deutung des Mahles auf die Heilskraft des Todes Jesu (die Hingabe als Schuldüberwindung und Eröffnung eines neuen Gottesverhältnisses). Andererseits wird bei Lk und Paulus auch der kultische Charakter der Feier durch den sog. Wiederholungsbefehl ausdrücklich hervorgehoben: „das tut zu meinem Gedächtnis" (gr. *anamnesis*). Dies könnte darauf hindeuten, dass sich in den Berichten über die Einsetzung des Abendmahls durch den

Das Abendmahl (Eucharistie) als Sakrament

- Historischer Ursprung: Jesu letztes Mahl mit seinen Jüngern.
- Neues Testament: Deutung des Mahles auf die Heilskraft des Todes Jesu und Wiederholungsbefehl (vgl. schon die Einsetzungsberichte).
- Alte Kirche: Bezeichnung der Eucharistie als *sacramentum* bzw. *mysterion*.

*vor*österlichen Jesus bereits die *nach*österliche Perspektive spiegelt, die auch den Bericht vom Mahl des Auferstandenen mit den Emmausjüngern bestimmt (Lk 24). Denn erst im Horizont des Auferstehungsglaubens konnte der Tod Jesu als Heilsereignis verstanden werden. Insofern ist die sich in der Abendmahlsfeier ereignende Erinnerung an Jesu Tod in seiner Heilswirksamkeit zugleich die Feier der Gegenwart des auferstandenen Christus: Im Vollzug des Abendmahlsgeschehens empfangen die Feiernden daher die in Jesu Tod und Auferstehung geschenkte Gnade. – Aufgrund der damit gegebenen zentralen Bedeutung für die christliche Existenz wurde das Abendmahl bereits seit der altkirchlichen Zeit als *sacramentum* (im lateinischen Bereich) bzw. *mysterion* (im griechischen Christentum) bezeichnet; vor Luthers Bibelübersetzung begegnete für die auf Jesu letztes Mal bezogene gottesdienstliche Feier allerdings durchweg das Wort *Eucharistie* (Danksagung).

Die *römisch-katholische Eucharistielehre* erhielt erst vor dem Hintergrund der Reformation einen klar definierten und verbindlichen Charakter. Entscheidend dafür waren die Dokumente des Trienter Konzils, die sich kritisch mit den Aussagen der Reformatoren zur Frage des Abendmahls auseinandersetzten. Neben Luthers schon erwähnter Schrift „Von der babylonischen Gefangenschaft der Kirche" wurden die CA und die ApolCA sowie Texte verschiedener reformatorischer Theologen herangezogen, deren als häretisch beurteilte Aussagen das Konzil verurteilen und mit der ‚wahren' Lehre konfrontieren wollte.

1. Von Bedeutung war in diesem Zusammenhang zunächst die – vor allem von Luther massiv kritisierte – *Messopferlehre*. Nach einer bereits bei Cyprian angebahnten Interpretation vollzieht der Priester bei der Eucharistie eine (freilich unblutige) ‚Wiederholung' des (blutigen) Opfergeschehens auf Golgata, durch das die Schuld der Menschen gesühnt wurde. Allerdings wird im Katholizismus stets betont, dass durch diese ‚Wiederholung' die Einzigkeit des Kreuzesopfers nicht relativiert werden soll, auch wenn an der Identität des auf Golgata gestorbenen mit dem in der Eucharistie dargebrachten Christus kein Zweifel gelassen wird.

Und weil in diesem göttlichen Opfer, das in der Messe vollzogen wird, jener selbe Christus enthalten ist und unblutig geopfert wird, der auf dem Altar des Kreuzes ein für allemal sich selbst blutig opferte [vgl. Hebr 9,14.27]: so lehrt das heilige Konzil, daß dieses Opfer wahrhaft ein Sühnopfer ist und daß wir durch es [...] ‚Barmherzigkeit erlangen und Gnade finden in der Hilfe zur rechten Zeit' [Hebr 4,16]. Durch seine Darbringung versöhnt,

Et quoniam in divino hoc sacrificio, quod in Missa peragitur, idem ille Christus continetur et incruente immolatur, qui in ara crucis semel se ipsum cruente obtulit: docet sancta Synodus, sacrificium istud vere propitiatorium esse, per ipsumque fieri, ut, [...] ‚misericordiam consequamur et gratiam inveniamus in auxilio opportuno'. Huius quippe oblatione placatus

gewährt der Herr nämlich Gnade und das Geschenk der Buße und vergibt auch noch so große Vergehen und Sünden. [...] Die Früchte jenes Opfers nun (nämlich des blutigen) werden überreich durch dieses unblutige [Opfer] empfangen: weit entfernt, daß jenem durch dieses in irgendeiner Weise Abbruch getan würde.	Dominus, gratiam et donum paenitentiae concedens, crimina et peccata etiam ingentia dimittit. [...] Cuius quidem oblationis (cruentae, inquam) fructus per hanc incruentam uberrime percipiuntur: tantum abest, ut illi per hanc quovis modo derogetur.

Konzil von Trient, Lehre über das Messopfer, Kapitel 2 (DH 1743; NR 599).

2. Die Aussage, im Messopfer sei „jener selbe Christus *enthalten* [...], der auf dem Altar des Kreuzes ein für allemal sich selbst blutig opferte", weist schon auf ein weiteres theologisch umstrittenes Thema hin, nämlich auf die Frage nach der *Gegenwart Christi im Sakrament der* Eucharistie. Diese Frage wurde seit altkirchlicher Zeit im Hinblick auf die Elemente (Brot und Wein) gestellt, von denen Jesus in den Einsetzungsworten ausdrücklich sagt, sie *seien* sein Leib bzw. sein Blut. Umstritten war aber, *wie* die damit angezeigte Präsenz im Abendmahl zu verstehen ist. Das Konzil von Trient hat die Lehre dogmatisiert, nach der sich durch die Konsekration (die priesterliche Weihe von Brot und Wein durch die Wiederholung von Christi Wort und Tun gemäß dem Einsetzungsbericht) eine Verwandlung der Elemente in Leib und Blut Christi vollzieht. Dabei sprach man von einer *Wesens-* verwandlung (Transsubstantiation). Dieses Wort zeigt an, dass nicht die äußeren Eigenschaften und Merkmale (Akzidentien) von Brot und Wein verwandelt werden. Die Wandlung betrifft vielmehr *Wesen* bzw. Substanz von Brot und Wein, d. h. die ‚Träger', die den Akzidentien zugrunde liegen, an denen sie als Eigenschaften ‚haften'.

Die Eucharistielehre des Konzils von Trient

– Verständnis der Eucharistie als unblutiger ‚Wiederholung' des Opfers Jesu (Messopferlehre).
– Jesu Präsenz in den eucharistischen Gaben ist Folge einer Wesensverwandlung von Brot und Wein (Transsubstantiationslehre).

[D]urch die Konsekration des Brotes und Weines geschieht eine Verwandlung der ganzen Substanz des Brotes in die Substanz des Leibes Christi, unseres Herrn, und der ganzen Substanz des Weines in die Substanz seines Blutes. Diese Wandlung wurde von der heiligen katholischen Kirche treffend und im eigentlichen Sinne Wesensverwandlung genannt.	[P]er consecrationem panis et vini conversionem fieri totius substantiae panis in substantiam corporis Christi Domini nostri, et totius substantiae vini in substantiam sanguinis eius. Quae conversio convenienter et proprie a sancta catholica Ecclesia transsubstantiatio est appellata.

Konzil von Trient, Dekret über das Sakrament der Eucharistie, Kapitel 4 (DH 1642; NR 572).

In der *Abendmahlslehre der reformatorischen Kirchen* wurde einhellig Kritik an der katholischen Messopfertheologie (1) geübt. Ausgehend von der Unterscheidung zwischen Sühnopfer (auf Christi Tod beschränkt und damit auf *Gott* zurückgeführt) und Dankopfer (*menschlicher* Dank für die Sündenvergebung) wurde der Gedanke einer (unblutigen) ‚Wiederholung' des Selbstopfers Christi als Herabwürdigung der göttlichen Heilstat am Kreuz verworfen. Zugleich wiesen die Reformatoren die Auffassung zurück, nach der das mit Christi Sühnopfer verdiente Heil den Menschen gegenwärtig durch die priesterliche ‚Wiederholung' mitgeteilt wird; hier wird schon der Zusammenhang der Sakramentenlehre mit der Ekklesiologie deutlich, auf den in § 13 zurückzukommen ist.

| ‚Sühnopfer' nennen wir nun ein solches Opfer, das den Zweck hat, Gottes Zorn zu beschwichtigen, [...] damit der Sünder [...] bei Gott selbst wieder zu Gnaden kommt. Diesen Namen trugen im Gesetz jene Opfer, die zur Sühne für die Sünden dargebracht wurden [...], [...] weil sie eine schattenhafte Andeutung jenes *wahren* Sühnopfers sein sollten, das schließlich von *Christus allein* mit der Tat vollbracht worden ist. [... Ich stelle fest,] daß sowohl Christus als auch seinem Opfer [...] eine ganz ruchlose Schmähung und untragbare Lästerung angetan wird, wenn jemand durch ein *wiederholtes* Opfer daran denkt, [...] Gott zu versöhnen [...] In diesem Sinne bestreiten wir auch, daß sie [die ‚Papisten'] *Priester* sind, das heißt Leute, die mit solchen Opfern bei Gott für das Volk einträten und durch Versöhnung Gottes eine Tilgung der Sünden bewirkten. | Est autem expiationis sacrificium, cui propositum est iram Dei placare, [...] quo peccator [...] in gratiam cum Deo ipso redeat. Sic vocabantur in Lege victimae quae pro peccatis expiandis offerebantur [...] quod verum huiusmodi sacrificium adumbrarent quod tandem ab uno Christo re ipsa peractum fuit. [... Constituo,] sceleratissimum probrum et non ferendam esse blasphemiam, tam in Christum quam in sacrificium [...], siquis, repetita oblatione [...] de propitiando Deo [...] cogitet. [...] Hoc sensu et Sacerdotes esse negamus, nempe qui tali oblatione apud Deum pro populo intercedant, qui propitiato Deo peccatorum expiationem peragant. |

J. Calvin, Unterricht/Institutio, IV 18,13.14
(Weber 1000 f/Opera selecta V 429,10–15.17 f.26–30; 430,5–7).

In der Frage nach dem Opfercharakter der Eucharistie hat es im 20. Jahrhundert wichtige Annäherungen zwischen lutherischer und katholischer Kirche gegeben. Seit 1976 haben die Kirchenleitungen der VELKD und die Deutsche Bischofskonferenz mit Hilfe einer „Bilateralen Arbeitsgruppe" Lehrgespräche geführt, als deren erstes Ergebnis 1984 das Dokument „Kirchengemeinschaft in Wort und Sakrament" veröffentlicht wurde. Darin wird von katholischer Seite ausdrücklich hervorgehoben, dass keine kirchliche Handlung als Wiederholung des Kreuzesopfers gedeutet werden darf und dass sich die Kirche nicht als selbständiges Subjekt einer Opferdarbringung neben Jesus versteht.

Unterschiedliche Wege gingen der lutherische und der reformierte Protestantismus hinsichtlich der Frage nach der Gegenwart Christi im Abendmahl (2). Zwar war Lutheranern und Reformierten die Ablehnung der Transsubstantiationslehre gemeinsam; in ihren je eigenen Auffassungen unterschieden sie sich jedoch tiefgreifend.

Luther und die ihm folgende Tradition hat in der Transsubstantiationslehre eine philosophische Überfremdung des biblischen Zeugnisses von der Gegenwart Christi in den Elementen gesehen und dagegen – unter Rückgriff auf die Lehre von der Ubiquität (s. u.; vgl. § 10.3.1) die sakramentale Einheit von Leib und Blut Christi mit Brot und Wein behauptet (man spricht hier von einer *Konsubstantiation*, einem

Zusammen-Bestehen von Leib und Blut mit Brot und Wein). An der *Realpräsenz* Christi in den Elementen ließ er also keinen Zweifel. Daraus ergab sich die (anknüpfend an I Kor 11,27 formulierte) Folgerung, dass auch die am Abendmahl teilnehmenden Ungläubigen wirklich Leib und Blut Christi empfangen – nur eben nicht zum Heil, sondern zum Gericht; Luther behauptete also das Essen [von Leib und Blut Christi] durch Ungläubige (lat. manducatio impiorum).

Innerreformatorische Differenzen im Abendmahlsverständnis

– Lutherische Theologie: Realpräsenz Christi in den Abendmahlselementen als Konsubstantiation von Leib und Blut sowie Brot und Wein.
– Reformierte Theologie: Leibliche Gegenwart Jesu durch Wirken des Heiligen Geistes.

Calvin und die von ihm geprägte reformierte Theologie haben die Fixierung der Gegenwart Christi auf die Elemente kritisiert und sich damit sowohl gegen die katholische als auch gegen die lutherische Auffassung ausgesprochen. Unter Verweis auf die biblische Überlieferung vom Sitzen des Auferstandenen zur Rechten Gottes (z. B. Kol 3,1; I Petr 3,22) hat er geltend gemacht, daß sich der verklärte Leib Christi an einem bestimmten Ort befindet, nämlich im Himmel, und deshalb nicht auch in den Abendmahlselementen anwesend sein kann. Auf eine rein symbolische Auffassung, wie sie zeitweilig von Zwingli vertreten wurde (die Elemente symbolisieren nur Christi Leib und Blut), läuft Calvins Position aber nicht hinaus. Die im Abendmahl zugesagte leibliche Gegenwart Jesu, die wirkliche Gemeinschaft mit seinem Fleisch und Blut, kommt nach Calvin durchaus zustande. Sie entsteht aber durch das Wirken des Heiligen Geistes und nicht durch eine ‚räumliche' Anwesenheit von Leib und Blut Christi in den Elementen. Deshalb hat er – trotz seines Festhaltens an Jesu leiblicher Gegenwart beim Abendmahl – den lutherischen Gedanken der manducatio impiorum abgelehnt.

> Die lutherische Tradition hat im Gegenzug zur reformierten Kritik deren Festlegung des auferstandenen Leibes Jesu auf einen bestimmten Ort widersprochen. Aus der Lehre von der communicatio idiomatum (vgl. § 10.3.1) ergab sich vielmehr die Folgerung, dass die menschliche Natur Jesu – und damit auch der Leib des Auferstandenen – an der Allgegenwart (Ubiquität) seiner göttlichen Natur teilhat. Deshalb können Leib und Blut durchaus in den Abendmahlselementen anwesend sein. Dies ging auch über die katholische Vorstellung von Christi Präsenz in Brot und Wein hinaus, denn nach der Transsubstantiationslehre sind die Akzidenzien des menschlichen Leibes Jesu in den Elementen gerade nicht anwesend. Allerdings wandte sich die lutherische Theologie auch gegen die Vorstellung einer räumlichen ‚Einschließung' von Leib und Blut Christi in den Elementen. Sie hält die Ubiquität der menschlichen Natur Christi für ebenso unbegreiflich wie die Allgegenwart Gottes, für die Luther auf Jer 23,23 f hingewiesen hat.

Bezüglich der Unterschiede in der Lehre von Christi Präsenz im Abendmahl (wie auch hinsichtlich der damit zusammenhängenden christologischen Differenz) kam es in der Leuenberger Konkordie von 1973 zu einer Verständigung zwischen den Kirchen der Reformation (vgl. schon § 10.3.1 und § 11.3). Damit wurden die dargestellten innerreformatorischen Differenzen im Abendmahlsverständnis, die im 16. Jahrhundert kirchentrennende Bedeutung erlangt hatten, definitiv überwunden.

18. Im Abendmahl schenkt sich der auferstandene Jesus Christus in seinem für alle dahingegebenen Leib und Blut durch sein verheißendes Wort mit Brot und Wein. So gibt er sich selbst vorbehaltlos allen, die Brot und Wein empfangen; der Glaube empfängt das Mahl zum Heil, der Unglaube zum Gericht.

19. Die Gemeinschaft mit Jesus Christus in seinem Leib und Blut können wir nicht vom Akt des Essens und Trinkens trennen. Ein Interesse an der Art der Gegenwart Christi im Abendmahl, das von dieser Handlung absieht, läuft Gefahr, den Sinn des Abendmahls zu verdunkeln.

20. Wo solche Übereinstimmung zwischen Kirchen besteht, betreffen die Verwerfungen der reformatorischen Bekenntnisse nicht den Stand der Lehre dieser Kirchen.

Leuenberger Konkordie, Nr. 18–20
(Reformierte Bekenntnisschriften, 253).

📖 Einführungen in die Lehre von den Sakramenten aus evangelischer Perspektive bieten:
– G. Wenz, Einführung in die evangelische Sakramentenlehre;
– U. Kühn, Sakramente in der evangelischen Tradition.

📖📖 Die Bedeutung des Bußsakraments aus gegenwärtiger lutherischer Perspektive ist präzise skizziert bei
– W. Härle, Dogmatik, 567–569.

📖📖 Eine Darstellung der Tauflehre Luthers, ausgehend von dessen Katechismen, gibt:
– A. Peters, Kommentar zu Luthers Katechismen, Band 4, 71–126.

✍ Informieren Sie sich über die exegetische Grundlage von Barths Kritik an der überlieferten Taufpraxis anhand von:
– K. Barth, Kirchliche Dogmatik IV/4, 118–140.

✍ Informieren Sie sich genauer über die biblischen Aussagen zu Theologie und Praxis des frühchristlichen Abendmahls. Einen Überblick sowie weiterführende Literatur bietet:
– F. Hahn, Abendmahl (RGG⁴ 1).

📖 Luthers Kritik an der zeitgenössischen Lehre über die Messe und den daraus folgenden Missbräuchen ist gut zusammengefasst in:
– M. Luther, Asm II 2 (Unser Glaube, 451–460: Nr. 373–391/BSLK 416–426); vgl. auch § 14.2.3.

✍ Informieren Sie sich über die Auseinandersetzungen zur Abendmahlsfrage in der Reformationszeit anhand von:
– W.-D. Hauschild, Lehrbuch der Kirchen- und Dogmengeschichte, Band 2, 388–397. 427 (= § 15.4; § 15.9.4.1).

📖📖 Einen Einblick in den neueren katholisch-reformatorischen Dialog zur Abendmahlslehre geben:
– K. Lehmann, W. Pannenberg, (Hg.), Lehrverurteilungen – kirchentrennend?, 89–124.

12.3 Überblick zur römisch-katholischen Sakramentenlehre

Im Gegenzug zur reformatorischen Kritik hat der römische Katholizismus auf dem Konzil von Trient die von den Reformatoren problematisierten Aspekte der Sakramentenlehre ausdrücklich verbindlich gemacht: Verurteilt wurden diejenigen, die die Einsetzung der Sakramente des Neuen Bundes durch Christus und deren Siebenzahl bestreiten (Kanon 1). Weiter wurde der exhibitive Charakter der Sakramente eingeschärft (sie enthalten und bewirken die Gnade, die sie bezeichnen: Kanon 6). Schließlich wurde – gegen die von Luther wie Melanchthon hervorgehobene Bedeutung des Glaubens – an der Wirkung der Sakramente aufgrund der vollzogenen Handlung (ex opere operato) festgehalten (Kanon 8).

Wer sagt, die Sakramente des Neuen Bundes seien nicht alle von unserem Herrn Jesus Christus eingesetzt; oder: es gebe mehr oder weniger als sieben, nämlich Taufe, Firmung, Eucharistie, Buße, Letzte Ölung, Weihe und Ehe; oder auch: eines von diesen sieben sei nicht wahrhaft und im eigentlichen Sinne Sakrament: der sei mit dem Anathema belegt.	Si quis dixerit, sacramenta novae Legis non fuisse omnia a Iesu Christo Domino nostro instituta, aut esse plura vel pauciora, quam septem, videlicet baptismum, confirmationem, Eucharistiam, paenitentiam, extremam unctionem, ordinem et matrimonium, aut etiam aliquod horum septem non esse vere et proprie sacramentum: anathema sit.

Konzil von Trient, Dekret über die Sakramente, Kanon 1 (DH 1601; NR 506).

Wer sagt, die Sakramente des Neuen Bundes enthielten nicht die Gnade, die sie bezeichnen, oder verliehen denen, *die keinen Riegel vorschieben*, diese Gnade nicht, so als ob sie nur äußere Zeichen der durch den Glauben empfangenen Gnade und Gerechtigkeit und bestimmte Kennzeichen des christlichen Bekenntnisses seien, durch die sich bei den Menschen die Gläubigen von den Ungläubigen unterscheiden: der sei mit dem Anathema belegt.	Si quis dixerit, sacramenta novae Legis non continere gratiam, quam significant, aut gratiam ipsam *non ponentibus obicem* non conferre, quasi signa tantum externa sint acceptae per fidem gratiae vel iustitiae, et notae quaedam christianae professionis, quibus apud homines discernuntur fideles ab infidelibus: anathema sit.

AaO., Kanon 6 (DH 1606; NR 511).

Wer sagt, durch diese Sakramente des Neuen Bundes werde die Gnade nicht *aufgrund der vollzogenen sakramentalen Handlung*[1] verliehen, sondern zur Erlangung der Gnade genüge allein der Glaube an die göttliche Verheißung: der sei mit dem Anathema belegt. [1] vgl. ApolCA 13,18 (Unser Glaube, 319: Nr. 244/ BSLK 295,1–5; zitiert in 12.2.1)	Si quis dixerit, per ipsa novae Legis sacramenta *ex opere operato*[1] non conferri gratiam, sed solam fidem divinae promissionis ad gratiam consequendam sufficere: anathema sit.

AaO., Kanon 8 (DH 1608; NR 513; Hervorhebungen RL).

Eine detaillierte Behandlung der römisch-katholischen Sakramentenlehre ist hier nicht möglich; stattdessen sollen in der nachstehenden Übersicht lediglich einige wichtige Hinweise zur Lehre über die in 12.2 nicht behandelten kirchlichen Handlungen gegeben werden.

Sakrament	biblische Belege	Erläuterungen
Sakramente der christlichen Initiation		
1. Taufe		vgl. 11.2.2.
2. Firmung	Act 8,14–17; 10,44–48; 19,1–7 Act 10,38	An den angegebenen Bibelstellen wird *die Verleihung des Heiligen Geistes durch Handauflegung von der Taufe unterschieden*. Diese Handauflegung bildet den Ursprung des Firmsakraments. Später kam (in Anlehnung an Act 10,38) die Salbung mit wohlriechendem Öl (Chrisam) dazu. Der Empfang des Firmsakraments wird als notwendig zur *Vollendung der Taufgnade* erachtet.
3. Eucharistie	vgl. 11.2.3.	
Sakramente der Heilung		
4. Buße	Mk 1,15; 2,5; Mt 16,19; 18,18; Joh 20,23; II Kor 2,5–11	Das Sakrament der Buße bietet für die, die nach der Taufe in schwere Sünde gefallen sind und so ihre Taufgnade verloren haben, eine neue Möglichkeit der Bekehrung und der *Wiedererlangung der Rechtfertigungsgnade*.
5. Krankensalbung	Mk 6,12 f; Jak 5,14 f	Voraussetzung für die Spendung: *Bedrohlich angegriffener Gesundheitszustand eines Menschen*. Die (vielfach bekanntere) Bezeichnung *Letzte Ölung* (lat. extrema unctio) weist auf die – heute so nicht mehr vertretene – Konzentration der Spendung dieses Sakraments auf die *Sterbestunde* hin.
Sakramente des Dienstes für die Gemeinschaft		
6. Weihe	Mk 3,13–15; Act 6,1–7; I Tim 3,1–13; 5,17	Sowohl die Stufe des Dienstamtes (*Diakonat*) als auch die Stufen des Priesteramtes (*Presbyterat* und *Episkopat*) – beides Stufen der amtlichen Teilhabe am Priestertum Christi – werden durch Handauflegung übertragen. Das Weihesakrament verleiht den Empfängern ein unauslöschliches geistiges Zeichen (lat. charakter indelebilis).
7. Ehe	Gen 2,18.23 f; Mt 5,32/Lk 16,18; Mk 10,2–12; Mt 19,3–9; Eph 5,21–33	*Die Eheleute spenden sich gegenseitig das Sakrament*, in ihrer Liebe spiegelt sich die Liebe zwischen Christus und der Kirche. Die Ehe dient gleichwertig der Hervorbringung von Nachkommenschaft und der wechselseitigen Förderung und Heilung der Eheleute.

📖 Einen gut lesbaren Gesamtüberblick über die römisch-katholische Sakramentenlehre bietet:
- Katechismus der Katholischen Kirche, Nr. 1210–1690.

📖📖 Die Sakramentenlehre des Tridentinum behandelt:
- W. Dantine, Das Dogma im tridentinischen Katholizismus, 465–498.

§ 13 Die Lehre von der Kirche (Ekklesiologie)

Die Rechtfertigung des Sünders, in der sich das Heilshandeln Gottes am Menschen vollzieht, geschieht durch den Glauben (vgl. §4.2.2; §11.2). Der Glaube seinerseits wird geweckt und gestärkt durch das Hören der Evangeliumspredigt (vgl. §12.1) und den Empfang der Sakramente (vgl. §12.2). Weil sich Evangeliumspredigt und Sakramentsempfang dort ereignen, wo Kirche ist, gilt die Existenz der Kirche als notwendige Voraussetzung für die Vermittlung des Heils, das Gott den Menschen zugedacht hat. Aus diesem Grund gehört auch das Thema *Kirche* in den Zusammenhang der christlichen Dogmatik.

13.1 Kirche im Neuen Testament und in den Glaubensbekenntnissen

Das griechische Wort *ekklesia*, das im Deutschen meist mit *Kirche* (in Luthers Bibelübersetzung allerdings stets mit *Gemeinde*) wiedergegeben wird, kommt in der Jesusüberlieferung des Neuen Testaments nicht vor (Mt 16,18; 18,17 können als sekundär gelten). Daran wird deutlich, dass Jesus selbst keine Kirche als Institution der Heilsvermittlung gegründet hat. Das heißt freilich nicht, dass die Entstehung der Institution Kirche im Widerspruch zur Verkündigung Jesu steht; Jesu Ruf zur Nachfolge in ein Leben im Angesicht der nahe gekommenen Königsherrschaft Gottes impliziert vielmehr auch eine Gemeinschaft derer, die seinem Ruf folgen; im Hinblick auf die Verkündigung Jesu wird daher, vor allem in der katholischen Theologie, von *impliziter Ekklesiologie* gesprochen (vgl. die Aufgabenstellung zu 12.1).

Aufgrund der Erfahrung der Gegenwart des Auferstandenen im Geist verstanden sich die ersten Christen als endzeitliche Heilsgemeinschaft, der von nun an die bislang auf das Volk Israel bezogene Zuwendung Gottes gilt, obwohl Paulus den heilsgeschichtlichen Vorrang Israels anerkannt hat (Röm 9–11). Zum neuen „Israel Gottes" (Gal 6,16) zählen aber infolge des Christusgeschehens auch die gläubig gewordenen Heiden (Eph 2), auf die alle Ehrenprädikate des alten Gottesvolkes übertragen werden: „Ihr aber seid das auserwählte Geschlecht, die königliche Priesterschaft, das heilige Volk, das Volk des Eigentums, damit ihr die Wohltaten dessen verkündigt, der euch berufen hat von der Finsternis zu seinem wunderbaren Licht; die ihr einst ‚nicht ein Volk' wart, nun aber ‚Gottes Volk' seid, und einst nicht in Gnaden wart, nun aber in Gnaden seid" (I Pt 2,9 f).

In den unterschiedlichen Traditionen des Neuen Testaments wurde dieses neue Gottesvolk, die Heilsgemeinde der Christusgläubigen, näher beschrieben.

'Kirche' in Bibel und Bekenntnis

- Kirche im Neuen Testament:
  - Leib Christi (I Kor; Eph),
  - auf Christus als Fundament errichtetes Bauwerk (I Kor),
  - Hauswesen Gottes (I Tim),
  - wanderndes Gottesvolk (Hebr).
- Attribute der Kirche im Glaubensbekenntnis von 381:
  - Einheit,
  - Heiligkeit,
  - Katholizität,
  - Apostolizität.

- Paulus hat von der Gemeinde als vom *Leib Christi* gesprochen (I Kor 12), dessen Einheit im Miteinander und gegenseitigen Füreinander der Glieder zum Ausdruck kommt. In anderer Weise wurde die Leibmetapher in den deuteropaulinischen Briefen aufgenommen; hier gilt Christus als das Haupt des Leibes, auf das alle Glieder in ihrem Miteinander und Füreinander bezogen sind (Kol 2,19; Eph 1,22 f; 4,15 f).
- Ebenfalls von Paulus stammt das Bild der Gemeinde als *Bauwerk*, das auf Christus als (dem einzig tragfähigen) Fundament errichtet ist (I Kor 3).
- In den Pastoralbriefen ist von der christlichen Gemeinde als dem *Haus(wesen) Gottes* die Rede (I Tim 3,15). Dahinter steht die Vorstellung, dass bestimmte Ordnungen und Regeln nötig sind, um die sachgerechte Verkündigung des göttlichen Heilswillens zu garantieren; vorrangig im Blick ist dabei die Gefährdung des Heils der Glaubenden durch Irrlehren, mit deren Abwehr nunmehr vorrangig der Amtsträger betraut ist, „der das Wort der Wahrheit recht austeilt" (II Tim 2,15). – Die in den Pastoralbriefen schon greifbare Hochschätzung von apostolischer Tradition und gemeindlichem Leitungsamt führte zu jener theologischen Aufwertung der Kirche als Institution, von der die römisch-katholische Ekklesiologie bis in die Gegenwart geprägt ist.
- Der Hebräerbrief charakterisiert die Gemeinde der Glaubenden als *wanderndes Gottesvolk* und beschreibt den Weg der Kirche durch die Zeit als einen Weg der Bewährung im Glauben, der der Wüstenwanderung des alten Gottesvolkes entspricht (Hebr 3,7–17; vgl. auch I Kor 10).

Nicht nur die Schriften des Neuen Testaments, sondern auch die christlichen Glaubensbekenntnisse enthalten Aussagen über die Kirche. So formuliert z. B. das Apostolicum: „Ich glaube an den Heiligen Geist, die heilige katholische [bzw. christliche] Kirche, Gemeinschaft der Heiligen [...]". Hier wird die enge Verbindung betont, die zwischen der Kirche und dem Wirken des Heiligen Geistes besteht, dem die Zueignung der Rechtfertigungsgnade an den Einzelnen in besonderer Weise zugesprochen wird (vgl. § 10.1). In der Bezeichnung *Gemeinschaft der Heiligen* kommt darüber hinaus zum Ausdruck, dass die in der Kirche versammelten Christen, die nach neutestamentlichem Sprachgebrauch als *Heilige* bezeichnet werden können (vgl. Röm 1,7; Eph 1,1 u. ö.), nicht nur je einzeln durch den geistgewirkten Glauben auf Christus bezogen sind, sondern zugleich auch miteinander eine Gemeinschaft bilden.

Das Nicaeno-Constantinopolitanum kommt im selben Zusammenhang (Heiliger Geist) auf die Kirche zu sprechen und charakterisiert sie in vierfacher Weise als „die eine, heilige, katholische und apostolische Kirche" (lat. una sancta catholica et apostolica ecclesia). – Damit sind die klassischen vier Attribute der Kirche benannt: sie ist *eine*, sie ist *heilig*, sie ist *katholisch*, sie ist *apostolisch*.

- Die *Einheit* der Kirche ergibt sich daraus, dass die Zugehörigkeit zu ihr bestimmt ist durch den allen Christen gemeinsamen Glauben an den einen Gott, der sich definitiv geoffenbart hat in Jesus Christus, mit dem wir durch die Taufe verbunden sind, die den Beginn der Zugehörigkeit eines Menschen zum Herrschaftsbereich Christi bzw. zum ‚Leib' Christi, also der Kirche, markiert (vgl. § 11.2.2). Das Wort *Einheit* besagt hier, dass es keine Alternative zu dem in der Kirche vermittelten Heil gibt, weil Gott nicht für verschiedene Gruppen verschiedene Heilsziele bereithält, sondern in Christus den einen und einzigen Weg zum Heil für alle Menschen gezeigt hat. Ob dieser Einheit im Glauben auch eine Einheitlichkeit in den kirchlichen Organisationsformen entsprechen muss, ist eine andere Frage; vom Neuen Testament her legt sich dieser Zusammenhang nicht unbedingt nahe, weil hier das im Allgemeinen mit Kirche übersetzte griechische Wort *ekklesia* durchaus auch im Plural vorkommt (so durchweg in II Kor; vgl. auch Gal 1,2.22; Röm 16,4.16 u. ö.). – Eine ist die Kirche also durch ihre Bindung an den einen Herrn Jesus Christus (vgl. I Kor 8,6).
- Die *Heiligkeit* der Kirche ergibt sich daraus, dass die zu ihr gehörenden Menschen aufgrund der vom Heiligen Geist bewirkten ‚Übernahme' in den Herrschaftsbereich Christi in einem nicht mehr von der Sünde dominierten Gottesverhältnis stehen. Das heißt nicht, dass Christen ohne Sünde sind. Aber es heißt, dass sie aus der Zuversicht heraus leben, dass das endzeitliche Heil Gottes in der Auferweckung Jesu bereits begonnen hat und dass sich diese Zuversicht dann auch im Leben des einzelnen Christen und der Gemeinschaft der Kirche widerspiegelt. – Heilig ist die Kirche also aufgrund der Glaubenszuversicht der einzelnen Christen.
- Die *Katholizität* (= Allgemeinheit, Universalität) der Kirche ergibt sich daraus, dass Gott nach christlicher Überzeugung in Christus den einen und einzigen Weg zum Heil für alle Menschen gezeigt hat (vgl. 1). Wegen dieses Universalitätsanspruchs bedeutet die Katholizität der Kirche einerseits den Auftrag zur Verbreitung des christlichen Glaubens (vgl. 4). Von der Katholizität der Kirche kann andererseits auch im Sinne einer Identität des wahren christlichen Glaubens zu allen Zeiten und an allen Orten gesprochen werden. Als frühes Zeugnis für dieses Verständnis von Katholizität gilt ein aus dem Jahr 434 stammendes Zitat des Augustin-Kritikers Vinzenz von Lerinum (gestorben Mitte des 5. Jahrhunderts). Katholisch ist nach Vinzenz das, „was überall, was immer, was von allen geglaubt worden ist". – Katholisch ist die Kirche also aufgrund der Übereinstimmung ihres Glaubens mit dem Glauben der Gesamtheit der Christen.
- Die *Apostolizität* der Kirche steht einerseits für ihre Bindung an den Auftrag, den der auferstandene Jesus Christus den Aposteln gegeben hat: „Geht nun zu allen Völkern, und macht alle Menschen zu meinen Jüngern; tauft sie auf den Namen des Vaters und des Sohnes und des Heiligen Geistes und lehrt sie alles zu halten, was ich euch befohlen habe" (Mt 28,19f). Auch die Apostolizität bedeutet also – wie die Katholizität – den Auftrag zur Verbreitung des Glaubens und schließt insofern die Verpflichtung zur Mission ein. Die Apostolizität steht andererseits für die Bindung der Kirche an das in der Heiligen Schrift überlieferte apostolische Zeugnis von Jesus Christus. – Apostolisch ist die Kirche also aufgrund der Treue zu den Ursprüngen ihres Glaubens.

Mit ihrer Charakterisierung der Kirche haben die Glaubensbekenntnisse ganz offensichtlich ein Ideal vor Augen: Die Kirche gilt als Gemeinschaft aller im rechten Glauben auf Gott in Christus orientierten Menschen. Dieses Idealbild stand allerdings von Anfang an in einer Spannung zur erfahrbaren Wirklichkeit von Kirche. Auf der einen Seite vertragen sich die vielfältigen Glaubens- und Lebensformen von Kirchlichkeit keinesfalls ohne weiteres mit dem Attribut der Einheit; dieses Pluralitätsbewusstsein wurde durch die Konfessionalisierung des europäischen Christentums seit dem 16. Jahrhundert nochmals verschärft. – Damit ist die Frage nach dem Verhältnis *der* Kirche (im Sinne der Bekenntnisse) zu den verschiedenen vorhandenen Kirch*en* gestellt (vgl. 13.2.1; 13.2.2). Auf der anderen Seite sind Kirchlichkeit und Heiligkeit nicht deckungsgleich: Nicht alle einer Kirche angehörenden Christen sind Heilige im Sinne des Bekenntnisses, und man kann sogar fragen, ob Heiligkeit im Sinne des Bekenntnisses nicht auch außerhalb organisierter Kirchlichkeit vorkommen kann. – Damit ist die Frage nach dem Verhältnis von institutionalisierter Kirchlichkeit und christlichem Lebensvollzug gestellt (vgl. 13.2.3).

📖 Den neutestamentlichen Befund zum Thema *Kirche* (einschließlich neuerer Literaturhinweise) skizziert:
– J. Roloff, Art. Kirche (EKL³ 2).

📖 Eine aktualisierende Auslegung des Kirchenartikels im Apostolischen Glaubensbekenntnis bietet:
– W. Pannenberg, Das Glaubensbekenntnis, 152–167.

✍ Informieren Sie sich über den Begriff der impliziten Ekklesiologie anhand von
– W. Trilling, ‚Implizite Ekklesiologie'.

13.2 Konfessionelle Differenzen im Kirchenverständnis

13.2.1 *Das Kirchenverständnis im römischen Katholizismus*

Die Ekklesiologie als Lehre von Wesen und Auftrag sowie Gestalt und Struktur der Kirche ist erst im Horizont der Reformation und der anschließenden Konfessionalisierung zu einem eigenständigen Thema in theologischen Entwürfen geworden. Die römisch-katholische Theologie hat in ihrer Lehrbildung allerdings auf Ansätze und Überlegungen aus älterer Zeit zurückgegriffen, auf die nachstehend exemplarisch hingewiesen wird.

In seiner Schrift „Über die kirchliche Hierarchie" hat Dionysius Areopagita die Struktur der irdischen Kirche als Abbild der himmlischen Hierarchie beschrieben (vgl. zur Schrift „Über die himmlische Hierarchie" § 9.1.1). Danach entscheidet die Position in der kirchlichen Rangordnung über das Maß der Gottesnähe, wobei die niedriger Gestellten auf die Vermittlung durch die höher Gestellten angewiesen sind, um Gott nahe kommen zu können, und zugleich den ihnen Unterstellten Anteil an der ihnen zukommenden Teilhabe am Göttlichen gewähren.

> [Es gilt,] dass der Hierarch, [je nachdem,] wie die ihm gemäße Seinsweise und Entsprechung und Ordnung sich verhält, in den göttlichen Angelegenheiten vollkommen und gottähnlich geworden ist und den ihm Unterstellten gemäß der Würde eines jeden Anteil gibt an der ihm von Gott her gegebenen heiligen Vergottung; [es gilt ferner,] dass die Unterstellten zwar den Besseren folgen, die Geringeren aber nach oben ziehen, diese [Geringeren ihrerseits] aber auch vorangehen und

nach ihrer Fähigkeit andere führen, und dass jeder, soweit er kann, durch diese gottbegeisterte und hierarchische Harmonie an dem wahrhaft Schönen und Weisen und Guten teilhat. (Übersetzung RL)
> Dionysios Areopagita, Über die kirchliche Hierarchie/De Ecclesiastica Hierarchia I 2 (Corpus Dionysiacum II 65,1–8).

Schon im Hochmittelalter wirkten sich diese Überlegungen sowohl auf die Diskussionen über die Wirkung des Weihesakraments als auch auf die Debatten über die Autorität des Papstes gegenüber der weltlichen Macht sowie seine Position innerhalb der Kirche aus. Doch auch die neuzeitliche Ekklesiologie des römischen Katholizismus ist unübersehbar von der bei Dionysius greifbaren theologischen Aufwertung irdischer (Kirchen-)Strukturen beeinflusst: Die Kirche als von Christus selbst in ihrer institutionalisierten Form gewollte irdische Gestalt der himmlischen Wirklichkeit repräsentiert Christus, ihre Sichtbarkeit bedeutet gewissermaßen eine Fortsetzung der Inkarnation des göttlichen Logos, und die irdische Gestalt der Kirche ist deshalb untrennbar mit Christus in seiner Göttlichkeit verbunden. Diesen Gedanken hat Johann Adam Möhler im Rahmen der im 19. Jahrhundert intensivierten ekklesiologischen Debatten klar formuliert (vgl. zum theologiegeschichtlichen Kontext: 1. Hauptteil, Abschnitt 5.2):

Unter der Kirche auf Erden verstehen die Katholiken die von Christus gestiftete sichtbare Gemeinschaft aller Gläubigen [...] Der letzte Grund der Sichtbarkeit der Kirche liegt in der Menschwerdung des göttlichen Wortes; hätte sich dasselbe den Herzen der Menschen eingesenkt, [...] so würde es auch nur eine unsichtbare, innere Kirche gestiftet haben. [...] So ist denn die sichtbare Kirche, von dem eben entwickelten Gesichtspuncte aus, der unter den Menschen in menschlicher Form fortwährend erscheinende, stets sich erneuernde, ewig sich verjüngende Sohn Gottes, die andauernde Fleischwerdung desselben, sowie denn auch die Gläubigen in der heiligen Schrift der Leib Christi genannt werden. [... Die Kirche] hat darum eine göttliche und menschliche Seite in ungeschiedener Weise [...] Diese beiden Seiten wechseln daher auch ihre Prädikate: ist das Göttliche, der lebendige Christus und sein Geist in ihr allerdings das Unfehlbare, das ewig Untrügliche, so ist doch auch das Menschliche unfehlbar und untrüglich, weil das Göttliche ohne das Menschliche gar nicht für uns existirt.
> J. A. Möhler, Symbolik, 331–333.

Aus der wiedergegebenen Argumentation folgt, dass wegen der Anteilhabe der sichtbaren Seite der Kirche an der Vollkommenheit ihrer unsichtbaren Seite die oben genannten Attribute (Einheit, Heiligkeit, Katholizität, Apostolizität) derjenigen irdischen Gestalt von Kirche, die im römischen Katholizismus verwirklicht worden ist, wirklich zukommen. Denn nur hier sind „göttliche und menschliche Seite in ungeschiedener Weise" beieinander, weil nur in ihr die Verbindung der gegenwärtigen Amtsträger zu den Aposteln und damit zu Christus selbst kontinuierlich aufrechterhalten worden ist. Diese Kontinuität ist durch die sog. apostolische Sukzession garantiert, d. h. die Eingebundenheit der kirchlichen Amtsträger in die in das bis auf die Apostel zurückgehende Bischofskollegium mit dem Papst an der Spitze.

> **Die Kirche im römischen Katholizismus**
>
> – Jesus selbst hat die Kirche als sichtbare Institution gewollt und gegründet.
> – Die innerkirchliche Einheit ist durch die Übereinstimmung aller Bischöfe mit dem Papst gewährleistet.
> – Dem Papst kommen der Vorrang in kirchenleitenden Fragen sowie die Unfehlbarkeit in Lehrentscheidungen zu.

Schon in frühchristlicher Zeit ging man davon aus, dass die von Christus ausgesandten Apostel in den von ihnen gegründeten Gemeinden ihre Schüler als Leiter eingesetzt haben, die ihrerseits diese Amtsnachfolge (Sukzession) an ihre Schüler weitergegeben haben. Als ab dem 3./4. Jahrhundert das Bischofsamt (Episkopat) zur zentralen Leitungsinstanz der Gemeinde wurde, kam es zur Verbindung von Sukzessionsprinzip und Episkopat: Man verstand die *apostolische Sukzession der Bischöfe* als Garantie für die Wahrheit der kirchlichen Lehre, sicherte sie doch die Übereinstimmung der gegenwärtigen Kirche mit ihren Ursprüngen und mit der Gesamtheit der Christen.

Diese Übereinstimmung mit den Ursprüngen und damit ihre Orientierung auf Christus als ihr Haupt kann die Kirche aber nur mit Hilfe eines ‚irdischen Hauptes' gewährleisten, das ihre innere Einheit stiftet und garantiert. Als dieses Haupt fungieren die Päpste als Nachfolger des von Christus selbst zum Führer der Apostel und zum Fundament der Kirche eingesetzten Petrus (Mt 16,16–19; Lk 22,31 f; Joh 21,15–19), der seinerseits dem Bischof von Rom seine von Christus erhaltene Vollmacht zur Leitung der Gesamtkirche übertragen hat. Schon im Mittelalter wurde dem Papst von daher die Kompetenz zugesprochen, verbindliche Bekenntnisaussagen zu formulieren, um Irrtümern zu begegnen und die Einheit des kirchlichen Glaubens zu sichern (vgl. § 4.2.1).

Sofern also der Kirche „eine göttliche und menschliche Seite in ungeschiedener Weise" zukommt, indem sie einerseits (den himmlischen) Christus als Haupt hat und andererseits als irdische Institution existiert, und sofern der Bischof von Rom (Papst) das Haupt der gesamten Kirche ist, steht der Papst in direkter Beziehung zu Christus, als dessen Stellvertreter (lat. vicarius) er auf Erden amtiert.

Mit der innerkirchlichen Durchsetzung dieses Gedankens wurde die Übereinstimmung aller Bischöfe mit dem Bischof von Rom zum maßgeblichen Garanten der kirchlichen Einheit. Weil die Vorordnung des Papstes nicht nur für Fragen der kirchlichen Lehre, sondern auch für Fragen der Kirchenleitung und -organisation behauptet wurde, verband sich die *Einheit* im Glauben mit der *Einheitlichkeit* in den kirchlichen Organisationsformen. Den Höhepunkt der katholischen Lehrbildung über die Rolle des Papsttums in der Kirche bildeten die Entscheidungen des 1. Vatikanischen Konzils, das in seiner am 18. Juli 1870 verabschiedeten Konstitution „Pastor aeternus" die oberste Jurisdiktionsgewalt des Papstes (den Vorrang in Fragen der Kirchenleitung) nachdrücklich betont und die Unfehlbarkeit (Infallibilität) seiner Lehrentscheidungen zum Dogma erklärt hat.

Deshalb lehren und erklären Wir, daß gemäß den Zeugnissen des Evangeliums der Jurisdiktionsprimat über die gesamte Kirche Gottes von Christus, dem Herrn, unmittelbar und direkt dem seligen Apostel Petrus verheißen und übertragen wurde. […]	Docemus itaque et declaramus, iuxta Evangelii testimonia primatum iurisdictionis in universam Dei Ecclesiam immediate et directe beato Petro Apostolo promissum atque collatum a Christo Domino fuisse. […]
Daher hat jeder, der auf diesem Stuhle Petrus nachfolgt, gemäß der Einsetzung Christi selbst den Primat des Petrus über die gesamte Kirche inne. […]	Unde quicumque in hac cathedra Petro succedit, is secundum Christi ipsius institutionem primatum Petri in universam Ecclesiam obtinet. […]
Daß aber in diesem Apostolischen Primat, den der Römische Bischof als Nachfolger des Apostelfürsten Petrus über die gesamte Kirche innehat, auch die höchste Vollmacht des Lehramtes enthalten ist, hat dieser Heilige Stuhl immer festgehalten.	Ipso autem Apostolico primatu, quem Romanus Pontifex tamquam Petri principis Apostolorum successor in universam Ecclesiam obtinet, supremam quoque magisterii potestatem comprehendi, haec Sancta Sedes semper tenuit.

[Als ein von Gott geoffenbartes Dogma (divinitus revelatum dogma) wird daher definiert:]

Wenn der Römische Bischof ‚ex cathedra' spricht, das heißt, wenn er in Ausübung seines Amtes als Hirte und Lehrer aller Christen kraft seiner höchsten Apostolischen Autorität entscheidet, daß eine Glaubens- oder Sittenlehre von der gesamten Kirche festzuhalten ist, dann besitzt er mittels des ihm im seligen Petrus verheißenen göttlichen Beistands jene Unfehlbarkeit, mit der der göttliche Erlöser seine Kirche bei der Definition der Glaubens- oder Sittenlehre ausgestattet sehen wollte; und daher sind solche Definitionen des Römischen Bischofs aus sich, nicht aber aufgrund der Zustimmung der Kirche unabänderlich.	Romanum Pontificem, cum ex cathedra loquitur, id est, cum omnium Christianorum pastoris et doctoris munere fungens pro suprema sua Apostolica auctoritate doctrinam de fide vel moribus ab universa Ecclesia tenendam definit, per assistentiam divinam ipsi in beato Petro promissam, ea infallibilitate pollere, qua divinus Redemptor Ecclesiam suam in definienda doctrina de fide vel moribus instructam esse voluit; ideoque eiusmodi Romani Pontificis definitiones ex sese, non autem ex consensu Ecclesiae, irreformabiles esse.

1. Vatikanisches Konzil, Konstitution Pastor aeternus, Kapitel 1. 2. 4 (DH 3053. 3057. 3065. 3074; NR 438. 442. 449. 454).

Das Papstdogma stellte – neben der in § 4.3.2 erwähnten Verhältnisbestimmung von Glaube und Vernunft – das wichtigste Ergebnis des 1. Vatikanischen Konzils dar. Zu der ursprünglich geplanten umfassenden Kirchenkonstitution kam es dann nicht mehr; deren Formulierung blieb dem 2. Vatikanischen Konzil vorbehalten, das am 21. November 1964 die Kirchenkonstitution „Lumen gentium" verabschiedet hat. Dieser Text stellt die erste wirklich umfassende Bestimmung des Wesens der Kirche in römisch-katholischer Perspektive dar. Hier können nicht alle für die gegenwärtige Ekklesiologie des römischen Katholizismus wichtigen Aspekte dieses Textes behandelt werden; auf drei wichtige Präzisierungen gegenüber der vorkonziliaren Kirchenauffassung muss allerdings hingewiesen werden.

1. Die Konstitution „Lumen gentium" hat gegenüber der älteren Tendenz zur Identifizierung der hierarchisch verfassten Kirche mit Christi menschlicher Natur die *Dienstfunktion der sichtbaren Kirche* gegenüber dem Geist Christi hervorgehoben.

Wie nämlich die angenommene Natur dem göttlichen Wort als lebendiges, ihm unlöslich geeintes Heilsorgan dient, so dient auf eine ganz ähnliche Weise das gesellschaftliche Gefüge der Kirche dem Geist Christi, der es belebt, zum Wachstum seines Leibes (vgl. Eph 4,16).	Sicut enim natura assumpta Verbo divino ut vivum organum salutis, Ei indissolubiliter unitum, inservit, non dissimili modo socialis compago Ecclesiae Spiritui Christi, eam vivificanti, ad augmentum corporis inservit.

2. Vatikanisches Konzil, Konstitution Lumen gentium, Kapitel 1, Nr. 8 (DH 4118; NR 410).

2. Gegenüber der in der mittelalterlichen Hierarchienlehre wurzelnden Betonung einer Unterscheidung zwischen Priestern und Laien hat das 2. Vatikanische Konzil die Einheit des gesamten Gottesvolkes und das *gemeinsame Priestertum der Gläubigen* (sacerdotium commune fidelium) hervorgehoben, ein Gedanke, der sich allerdings von der reformatorischen Lehre vom allgemeinen Priestertum deutlich unterscheidet (vgl. dazu 13.2.2).

Das gemeinsame Priestertum der Gläubigen aber und das amtliche bzw. hierarchische Priestertum unterscheiden sich zwar dem Wesen und nicht bloß dem Grade nach; dennoch sind sie einander zugeordnet: das eine wie das andere nämlich nimmt auf je besondere Weise am einen Priestertum Christi teil.	Sacerdotium autem commune fidelium et sacerdotium ministeriale seu hierarchicum, licet essentia et non gradu tantum differant, ad invicem tamen ordinantur; unum enim et alterum suo peculiari modo de uno Christi sacerdotio participant.

2. Vatikanisches Konzil, Konstitution Lumen gentium, Kapitel 2, Nr. 10 (DH 4126; NR 414).

3. Die im 1. Vatikanischen Konzil ausschließlich auf das Papstamt bezogene Unfehlbarkeit hat die Konstitution „Lumen gentium" durch die *Betonung einer gesamtkirchlichen Unfehlbarkeit* präzisiert. Unfehlbarkeit kommt damit der Gesamtheit der Gläubigen zu, wobei das Lehramt von „der Körperschaft der Bischöfe [...] zusammen mit dem Nachfolger des Petrus" wahrgenommen wird.

Die Gesamtheit der Gläubigen [...] kann im Glauben nicht fehlgehen [...] Die der [gesamten] Kirche verheißene Unfehlbarkeit wohnt [neben dem Papst] auch der Körperschaft der Bischöfe inne, wenn sie das oberste Lehramt zusammen mit dem Nachfolger des Petrus ausübt. Diesen Bestimmungen aber kann wegen der Wirksamkeit desselben Heiligen Geistes, durch welche die gesamte Herde Christi in der Einheit des	Universitas fidelium [...] in credendo falli nequit [...] Infallibilitas Ecclesiae promissa in corpore Episcoporum quoque inest, quando supremum magisterium cum Petri Successore exercet. Istis autem definitionibus assensus Ecclesiae numquam deesse potest propter actionem eiusdem Spiritus Sancti, qua universus Christi grex in unitate fidei

Glaubens bewahrt wird und fortschreitet, die Zustimmung der Kirche niemals fehlen.

servatur et proficit.

2. Vatikanisches Konzil, Konstitution Lumen gentium, Kapitel 2, Nr. 12 (DH 4130; NR 415); Kapitel 3, Nr. 25 (DH 4149).

13.2.2 Zum reformatorischen Kirchenverständnis

Luther hat sich stets konsequent gegen eine theologische Aufwertung der institutionell organisierten Kirche gewandt; seine Kritik richtete sich damit auch gegen das Verständnis der kirchlichen Hierarchie als einer dem göttlichen Willen entsprechenden Vermittlungsgröße zwischen Mensch und Gott. Denn der Glaube wird in der reformatorischen Theologie verstanden als unmittelbare Beziehung des Menschen zu Gott als personalem Gegenüber (vgl. § 4.2.2), wobei diese Beziehung vom Menschen her durch das Vertrauen in die erlösende Kraft des Christusgeschehens bestimmt ist (vgl. § 11.2.2; § 12.1.2). Da Luther die Kirche als die Gemeinschaft aller im beschriebenen Sinne Glaubenden aufgefasst hat, die von Christus regiert wird, weil sie durch denselben Heiligen Geist konstituiert ist, der auch den Glauben wirkt, wollte er sie von irdisch greifbaren Institutionen unterschieden wissen.

Die Schrift redet von der Christenheit ganz einfältig und nur auf eine Weise, [...] dass die Christenheit Versammlung aller Christgläubigen auf Erden heißt. [...] [Von dieser Christenheit im Sinne der Schrift gilt, dass *sie*] allein die wahrhaftige Kirche ist, kein Oberhaupt auf Erden haben kann und mag und von niemandem auf Erden, weder Bischof noch Papst, regiert werden mag, sondern allein Christus im Himmel ist ihr das Oberhaupt und regiert allein. Das lässt sich zum einen so beweisen: Wie kann ein Mensch etwas regieren, das er nicht kennt und durchschaut? Wer aber kann wissen, wer wirklich glaubt oder nicht? Wenn sich die päpstliche Gewalt bis dahin erstreckte, könnte er den Christen den Glauben nehmen, führen, vermehren, wandeln wie er wollte, wie es Christus kann. Zum anderen aber lässt es sich aus der Art und Natur des Oberhaupts beweisen, denn es ist die Natur eines jeden mit einem Leib versehenen Oberhaupts, dass es an seine Glieder Leben, Richtung und Handeln weitergibt. [...] Nun wird kein Mensch an seine eigene Seele oder die des anderen den Glauben, die ganze Richtung, den Willen und alles Handeln Christi weitergeben können als allein Christus. [...] Das Oberhaupt muss das Leben weitergeben, deshalb ist klar, dass es auf Erden kein Oberhaupt der	Die schrifft redet vonn der Christenheyt gar einfeldiglich, und nur auff eine weysz, [...] das die Christenheit heysset eyn vorsamlunge aller Christgleubigen auff erden [...] [Von dieser Christenheit im Sinne der Schrift gilt, dass *sie*] allein ist die warhafftige kirch, mag unnd kan kein heubt auff erden haben, unnd sie von niemant auff erden, noch Bischoff, noch Bapst, regirt mag werden, sondern allein Christus ym hymel ist hie das heubt und regiret allein. Das beweret sich zum ersten alszo. Wie kan hie ein mensch regiren, das er nit weysz noch erkennet? wer kan aber wissen, wilcher warhafftig gleubt odder nit? Ja wen sich hie her bepstlich gewalt streckte, szo kund er den christen menschen yhren glauben nehmen, furen, mehren, wandlen wie er wolt, wie Christus kan. Zum andern beweret sichs ausz der art und natur des heubts, dan eins iglichen eingeleybet heubts natur ist, das es in sein glidmasz einflisse alles leben, sin und werck [...] Nu mag keinn mensch des andern noch seiner eygen seelen den glauben und alle syn, willen und werck Christi einflissen, dan allein Christus [...] das heubt musz das leben einflissenn, darumb ists clar, das auff erden kein ander heubt ist der

geistlichen Christenheit gibt als allein Christus. Außerdem: Wenn ein Mensch ein solches Oberhaupt wäre, dann müsste die Christenheit immer fallen, wenn der Papst stirbt. (Übertragung RL)	geistlichen Christenheit dan allein Christus. Auch wo ein mensch hie das heubt were, szo must die Christenheit szo offt fallen, szo offt der Bapst sturbe.

Martin Luther, Von dem Papsttum zu Rom
(WA 6, 292,35–38; 297,37–298,8; 298,13–15.22–25).

Luthers Betonung des Gegensatzes zwischen der allein von Christus regierten „vorsamlunge aller Christgleubigen auff erden" und der Kirche als Institution war durchaus nicht neu. Bereits Augustin hatte zwischen der *theologischen Wirklichkeit* der Kirche und ihrer *sozialen Realität* unterschieden. Letztere repräsentiert die sichtbare Kirchengemeinschaft, die, wie im Anschluss an das Gleichnis vom Unkraut unter dem Weizen (Mt 13,24–30) festgehalten wird, auch Ungläubige und Sünder umfassen kann. Sie ist deshalb, wenn sie als Kirche und damit als Leib Christi angesprochen wird, lediglich ein (aus lebenden und toten Gliedern) ‚gemischter' Leib (lat. corpus permixtum). Wahrer Leib Christi (lat. corpus verum) ist dagegen die Gemeinschaft der Glaubenden, die zwar innerhalb der sichtbaren Kirche besteht, aber bis zum Endgericht nicht identifizierbar ist. (vgl. dazu 13.3.1).

Im Hintergrund dieser Differenzierung im Kirchenbegriff stand Augustins Auseinandersetzung mit der Bewegung des Donatismus in Nordafrika. Der numidische Bischof Donatus (gest. ca. 355) hatte die Amtsunfähigkeit derjenigen kirchlichen Würdenträger behauptet, die während der Christenverfolgung unter Diocletian (römischer Kaiser 284–305) den staatlichen Behörden die heiligen Bücher ausgeliefert hatten: Wegen der damit begangenen Sünde hätten diese Personen den Heiligen Geist verloren – und damit auch die Fähigkeit, ihn anderen im Rahmen sakramentaler kirchlicher Handlungen zu vermitteln. Dagegen hat Augustin darauf bestanden, dass die Wirksamkeit ordnungsgemäß gespendeter Sakramente von der Person des kirchlichen Amtsträgers unabhängig sein müsse (hier liegt eine entscheidende Wurzel der im Mittelalter ausgebildeten Lehre von der Wirkung der kirchlichen Sakramente durch das gewirkte Werk: ex opere operato; vgl. § 12.2.1). – Die oben skizzierte und in der nachstehenden Übersicht nochmals verdeutlichte Differenzierung im Kirchenbegriff erlaubte es Augustin, auch die Ungläubigen und Sünder (einschließlich unwürdiger Kleriker) als Teil der Kirche Christi (im Sinne des corpus permixtum) aufzufassen, ohne das Attribut der Heiligkeit der Kirche (im Sinne des corpus verum) aufzugeben

	Kirche (= Herrschaftsbereich [Leib] Christi) als	
\multicolumn{2}{|c|}{geistliche Größe („Gemeinschaft der Heiligen" als unsichtbare Verbindung der zum Heil Prädestinierten)}	soziologisches Gebilde (empirische Kirchengemeinschaft als irdische Institution)
\multicolumn{2}{|c|}{*corpus verum* (*wahrer* [nur aus Erwählten] bestehender *Leib* [Christi])}	*corpus permixtum* ([aus Erwählten und Verworfenen] *gemischter Leib* [Christi])
\multicolumn{2}{|c|}{für Menschen unerkennbar}	empirisch identifizierbar
ecclesia militans (kämpfende Kirche: die den irdischen Ärgernissen noch ausgesetzten Erwählten)	ecclesia triumphans (triumphierende Kirche: die zum ewigen Leben gelangten Erwählten)	
\multicolumn{3}{	l	}{vgl. zu dieser Unterscheidung § 14.2.1}

Der Unterscheidung zwischen der Kirche im Sinne des Glaubensbekenntnisses und ihrer irdischen Verwirklichung in einer weltlichen Institution entsprach Luthers Kritik an der theologischen Aufwertung der Hierarchie. Er selbst setzte dieser Tendenz zur ‚Vergöttlichung' irdischer Organisationsstrukturen seine Auffassung vom *allgemeinen Priestertum der Gläubigen* (d. h. der Getauften) entgegen.

> Man hats erfunden, daß Papst, Bischöfe, Priester und Klostervolk der geistliche Stand genannt wird, Fürsten, Herrn, Handwerks- und Ackerleute der weltliche Stand. [...] Doch soll niemand deswegen schüchtern werden, und das aus dem Grund: alle Christen sind wahrhaftig geistlichen Standes und ist unter ihnen kein Unterschied außer allein des Amts halber [...] Denn was aus der Taufe gekrochen ist, das kann sich rühmen, daß es schon zum Priester, Bischof und Papst geweiht sei, obwohl es nicht einem jeglichen ziemt, solch Amt auszuüben.

> Man hats erfunden, das Bapst, Bischoff, Priester, Kloster volck wirt der geystlich stand genent, Fursten, Hern, handtwercks und ackerleut der weltlich stand, [...] doch sol niemant darub schuchter werden, unnd das ausz dem grund: Dan alle Christen sein warhafftig geystlichs stands, unnd ist unter yhn kein unterscheyd, denn des ampts [...] Dan was ausz der tauff krochen ist, das mag sich rumen, das es schon priester, Bischoff und Bapst geweyhet sey, ob wol nit einem yglichen zympt, solch ampt zu uben.

Martin Luther, An den christlichen Adel (Luther deutsch 2, 159f. 161/WA 6, 407,10–14; 408,11–13).

Dass die allein von Christus durch den Heiligen Geist regierte *wahre* Kirche als die Gemeinschaft der wirklich Glaubenden durchaus auch in der Realität der *irdischen*

Kirche im lutherischen Protestantismus

- Hintergrund: Augustins Unterscheidung zwischen der Kirche als theologischer Größe und als soziologischer Realität.
- Zentralaussage: Kritik einer theologischen Aufwertung irdischer Kirchenstrukturen, aber Betonung ihrer praktischen Notwendigkeit; Ausgestaltung kirchenleitender Strukturen hat sich im Horizont des allgemeinen Priestertum der Gläubigen zu vollziehen.

Kirche sichtbar wird, haben vor allem die lutherischen Bekenntnisschriften betont, namentlich die CA (Artikel 7 und 8) und die ApolCA (Artikel 7). Nach deren Aussagen ist die Sichtbarkeit der wahren Kirche allerdings nicht an bestimmte gottesdienstliche oder rechtliche Ordnungen (z. B. eine Hierarchie) gebunden; als Kennzeichen (lat. notae) für die Wirklichkeit der wahren Kirche gelten vielmehr die *reine Lehre des Evangeliums* und die *Verwaltung der Sakramente*: Wo das Evangelium gepredigt wird und die Sakramente dargereicht werden, dort wird nach lutherischer Lehre die wahre Kirche als irdisch-geschichtliche Realität greifbar. Zwar können die zur wahren Kirche gehörenden Personen nicht direkt identifiziert werden, weil ihr Glaube nicht erkennbar ist, aber die Wirklichkeit dieser geistlichen Glaubensgemeinschaft kann auch nicht von jener leibhaften Gestalt abgekoppelt werden, in der die genannten Kennzeichen gegeben sind.

Es wird auch gelehrt, daß allezeit eine heilige, christliche Kirche sein und bleiben muß, die die Versammlung aller Gläubigen ist, bei denen das Evangelium rein gepredigt und die heiligen Sakramente laut dem Evangelium gereicht werden. Denn das genügt zur wahren Einheit der christlichen Kirche, daß das Evangelium einträchtig im reinen Verständnis gepredigt und die Sakramente dem göttlichen Wort gemäß gereicht werden. Und es ist nicht zur wahren Einheit der christlichen Kirche nötig, daß überall die gleichen, von den Menschen eingesetzten Zeremonien eingehalten werden.	Item docent, quod una sancta ecclesia perpetuo mansura sit. Est autem ecclesia congregatio sanctorum, in qua evangelium recte docetur et recte administrantur sacramenta. Et ad veram unitatem ecclesiae satis est consentire de doctrina evangelii et administratione sacramentorum. Nec necesse est ubique esse similes traditiones humanas, seu ritus aut ceremonias ab hominibus institutas.

CA 7 (Unser Glaube, 64: Nr. 13/BSLK 61,2–12).

Wir erträumen uns aber nicht einen platonischen Staat, wie einige auf gottlose Weise sich über uns lustig machen, sondern wir behaupten, daß die Kirche sichtbar in Erscheinung tritt [...] Und wir fügen [ihre] Kennzeichen hinzu: die reine Lehre des Evangeliums und die Sakramente.	Neque vero somniamus nos Platonicam civitatem, ut quidam impie cavillantur, sed dicimus existere hanc ecclesiam [...] Et addimus notas: puram doctrinam evangelii et sacramenta.

ApolCA 7,20 (Unser Glaube, 251: Nr. 187/BSLK 238,17–20.22 f.).

Weil nach lutherischer Überzeugung das Christsein stets an die um Wort und Sakramente versammelte Gemeinschaft der Glaubenden gebunden ist, hat schon Luther selbst die Notwendigkeit von kirchlichen Ämterstrukturen hervorgehoben, weil ohne sie die geregelte Wortverkündigung und Sakramentsverwaltung schwierig, wenn nicht unmöglich wäre. Allerdings handelt es sich stets um *menschliche* Ordnungen, weshalb den Amtsinhabern auch keine besondere Würde oder Gottesnähe im Vergleich zu anderen Christen zukommt. Sie nehmen ein Recht wahr, das aufgrund des allgemeinen Priestertums grundsätzlich allen zusteht und haben damit ‚lediglich' eine Funktion, die sie im Auftrag einer bestimmten Gemeinde erfüllen.

Denn obwohl all diese [Rechte] allen Christen gemeinsam sind (wie wir bewiesen haben), ist es niemandem erlaubt, aufgrund seiner eigenen Autorität in die Mitte zu treten und für sich allein das zu beanspruchen, was allen zusteht. […] Vielmehr erzwingt diese Rechtsgemeinschaft, dass einer oder wie viele der Gemeinde gefallen, ausgewählt oder herangezogen werden, die anstelle und im Namen aller, die dasselbe Recht haben, diese Dienste [Wortverkündigung und Sakramentsverwaltung] öffentlich wahrnehmen, damit es im Volk Gottes kein schädliches Durcheinander gibt. (Übersetzung RL)	Nam cum omnium Christianorum haec sint omnia (uti probavimus) communia, nulli licet in medium prodire autoritate propria et sibi arripere soli, quod omnium est. […] Verum haec communio iuris cogit, ut unus, aut quotquot placuerint communitati, eligantur vel acceptentur, qui vice et nomine omnium, qui idem iuris habent, exequantur officia ista publice, ne turpis sit confusio in populo dei.

Martin Luther, De instituendis ministris Ecclesiae (WA 12, 189,17–24).

Der lutherische Konfessionalismus im 19. Jahrhundert (vgl. zum theologiegeschichtlichen Kontext: 1. Hauptteil, Abschnitt 5.2) hat dagegen ein Kirchenverständnis ausgebildet, nach dem die sichtbare Kirche in ihrer faktisch gegebenen Gestalt als eine von Gott gestiftete Anstalt begriffen wurde; die Inhaber der kirchlichen Ämter galten entsprechend als eine der Gemeinde gegenüberstehende ebenfalls von Christus eingesetzte Obrigkeit. In seinem unvollendet gebliebenen Werk „Acht Bücher von der Kirche" (1854) hat Theodor Kliefoth diese Auffassung entwickelt und damit faktisch das vorreformatorische Verständnis der Kirche als Heilsanstalt auf dem Boden des lutherischen Bekenntnisses erneuert. Dem entsprach auch Kliefoths Aufwertung der sakramentalen Praxis der Kirche gegenüber der Wortverkündigung sowie – damit zusammenhängend – seine Herabstufung des Gedankens des allgemeinen Priestertums bei gleichzeitiger Betonung der Vorrangstellung des durch göttliche Berufung und Ordination eingesetzten geistlichen Standes.

Aus Luthers Perspektive ergab sich keine biblisch-theologisch begründete Option für eine bestimmte Art der institutionellen Gestaltung des kirchlichen Lebens. Im reformierten Protestantismus war dies von Beginn an anders. Die Bedeutung der sichtbaren Kirche für die *Durchsetzung der Herrschaft Christi im Leben der Gläubigen* wurde stets deutlich hervorgehoben. Nach Calvin zeigt sich gerade an der Gestaltung der Ämterordnung der Unterschied zwischen wahrer und falscher Kirche. Deshalb spielt der Gedanke des allgemeinen Priestertums in seiner Ekklesiologie keine Rolle. Vielmehr hat er die seiner Auffassung nach schriftgemäßen Strukturen der sichtbaren Kirche als eine durch Christus eingesetzte Ordnung verstanden.

Kirche im reformierten Protestantismus

– Die reformierten Bekenntnisse betonen die geistliche Bedeutung der sichtbaren Kirche.
– Folge: Die Gestaltung des kirchlichen Lebens (Ämterordnung, Kirchenzucht) bekommt Bekenntnischarakter.

Das Spezifikum der Ekklesiologie Calvins bildete seine in Anlehnung an die neutestamentlichen Aussagen über die verschiedenen Dienste konzipierte *Vierämterordnung*. Danach dienen *Pastoren* und *Lehrer* dem Christuszeugnis direkt, nämlich durch die Predigt bzw. durch die Ausbildung künftiger Prediger. Der indirekte Dienst der *Ältesten* (Presbyter) und *Diakone* vollzieht sich durch Kirchenzucht bzw. praktische Barmherzigkeit. Mit der theologischen Aufwertung der Ämterstruktur verband sich der Gedanke einer ‚Erziehung' des einzelnen Christen in der und durch die Kirche. Dies entsprach der Betonung einer bleibenden Bedeutung des Gesetzes im Leben der Glaubenden (usus in renatis; vgl. § 12.1.2) und führte schließlich in verschiedenen reformierten Bekenntnissen zur ausdrücklichen Einführung der *Kirchenzucht* als drittem Kennzeichen der wahren Kirche neben Wortverkündigung und Sakramentsverwaltung (vgl. zum theologiegeschichtlichen Kontext: 1. Hauptteil, Abschnitt 3.5).

Die Kirche, die wir als die wahre Kirche Gottes glauben und bekennen, hat daher als erstes Kennzeichen die wahre Predigt des göttlichen Wortes, durch das Gott selbst sich uns offenbart hat, wie die Schriften der Propheten und Apostel es uns mitteilen (Joh 1,18; 10,15.30; 16,15).
Das zweite Merkmal ist die rechtmäßige Verwaltung der Sakramente Jesu Christi, die mit dem Wort und den Verheißungen Gottes verbunden sein müssen, um diese Verheißung in unseren Herzen zu versiegeln und zu bekräftigen (Röm 4,11).
Das letzte Kennzeichen ist die strenge und im göttlichen Wort vorgeschriebene Ausübung der Kirchenzucht, durch die Verfehlungen unterdrückt und Tugenden gefördert werden sollen (1 Kor 5).
Überall, wo diese Kennzeichen sichtbar werden und von Dauer sind, dort ist – wie gering auch die Zahl sein mag – ohne jeden Zweifel Kirche Christi.

Igitur, quam nos veram Dei ecclesiam credimus et fatemur eius primum est indicium, vera verbi divini praedicatio, per quod verbum Deus ipse sese nobis revelavit, quemadmodum scripta prophetarum et apostolorum nobis indicant; proximum indicium est, legitima sacramentorum Iesu Christi administratio, quae cum verbo et promissionibus divinis coniungi debent, ut ea in mentibus nostris obsignent et confirment. Postremum est ecclesiasticae disciplinae severa, et ex verbi divini praescripto, observatio, per quam vitia reprimantur, et virtutes alantur.
Ubicunque haec indicia apparuerint, atque ad tempus perseveraverint, quantumvis exiguus fuit numerus, procul dubio ibi est ecclesia Christi.

Confessio Scotica 18
(Reformierte Bekenntnisschriften, 140/BSRK 257,19–28).

Für die reformatorische Ekklesiologie der Gegenwart haben die theologischen Lehrgespräche Bedeutung gewonnen, die innerhalb der Leuenberger Kirchengemeinschaft geführt worden sind. Wichtig ist dabei namentlich die 1994 verabschiedete Studie „Die Kirche Jesu Christi", ein Dokument, das als erste gemeinsame Positionsbestimmung des europäischen Protestantismus zur Ekklesiologie gelten kann (vgl. zum theologiegeschichtlichen Kontext:

1. Hauptteil, Abschnitt 3.6). Für die Ekklesiologie des *Anglikanismus*, des dritten (neben lutherischem und reformiertem Protestantismus) aus der Reformation hervorgegangenen Kirchentyps, gilt bis in die Gegenwart das *Bischofsamt* als wesentliches Merkmal der wahren Kirche, auch wenn die vom Katholizismus als Voraussetzung wahrer Kirchlichkeit behauptete Unterordnung unter den Primatsanspruch des Papstes abgelehnt wird (vgl. zum theologiegeschichtlichen Hintergrund: 1. Hauptteil, Abschnitt 3.3).

13.2.3 *Christliche Kirche(n) als Lebensraum des Glaubens*

Im Anschluss an das Zeugnis des Neuen Testaments hat die christliche Theologie lange Zeit gelehrt, dass der Weg des Menschen zum ewigen Heil ausschließlich über Christus führe. Daraus ergab sich sowohl die Behauptung einer Überlegenheit des Christentums gegenüber anderen Religionen (vgl. dazu § 1.2.1) als auch die Feststellung, mit dem Christusgeschehen seien alle bisherigen Gottesoffenbarungen definitiv überboten (vgl. zu den mit dieser Überbietungsthese verbundenen dogmatischen Folgeproblemen § 3.1 und 3.2). Da bereits in altkirchlicher Zeit die Institution Kirche als einzig legitimer Ort der Vermittlung des in Christus erschienenen Heilswillens begriffen wurde, hat man vielfach einen direkten *Zusammenhang zwischen Kirchenmitgliedschaft und Heilsaussicht* hergestellt; christlicher Lebensvollzug ist nur im Rahmen institutionalisierter Kirchlichkeit möglich. Zur Begründung dieses Gedankens berief man sich vor allem auf zwei Texte aus den Schriften Cyprians von Karthago.

Christi Lohn kann nicht erlangen, wer Christi Kirche verlässt. Er ist ein Fremder, ein Gottloser, ein Feind. Niemand kann Gott zum Vater haben, der nicht die Kirche zur Mutter hat. (Übersetzung RL)	[N]ec perueniet ad Christi praemia qui relinquit ecclesiam Christi: alienus est, profanus est, hostis est. Habere iam non potest Deum patrem, qui ecclesiam non habet matrem.
	Cyprian, De ecclesiae catholicae vnitate 6 (CChrSL 3, 253; Zeilen 147–150).
Nicht einmal diese Taufe [mit dem eigenen Blut: das Martyrium] nützt dem Ketzer, selbst wenn er sich außerhalb der Kirche zu Christus bekannt hat und getötet worden ist [...], weil es außerhalb der Kirche kein Heil gibt. (Übersetzung RL)	Et tamen nec hoc baptisma haeretico prodest, si quamuis Christum confessus extra ecclesiam fuerit occisus [...], quia salus extra ecclesiam non est.
	Cyprian, Epistvla 73,21,1 f (CChrSL 3 C, 554 f; Zeilen 372–375.380).

Die unterschiedlichen Interpretationen dieser Formulierungen verbanden sich mit den in 13.2.1 und 13.2.2 dargestellten Differenzen im Kirchenverständnis.

Nachdem die zitierten Cyprian-Texte bereits im Mittelalter mit dem päpstlichen Primatsanspruch verbunden wurden, leitet der *römische Katholizismus* in der Neuzeit aus der bei Cyprian vollzogenen Bindung der Heilserlangung an die Kirchenzugehörigkeit einen ‚Alleinvertretungsanspruch' bezüglich der Heilsvermittlung ab:

Die hierarchisch verfasste römisch-katholische Papstkirche galt/gilt als einzig legitimer Lebensraum des christlichen Glaubens. Die von der Kirchenkonstitution des 2. Vatikanischen Konzils vorgenommenen Präzisierungen des vorkonziliaren Kirchenbegriffs (13.2.1) haben sich allerdings auch mit einer Akzentverschiebung im Selbstverständnis des römischen Katholizismus als einzig wahrer Kirche Christi verbunden (zur hier ebenfalls vollzogenen Neubestimmung des Verhältnisses von Katholizismus und nichtchristlichen Religionen sowie Weltanschauungen vgl. § 1.2.3).

Diese [im Glaubensbekenntnis angesprochene] Kirche, in dieser Welt als Gesellschaft verfaßt und geordnet, *ist verwirklicht* [bzw.: *hat ihre konkrete Existenzform*] in der katholischen Kirche, die vom Nachfolger des Petrus und von den Bischöfen in Gemeinschaft mit ihm geleitet wird, auch wenn sich außerhalb ihres Gefüges mehrere Elemente der Heiligung und der Wahrheit finden, die als der Kirche Christi eigene Gaben auf die katholische Einheit hindrängen.	Haec Ecclesia, in hoc mundo ut societas constituta et ordinata, *subsistit* in Ecclesia catholica, a successore Petri et Episcopis in eius communione gubernata, licet extra eius compaginem elementa plura sanctificationis et veritatis inveniantur, quae ut dona Ecclesiae Christi propria, ad unitatem catholicam impellunt.

2. Vatikanisches Konzil, Konstitution Lumen gentium,
Kapitel 1, Nr. 8 (DH 4119; NR 411; Hervorhebungen RL)

Die hier zitierte Feststellung, die wahre Kirche Jesu Christi sei in der katholischen Kirche *verwirklicht* bzw. sie habe darin *ihre konkrete Existenzform*, mag auf den ersten Blick keine Veränderung des katholischen Selbstverständnisses signalisieren. Auf eine Akzentverschiebung verweist erst ein Vergleich des vom Konzil verabschiedeten Textes mit dem Wortlaut der Vorlage. Darin heißt es: „Diese [im Glaubensbekenntnis angesprochene] Kirche [...] *ist* die katholische Kirche, die *vom römischen Bischof* und von den Bischöfen in Gemeinschaft mit ihm geleitet wird" (Haec Ecclesia [...] *est* Ecclesia catholica, *a Romano Pontifice* et Episcopis in eius communione gubernata). Gegenüber dieser Vorlage hat der verabschiedete (und oben zitierte) Konzilstext nicht nur die unmittelbare Gleichsetzung von wahrer Kirche und römisch-katholischer Kirche gemildert (*subsistit* statt *est*), sondern auch auf die Hervorhebung des *römischen* Bischofs verzichtet und allgemein vom *Nachfolger des Petrus* gesprochen; man kann hierin eine Relativierung der Institution zugunsten des geistlichen Amtes sehen.

Ausgewirkt hat sich diese Akzentverschiebung bei der Bestimmung des Verhältnisses von katholischen und nichtkatholischen Christen; in der Konstitution „Lumen gentium" wurde nun deren vielfältige *Verbindung* mit der römisch-katholischen Kirche hervorgehoben. Das ebenfalls beim 2. Vatikanischen Konzil (21. November 1964) verabschiedete Ökumenismusdekret „Unitatis redintegratio" hat dann die Christen anderer Konfessionen „nichtsdestoweniger" – also ungeachtet ihrer faktischen Trennung von der römisch-katholischen Kirche – ausdrücklich als „*Brüder im Herrn*" anerkannt.

Mit jenen, die als Getaufte mit dem christlichen Namen geziert sind, den vollständigen Glauben aber nicht bekennen oder die Einheit der Gemeinschaft unter dem Nachfolger des Petrus nicht wahren, weiß sich die Kirche aus mehreren Gründen verbunden. Es gibt nämlich viele, die die heilige Schrift als Glaubens- und Lebensnorm in Ehren halten, einen aufrichtigen religiösen Eifer zeigen, in Liebe an Gott [...] glauben, mit der Taufe bezeichnet werden, wodurch sie sich mit Christus verbinden, ja, auch andere Sakramente in ihren eigenen Kirchen oder kirchlichen Gemeinschaften anerkennen und empfangen.	Cum illis qui, baptizati, christiano nomine decorantur, integram autem fidem non profitentur vel unitatem communionis sub Successore Petri non servant, Ecclesia semetipsam novit plures ob rationes coniunctam. Sunt enim multi, qui sacram Scripturam ut normam credendi et vivendi in honore habent sincerumque zelum religiosum ostendunt, amanter credunt in Deum [...], baptismo signantur, quo Christo coniunguntur, imo et alia sacramenta in propriis Ecclesiis vel communitatibus ecclesiasticis agnoscunt et recipiunt.

2. Vatikanisches Konzil, Konstitution Lumen gentium, Kapitel 2, Nr. 15 (DH 4139; NR 418).

Nichtsdestoweniger [= trotz des Mangels an voller Gemeinschaft] werden sie, aufgrund des Glaubens in der Taufe gerechtfertigt, Christus einverleibt, und darum gebührt ihnen der Ehrenname des Christen, und mit Recht werden sie von den Kindern der katholischen Kirche als Brüder im Herrn anerkannt.	Nihilominus, iustificati ex fide in baptismate, Christo incorporantur, ideoque christiano nomine iure decorantur et a filiis Ecclesiae catholicae ut fratres in Domino merito agnoscuntur.

2. Vatikanisches Konzil, Dekret Unitatis redintegratio, Kapitel 1, Nr. 3 (DH 4188).

Trotz der beschriebenen Öffnung ist auch das 2. Vatikanische Konzil nicht soweit gegangen, die aus der Reformation entstandenen Ausprägungen des europäischen Christentums wirklich als *Kirchen* im Vollsinn gelten zu lassen; gesprochen wird lediglich von *kirchlichen Gemeinschaften* (lat. communitates ecclesiasticae). Bis heute ist in der Frage einer Anerkennung der reformatorischen Konfessionen als Kirchen keine wirkliche Einigung erzielt. Die in § 11 erwähnte „Gemeinsame Erklärung zur Rechtfertigungslehre" umging das Problem. Zwar sind die unterzeichnenden Parteien als die „lutherischen *Kirchen* und die römisch-katholische *Kirche*" bezeichnet (Nr. 5; Hervorhebungen RL), diese Bezeichnung wird aber in einer Fußnote sofort relativiert: „In dieser Erklärung gibt das Wort ‚Kirche' das jeweilige Selbstverständnis der beteiligten Kirchen wieder, ohne alle damit verbundenen ekklesiologischen Fragen entscheiden zu wollen". Im weiteren Text wird dann von den Partnern zumeist als von „Lutheranern" und „Katholiken" gesprochen. Dagegen haben die Dokumente der Bilateralen Arbeitsgruppe der Deutschen Bischofskonferenz und der Kirchenleitung der VELKD (vgl. die Aufgabenstellung zu 13.2) aus-

Kirche als Institution der Heilsvermittlung (I)

– Vorkonziliarer Katholizismus: Papstkirche = einzig legitimer Lebensraum des christlichen Glaubens.
– Neuerer Katholizismus: Zeitweise Entschärfung (2. Vatikanisches Konzil), zeitweise erneute Verschärfung des Alleinvertretungsanspruchs (Dominus Jesus, 2000; Antworten, 2007).
– Keine Anerkennung der protestantischen Kirchen.

drücklich von *Kirchen* gesprochen – ein Zeichen dafür, dass im Dialog zwischen Lutheranern und *deutschen* Katholiken eine andere Atmosphäre herrscht als in den Gesprächen mit der römisch-katholischen *Welt*kirche.

Die Hoffnungen, dass sich aus der Anerkennung nichtkatholischer Christen als „Brüder[n] im Herrn" auch eine Anerkennung der aus der Reformation hervorgegangenen christlichen Gemeinschaften als Kirchen im Vollsinn ergeben würde, sind seit 1999 allerdings mehrfach gedämpft worden. Bereits die von der römischen „Kongregation für die Glaubenslehre" mit ihrem damaligen Präfekten Joseph Ratzinger (geb. 1927), dem jetzigen Papst Benedikt XVI., am 6. August 2000 publizierte Erklärung „Dominus Jesus" über die Einzigkeit und die Heilsuniversalität Jesu Christi und der Kirche hat den sog. kirchlichen Gemeinschaften ausdrücklich abgesprochen, dass sie als „Kirchen im eigentlichen Sinn" gelten können. In dieselbe Richtung gehen die „Antworten auf Fragen zu einigen Aspekten bezüglich der Lehre über die Kirche", die die Glaubenskongregation am 29. Juni 2007 publiziert hat.

5. Frage: Warum schreiben die Texte des Konzils und des nachfolgenden Lehramts den Gemeinschaften, die aus der Reformation des 16. Jahrhunderts hervorgegangen sind, den Titel ‚Kirche' nicht zu? Antwort: Weil diese Gemeinschaften nach katholischer Lehre die apostolische Sukzession im Weihesakrament nicht besitzen und ihnen deshalb ein wesentliches konstitutives Element des Kircheseins fehlt. Die genannten kirchlichen Gemeinschaften, die vor allem wegen des Fehlens des sakramentalen Priestertums die ursprüngliche und vollständige Wirklichkeit des eucharistischen Mysteriums nicht bewahrt haben, können nach katholischer Lehre nicht ‚Kirche' im eigentlichen Sinn genannt werden.	5. Quaeritur: Cur textus Concilii et Magisterii subsequentis communitatibus natis ex Reformatione saeculi XVI titulum Ecclesiae non attribuunt? Respondetur: Quia secundum doctrinam catholicam hae communitates successionem apostolicam in sacramento Ordinis non habent, ideoque elemento essentiali Ecclesiam constitutivo carent. Illae communitates ecclesiales, quae, praesertim propter sacerdotii ministerialis defectum, genuinam atque integram substantiam Mysterii eucharistici non servant, secundum doctrinam catholicam Ecclesiae sensu proprio nominari non possunt.

Kongregation für die Glaubenslehre, Antworten und Fragen zu einigen Aspekten bezüglich der Lehre über die Kirche.

Da das *reformatorische Kirchenverständnis* von Anfang an die (im römischen Katholizismus bis in die Gegenwart nicht überwundene) Identifikation der wahren Kirche Jesu Christi mit einer bestimmten irdischen Organisation ausschloss (vgl. 13.2.2), wurde die Zugehörigkeit zur römisch-katholischen Kirche als Voraussetzung der Heilsfähigkeit des Christen klar bestritten. Die Bindung der menschlichen Heilsfähigkeit an den rechtfertigungstheologisch profilierten (vgl. § 11.2.2) und sich in kirchlichen Lebensformen äußernden Christusglauben wurde aber umso deutlicher eingeschärft. Die oben zitierte Formulierung Cyprians, nach der außerhalb der Kirche kein Heil erlangt werden könne, blieb also auch in den aus der Reformation hervorgegangenen Kirchen grundsätzlich in Geltung; die Formulierung wurde allerdings auf die im Sinne der reformatorischen Ekklesiologie verstandene Kirche bezogen.

Die ekklesiologische Bedeutung der Formulierung Cyprians wurde in der altprotestantischen Orthodoxie im Zusammenhang der Unterscheidung von universaler und partikularer Kirche zum Ausdruck gebracht (lat. ecclesia universalis/ecclesia particularis). Erstere bezeichnet die Gemeinschaft der wahrhaft Glaubenden unabhängig von ihrer (faktisch aber gegebenen) Einbindung in konkrete kirchliche Lebensstrukturen, die in einer bestimmten Region zu einer bestimmten Zeit bestehen. Weil dieser universalen Kirche die im Glaubensbekenntnis von 381 ausgesagten Attribute zukommen (vgl. 13.1), wird sie auch „Kirche im engeren Sinne" genannt (lat. ecclesia stricte dicta). Die ecclesia particularis bezieht sich auf regional spezifische kirchliche Lebensverhältnisse, die zu einer bestimmten Zeit konkret bestehen. Für diese konkreten kirchlichen Lebensstrukturen gilt aber, dass an ihnen auch solche Menschen teilnehmen, die gar nicht zur Gemeinschaft der *wahrhaft* Glaubenden gehören. Weil die so verstandene partikulare Kirche deshalb ein Mischgebilde aus wahren und nur nominellen Christen ist, wird sie lediglich als „Kirche im weiteren Sinne" bezeichnet (lat. ecclesia late dicta). – Vor dem Hintergrund dieser Unterscheidung gilt die Formulierung Cyprians dann als richtig, wenn sie auf die ecclesia universalis bezogen wird; ihr Bezug auf eine ecclesia particularis gilt dagegen als falsch. Entsprechend lautet der Vorwurf an den römischen Katholizismus, dieser würde allen das Heil absprechen, die einer anderen partikularen Kirche angehören.

Nicht mehr eine *bestimmte* Institution gilt aus Sicht des Protestantismus als legitimer Lebensraum des Glaubens, sondern die Gemeinschaft derer, die auf die in Christus geschehene Rechtfertigung vertrauen. Prinzipiell greifbar (wenn auch nicht genau identifizierbar) ist diese Gemeinschaft aber auch nur in *kirchlichen* Lebensvollzügen. – Diese Bindung des (das Heil des Menschen verbürgenden) christlichen Glaubens an kirchliche Lebensstrukturen wurde allerdings im 20. Jahrhundert, namentlich bei Paul Tillich, auch innertheologisch problematisiert (zu Richard Rothes im 19. Jahrhundert formulierter Vorstellung einer Selbstaufhebung der Kirche in einen von den sittlichen Werten des Christentums geprägten Staat vgl. 1. Hauptteil, Abschnitt 5.2).

Kirche als Institution der Heilsvermittlung (II)

– Älterer Protestantismus: Festhalten an der Kirchenbindung des Glaubens, aber Ablösung des Kirchenbegriffs von konkreter irdischer Institution.
– Tillich: Entschränkung des Kirchenbegriffs (latente Kirche): Lebensraum des Glaubens auch außerhalb verfasster Kirche.

Allerdings formulierte auch Paul Tillich seine Abkopplung des christlichen Glaubens vom kirchlich verfassten Christentum im Denkhorizont der dogmatischen Ekklesiologie. Bei seinem Ansatz handelt es sich deshalb um eine Parallele
a) zu der, auf katholischer Seite, von Karl Rahner vollzogenen Positivwertung *christlicher* Wahrheitsüberzeugungen mit Hilfe des Begriffs des anonymen *Christentums* (vgl. § 1.2.3) sowie
b) zu der vom späten Karl Barth vollzogenen Positivwertung *außerchristlicher* Lebens- und Weltdeutungen auf der Grundlage seines schroff *christozentrischen* Offenbarungsverständnisses (vgl. § 3.2.2).

Tillich vertrat die Auffassung, dass in Jesus Christus als der letztgültigen Offenbarung Gottes das „neue Sein" erschienen ist. Die Annahme dieses neuen Seins durch die Menschen begründet die „Geistgemeinschaft"; diese ist allerdings nach Tillich keineswegs identisch mit den christlichen Kirchen, u. a. deshalb, weil von Geistgemeinschaft auch schon *vor* (und unabhängig von) der Manifestation des neuen Seins in Christus gesprochen werden kann – hier allerdings nicht im Zustand der „Manifestation", sondern im Zustand der „Latenz". Die Geistgemeinschaft im Zustand der Latenz wird dann als *latente Kirche* beschrieben, die auf die zentrale Manifestation des göttlichen Geistes in Christus vorbereitet und ohne die es daher keine manifeste Kirche gegeben hätte. Dieser Ansatz erlaubte es Tillich, das Wirken des göttlichen Geistes auch außerhalb des kirchlich verfassten Christentums zu identifizieren; der Lebensraum des christlichen Glaubens ist demnach größer als der des kirchlichen Christentums.

Die Geistgemeinschaft steht zwar unter dem Kriterium der Erscheinung Jesu als des Christus, aber sie ist nicht identisch mit den christlichen Kirchen. [...] Wenn jedoch die Erscheinung des Christus die zentrale Manifestation des göttlichen Geistes ist, dann muß die Erscheinung der Geistgemeinschaft in der Vorbereitungs-Periode anders aussehen als ihre Erscheinung in der Periode der Aufnahme des zentralen Ereignisses. Ich schlage vor, die Geistgemeinschaft in der Periode der Vorbereitung als Geistgemeinschaft in ihrer ‚Latenz' und in der Periode der Aufnahme als Geistgemeinschaft in ihrer ‚Manifestation' zu bezeichnen.

P. Tillich, Systematische Theologie, Band 3, 179 f.

Vor der zentralen Manifestation des Neuen Seins in dem Ereignis, auf das die christliche Kirche gegründet ist, gab es keine manifeste Kirche; aber eine latente Kirche hat es immer gegeben und gibt es zu allen Zeiten der Geschichte [...] Die zentrale Manifestation des Heiligen selbst wäre nicht möglich gewesen, ohne daß die Erfahrung des Heiligen [...] vorausgegangen wäre. Das heißt, daß es ohne diese Erfahrung auch keine Kirchen hätte geben können.

AaO., 427 f.

Der konkrete Anlaß für die Unterscheidung zwischen einem latenten und einem manifesten Stadium der Geistgemeinschaft war meine Begegnung mit Gruppen außerhalb der organisierten Kirche, die in eindrucksvoller Weise zeigten, daß das Neue Sein, wie es zentral in Christus erschienen ist, in ihnen lebendig war. [...] Es war die unter dem Mantel des Humanismus verborgene latente Geistgemeinschaft, die mich auf den Begriff der Latenz gebracht hat, aber es hat sich gezeigt, daß dieser Begriff auch sonst anwendbar ist. [...] Geistgemeinschaft in ihrer Latenz gibt es in der ganzen Menschheit. [...] Für die Praxis der christlichen Verkündigung [...] ist es wichtig, daß Heiden, Humanisten, Juden als Glieder der latenten Geistgemeinschaft angesehen werden, und nicht als völlig Außenstehende, die aufgefordert werden, in die Geistgemeinschaft einzutreten.

AaO., 180–182.

📖 Über Geschichte und okumenische Diskussion zum Papstamt informiert:
– W. Fleischmann-Bisten (Hg.), Papstamt – pro und contra.

💻 Der Text der Kirchenkonstitution „Lumen Gentium" ist im Internet zugänglich unter:
– http://www.stjosef.at/konzil/LG.htm (deutsch);
– http://www.stjosef.at/concilium/lumen_gentium.htm (latein).

Informieren Sie sich über die ökumenischen Bemühungen der Bilateralen Arbeitsgruppe der Deutschen Bischofskonferenz und der Kirchenleitung der VELKD anhand von:
- Kirchengemeinschaft in Wort und Sakrament (1987);
- Communio Sanctorum (2000).

Einen Überblick zum Thema ‚Die Kirche und die Kirchen' aus römisch-katholischer Perspektive gibt:
- H. Fries, Fundamentaltheologie, 526–540 (§ 60).

Ein Link zum (deutschen) Text der „Antworten auf Fragen zu einigen Aspekten bezüglich der Lehre über die Kirche" sowie verschiedene Stellungnahmen dazu enthält die nachstehende Internet-Seite:
- http://www.muenster.de/~angergun/antwortenkirche.html.

Über das Kirchen- und Amtsverständnis der Reformatoren informieren:
- B. Lohse, Luthers Theologie, 294–316 (zu Luther);
- U. Kühn, Kirche, 58–75 (zu Calvin).

Nehmen Sie Calvins Ämterlehre zur Kenntnis anhand von:
- J. Calvin, Unterricht/Institutio IV 3,1–9 (Weber 714–720/Opera selecta V 42–51).

Eine gründliche Untersuchung des Kirchen- und Amtsbegriffs in den lutherischen Bekenntnisschriften bietet:
- G. Wenz, Theologie der Bekenntnisschriften, Band 2, 237–464 (§ 11).

Eine zeitgenössische Ekklesiologie aus lutherischer Perspektive (einschließlich politisch-ethischer Aspekte; vgl. 13.3) bietet:
- D. Lange, Glaubenslehre, Band 2, 263–420.

Informieren Sie sich über das Verhältnis von manifester und latenter Kirche bei Dorothee Sölle und vergleichen Sie diesen Ansatz mit der oben skizzierten Verhältnisbestimmung bei Paul Tillich. Lesen Sie dazu:
- D. Sölle, Kirche außerhalb der Kirche.

13.3 Zum Verhältnis von Kirche und Staat bzw. von Religion und Politik

Das in diesem Abschnitt anzusprechende Verhältnis von kirchlich verfasster (christlicher) Religion und den durch die jeweiligen staatlichen Ordnungsstrukturen gesetzten politischen Rahmenbedingungen kirchlich-christlichen Lebens gehört hauptsächlich in den Bereich der politischen *Ethik*. Allerdings war und ist das – hauptsächlich in der *dogmatischen* Ekklesiologie behandelte – Selbstverständnis der christlichen Kirche(n) immer auch von seinen politisch-staatlichen Kontexten geprägt. Die Frage nach der Stellung des kirchlich verfassten Christentums in der Welt bzw. das Verhältnis von Kirche und Gesellschaft wird deshalb auch in der Dogmatik behandelt.

13.3.1 Von der Alten Kirche bis zum Ende des Politischen Augustinismus

Das Verhältnis zwischen frühem Christentum und Römischem Reich war ambivalent. Einerseits gehörten Fürbitten zugunsten der weltlichen Obrigkeit schon früh zur Lebenspraxis der christlichen Gemeinden (vgl. I Tim 2,2), und bereits in der altkirchlichen Theologie wurde eine positive Wertung der weltlichen Ordnungsmacht aus christlicher Sicht formuliert. Andererseits galten die Christen aus der Perspektive des Staates als illoyal, weil sie sich dem polytheistischen Götterkult und dem Kaiserkult der römischen Religion verweigerten. Die durch diese Weigerung geförderte Überzeugung vom tendenziell staatsfeindlichen Charakter des Christentums führte zunächst zu sporadischen und später, in den 50er Jahren des 3. und am Beginn des 4. Jahrhunderts, zu allgemeinen *Christenverfolgungen*. Diese Maßnahmen blieben aber ohne durchgreifenden Erfolg, konnten also die Verbreitung des Christentums im Römischen Reich nicht verhindern. Der seit 305 als erster Kaiser (Augustus) im Ostteil des Reiches amtierende Galerius (oströmischer Kaiser [Augustus] 305–311) sah sich deshalb im Jahre 311 genötigt, den Christen die freie Religionsausübung zu gestatten. Damit war jener folgenreiche Prozess eingeleitet, innerhalb dessen das vormals staatlich verfolgte *Christentum zur Römischen Reichsreligion* wurde: Bereits unter Kaiser Konstantin I. (Alleinherrscher im Westen seit 312, im Osten seit 324; gestorben 337) kam es zu einer Privilegierung des Christentums; unter Theodosius I. (Kaiser 379–395) wurden schließlich (in den Jahren 391/392) alle Formen des altrömischen Kultes verboten (vgl. zum theologiegeschichtlichen Kontext: 1. Hauptteil, Abschnitt 1.3).

Kirche und Staat in Antike und Mittelalter (I)

– Das frühe Christentum wurde staatlicherseits als politisch unzuverlässig beurteilt und deshalb verfolgt.
– Im 4. Jahrhundert änderte sich die römische Religionspolitik: Aus dem Christentum wurde die Reichsreligion.
– Theologisch wurde dieser Sachverhalt in der sog. Reichstheologie reflektiert.

In der christlichen Theologie spiegelten sich die skizzierten Veränderungen der staatlichen Religionspolitik u. a. in der Ausbildung einer sog. *Reichstheologie*: Christentum und Römisches Reich wurden als zwei Größen mit unterschiedlichen Wurzeln dargestellt, die dennoch von Gott dazu bestimmt sind, eine Einheit zu bilden; diese Bestimmung wurde mit der Erhebung des Christentums zur Römischen Reichsreligion als erfüllt betrachtet (zur Bedeutung der Reichstheologie für die Eschatologie vgl. § 14.2.1).

Der so hergestellte enge Zusammenhang zwischen Römischem Reich und Christentum führte nun angesichts der politischen Krise des Reiches infolge der Völkerwanderung zur Kritik an der christlichen Religion. Insbesondere die Eroberung Roms durch die Westgoten unter König Alarich (ca. 370–410) im Jahre 410 gab Anlass zu der Auffassung, die mit der Hinwendung zum Christentum verbundene Abwendung von der altrömischen Religion habe den nun unübersehbaren politischen Verfall des Römischen Reiches letztlich verursacht. Diese Kritik bildete den Anlass für die Abfassung von Augustins umfangreichem Werk „De civitate Dei". Darin formulierte er eine grundsätzliche Kritik an der Vorstellung einer Synthese von christlicher Kirche und staatlicher Ordnung: Politisches Handeln wurzelt in sündiger Selbstliebe und ist auf die Mehrung *irdischer* Macht orientiert; die christliche Existenz wurzelt dagegen in selbstloser Gottesliebe und ist auf die Erlangung der *jenseitigen* Glückseligkeit ausgerichtet.

Nach Augustin ist jeder Mensch, gemäß dem unerforschlichen göttlichen Ratschluss (vgl. §11.3), dazu prädestiniert, entweder aus Selbst- oder aus Gottesliebe zu handeln. Diesen beiden Grundorientierungen entsprechen zwei Menschengruppen, deren Nebeneinander die weltgeschichtliche Entwicklung seit der Schöpfung bestimmt hat und die Geschichte bis zum von Gott herbeizuführenden Ende der Geschichte bestimmen wird: Die Angehörigen des Gottes- und des Erdenstaates (lat. civitas dei/civitas terrena). Den Ursprung der beiden Menschentypen erblickte Augustin bereits in Kain und Abel, den Söhnen des ersten Elternpaares.

Von jenen zwei Eltern des menschlichen Geschlechts wurde zuerst Kain geboren, der dem Menschenstaat angehört, dann Abel, der dem Gottesstaat angehört. [...A]ls diese zwei Staaten zuerst begannen, sich durch Geburt und Tod zu entwickeln, wurde zunächst der Bürger dieser Welt geboren, danach aber ein Fremdling in dieser Welt, der dem Gottesstaat angehört, aus Gnaden vorherbestimmt, aus Gnaden erwählt, aus Gnaden ein Fremdling hier unten, aus Gnaden ein Bürger oben. [...] Von Kain nun steht geschrieben, dass er einen Staat gründete[1], Abel aber als Fremdling gründete keine. Denn der Staat der Heiligen ist oben, auch wenn er hier Bürger erzeugt, in denen er pilgert, bis die Zeit seines Reiches kommt. (Übersetzung RL)

[1] Gen 4,17: Und Kain erkannte sein Weib; die ward schwanger und gebar den Henoch. Und *er baute eine Stadt/einen Staat* (lat. aedificavit civitatem).

Natus est igitur prior Cain ex illis duobus generis humani parentibus, pertinens ad hominum ciuitatem, posterior Abel, ad ciuitatem Dei. [...] cum primum duae istae coeperunt nascendo atque moriendo procurrere ciuitates, prior est natus ciuis huius saeculi, posterius autem isto peregrinus in saeculo et pertinens ad ciuitatem Dei, gratia praedestinatus gratia electus, gratia peregrinus deorsum gratia ciuis sursum. [...] Scriptum est itaque de Cain, quod condiderit ciuitatem; Abel autem tamquam peregrinus non condidit. Superna est enim sanctorum ciuitas, quamuis hic pariat ciues, in quibus peregrinatur, donec regni eius tempus adueniat.

Augustin, De ciuitate dei 15,1
(CChrSL 48, 453 f; Zeilen 29–31.37–41.55–58).

Die Unterscheidung von civitas dei und civitas terrena hängt in bestimmter Weise mit Augustins Differenzierung der Kirche als corpus Christi verum und corpus permixtum zusammen (vgl. 13.2.2): Die Angehörigen der civitas dei sind die Glieder der Kirche als geistlicher Größe; ihren irdischen Lebensraum haben sie in der Kirche als weltlicher Institution, mit deren Mitgliedern sie jedoch – wegen des Mischcharakters der empirischen Kirche – nicht identisch sind.

Diese Relativierung irdischer Staatlichkeit im Namen christlicher Jenseitsorientierung äußerte sich bei Augustin in unterschiedlicher Weise. Auf der einen Seite führte sie zu deutlicher Distanz gegenüber dem für irdische Staatlichkeit stets konstitutiven Streben nach politischer Macht: Die Steigerung weltlicher Macht, beispielhaft demonstriert in der Expansion des Römischen Reiches, wurde von ihm als Ergebnis menschlicher Sündenverfallenheit und des Verlustes wahrer Gerechtigkeit verstanden; auch Weltreiche sind danach nichts anderes als große Räuberbanden.

Denn was sind Reiche, wenn es in ihnen keine Gerechtigkeit gibt, anderes als große Räuberbanden? Und was sind Räuberbanden anderes als kleine Reiche? [...] Geistvoll und wahrhaft nämlich antwortet ein ergriffener Pirat jenem Alexander dem Großen. Denn als dieser König den Mann fragte, was ihm einfalle, dass er das Meer unsicher gemacht habe, [antwortete] jener mit freimütigem Trotz: Was fällt dir ein, sagte er, dass du das Erdreich unsicher machst? (Übersetzung RL)	Remota itaque iustitia quid sunt regna nisi magna latrocinia? quia et latrocinia quid sunt nisi parua regna? [...] Eleganter enim et ueraciter Alexandro illi Magno quidam comprehensus pirata respondit. Nam cum idem rex hominem interrogaret, quid ei uideretur, ut mare haberet infestum, ille libera contumacia: Quod tibi, inquit, ut orbem terrarum.

Augustin, De ciuitate dei 4,4
(CChrSL 47, 101; Zeilen 1 f. 8–12).

Auf der anderen Seite konnte Augustin durchaus die Ordnungsfunktion des weltlichen Staates positiv anerkennen: Da Gottesstaat und Weltstaat im irdischen Leben miteinander verflochten sind, dient die staatliche Ordnung auch den Mitgliedern der civitas dei, die deshalb in der Zeit ihrer sterblichen Existenz den Gesetzen des irdischen Staates bedenkenlos Gehorsam leisten können, solange dadurch ihre christliche Identität nicht beeinträchtigt wird. – Damit wird der (immer von der Sünde geprägte) irdische Frieden in den Dienst des himmlischen Friedens im Jenseits gestellt.

Und so erstrebt auch der Erdenstaat, der nicht aus Glauben lebt, den Frieden auf der Erde und richtet in ihm die Eintracht der Bürger in Bezug auf Befehlen und Gehorchen, damit sich bei ihnen hinsichtlich der zum sterblichen Leben gehörigen Dinge eine Zusammenstimmung der menschlichen Willen ergebe. Der himmlische Staat aber oder vielmehr der Teil von ihm, der sich in dieser Sterblichkeit auf Pilgerschaft befindet und aus Glauben lebt, muss diesen [irdischen] Frieden auch nutzen, bis eben diese sterbliche Existenz vergeht, für die ein solcher Friede nötig ist. [...] Er [der Gottesstaat auf Pilgerschaft] zögert nicht, den Gesetzen des Erdenstaates zu gehorchen, durch die das geregelt wird, was der Erhaltung des sterblichen Lebens dient, denn, weil [ihnen] die Sterblichkeit gemeinsam ist, kann in den sich darauf beziehenden Dingen zwischen beiden Staaten Eintracht bestehen. [...] Der himmlische Staat benutzt also in dieser seiner Erdenpilgerschaft den Frieden auf der Erde, und er wahrt und erstrebt eine Zusammenstimmung der menschlichen Willen hinsichtlich der zur sterblichen Natur der Menschen gehörigen Dinge, soweit es	Ita etiam terrena ciuitas, quae non uiuit ex fide, terrenam pacem appetit in eoque defigit imperandi oboediendique concordiam ciuium, ut sit eis de rebus ad mortalem uitam pertinentibus humanarum quaedam compositio, uoluntatum. Ciuitas autem caelestis uel potius pars eius, quae in hac mortalitate peregrinatur et uiuit ex fide, etiam ista pace necesse est utatur, donec ipsa, cui talis pax necessaria est, mortalitas transeat; [...] [L]egibus terrenae ciuitatis, quibus haec administrantur, quae sustentandae mortali uitae accomodata sunt, obtemperare non dubitat, ut, quoniam communis est ipsa mortalitas, seruetur in rebus ad eam pertinentibus inter ciuitatem utramque concordia. [...] Vtitur ergo etiam caelestis ciuitas in hac sua peregrinatione pace terrena et de rebus ad mortalem hominum naturam pertinentibus humanarum uoluntatum compositionem, quantum salua pietate ac

unbeschadet der Frömmigkeit und Religion möglich ist, und er bezieht diesen Frieden auf der Erde auf den himmlischen Frieden. (Übersetzung RL)	religione conceditur, tuetur atque appetit eamque terrenam pacem refert ad caelestem pacem.

Augustin, De ciuitate dei 19,17
(CChrSL 48, 684 f; Zeilen 11–18.21–25.55–60).

Augustins ambivalente Verhältnisbestimmung von Christentum und Politik hat die politische Ethik des abendländischen Christentums anhaltend geprägt; sowohl der Politische Augustinismus des Mittelalters (s. u.) als auch die Zwei-Regimenten-Lehre der lutherischen Reformation (13.3.2) sind von der in „De civitate dei" vorliegenden christlichen Deutung des weltlichen Staates beeinflusst.

Anknüpfend an Augustins positive Beurteilung der Ordnungsfunktion des weltlichen Staates hat man im Mittelalter die Dienstfunktion weltlicher Staatlichkeit zugunsten der (kirchlich regulierten) Jenseitsorientierung christlichen Lebens betont. Dabei wurde der Versuch gemacht, die nach Augustin unter irdischen Bedingungen nie vollständig überwindbare Spannung zwischen Gottes- und Weltstaat bereits innerweltlich tendenziell aufzulösen: Die weltliche Macht einschließlich der von ihr ausgeübten Zwangsgewalt dient der göttlichen Wahrheit und damit der Beförderung eines am ewigen Heil ausgerichteten Lebens ihrer Untertanen. Seit der für dieses Thema einschlägigen Untersuchung von Henri Xavier Arquillière (geb. 1883) aus dem Jahr 1934 spricht man hier von *Politischem Augustinismus* (frz. Augustinisme politique). Zu massiven Auseinandersetzungen führten die unterschiedlichen Auffassungen darüber, welche Institution letztlich darüber zu entscheiden hat, wie diese Dienstfunktion genau zu erfüllen ist. Im Frühmittelalter reklamierte zunächst die weltliche Gewalt diese Richtlinienkompetenz erfolgreich für sich; in diesem Zusammenhang kam es zu einer massiven *Sakralisierung des Kaisertums*. Dagegen artikulierte sich seit dem 11. Jahrhundert ein *weltlicher Dominanzanspruch der Papstkirche*, dessen Höhepunkt das Pontifikat von Innozenz III. (1198–1216) markierte. In der spätmittelalterlichen Entwicklung wurde der päpstliche Dominanzanspruch auf der Ebene der kirchlich orientierten politischen Theorie aufrechterhalten und teilweise sogar verstärkt. Allerdings wurden seit dem 14. Jahrhundert in der politischen Ethik zugleich Ansätze formuliert, die darauf zielten, weltliche und geistliche Kompetenzbereiche zu differenzieren; ihnen sollte die historische Zukunft gehören.

Kirche und Staat in Antike und Mittelalter (II)

– Augustin: Kritik der Reichstheologie durch Relativierung irdischer Staatlichkeit im Namen christlicher Jenseitsorientierung.
– Früh- und Hochmittelalter: Politischer Augustinismus (irdische Staatlichkeit steht im Dienst christlicher Jenseitsorientierung).
– Spätmittelalter: Tendenz zur klaren Differenzierung weltlicher und geistlicher Kompetenzen.

13.3.2 *Kirche und Staat in der reformatorischen Theologie*

Die durch Luther vollzogene Bestimmung des Verhältnisses von Kirche und Staat war einerseits von den historischen Rahmenbedingungen des frühen 16. Jahrhunderts geprägt, muss also im Horizont der beginnenden Konfessionalisierung des abendländischen Christentums verstanden werden. Sie steht andererseits in einem differenzierten Zusammenhang mit der politischen Theorie Augustins (vgl. 13.3.1).

Luther ging, wie schon Augustin, davon aus, dass unter den Bedingungen der irdischen Existenz eine Koexistenz der zum Reich Gottes gehörenden wahren Christen und der zum Reich der Welt gehörenden Menschen ohne wahren Glauben besteht. Entsprechend diesen beiden Reichen nahm er zwei Regimente (Regierweisen) Gottes an: Die wahren Christen werden durch das *Wort* des Evangeliums und die Menschen ohne wahren Glauben durch staatliche Zwangsgewalt (durch das *Schwert*) regiert. Die staatlich organisierte (und notfalls gewaltsame) Durchsetzung weltlichen Rechts – der politische Gebrauch des Gesetzes (usus politicus legis; vgl. § 12.1.2) – gilt demnach bei Luther als eine Regierweise *Gottes*. Die ‚weltliche Oberkeit' (Obrigkeit) hat also ihre Legitimität unmittelbar von Gott und bedarf, anders als in der vom päpstlichen Dominanzanspruch geprägten politischen Theorie des Mittelalters, keiner Autorisierung durch die Kirche.

| Hier müssen wir Adams Kinder und alle Menschen in zwei Teile teilen: die ersten zum Reich Gottes, die andern zum Reich der Welt. Die zum Reich Gottes gehören, das sind alle Rechtgläubigen in Christus und unter Christus. [...] Nun siehe, diese Menschen bedürfen keines weltlichen Schwerts noch Rechts. [...] Zum Reich der Welt oder unter das Gesetz gehören alle, die nicht Christen sind. Denn sintemal wenige glauben und der kleinere Teil sich nach christlicher Art hält, daß er dem Übel nicht widerstrebe, ja daß er nicht selbst Übel tue, hat Gott denselben außer dem christlichen Stand und Gottes Reich ein anderes Regiment verschafft und sie unter das Schwert geworfen, so daß sie, wenn sie gleich gerne wollten, ihre Bosheit doch nicht tun können, und wenn sie es tun, daß sie es doch nicht ohne Furcht, noch mit Friede und Glück tun können. | Hie muessen wyr Adams kinder und alle menschen teylen ynn zwey teyll: die ersten zum reych Gottis, die andern zum reych der welt. Die zum reych Gottis gehoeren, das sind alle recht glewbigen ynn Christo unnd unter Christo. [...] Nu sihe, diße leutt duerffen keyns welltlichen schwerdts noch rechts. [...] Auffs vierde. Zum reych der welt oder unter das gesetz gehören alle, die nicht Christen sind. Denn syntemal wenig glewben und das weniger teyl sich hellt nach Christlicher art, das es nicht widderstrebe dem ubel, Ya das es nicht selb ubel thue, hat Gott den selben ausser dem Christlichen stand unnd Gottis reych eyn ander regiment verschafft unnd sie unter das schwerd geworffen, das, ob sie gleych gerne wollten, doch nicht thun kunden yhr boßheyt, und ob sie es thun, das sie es doch nit on furcht noch mit fride unnd glueck thun muegen. |

M. Luther, Von weltlicher Oberkeit
(Luther deutsch 7, 13–15/WA 11, 249,24–27.36; 251,1–8).

Obwohl die wahren Christen der (für die Menschen ohne wahren Glauben gedachten) staatlichen Gesetzgebung eigentlich nicht bedürfen, sind sie nach Luther doch zum Gehorsam gegenüber der weltlichen Obrigkeit verpflichtet, ja sogar zur Mitwirkung an deren Aufgaben angehalten. Als Motiv für diesen Gehorsam bzw. diese Mitwirkung hat Luther die *Nächstenliebe* benannt: Indem sich der Christ in den Dienst der Ordnungsfunktion des weltlichen Staates stellt, leistet er einen Beitrag zum Nutzen des Nächsten; in eigenen Angelegenheiten soll er die Schutzfunktion der Staatsgewalt allerdings nicht in Anspruch nehmen – eine Auffassung, die Luther später allerdings modifiziert hat.

Hier wendest du ein: Wenn denn die Christen weder des weltlichen Schwertes noch Rechts bedürfen, warum sagt denn Paulus Röm. 13, 1 zu allen Christen: ‚Jedermann sei untertan der Obrigkeit, die Gewalt über ihn hat?' […] Antwort: Jetzt hab ichs gesagt, daß die Christen untereinander und bei sich und für sich selbst keines Rechts noch Schwerts bedürfen; denn es ist ihnen nicht nötig noch von Nutzen. Aber weil ein rechter Christ auf Erden nicht sich selbst, sondern seinem Nächsten lebt und dient, so tut er der Art seines Geistes entsprechend auch das, dessen er nicht bedarf, sondern was seinem Nächsten von Nutzen und nötig ist. […] [D]as Schwert soll kein Christ für sich und seine Sache führen noch anrufen; sondern für einen andern kann und soll er's führen und anrufen, damit der Bosheit gesteuert und die Rechtschaffenheit geschützt werde.	Hie sprichstu: Weyl denn die Christen des welttlichen Röm. 13, 1 schwerds noch rechts nichts bedeurffen, warumb spricht denn Paulus Ro: .13. zuo allen Christen: ‚Alle seelen seyen der gewallt unnd uberkeytt unterthan'? […] Anttwortt: itzt hab ichs gesagt, das die Christen unternander und bey sich und fur sich selbs keyns rechten noch schwerds duerffen, Denn es ist yhn keyn nott noch nuetz. Aber weyl eyn rechter Christen auff erden nicht yhm selbs sondern seynem nehisten lebt unnd dienet, ßo thut er von art seyns geystes auch das, des er nichts bedarff, sondern das seynem nehisten nutz und nott ist. […] Schwerd soll keyn Christen fur sich und seyne sache fueren noch anruffen, Sondernn fur eynen andern mag und soll ers fueren und anruffen, damit der boßheyt gesteuret und frumkeyt geschutzt werde.

M. Luther, Von weltlicher Oberkeit
(Luther deutsch 7, 18. 27/WA 11, 253,17–26; 260,17–20).

Die christliche Gehorsamspflicht gilt nach Luther allerdings nur innerhalb der Grenzen, die dem Wirken der weltlichen Obrigkeit gesetzt sind. Damit hat er den Einsatz weltlicher Machtmittel zugunsten der Durchsetzung von Glaubensüberzeugungen als illegitimen Übergriff in das geistliche Regiment Gottes kritisiert. Dies ist eine folgenreiche Neuerung. Seit Augustin galt die Anwendung staatlicher Machtmittel zur Erreichung religiöser Ziele als grundsätzlich legitim (als biblische Begründung diente vorrangig Lk 14,23: „Und der Herr sprach zu dem Knecht: Geh hinaus auf die Landstraßen und an die Zäune und nötige sie hereinzukommen, dass mein Haus voll werde"). Auch zu Luthers Zeiten fühlten sich die Landesherren für das Seelenheil ihrer Untertanen verantwortlich. Von diesem Selbstverständnis waren die Versuche Herzog Georgs von Sachsen (Regentschaft: 1500–1539), Kurfürst Joachims I. von Brandenburg (Regentschaft: 1499–1535) und anderer Lan-

Kirche und Staat bei Luther
– Grundannahme: Gott regiert die Glaubenden durch das Wort (Predigt des Evangeliums), die Menschen ohne wahren Glauben durch das Schwert (staatliche Ordnung).
– Die Nächstenliebe motiviert den Christen zum Gehorsam gegenüber der weltlichen Obrigkeit und zur Mitwirkung an deren Aufgaben.
– Die Zuständigkeit der weltlichen Obrigkeit erstreckt sich nicht auf Glaubensdinge.

desherren getragen, die Verbreitung von Luthers Übersetzung des Neuen Testamens aus dem Jahr 1522 in ihrem jeweiligen Machtbereich zu verhindern. Demgegenüber hat Luther die *Unzuständigkeit der weltlichen Obrigkeit in Glaubensdingen* festgehalten, indem er die Unvertretbarkeit der eigenen religiösen Überzeugung betonte.

Das weltliche Regiment hat Gesetze, die sich nicht weiter erstrecken als über Leib und Gut und was äußerlich auf Erden ist. Denn über die Seele kann und will Gott niemand regieren lassen als sich selbst allein. Deshalb: wo weltliche Gewalt sich vermißt, der Seele Gesetze zu geben, da greift sie Gott in sein Regiment und verrührt und verdirbt nur die Seelen. [...] Denn so wenig wie ein anderer für mich in die Hölle oder den Himmel fahren kann, so wenig kann er auch für mich glauben oder nicht glauben; und so wenig er mir Himmel oder Hölle auf- oder zuschließen kann, so wenig kann er mich zum Glauben oder Unglauben treiben. Weil es denn einem jeglichen auf seinem Gewissen liegt, wie er glaubt oder nicht glaubt, und weil damit der weltlichen Gewalt kein Abbruch geschieht, soll sie auch zufrieden sein und sich um ihre Sache kümmern und so oder so glauben lassen, wie man kann und will, und niemand mit Gewalt nötigen.	Das welltlich regiment hatt gesetz, die sich nicht weytter strecken denn uber leyb und guott und was eußerlich ist auff erden. Denn uber die seele kan und will Gott niemant lassen regirn denn sich selbs alleyne. Darumb wo welltlich gewallt sich vermisset, der seelen gesetz zuo geben, do greyfft sie Gott ynn seyn regiment und verfuret und verdebet nur die seelen. [...] Denn so wenig als eyn ander fur mich ynn die helle odder hymel faren kan, so wenig kan er auch fur mich glewben odder nicht glewben, und so wenig er myr kan hymel odder hell auff odder zuo schliessen, ßo wenig kan er mich zum glawben odder unglawben treyben. Weyl es denn eym iglichen auff seym gewissen ligt, wie er glewbt odder nicht glewbt, und damit der welltlichen gewallt keyn abbruch geschicht, sol sie auch zuo friden seyn und yhrs dings wartten und lassen glewben sonst odder so, wie man kan unnd will, und niemant mit gewallt dringen.

M. Luther, Von weltlicher Oberkeit
(Luther deutsch 7, 29. 31 f/WA 11, 262,7–12; 264,12–19).

Die damit von Luther geforderte klare Unterscheidung weltlich-politischer und geistlich-religiöser Belange wurde einerseits durch die Einführung des (in Deutschland erst 1918 beendeten) landesherrlichen Kirchenregiments, das die Verantwortung für Religionsfragen doch wieder in die Hand des Staates legte, tendenziell konterkariert. Andererseits diente Luthers Zwei-Regimenten-Lehre im deutschen Protestantismus der Nachkriegszeit auch als Ausgangspunkt einer positiven Verhältnisbestimmung von Evangelischem Christentum und demokratischer Staatsform; diese positive Verhältnisbestimmung, die sich auch als Korrektur einer demokratiekritischen Wirkung von Luthers politischer Ethik verstanden hat, wurde 1985 in der EKD-Denkschrift „Evangelische Kirche und freiheitliche Demokratie" formuliert.

Während Luther, jedenfalls in seiner Obrigkeitsschrift von 1523, an der *Unterscheidung* von politischen und religiösen Belangen interessiert war, hat Johannes Calvin die *Zusammengehörigkeit* beider Bereiche stärker betont. Als theologische Grundlage diente ihm dafür die Lehre vom königlichen Amt Christi, das sich, im Sinne des regnum potentiae, als Regierung der gegenwärtigen Welt im allgemeinen vollzieht (vgl. § 10.3.3) – und demnach die weltliche Ordnung einschließt. In dieser

Perspektive erschien es plausibel, die staatliche Ordnungsmacht dazu aufzurufen, die ihr ohnehin zukommende Beteiligung an Christi Weltregierung auch bewusst zu übernehmen; Calvin hat hier von einer Verantwortung der weltlichen Obrigkeit *für beide Tafeln des Gesetzes* gesprochen (lat. ad utranque legis tabulam; s. u.).

Kirche und Staat bei Calvin

– Ausgangspunkt: Lehre vom königlichen Amt Christi, das die weltliche Ordnung einschließt.
– Folgerung: Staatliche Ordnungsmacht hat Verantwortung für beide Tafeln des Gesetzes.

Mit dem *Gesetz* sind dabei die im Dekalog versammelten zehn Gebote gemeint. Da im biblischen Text gesagt wird, dass diese Gebote „auf *zwei* steinerne *Tafeln*" geschrieben seien (Dtn 5,22), ging man davon aus, dass die das *Gottesverhältnis* des Menschen betreffenden Gebote auf der einen und die die *zwischenmenschlichen* Verhältnisse angehenden Gebote auf der zweiten Tafel gestanden hätten; nach der im lutherischen Protestantismus üblichen Zählung wären der ersten Tafel die Gebote 1–3 zugeteilt (Fremdgötterverbot, Verbot des Namensmissbrauchs, Sabbatgebot), während die Gebote 4–10 auf die zweite Tafel gehörten. Im Zusammenhang mit der Etablierung des landesherrlichen Kirchenregiments in den lutherischen Territorien des Deutschen Reiches hatte bereits Philipp Melanchthon das landesherrliche *Wächteramt über beide* (Dekalog-)*Tafeln* behauptet (lat. custodia utriusque tabulae). Calvin hat diesen Gedanken in seine Bestimmung einer geistlichen Verantwortung der weltlichen Obrigkeit übernommen.

Nun haben wir an dieser Stelle noch kurz darzulegen, was für eine *Amtspflicht* die Obrigkeit nach der Beschreibung des Wortes Gottes hat und in welchen Dingen diese besteht. Daß sich diese Amtspflicht auf *beide Tafeln des Gesetzes* erstreckt, das könnte man, wenn es die Schrift nicht lehrte, bei den weltlichen Schriftstellern erfahren. [...] Da also bei allen Philosophen die Religion auf der höchsten Stufe steht und man das auch allezeit bei allen Völkern in allgemeiner Übereinstimmung so gehalten hat, so sollten sich *christliche* Fürsten und Obrigkeiten ihrer Trägheit schämen, wenn sie sich dieser Fürsorge nicht mit Eifer widmen wollten. [...] Deshalb wurden auch die *heiligen Könige* in der Schrift ausdrücklich deshalb aufs höchste *gepriesen*, weil sie die verderbte oder hinfällig gewordene Verehrung Gottes wiederhergestellt oder für die Religion Sorge getragen haben, damit sie unter ihnen rein und unbeeinträchtigt blühte. [...] Von da aus wird auch die Torheit derer widerlegt, die da wünschten, die Obrigkeit sollte unter *Vernachlässigung* der Sorge für *Gott* allein *darin* tätig sein, unter den *Menschen* Recht zu sprechen.

Iam officium maristratuum, quale verbo Dei describitur, ac quibus in rebus situm sit, obiter hoc loco indicandum est. Extendi vero ad utranque Legis tabulam si non doceret Scriptura, ex profanis scriptoribus discendum esset; [...] Quum igitur apud omnes Philosophos religio primum gradum teneat, ac universali gentium omnium consensu semper id observatum fuerit, Christianos principes ac magistratus pudeat suae socordiae, nisi in hanc curam incumbant. [...] Hoc quoque nomine maxime laudantur sancti Reges in Scriptura, quod Dei cultum corruptum vel eversum restituerint, vel curam gesserint religionis, ut sub illis pura et incolumis floreret. [...] Unde coarguitur eorum stultitia qui vellent, neglecta Dei cura, iuri inter homines dicundo tantum intentos esse.

J. Calvin, Unterricht/Institutio, IV 20,9
(Weber 1039 f/Opera selecta V 479,32–35; 480,1–5.8–11.13–15).

Die Differenzen zwischen den skizzierten Konzeptionen von Luther und Calvin haben in der Geschichte der protestantischen Theologie zu zwei unterschiedlichen Ausprägungen politischer Ethik geführt: Während die *Zwei-Regimenten-Lehre* (oft auch *Zwei-Reiche-Lehre* genannt) ein starkes Interesse an der Unterscheidung zwischen Weltlichem und Geistlichem hat, geht es der bei Christi königlichem Amt ansetzenden (und deshalb *Lehre von der Königsherrschaft Christi* genannten) Konzeption darum, die Bedeutung des Glaubens für die gesamte Lebens- und Handlungsorientierung des Christen einschließlich seiner politischen Verantwortung einzuschärfen. Unter den Bedingungen der deutschen Diktaturen im 20. Jahrhundert verbanden sich mit den beiden in der reformatorischen Tradition wurzelnden Modellen unterschiedliche Optionen zur Wahrnehmung politischer Verantwortung durch Christen unter totalitären politischen Verhältnissen.

13.3.3 Protestantische Kirche im Pluralismus

Ein wesentliches Kennzeichen der modernen westlichen Welt ist der religiös-weltanschauliche Pluralismus. Aus christlicher Sicht wurde diese Situation zunächst mehrheitlich kritisch beurteilt, vor allem wegen des damit verbundenen Verlustes exklusiver Wahrheits- und Heilskompetenz. Die evangelische Theologie der Gegenwart würdigt die Situation des Pluralismus dagegen überwiegend positiv. Teilweise massiv kritisiert wird allerdings die Tendenz, religiös-weltanschauliche Überzeugungen zur Privatsache zu erklären und damit die Bedeutung dieser Überzeugungen für das menschliche Handeln in Politik, Wirtschaft und Wissenschaft zu bestreiten. Es ist gegenwärtig vor allem Eilert Herms, der die Relevanz religiös-weltanschaulicher Grundannahmen für menschliches Handeln in allen gesellschaftlichen Bereichen vehement einschärft. Wegen dieser Relevanz sind nach Herms die Kultivierung und die öffentliche Thematisierung solcher Grundüberzeugungen erforderlich; andernfalls entarte die Situation des Pluralismus sonst in einen gefährlichen „Pluralismus der Beliebigkeit".

> Auf der Ebene des sozialen Gesamtsystems ist das grundlegende Merkmal des Pluralismus der Beliebigkeit die programmatische Privatisierung aller Fragen der ethisch-orientierenden Überzeugung [...] Im Zusammenhang des Persönlichkeitssystems entspricht ihr [dieser Privatisierung] das Ungewißwerden der jeweils eigenen Lebensperspektive. [... Daraus folgt schließlich:] Die zunehmende weltanschaulich-ethische Ungewißheit und Verunsicherung einer zunehmenden Anzahl von einzelnen vergrößert ständig denjenigen Bevölkerungsanteil, der nur noch zur Anpassung an beliebige Trends fähig ist, wenn diese nur mit einem eindrucksvollen Dominanzgestus auftreten. Die Möglichkeiten einer manipulativen Formierung von öffentlicher Meinung – und zwar gerade in Grundsatzfragen – nehmen zu.
>
> E. Herms, Pluralismus aus Prinzip, 477–479.

Gegenüber diesem Pluralismus der Beliebigkeit fordert Herms zur Sicherung der Koexistenz einer wirklichen *Pluralität* weltanschaulich-ethischer Grundorientierungen in *einer* Gesellschaft die Ausbildung eines „Pluralismus aus Prinzip": Die feste Überzeugung von der Wahrheit der eigenen religiös-weltanschaulichen Grundannahmen soll Hand in Hand gehen mit der Bejahung einer Vielfalt unterschiedlichster Wahrheitsüberzeugungen. Zu den Voraussetzungen dieser anspruchsvollen Ausprägung des Pluralismus gehört aber, dass die koexistierenden weltanschaulich-religiösen Orientierungen („Totalperspektiven") die *Öffentlichkeitsrelevanz* der unterschiedlichen Überzeugungen anerkennen. Außerdem müssen sie das Faktum dieser Pluralität prinzipiell bejahen, indem sie zugestehen, dass die handlungsleitenden Grundüberzeugungen des Menschen *unverfügbar*, also auch *nicht erzwingbar* und daher in ihrer faktischen Mannigfaltigkeit hinzunehmen sind. Der christliche Glaube gilt als nach Herms als paradigmatischer Fall einer pluralismusfähigen Position.

[Die unterschiedlichen weltanschaulich-ethischen Grundorientierungen innerhalb einer Gesellschaft müssen konvergieren] in der praktischen Anerkennung einer Pluralität konkurrierender Totalperspektiven nicht als einer zufälligen Ungunst der Verhältnisse, sondern als eines Sachverhalts, mit dem grundsätzlich zu rechnen ist, weil er Gründe in der Verfassung des Daseins selber hat, wie es jeweils selbst erfahren und in der eigenen Überzeugung anerkannt ist. [...] Der exemplarische Fall einer zum ‚Pluralismus aus Prinzip' fähigen und verpflichtenden Position ist der christliche Glaube deshalb, weil seine ethisch-orientierende Gewißheit genau die beiden dafür unabdingbaren inhaltlichen Bedingungen erfüllt. Sie schließt nämlich ein: a) die Überzeugung von der prinzipiellen Unverfügbarkeit nicht nur der eigenen Glaubensgewißheit, sondern überhaupt jeder Gewißheit über Ursprung, Verfassung und Bestimmung des Daseins; und b) die Überzeugung von der wesentlichen Nichtprivatheit, sondern Öffentlichkeitsrelevanz der eigenen und überhaupt jeder ethisch-orientierenden Gewißheit über Ursprung, Verfassung und Bestimmung des Daseins.

E. Herms, Pluralismus aus Prinzip, 483 f.

📖 Einen Überblick über das Verhältnis von Christentum und Römischem Staat sowie über das Verhältnis von geistlicher und weltlicher Gewalt im Mittelalter gibt:
– W.-D. Hauschild, Lehrbuch der Kirchen- und Dogmengeschichte, Band 1, 105–151 (§ 3); 475–548 (§ 9).

📖📖 Maßgebliche Positionen politischer Ethik von der Antike bis zur Reformation sind dargestellt bei:
– E.-W. Böckenförde, Geschichte der Rechts- und Staatsphilosophie.

📖 Über die Lehre von der Königsherrschaft Christi informiert:
– Chr. Walther, Königsherrschaft Christi (TRE 19).

✍ Verfolgen Sie den Weg der Trennung von Politik und Religion vom hohen Mittelalter bis zur Herausbildung des modernen Gedankens der Religionsfreiheit anhand von:
– E.-W. Böckenförde, Die Entstehung des Staates als Vorgang der Säkularisation.

📖📖 Die Rezeption der Zwei-Reiche-Lehre und der Lehre von der Königsherrschaft Christi in den Evangelischen Kirchen der DDR resümieren:
– J. Rogge/H. Zeddies (Hg.), Kirchengemeinschaft und politische Ethik.

📖 Das Verhältnis von Evangelischem Christentum und moderner Demokratie wird in grundsätzlicher Weise in der 1985 herausgegeben Denkschrift der Evangelischen Kirche in Deutschland (EKD) behandelt:
– Evangelische Kirche und freiheitliche Demokratie.

Die in 13.3.3 skizzierte Verhältnisbestimmung von Protestantischer Kirche und modernem Pluralismus hat inzwischen Eingang in offizielle Dokumente des Lutherischen Protestantismus in Deutschland gefunden. Informieren Sie sich über die ekklesiologischen Konsequenzen dieses Ansatzes anhand der von Herms' Denken maßgeblich geprägten Studie des Theologischen Ausschusses der VELKD:
– Traditionsaufbruch.

§ 14 Die Lehre von den letzten Dingen (Eschatologie)

14.1 Vorbemerkungen: Biblischer Hintergrund und Themen der christlichen Eschatologie

Das Wort *Eschatologie* wurde erstmals im 17. Jahrhundert von dem lutherischen Theologen Abraham Calov für den Schlussteil der Dogmatik und die darin begegnenden Ausführungen über die sog. letzten Dinge verwendet; damit waren die Ereignisse gemeint, die im Rahmen der von Gott gelenkten geschichtlichen Entwicklung *zuletzt* geschehen. Seit dem 19. Jahrhundert hat sich diese Bezeichnung in der protestantischen Theologie weithin durchgesetzt. Das Wort geht auf Sir 7,36 zurück (in Vulgata und Lutherbibel 7,40): „Was du auch tust, denke an dein Ende (gr. *ta eschata sou*) dann wirst du nie etwas Böses tun"; in der lateinischen Vulgata ist die Formulierung *ta eschata sou* übersetzt mit *novissima tua*. In Anlehnung an die griechische Formulierung wird die Lehre von den letzten Dingen als Eschatologie, in Anlehnung an die lateinische Übersetzung als Lehre *de novissimis* bezeichnet.

Der aus der christlichen Theologie stammende Begriff der Eschatologie lässt sich auf die Texte des Alten Testaments nur bedingt anwenden. Denn die dem Volk Israel verheißene Zukunft im ‚gelobten Land' war ursprünglich *innergeschichtlich* gemeint. Für die Entwicklung zum Gedanken eines *geschichtstranszendenten* göttlichen Handelns war zunächst die *Prophetie* von Bedeutung. Ihren Hintergrund bildeten vor allem die politische Bedrohung der Staaten Israel und Juda in der Königszeit sowie die Erfahrungen im und nach dem Exil. Zur theologischen Verarbeitung dieser Entwicklungen gehörte einerseits die prophetische Gerichtspredigt vom Tag Jahwes als dem Tag des Zorns (Am 5,18–20). Andererseits kam es zu zunehmend umfassenden (neuen) Heilsverheißungen wie etwa zum Gedanken eines neuen Bundes (Jer 31,31–34) oder einer Neubelebung Israels in Gestalt einer Totenauferstehung (Ez 37) bis hin zur Hoffnung auf einen neuen Himmel und eine neue Erde (Jes 65,17; 66,22). Die im Alten Testament nur am Rande erscheinende *Apokalyptik* (Jes 24–27; Dan 2; 7–12) konzentrierte sich besonders nachdrücklich auf die Berechnung des Zeitpunkts und die visionäre Beschreibung des Verlaufs des bevorstehenden Endes der Geschichte.

Ausgangspunkt der neutestamentlichen Eschatologie war die Einsicht, dass Jesus seine Botschaft von der nahe gekommenen Gottesherrschaft (Mk 1,15) mit der Behauptung verband, das angekündigte Heil sei in seinem Handeln schon gegenwärtig (Lk 11,20/Mt 12,28; Mt 11,15/Lk 7,22; vgl. § 10.1). Die frühchristliche Theologie hat

Die Lehre von den letzten Dingen (Eschatologie)

Eschatologie: Wortbedeutung und biblischer Hintergrund

- Lehre von den letzten Dingen (ta eschata; novissima); Wortursprung: Sir 7,36/40.
- Im frühen Christentum galten die Heilsweissagungen des Alten Testaments durch das Christusgeschehen als erfüllt.
- Folge: Glaubende haben schon gegenwärtig Anteil am eschatologischen Gottesheil, dessen zukünftige Vollendung erhofft wird.

von daher das *Christusgeschehen als Erfüllung der alttestamentlichen Heilsverheißungen interpretiert*: Jesu Tod wurde als der verheißene neue Bund (I Kor 11,25; Lk 22,20) und seine Auferstehung als Vorgriff auf die verheißene allgemeine Totenauferstehung verstanden (I Kor 15,20). Aus diesem Verständnis ergab sich die Überzeugung, dass die an Christus Glaubenden bereits *gegenwärtig* an dem – im Alten Bund als *zukünftig* vorgestellten – eschatologischen Gottesheil Anteil besitzen: Wer in Christus existiert, *ist* bereits (gegenwärtig) eine neue Schöpfung (II Kor 5,17). Die reale Anteilhabe an Christi Auferstehung ist unter den gegenwärtigen Bedingungen allerdings noch ein Gegenstand der *Hoffnung* auf eine *zukünftige* Vollendung (I Thess 4,13 ff; Röm 6,4 f). Diese die gesamte Schöpfung betreffende Vollendung wird darin bestehen, dass die Welt insgesamt durchgängig von Gott bestimmt ist (Röm 8,20 ff; I Kor 15,23–28). – Das hier zum Ausdruck kommende und im Neuen Testament in unterschiedlicher Weise (auch außerhalb der Paulinischen Briefe zu findende) Nebeneinander gegenwarts- und zukunftsorientierter eschatologischer Vorstellungen hat in der dogmatischen Lehrbildung zur Unterscheidung zwischen *präsentischer* und *futurischer* Eschatologie geführt. Die traditionell am Ende dogmatischer Entwürfe behandelte Lehre *de novissimis* berücksichtigt allerdings zumeist nur die futurische Eschatologie, während die Inhalte der präsentischen Eschatologie (die Heilsgewissheit des Glaubenden) innerhalb der Soteriologie verhandelt werden (vgl. § 11.2).

Die Themen der futurischen Eschatologie älterer dogmatischer Entwürfe sind im rechten Teil der nachstehenden Tabelle in Anlehnung an die Schlusskapitel des „Compendium locorum theologicorum" von Leonhard Hutter benannt (vgl. zum theologiegeschichtlichen Kontext: 1. Hauptteil, Übersicht am Ende von Abschnitt 4.5). Zu diesen Themen zählten zunächst, dem zweiten Artikel des Apostolicums entsprechend, die Wiederkunft (Parusie) Christi und das Jüngste Gericht („von dort wird er *kommen*, zu *richten* die Lebenden und die Toten"; Hutter, Artikel/Locus 32) sowie, im Anschluss an den dritten Artikel, die „Auferstehung der Toten (Hutter, Artikel/Locus 31) und das ewige Leben" (Hutter, Artikel/Locus 34). Anknüpfend an weitere biblische Traditionsstränge wurde dieser Themenbestand nachhaltig angereichert: So stellte sich die Frage nach dem Ende der als vergänglich gedachten Welt insgesamt (vgl. Lk 21,33), die nach biblischem Zeugnis am Tag des Herrn vernichtet werden soll (vgl. II Petr 3,10–12; Hutter, Artikel/Locus 30). Da außerdem nicht alle Menschen das ewige Leben (im *Himmel*) erlangen werden, wurde über das Schicksal der beim Jüngsten Gericht zu ewigen *Höllen*strafen verdammten Menschen nachgedacht (Hutter, Artikel/Locus 33). Eine weitere Frage ergab sich aus einer bereits von Paulus in I Thess 4,15–5,11 behandelten und seit dem Mittelalter intensiv diskutierten Problematik: Was geschieht mit jenen Menschen, die vor der Wiederkunft Christi und dem Ende der

Welt sterben? Die Behandlung dieser Frage (Hutter, Artikel/Locus 29) führte zu einer Differenzierung der futurischen Eschatologie in die individuelle (den einzelnen Menschen betreffende) und die universale (alle Menschen bzw. die Welt insgesamt betreffende) Eschatologie.

Themen der Eschatologie		
Präsentische Eschatologie	Futurische Eschatologie	
	individuell	universal
Eschatologische Existenz des getauften Christen, der im Glauben daran lebt, dass mit dem Christusgeschehen das Reich Gottes angebrochen ist (Thema der Soteriologie; vgl. § 11).	29. Vom Tod des Körpers und der Unsterblichkeit der Seele (De morte corporis et immortalitate animae)	30. Vom Ende der Welt (De fine seculi sive mundi)
		31. Von der Auferstehung der Toten (De resurrectione mortuorum)
		32. Vom Jüngsten Gericht und von der Ankunft Christi zum Gericht über Lebende und Tote (De extremo iudicio et adventu Christi ad iudicandum vivos et mortuos)
		33. Von der Hölle (De inferno)
		34. Vom ewigen Leben (De vita aeterna)

L. Hutter, Compendium locorum theologicorum, Loci 29–34 (Überschriften).

Die nachfolgende Darstellung zielt nicht darauf, die nun benannten Einzelthemen der (futurischen) Eschatologie der Reihe nach abzuarbeiten; vielmehr soll es darum gehen, die Veränderungen, denen die christliche Eschatologie im Laufe der Theologiegeschichte unterzogen wurde, exemplarisch zu verdeutlichen, um so zentrale Probleme neuerer und gegenwärtiger Eschatologie verständlich zu machen.

　　Einen Überblick über die Eschatologie im Neuen Testament bietet:
　　– A. Lindemann, Eschatologie (RGG⁴ 2).

　　Machen Sie sich mit der materialen Durchführung der Eschatologie in der altprotestantischen Orthodoxie vertraut anhand von:
　　– L. Hutter, Compendium locorum theologicorum, 253–273.

　　In den nachfolgenden Abschnitten wird die in Hutters Compendium im Artikel 30 behandelte Frage nach dem Ende der als vergänglich gedachten Welt insgesamt nicht thematisiert; eine Konzeption dieser Lehre von der Weltvernichtung (lat. annihilatio mundi) aus der Zeit der altprotestantischen Orthodoxie wird dargestellt von:
　　– K. Stock, Annihilatio mundi.

14.2 Probleme und Grundentscheidungen der älteren Eschatologie

14.2.1 Augustins Grundlegung der abendländischen Eschatologie

In den (letzten drei) Büchern 20–22 seiner Schrift „De civitate Dei" hat Augustin einen futurisch-eschatologischen Entwurf entfaltet, der die abendländische Theologie bis zur altprotestantischen Orthodoxie wesentlich geprägt hat. Die Spezifik seines Ansatzes soll hier anhand einer dreifachen Abgrenzung dargestellt werden, die Augustin gegenüber anderen Konzeptionen vorgenommen hat.

1. Abgrenzung gegenüber der *Reichseschatologie*. Der christlichen Reichstheologie des 4. Jahrhunderts (vgl. § 13.3.1) entsprach eine sog. Reichs*eschatologie*. Damit ist eine Auffassung gemeint, nach der die Verwirklichung eines zwar irdischen, jedoch christlich geprägten Staates als Beginn der biblisch verheißenen eschatologischen Heilszeit interpretiert wird; als ein Vertreter dieser Auffassung gilt Eusebius von Caesarea (260/65–338/39). Mit dessen Interpretation der konstantinischen Wende als Beginn des eschatologischen Heils war eine Aufhebung der Spannung zwischen der Gegenwärtigkeit der Heilsteilhabe für die Glaubenden und der Zukünftigkeit der erhofften Heilsvollendung verbunden. Indem Augustin die Vorstellung einer Synthese von christlicher Kirche und Römischem Reich dadurch kritisierte, dass er die Heimatlosigkeit der Erwählten in der irdischen Welt und die damit verbundene Jenseitsorientierung des christlichen Glaubens betonte, stellte er genau diese Spannung wieder her: Die *irdische* Existenz des Christen ist von der Hoffnung auf die *jenseitige* Heilsvollendung geprägt.

Eschatologie bei Augustin

– Abgrenzung gegenüber der Reichseschatologie: Der Christ hofft auf jenseitige Heilsvollendung.
– Abgrenzung gegenüber dem Chiliasmus/Millenarismus: Die Herrschaft Christi und der Märtyrer (Apk 20,2–4) meint die Zeit der Kirche.
– Abgrenzung gegenüber der Lehre von der Allerlösung (*apokatastasis panton*): Einschärfung der Ewigkeit der Höllenstrafen.

2. Abgrenzung gegenüber dem *Chiliasmus*. Unter *Chiliasmus* ist eine aus Apk 20 abgeleitete Lehre von einem messianischen Zwischenreich zwischen der Parusie Christi und der allgemeinen Totenauferstehung zu verstehen. Danach wird Christus bereits vor dem Jüngsten Gericht und dem Ende der Welt auf die Erde kommen und ein tausend Jahre dauerndes irdisches Reich errichten (gr./lat. *chilia ete*/*mille anni*, daher auch die Bezeichnung *Millenarismus*). Während dieser Zeit ist der Satan gebunden, und Christus herrscht gemeinsam mit den bereits auferstandenen Gläubigen, namentlich mit den Märtyrern (Apk 20,4–6); nach einem erneuten Wüten und der definitiven Niederlage des Satans wird dann eine alle Menschen umfassende Auferstehung und ein Gericht nach den Werken erfolgen (Apk 20,7–15).

Gegenüber der vom Chiliasmus behaupteten zweifachen *leiblichen* Auferstehung (erst nur der gläubigen Märtyrer, dann aller Menschen) behauptete Augustin, dass sich die erste Auferstehung, von der in Apk 20,5 die Rede ist, auf die Erlangung des Glaubens durch die vorher sündige (und insofern tote) *Seele* des Menschen bezieht;

lediglich die zweite Auferstehung bezieht sich auf den menschlichen *Leib* und erfolgt im Zusammenhang mit den Jüngsten Gericht.

Wie es also zwei Wiedergeburten gibt, [...] eine nach dem Glauben, die gegenwärtig durch die Taufe geschieht, eine andere nach dem Fleisch, die geschehen wird in dessen [des Fleisches] Unzerstörbarkeit und Unsterblichkeit durch das große und jüngste Gericht, so gibt es auch zwei Auferstehungen, eine, die erste, die gegenwärtig ist und eine [Auferstehung] der Seelen ist, die nicht erlaubt, dass es zum zweiten Tod kommt, eine andere, die zweite, die nicht gegenwärtig, sondern am zukünftigen Weltende ist und keine [Auferstehung] der Seelen, sondern der Körper ist, die durch das letzte Gericht die einen in den zweiten Tod schickt, die anderen [aber] in das Leben, das keinen Tod hat. (Übersetzung RL)	Sicut ergo duae sunt regenerationes, [...] una secundum fidem, quae nunc fit per baptismum; alia secundum carnem, quae fiet in eius incorruptione atque immortalitate per iudicium magnum atque nouissimum: ita sunt et resurrectiones duae, una prima <,quae> et nunc est et animarum est, quae uenire non permittit in mortem secundam; alia secunda, quae non nunc, sed in saeculi fine futura est, nec animarum, sed corporum est, quae per ultimum iudicium alios mittit in secundam mortem, alios in eam uitam, quae non habet mortem.

Augustin, De ciuitate dei 20,6 (CChrSL 48, 708; Zeilen 73–82).

Ebenso lehnte Augustin die Behauptung einer zu erwartenden tausend Jahre dauernden weltlichen Herrschaft Christi und der Märtyrer ab. Im Gegenzug dazu verstand er die in Apk 20,2–4 erwähnte Herrschaft Christi und der Märtyrer als die mit Christi erstem Kommen in die Welt beginnende ‚Herrschaft' der Kirche, wobei ‚Unkraut' und ‚Weizen' jetzt noch nebeneinander bestehen, weil sie erst nach dem Ende dieser Welt definitiv getrennt werden.

Während der [in Apk 20 erwähnten] tausend Jahre, solange der Teufel gebunden ist, herrschen die Heiligen mit Christus auch tausend Jahre. Diese sind zweifellos in derselben Weise zu verstehen, das heißt auf die Zeit seit seiner ersten Ankunft. [...] Also ist auch gegenwärtig die Kirche das Reich Christi und das Himmelreich. Und so herrschen mit ihm auch gegenwärtig seine Heiligen, anders freilich, als sie dann [nach der Parusie] herrschen werden; es herrscht nämlich [dann] mit ihm kein Unkraut, obwohl es in der Kirche mit dem Weizen wächst. (Übersetzung RL)	Interea dum mille annis ligatus est diabolus, sancti regnant cum Christo etiam ipsi mille annis, eisdem sine dubio et eodem modo intellegendis, id est isto iam tempore prioris eius aduentus. [...] Ergo et nunc ecclesia regnum Christi est regnumque caelorum. Regnant itaque cum illo etiam nunc sancti eius, aliter quidem, quam tunc regnabunt; nec tamen cum illo regnant zizania, quamuis in ecclesia cum tritico crescant.

Augustin, De ciuitate dei 20,9 (CChrSL 48, 715f; Zeilen 1–4.39–42).

Die Unterscheidung zwischen der Herrschaft der Kirche vor und nach der Parusie hat in der Ekklesiologie zur Differenzierung zwischen der kämpfenden und der triumphierenden Kirche geführt (ecclesia militans/triumphans: vgl. § 13.2.2): Erstere besteht aus den wahrhaft glaubenden Erwählten, die allerdings noch unter den Bedingungen der irdischen Welt leben und daher mit dem Mischcharakter der empirischen Kirchengemeinschaft und den damit verbundenen Ärgernissen konfrontiert sind; letztere besteht aus den Erwählten, die den Ärgernissen der irdischen Kirche nicht mehr ausgesetzt, sondern bereits des ewigen Lebens teilhaftig sind.

3. Abgrenzung gegenüber der *Lehre von der Allerlösung*. Die griechische Bezeichnung für die Allerlösungslehre (Lehre von der *apokatastasis panton*; wörtl.: Wiederbringung aller) weist auf Act 3,21 zurück: „Ihn muss der Himmel aufnehmen bis *zur Zeit der Wiederbringung aller Dinge* (gr. *achri chronon apokatastaseos panton*). Inhalt dieser Lehre ist die Auffassung, dass am Ende der Zeiten ausnahmslos alle Geschöpfe zum ewigen Heil gelangen werden. Ein prominenter altkirchlicher Vertreter dieser Vorstellung war Origenes; als maßgebliche biblische Belege galten Kol 1,20; Eph 1,10; Röm 11,32. Auch in der neueren Theologiegeschichte gibt es mit Friedrich Schleiermacher und Karl Barth prominente Befürworter dieser Auffassung. Augustin lehrte dagegen die Ewigkeit der Höllenstrafen. Diese Position ergab sich aus seiner (Erb-)Sündenlehre, derzufolge durch die Übertretung Adams bewirkt wurde, dass alle Menschen die ewige Verdammnis verdienen (vgl. § 9.2), eine Situation, die von Gott her lediglich für die von ihm Prädestinierten durch deren Erwählung zum ewigen Heil geändert wurde (vgl. § 11.3). Zur Begründung berief er sich auf Apk 20,10, wo von einer *ewigen* Qual des *Teufels* in einem „Pfuhl von Feuer und Schwefel" die Rede ist. Daraus leitete er die Ewigkeit der Höllenstrafen auch für die verworfenen *Menschen* ab.

So gibt es keinen anderen Grund, und es kann kein angemessenerer und offensichtlicherer [Grund dafür] gefunden werden, dass mit wahrhaftigster Frömmigkeit fest und unveränderlich [für wahr] gehalten werden soll, dass der Teufel und seine Engel keinen Rückweg zu Gerechtigkeit und Leben der Heiligen haben werden, als [den, dass] die Schrift, die niemanden belügt, [in Apk 20,10] sagt, dass Gott sie nicht verschont hat. [...] Wenn dies so ist, wie sollen nach einer beliebig langen Zeit entweder alle oder einige *Menschen* von der Ewigkeit dieser Strafe befreit und nicht zugleich der Glaube geschwächt werden, durch den bekannt wird, dass es für die *Dämonen* eine ewige Strafe geben wird? (Übersetzung RL)	Quam ob rem prorsus nec alia causa nec iustior atque manifestior inueniri potest, cur uerissima pietate teneatur fixum et inmobile nullum regressum ad iustitiam uitamque sanctorum diabolum et angelos eius habituros, nisi quia scriptura, quae neminem fallit, dicit eis Deum non pepercisse. [...] Quod si ita est, quo modo ab huius aeternitate poenae uel uniuersi uel quidam homines post quantumlibet temporis subtrahentur, ac non statim eneruabitur fides, qua creditur sempiternum daemonum futurum esse supplicium?

Augustin, De ciuitate dei 21,23
(CChrSL 48, 788; Zeilen 18–23.26–30).

Die von Augustin behauptete Ewigkeit der Höllenstrafen betraf nach der bis zur altprotestantischen Orthodoxie geteilten Auffassung auch die Menschen, die vor der Geburt Christi gelebt haben und deshalb gar keine Chance zur Annahme des Christusglaubens hatten; gemeint sind dabei in erster Linie die tugendhaften Heiden, also die ernsthaft um einen tugendhaften Lebenswandel bemühten Menschen aus der vorchristlichen Antike. Weil sie zwar mit der alle Menschen betreffenden Erbsünde ‚infiziert' sind, aber aus diesem Verhängnis nicht befreit werden konnten, weil Christus damals noch nicht erschienen war, sind sie – auch ohne direktes Eigenverschulden – unweigerlich vom ewigen Leben ausgeschlossen und damit der Hölle überantwortet. Die Anstößigkeit dieser Vorstellung wurde bereits in der italienischen Frührenaissance empfunden und durch die Vorstellung eines speziellen Höllenvorhofes für die tugendhaften Heiden abgemildert (vgl. die Hinweise zu Dante Alighieri in der Zwischenbemerkung). Die evangelische Aufklärungstheologie (vgl. zum theologiegeschichtlichen Kontext: 1. Hauptteil, Abschnitt 4.5) hat, im Zusammenhang mit der Bestreitung des Erbsündendogmas, die Lehre von der Ewigkeit der Höllenstrafen für die tugendhaften Heiden ausdrücklich abgelehnt (Johann August Eberhard, Neue Apologie des Sokrates): Da, so das Argument, die Strafe ein Mittel zur moralischen Genesung darstellt, muss sie mit der Änderung der moralischen Gesinnung des Bestraften ihr Ende finden; daraus folgt dann ganz prinzipiell die Ablehnung des Himmel-Hölle-Dualismus und die Annahme der seit Augustin verworfenen Allerlösung.

14.2.2 *Eschatologische Probleme im Mittelalter*

Augustins Eschatologie hat die Theologie des lateinischen Mittelalters unübersehbar geprägt: Festgehalten wurde die Spannung zwischen der schon gegenwärtigen Heilsteilhabe im Glauben einerseits und der Hoffnung auf die jenseitige Heilsvollendung andererseits; festgehalten wurde ferner die präsentisch-ekklesiologische Umformung der chiliastischen Hoffnungen auf eine irdische Herrschaft Christi vor dem Jüngsten Gericht, also der Grundsatz, nach dem die bestehende Kirche als das Reich Christi bezeichnet werden kann; festgehalten wurde schließlich die Lehre vom doppelten Ausgang der Geschichte und der definitiven Verwerfung der Sünder.

Hinzu kamen allerdings neue Akzente. Die von Augustin zusammenfassend dargestellten universaleschatologischen Vorstellungen wirkten weiter; die dogmatischen Neubildungen des mittelalterlichen Denkens bezogen sich vorrangig auf die *individuelle* Eschatologie. Dabei ging es insbesondere um das Geschick der Verstorbenen zwischen deren individuellem Tod und der Wiederkunft Christi zum Jüngsten Gericht. Einen wichtigen Beitrag zur Klärung dieser – schon in I Thess 4 angelegten – Frage nach dem sog. *Zwischenzustand* leistete die Lehre vom *Fegfeuer* (lat. purgatorium). Darunter wurde, lange Zeit unter Berufung auf I Kor 3,15, ein Läuterungsort für die Seelen jener Menschen verstanden, die zwar nicht der ewigen Verdammnis überliefert werden, aber auch nicht völlig frei von Sünde gelebt haben, die also zum Heil bestimmt, aber vor ihrem Tod für die im Leben begangenen Sünden (noch) nicht (vollständig) bestraft worden sind. Die diesen Menschen zugedachten zeitlichen (= zeitlich befristeten) Strafen (lat. poenae temporales) hatte bereits Augustin von den ewigen Höllenstrafen unterschieden.

Eschatologie im Mittelalter

– Festhalten an den Grundentscheidungen der Eschatologie Augustins.
– Interesse an Fragen der individuellen Eschatologie: Geschick der Verstorbenen zwischen individuellem Tod und Jüngstem Gericht (Zwischenzustand).
– Ausbildung der Lehre vom Fegfeuer (purgatorium).
– Behauptung einer Identität der Gottesschau (und der Höllenqualen) im Zwischenzustand und nach dem Jüngsten Gericht.

Zeitliche Strafen aber erleiden die einen nur in diesem Leben, andere [nur] nach dem Tod, [wieder] andere sowohl jetzt als auch dann, aber dennoch vor jenem strengsten und jüngsten Gericht. Nicht alle aber, die nach dem Tod zeitliche Strafen ertragen, geraten in die ewigen Strafen, die nach jenem Gericht kommen. (Übersetzung RL)	Sed temporarias poenas alii in hac uita tantum, alii post mortem, alii et nunc et tunc, uerum tamen ante iudicium illud seuerissimum nouissimumque patiuntur. Non autem omnes ueniunt in sempiternas poenas, quae post illud iudicium sunt futurae, qui post mortem sustinent temporales.

Augustin, De ciuitate dei XXI 13
(CChrSL 48, 779; Zeilen 41–45).

Die von der griechischen Orthodoxie von Anfang an abgelehnte Lehre vom purgatorium trug wesentlich zu den von Luther beklagten Missständen in Lehre und Praxis der Kirche seiner Zeit bei. Denn die (unter Hinweis auf II Makk 12,40–46) verbreitete Vorstellung, man könne seine eigenen Fegfeuerqualen durch Geldzahlungen vermeiden, bildete die Grundlage des Ablasshandels. Ferner gehörte die Behauptung, durch Messen für die Seelen bereits Verstorbener könnten deren Fegfeuerqualen gelindert werden, nach Luther zu den verderblichen Folgen der Messopferlehre (vgl. § 11.2.3); wegen dieser Missbräuche sowie aufgrund der fehlenden biblischen Begründung hat der Protestantismus die Fegfeuerlehre stets abgelehnt.

Eine weitere individualeschatologische Lehre ergab sich aus einem in den 30er Jahren des 14. Jahrhunderts ausgetragenen Konflikt darüber, ob die den Verstorbenen zugesprochenen Belohnungen bzw. Strafen nach dem Jüngsten Gericht ‚intensiver' wirken werden als im Zwischenzustand. Das Problem entstand aus einem zweifachen Grund:

1. Nach mittelalterlicher Auffassung entscheidet sich das zukünftige Schicksal des einzelnen Menschen bereits durch ein göttliches Urteil unmittelbar nach dem individuellen Tod, ein Urteil das im Jüngsten Gericht nach der Wiederkunft Christi lediglich bestätigt wird. – Der Heilsstand des Menschen im Zwischenzustand ist also *identisch* mit dem Heilsstand des Menschen nach dem Jüngsten Gericht.

2. Die altkirchliche und mittelalterliche Theologie hatte die philosophische Bestimmung des Menschen als eines aus *Leib und Seele* ‚zusammengesetzten' Wesens mit der biblischen Anthropologie verbunden (vgl. § 9.2; 14.3.2). Dies führte in der Eschatologie zu der Auffassung, dass im Zwischenzustand nur die *Seelen* der Verstorbenen den Genuss der Gottesgemeinschaft bzw. die Qualen der Hölle erleben, während nach dem Jüngsten Gericht auch die mit den Seelen (wieder)vereinigten *Leiber* Anteil an Seligkeit oder Verdammnis bekommen. – Der im Zwischenzustand und nach dem Jüngsten Gericht identische Heilsstand (s. o.) wird also vom Menschen jeweils *unterschiedlich* erlebt.

Die beschriebene Situation führte zu der Frage, ob die Seelen der Erwählten schon vor dem Jüngsten Gericht in den Genuss der vollkommenen Seligkeit (der beseligenden Gottesschau; lat. visio dei beatifica) gelangen, oder ob sie ihre Seligkeit erst nach der Auferstehung der Leiber in vollem Ausmaß genießen werden. Papst Johannes XXII. (Pontifikat: 1316–1334) hatte zunächst eine solche Differenz behauptet; sein direkter Nachfolger Benedikt XII. (Pontifikat: 1334–1342) hat dagegen in der Konstitution „Benedictus Deus" (1336) die Identität der Gottesschau (und der Höllenqualen) im Zwischenzustand und nach dem Jüngsten Gericht als verbindliche kirchliche Lehre festgehalten.

Durch diese auf immer geltende Konstitution definieren Wir kraft Apostolischer Autorität: daß nach allgemeiner Anordnung Gottes die Seelen [...] der heiligen Apostel, Martyrer, Bekenner, Jungfrauen und anderer Gläubiger, die nach der von ihnen empfangenen heiligen Taufe Christi verstorben sind, [...] sogleich nach ihrem Tod und besagter Reinigung bei jenen, die einer solchen Reinigung bedurften, auch vor der Wiederannahme ihrer Leiber und dem allgemeinen Gericht [...] das göttliche Wesen in einer unmittelbaren Schau und auch von Angesicht zu Angesicht geschaut haben und schauen [...] sowie daß aufgrund dieser Schau und dieses Genusses die Seelen derer, die schon dahingeschieden sind, wahrhaft selig sind und das ewige Leben und die ewige Ruhe haben, und auch [die Seelen] jener, die später dahinscheiden werden, ebendieses göttliche Wesen vor dem allgemeinen Gericht schauen und es genießen werden.

Hac in perpetuum valitura Constitutione auctoritate Apostolica diffinimus: quod secundum communem Dei ordinationem animae [...] sanctorum Apostolorum, martyrum, confessorum, virginum et aliorum fidelium defunctorum post sacrum ab eis Christi baptisma susceptum, [...] mox post mortem suam et purgationem praefatam in illis, qui purgatione huiusmodi indigebant, etiam ante resumptionem suorum corporum et iudicium generale [...] viderunt et vident divinam essentiam visione intuitiva et etiam faciali [...] necnon quod ex tali visione et fruitione eorum animae, qui iam decesserunt, sunt vere beatae et habent vitam et requiem aeternam, et etiam illorum, qui postea decedent, eandem divinam videbunt essentiam ipsaque perfruentur ante iudicium generale.

Benedikt XII., Konstitution Benedictus Deus (DH 1000; NR 901).

Zwischenbemerkung: Mittelalterliche Eschatologie in Dichtung und darstellender Kunst Die mit der Verfestigung der Lehre vom Purgatorium verbundene Dreiteilung des Jenseits in Himmel, Hölle und Fegfeuer hat ihren berühmtesten *dichterischen* Niederschlag in der wahrscheinlich zwischen 1311 und 1321 entstandenen „Divina Commedia" (Göttliche Komödie) des italienischen Dichters Dante Alighieri (1265–1321) gefunden. Das Gedicht ist in drei Teile unterteilt: *Inferno* (Hölle), *Purgatorio* (Fegfeuer) und *Paradiso* (Paradies). Nach einem einführenden Gesang im *Inferno* besteht jeder Teil aus 33 Gesängen; diese Zahl steht für das vermeintliche Alter Jesu bei seiner Kreuzigung. Insgesamt besteht das Werk damit aus einhundert Gesängen; die Hundert ist ein Zehnfaches der Zahl Zehn, die nach der Anschauung der Zeit Dantes als Symbol der Vollendung galt.

Bei der Darstellung der (als auf den Erdmittelpunkt zulaufender Krater beschriebenen) *Hölle* ist die Erwähnung eines Vorhofes (Limbus) von Interesse. Dabei handelt es sich um einen Bereich im äußersten Höllenkreis, in dem sich die Seelen der altestamentlichen Väter, der tugendhaften Heiden aus vorchristlicher Zeit und der ungetauft verstorbenen Kinder aufhalten. Der altrömische Dichter Vergil (Publius Vergilius Maro, 70–19 v. Chr.), Dantes Begleiter bei der Reise durch Hölle und Purgatorium, erklärt, dass die Strafe der tugendhaften Heiden, zu denen er selbst gehört („diese Geister nenn' ich selbst Gefährten"), lediglich darin besteht, dass sie sich zwar nach der (in Christus erschienenen) Erlösung sehnen, aber ohne Hoffnung auf diese Erlösung leben müssen: „Daß wir in Sehnsucht ohne Hoffnung leben, Ward uns Verlornen nur als Straf erkürt".

Da sprach der Meister: ‚Willst du nicht erfahren,	Lo buon maestro a me: ‚Tu non dimandi
Zu welchen Geistern du gekommen bist?	che spiriti son questi che tu vedi?
Bevor wir fortgehn, will ich offenbaren,	Or vo' che sappi, innanzi che più andi,
Daß sie nicht sündigten; doch g'nügend mißt	ch'ei non peccaro; e s'elli hanno mercedi,
Nicht ihr Verdienst, da sie der Tauf entbehrten,	non basta, perché non ebber battesmo,
Die Pfort' und Eingang deines Glaubens ist.	ch'è porta de la fede che tu credi;
Und lebten sie vor Christo auch, so ehrten	e s'e' furon dinanzi al cristianesmo,
Sie doch den Höchsten nicht, wie sich's gebührt;	non adorar debitamente a Dio:
Und diese Geister nenn' ich selbst Gefährten.	e di questi cotai son io medesmo.
Nur dies, nichts andres hat uns hergeführt.	Per tai difetti, non per altro rio,
Daß wir in Sehnsucht ohne Hoffnung leben,	semo perduti, e sol di tanto offesi
Ward uns Verlornen nur als Straf erkürt.'	che sanza speme vivemo in disio'.

Dante Alighieri, Göttliche Komödie/Divina Commedia, 4. Gesang, 31–42; italienischer Text nach *http://www.danteonline.it/italiano/home_ita.asp*.

Das *Purgatorium* wird als ein Berg beschrieben, auf dessen sieben Terrassen sich die Seelen derer befinden, die voll Freude ihre Reinigung auf sich nehmen und dabei der Vereinigung mit Gott entgegengehen. Auf jeder der Terrassen des Berges vollzieht sich die Reinigung von einer der sieben Todsünden: Hochmut (ital. superbia), Neid (ital. invidia), Zorn (ital. ira), Trägheit (ital. accidia), Geiz (ital. avarizia), Gefräßigkeit (ital. gola) und Lust (ital. lussuria).

Dantes *Paradies* besteht zunächst aus neun Himmeln, deren erste sieben den Planeten entsprechen, die nach dem vorkopernikanischen Weltbild die Erde umkreisen: Mond, Merkur, Venus, Sonne, Mars, Jupiter und Saturn. Es schließen sich die Fixsternsphäre und der Lichthimmel an; jenseits aller Himmelssphären befindet sich dann das Empyreum, der Wohnsitz Gottes und der Seligen, der den äußersten Kreis des Universums bildet. Bei seiner Wanderung durch die einzelnen Planetenhimmel begegnet Dante den Spiegelbildern der Seligen; die größere oder geringere Erdferne des jeweiligen Planeten zeigt dabei den Grad der Seligkeit an.

Seit dem 14./15. Jahrhundert begegneten in der *bildenden Kunst* des Mittelalters Darstellungen, in denen sich maßgebliche eschatologische Vorstellungen um vier Motive gruppieren; es handelt sich um die sog. *vier letzten Dinge*, nämlich (1) den individuellen Tod und (2) das Jüngste Gericht sowie (3) Himmel und (4) Hölle als Regionen jenseitiger Belohnung bzw. Bestrafung. Diese Darstellungen tauchten zunächst im Rahmen von Weltgerichtsbildern auf, später auch in Gestalt einer Folge je eigenständiger Szenenbilder. Unten abgedruckt sind die Darstellungen von Tod und

Jüngstem Gericht von Hieronymus Bosch. Sie entstammen einer (stets als Wandgemälde genutzten) Tischplatte, deren Zentrum eine von einem Strahlenkranz umgebene Christusdarstellung bildet. Um den Strahlenkranz herum sind sieben Bilder gruppiert, die je eine der sog. Todsünden symbolisieren. In den Tischecken befinden sich kreisförmige Darstellungen der vier letzten Dinge.

Abb. 6: H. Bosch, Die Sterbestunde (Ausschnitt aus „Die sieben Todsünden und die vier letzten Dinge"). Aus: Wilhelm Fraenger: Hieronymus Bosch, hg. von Gustel Fraenger/Ingeborg Baier-Fraenger, Verlag der Kunst Dresden, [11]1999.

1. *Die Sterbestunde.* Schon die Situation des unmittelbar bevorstehenden Todes (im Bild verdeutlicht durch das Skelett am linken Rand) wurde als die Situation der endgültigen – und für das gesamte jenseitige Schicksal relevanten – Entscheidung des Menschen für oder gegen Christus verstanden: Auf dem Bettgiebel warten ein betender Engel sowie – links neben dem Engel, schlecht erkennbar – ein Teufel darauf, die Seele des Verstorbenen für sich zu gewinnen. Aus Angst vor den Höllenqualen rückte das sündenvergebende sakramentale Handeln der Kirche ins Zentrum der Todesstunde: Im Vordergrund ist ein Priester mit Kruzifix abgebildet (, dessen Vorderseite mahnend dem Bildbetrachter zugewandt ist), und links neben dem Geistlichen steht ein Tisch mit Totenkerze und den für die Spendung der Sakramente nötigen Geräten: Tabernakel (Behälter zur Aufbewahrung geweihter Hostien) und Patene (Teller zur Darreichung der Hostien) für die Krankenkommunion, ein Gefäß mit geweihtem Olivenöl für die Krankensalbung bzw. die letzte Ölung (vgl. § 12.3).

2. *Das Jüngste Gericht.* Das große Gericht am Ende der Zeiten, bei dem Christus als Weltenherrscher sein definitives Urteil sowohl über die auferstandenen Verstorbenen als auch über die Lebenden sprechen wird, ist unter Rückgriff auf biblische Motive reich ausgemalt worden. Im Zentrum der Darstellung thront Christus, dem die Welt von Gott „unter seine Füße getan" ist (Eph 1,22). Zorn und Gnade des Weltenrichters werden symbolisiert durch das Schwert (Apk 1,16) und die Lilie (rechts bzw. links vom Kopf Christi). Um Christus herum sind sieben Älteste und sieben Jungfrauen als Zeugen sowie vier Posaune blasende Engel zu sehen (Mt 24,31); auf den Fahnen der Posaunen sind die Passionswerkzeuge abgebildet. Im unteren Bild-

teil ist die Auferstehung der Toten aus ihren Gräbern zum Endgericht dargestellt, eine Vorstellung, die ihre Wurzeln im Alten Testament hat (Ez 37,12 f), von Matthäus bereits mit Jesu Todesstunde und in der Johannesoffenbarung schließlich mit dem endzeitlichen Gericht nach den Werken verbunden wurde (vgl. Mt 27,52 f und § 9, Zwischenbemerkung; Apk 20,13).

3. *Himmel.* Der Himmel galt, wie die Hinweise zum dritten Teil von Dantes „Divina Commedia" gezeigt haben, als ein durchaus realer Ort, nämlich als die jenseits der Planetensphären und auch jenseits von Fixsternsphäre und Lichthimmel liegende ‚Heimat' Gottes und der Seligen. Die hier zu erwartende beseligende Schau Gottes (visio Dei beatifica) „von Angesicht zu Angesicht" (I Kor 13,12) erfüllt alle menschlichen Sehnsüchte vollkommen und dauerhaft.

4. *Hölle.* Dagegen galt die Hölle als ein Ort der Qualen, an dem die seit Christi Auferstehung und Himmelfahrt in Sünde Verstorbenen dauerhaft unvorstellbare Schmerzen ohne die geringste Aussicht auf Erlösung leiden (vgl. 14.2.1). Mit Christi Abstieg „in das Reich des Todes" (vgl. Mt 12,40; I Petr 3,19) verband sich, im Anschluss an die in lateinischer Sprache verfassten Kapitel 17–27 des Nikodemus-Evangeliums, die Vorstellung, Christus habe die Glaubenszeugen des Alten Bundes aus der Hölle befreit und sie dem Erzengel Michael übergeben; dies ist die Grundlage der Zuordnung der Höllenfahrt Christi zum status exaltationis (vgl. § 10.3.2).

Abb. 7: H. Bosch, Das Jüngste Gericht (Ausschnitt aus „Die sieben Todsünden und die vier letzten Dinge"). Aus: Wilhelm Fraenger: Hieronymus Bosch, hg. von Gustel Fraenger/Ingeborg Baier-Fraenger, Verlag der Kunst Dresden, [11]1999.

14.2.3 Die reformatorische Eschatologie

Die reformatorische Eschatologie stand zur altkirchlichen und mittelalterlichen Tradition in einem ambivalenten Verhältnis. *Einerseits* blieb der thematische Grundbestand der futurischen Eschatologie, sofern diese das Schicksal der Menschen nach der Wiederkunft Christi thematisierte, selbstverständlich erhalten (vgl. 14.1). Ein gutes Beispiel dafür bietet der Schluss des Bekenntnisses, das Luther seiner Abendmahlschrift von 1528 beigefügt hat: Von der Auferstehung der Toten am jüngsten

Tag ist ebenso die Rede wie – in Ablehnung der Apokatastasis-Lehre (vgl. 14.2.1) – vom ewigen Leben für die Frommen und vom ewigen Tod für die Bösen.

Schließlich glaube ich an die Auferstehung aller Toten am Jüngsten Tag, beider, der Frommen und Bösen, dass ein jeder an seinem Leib selbst empfange, wie er es verdient hat und dann die Frommen mit Christus ewig leben und die Bösen mit dem Teufel und seinen Engeln ewig sterben. Denn ich halte es nicht mit denen, die lehren, dass die Teufel am Ende auch zur Seligkeit kommen werden. (Übertragung RL)

Am letzten gleube ich an die aufferstehung aller todten am Juengsten tage, beyde der frumen und boesen, das ein iglicher daselbs empfahe an seinem leibe, wie ers verdienet hat, Und also die frumen ewiglich leben mit Christo, und die boesen ewiglich sterben mit dem teuffel und seinen engeln, Denn ichs nicht halte mit denen, so da leren, das die teuffel auch werden endlich zur seligkeit komen.

M. Luther, Vom Abendmahl Christi (WA 26, 509,13–18).

Reformatorische Eschatologie (I)

- In der futurischen Eschatologie grundsätzliches Festhalten an den überlieferten Inhalten.
- Kritik an den mittelalterlichen Neubildungen in der individuellen Eschatologie (Fegfeuer, Zwischenzustand).

Andererseits setzte sich die reformatorische Eschatologie in zweifacher Weise von der Tradition ab. So stand sie *erstens* in einem kritischen Verhältnis insbesondere zu den Neubildungen des mittelalterlichen Denkens im Bereich der individuellen Eschatologie (vgl. 14.2.2). Nach der Rechtfertigungslehre bildet ausschließlich das Christusgeschehen den Grund des menschlichen Heils; ein Einfluss menschlicher Werke auf das jenseitige Schicksal wurde deshalb umfassend und konsequent bestritten (vgl. § 11.2.2). Daher geriet zunächst die Lehre vom Fegfeuer in die Kritik. Denn diese (überdies als unbiblisch kritisierte) Lehre begründete sowohl die Praxis des Freikaufs von eigenen Jenseitsstrafen (Ablass) als auch die auf die Linderung fremder Jenseitsstrafen zielende Praxis der Messen für Verstorbene.

Da hat man [durch Seelenmessen u. a. ...] einen Handel ins Fegfeuer hinein betrieben, so daß die Messe bald nur noch für die Toten gebraucht worden ist, während doch Christus das Sakrament nur für die Lebenden gestiftet hat. Darum ist das Fegfeuer mit all seinem Gepränge, Gottesdiensten und Geschäftemachereien für ein bloßes Teufelsgespenst zu halten. Denn es geht ebenfalls gegen den Hauptartikel, wonach allein Christus und nicht Menschenwerk den Seelen helfen soll.

Missis enim [...] irruerunt in purgatorium. Sic missa propemodum pro solis defunctis fuit celebrata, cum tamen Christus sacramentum pro solis viventibus instituerit. Quapropter purgatorium et quicquid ei solennitatis, cultus et quaestus adhaeret, mera diaboli larva est. Pugnat enim cum primo articulo, qui docet Christum solum et non hominum opera animas liberare.

M. Luther, ASm II 2 (Unser Glaube, 455 f: Nr. 383/BSLK 420,16.18–23).

Mit dieser Kritik an der Vorstellung eines menschlichen Hineinwirkens ins Fegfeuer hing auch die Ablehnung aller Spekulationen über den sog. Zwischenzustand zusammen. So hat Luther für die Zeit des Zwischenzustands vom *Seelenschlaf* gesprochen; danach ist die Seele in der Situation eines traumlosen Schlafes, so dass sie keine Differenz zwischen Tod und Jüngstem Gericht spüren wird. Calvin hat bezüglich der Frage nach Ort und Schicksal der Seelen in der Zeit zwischen individuellem Tod und allgemeinem Gericht mit dem Hinweis auf mangelnde Schriftzeugnisse vor vermessenen Hypothesen gewarnt.

Vorwitzige Fragen nach dem *Zwischenzustand unserer Seele* zu stellen, ist nun aber weder erlaubt noch förderlich. [...] Die Schrift sagt uns, daß Christus ihnen gegenwärtig ist und sie in das Paradies aufnimmt (Joh 12,32), damit sie ihren Trost empfangen, daß die Seelen der Verworfenen aber die Qualen erleiden, die sie verdient haben. Das sagt sie, aber weiter geht sie nicht. Welcher Lehrer oder Meister will uns nun aber *offenbaren*, was Gott *verhüllt* hat?	Porro de intermedio earum [= animarum] statu curiosius inquirere neque fas est, neque expedit. [...] Scriptura, ubi dixit Christum illis praesentem esse, et eas recipere in paradisum, ut consolationem percipiant, reproborum vero animas cruciatus quales meritae sunt perpeti, non ultra proreditur; quis iam doctor aut magister quod deus celavit nobis patefaciet?

J. Calvin, Unterricht/Institutio, III 25,6
(Weber 672/Opera selecta IV 442,14–16.19–23).

In der reformatorischen Eschatologie kam es, *zweitens*, zu einer Verstärkung des präsentischen Aspekts, d.h. zur deutlicheren Betonung der Gegenwart des eschatologischen Gottesheils im Glauben. Auch dies hat rechtfertigungstheologische Gründe: Weil nach Luther der (Christus ergreifende) Glaube (vgl. §4.2.2; §11.2.2) in der Gewissheit besteht, dass das dem Menschen von Gott zugesagte Heil nicht von einem gottgefälligen Leben abhängt, ist für den in dieser Gewissheit lebenden Christen das zukünftig-jenseitige Heil schon eine gegenwärtig-diesseitige Realität. Ebenso wurde die dem Rechtfertigungsglauben vorangehende Verzweiflung des um seine Heilsgewinnung bemühten Gewissens angesichts der unweiglich zu erwartenden ewigen Verdammnis als die gegenwärtig-diesseitige Realität der Hölle verstanden.

Reformatorische Eschatologie (II)

– Tendenz zur Verschränkung von Jenseitsschicksal und gegenwärtiger Existenz: Betonung der Gegenwart des eschatologischen Gottesheils im Glauben.
– Zugleich Betonung der Angefochtenheit des Glaubens beim einzelnen Christen und der Erlösungsbedürftigkeit der Welt insgesamt.

Ein Beispiel für das dadurch bedingte tendenzielle Verschwimmen der Grenzen zwischen präsentischer und individuell-futurischer Eschatologie bietet Luthers Auslegung der Perikope vom reichen Mann und armen Lazarus (Lk 16,19–30). Die darin vorkommenden Aussagen über Abrahams Schoß (Lk 16,22) einerseits und die Hölle andererseits (Lk 16,23) wurden traditionell als Hinweise auf die Jenseitsbereiche Himmel und Hölle verstanden, also rein futurisch-eschatologisch interpretiert. Luther formulierte zugleich eine präsentisch-eschatologische Deutung: Der Schoß Abrahams galt ihm als das den Rechtfertigungsglauben schaffende und dadurch das menschliche Gewissen beruhigende Wort der bedingungslosen Heilszusage Gottes;

die Hölle verstand er als das angesichts der eigenen Sünde von Verzweiflung gequälte Gewissen. – Biblische Aussagen über jenseitige Höllenqual und Seligkeit werden auf die diesseitige Situation des Christen unter dem Gesetz und im Glauben gedeutet.

Darum meinen wir, diese Hölle sei das böse Gewissen, das ohne Glaube und Gottes Wort ist, in das die Seele eingegraben und eingefasst ist bis zum jüngsten Tag, an dem der Mensch mit Leib und Seele in die echte leibliche Hölle verstoßen wird. Denn so wie Abrahams Schoß Gottes Wort ist, in dem die Gläubigen durch den Glauben ruhen, schlafen und bewahrt werden bis zum jüngsten Tag, so muss wiederum dort die Hölle sein, wo Gottes Wort nicht ist, wo hinein die Ungläubigen durch den Unglauben verstoßen sind bis zum jüngsten Tag: Das kann nichts anderes als ein leeres, ungläubiges, sündiges, böses Gewissen sein. (Übertragung RL)	Darumb achten wyr, dieße helle sey das boeße gewissen, das on glawbe und Gottis wortt ist, ynn wilchem die seele vergraben ist unnd verfasset biß an iungsten tag, da der mensch mit leyb und seele ynn die rechte leypliche helle verstossen wirtt. Denn gleych wie Abrahams schoß Gottis wort ist, darynnen die glawbigen durch den glawben rugen, schlaffen und bewaret werden biß an den iungsten tag, Also muß yhe widderumb die helle seyn, da Gottis wort nicht ist, darynnen die unglewbigen durch den unglawben verstossen sind biß an iungsten tag: Das kan nicht anders denn eyn leer, unglewbig, sundig, boeße gewissen seyn.

M. Luther, Ein Sermon secundum Lucam (WA 10 III, 192,15–23).

Die skizzierte Verschränkung von präsentischer und individuell-futurischer Eschatologie führte bei Luther jedoch nicht zu einer völligen Einschmelzung der Differenz zwischen irdischer und jenseitiger Glaubensexistenz. So betonte er in seinen (individuell-eschatologischen) Überlegungen zu Tod und Sterben (1), dass das gegenwärtige Christenleben (im Gegensatz zum eschatologischen Heil) stets von der Spannung zwischen Glaube und Unglaube geprägt ist (der Glaubende ist stets simul iustus et peccator; vgl. §11.2.2). Auch Luthers universal-eschatologische Auffassungen zum Jüngsten Tag (2) spiegeln die Hoffung auf eine Vollendung der in der geschichtlichen Wirklichkeit nur fragmentarisch verwirklichten Erlösung durch Christus.

1. Für den Menschen, der Gott überhaupt nicht kennt (als Prototyp dafür dient Luther der griechische Philosoph Epikur), erscheint der *Tod* nicht als etwas wirklich Bedrohliches; er ist vielmehr nur ein Ausdruck der Vergänglichkeit alles Lebendigen. Anders verhält es sich im Falle des Christen, der den Tod als Strafe für die Sünde (vgl. §9.2) und damit als Ausdruck des göttlichen Zornes versteht. Seine Todesangst ist die Angst vor der Konfrontation mit dem Gott, der ein definitives Urteil über das ewige Heil oder die ewige Verdammnis sprechen wird.

Aus dem Kommentar zu Ps 90,7:
Das macht dein Zorn, dass wir so vergehen, und dein Grimm, dass wir so plötzlich dahin müssen.

Tatsächlich ist unser Tod grässlicher als alle Tode, nicht nur der anderen Lebewesen, sondern auch als die Tode und Nöte der Menschen. Denn was heißt	Profecto mors nostra omnibus non solum aliorum animantium, sed hominum quoque mortibus et calamitatibus atrotior est.

es schon, dass Epikur stirbt, der nicht nur nicht weiß, dass es Gott gibt, sondern der auch die Not, die er trägt, nicht kennt? Die Christen aber und die Gott fürchtenden Menschen wissen, dass ihr Tod wie die übrigen Nöte dieses Lebens [ein Ausdruck von] Gottes Zorn ist. Und so werden sie gezwungen, mit dem zornigen Gott zusammenzustoßen und um das zu bewahrende Heil zu kämpfen. (Übersetzung RL)	Quid enim est, quod Epicurus moritur, qui non solum Deum esse nescit, Sed etiam calamitatem suam, quam sustinet, ignorat? Sed Christiani et timentes Dei homines norunt mortem suam cum reliquis huius vitae calamitatibus esse iram Dei. Itaque coguntur cum iratio Deo congredi et dimicare de retinenda salute.

M. Luther, Ennaratio Psalmi XC (WA 40 III, 544,23–29; 545,9).

Die Situation der Todesangst als Angst vor dem Urteil des richtenden Gottes ist die Situation des Menschen unter dem Gesetz; von Todesangst sind die Christen also insofern bedroht, als sie ein gottgefälliges Leben als Bedingung für die Erlangung des ewigen Heils betrachten. Eben dieser Bedingungszusammenhang zwischen Heilserlangung und christlichem Lebensvollzug ist aber im Glauben an die ‚Barmherzigkeitsgerechtigkeit' des Evangeliums aufgelöst. Daher sind die Christen, sofern sie sich in der Todesstunde an das Wort Gottes halten, von jeder Todesangst frei; ihre Perspektive ist nicht das strenge Urteil des richtenden Gottes, sondern das ewige Leben in der Gemeinschaft mit Christus.

Aus dem Kommentar zu Joh 8,51:
Wahrlich, wahrlich, ich sage euch: Wer mein Wort hält, der wird den Tod nicht sehen in Ewigkeit.

Ein Christ schmeckt oder sieht den Tod nicht, d. h. er fühlt ihn nicht, erschrickt nicht davor und geht sanft und still hinein, als entschliefe er und stürbe doch nicht. Aber ein Gottloser fühlt ihn und ist über ihn ewig entsetzt. [...] Diesen Unterschied bewirkt das Wort Gottes. Ein Christ hat es und hält sich im Tode daran, darum sieht er nicht den Tod, sondern das Leben und Christus im Wort. Darum fühlt er den Tod auch nicht. Aber der Gottlose hat das Wort nicht, darum sieht er kein Leben, sondern reinen Tod; deshalb muss er ihn auch fühlen: Das ist dann der bittere und ewige Tod. (Übertragung RL)	[E]yn Christen schmeckt odder sihet den tod nicht, das ist, er fulet yhn nicht, erschrickt nicht so dafur und gehet sanfft und still hyneyn, als entschlieff er und stoerbe doch nicht. Aber eyn gotloser fulet yhn und entsetzt sich dafur ewiglich. [...] Diesen unterscheyd macht das wort Gotts. Eyn Christ hats und hellt sich dran ym tode, drumb sihet er den tod nicht, sondern das leben und Christum ym wort. Drumb fulet erden tod auch nicht. Aber der gotlose hat das wort nicht, drumb sihet er keyn leben, sondern eytel tod, so mus er yhn denn auch fulen, das ist denn der bitter und ewiger tod.

M. Luther, Fastenpostille (WA 17 II, 234,36–39; 235,1–5).

2. Insbesondere der späte Luther hat die zeitliche Nähe des Jüngsten Tages behauptet und das Kommen des Gottesreiches sowie den Triumph der wahren Kirche Christi regelrecht herbeigesehnt. Seine Behauptung der Nähe des Jüngsten Tages hing vor allem zusammen mit der Deutung des damaligen Papsttums als der Verkörperung des Antichrist, wie ihn Luther in II Thess 2,4 charakterisiert fand: „Er ist der Widersacher, der sich erhebt über alles, was Gott oder Gottesdienst heißt, so

dass er sich in den Tempel Gottes setzt und vorgibt, er sei Gott". – Der Papst hat sich nach Luther dadurch „in den Tempel Gottes" gesetzt, dass er die Seligkeit der Christen von der Unterordnung unter seine Autorität abhängig gemacht hat.

Dieses [Lehr-]stück [über das Papsttum] zeigt gewaltig, daß [der Papst] der rechte Endchrist oder Widerchrist (Antichrist) ist, der sich über und gegen Christus gesetzt und erhöht hat. Denn er will die Christen nicht selig werden lassen ohne seine Gewalt (Vollmacht), obwohl diese doch nichts ist, da sie von Gott weder angeordnet noch geboten ist. Das heißt so recht eigentlich ‚sich über Gott und wider Gott setzen', wie der Hl. Paulus sagt.	Haec doctrina praeclare ostendit, papam esse ipsum verum Antichristum, qui supra Christum sese extulit et evexit, quandoquidem christianos non vult esse salvos sine sua potestate, qui tamen nihil est et a Deo nec ordinata nec mandata est. Hoc proprie loquendo est se efferre supra et contra Deum, sicut Paulus 2. Thess. 2. loquitur.

M. Luther, ASm II 4 (Unser Glaube, 466: Nr. 399/BSLK 430,30–32; 431,19 f.).

Im Blick auf die Behauptung der zeitlichen Nähe des Jüngsten Tages ist eine Verschiebung in der Interpretation von Apk 20 von Bedeutung, die Luther gegenüber Augustin vollzogen hat. Augustin (und mit ihm das Mittelalter) hatte die in Apk 20,2–4 erwähnte tausendjährige Herrschaft Christi auf die Zeit der Kirche bezogen und sich damit vom Chiliasmus abgegrenzt (vgl. 14.2.1; zur Renaissance des Chiliasmus in Mittelalter und Neuzeit vgl. 14.3.1). Diese Deutung hat Luther zwar prinzipiell geteilt. In seiner „Supputatio annorum mundi" („Berechnung der Jahre der Welt": 1541), einer Chronik mit den wichtigsten Daten der Welt- und Kirchengeschichte, hat er die Phase der Herrschaft Christi aber bereits mit dem Pontifikat Papst Gregors VII. (Pontifikat: 1073–1085) enden lassen. Den seitdem vom Papsttum notorisch erhobenen Anspruch auf weltliche Macht deutete Luther als die Entfesselung des Satans, mit der nach Apk 20,7–10 die dem endgültigen Sieg Gottes vorangehende Bedrängnis der Heiligen (der wahren Kirche Christi) eingeleitet wird.

Über die geistesgeschichtliche Bedeutung der mittelalterlichen Eschatologie informiert:
– J. Fried, Aufstieg aus dem Untergang.

Über die Entstehung und Entwicklung der Fegfeuerlehre informiert:
– J. LeGoff, Die Geburt des Fegefeuers.

Der Text von Dantes „Divina Commedia" ist in italienischer und deutscher Sprache zugänglich unter:
– http://www.danteonline.it/italiano/home_ita.asp (italienisch);
– http://gutenberg.spiegel.de/dante/komoedie/komoedie.htm (deutsch; Übersetzung von Karl Steckfuß).

Einen Gesamteindruck des in der Zwischenbemerkung erwähnten Werkes von H. Bosch gestattet die unter der nachstehenden Adresse zugängliche Bilddatei:
– http://www.ibiblio.org/wm/paint/auth/bosch/7sins/7sins.jpg.

Informieren Sie sich über das Verhältnis von doppelter Prädestination und Apokatastasis anhand von:
– D. Lange, Glaubenslehre, Band 2, 464–473.

📖 Luthers Eschatologie wird skizziert bei:
- N. Slenczka, Christliche Hoffnung.

📖📖 Eine umfassende Darstellung von Luthers Eschatologie anhand seiner Reihenpredigten über I Kor 15 von 1532/1533 (WA 36, 478–696) bietet:
- A. Wiemer, ‚Mein Trost, Kampf und Sieg ist Christus'.

✍ Informieren Sie sich über Luthers Lehre vom Seelenschlaf anhand von:
- W. Thiede, Nur ein ewiger Augenblick.

📖📖 Wichtige Texte Luthers zum Problem von Tod und Sterben hat G. Ebeling übersetzt und erläutert:
- G. Ebeling, Des Todes Tod;
- G. Ebeling, Todesangst und Lebenshoffnung.

14.3 Probleme der neueren Eschatologie

14.3.1 Eschatologie und Geschichte

Die Frage nach dem Verhältnis der *irdischen Geschichte* zum geschichtstranszendenten *Reich Gottes* hat die Eschatologie stets beschäftigt. So wurde trotz der einschlägigen biblischen Hinweise darauf, dass das Gottesreich unerwartet kommen würde (vgl. z. B. I Thess 5,2), immer wieder versucht, den Zeitpunkt der Parusie zu berechnen. Als Grundlage dafür dienten vor allem die in den synoptischen Apokalypsen (Mk 13 parr.) enthaltenen Hinweise auf die Zeichen der Endzeit (vgl. z. B. Mt 24,3–14). Darüber hinaus tauchte ebenfalls bereits im Mittelalter die Frage auf, ob es schon vor dem durch Christus herbeizuführenden zukünftigen Ende der irdischen Geschichte zu einer verbesserten Situation der gegenwärtigen Christenheit kommen könnte. Die Vorstellung von einer irdischen Herrschaft Christi war zwar durch die Verwerfung des Chiliasmus bzw. Millenarismus (vgl. 14.2.1) prinzipiell zurückgewiesen. Aber seit dem Hochmittelalter wurden immer wieder Hoffnungen auf einen nahe bevorstehenden Wandel der irdischen Zustände zum Besseren artikuliert und mit politischen Veränderungen oder kirchlich-religiösen Aufbruchsbewegungen in Zusammenhang gebracht.

Von besonderer Bedeutung war in diesem Zusammenhang der geschichtstheologische Entwurf des Joachim von Fiore (ca. 1130–1202). Danach folgte dem Zeitalter des Vaters (Zeit von der Schöpfung bis zur Geburt Jesu) zunächst das Zeitalter des Sohnes (Zeit der von Priestern geleiteten christlichen Kirche), das seinerseits abgelöst werden wird durch das Zeitalter des Heiligen Geistes, das als Zeit einer Kirche der Mönche verstanden ist, die seit der Begründung des westlichen Mönchtums durch Benedikt von Nursia (480–547) innerhalb der Kirche der Priester bereits existiert. Als im 13. Jahrhundert das Auftreten des Franz von Assisi (1181/1182–1226) als Beginn des Geistzeitalters behauptet und diese Behauptung mit einer Kritik der bestehenden kirchlichen Zustände verbunden wurde, kam es zu einer Wiederbelebung joachimitischer Gedanken und damit zugleich zu einer wirkkräftigen Erneuerung chiliastischer Ideen.

Renaissance des Chiliasmus (im Mittelalter und) in der Neuzeit

- Bereits im Mittelalter Hoffnungen auf einen nahe bevorstehenden Wandel der irdischen Zustände zum Besseren.
- Im Pietismus Anknüpfung an den (postmillenaristischen) Chiliasmus und Transformation in eine Ethik christlicher Weltgestaltung.

In der Neuzeit vollzog sich eine wichtige Differenzierung des Millenarismus-Begriffs, die in heutiger Terminologie mit der *Unterscheidung von Prämillenarismus und Postmillenarismus* zum Ausdruck gebracht wird. Unter *Prämillenarismus* wird dabei die Auffassung verstanden, dass Christus bereits *vor* (lat. *prae*) dem Beginn der tausend Jahre (des Millennium) sichtbar-*leibhaftig* auf die Erde kommen wird; dagegen behauptet der *Postmillenarismus*, dass Christus seine sichtbare Herrschaft auf Erden erst *nach* (lat. *post*) dem Beginn oder gar am Ende des Millennium antreten wird; dieser leibhaftigen Wiederkunft Christi gehe eine Phase seines Wirkens in der Kraft des *Geistes* voraus, und als Kennzeichen dieser Phase gelten Erfolge der Evangeliumspredigt und entsprechende Verbesserungen im Zustand des gegenwärtigen Christentums. – Diese postmillenaristische Lehre verband sich leicht mit der Vorstellung, dass es zu den Aufgaben christlichen Handelns gehöre, einen Beitrag zur Durchsetzung solcher Verbesserungen zu leisten.

Es war der Pietismus, durch den ein Chiliasmus im eben skizzierten (postmillenaristischen) Sinn Eingang in den deutschen Protestantismus fand (vgl. zum theologiegeschichtlichen Kontext: 1. Hauptteil, Abschnitt 4.3). So hat Philipp Jakob Spener in Anlehnung an Röm 11.25 f und Apk 18 f die Hoffnung auf einen besseren Zustand der irdischen Kirche ausgesprochen. Aus diesen Verheißungen hat er dann eine Aufforderung zur Mitwirkung der Christen an der Realisierung dieser Ankündigungen Gottes abgeleitet.

Sehen wir die heilige Schrifft an / so haben wir nicht zu zweifflen / daß GOTT noch einigen bessern zustand seiner Kirchen hier auff Erden versprochen habe. Wir haben 1. die herrliche weissagung S. Pauli und von ihm geoffenbahretes geheimnuß / Rom. 11/25.26. Wie / nachdem die fülle der Heyden eingegangen / gantz Israel solle selig werden. Daß also / wo eben nicht das gantze / gleichwohl ein merckliches grosses theil / der biß daher noch so verstockt gewesenen *Juden zu dem HERRN bekehret werden sollen.*

Nechstdeme / haben wir auch noch einen *grössern falle deß Päbstischen Roms* zu erwarten. Dann ob zwar ihm ein merklicher stoß von unserm S. Herrn Luthero gegeben worden / so ist doch desselben geistliche gewalt noch viel zu groß / als daß wir sagen sollten / daß die weissagung Offenbahr. c. 18 und c. 19. gantz erfüllet seye.

Si scripturam S. inspiciamus, dubitandum non est, quod Deus Ecclesiae in terris conditionem adhuc meliorem pollicitus sit. habemus 1. clarissimum vaticinium Pauli, & ab eo revelatum mysterium Rom. 11/25.26. quod postquam plenitudo gentium introiverit, totus Israel salvandus sit. Ut ita, si non integra gens, major tamen, & quae valde notabilis sit, pars ejus Judaeorum hactenus ita induratorum ad Deum convertatur.

Praeter hanc Judaeorum salutem major etiam lapsus Romae Papalis expectandus superest. Quamvis enim a B. nostro Luthero non exiguam cladem ista passa sit, potentia tamen ejus spiritualis longe major est adhuc, quam ut dicamus, vaticinium Apoc 18. & 19. totum impletum.

In dem wir aber solche erfüllung hoffen / so wil nicht gnug seyn / derselben bloß dahin zu warten / und mit jenen / die Salomo narren heisset / über dem wünschen zu sterben / sondern es liget uns allen ob / daß wir so viel eins theils zu bekehrung der Juden und geistlicher schwächung des Pabsthums / oder andern theils zu besserung unserer kirchen gethan werden mag / zu werck zu richten nicht säumig seyen.	Dum vero hanc impletionem speramus, satis esse non debet, eam duntaxat expectare, & cum illis, quos Salomo stultos arguit, votis suis immori, sed nobis omnibus incumbit, ut quicquid hinc ad conversionem Judaeorum & spiritualem Papatus concussionem, vel illinc ad Ecclesiae nostrae emendationem fieri potest, ipso opere exequi non segnes simus.

Ph. J. Spener, Pia desideria, 88,26–33/89,24–30; 90,14–19/91,14–18; 92,15–20/93,12–18.

Da die reformatorische Theologie sowohl anglikanischer als auch lutherischer und reformierter Prägung, nicht zuletzt wegen der Bedeutung des Chiliasmus für einige Vertreter des ‚linken Flügels' der Reformation, die Vorstellung einer Herrschaft Christi auf Erden ausdrücklich verurteilt hatte, wurde die Wiederbelebung des Chiliasmus durch Spener von der altprotestantischen Orthodoxie scharf kritisiert. Spener hielt in diesen Auseinandersetzungen zwar an seiner Vision besserer Zeiten für die Kirche fest, distanzierte sich aber von dem seit der Reformation verurteilten Chiliasmus, der teilweise eine gewaltsame Herbeiführung des irdischen Gottesreiches propagierte; Speners Auffassung wird daher gelegentlich als [ver]feiner[ter] Chiliasmus bezeichnet (lat. Chiliasmus subtilis).

Reich-Gottes-Gedanke und religiöser Fortschrittsglaube

– Reich Gottes-Gedanke wurde im Pietismus zum Motiv ethischen Weltengagements: Menschliches Handeln dient der Beförderung des Reiches Gottes.
– Wirkung auf Fortschrittsoptimismus der Aufklärung und Christentumsverständnis des Kulturprotestantismus.

Die von Spener in der beschriebenen Weise vollzogene *Transformation des Chiliasmus (subtilis) in eine Ethik christlicher Weltgestaltung* verband sich mit einer *Neuinterpretation des Reich-Gottes-Gedankens*. Während die Orthodoxie den Gedanken des Reiches Gottes lediglich im Zusammenhang mit Christi königlichem Amt verwendet hatte (vgl. § 10.3.3), wurde er im Pietismus zum Motiv ethischen Weltengagements: Die Qualität christlichen Handelns hängt davon, ab, inwieweit der Mensch zur Beförderung des Reiches Gottes (lat. promotio regni divini) beiträgt.

Lasset uns gedencken / daß dermaleins nicht werde gefragt werden / wie gelehrt wir gewest und solches der Welt vorgelegt haben [...]: sondern wie treulich und mit einfältigen Hertzen wir das Reich Gottes zu befördern getracht.	Cogitemus, non aliquando quaestionem fore, quam docti fuerimus & eruditionis nostrae fidem mundo fecerimus [...]: sed qua fide, quam simlici corde promotioni regni divini studuerimus.

Ph. J. Spener, Pia desideria, 14,20f.25–27/15,19f.24f.

Der so entstandene mit dem Reich-Gottes-Gedanken verbundene Geschichtsoptimismus der pietistischen Ethik bildete einen Vorläufer des in der Aufklärung formulierten Gedankens, die biblische Vorstellung vom Reich Gottes als dem Ziel der Geschichte könne innergeschichtlich aufgefasst werden, nämlich als Ziel des Fortschritts der Menschheitsentwicklung (vgl. zum theologiegeschichtlichen Kontext: 1. Hauptteil, Abschnitt 4.6). In diesen Zusammenhang einer Trennung des Reich-Gottes-Gedankens von der Vorstellung einer Vernichtung der Welt und dem Ende der Menschheitsgeschichte gehört die von Gotthold Ephraim Lessing verfasste Schrift „Die Erziehung des Menschengeschlechts". Mit vergleichbarer Intention hat Immanuel Kant die von Jesus für seine Person und sein Handeln behauptete Gegenwärtigkeit des Gottesreiches auf die öffentliche Verwurzelung einer sittlichen Vernunftreligion bezogen, also auf den mindestens partiell gelungenen Übergang vom Kirchenglauben zum Religionsglauben (vgl. §4.3.1), dessen universale Geltung allerdings noch aussteht.

Man kann aber mit Grunde sagen: ‚daß das Reich Gottes zu uns gekommen sei' [vgl. Mk 1,15 parr.], wenn auch nur das Princip des allmählichen Überganges des Kirchenglaubens zur allgemeinen Vernunftreligion und so zu einem (göttlichen) ethischen Staat auf Erden allgemein und irgendwo auch *öffentlich* Wurzel gefaßt hat: obgleich die wirkliche Errichtung desselben noch in unendlicher Weite von uns entfernt liegt.
I. Kant, Die Religion innerhalb der Grenzen der bloßen Vernunft
(Akademie-Textausgabe VI 122,25–30).

Weiterhin hat der Kulturprotestantismus des 19. Jahrhunderts das Reich Gottes als eine religiös-sittliche, d. h. von Gottes- und Nächstenliebe getragene Gemeinschaft verstanden (vgl. die Hinweise zu Richard Rothe im 1. Hauptteil, Abschnitt 5.2). Nach Albrecht Ritschl setzt die im „Glauben an die väterliche Vorsehung Gottes" empfangene Gotteskindschaft im Menschen den Antrieb zur „Arbeit am Reiche Gottes" in der irdischen Welt frei. Diese „Arbeit am Reiche Gottes" vollzieht sich nach Ritschl stets innerhalb der „engeren und natürlich bedingten Gemeinschaften", d. h. in den irdisch-menschlichen Lebensordnungen („Ehe, Familie, bürgerliche Gesellschaft, nationaler Staat"; vgl. zum theologiegeschichtlichen Kontext: 1. Hauptteil, Abschnitt 5.3.1).

Das Reich Gottes ist der allgemeine Zweck der durch Gottes Offenbarung in Christus gestifteten Gemeinde, und ist das gemeinschaftliche Produkt derselben, indem deren Glieder sich durch eine bestimmte gegenseitige Handlungsweise unter einander verbinden. [...]
Der einzelne Gläubige in der christlichen Gemeinde eignet sich die Berufung zum Reiche Gottes und die Versöhnung oder Annahme zum Kinde Gottes nicht an, ohne diese Gnadenwirkungen zugleich als Antriebe zu den entsprechenden Selbstthätigkeiten zu erfahren. [...] Die Betätigung der Gotteskindschaft in der geistigen Freiheit und Herrschaft über die Welt und die Arbeit am Reiche Gottes füllen das christliche Leben aus. [...] Die Wechselwirkung jener religiösen [Betätigung der Gotteskindschaft] und dieser sittlichen [Arbeit am Reiche Gottes] Tätigkeit bewährt sich darin, daß die religiöse Aufgabe der Herrschaft über die Welt dieselbe Anstrengung des Willens erfordert, wie die sittliche Aufgabe des Reiches Gottes, und daß diese die religiöse Erhebung über die Welt einschließt, ohne welche schon der Gedanke des Reiches Gottes nicht aufzufassen ist. [...]

Die sittliche Aufgabe des Reiches Gottes wird nur dann als die allgemeinste Aufgabe in der christlichen Gemeinde gelöst, wenn das Handeln aus der Liebe gegen den Nächsten der letzte Beweggrund des Handelns ist, welches man in den natürlich bedingten sittlichen Gemeinschaften engern Umfangs (Ehe, Familie, bürgerliche Gesellschaft, nationaler Staat) nach den auf jeder Stufe derselben geltenden besonderen Grundsätzen ausübt.

A. Ritschl, Unterricht in der christlichen Religion, §§ 5.27.55 f.
(TKTG 3, 15.30.49; umgestellt).

Die von Ritschl vorgetragene Interpretation des von Jesus verkündigten Gottesreichs als Ziel der geschichts*immanenten* sittlichen Menschheitsentwicklung verband sich mit der Ausblendung der geschichts*transzendenten* Themen der älteren Eschatologie, deren traditionelle Ausgestaltung vielfach von der Bildwelt der biblischen Apokalyptik geprägt gewesen war. Die exegetische Problematik dieses Vorgehens war den Theologen des Kulturprotestantismus grundsätzlich bewusst. Im Blick auf Jesu Verkündigung selbst hat z. B. Ritschls Schüler Adolf von Harnack die Bedeutung der apokalyptischen Naherwartung zwar ausdrücklich zugestanden. Diese „ganze äußerliche Zukunftshoffnung", also die apokalyptisch geprägte Vorstellung vom nahe bevorstehenden Weltende, hielt er aber gerade nicht für das letztlich entscheidende Element in Jesu Predigt. Als dieses hat nach Harnack vielmehr die innerliche Verbindung der einzelnen Seele mit Gott zu gelten, eine Auffassung, für die er sich auf Lk 17,21 sowie die Gleichnisse Jesu berufen hat.

Darüber kann kein Zweifel sein, jene Vorstellung von den zwei Reichen, dem Gottesreich und dem Teufelsreich, von ihren Kämpfen und dem zukünftigen letzten Kampf, in welchem der Teufel, nachdem er längst aus dem Himmel ausgewiesen, nun auch auf der Erde besiegt wird – diese Vorstellung teilte Jesus einfach mit seinen Zeitgenossen. [...] Die andere Anschauung aber, daß das Reich Gottes nicht ‚mit äußerlichen Gebärden' [Lk 17,21] kommt, daß es schon da ist, sie war sein wirkliches Eigentum. [...] Wer wissen will, was das Reich Gottes und das Kommen dieses Reiches in der Verkündigung Jesu bedeuten, der muß seine Gleichnisse lesen und überdenken. Da wird ihm aufgehen, um was es sich handelt. Das Reich Gottes kommt, indem es zu den *einzelnen* kommt, Einzug in ihre *Seele* hält, und sie es ergreifen. Das Reich Gottes ist Gottes*herrschaft*, gewiß – aber es ist die Herrschaft des heiligen Gottes in den einzelnen Herzen, es ist *Gott selbst mit seiner Kraft*. Alles Dramatische im äußeren, weltgeschichtlichen Sinn ist hier verschwunden, versunken ist auch die ganze äußerliche Zukunftshoffnung.

A. v. Harnack, Das Wesen des Christentums, 89 f.

Der Neutestamentler Johannes Weiß (1863–1914) hat dennoch – erstmals ein knappes Jahrzehnt vor Harnacks „Wesen des Christentums" – auf die exegetische Schwachstelle der Lehre seines Schwiegervaters Ritschl aufmerksam gemacht: In der Verkündigung des historischen Jesus, soweit sie rekonstruierbar ist, wird das Reich Gottes gerade nicht als Ergebnis *menschlichen* Handelns innerhalb der „engeren und natürlich bedingten Gemeinschaften" beschrieben. Es gilt vielmehr als das in Kürze erwartete Resultat *göttlichen* Handelns und damit als eine schlechthin *transzendente* Größe.

> Das Reich Gottes nach der Auffassung Jesu [ist] eine schlechthin überweltliche Größe [...], die zu dieser Welt in ausschließendem Gegensatze steht. Damit ist aber gesagt, dass von einer *innerweltlichen* Entwicklung des Reiches Gottes im Gedankenkreise Jesu die Rede nicht sein *kann*. Auf Grund dieses Resultats scheint sich zu ergeben, daß die dogmatische, religiös-ethische Verwendung dieser Vorstellung in der neueren Theologie, welche dieselbe völlig ihres ursprünglich eschatologisch-apokalyptischen Sinnes entkleidet hat, unberechtigt sei.
>
> J. Weiss, Die Predigt Jesu vom Reiche Gottes, 49f.

Gemeinsam mit Albert Schweitzer gilt Johannes Weiß als ein Vertreter der sog. *konsequenten Eschatologie*. Schweitzer hat dieses Stichwort 1906 in seiner Darstellung zur Geschichte der Leben-Jesu-Forschung verwendet (vgl. § 10.4.2). Er bezeichnete damit eine Deutung des historischen Jesus, in der die Naherwartung des Reiches Gottes *konsequent* als Grundlage der Interpretation von Jesu Lehre dient. Als *in*konsequente Eschatologie galt demgegenüber eine aktualisierende Deutung der jesuanischen Reich-Gottes-Verkündigung, wie sie z.B. bei Ritschl vorlag. Hier nämlich werde die Differenz zwischen der neutestamentlichen Endzeiterwartung und der liberal-theologischen Vorstellung vom Reich Gottes als dem Ziel einer innerweltlichen Entwicklung nicht berücksichtigt.

Die von Weiß u.a. geäußerten exegetischen Einwände gegen den kulturprotestantischen Reich-Gottes-Gedanken wurden durch den Zusammenbruch des Kulturoptimismus infolge des 1. Weltkriegs verstärkt. Auch die Theologie des beginnenden 20. Jahrhunderts hat daher die ethizistische Deutung der christlichen Eschatologie zurückgewiesen. Von Bedeutung war dabei die von den Vertretern des Religiösen Sozialismus vollzogene Parallelisierung des durch Jesus verkündigten Gottesreiches als einer *eschatologisch-apokalyptischen* Größe mit der sozialistischen Revolution (vgl. zum theologiegeschichtlichen Kontext: 1. Hauptteil, Abschnitt 6.1.2). Im Unterschied dazu hat Rudolf Bultmann das Eschaton nicht als Ergebnis eines endzeitlichen göttlichen Geschichtshandelns aufgefasst. Gegenüber diesem *futurischen* Verständnis ist Bultmanns Eschatologie als *präsentisch* zu charakterisieren: Für ihn war – anknüpfend an Paulus und Johannes – die Frage nach der Herrschaft Gottes eine Frage der Gegenwart. Sie stellt sich in jedem Augenblick, in dem ein Mensch – etwa durch die kirchliche Verkündigung – in die Situation der Entscheidung für oder gegen Christus gestellt ist: *Jeder Augenblick der Entscheidung ist ein eschatologisches Jetzt*. Nicht die Geschichte im Sinne eines zeitlichen Ereignisverlaufs ist theologisch von Interesse, sondern nur die im eschatologischen Jetzt aufscheinende *Geschichtlichkeit* des menschlichen Seins.

> [Joh 7,33f behauptet] streng die Einmaligkeit und Kontingenz der Offenbarung auch in dem Sinne, daß sie nicht in einem beliebigen Jetzt zur Verfügung steht [...] Sie findet nur da statt, wo das Wort einen trifft. [...] Dem Jetzt des Gekommenseins des Offenbarers korrespondiert also genau das Jetzt der Wortverkündigung als eines jeweils geschichtlichen Faktums, das Jetzt der Gelegenheit: *der Augenblick*. [...] Dies jeweilige Jetzt des Angesprochenseins, dieser Augenblick, ist *das eschatologische Jetzt*, weil in ihm die Entscheidung zwischen Tod und Leben fällt.
>
> R. Bultmann, Die Eschatologie des Johannesevangeliums, 143f.

Während [bei Paulus] die Geschichte des Volkes und der Welt an Interesse verliert, wird jetzt ein anderes Phänomen entdeckt: die echte Geschichtlichkeit des menschlichen Seins. Die entscheidende Geschichte ist nicht die Weltgeschichte, die Geschichte Israels und der anderen Völker, sondern die Geschichte, die jeder Einzelne selbst erfährt. Für diese Geschichte ist die Begegnung mit Christus das entscheidende Ereignis, ja, in Wahrheit das Ereignis, durch das der Einzelne beginnt, wirklich geschichtlich zu existieren, weil er beginnt, eschatologisch zu existieren. [...] Das Paradox von Geschichte und Eschatologie besteht darin, daß sich das eschatologische Geschehen in der Geschichte ereignet hat und sich überall in der Predigt wieder ereignet. Das heißt: Eschatologie in ihrem echten christlichen Verständnis ist nicht das zukünftige Ende der Geschichte, sondern die Geschichte ist von der Eschatologie verschlungen.

R. Bultmann, Geschichte und Eschatologie im Neuen Testament, 102. 106.

Ähnlich wie Bultmann hat auch Paul Althaus in seinem Buch „Die letzten Dinge" (zuerst 1922) die *Gegenwärtigkeit* der Heilsgewissheit als den entscheidenden Aspekt der christlichen Eschatologie behauptet. In Anlehnung an die sog. Wertphilosophie des 19. Jahrhunderts, namentlich unter Berufung auf Wilhelm Windelband (1848–1915), hat er von der *teleologischen* (auf ein zukünftiges Ziel: gr. *telos* bezogenen) Eschatologie eine *axiologische* Eschatologie unterschieden. Danach wird das in der traditionellen Eschatologie für die jenseitige *Zukunft* verheißene ewige Leben im Glauben als *gegenwärtiger* Wert (gr. *axia*) erfahren. Seit der 4. Auflage seines Buches (1933) hat er allerdings die zunächst abgelehnte endgeschichtliche Eschatologie wieder in seinen Entwurf aufgenommen.

Zu einer *Neubelebung der futurischen Eschatologie* kam es im 20. Jahrhundert, analog zur Wiederentdeckung der Geschichte im deutschen Protestantismus (vgl. zum theologiegeschichtlichen Kontext: 1. Hauptteil, Abschnitt 6.3.2), vor allem durch das zuerst 1964 und danach in zahlreichen weiteren Auflagen erschienene und viel diskutierte Buch „Theologie der Hoffnung" von Jürgen Moltmann (vgl. zum theologiegeschichtlichen Kontext: 1. Hauptteil, Abschnitt 6.3.3). Es verdankt sich nicht zuletzt der Auseinandersetzung mit dem Neomarxismus in Gestalt von Ernst Blochs (1885–1977) dreibändigem Werk „Das Prinzip Hoffnung" (1954–1957), das in die Wirkungsgeschichte des durch Joachim von Fiore angeregten Chiliasmus gehört.

Für Moltmann ist die Zukunft, der klassische Gegenstand der Eschatologie, zugleich das Zentralthema der christlichen Theologie. Die Zukunft, von der die Theologie zu reden hat, ist für ihn aber stets christologisch qualifiziert. Zukunft wird betrachtet im Licht der durch das Christusgeschehen von Gott her verbürgten „Verheißung eines Neuen", die „Hoffnung auf eine Zukunft aus Gott" eröffnet.

Eschatologie im 20. Jahrhundert

– Krise der kulturprotestantischen Reich-Gottes-Vorstellung durch exegetische Kritik (J. Weiss) und Ende des Fortschrittsoptimismus nach dem 1. Weltkrieg.
– Bultmann: Konzentration auf präsentische Eschatologie: Im eschatologischen Jetzt erscheint die Geschichtlichkeit des menschlichen Seins.
– Moltmann: Erneuerung der futurischen Eschatologie: Zentralthema der christlichen Theologie ist die christologisch qualifizierte Zukunft.

Das Christentum ist ganz und gar und nicht nur im Anhang Eschatologie, ist Hoffnung, Aussicht und Ausrichtung nach vorne, darum auch Aufbruch und Wandlung der Gegenwart. Das Eschatologische ist nicht etwas *am* Christentum, sondern es ist schlechterdings das Medium des christlichen Glaubens. [...] Es gibt darum nur ein wirkliches Problem der christlichen Theologie, das ihr von ihrem Gegenstand her gestellt [...] wird: Das Problem der Zukunft. Denn das, was uns in den biblischen Testamenten der Hoffnung begegnet als das Andere, als das, was wir uns nicht schon aus der gegebenen Welt und unseren schon gemachten Erfahrungen mit ihr ausdenken und ausmalen können, das begegnet uns als Verheißung eines Neuen und als Hoffnung auf eine Zukunft aus Gott. [...]
Die christliche Eschatologie redet nicht von der Zukunft überhaupt. Sie geht aus von einer bestimmten geschichtlichen Wirklichkeit und sagt deren Zukunft an, deren Zukunftsmöglichkeit und Zukunftsmächtigkeit. Christliche Eschatologie spricht von Jesus Christus und *seiner* Zukunft. [...] Darum ist für sie die Begründung aller Aussagen über die Zukunft in der Person und der Geschichte Jesu Christi der Prüfstein der eschatologischen und utopischen Geister.
J. Moltmann, Theologie der Hoffnung, 12 f.

Die christliche Hoffnung ermuntert nun nach Moltmann dazu, in Widerstand und schöpferischer Erwartung die Gestalt der Welt zu verändern. Diese Tendenz zu christlich motivierten gesellschaftspolitischen Veränderungen in einer Welt, in der Gottes Verheißungen noch nicht erfüllt sind, steht zwar grundsätzlich in der Tradition Ritschls. Über die kulturprotestantische Reich-Gottes-Vorstellung geht Moltmanns Ansatz allerdings hinaus. Denn er möchte die „Berufung zur Nachfolge Christi" gerade nicht auf Berufserfüllung in den bestehenden irdisch-menschlichen Lebensordnungen beschränkt wissen. Von der verheißenen Zukunft her stellt die christliche Hoffnung vielmehr „das Bestehende in Frage".

Die kommende Herrschaft des auferstandenen Christus kann man nicht nur erhoffen und abwarten. Diese Hoffnung und Erwartung prägt auch das Leben, Handeln und Leiden in der Gesellschaftsgeschichte. Darum bedeutet Sendung nicht nur Ausbreitung des Glaubens und der Hoffnung, sondern auch geschichtliche Veränderung des Lebens. [...] Die Hoffnung des Evangeliums hat nicht nur eine polemische und befreiende Beziehung zu den Religionen und Ideologien der Menschen, sondern viel mehr noch zum faktischen und praktischen Leben der Menschen und zu den Verhältnissen, in denen dieses Leben geführt wird. [...] Im praktischen Widerstand und in schöpferischer Neugestaltung stellt die christliche Hoffnung das Bestehende in Frage und dient so dem Kommenden. [...]
Mit der reformatorischen Wiederentdeckung des ‚allgemeinen Priestertums aller Gläubigen' wurde deutlich, daß an jeden die Berufung durch das Evangelium ergeht. [...] Die vita christiana besteht nicht mehr in der Flucht vor der Welt und in geistlicher Resignation von ihr, sondern sie steht im Angriff auf die Welt und im Beruf an der Welt. Nur wurde es im Fortgang der Reformation dunkel, wer diese irdischen Berufe eigentlich anweist. [...]
In Wahrheit [...] zielt die Berufung zur Nachfolge Christi nicht auf treue und liebevolle Berufserfüllung im – von welchem Gott oder welchen Mächten immer – Vorgegebenen. Diese Berufung hat vielmehr ihr eigenes Ziel. Es ist die Berufung zur Mitarbeit am Reiche Gottes, das kommt. Die reformatorische Identifizierung von Berufung und ‚Beruf' meinte niemals eine Auflösung der Berufung in den ‚Beruf', sondern umgekehrt eine Integration und Verwandlung der ‚Berufe' in die Berufung.
J. Moltmann, Theologie der Hoffnung, 304 f. 307.

14.3.2 Eschatologie und Anthropologie

Die für die vorreformatorische Tradition charakteristische Verbindung von biblischer und philosophischer Anthropologie wurde zunächst durch Luther kritisiert (vgl. §9.2); die lutherische Theologie des 20. Jahrhunderts hat diese Kritik aufgenommen und radikalisiert. Überdies wurde im Verlauf der neuzeitlichen Entwicklung speziell die christliche Sündenlehre einschneidenden Transformationen unterzogen (vgl. §9.3.2). Die genannten Vorgänge spielen im Bereich der neueren Eschatologie bei denjenigen Themen eine Rolle, die mit Grundentscheidungen der Anthropologie und der Sündenlehre verbunden sind. Dabei handelt es sich um die Frage nach der *Unsterblichkeit der Seele* sowie das Problem des *Verhältnisses von Sünde und Tod*.

Die antik-philosophische Bestimmung des Menschen als eines aus vergänglichem Leib und unsterblicher Seele ‚zusammengesetzten' Wesens galt in der christlichen Theologie seit altkirchlicher Zeit nicht nur als philosophisch plausibel, sondern auch als gut vereinbar mit dem biblischen Menschenbild. Die philosophische Plausibilität wurde allerdings seit dem Mittelalter wiederholt in Frage gestellt.

> Auseinandersetzungen ergaben sich im Zusammenhang der hochmittelalterlichen Aristoteles-Rezeption (vgl. zum theologiegeschichtlichen Kontext: 1. Hauptteil, Abschnitt 2.2.3). Der aus Andalusien stammende arabische Philosoph Averroes (Ibn Rushd; 1126–1198) hat die Seelenlehre des Aristoteles so verstanden, dass die Unsterblichkeit nur einem *überindividuellen* Intellekt (gr. *nous*) zukommt, während die *individuelle* menschliche Erkenntniskraft aufgrund ihrer Leibgebundenheit mit dem Tod des Einzelnen verwest. Der Aristoteliker Siger von Brabant (gest. vor 1284), Zeitgenosse und Kollege des Thomas von Aquin an der Pariser Artistenfakultät, hat sich dieser Interpretation angeschlossen und deshalb einen Widerspruch zwischen philosophischer Lehre und christlicher Theologie behauptet. In seiner Schrift „De Unitate Intellectus" („Über die Einheit des Geistes", 1270) hat Thomas dagegen nachzuweisen versucht, dass die averroistische Deutung der aristotelischen Seelenlehre nicht haltbar ist.

Zu Beginn des 16. Jahrhunderts hat der in Padua und später in Bologna lehrende italienische Philosoph Pietro Pomponazzi (1462–1525) die averroistische Interpretation der aristotelischen Seelenlehre erneuert und daher die philosophische Beweisbarkeit der individuellen Unsterblichkeit bestritten. Gegen die an der Universität Padua intensiv diskutierte Auffassung Pomponazzis, deren ausgearbeitete Gestalt in dem erst 1516 publizierten „Tractatus de immortalitate animae" („Abhandlung über die Unsterblichkeit der Seele") vorliegt, hat das 5. Laterankonzil 1513 die auf Papst Leo X. (Pontifikat: 1513–1521) zurückgehende Bulle „Apostolici regiminis" angenommen. Darin wurde die Lehre von der Unsterblichkeit der

Unsterblichkeit der Seele?
- In der alten Kirche Verbindung des antik-philosophischen mit dem biblischen Menschenbild.
- Im hohen Mittelalter und in der Frühneuzeit Problematisierung der philosophischen Plausibilität der Unsterblichkeitslehre.
- Seit der Reformation im Protestantismus Bestreitung der Vereinbarkeit der Unsterblichkeitslehre mit dem biblischen Menschenbild.

menschlichen Einzelseele als philosophische Wahrheit eingeschärft, verbunden mit der Verwerfung der Auffassung, dass die Seele „sterblich sei oder eine einzige in allen Menschen".

Da [...] der Sämann des Unkrauts, der alte Feind des Menschengeschlechts (Mt 13,25) es wagte, einige äußerst verderbliche Irrtümer, die von den Gläubigen stets verworfen wurden, über den Acker des Herrn auszustreuen und wachsen zu lassen, vor allem über die Natur der vernunftbegabten Seele, daß sie nämlich sterblich sei oder eine einzige in allen Menschen, und manche, die leichtfertig philosophieren, behaupten, dies sei – wenigstens philosophisch gesehen – wahr: verurteilen und verwerfen Wir in der Absicht, gegen diese Pest geeignete Heilmittel anzuwenden, mit Zustimmung dieses heiligen Konzils alle, die behaupten, die vernunftbegabte Seele sei sterblich oder eine einzige in allen Menschen.	Cum [...] zizaniae seminator, antiquus humani generis hostis, nonnullos perniciosissimos errores, a fidelibus semper explosos, in agro Domini superseminare et augere sit ausus, de natura praesertim animae rationalis, quod videlicet mortalis sit, aut unica in cunctis hominibus, et nonnulli temere philosophantes, secundum saltem philosophiam verum id esse asseverent: contra huiusmodi pestem opportuna remedia adhibere cupientes, hoc sacro approbante Concilio damnamus et reprobamus omnes asserentes, animam intellectivam mortalem esse, aut unicam in cunctis hominibus.

Leo X., Bulle Apostolici regiminis (DH 1440).

Dass der römische Katholizismus an dieser Auffassung bis in die Gegenwart festhält, wird u.a. am „Katechismus der Katholischen Kirche" von 1993 deutlich. Der Katechismus vertritt auch die Theorie des *Kreatianismus*, nach der die menschliche Zeugung nur den Leib hervorbringt, während die Seele von Gott jeweils im Moment der Zeugung erschaffen und der Leibesmaterie beigegeben wird; so optiert auch der reformierte Protestantismus, während im lutherischen Protestantismus der *Traduzianismus* (oder *Generatianismus*) vertreten wird (vgl. § 9.1.3).

Die Kirche lehrt, daß jede Geistseele unmittelbar von Gott geschaffen ist – sie wird nicht von den Eltern ‚hervorgebracht' – und daß sie unsterblich ist: sie geht nicht zugrunde, wenn sie sich im Tod vom Leibe trennt, und sie wird sich bei der Auferstehung von neuem mit dem Leib vereinen.	Ecclesia docet unamquamque animam spiritualem a Deo esse immediate creatam – illa non est a parentibus ‚producta' –; ea nos etiam docet illam esse immortalem; illa non perit cum a corpore separatur in morte, et iterum corpori unietur in resurrectione finali.

Katechismus der Katholischen Kirche, Nr. 366.

Luthers Vorbehalte gegenüber der philosophischen Anthropologie betrafen nicht deren inhaltliche Plausibilität, sondern vor allem ihre Vereinbarkeit mit dem biblischen Menschenbild. Anknüpfend an Luthers Einwände hat die neuere protestantische Eschatologie den Gedanken des Fortbestehens der menschlichen Existenz nach dem Tod kritisiert: Während in der römisch-katholischen Theologie eine den Tod überdauernde Identität des Menschen als Voraussetzung für das Auferweckungshandeln Gottes am konkreten Menschen gilt, hat Paul Althaus einen *ausschließenden Gegensatz* zwischen dem christlichen Auferstehungsglauben und der Lehre von der

Unsterblichkeit der Seele behauptet. Denn der Tod bedeutete für ihn das Zerbrechen der *ganzen* „leiblich-seelisch-geistige[n] Daseinsgestalt des Menschen".

> Der Begriff A. [= Auferstehung] oder Auferweckung schließt die volle Wirklichkeit des Sterbens und des Todeszustandes ein und widersetzt sich jeder Abschwächung. Das Sterben besteht nicht darin, daß eine unsterbliche Seele sich von ihrem Leibe trennt und sich durch den Tod durchhält, sondern die jetzige leiblich-seelisch-geistige Daseinsgestalt des Menschen wird als ganze zerbrochen. [...] Das Bekenntnis zur A. der Toten steht demgemäß in ausschließendem Gegensatze zu allem platonisch-hellenistischen Denken, das die ‚Unsterblichkeit der Seele' behauptet. [...] Gegenüber solchem dualistischen Seelen-Glauben betont das christliche Denken mit der Hl. Schrift die leib-seelische Einheit des Menschen. Bei der Frage des Sterbens und des Lebens aus dem Tode sind nicht Seele (bzw. Geist) und Leib zu unterscheiden, sondern die Person und ihre jeweilige Daseinsgestalt. Sterben besagt: die irdische Daseinsgestalt der Person wird ganz zerbrochen; A. besagt: Gott gibt der Person die neue, ewige, todüberlegene leiblich-seelische Daseinsgestalt.
>
> P. Althaus, Art. Auferstehung (RGG^3 1), 696 f.

Die Lehre von der Unsterblichkeit der Seele hat auch Eberhard Jüngel (geb. 1934) aus theologischen Gründen konsequent zurückgewiesen: „[E]ine Unsterblichkeit der Seele gibt es nicht". Jüngel richtete seine Kritik vor allem gegen die Vorstellung, „daß *aus* diesem Leben erlöst wird". Aufgrund dieser Frontstellung ist sein Verständnis von Tod und Auferstehung aber auch von Althaus' Ansatz verschieden: Die christliche Auferstehungshoffnung ist keine Hoffnung auf jenseitige Aufhebung der Begrenztheit menschlicher Lebenszeit. Vielmehr gilt: Weil der Auferweckte als der Gekreuzigte (und am Kreuz definitiv Gestorbene) gepredigt wird, richtet sich christliche Hoffnung auf eine Ver*ewigung endlichen* Lebens durch Teilhabe an Gottes Leben. Es geht also nicht, wie bei Althaus, um eine *zukünftige* „ewige, todüberlegene leiblich-seelische Daseinsgestalt", sondern um die Rettung, Bewahrung und Verherrlichung unserer je individuellen *Vergangenheit* „in der Gegenwart Gottes".

> Man darf sich [...] von der christlichen Hoffnung auf Auferstehung nicht den Blick für die zeitliche Begrenztheit des menschlichen Lebens verstellen lassen. [...] Hoffnung auf Erlösung ist diese Hoffnung nur in dem Maße, in dem sie sich auf den erlösenden Gott richtet. Und Erlösung kann dann doch nichts anderes heißen, als daß *dieses gelebte* Leben erlöst wird, nicht aber, daß *aus* diesem Leben erlöst wird. Erlösung wäre also Rettung des gelebten Lebens durch Gott, wäre Teilhabe des irdischen, begrenzten Lebens an Gottes Leben [...] Das endliche Leben wird als endliches *verewigt*. Aber eben nicht durch unendliche Verlängerung: eine Unsterblichkeit der Seele gibt es nicht. Sondern durch Teilhabe an Gottes eigenem Leben. [...] Unsere *Person* wird dann unsere *offenbare Geschichte* sein.
>
> Dieses Verständnis von Auferstehung ist begründet in den oben vorgetragenen Ausführungen über Tod und Auferstehung Jesu Christi. Entscheidend war uns ja dabei der paulinische Grundsatz gewesen, daß der Auferstandene als Gekreuzigter verkündigt wird. [...] Und entscheidend war uns die Einsicht gewesen, daß der Auferstandene die *Wahrheit* des Todes und des im Tode integrierten Lebens *offenbart*.
>
> Entsprechend wird man die Auferstehung *aller* Menschen aufzufassen haben. Sie gilt dem gelebten Leben, das dann gerettet und geehrt sein wird. [...] Gerettete Vergangenheit ist Vergangenheit in der Gegenwart Gottes, ist von Gott selbst vergegenwärtigte und von Gott – hier ist das

Wort angebracht – verherrlichte Vergangenheit. [...] Wir werden dann entdecken, was und wer wir in Wahrheit waren.

E. Jüngel, Tod, 150–153.

Nur erinnert sei hier an die seit dem 19. Jahrhundert zunehmend verbreitet naturwissenschaftlich fundierte Kritik an der Unsterblichkeit der Seele; vgl. dazu die Hinweise zum Materialismusstreit zwischen Rudolf Wagner und Karl Vogt im 1. Hauptteil, Abschnitt 5.2.

Auch die Frage nach dem Verhältnis von Sünde und Tod hängt mit der theologischen Anthropologie zusammen. In der traditionellen Lehre wurde der Tod des Menschen als Folge der (Erb-) Sünde verstanden, von deren Macht auch der Glaubende in diesem Leben nicht vollständig befreit wird. Dagegen galten die ersten Menschen vor dem Verlust des status integritatis als unsterblich (vgl. § 9.2).

Freilich hat schon Schleiermacher bestritten, dass z.B. Schmerz oder Tod als *un*mittelbare Folge der Sünde gelten könnten. Er hat die von menschlicher Tätigkeit unabhängigen sog. *natürlichen* Übel von den aus menschlicher Tätigkeit resultierenden sog. *geselligen* Übeln unterschieden. Diese Unterscheidung erinnert durchaus an die Differenzierung von physischen und moralischen Übeln bei Leibniz (vgl. Exkurs 2). Im Unterschied dazu verstand Schleiermacher die physischen Übel „objektiv betrachtet" aber keineswegs als Strafen, sondern als natürliche Unvollkommenheiten der menschlichen Natur. Tod, Schmerz und „analoge natürliche Mißverhältnisse" gibt es nämlich auch dort, wo keine Sünde ist. Einen *mittel*baren Zusammenhang zwischen Sünde und Tod gestand er allerdings zu: Der sündlose Mensch würde seine natürlichen Unvollkommenheiten nicht als Übel empfinden. Weil sie also erst durch die Sünde als Übel erfahren werden, können sie, „subjectiv betrachtet", als Straffolge der „geselligen Uebel" gelten.

Verhältnis von Sünde und Tod

– Traditionelles Verständnis (gegenwärtig von Pannenberg erneuert): Der Tod ist die Straffolge der menschlichen Sünde.
– Schleiermacher (und mit ihm etliche zeitgenössische protestantische Theologen): Kein unmittelbarer Zusammenhang zwischen Tod und Sünde.

Wenn wir nun [...] die geselligen Uebel von den natürlichen unterscheiden: so hat dies seinen Grund darin, daß jene [die geselligen Übel] allein in der Sünde unmittelbar gegründet sind. [...] – Der Zusammenhang der letzteren [der natürlichen Übel] mit der Sünde ist aber nur ein mittelbarer, weil wir Tod und Schmerz oder wenigstens analoge natürliche Mißverhältnisse des individuellen Lebens zu seiner umgebenden Welt auch da finden, wo keine Sünde ist. Die natürlichen Uebel – objectiv betrachtet – entstehen also nicht aus der Sünde; aber da, was nur seine sinnlichen Verrichtungen hemmt, der Mensch ohne die Sünde nicht als Uebel empfinden würde, so ist doch, daß er es nun als Uebel empfindet, in der Sünde gegründet, und also das Uebel – subjectiv betrachtet – eine Strafe derselben.

F. Schleiermacher, Der christliche Glaube, Band 1, 416 f: § 76
(KGA I 13,1, 477,7–9, 477,23–478,2).

In der zeitgenössischen Theologie hat Wilfried Härle diese Interpretation des Verhältnisses von Sünde und Tod erneuert: „Sterben und Tod an sich" „gehören zum irdischen, geschöpflichen Dasein des Menschen". Von diesem Tod unterscheidet Härle (in Anlehnung an Apk 20,6 u. ö.) den „zweiten Tod", d. h. den menschlichen Tod, sofern er aufgrund der Sünde als eine „Drohung *definitiven* Scheiterns" erfahren wird.

Die Annahme, daß es erst durch die Sünde Tod und Sterben in der Welt gebe, ist [...] schon exegetisch zweifelhaft. Sie ist aber auch in systematisch-theologischer Hinsicht nicht zu halten. Dafür spricht vor allem folgendes Argument: Die Schöpfung hat in allen ihren Elementen die Signatur der Endlichkeit und des Vergehens. [...]
Sterblichkeit und Tod an sich gehören zum irdischen, geschöpflichen Dasein des Menschen (wie der anderen Lebewesen) und sind als solche zu bejahen, anzunehmen und in das Leben zu integrieren. [...]
Aber die Sünde verändert den Tod: Sie gibt ihm einen Stachel, den er ohne sie nicht hätte. Solange die Sünde über den Menschen herrscht, verbindet sich mit dem Sterben und dem Tod die Drohung *definitiven* Scheiterns, endgültiger Verlorenheit. [...] Aber damit wird der (kreatürliche) Tod zu etwas anderem: zum ‚zweiten', vernichtenden Tod [...] Von ihm gilt im direkten und eigentlichen Sinn: Er ist nichts anderes als eine Folge der Sünde. Vom kreatürlichen Sterben und Tod an sich läßt sich das hingegen so *nicht* sagen.

W. Härle, Dogmatik, 487–489.

Wolfhart Pannenberg möchte dagegen an der traditionellen Auffassung zum Verhältnis von Sünde und Tod festhalten. Entscheidend für seine Argumentation ist die *Bestreitung des* (von Schleiermacher und Härle gleichermaßen festgehaltenen) *Zusammenhangs zwischen Endlichkeit und Sterblichkeit.* Um zu zeigen, dass die Endlichkeit menschlicher Geschöpflichkeit nicht als Sterblichkeit verstanden werden muss, bietet er ein christologisches Argument auf: Im Auferstandenen besteht „das unvergängliche Leben" zusammen mit der „Endlichkeit seines menschlichen Daseins". Christus ist „ein endliches, von der Gottheit verschiedenes Wesen geblieben [...], obwohl er nicht mehr sterben wird". Genau dies aber gilt auch „für die Glaubenden, die künftig an dem neuen Leben des Auferstandenen teilhaben werden". Weil daher kein zwingender Zusammenhang zwischen Endlichkeit und Sterblichkeit besteht, kann Pannenberg zufolge auch an der Lehre vom Tod als Sündenfolge festgehalten werden.

Das Hauptargument für die Annahme, daß der Tod zur geschöpflichen Natur des Menschen gehöre, ist die Endlichkeit des menschlichen Lebens. Da die Endlichkeit zur Geschöpflichkeit des Menschen gehört und nicht schon als zur Sünde und deren Folgen gehörig angesehen werden darf, scheint Entsprechendes auch für den Tod gelten zu müssen. Doch ist Endlichkeit immer mit Sterblichkeit und Tod verbunden? Wäre das der Fall, dann müßte das unvergängliche Leben des auferstandenen Christus die Endlichkeit seines menschlichen Daseins verzehrt und hinter sich gelassen haben. Die Kirche bekennt sich aber – gegen den Monophysitismus – dazu, daß auch der auferstandene Christus Mensch und also ein endliches, von der Gottheit verschiedenes Wesen geblieben ist, obwohl er nicht mehr sterben wird. Dasselbe gilt der christlichen Hoffnung zufolge für die Glaubenden, die künftig an dem neuen Leben des Auferstandenen teilhaben werden. Daraus ergibt sich, daß zwischen Endlichkeit und Sterblichkeit unterschieden werden muß. Damit aber verliert die These, daß der Tod zur Natur des Menschen als eines endlichen Wesens gehöre, ihre Plausibilität.

W. Pannenberg, Systematische Theologie, Band 3, 603 f.

Pannenberg erläutert seine Differenzierung von Endlichkeit und Sterblichkeit im Blick auf die „Beziehung zwischen Endlichkeit und Zeit": Unser von sündiger Selbstsucht geprägtes Zeiterleben bewirkt, „daß das Ende unseres [endlichen] Daseins uns als der Tod unseres Ich trifft". Das Zeiterleben endlicher Wesen ist aber nicht zwingend von Selbstbezogenheit bestimmt. Wo unser endliches Ich gleichsam im Bezug zu Gott und zur Gesamtheit der Schöpfung ‚aufgeht', wird das Ende in das menschliche Dasein integriert und stellt nicht dessen Abbruch dar. *Die menschliche Endlichkeit wird deshalb erst durch die Sünde zur Sterblichkeit*, und insofern ist der Tod „der Sünde Sold" (Röm 6,23).

Verstehen läßt sich das Verhältnis von Endlichkeit, Sünde und Tod erst unter dem Gesichtspunkt der Beziehung zwischen Endlichkeit und Zeit. [...] Obwohl das Ich exzentrisch auf das Ganze der Wirklichkeit und darin zumindest implizit auf Gott als dessen Ursprung bezogen ist, wird diese Bezogenheit faktisch realisiert in der Form der Selbstsucht (*amor sui*). Dadurch ist auch die spezifische Form unseres Zeiterlebens mitbestimmt: Durch die Selbstsucht des Ich wird der Augenblick seiner Gegenwart von den folgenden Zeitmomenten getrennt, und die Zukunft tritt uns dann entgegen wie fremd, reißt und von uns selber los, so daß das soeben noch Gegenwärtige uns in die Vergangenheit entsinkt. [...] Damit hängt nun auch zusammen, daß das Ende unseres Daseins uns als der Tod unseres Ich trifft, indem dieses entgegen seiner vermeintlichen Gottgleichheit und Ewigkeit bei der Endlichkeit seines Daseins behaftet wird. So wird unsere Endlichkeit uns zum Tod. Das würde nicht der Fall sein, wenn wir unser Leben als ganzes leben könnten, in Annahme der eigenen Endlichkeit und darin zugleich aus dem Bezug auf die unsere Endlichkeit übersteigende Wirklichkeit Gottes, die unser Dasein mit dem aller anderen Geschöpfe verbindet, aber auch durch sie begrenzt sein läßt.

W. Pannenberg, Systematische Theologie, Band 3, 605 f.

Informieren Sie sich über die Auslegung und die Wirkungsgeschichte von Apk 20,4–6 anhand von:
– J. Frey, Das apokalyptische Millennium.

Der Zusammenhang zwischen Pietismus und Kulturprotestantismus ist dargestellt bei:
– U. Barth, Aufgeklärter Protestantismus, 149–165.

Über die pietistische Eschatologie und ihre Auseinandersetzung mit der altprotestantischen Orthodoxie informiert:
– H. Krauter-Dierolf, Die Eschatologie Philipp Jakob Speners.

Eine eingehende kritische Würdigung der Lehre Ritschls hat J. Weiß vollzogen in:
– J. Weiß, Die Idee des Reiches Gottes, 110–155.
Eine vergleichende Analyse beider Ansätze stammt von:
– R. Schäfer, Das Reich Gottes bei Albrecht Ritschl und Johannes Weiß.

✍ Informieren Sie sich über den Zusammenhang von Eschatologie und Theodizeeproblem (vgl. Exkurs 2) anhand von:
   - G. Ebeling, Dogmatik, Band 3, 509–528 (§ 41).

📖 Die vom V. Laterankonzil verurteilte Position ist nachzulesen bei:
   - P. Pomponazzi, Abhandlung über die Unsterblichkeit der Seele.

📖 Prinzipielle theologische Erwägungen zum Verhältnis von Unsterblichkeit und Auferstehung stellt an:
   - G. Ruhbach, Unsterblichkeit und Auferstehung.

📖📖 Das Verhältnis von Anthropologie und Eschatologie im Horizont der Unsterblichkeitsfrage behandelt:
   - Chr. Herrmann, Unsterblichkeit der Seele durch Auferstehung.

IV Nachbemerkungen zur Ethik

§ 15 Das Verhältnis von Dogmatik und Ethik

📖 Maßgebliche Texte aus der Geschichte der christlichen Ethik sind zusammengestellt bei:
– S. Grotefeld u. a. (Hg.), Quellentexte theologischer Ethik.

15.1 Die kritische Rezeption der antiken Tugendethik im vorreformatorischen Christentum

15.1.1 *Anknüpfung an die vorchristliche Tugendlehre: Ambrosius von Mailand*

Für die vorreformatorische Auffassung zum Verhältnis von Dogmatik und Ethik war die Tatsache wichtig, dass sich das Christentum mit den unterschiedlichen Strömungen der philosophischen Ethik des Hellenismus und der Römischen Kaiserzeit auseinanderzusetzen hatte und dabei ein eigenes ethisches Profil entwickelte. Von besonderer Bedeutung war in diesem Zusammenhang die in altkirchlicher und mittelalterlicher Zeit vollzogene Anknüpfung an den Begriff der *Tugend*, der für alle Ausprägungen der antiken Ethik in unterschiedlicher Weise maßgeblich war.

Der Kirchenvater Ambrosius (ca. 339–397), seit 374 Bischof von Mailand, gilt als Autor der ersten selbständigen christlichen Ethik. In seiner Schrift „Über die Pflichten der [Kirchen]Diener" (De officiis ministrorum, 386–389) verband er das christliche Ideal der ewigen Seligkeit in Gotteserkenntnis und -gemeinschaft mit der durch Marcus Tullius Cicero repräsentierten Tugendlehre, die von der Ethik des Stoizismus geprägt war, einer Strömung der hellenistischen Philosophie, an die die altkirchliche Apologetik positiv anknüpfte (vgl. zum theologiegeschichtlichen Kontext: 1. Hauptteil, Abschnitt 1.1). Ambrosius stützte sich dabei direkt auf Ciceros Werk „De officiis" („Über die Pflichten"). Cicero seinerseits hatte sich bereits an dem – nur fragmentarisch erhaltenen – Hauptwerk des Panaitios von Rhodos (ca. 180–100 v. Chr.) mit Titel „Über die Pflicht" (*Peri tou kathekontos*) orientiert.

Die Berechtigung einer spezifisch christlichen Pflichtenlehre auf biblischer Basis leitete Ambrosius aus einer Formulierung in Lk 1,23 ab; in der lateinischen Version dieses Verses ist vom Dienst bzw. der Pflichtausübung (officium) des Priesters Zacharias die Rede.

Lasst uns sehen, […] ob diese Bezeichnung [Pflichtenlehre] nur ein philosophischer Schulausdruck ist oder auch in den göttlichen Schriften angetroffen	Ergo […] uideamus […] utrum hoc nomen philosophorum tantummodo scholae aptum sit, an etiam in Scripturis

wird. [...] Als der Priester Zacharias im Tempel stumm wurde und nicht sprechen konnte, „begab es sich", so heißt es, „als die Zeit seiner Dienstpflicht um war, da ging er heim in sein Haus" [Lk 1,23]. Wir lesen also, dass auch wir von Pflicht sprechen können. (Übersetzung RL)	reperiatur diuinis. [... C]um Zacharias sacerdos obmutuisset in templo et loqui non posset, *factum est*, inquit, *ut impleti sunt dies officii eius; abiit in domum suam*. Legimus igitur officium dici a nobis posse.

Ambrosius, De officiis I 8,25 (CChr SL 15,9f; Zeilen 1–4.7–9).

Cicero hatte die Gesamtheit der richtigen (und deshalb verpflichtenden) Handlungen in zwei Gruppen eingeteilt. Auf der einen Seite gibt es richtige (und deshalb verpflichtende) Handlungen mittlerer oder allgemeiner Art; gemeint ist damit das allgemein übliche Handeln, wie es von den meisten Menschen vollzogen wird. Auf der anderen Seite gibt es ein in jeder Hinsicht sittlich hoch stehendes Handeln, das nur von wenigen, namentlich von den Weisen, vollzogen wird. In direkter Anlehnung an diese aus der *philosophischen* Ethik stammende Differenzierung hat Ambrosius zwei unterschiedliche Stufen des *christlichen* Handelns unterschieden: Dem allgemein üblichen Handeln im Sinne Ciceros entspricht bei Ambrosius ein christliches Leben, das durch Befolgung der göttlichen *Gebote* (lat. praecepta) geprägt ist; dem vollkommenen Handeln der philosophischen Tradition entspricht bei Ambrosius eine Orientierung an den sog. *evangelischen Räten* (lat. consilia evangelica).

Mit den evangelischen Räten sind Armut, Keuschheit und Gehorsam gemeint. Eine konsequente Übernahme dieser drei Verpflichtungen, die im Mönchsgelübde zum Ausdruck kam, galt als Zeichen einer überdurchschnittlichen Stufe christlicher Vollkommenheit. Das monastische Leben wurde deshalb im Mittelalter als gegenüber dem ‚normalen' (bürgerlichen) Leben sichererer Weg zur Erlangung der ewigen Seligkeit betrachtet. – Die nachfolgenden Zitate sowie die im Anschluss daran abgedruckte Übersicht machen deutlich, wie die für das vorreformatorische Christentum typische Zwei-Stufen-Ethik aus einer Transformation der vorchristlich-antiken Einteilung richtiger (und deshalb verpflichtender) Handlungen hervorgegangen ist.

Ambrosius vom Mailand

– Autor der ersten selbständigen christlichen Ethik („De officiis ministrorum", 386–389).
– Enge Orientierung an der römischen Ethik (Cicero: „De officiis").
– Folgenreiche Unterscheidung zweier Stufen christlicher Vollkommenheit.

Man spricht von einem gewissen mittleren und einem vollkommenen Handeln. Das vollkommene Handeln wollen wir, denke ich, das richtige nennen, da ja die Griechen es *katorthoma* nannten; das allgemeine aber nennen sie *kathekon*. Und sie grenzen es so ab, dass sie bestimmen, was richtig ist, sei das vollkommene Handeln; mittleres Handeln aber, sagen sie, sei das, von dem eine einleuchtende Begründung	Medium quoddam officium dicitur et perfectum. Perfectum officium rectum, opinor, vocemus, quoniam Graeci *katorthoma*, hoc autem commune officium *kathekon* vocant. Atque ea sic definiunt, ut rectum quod sit, id officium perfectum esse definiant; medium autem officium id esse dicunt, quod cur factum

gegeben werden kann, warum es getan worden ist. (Übersetzung RL)

sit, ratio probabilis reddi possit.

Cicero, De officiis I 8 (lateinischer Text nach *http://www.thelatinlibrary.com/cicero/off1.shtml*).

Jede Pflicht ist entweder eine mittlere oder eine vollkommene. Auch das können wir an der Schrift nachweisen. Wir haben nämlich im Evangelium den Ausspruch des Herrn: „Willst du aber zum Leben eingehen, so halte die Gebote. Da fragte er ihn: Welche? Jesus aber sprach: Du sollst nicht töten; du sollst nicht ehebrechen; du sollst nicht stehlen; du sollst nicht falsch Zeugnis geben; ehre Vater und Mutter (Ex 20,12–16); und: Du sollst deinen Nächsten lieben wie dich selbst (Lev 19,18)" [Mt 19,17–19]. Das sind mittlere Pflichten, denen etwas fehlt.

Officium autem omne aut medium aut perfectum est, quod aeque Scripturarum auctoritate probare possumus. Habemus etenim in Euangelio dixisse Dominum: *Si uis in uitam aeternam uenire, serua mandata. Dixit ille: Quae? Iesus autem dixit illi: Non homicidium facies, non adulterabis, non facies furtum, non falsum testimonium dices: honora patrem et matrem, et diliges proximum tuum sicut te ipsum.* Haec sunt media officia, quibus aliquid deest.

Ferner: „Da sprach der Jüngling zu ihm: Das habe ich alles gehalten; was fehlt mir noch? Jesus antwortete ihm: Willst du vollkommen sein, so geh hin, verkaufe, was du hast, und gib's den Armen, so wirst du einen Schatz im Himmel haben; und komm und folge mir nach!" (Mt 19,20f). [...] Das also ist die vollkommene Pflicht, von den Griechen *katorthoma* genannt. (Übersetzung RL)

Denique, *Dicit illi adulescens: Omnia haec custodiui a iuuentute mea, quid adhuc mihi deest? Ait illi Iesus: Si uis perfectus esse, uade, uende omnia bona tua et da pauperibus et habebis thesaurum in coelo et veni, sequere me.* [...] Hoc est igitur perfectum officium, quod *katorthoma* dixerunt Graeci.

Ambrosius, De officiis I 11,36f (CChr SL 15,13f; Zeilen 1–12.17–19).

	Einteilung des richtigen (und deshalb verpflichtenden) Handelns (divisio officii)	
Cicero	richtiges (deshalb verpflichtendes) Handeln mittlerer Art (officium medium)	richtiges (deshalb verpflichtendes) Handeln vollkommener Art (officium perfectum)
	das allgemein übliche Handeln	ein in jeder Hinsicht sittlich hoch stehendes Handeln
	dieses Handeln trifft zu auf die Masse der Menschen (multi)	dieses Handeln kann nur auf den Weisen (sapiens) zutreffen
	⬇ christliche Transformation ⬇	
Ambrosius	zu diesem Handeln leiten die Gebote an (praecepta)	zu diesem Handeln leiten die (evangelischen) Räte an (consilia evangelica)

15.1.2 Die Kritik der vorchristlichen Tugendlehre: Augustin

Für die vorchristliche Ethik der Antike waren die in dieser Zusammenstellung erstmals bei Plato begegnenden (später sog.) *Kardinaltugenden* von großer Bedeutung. Sowohl Ciceros „De officiis" als auch Ambrosius' „De officiis ministrorum" laufen auf eine Behandlung von Klugheit (Weisheit), Gerechtigkeit, Tapferkeit und Mäßigung zu. Diese Kardinaltugenden einschließlich ihrer griechischen und lateinischen Bezeichnungen sind in der nachstehenden Tabelle aufgeführt.

	lateinische Bezeichnung	griechische Bezeichnung
Gerechtigkeit	iustitia	*dikaiosyne*
Klugheit (Weisheit)	prudentia (sapientia)	*sophia*
Tapferkeit	fortitudo	*andreia*
Mäßigung	temperantia	*sophrosyne*

Der in 15.1.1 erwähnte Philosoph Panaitios von Rhodos, der für Cicero wichtig war, wird der philosophischen Schule der Stoa bzw. des Stoizimus zugerechnet. Der Name dieser Schule geht zurück auf die griechische Bezeichnung jener Säulenhalle auf dem Marktplatz von Athen, in der Zenon von Kition (333–264 v. Chr.), der Gründer der Stoa, um 300 v. Chr. seine Lehrtätigkeit aufnahm: *stoa poikile* (wörtlich: ‚bemalte Vorhalle'). Diese Richtung der hellenistischen Philosophie hatte seit dem 1. vorchristlichen Jahrhundert auch zahlreiche Anhänger in der römischen Oberschicht gefunden. Die stoische Ethik betonte die Notwendigkeit einer Einordnung des Menschen in die vom Vernunftgesetz (Logos) durchwaltete Welt. Das Gelingen dieser Einordnung führt zum wahren Glück; dieses besteht in der durch Freiheit von Leidenschaften (Apathie) bedingten Unerschütterlichkeit (gr. *ataraxia*) des stoischen Weisen angesichts äußerer Widerfahrnisse. Der Weg zur *ataraxia* führt über die Kontrolle von Gemütsbewegungen wie Wut, Freude Trauer usw. (Affekte) durch die Vernunft.

Die bei Panaitios von Rhodos begegnende und von Cicero übernommene Verbindung des stoischen Apathie-Ideals mit der Lehre von den Kardinaltugenden wurde durch Augustin einer Grundsatzkritik unterzogen (vgl. zum theologiegeschichtlichen Kontext: 1. Hauptteil, Abschnitt 2.1): Sofern die Kardinaltugenden als Mittel zur Affektkontrolle dienen, können sie nicht zur Erlangung des wahren Glücks beitragen. Denn ihre Funktion erschöpft sich in der – letztlich aussichtslosen – Bekämpfung jenes Unglücks, das sich aus der im menschlichen Inneren verankerten Sündhaftigkeit ergibt. – Die eigentliche Ursache des Unglücks wird daher durch die Tugenden gerade nicht beseitigt, sondern es werden lediglich die Symptome des Unglücks gelindert; diesen Zusammenhang zeigt Augustin an allen Kardinaltugenden auf.

Nun aber die Tugend, [...] obgleich sie für sich den Vorrang unter den menschlichen Gütern beansprucht, was tut sie hier, abgesehen vom Kriegführen mit den Lastern, nicht mit den äußeren, sondern mit den inneren? [...]
Am meisten jene, die auf Griechisch *sophrosyne*, auf Lateinisch temperantia genannt wird, durch die fleischliche Begierden gezügelt werden, damit sie den Geist nicht zur Einwilligung in irgendwelche Schandtaten verleiten. [...] In diesem Leben [...] erreichen wir mit Gottes Hilfe nur, dass wir nicht dem gegen den Geist aufbegehrenden Fleisch weichen und der Geist unterliegt. [...]
Und jene Tugend, die Klugheit genannt wird, kann sie nicht nur aufgrund ihrer ganzen Wachsamkeit das Gute vom Bösen unterscheiden [...]?
Und die Gerechtigkeit, deren Aufgabe es ist, jedem das Seine zuzuteilen [...], macht sie nicht deutlich, dass sie sich in diesem Werk eher abmüht als dass sie schon in der Vollendung des Werkes ruht? [...]

Schließlich aber ist jene Tugend, deren Name Tapferkeit ist, wie groß die Weisheit auch sein mag, eine sehr offensichtliche Zeugin der menschlichen Übel, die sie gezwungen wird, in Geduld zu ertragen.
(Übersetzung RL)

Porro ipsa uirtus, [...] cum sibi bonorum culmen uindicet humanorum, quid hic agit nisi perpetua bella cum uitiis, nec exterioribus, sed interioribus [...],
maxime illa, quae Graece *sophrosyne*, Latine temperantia nominatur, qua carnales frenantur libidines, ne in quaeque flagitia mentem consentientem trahant? [... I]n hac uita [...] id saltem in adiutorio Dei facimus, ne carni concupiscenti aduersus spiritum spiritu succumbente cedamus [...]
Quid illa uirtus, quae prudentia dicitur, nonne tota uigilantia sua bona discernit a malis [...]?
Quid iustitia, cuius munus est sua cuique tribuere [...], nonne demonstrat in eo se adhuc opere laborare potius quam in huius operis iam fine requiescere? [...]
Iam uero illa uirtus, cuius nomen est fortitudo, in quantacumque sapientia euidentissima testis est humanorum malorum, quae compellitur patientia tolerare.

Augustin, De ciuitate dei 19,4
(CChrSL 48, 665 f; Zeilen 62–69.76–79.85 f.92 f.95 f.103–105).

Die so erwiesene Untauglichkeit der Tugenden zur Erlangung des wahren Glücks wird von Augustin auf eine in zweifacher Weise falsche Glücksauffassung zurückgeführt: Die philosophischen Glückslehren kranken grundsätzlich daran, dass sie das wahre Glück als ein (1) schon in diesem Leben erreichbares und (2) vom Menschen aus eigener Kraft zu bewirkendes Gut betrachten. Daher sind sie gezwungen, die Unüberwindbarkeit der irdischen Übel zu leugnen – und gestehen doch, wie die im nachstehenden Zitat erwähnten Stoiker, diese Unüberwindbarkeit zu, indem sie für den Fall unerträglichen Leidens die Möglichkeit des Selbstmordes einräumen.

Ich wundere mich, mit welcher Entschiedenheit die stoischen Philosophen bestreiten, dass diese Übel Übel sind – von denen sie doch zugeben, dass der Weise, wenn er sie nicht ertragen kann oder muss, gezwungen ist, sich selbst den Tod zuzufügen und dieses Leben zu verlassen. So groß ist in diesen Menschen, die der Meinung sind, [1] hier [in diesem irdischen Leben] das höchste Gut zu besitzen und [2] durch sich selbst

Quae mala Stoici philosophi miror qua fronte mala non esse contendant, quibus fatentur, si tanta fuerint, ut ea sapiens uel non possit uel non debeat sustinere, cogi eum mortem sibimet inferre atque ex hac uita emigrare. Tantus autem superbiae stupor est in his hominibus hic se habere finem boni

glücklich zu werden, die Erstarrung des Hochmuts, dass ihr Weiser [...] – auch wenn er blind, taub und stumm wird, an den Gliedern gelähmt, von Schmerzen gepeinigt wird und was sonst an derartigen Übeln gesagt oder gedacht werden kann, so dass er veranlasst ist, sich selbst den Tod zuzufügen – sich nicht schämt, dieses in solchen Übeln bestehende Leben glücklich zu nennen.
(Übersetzung RL)

et a se ipsis fieri beatos putantibus, ut sapiens eorum, [...] etiamsi excaecetur obsurdescat obmutescat, membris debilitetur doloribus crucietur et, si quid aliud talium malorum dici aut cogitari potest, incidat in eum, quo sibi mortem cogatur inferre, hanc in his malis uitam constitutam eum non pudeat beatam uocare.

Augustin, De ciuitate dei 19,4
(CChrSL 48, 666; Zeilen 105–111.112–116).

Augustins Grundsatzkritik der philosophischen Glückslehren hat die Ethik des westlichen Christentums stark geprägt, indem sie die vorrangige Jenseitsorientierung des christlichen Lebens einschärfte. Der Hinweis, die Menschen könnten das wahre Glück nicht aus eigener Kraft erlangen, spiegelt außerdem das Bewusstsein vom Angewiesensein des Menschen auf die Gnade Gottes für die Erlangung des wahren Jenseitsglücks. Daher soll sich der Christ nach Augustin nicht um ein Leben in Übereinstimmung mit den Kardinaltugenden bemühen, sondern er soll sich mittels der theologischen Tugenden Glaube, Hoffnung und Liebe (vgl. I Kor 13,13) ganz und gar auf Gott als den Geber der jenseitigen Seligkeit orientieren.

15.1.3 Ethik als Anwendungsdisziplin der Dogmatik

Die Abschnitte 15.1.1 und 15.1.2 haben gezeigt, dass sich die altkirchliche Theologie durchaus unterschiedlich auf die antike Tugendethik bezogen hat: Neben einer weitgehenden Aneignung (Ambrosius) begegnete auch eine soteriologisch und eschatologisch begründete kritische Überbietung (Augustin). Mit der Entwicklung zum ‚kirchlichen Augustinismus' des Mittelalters (vgl. § 11.2.1) kam es zu einer Verschmelzung dieser beiden Ansätze: Die Kirche fühlte sich auch für die moralische Orientierung der Menschen im *diesseitigen* Leben verantwortlich, weil, ungeachtet der grundsätzlichen Priorität der göttlichen Gnade, der irdische Lebenswandel als mitentscheidend für die Erlangung des *jenseitigen* Heils galt.

Vor diesem Hintergrund entwickelte sich (vornehmlich im Hochmittelalter) eine christliche Ethik, die sowohl die vier Kardinaltugenden als auch die drei theologischen Tugenden umfasste. Grundsätzlich wurde davon ausgegangen, dass der Mensch von seinem Schöpfer auf das ewige Leben bei Gott hin geschaffen wurde. Die Bestimmung des Menschen, die sein Leben leiten sollte, bestand danach in der Erlangung der (mit der eschatologischen Gottesschau identischen) jenseitigen Seligkeit. Allerdings galten die – in den Kardinaltugenden gebündelten – natürlichen sittlichen Kräfte des Menschen als unzureichend für die Erreichung dieses Letztzieles. Daher wurde eine auf übernatürliche göttliche Gnade zurückgehende Eingießung der theologischen Tugenden als notwendig behauptet. Durch diese Eingießung wurden auch die Kardinaltugenden auf Gott hin ausgerichtet; insofern wurde durch die Gnade die gesamte irdische Lebensorientierung des Menschen auf die Erlangung der jenseitigen Seligkeit hin orientiert. – Die nachstehende Übersicht verdeutlicht diesen in der differenzierten altkirchlichen Aneignung der antiken Tugendethik wurzelnden und unter den Bedingungen des ‚kirchlichen Augustinismus' im Mittelalter weiterentwickelten Ansatz.

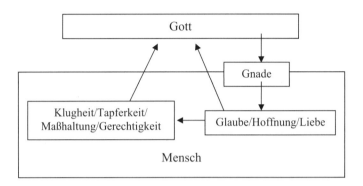

Wegen der Bedeutung des irdischen Lebenswandels für die Erlangung des jenseitigen Heils blieb die christliche Ethik des abendländischen Mittelalters vom dogmatischen Rahmen der theologischen Lehre bestimmt und war damit von den normativen Vorgaben des kirchlich autorisierten christlichen Glaubens geleitet. Christliche Moralität manifestierte sich infolgedessen in vorreformatorischer Zeit als kirchlich organisierte Anwendung der Dogmatik auf die Lebenswirklichkeit. Die Ethik erschien deshalb nicht als ein eigenständiges Thema neben der Dogmatik, sondern eher als deren Anwendungsdisziplin.

Im Gegenzug zu dieser dogmatischen Normierung der Ethik lassen sich in der Zeit zwischen Reformation und Aufklärung mehrere unterschiedliche Stufen einer Abkoppelung ethischer Grundsätze von vorgegebenen kirchlich-religiösen Autoritäten feststellen. Diese Abkoppelungstendenzen werden im nächsten Abschnitt an drei Beispielen aufgezeigt.

📖 Der komplexe Zusammenhang zwischen antiker und frühchristlicher Ethik ist skizziert bei:
– E. Mühlenberg, Altchristliche Lebensführung zwischen Bibel und Tugendlehre.

📖 Wichtige Aspekte mittelalterlicher Ethik sind dargestellt bei:
– J. Gründel, Ethik VI (TRE 10).

15.2 Theologische und philosophische Ethik im Horizont von Reformation und Neuzeit

15.2.1 *Die Aufwertung der weltlichen Existenz in der reformatorischen Ethik*
In der Rechtfertigungslehre Martin Luthers (vgl. § 11.2.2) war es zu einer Entkoppelung von Moral und Heilserlangung gekommen: Das dem Menschen von Gott her zugesagte ewige Heil ist nicht von einem gottgefälligen Leben im Diesseits abhängig,

und diese Entlastung des Glaubenden von der Nötigung zu guten Werken im Blick auf Gott galt als Voraussetzung für wahrhaft gute Werke. Diese – nun im Blick auf den Nächsten vollzogenen – guten Werke des Glaubenden unterlagen nicht mehr der kirchlichen Reglementierung. Denn im Horizont der Rechtfertigungslehre konnte es keine im Blick auf die Heilserlangung privilegierten Lebensformen mehr geben.

Von daher ist es verständlich, dass Luther die für das Mittelalter wesentliche theologische Hochschätzung des monastischen Lebens als einer überdurchschnittlichen Stufe christlicher Vollkommenheit (vgl. 15.1.1) ablehnte. Er lehrte dagegen die prinzipielle Gleichheit aller irdischen Lebensformen vor Gott und betrachtete die Hochschätzung des monastischen Lebens als eine dem frühchristlichen und altkirchlichen Lebensideal widersprechende Neuerung, durch die der Werkgerechtigkeit Vorschub geleistet wurde.

[W]enn ein schwacher Christ einen heiligen Einsiedler oder Mönch hört oder sieht, der eine besonders strenge (Lebens)weise führt, über den alten allgemeinen Stand oder das Wesen der Christen hinaus, so stößt er sich daran und denkt, daß im Vergleich zu diesem neuen Heiligen aller alten Christen Leben nichts oder gar weltlich und gefährlich sei. Daher ist denn der Greuel in aller Welt eingerissen, daß ein christlicher Bürger oder Bauer, der einen rechten reinen Glauben an Christus hat und sich in den rechten, alten, guten Werken übt, von Gott in der Schrift geboten, wie in Demut, Geduld, Sanftmut, Keuschheit, Liebe und Treue gegen seinen Nächsten, Fleiß und Sorge in seinem Dienst, Amt, Beruf und Stand: dieser ist ein rechter alter Heiliger und Christ, aber er muß verächtlich werden und nichts sein im Vergleich zu dem neuen Heiligen, der unter einem besonderen Kleide, Speise, Fasten, Lager, Gebärde und dergleichen neuen ‚guten Werken' ein hochmütiger, ehrsüchtiger, zorniger, ungeduldiger, gehässiger, fleischbrünstiger, eingebildeter, falscher Christ ist.	[W]enn ein schwacher Christ hoeret oder sihet einen heiligen Einsideler oder Muench, der eine sonder strenge weise fueret uber den alten gemeinen Christen stand oder wesen, so stoesset er sich dran und denckt, das gegen diesem neuen heiligen aller alten Christen leben nichts oder gar weltlich und ferlich sey. Daher ist denn eingerissen der greuel in aller welt, das ein Christlicher Buerger oder Baur, der einen rechten, reinen glauben hat an Christo und sich ubet in den rechten alten guten wercken, von Gott in der Schrifft geboten, als in demut, gedult, sanfftmut, keuscheit, liebe und treue gegen seinem Nehesten, vleis und sorge in seinem dienst, ampt, beruff und stand, Dieser ist ein rechter alter heilige und Christ, Aber er mus stincken und nichts sein gegen dem neuen Heiligen, der unter einem sondern kleide, speise, fasten, lager, geberde und der gleichen neuen guten wercken ein hohmuetiger, ehrsuechtiger, zorniger, ungedueltiger, hessiger, fleischbruenstiger, vermessener, falscher Christ ist.

M. Luther, Von den Konziliis und Kirchen (Luther deutsch 6, 23 f/WA 50, 608,5–18).

Allerdings ging Luther nicht so weit, die irdische Lebensgestaltung ganz und gar in die Kompetenz des einzelnen Christen zu stellen. Aus der Freisetzung des weltlichen Lebens von kirchlicher Reglementierung ergab sich gerade kein Autonomie- oder Selbstverwirklichungsideal. Vielmehr betonte er nachdrücklich die den Christen verpflichtende Kraft der *faktisch gegebenen gesellschaftlichen Ordnungen*: Die bestehenden gesellschaftlichen Verhältnisse waren für ihn weder das Ergebnis menschlicher Gestaltungskraft noch eine vom Zufall verursachte Konstellation; er verankerte das

Martin Luther

- Rechtfertigungslehre führt zur Entkoppelung von Moral und Heilserlangung.
- Folge: Gleichheit aller irdischen Lebensformen vor Gott (keine Privilegierung der monastischen Existenz).
- Normative Geltung bestehender irdischer Ordnungsstrukturen (drei Stände: Lehrstand, Wehrstand, Nährstand).

gesellschaftliche Ordnungsgefüge des 16. Jahrhunderts vielmehr direkt im Willen Gottes. Gott selbst hat nach Luther die drei Stände geschaffen – den Lehrstand: die Kirche; den Wehrstand: die weltliche Obrigkeit; den Nährstand: die Familie als hauswirtschaftliche Einheit. Diese Ständeordnung hat einen göttlichen Ursprung, und somit kommt ihr höchste Verbindlichkeit zu. Daher ist jeder Christ unweigerlich an genau den Ort innerhalb dieser Drei-Stände-Struktur gebunden, an dem er faktisch steht. Auch die im Glauben erlangte ‚Freiheit eines Christenmenschen' kann nach Luther gegen diese Bindung nicht ausgespielt werden. Deshalb realisiert sich die christliche Existenz in der bereitwilligen Hinnahme seiner Position in der damaligen Standesordnung, eine Auffassung, die Luther im nachstehenden Zitat mit dem Hinweis auf Lk 2,20 begründet.

Dies ist auch eine feine, gute Lehre, daß die Hirten, nachdem sie erleuchtet und zur rechten Erkenntnis Christi gekommen sind, bei ihrem Beruf bleiben und so ihrem Nächsten dienen. Denn der rechte Glaube macht nicht solche Leute, die das äußerliche Leben fahren lassen und ein neues anheben, wie z. B. die Mönche meinten. Christus kommt nicht so, daß er äußerliche Dinge ändern oder seine Schöpfung zerstören und anders machen wolle. Darum soll man den Leib nach Notwendigkeit, und wie es überall ist, kleiden, seine Nahrung geben und zur Arbeit brauchen. Das ist Gottes Schöpfung und Ordnung, da läßt ers bei bleiben. Er ist nicht gekommen, daß er etwas daran ändern wolle. [...] Sie [die Hirten] sagen nicht: Ich will fortan Gott so dienen, daß ich in eine Wüste laufen und in der Welt unter den Leuten nichts mehr tun, sondern allein in einem beschaulichen Leben Gott mit Fasten und Beten dienen will. Nein. Ursache: solches heißt nicht Gott dienen, sondern aus dem Gehorsam treten und dir selbst dienen. Gott aber dienen heißt, wenn man in dem Stand bleibt, in den dich Gott eingesetzt hat, daß Mann Mann, Weib Weib bleibe, Kaiser Kaiser, Bürger Bürger bleibe, und ein jeder in seinem Stand Gott erkennen lerne und ihn preise, so dient er ihm recht.

Dis ist ein fein, gut lere, quod pastores, postquam sunt illuminati, lauffen nicht jnn die wuesten, quia fides macht nicht solche leute, das man das euserlich leben lasse fahren und hebe ein newes an, Sicut Monachi putant [...] Christus non venit, das er euserlich ding endere und sein geschoeppfe umbsturtze, Man sol den leib kleiden, sein fueter geben, erbeiten etc. Haec est eius creatio. Hanc zu endern ist er nicht komen [...]

Non dicunt: Jch wil Gott dienen, jnn die wusten gehen, nichts mehr thun auff erden, allein jnn beschawlickeit leben, Gott dienen mit beten und fasten, Denn das heisst nicht Gott dienen, sed wenn man bleibet ein iglicher jnn seinem stand, dar ein jn Gott gesetzt hat, das ein man ein man, ein weib ein weib etc. bleibe und jnn solchem stande lernen Gott erkennen und jhn preisen, so dienen sie jm recht

M. Luther, Predigt am Tage St. Johannis
(Luther deutsch 8, 52–54/WA 37, 246,14–17.23–25; 247,25–30).

15.2.2 Die Entkoppelung von Ethik und Religion bei Christian Wolff und Immanuel Kant

Die in Luthers theologischer Aufwertung der weltlichen Existenz schon sichtbare Tendenz zur Verselbständigung der Ethik verstärkte sich seit dem Ende der altprotestantischen Orthodoxie. Bereits der *Pietismus* hatte sich gegen die orthodoxe Tendenz zur lehrmäßigen Verfestigung der reformatorischen Theologie und ihre Abkoppelung von der christlichen Lebenswirklichkeit gewandt (vgl. zum theologiegeschichtlichen Kontext: 1. Hauptteil, Abschnitt 4.3). Unter autoritätskritischer Berufung auf die biblisch bezogene Verkündigung Jesu verschärfte die *Neologie* die Kritik an der Orthodoxie durch eine konsequente Relativierung der Dogmenautorität (vgl. zum theologiegeschichtlichen Kontext: 1. Hauptteil, Abschnitt 4.5). Als verbindlich wurde ausschließlich die ethische Bedeutung der christlichen Verkündigung akzeptiert: Nur solche Lehren des Christentums, die als Anleitung zum moralischen Leben dienen und eine Beförderung von Tugend und Glückseligkeit versprachen, konnten Geltung beanspruchen.

Entscheidende Schritte zu einer nicht nur von kirchlich-dogmatischen, sondern von allen religiösen Vorgaben unabhängigen (nur auf der praktischen Vernunft des Menschen basierenden) Ethik wurden in der neuzeitlichen Philosophie vollzogen. Von besonderer Bedeutung ist in diesem Zusammenhang die von Christian Wolff am 12. Juli 1721 gehaltene akademischen Festrede; darin führte er die praktische Philosophie der Chinesen als Beispiel dafür an, dass auch nichtchristliche Völker nach richtigen moralischen Grundsätzen leben können (vgl. zum theologiegeschichtlichen Kontext: 1. Hauptteil, Abschnitt 4.3). Wolff, der diese Behauptung zwei Jahre später mit der durch die Pietisten der Theologischen Fakultät beförderten Vertreibung aus Halle bezahlen musste, gab seine Rede im Jahre 1726 selbst heraus. In dieser Edition ergänzte er den Text von 1721 um ein Vorwort sowie um zahlreiche Anmerkungen, mit denen er die Kritik seiner Gegner, namentlich den Atheismus-Vorwurf, zu widerlegen versuchte.

Wolff hat eine Dreiteilung der tugendhaften Handlungen vorgenommen. (1) An erster Stelle stehen solche Handlungen, deren Grundsätze von aller Religion frei sind und die ausschließlich durch die Natur des menschlichen Geistes normiert werden. Damit ist zwar nur der unterste Tugendgrad erreicht; dieser kam den alten Chinesen zu, die ihn virtuos ausbildeten und kultivierten. Auf den weiteren zwei Stufen wird die inhaltliche Bestimmtheit der – 1726 als philosophische Tugend (virtus philosophica) bezeichneten – ersten Stufe nicht aufgehoben, sondern durch die Hinzufügung weiterer Beweggründe vertieft. Zunächst (2) kommen Handlungsmotive hinzu, die sich aus der philosophischen (also rein rational vollzogenen) Erkenntnis der Existenz Gottes sowie seiner Ei-

Christian Wolff

– 1721/1726: Rede über die praktische Philosophie der Chinesen.
– These: Moralisch gutes Handeln ist (unabhängig vom Gottesglauben) allein durch Vernunft und Tugend möglich.
– Philosophische Gotteserkenntnis und übernatürliche Gnade steigern die auf Vernunft basierende Moralität.

genschaften und seiner Vorsehung ergeben; diese Beweggründe entstammen der natürlichen Religion (1726 hat Wolff diese Stufe als philosophische Frömmigkeit bezeichnet: pietas philosophica). Schließlich (3) ergibt sich aufgrund des von der Gnade vermittelten Glaubens an die übernatürlichen Wahrheiten des Christentums eine Handlungsmotivation, die zu einer weiteren Vertiefung der Tugend führt; 1726 hat Wolff hier von theologischer oder christlicher Tugend gesprochen (virtus theologica seu Christiana), deren *gnaden* gewirkte Motivation stärker ist als die der menschlichen *Natur* entstammenden Beweggründe.

Wer die moralischen Dinge tiefer untersucht, dem ist nur allzu genau bekannt, daß die Beweggründe der menschlichen Handlungen, auch wenn diese im Einklang mit dem Gesetz sind, verschieden sein können.
[1] Entweder nämlich stellt sich der Geist die Veränderung sowohl des inneren als auch des äußeren Zustandes der Menschen vor, die aufgrund einer Handlung erfolgt; [2] oder er benutzt als Beweggründe die Eigenschaften und die Vorsehung, ja sogar die Autorität der höchsten Gottheit; [3] oder die Beweggründe werden schließlich von den durch göttliche Fügung offenbarten Wahrheiten [...] geliefert; [...]
[1] Wer seine Handlungen nach ihrem Erfolg beurteilt, lenkt seine Handlungen nur durch die Führung der Vernunft, und die Tugenden, die er pflegt, sind allein den Kräften der Natur zuzuschreiben. [2] Wer durch eine allein auf das Licht der Vernunft gestützte Betrachtung der Eigenschaften Gottes und der Vorsehung der Gottheit zu handeln bestimmt wird, dessen Tugenden entspringen aus der natürlichen Religion. [3] Wer schließlich von den durch göttliche Fügung offenbarten Wahrheiten [...] zu seinen Handlungen angetrieben wird, dessen Tugenden müssen den Kräften der Gnade zugeschrieben werden.
Weil die alten Chinesen [...] den Schöpfer der Welt nicht kannten, hatten sie keine natürliche Religion; noch viel weniger waren ihnen irgendwelche Zeugnisse der göttlichen Offenbarung bekannt. Darum konnten sie sich nur der Kräfte der Natur – und zwar solcher, die frei von jeder Religion sind – bedienen, um die Ausübung der Tugend zu befördern.

Qui res morales profundius scrutantur, iis satis superque cognitum ac perspectum, actionum humanarum, etiam si legi conformes sint, varia esse motiva.

[1] Nimirum aut mens sibi repraesentat status humani cum interni, tum externi mutationem, quae ex actione consequitur; [2] aut motivis utitur attributis ac providentia, immo autoritate Numinis summi; [3] aut motiva denique praebent veritates divinitus revelatae ...

[1] Qui actiones ex eventu aestmant, solo rationis ductu actiones dirigunt, quasque colunt, virtutes solis naturae viribus tribuendae veniunt. [2] Qui attributorum divinorum ac providentiae Numinis contemplatione solo rationis lumine facta ad agendum determinantur, eorum virtutes a religione naturali ortum ducunt. [3] Qui denique veritatibus divinitus revelatis ... ad actiones impelluntur, eorum virtutes gratiae viribus acceptae ferri debent.

Sinenses antiqui ... cum nulla universi Autorem ignorantibus esset religio naturalis, multo minus aliqua revelationis divinae documenta innotuissent, non aliis quam naturae viribus iisque ab omni religione puris ad virtutis exercitium promovendum uti poterant.

Chr. Wolff, Oratio de Sinarum philosophia practica, 24–27 (Text von 1721).

Christian Wolff war daran interessiert, eine nahtlose *Verbindung* zwischen einer „nur durch die Führung der Vernunft" gelenkten Ethik einerseits und der (christlichen) Religion andererseits herzustellen. Im Unterschied dazu hat sich Immanuel Kant um eine präzise *Grenzziehung* zwischen rein vernunftgeleiteter und religiös begründeter Ethik bemüht. Zunächst hat Kant eine vom Gottesbegriff völlig unabhängige (gleichsam ‚religionsabstinente') Begründung der Ethik vollzogen: In seiner „Grundlegung zur Metaphysik der Sitten" (1785), einer für die Entwicklung der neuzeitlichen Ethik maßgeblichen Schrift, wird der nur selten begegnende *Gottes*begriff an keiner Stelle als relevant für das Sittengesetz eingestuft; die Verbindlichkeit und Notwendigkeit des Sittengesetzes (des sog. Kategorischen Imperativs) werden vielmehr als Konsequenz sachgerechten Gebrauchs *menschlich*-praktischer *Vernunft* erwiesen. Zwar hat Kant in seiner „Kritik der praktischen Vernunft" von 1788 Gott als Garanten für den Zusammenhang von Sittlichkeit und Glückseligkeit betrachtet; damit hat er der (als theoretisch nicht hinreichend begründbar erwiesenen) Annahme der Existenz Gottes eine *praktische* Bedeutung für den Vollzug tugendhaften Handelns gegeben (vgl. §6.2.1). Aber daraus folgt ausdrücklich nicht, dass die Geltung des durch menschliche Vernunftautonomie erkannten Sittengesetzes begründungstheoretisch vom Gottesgedanken abhängig ist. Vielmehr können, wie Kant in seiner Religionsschrift von 1793 eingeschärft hat, die Inhalte einer religiösen Lehre nur insoweit Geltung auf *„Gött*lichkeit" beanspruchen, als es möglich ist, sie als Ausdruck *menschlich*-praktischer Vernunft zu interpretieren.

Immanuel Kant
- 1785: „Grundlegung zur Metaphysik der Sitten" – religionsabstinente Moralbegründung.
- 1788: „Kritik der praktischen Vernunft" – Behauptung der *moralischen Notwendigkeit* des Daseins Gottes (vgl. §6.2.1).
- 1793: „Die Religion innerhalb der Grenzen der bloßen Vernunft" – Betonung der begründungstheoretischen Unabhängigkeit der Moral vom Gottesgedanken.

> Die Moral, so fern sie auf dem Begriffe des Menschen als eines freien, eben darum aber auch sich selbst durch seine Vernunft an unbedingte Gesetze bindenden Wesens gegründet ist, bedarf weder der Idee eines andern Wesens über ihm, um seine Pflicht zu erkennen, noch einer andern Triebfeder als des Gesetzes selbst, um sie zu beobachten. [...] – Sie bedarf also zum Behuf ihrer selbst (sowohl objektiv, was das Wollen, als subjectiv, was das Können betrifft) keinesweges der Religion, sondern Vermöge der reinen praktischen Vernunft ist sie sich selbst genug.
> I. Kant, Die Religion innerhalb der Grenzen der bloßen Vernunft
> (Akademie-Textausgabe VI 3,3–7.11–14).

> [Es gilt, dass] die Göttlichkeit einer an uns ergangenen Lehre [...] durch nichts, als durch Begriffe *unserer* Vernunft, so fern sie rein-moralisch und hiemit untrüglich sind, erkannt werden kann.
> I. Kant, Der Streit der Facultäten
> (Akademie-Textausgabe VII, 48,7–9).

📖 Die Entwicklung der neuzeitlichen Ethik ist dargestellt bei:
 – T. Rendtorff, Ethik VIII (TRE 10).

📖📖 Luthers Ethik wird dargestellt bei:
- P. Althaus, Die Ethik Martin Luthers;
- M. J. Suda, Die Ethik Martin Luthers.

15.3 Zum Verhältnis von Dogmatik und Ethik im modernen und gegenwärtigen Protestantismus

Die Emanzipation der Ethik von religiös-dogmatischen Vorgaben, die in der Geschichte des neuzeitlichen Protestantismus seit der Reformation virulent war (vgl. 15.2.1) und in der neuzeitlichen Philosophie konsequent vollzogen wurde (vgl. 15.2.2), hat die Debatten in der evangelischen Theologie seit der theologischen Aufklärung maßgeblich bestimmt.

Im Horizont seines Religions- und Christentumsverständnisses und im Zuge der materialen Entfaltung seines eigenen Ansatzes hat Friedrich Schleiermacher auch eine präzise Bestimmung des Verhältnisses von Dogmatik und Ethik (von christlicher Glaubenslehre und christlicher Sittenlehre) vorgetragen. Diese Verhältnisbestimmung wird nachfolgend im Rückgriff auf die nach Schleiermachers Tod von Ludwig Jonas (1797–1859) herausgegebenen handschriftlichen Notizen und Nachschriften zu den Vorlesungen über die christliche Sittenlehre erläutert.

Die im Jahre 1843 unter dem Titel „Die christliche Sitte nach den Grundsäzen der evangelischen Kirche im Zusammenhange dargestellt" publizierten Texte bilden das *ethische* Seitenstück zu Schleiermachers *dogmatischem* Hauptwerk. Diese Zusammengehörigkeit wird bereits in der Parallelität des Aufbaus deutlich. Allerdings muss darauf verwiesen werden, dass der erste Hauptteil der „Glaubenslehre" (Das fromme Selbstbewusstsein *als solches*) keine Entsprechung in der „Sittenlehre" hat; diese setzt vielmehr direkt bei demjenigen christlichen Handeln ein, das durch das vom *Gegensatz* bestimmte fromme Selbstbewusstsein geprägt ist. Hinzu kommt aber die Behandlung eines aus dem *Stadium relativer Seligkeit* hervorgehenden christlichen Handelns, für das es wiederum keine Entsprechung in der „Glaubenslehre" gibt. Die nachstehende Übersicht macht die Gemeinsamkeiten und Unterschiede in der Struktur beider Werke deutlich.

D. F. E. Schleiermacher, *Der christliche Glaube* (^{2}1830/31)
– vgl. 1. Hauptteil, Abschnitt 5.1

Einleitung (§§ 1–31)	
I. Hauptteil Das fromme Selbstbewusstsein als solches (§§ 32–61)	II. Hauptteil Das fromme Selbstbewusstsein unter dem Gegensatz von Sünde (Unlust) und Gnade (Lust) (§§ 62–169)
Schluss: Trinitätslehre (§§ 170–172).	

⬇   ⬇

Allgemeine Einleitung (1–96)			
wirksames Handeln (Stadium relativer Bewegung)		darstellendes Handeln (Stadium relativer Seligkeit)	
reinigendes/ wiederherstellendes Handeln	verbreitendes/ erweiterndes Handeln		
Kirche: Kirchenzucht, Kirchenverbesserung (100–217)	Kirche, Ehe, Familie: Mission, Erziehung (330–440)	christliche Geselligkeit: Gottesdienst im engeren Sinne, christliche Tugend (516–620)	innere Sphäre (begründendes Element: christliche Gesinnung)
Familie, Staat: Hauszucht, Strafrecht, Staatsverbesserung, Krieg (217–290)	Staat: Kulturentwicklung (440–501)	freie Geselligkeit: Kunst, Spiel, Geselligkeit (620–705)	äußere Sphäre (mitbegründendes Element: bürgerliche Gesinnung)

D. F. E. Schleiermacher, *Die christliche Sitte* (1843, hg. von Ludwig Jonas)

Schleiermacher geht zunächst davon aus, dass sich der christliche Glaube ursprünglich gleichermaßen als *Erkenntnis* wie als *Handlungsart* manifestiert hat. Daher wäre es möglich und berechtigt, die Glaubenslehre zum Fundament zu machen und die Sittenlehre lediglich als praktische Ergänzung bzw. Folgerung der Glaubenslehre zu behandeln (so verfahren die in 15.1.3 skizzierten Ansätze). Doch das gegenteilige Vorgehen wäre ebenso möglich und berechtigt: Man könnte die Sittenlehre zum

> **Dogmatik und Ethik im neueren Protestantismus I**
>
> – **Schleiermacher**: Frömmigkeit setzt Erkenntnis- und Handlungsimpuls frei; beide Impulse sind nicht voneinander ableitbar.

Fundament machen und die Glaubenslehre lediglich als theoretische Entsprechung zur Sittenlehre behandeln.

Angesichts dieser Konstellation muss nach Schleiermacher diejenige Voraussetzung, die der christlichen Erkenntnis ebenso zugrunde liegt wie dem christlichen Handeln, sowohl von Dogmatik als auch von Ethik unterschieden sein. Als diese Voraussetzung identifiziert er die Frömmigkeit, in der das – zur Erkenntnis führende – *Interesse* und der – das Handeln orientierende – *Antrieb* noch ungeschieden miteinander verbunden sind. Die Differenz zwischen Dogmatik und Ethik ergibt sich dann aus der Unterscheidung zwischen den Voraussetzungen und den Folgen des religiösen Selbstbewusstseins, in dem die Frömmigkeit besteht.

Steht es nun so, daß die Grundvoraussezung, das, was den Menschen zum Christen macht, mit gleichem Rechte ursprünglich als Erkenntniß und als Handlungsweise kann aufgefaßt werden: so folgt, daß sie wesentlich die Indifferenz von beiden sein muß. [...]
Aber nun kommen wir auch von selbst dahin, klar zu übersehen, daß im Zustande der Frömmigkeit diese beiden Elemente wesentlich verbunden sind, einerseits das Interesse an dem Gegenstande des religiösen Gebietes, welches Interesse aber in ganz verschiedenem Maaße den Begriff des Gegenstandes hervorruft, und anderseits [...] der Antrieb, der zwar in ein Handeln übergehen muß, aber in verschiedenen Menschen zu verschiedenen Zeiten in ganz verschiedenem Maaße. [...]
Die Formel der dogmatischen Aufgabe ist die Frage, Was muß *sein*, weil die religiöse Form des Selbstbewußtseins, der religiöse Gemüthszustand ist? Die Formel unserer ethischen Aufgabe ist die Frage, Was muß *werden* aus dem religiösen Selbstbewußtsein und durch dasselbe, weil das religiöse Selbstbewußtsein ist.

F. Schleiermacher, Die christliche Sitte, Allgemeine Einleitung
(Sämmtliche Werke I 12, 18.22 f.)

Dass nach Schleiermacher das aus der Frömmigkeit resultierende Erkenntnisinteresse „*in ganz verschiedenem Maaße den Begriff des Gegenstandes hervorruft*" und dass sich der handlungsorientierende Antrieb „*in verschiedenen Menschen zu verschiedenen Zeiten in ganz verschiedenem Maaße*" artikuliert, weist erneut auf den pluralistischen Charakter seines Denkens hin, der sich bereits in seinem Religions- und Offenbarungsverständnis gezeigt hatte (vgl. § 1.1.3; § 3.3). Damit verbindet sich auch eine ausdrückliche Absage an Versuche einer unmittelbaren Ableitung ethischer Grundsätze aus dogmatischen Festlegungen.

Das ursprüngliche christliche Bewußtsein, der ursprüngliche christliche Glaube, hat zwei Richtungen, eine nach dem Gedanken, eine andere nach der That [...] Wir dürfen also die Säze unserer Sittenlehre nicht auf dogmatische Säze zurückführen, sondern auf das, was auch diesen zum Grunde liegt.

F. Schleiermacher, Die christliche Sitte, Allgemeine Einleitung
(Sämmtliche Werke I 12, 24 [Vorlesung 1826/27]).

Karl Barth hatte seinen theologischen Ansatz in dezidierter Abgrenzung von der Theologie der Aufklärung und des theologischen Liberalismus entwickelt (vgl. zum theologiegeschichtlichen Kontext: 1. Hauptteil, Abschnitt 6.2). Mit diesem Zugang verband sich folgerichtig eine Ablehnung der gerade für die evangelische Aufklärungstheologie typischen Reduktion der christlichen Lehre auf diejenigen Elemente, die als Anleitung zum moralischen Leben dienen und eine Beförderung von Tugend und Glückseligkeit versprachen.

Dogmatik und Ethik im neueren Protestantismus II

– **Karl Barth**: Dogmatik als Ethik (Wort Gottes = Prüfungs- und Korrekturinstanz für menschliche Existenz).

Von daher beurteilte Barth die seitdem unübersehbare Tendenz zur Verselbständigung einer theologischen Ethik als verhängnisvolle Fehlentwicklung, weil damit nicht mehr das Wort *Gottes*, sondern der – sich selbst vergöttlichende – *Mensch* zum Maßstab humaner Existenz erhoben werde.

[Wo es zu einer gegenüber der Dogmatik verselbständigten Ethik kommen konnte, dort war] damit zu rechnen, daß die verselbständigte Ethik alsbald die Tendenz zeigte, die Rollen zu vertauschen, also sich selbst als theologische Grundwissenschaft an die Stelle der Dogmatik zu setzen [...] Das mußte dann, weil eine verselbständigte Ethik letztlich immer von einer allgemeinen Anthropologie bestimmt ist, bedeuten: die Dogmatik selbst und die ganze Theologie wurde angewandte Anthropologie. Ihr Kriterium war nicht mehr das Wort Gottes, sondern die ihre Frage nach der Güte des Christenstandes beherrschende, abseits von der Offenbarung gesuchte und gefundene Idee des Guten [...]
[Die Verselbständigung der theologischen Ethik läuft letztlich darauf hinaus, dass] ein in der Theologie unmöglicher Wechsel in der Blickrichtung, eine fatale Vertauschung der Subjekte, nämlich Gottes und des Menschen stattfindet und zum eigentlichen konstituierenden Prinzip der Ethik gemacht wird.

K. Barth, Kirchliche Dogmatik I/2, 875f. 884 (§ 22,3).

Dass sein eigenes Programm einer „Dogmatik als Ethik" (so die Überschrift zu § 22,3 seiner „Kirchlichen Dogmatik") sachgerecht ist, begründete Barth damit, dass die (in der theologischen Ethik zu behandelnde) menschliche Existenz aus christlicher Sicht ausschließlich durch das in der Christusoffenbarung manifeste (und in der Dogmatik thematisierte) Wort Gottes konstituiert und geprägt wird.

[D]er Gegenstand der Dogmatik ist und bleibt das Wort Gottes und nichts sonst. Der Gegenstand des Wortes Gottes aber ist die menschliche Existenz, das menschliche Leben, Wollen, Handeln. Durch das Wort Gottes wird dieses in Frage gestellt, d.h. nach seiner Richtigkeit gefragt, aber auch in Richtigkeit gebracht. Darum und in diesem Sinn: nicht kraft einer ihr vorweg eigenen und vorweg zu bestimmenden Fähigkeit, sondern *durch das Wort Gottes* bekommt die menschliche Existenz theologische Relevanz. Aber eben durch das Wort Gottes *bekommt* sie sie tatsächlich, ist ihr Problem der Theologie, ist es der Dogmatik so aufgedrängt, daß diese gar nicht Theologie, gar nicht Dogmatik sein könnte, wenn sie nicht auch, und zwar durchgehend, Ethik sein wollte.

K. Barth, Kirchliche Dogmatik I/2, 887 (§ 22,3).

Ein von Barths Dogmatik- und Ethikverständnis prinzipiell unterschiedener Zugang zur Verhältnisbestimmung der beiden Disziplinen stammt von Trutz Rendtorff (geb. 1931). Nach Rendtorff handelt es sich bei der Verselbständigung der theologischen Ethik gegenüber der Dogmatik um einen Prozess, der die Entwicklung des neuzeitlichen Bewusstseins spiegelt und von der zeitgenössischen Theologie positiv aufzunehmen ist. Den Ausgangspunkt seiner Überlegungen bildet die Einsicht, dass mit Reformation und Neuzeit eine Tendenz zur Emanzipation vom kirchlich-dogmatischen Wahrheitsmonopol einsetzte. Damit verbunden war eine Hervorhebung subjektiver Gewissheit als Voraussetzung für das Fürwahrhalten objektiver Sachverhalte (vgl. zum theologiegeschichtlichen Kontext: 1. Hauptteil, Abschnitt 4.1). Dies führte dazu, dass vormals kirchenamtlich abgesicherte dogmatische Gehalte ihre eindeutige Orientierungsfunktion für die christliche Lebensführung verloren.

> Weder ein kirchliches Lehramt noch ein wissenschaftliches Äquivalent können von sich aus den Ort der ethischen Verantwortung ausfüllen. Darum ist die Ethik in der Neuzeit, mit dem durch die Reformation vorbereiteten Bewußtsein der Eigenverantwortlichkeit des Menschen, in eine Schlüsselstellung der Weltsicht eingerückt. [...] Daß ‚Ethik' zu einem selbständigen Thema [gegenüber der Dogmatik] wird, hängt theologiegeschichtlich entscheidend damit zusammen, daß die doctrina [lat. (dogmatische) Lehre] nicht mehr zureichend eine solche Weltsicht vermittelt, die der Ethik die nötigen Voraussetzungen und Orientierungen gibt, auf die hin sie sich entfalten kann.
>
> T. Rendtorff, Ethik, Band 1, 42f.

Dogmatik und Ethik im neueren Protestantismus III

– **Trutz Rendtorff**: Vorordnung der Ethik gegenüber der Dogmatik steht für Orientierung der Theologie an den Bedingungen der Moderne.

Vor diesem Hintergrund konzipiert Rendtorff seinen Entwurf einer *ethischen Theologie*. Dieses Stichwort macht deutlich, dass es ihm nicht nur darum geht, die Eigenständigkeit der Ethik als eines theologischen Faches gegenüber der Dogmatik festzuhalten. Weil sich die Selbstverständigung über das Christentum in Neuzeit und Moderne zunehmend weniger auf der kirchlich-dogmatischen Ebene, sondern eher im Bereich des individuell verantworteten ethischen Nachdenkens vollzieht, fordert er vielmehr eine klare Vorrangstellung der Ethik gegenüber der Dogmatik. Eine solche Vorrangstellung versteht er nicht nur als eine Weiterführung des reformatorischen Ansatzes, sondern zugleich als Ausdruck für eine an den Bedingungen der Moderne orientierte Theologie.

> In der Verselbständigung der Ethik gegenüber der Dogmatik kommt die für die neuzeitliche Theologie insgesamt, vor allem in den historischen Disziplinen, zu beobachtende Überschreitung eines dogmatischen und kirchlich-konfessionellen Theologiebegriffs zum Zuge. In der systematischen Theologie wird ‚Ethik' zum Titel für die Orientierung der Theologie an den Bedingungen der Moderne, ‚Dogmatik' zum Titel für das Festhalten an bzw. die Rückwendung zum ‚klassischen' vorneuzeitlichen Theologiemodell.
>
> T. Rendtorff, Ethik, Band 1, 43f.

📖 Grundsätzliche Erwägungen zur Differenz von Dogmatik und Ethik bietet:
— D. Lange, Überlegungen zum Verhältnis von Glaubenslehre und Ethik.

📖📖 Eine Einordnung von Schleiermachers „Christlicher Sitte" in sein Gesamtkonzept bietet:
— H.-J. Birkner, Schleiermachers Christliche Sittenlehre.

🖋 Informieren Sie sich über die von Karl Barth vollzogene Einbindung der theologischen Ethik in den dogmatischen Rahmen anhand von:
— K. Barth, Kirchliche Dogmatik I/2, 985–988.

📖📖 Eine eingehende Analyse von Rendtorffs Christentumstheorie stammt von:
— M. Laube, Theologie und neuzeitliches Christentum.

Literatur

Abschließender Bericht, in: Wolfhart Pannenberg/Theodor Schneider (Hg.), Verbindliches Zeugnis III (Schriftverständnis und Schriftgebrauch), Freiburg i. Br./Göttingen 1998 (DiKi 10), 288–389.
Aland, Kurt: Hilfsbuch zum Luther-Studium, Bielefeld ⁴1996.
Albani, Matthias/Rösel, Martin: Theologie kompakt: Altes Testament, Stuttgart 2002.
Alberigo, Giuseppe: Das zweite Vatikanische Konzil (1962–1965), in: Giuseppe Alberigo (Hg.), Geschichte der Konzilien. Vom Nicaenum bis zum Vaticanum II, Düsseldorf 1993, 414–470.
Althaus, Paul: Die letzten Dinge. Lehrbuch der Eschatologie, Gütersloh ¹⁰1970 (¹1922, ⁴1933).
–: Grundriß der Dogmatik, Gütersloh ³1947 (¹1929).
–: Die Christliche Wahrheit. Lehrbuch der Dogmatik, Gütersloh ³1952 (¹1947).
–: Gebot und Gesetz. Zum Thema ‚Gesetz und Evangelium', Gütersloh 1952 (BFChTh 46/2).
–: [Art.] Auferstehung IV: Dogmatisch, in: RGG³ 1, 1957, 696–698.
–: Die Theologie Martin Luthers, Gütersloh ⁷1994 (¹1962).
–: Offenbarung als Geschichte und Glaube. Bemerkungen zu Wolfhart Pannenbergs Begriff der Offenbarung, in: ThLZ 87, 1962, 321–330.
–: Die Ethik Martin Luthers, Gütersloh 1965.
Ambrosius von Mailand: [Sancti Ambrosii Mediolanensis] De officiis [ministrorum] (386–389), in: CChrSL 15.
Andresen, Carl/Ritter, Adolf Martin: Die Anfänge christlicher Lehrentwicklung, in: Carl Andresen/Adolf Martin Ritter (Hg.), Handbuch der Dogmen- und Theologiegeschichte, Band 1: Die Lehrentwicklung im Rahmen der Katholizität, Göttingen ²1999 (¹1982), 1–98.
Aner, Karl: Die Theologie der Lessingzeit, Halle 1929.
Anselm von Canterbury: Proslogion, in: S. Anselmi Cantuariensis archiepiscopi Opera omnia, hg. von Franciscus Salesius Schmitt, Band 1, Seckau 1938 (Neudr. Stuttgart/Bad Cannstatt 1968), 89–122.
–: Cur deus homo, in: S. Anselmi Cantuariensis archiepiscopi Opera omnia, hg. von Franciscus Salesius Schmitt, Band 2, Rom 1940 (Neudr. Stuttgart/Bad Cannstatt 1968), 37–133.
Arquillière, Henri Xavier: Augustinisme politique. Essai sur la formation des théories politiques du Moyen Age, Paris ²1972 (¹1934; L'église et l'état au moyen-âge 2).
Augustin: Ad Simplicianum de diuersis quaestionibus (um 397), in: CChrSL 44, 7–91.
–: De trinitate libri quindecim (399–419), in: CChrSL 50, 25–380; 50A, 381–535.
–: In Iohannis euangelium tractatus CXXIV (406–420), in: CChrSL 36, 1–688.
–: De spiritu et littera ad Marcellinum liber unus (412), in: CSEL 60, 153–229.
–: De ciuitate dei libri uiginti duo (413–426/27), in: CChrSL 47, 1–314; 48, 321–866.
Axt-Piscalar, Christine: [Art.] Sünde VIII: Reformation und Neuzeit, in: TRE 32, 2001, 400–436.
Banniard, Michel: Europa. Von der Spätantike bis zum frühen Mittelalter (1989), München/ Leipzig 1993.
Barth, Hans-Martin: Dogmatik. Evangelischer Glaube im Kontext der Weltreligionen. Ein Lehrbuch, Gütersloh 2001.

Barth, Karl: Der Römerbrief.
–: *Das Wort Gottes als Aufgabe der Theologie* (1922), in: Anfänge der dialektischen Theologie, Teil 1: Karl Barth, Heinrich Barth, Emil Brunner, hg. von Jürgen Moltmann, München 1962, ^{3}1974 (TB 17), 197–218.
–: *Autobiographische Skizze* aus dem Fakultätsalbum der Ev.-Theol. Fakultät in Münster (1927), in: Karl Barth – Rudolf Bultmann, Briefwechsel 1911–1966, hg. von Bernd Jaspert, Zürich 1994 (Karl Barth-Gesamtausgabe, Abteilung V: Briefe), 290–300.
–: Die *Kirchliche Dogmatik I/2*, Zürich 1938.
–: Die *Kirchliche Dogmatik II/1*, Zürich 1940.
–: Die *Kirchliche Dogmatik II/2*, Zürich 1942.
–: Die *Kirchliche Dogmatik IV/3*, Zürich 1959.
–: Die *Kirchliche Dogmatik IV/4*: Fragment, Zürich 1967.
Barth, Ulrich: *Religion in der Moderne*, Tübingen 2003.
–: *Aufgeklärter Protestantismus*, Tübingen 2004.
–: *Gott als Projekt der Vernunft*, Tübingen 2006.
Bayer, Oswald: Martin Luthers Theologie. Eine Vergegenwärtigung, Tübingen 2003.
Bernhardt, Reinhold: *Der Absolutheitsanspruch des Christentums*. Von der Aufklärung bis zur pluralistischen Religionstheologie, Gütersloh ^{2}1993 (^{1}1990).
–: *Was heißt ‚Handeln Gottes'?* Eine Rekonstruktion der Lehre von der Vorsehung, Gütersloh 1999.
Beutel, Albrecht: [Art.] *Aufklärung* I: Geistesgeschichtlich, in: RGG^4 1, 1998, 929–941.
–: *Causa Wolffiana*. Die Vertreibung Christian Wolffs aus Preußen 1723 als Kulminationspunkt des theologisch-politischen Konflikts zwischen halleschem Pietismus und Aufklärungsphilosophie, in: Ulrich Köpf (Hg.), Wissenschaftliche Theologie und Kirchenleitung. Beiträge zur Geschichte einer spannungsreichen Beziehung für Rolf Schäfer zum 70. Geburtstag, Tübingen 2001, 159–202.
–: *Aufklärung in Deutschland* (KIG O 2), Göttingen 2006.
Birkner, Hans-Joachim: ‚*Offenbarung' in Schleiermachers Glaubenslehre* (1956), in: ders., Schleiermacher-Studien, eingeleitet und hg. von Hermann Fischer, Berlin/New York 1996 (Schleiermacher-Archiv 16), 81–98.
–: *Natürliche Theologie und Offenbarungstheologie*. Ein theologiegeschichtlicher Überblick (1961), in: ders., Schleiermacher-Studien, eingeleitet und hg. von Hermann Fischer, Berlin/New York 1996 (Schleiermacher-Archiv 16), 3–22.
–: *Schleiermachers Christliche Sittenlehre* im Zusammenhang seines philosophisch-theologischen Systems, Berlin 1964.
–: *Schleiermachers ‚Kurze Darstellung' als theologisches Reformprogramm* (1986), in: ders., Schleiermacher-Studien, eingeleitet und hg. von Hermann Fischer, Berlin/New York 1996 (Schleiermacher-Archiv 16), 285–305.
Blumenberg, Hans: *Die Legitimität der Neuzeit*. Erneuerte Ausgabe, Frankfurt/M.^{2}1988.
Böckenförde, Ernst-Wolfgang: *Die Entstehung des Staates als Vorgang der Säkularisation* (1967), in: ders., Recht – Staat – Freiheit. Studien zur Rechtsphilosophie, Staatstheorie und Verfassungsgeschichte, Frankfurt/M. 1991, 92–114.
–: *Geschichte der Rechts- und Staatsphilosophie*: Antike und Mittelalter, Tübingen 2002.
Boff, Leonardo: *Das mütterliche Antlitz Gottes*. Ein interdisziplinärer Versuch über das Weibliche und seine religiöse Bedeutung (1979), Düsseldorf 1985.
Bornkamm, Karin: *Christus – König und Priester*. Das Amt Christi bei Luther im Verhältnis zur Vor- und Nachgeschichte, Tübingen 1998 (BHTh 106).

Brandenburger, Egon: *Adam und Christus*. Exegetisch-religionsgeschichtliche Untersuchung zu Röm.5,12–21 (1.Kor.15), Neukirchen-Vluyn 1962 (WMANT 7).

Braunfels, Wolfgang: [Art.] *Dreifaltigkeit*, in: LCI 1, 525–537.

Brunner, Emil: *Die andere Aufgabe der Theologie*, in: ZZ 7, 1929, 255–276.

Bryner, Erich: *Die Ostkirchen vom 18. bis zum 20. Jahrhundert*, Leipzig 1996 (KGiE III/10).

BSLK: Bekenntnisschriften der evangelisch-lutherischen Kirche, hg. vom Deutschen Evangelischen Kirchenausschuss, Göttingen 1930, [12]1998.

BSRK: Bekenntnisschriften der reformierten Kirche, hg. von E. F. K. Müller, Leipzig 1903, Neudr. Waltrop 1999 (zwei Teilbände).

Buber, Martin: *Zwei Glaubensweisen* (1950), Gerlingen [2]1994.

Büchner, Georg: *Dantons Tod* (1834; http://gutenberg.spiegel.de/buechner/danton/danton.htm).

Bultmann, Rudolf: *Die liberale Theologie* und die jüngste theologische Bewegung (1924), in: ders., Glauben und Verstehen. Gesammelte Aufsätze, Band 1, Tübingen [9]1993 ([1]1933), 1–25.

–: *Welchen Sinn hat es, von Gott zu reden* (1925), in: ders., Glauben und Verstehen. Gesammelte Aufsätze, Band 1, Tübingen [9]1993 ([1]1933), 26–37.

–: *Zur Frage der Christologie* (1927), in: ders., Glauben und Verstehen. Gesammelte Aufsätze, Band 1, Tübingen [9]1993 ([1]1933), 85–113.

–: *Die Eschatologie des Johannesevangeliums* (1928), in: ders., Glauben und Verstehen. Gesammelte Aufsätze, Band 1, Tübingen [9]1993 ([1]1933), 134–152.

–: *Die Bedeutung des geschichtlichen Jesus für die Theologie des Paulus* (1929), in: ders., Glauben und Verstehen. Gesammelte Aufsätze, Band 1, Tübingen [9]1993 ([1]1933), 188–213.

–: *Die Christologie des Neuen Testaments* (1933), in: ders., Glauben und Verstehen. Gesammelte Aufsätze, Band 1, Tübingen [9]1993 ([1]1933), 245–267.

–: *Das Problem der ‚natürlichen Theologie'* (1933), in: ders., Glauben und Verstehen. Gesammelte Aufsätze, Band 1, Tübingen [9]1993 ([1]1933), 294–312.

–: *Neues Testament und Mythologie*. Das Problem der Entmythologisierung in der neutestamentlichen Verkündigung (1941), in: Hans-Werner Bartsch (Hg.), Kerygma und Mythos. Ein theologisches Gespräch, Hamburg [3]1954 ([1]1948; ThF 1), 15–48.

–: *Anknüpfung und Widerspruch* (1946), in: –, Glauben und Verstehen, Gesammelte Aufsätze, Band 2, Tübingen [6]1993 ([1]1952), 117–132.

–: *Geschichte und Eschatologie im Neuen Testament* (1954), in: Rudolf Bultmann, Glauben und Verstehen. Gesammelte Aufsätze, Band 3, Tübingen [4]1993 ([1]1961), 91–106.

Busch, Eberhard: *Die große Leidenschaft*. Einführung in die Theologie Karl Barths, Gütersloh 1998, [2]2001.

Caesarius von Arles: *Sermo 10* [De fide catholica], in: CChrSL 103, 50–53.

Calvin, Johannes: *Institutio Christianae Religionis 1559* (Johannis Calvini Opera selecta ediderunt Petrus Barth/Guilelmus Niesel, Volumen *III*: Institutio Christianae Religionis 1559 libros I et II continens, München 1928; Volumen *IV*: Institutio Christianae Religionis 1559 librum III continens, München 1931; Volumen *V*: Institutio Christianae Religionis 1559 librum IV. continens, München 1936).

–: *Unterricht* in der christlichen Religion (Institutio Christianae Religionis), nach der letzten Ausgabe übersetzt und bearbeitet von Otto *Weber*, Neukirchen-Vluyn [5]1988.

Cicero, Marcus Tullius: Vom Wesen der Götter (*De natura deorum* libri tres), Lateinisch-deutsch, herausgegeben, übersetzt und kommentiert von Olof Gigon und Laila Straume-Zimmermann, Zürich 1996.

Communio Sanctorum. Die Kirche als Gemeinschaft der Heiligen, hg. von der Bilateralen Arbeitsgruppe der Deutschen Bischofskonferenz und der Kirchenleitung der Vereinigten Evangelisch-Lutherischen Kirche Deutschlands, Paderborn/Frankfurt/M. 2000.

Courth, Franz: [Art.] *Maria*/Marienfrömmigkeit III: Dogmatisch, 2: Katholisch, in: TRE 22, 1992, 143–148.

Cottin, Jérôme: *Das Wort Gottes im Bild*. Eine Herausforderung für die protestantische Theologie, Göttingen 2001.

Cramer, Konrad: *Der Gott der biblischen Offenbarung* und der Gott der Philosophen, in: Christof Gestrich (Hg.), Gott der Philosophen – Gott der Theologen. Zum Gesprächsstand nach der analytischen Wende, Berlin 1999 (BThZ.Beih.1999), 14–30.

Cyprian, Thascius Caecilius: [Sancti Cypriani] *De ecclesiae catholicae vnitate* (251), in: CChrSL 3, 243–268.

–: *Epistvla 73*: Cyprianus Ivbaiano Fratri S. (256), in: CChrSL 3 C, 529–562.

Dalferth, Ingolf Ulrich: *Volles Grab, leerer Glaube?* Zum Streit um die Auferweckung des Gekreuzigten, in: ZThK 95, 1998, 379–409.

–: *Inbegriff oder Index?* Zur philosophischen Hermeneutik von ‚Gott', in: Christof Gestrich (Hg.), Gott der Philosophen – Gott der Theologen. Zum Gesprächsstand nach der analytischen Wende, Berlin 1999 (BThZ.Beih.1999), 89–132.

Dantine, Wilhelm/Hultsch, Eric: *Lehre und Dogmenentwicklung im Römischen Katholizismus*, in: Carl Andresen/Adolf Martin Ritter (Hg.), Handbuch der Dogmen- und Theologiegeschichte, Band 3: Die Lehrentwicklung im Rahmen der Ökumenizität, Göttingen ^{2}1998 (^{1}1984), 289–423.

Descartes, René: *Meditationes de prima philosophia*, in qua dei existentia et animae immortalis demonstratur (1641), in: Œuvres de Descartes, hg. von Charles *Adam*/Paul *Tannery*, Band 7, Paris 1904, 1–116.

Deuser, Hermann: *Kleine Einführung* in die Systematische Theologie, Stuttgart 1999.

DH: Heinrich Denzinger, Enchiridion symbolorum definitionum et declarationum de rebus fidei et morum/Kompendium der Glaubensbekenntnisse und kirchlichen Lehrentscheidungen, verbessert, hg. von Peter Hünermann, Freiburg i. Br. u. a. ^{37}1991.

[Pseudo-]Dionysios Areopagita: *De divinis nominibus*, in: *Corpus Dionysiacum I*, hg. von Beate Regina Suchla, Berlin/New York 1990 (PTS 33).

–: *De Coelesti Hierarchia*, in: *Corpus Dionysiacum II*, hg. von Günter Heil und Adolf Martin Ritter, Berlin/New York 1991 (PTS 36), 5–59.

–: *De Ecclesiastica Hierarchia*, in: *Corpus Dionysiacum II*, hg. von Günter Heil und Adolf Martin Ritter, Berlin/New York 1991 (PTS 36), 61–132.

–: *Die Namen Gottes*, eingeleitet, übersetzt und mit Anmerkungen versehen von Beate Regina Suchla, Stuttgart 1988 (BGrL 26).

–: *Über die himmlische Hierarchie. Über die kirchliche Hierarchie*, eingeleitet, übersetzt und mit Anmerkungen versehen von Günter Heil, Stuttgart 1986 (BGrL 22).

Döpmann, Hans-Dieter: *Die Ostkirchen* vom Bilderstreit bis zur Kirchenspaltung von 1054, Leipzig 1990 (KGiE I/8).

Drecoll, Volker Hennig: *Die Entstehung der Gnadenlehre Augustins*, Tübingen 1999 (BHTh 109).

Ebeling, Gerhard: *Die Bedeutung der historisch-kritischen Methode* für die protestantische Theologie und Kirche, in: ZThK 47, 1950, 1–46.

–: *Diskussionsthesen* für eine Vorlesung zur Einführung in das Studium der Theologie, in: ders., Wort und Glaube [1], Tübingen 1960, ^{3}1967, 447–457.

–: *Zwei Glaubensweisen?*, in: ders., Wort und Glaube 3 (Beiträge zur Fundamentaltheologie, Soteriologie und Ekklesiologie), Tübingen 1975, 236–245.

–: *Dogmatik* des christlichen Glaubens, *Band 1* (Prolegomena. Erster Teil: Der Glaube an Gott den Schöpfer der Welt); *Band 2* (Zweiter Teil: Der Glaube an Gott den Versöhner der Welt); *Band 3* (Dritter Teil: Der Glaube an Gott den Vollender der Welt), Tübingen 1979.

–: *Des Todes Tod.* Luthers Theologie der Konfrontation mit dem Tode, in: ZThK 84, 1987, 162–194.

–: Disputatio de homine. Dritter Teil: Die theologische Definition des Menschen (Kommentar zu These 20–40), Tübingen 1989 (*Lutherstudien II 3*).

–: *Todesangst und Lebenshoffnung.* Ein Brief Luthers, in: ZThK 88, 1991, 181–210.

Elert, Werner: *Der christliche Glaube.* Grundlinien der lutherischen Dogmatik (1940), Berlin ²1941.

Elsas, Christoph: [Art.] *Schöpfung* 1: Religionsgeschichtlich, in: EKL³ 4, 1996, 92–97.

Evangelische Bekenntnisse. Bekenntnisschriften der Reformation und neuere Theologische Erklärungen, im Auftrag des Rates der Evangelischen Kirche der Union hg. von Rudolf Mau, *Band 1/Band 2*, Bielefeld 1997.

Evangelische Kirche und freiheitliche Demokratie. Der Staat des Grundgesetzes als Angebot und Aufgabe. Eine Denkschrift der Evangelischen Kirche in Deutschland, Gütersloh 1985 (⁴1990).

Feil, Ernst: *Religio.* Die Geschichte eines neuzeitlichen Grundbegriffs vom Frühchristentum bis zur Reformation, Göttingen 1986 (FKDG 36).

–: *Religio. Dritter Band*: Die Geschichte eines neuzeitlichen Grundbegriffs im 17. und frühen 18. Jahrhundert, Göttingen 2001 (FKDG 79).

Feuerbach, Ludwig: Das Wesen des Christentums (1841), Berlin 1973 (Ludwig Feuerbach, Gesammelte Werke, hg. von Werner Schuffenhauer, Band 5).

Fischer, Hermann: *Protestantische Theologie* im 20. Jahrhundert, Stuttgart 2002.

–: *Friedrich* Daniel Ernst *Schleiermacher*, München 2001.

Flasch, Kurt: *Augustin.* Einführung in sein Denken, Stuttgart 1980.

–: *Das philosophische Denken im Mittelalter.* Von Augustin zu Machiavelli, Stuttgart 1986.

Flashar, Hellmut (Hg.): *Die Philosophie der Antike, Band 4* [zwei Halbbände]: Die Hellenistische Philosophie, Basel/Stuttgart 1994 (Grundriss der Geschichte der Philosophie, begründet von Friedrich Überweg, völlig neu bearbeitete Ausgabe).

Fleischmann-Bisten, Walter (Hg.): *Papstamt – pro und contra.* Geschichtliche Entwicklungen und ökumenische Perspektiven, Göttingen 2001 (Bensheimer Hefte 97).

Flogaus, Reinhard: [Art.] *Christologie* II: Dogmengeschichtlich. 3: Orthodoxe Kirchen, in: RGG⁴ 2, 1999, 307–310.

Frey, Jörg: *Das apokalyptische Millennium.* Zu Herkunft, Sinn und Wirkung der Millenniumsvorstellung, in: Millennium. Deutungen zum christlichen Mythos der Jahrtausendwende. Mit Beiträgen von Christoph Bochinger, Jörg Frey, Eberhard Hauschildt, Thomas Kaufmann und Hermann Timm, München 1999, 10–72.

Frey, Jörg/Schröter, Jens: Deutungen des Todes Jesu im Neuen Testament, Tübingen 2005 (WUNT 181).

Fried, Johannes: *Aufstieg aus dem Untergang.* Apokalyptisches Denken und die Entstehung der modernen Naturwissenschaft im Mittelalter, München 2001.

Friedrich, Martin: *Kirche im gesellschaftlichen Umbruch.* Das 19. Jahrhundert, Göttingen 2006.

Fries, Heinrich: *Fundamentaltheologie*, Graz/Wien/Köln 1985.

Fulgentius von Ruspe: *Sermo 2*: In natale Domini de dvplici natiuitate Christi vna aeterna ex Patre altera temporali ex uirgine, in: CChrSL 91 A, 897–903.

Gabler, Johann Philipp: Oratio de iusto discrimine theologiae biblicae et dogmaticae regundisque utriusque finibus (30. 03. 1787), in: ders., Kleinere theologische Schriften, hg. von Theodor August Gabler und Johann Gottfried Gabler, Band 2 (Opuscula academica), Ulm 1831, 179–198; dt. Übersetzung: Otto Merk, Biblische Theologie des Neuen Testaments in ihrer Anfangszeit. Ihre methodischen Probleme bei Johann Philipp Gabler und Georg Lorenz Bauer und deren Nachwirkungen, Marburg 1972 (MThSt 9), 273–284.

Galilei, Galileo: *Brief an Benedetto Castelli* (21. Dezember 1613), in: ders., *Schriften, Briefe, Dokumente*, hg. von Anna Mudry, Band 1 (Schriften), München 1987, 168–177.

Gaßmann, Günther: *Die Lehrentwicklung im Anglikanismus. Von Heinrich VIII. bis zu William Temple*, in: Carl Andresen/Adolf Martin Ritter (Hg.), Handbuch der Dogmen- und Theologiegeschichte, Band 2: Die Lehrentwicklung im Rahmen der Konfessionalität, Göttingen ^{2}1998 (^{1}1984), 353–409.

Gemeinsame Erklärung, in: Wolfhart Pannenberg/Theodor Schneider (Hg.), Verbindliches Zeugnis I (Kanon – Schrift – Tradition), Freiburg i. Br./Göttingen 1992 (DiKi 7), 371–397.

Gericke, Wolfgang: *Theologie und Kirche im Zeitalter der Aufklärung*, Berlin 1989 (KGiE III/2).

Gesang, Bernward: *Angeklagt: Gott*. Über den Versuch, vom Leiden in der Welt auf die Wahrheit des Atheismus zu schließen, Tübingen 1997.

Gogarten, Friedrich: *Zwischen den Zeiten* (1920), in: Anfänge der dialektischen Theologie, Teil II: Rudolf Bultmann, Friedrich Gogarten, Eduard Thurneysen, hg. von Jürgen Moltmann, München 1962, ^{2}1967 (TB 17), 95–101.

Graf, Friedrich Wilhelm: *Der Protestantismus. Geschichte und Gegenwart.* München 2006.

Graf Reventlow, Henning: *Freidenkertum (Deismus) und Apologetik*, in: Die Philosophie des 18. Jahrhunderts, Band 1: Großbritannien und Nordamerika. Niederlande, hg. von Helmut Holzhey u. a., Basel 2004 (Grundriß der Geschichte der Philosophie, begründet von Friedrich Ueberweg, völlig neu bearbeitete Ausgabe), 177–245.

Grotefeld, Stefan/Neugebauer, Matthias/Strub, Jean-Daniel/Fischer, Johannes (Hg.), *Quellentexte theologischer Ethik. Von der Alten Kirche bis zur Gegenwart*, Stuttgart 2006.

Gründel, Johannes: [Art.] *Ethik VI*: Mittelalter, in: TRE 10, 1982, 473–480.

Grundtexte der neueren evangelischen Theologie, hg. von Wilfried Härle, Leipzig 2007.

Günther, Horst: *Das Erdbeben von Lissabon*, Berlin 1994.

Gundlach, Thies: *Kulturprotestantismus nach Karl Barth.* Überlegungen zur sog. Lichterlehre in der Kirchlichen Dogmatik, in: Arnulf von Scheliha/Markus Schröder (Hg.), Das protestantische Prinzip. Historische und systematische Studien zum Protestantismusbegriff, Stuttgart/Berlin/Köln 1998, 165–180.

Haacker, Klaus: [Art.] *Glaube* II: Altes und Neues Testament, in: TRE 13, 1984, 277–304.

Härle, Wilfried: *Dogmatik*, Berlin/New York ^{2}2000 (^{1}1995).

Hahn, Ferdinand: [Art.] *Abendmahl* I: Neues Testament, in: RGG^4 1, 1998, 10–15.

von Harnack, Adolf: *Das Wesen des Christentums* (1900), herausgegeben und kommentiert von Trutz Rendtorff, Gütersloh 1999.

–: *Marcion. Das Evangelium vom fremden Gott.* Eine Monographie zur Geschichte und Grundlegung der katholischen Kirche, Leipzig ^{2}1924 (^{1}1923).

Hauschild, Wolf-Dieter: [Art.] *Nicäno-Konstantinopolitanisches Glaubensbekenntnis*, in: TRE 24, 1994, 444–456.

–: *Lehrbuch der Kirchen- und Dogmengeschichte*, Band 1: Alte Kirche und Mittelalter, Gütersloh 1995; Band 2: Reformation und Neuzeit, Gütersloh 1999.

–: [Art.] *Christologie* II: Dogmengeschichtlich, in: RGG⁴ 2, 1999, 289–307.

Heine, Susanne: *Wiederbelebung der Göttinnen?* Zur systematischen Kritik einer feministischen Theologie, Göttingen 1987, ²1989.

Heintel, E./Dierse, Ulrich: [Art.] *Glauben und Wissen*, in: HWP 3, 1974, 646–655.

Henning, Christian/Lehmkühler, Karsten (Hg): *Systematische Theologie der Gegenwart* in Selbstdarstellungen, Tübingen 1998.

Henrich, Dieter: *Der ontologische Gottesbeweis.* Sein Problem und seine Geschichte in der Neuzeit, Tübingen ²1967 (¹1960).

Herms, Eilert: *Offenbarung* (1985), in: ders., Kirche für die Welt. Lage und Aufgabe der evangelischen Kirche im vereinigten Deutschland, Tübingen 1995, 168–220.

–: *Luthers Auslegung des Dritten Artikels*, Tübingen 1987.

–: *Gnade* (1987), in: ders., Offenbarung und Glaube. Zur Bildung des christlichen Lebens, Tübingen 1992, 1–19.

–: *Pluralismus aus Prinzip* (1991), in: ders., Kirche für die Welt. Lage und Aufgabe der evangelischen Kirchen im vereinigten Deutschland, Tübingen 1995, 467–485.

–: *Das Selbstverständnis der Wissenschaften heute* und die Theologie (1993), in: ders., Kirche für die Welt. Lage und Aufgabe der evangelischen Kirche im vereinigten Deutschland, Tübingen 1995, 349–387.

–: [Art.] *Dogmatik* II: Systematisch, in: RGG⁴ 2, 1999, 905–915.

Herrad von Landsberg: *Hortus Deliciarum* (Ende 12. Jahrhundert), hg. von Dr. Otto Gillen, Neustadt 1979.

Herrmann, Christian: *Unsterblichkeit der Seele durch Auferstehung.* Studien zu den anthropologischen Implikationen der Eschatologie, Göttingen 1997 (FSÖTh 83).

Hick, John: *An Interpretation of Religion.* Human Responses to the Transcendent, London 1989.

Hinrichs, Carl: *Preußentum und Pietismus.* Der Pietismus in Brandenburg-Preußen als religiös-soziale Reformbewegung, Göttingen 1971.

Hirsch, Emanuel: *Geschichte der neuern evangelischen Theologie* im Zusammenhang mit den allgemeinen Bewegungen des europäischen Denkens, Band 1 bis 5, Gütersloh ³1964 (¹1949).

Holtz, Traugott: [Art.] *Jesus*, in: EKL³ 2, 1989, 824–831.

Honecker, Martin: *Grundriß der Sozialethik*, Berlin/New York 1995.

–: *Die Barmer theologische Erklärung* und ihre Wirkungsgeschichte, Opladen 1995.

–: [Art.] *Schöpfung* IX: Ethisch, in: TRE 30, 1999, 348–355.

Horn, Christoph/Riedweg, Christoph/Wyrwa, Dietmar (Hg.): *Die Philosophie der Antike, Band 5*: Die Philosophie der Kaiserzeit und der Spätantike (Grundriss der Geschichte der Philosophie, begründet von Friedrich Überweg, völlig neu bearbeitete Ausgabe) – in Vorbereitung.

Hornig, Gottfried: *Lehre und Bekenntnis im Protestantismus*, in: Carl Andresen/Adolf Martin Ritter (Hg.), Handbuch der Dogmen- und Theologiegeschichte, Band 3: Die Lehrentwicklung im Rahmen der Ökumenizität, Göttingen ²1998 (¹1984), 71–287.

Hugo von St. Victor: *De sacramentis* christianae fidei (ca. 1130–1137), in: MPL 176, 173–618.

Hutter, Leonhard: *Compendium locorum theologicorum* ex Scriptura S. et libro Concordiae collectum. Deutsche Ausgabe. Übersetzt, eingeleitet und herausgegeben von Wolfgang Schnabel, Waltrop 2000 (ThST 8).

Hutter, Manfred: *Die Weltreligionen*, München 2005.
Isermann, Gerhard: *Widersprüche in der Bibel.* Warum genaues Lesen lohnt. Ein Arbeitsbuch, Göttingen 2000
Janowski, Bernd: [Art.] *Schöpfung II*: Altes Testament, in: RGG⁴ 7, 2004, 970–972.
Jeanrond, Werner G./Petzoldt, Matthias: [Art.] *Fundamentaltheologie*, in: RGG⁴ 3, 2000, 426–436.
Jedin, Hubert: *Geschichte des Konzils von Trient, Band 2*: Die erste Trienter Tagungsperiode 1545/47, Freiburg 1957.
Joest, Wilfried: *Fundamentaltheologie.* Theologische Grundlagen- und Methodenprobleme (1974), Stuttgart u. a. ³1988 (Theologische Wissenschaft 11).
–: *Dogmatik, Band 1* (Die Wirklichkeit Gottes), Göttingen 1984, ³1989; *Band 2* (Der Weg Gottes mit dem Menschen), Göttingen 1986, ²1990.
Johannes Paul II.: *Enzyklika Fides et Ratio*, 14. September 1998, Bonn 1998 (Verlautbarungen des Apostolischen Stuhls 135).
Jüngel, Eberhard: *Tod*, Stuttgart 1971 (ThTh 8).
–: *Quae supra nos, nihil ad nos.* Eine Kurzformel der Lehre vom verborgenen Gott im Anschluß an Luther interpretiert, in: EvTh 32, 1972, 192–240.
–: [Art.] *Barth*, Karl (1886–1968), in: TRE 5, 1980, 251–268.
–: *Das Evangelium von der Rechtfertigung des Gottlosen* als Zentrum des christlichen Glaubens. Eine theologische Studie in ökumenischer Absicht, Tübingen ⁴2004 (¹1999).
–: [Art.] *Glaube* IV: Systematisch-theologisch, in: RGG⁴ 3, 2000, 953–974.
Jung, Martin H.: *Der Protestantismus in Deutschland von 1815–1870*, Leipzig 2000 (KGiE III/3).
–: *Der Protestantismus in Deutschland von 1870–1945*, Leipzig 2002 (KGiE III/5).
Justin der Märtyrer: *2. Apologie* ('Appendix'; kurz nach 155), in: Edgar J. *Goodspeed* (Hg.), Die ältesten Apologeten, Göttingen 1914, Neudr. 1984, 78–89.
Kähler, Martin: Der sogenannte historische Jesus und der geschichtliche, biblische Christus (1892), neu hg. von Ernst Wolf, München 1953 (ThB 2).
Käsemann, Ernst: *Begründet der neutestamentliche Kanon die Einheit der Kirche?* (1951), in: ders., Exegetische Versuche und Besinnungen 1, Göttingen 1960, ⁴1965, 214–223.
–: *Das Problem des historischen Jesus* (1954), in: ders., Exegetische Versuche und Besinnungen 1, Göttingen 1960, ⁴1965, 187–214.
Kallis, Anastasios: [Art.] *Christologie* 3: C. in der orthodoxen Theologie, in: EKL³ 1, 1986, 727–730.
Kann Gottes Nicht-Sein gedacht werden? Die Kontroverse zwischen Anselm von Canterbury und Gaunilo von Marmoutiers (lateinisch-deutsch), mit einer Einleitung von Kurt Flasch, übersetzt, erläutert und herausgegeben von Burkhard Mojsisch, Mainz 1989 (excerpta classica 4).
Kant, Immanuel: Beantwortung der Frage: *Was ist Aufklärung?* (1784), in: Kants Werke. *Akademie-Textausgabe* (1902 ff; Nachdr. Berlin/New York 1968) VIII 33–42.
–: *Kritik der reinen Vernunft*, 2. Auflage (= B; 1787), in: Kants Werke. *Akademie-Textausgabe* (1902 ff; Nachdr. Berlin/New York 1968) III.
–: *Kritik der praktischen Vernunft* (1788), in: Kants Werke. *Akademie-Textausgabe* (1902 ff; Nachdr. Berlin/New York 1968) V 1–164.
–: *Die Religion innerhalb der Grenzen der bloßen Vernunft* (1793), in: Kants Werke. *Akademie-Textausgabe* (1902 ff; Nachdr. Berlin/New York 1968) VI 1–202.

–: *Der Streit der Facultäten* (1798), in: Kants Werke. *Akademie-Textausgabe* (1902 ff; Nachdr. Berlin/New York 1968) *VII* 1–116.

Katechismus der Katholischen Kirche, München u. a. 1993.

Kaufmann, Thomas: [Art.] Orthodoxie II 2 b): *Reformierte Orthodoxie*, in: RGG⁴ 6, 2003, 702–708.

Kirchengemeinschaft in Wort und Sakrament, hg. von der Bilateralen Arbeitsgruppe der Deutschen Bischofskonferenz und der Kirchenleitung der Vereinigten Evangelisch-Lutherischen Kirche Deutschlands, Paderborn/Hannover 1984.

Kirchner, Hubert: *Reformationsgeschichte von 1532 bis 1555/1556*: Festigung und Reformation/Calvin/Katholische Reform und Konzil von Trient, Berlin 1987 (KGiE II/6).

–: *Die römisch-katholische Kirche* vom II. Vatikanischen Konzil bis zur Gegenwart, Leipzig 1996 (KGiE IV/1).

Klauck, Hans-Josef: *Der erste Johannesbrief*, Neukirchen-Vluyn 1991 (EKK XIII/1).

Koch, Ernst: *Das konfessionelle Zeitalter* – Katholizismus, Luthertum, Calvinismus (1563–1675), Leipzig 2000 (KGiE II/8).

Körtner, Ulrich H. J.: *Die Gemeinschaft des Heiligen Geistes*. Zur Lehre vom Heiligen Geist und der Kirche, Neukirchen-Vluyn 1999.

Kompendium Religionstheorie, hg. von Volker Drehsen, Wilhelm Gräb und Birgit Weyel, Göttingen 2005.

Konersmann, Ralf: [Art.] *Religionskritik*, in: HWP 8, 1992, 734–746.

Krauter-Dierolf, Heike: *Die Eschatologie Philipp Jakob Speners*. Der Streit mit der lutherischen Orthodoxie um die ‚Hoffnung besserer Zeiten', Tübingen 2005 (BHTh 131).

Krech, Volkhard: *Religionssoziologie*, Bielefeld 1999.

Krötke, Wolf: *Gottes Klarheiten*. Eine Neuinterpretation der Lehre von Gottes ‚Eigenschaften', Tübingen 2001.

Krüger, Friedhelm: *Aufbau, Ziel und Eigenart der einzelnen Bekenntnisse des Konkordienbuches. Versuch eines Gesamtüberblicks*, in: Horst Georg Pöhlmann, Torleiv Austad, Friedhelm Krüger (Hg.), Theologie der lutherischen Bekenntnisschriften, Gütersloh 1996, 11–24.

Kruhoeffer, Gerald: *Der Mensch – das Bild Gottes*, Göttingen 1999 (Biblisch-theologische Schwerpunkte 16).

Küchler, Max: Schweigen, Schmuck und Schleier. Drei neutestamentliche Vorschriften zur Verdrängung der Frauen auf dem Hintergrund einer frauenfeindlichen Exegese des Alten Testaments im antiken Judentum, Freiburg (Schweiz)/Göttingen 1986 (NTOA 1).

Kühn, Ulrich: *Kirche*, Gütersloh 1980 (HST 10).

–: *Sakramente in der evangelischen Tradition*, in: Paul M. Zulehner u. a. (Hg.), Zeichen des Lebens. Sakramente im Leben der Kirchen – Rituale im Leben der Menschen, Ostfildern 2000, 126–150.

–: *Christologie*, Göttingen 2003.

Kuhlmann, Helga: *Die theologische Ethik Albrecht Ritschls*, München 1992.

Lactantius (Lucius Cae[ci]lius Firmianus): La colere de Dieu (*De ira Dei*, lateinisch und französisch), Introduction, texte critique, traduction, commentaire et index par Christiane Ingremeau, Paris 1982 (Sources chretiennes 289).

–: Institutions divines, Livre IV (*Institutiones divinae*, Buch IV, lateinisch und französisch), Introduction, texte critique, traduction, notes et index par Pierre Monat, Paris 1992 (Sources chretiennes 377).

Lang, Bernhard: *Die Bibel. Eine kritische Einführung*, Paderborn u. a. 1994.

Lange, Dietz: *Glaubenslehre*, Bd. 1 und 2, Tübingen 2001.

–: Überlegungen zum Verhältnis von Glaubenslehre und Ethik, in: Systematische Theologie heute. Zur Selbstverständigung einer Disziplin, hg. von Hermann Deuser und Dietrich Korsch, Gütersloh 2004 (VWGTh 23), 157–169.

Laube, Martin: *Theologie und neuzeitliches Christentum.* Studien zu Genese und Profil der Christentumstheorie Trutz Rendtorffs, Tübingen 2006 (BHTh 139).

Lauster, Jörg: *Prinzip und Methode.* Die Transformation des protestantischen Schriftprinzips durch die historisch-kritische Methode von Schleiermacher bis zur Gegenwart. Tübingen 2004 (HUTh 46).

LDStA: Martin Luther, Lateinisch-Deutsche Studienausgabe, *Band 1:* Der Mensch vor Gott. Unter Mitarbeit von Michael Beyer herausgegeben und eingeleitet von Wilfried Härle, Leipzig 2006.

Lehmann, Karl/Pannenberg, Wolfhart (Hg.): *Lehrverurteilungen – kirchentrennend?* I: Rechtfertigung, Sakramente und Amt im Zeitalter der Reformation und heute, Freiburg i. Br./Göttingen 1986 (DiKi 4).

Leibniz, Gottfried Wilhelm: *Essais de Théodicée* sur la bonté de Dieu, la liberté de l'homme et l'origine du mal (1710), in: ders., Philosophische Schriften, *Band 2:* Die Theodizee, hg. und übersetzt von Herbert Herring, Frankfurt/M. 1996, 2.1, 1–621; 2.2, 1–269.

–: *Causa Dei* asserta per Justitiam eius cum ceteris ejus Perfectionibus cunctisque Actionibus conciliatam, in: ders., Philosophische Schriften, Band 2: Die Theodizee, hg. und übersetzt von Herbert Herring, Frankfurt/M. 1996, Band 2.2, 314–381.

Leicht, Irene/Rakel, Claudia/Rieger-Goertz, Stefanie (Hg.): *Arbeitsbuch Feministische Theologie.* Inhalte, Methoden und Materialien für Hochschule, Erwachsenenbildung und Gemeinde, Gütersloh 2003.

LeGoff, Jaques: *Die Geburt des Fegefeuers* (1981), Stuttgart 1984.

Leinsle, Ulrich G.: *Einführung in die scholastische Theologie*, Paderborn u. a.1995.

Leonhardt, Rochus: *Glück als Vollendung des Menschseins.* Die beatitudo-Lehre des Thomas von Aquin im Horizont des Eudämonismus-Problems, Berlin/New York 1998 (AKG 68).

–: *Zur theologischen Bedeutung moderner Jesusbilder*, in: JMLB 48, 2001, 105–118.

–: *Skeptizismus und Protestantismus.* Der philosophische Ansatz Odo Marquards als Herausforderung an die evangelische Theologie, Tübingen 2003 (HUTh 44).

Lessing, Gotthold Ephraim: *Über den Beweis* des Geistes und der Kraft (1777), in: ders., Werke und Briefe in zwölf Bänden, Band 8: Werke 1774–1778, hg. von Arno Schilson, Frankfurt/M. 1989, 437–445.

Lessing, Eckhard: *Geschichte der deutschsprachigen evangelischen Theologie* von Albrecht Ritschl bis zur Gegenwart, *Band 1:* 1870–1918, Göttingen 2000; *Band 2:* 1918–1945, Göttingen 2004.

–: *Geschichte der deutschsprachigen evangelischen Theologie* von Albrecht Ritschl bis zur Gegenwart, *Band 2:* 1918–1945, Göttingen 2004.

Lexikon der theologischen Werke, hg. von Michael Eckert, Eilert Herms, Bernd Jochen Hilberath und Eberhard Jüngel, Stuttgart 2003.

von Lilienfeld, Fairy: [Art.] *Orthodoxe Kirchen*, in: TRE 25, 1995, 423–464.

Lindemann, Andreas: [Art.] *Eschatologie* III: Neues Testament, in: RGG[4] 2, 1999, 1553–1560.

Link, Christian: *Schöpfung.* Schöpfungstheologie angesichts der Herausforderungen des 20. Jahrhunderts, Gütersloh 1991 (HST 7/2).

Link-Wieczorek, Ulrike: [Art.] *Trinitätslehre* 2: Protestantische Tradition und ökumenische Diskussion, in: EKL[3] 4, 1996, 974–982.

Locke, John: *The Reasonableness of Christianity*, as deliver'd in the Scriptures. Edited with an Introduction, Notes, Critical Apparatus and Transcriptions of Related Manuscripts by John C. Higgins-Biddle, Oxford 1999.

Löhr, Gebhard: Ist das Christentum für die gegenwärtige ökologische Krise verantwortlich? Das Naturverständnis der Religionen in der gegenwärtigen Diskussion, in: BThZ 14, 1997, 93–117.

Lohmann, Friedrich: *Die Bedeutung der dogmatischen Rede von der ‚creatio ex nihilo'*, in: ZThK 99, 2002, 196–225.

Lohse, Bernhard: *Dogma und Bekenntnis in der Reformation*: Von Luther bis zum Konkordienbuch, in: Carl Andresen/Adolf Martin Ritter (Hg.), Handbuch der Dogmen- und Theologiegeschichte, Band 2: Die Lehrentwicklung im Rahmen der Konfessionalität, Göttingen ²1998 (¹1984), 1–164.

–: *Luthers Theologie* in ihrer historischen Entwicklung und in ihrem systematischen Zusammenhang, Göttingen 1995.

Lübbe, Hermann: *Religion nach der Aufklärung*, München ⁴2004 (¹1986).

Lüdemann, Gerd: *Die Auferstehung Jesu*. Historie, Erfahrung, Theologie, Göttingen 1994.

Luther, Martin: *Vorlesung über den Römerbrief* (1515/1516), in: WA 56, 3–528 (K. Aland, Hilfsbuch, Nr. 646).

–: *Operationes in psalmos* [Zweite Psalmenvorlesung] (1518–1521), in: WA 5, 19–676 (K. Aland, Hilfsbuch, Nr. 594).

–: *Assertio omnium articulorum* M. Lutheri per bullam Leonis X. novissimam damnatorum (1520), in: WA 7, 94–151; LDStA 1, 71–217, Übersetzung: Sybille Rolf (K. Aland, Hilfsbuch, Nr. 41).

–: *Resolutio* disputationis de fide infusa et acquisita (1520), in: WA 6, 88–98 (K. Aland, Hilfsbuch, Nr. 221).

–: *Von der Freiheit eines Christenmenschen* (1520), in: WA 7, 20–38; Luther deutsch 2, 251–274 (K. Aland, Hilfsbuch, Nr. 227).

–: *Von den guten Werken* (1520), in: WA 6, 202–276; Luther deutsch 2, 95–156 (K. Aland, Hilfsbuch, Nr. 761).

–: *Von dem Papsttum zu Rom* wider den hochberühmten Romanisten zu Leipzig (1520), in: WA 6, 285–324 (K. Aland, Hilfsbuch, Nr. 548).

–: *An den christlichen Adel* deutscher Nation von des christlichen Standes Besserung (1520), in: WA 6, 404–469; Luther deutsch 2, 157–170 (K. Aland, Hilfsbuch, Nr. 7).

–: *Vorrede auf die Episteln Sanct Jacobi unnd Judas* (1522/46), in: WA DB 7, 384–387; Luther deutsch 5, 62–65 (K. Aland, Hilfsbuch, Nr. 83/83).

–: *Predigt am Samstag vor Reminiscere*: Von der Liebe, der Frucht des Sakraments (15. März 1522 [Samstag vor Reminiscere]), in: WA 10 III, 55–58; Luther deutsch 4, 89–90 (K. Aland, Hilfsbuch, Nr. 684 [Invokavitpredigten], Pr. 195 = Nr. 773 [Roths Winterpostille, 1528], Po. 189).

–: *[Predigt zur] Passionsgeschichte*, beginnend mit Gethsemane, schließend mit ‚Es ist vollbracht' (18. [19.] April 1522 [Karfreitag]), in: WA 10 III, 72–80 (K. Aland, Hilfsbuch, Pr. 201).

–: *Ein Sermon secundum Lucam* am 16. (19–31) von dem verdammten reichen Mann und dem seligen armen Lazarus (22. Juni 1522 [1. Sonntag nach Trinitatis]), in: WA 10 III, 176–200 (K. Aland, Hilfsbuch, Nr. 400 = Nr. 684 [Invokavitpredigten], Pr. 221).

–: *Von weltlicher Oberkeit*, wie weit man ihr Gehorsam schuldig sei (1523), in: WA 11, 245–281; Luther deutsch 7, 9–51 (K. Aland, Hilfsbuch, Nr. 540).

–: *De instituendis ministris Ecclesiae* ad senatum Pragensem Bohemiae (1523), in: WA 12, 169–196 (K. Aland, Hilfsbuch, Nr. 575).
–: *Fastenpostille*: Joh 8,46–59 (Judica 1525), in: WA 17 II, 231–237 (K. Aland, Hilfsbuch, Nr. 216, Po. 60).
–: *De servo arbitrio* (1525), in: WA 18, 600–787; LDStA 1, 219–661, Übersetzung: Athina Lexutt (K. Aland, Hilfsbuch, Nr. 38).
–: *Der Prophet Jona* ausgelegt (1526), in: WA 19, 185–251 (K. Aland, Hilfsbuch, Nr. 348).
–: *Vom Abendmahl Christi.* Bekenntnis (1528), in: WA 26, 261–509 (K. Aland, Hilfsbuch, Nr. 2).
–: *Der kleine Katechismus* (1529), in: BSLK 501–541 (K. Aland, Hilfsbuch, Nr. 365).
–: *Der große Katechismus* (1529), in: BSLK 543–733 (K. Aland, Hilfsbuch, Nr. 364).
–: In epistolam S. Pauli ad Galatas commentarius [*Großer Galaterkommentar*] (1531/1535), in: WA 40 I, 33–688; WA 40 II, 1–184 (K. Aland, Hilfsbuch, Nr. 229).
–: *Predigt am Tage St. Johannis* (im Hause) (27. Dezember 1533), in: WA 37, 245–248 (K. Aland, Hilfsbuch, Pr. 1447).
–: *Ennaratio Psalmi XC* per D. M. Lutherum in schola Wittenbergensi anno 1535 publice absoluta (26. Oktober 1534 bis 31. Mai 1535/1541), in: WA 40 III, 484–594 (K. Aland, Hilfsbuch, Nr. 612).
–: *Propositiones disputatae* Wittenbergae pro doctoratu D. Hieron. Weller et M. Nik. Medler (11. und 14. September 1535), in: WA 39 I, 44–62 (K. Aland, Hilfsbuch, Nr. 759).
–: *Disputatio de homine* (14. Januar 1536), in: WA 39 I, 175–180; LDStA 1, 663–669, Übersetzung: Wilfried Härle (K. Aland, Hilfsbuch, Nr. 292).
–: Die Schmalkaldischen Artikel (*ASm*; Manuskript Dezember 1536, Druck 1538), in: BSLK 405–468 (K. Aland, Hilfsbuch, Nr. 672).
–: Die erste *Disputation gegen die Antinomer* (18. Dezember 1537), in: WA 39 I, 360–417 (K. Aland, Hilfsbuch, Nr. 27).
–: *Ennaratio Psalmi LI* (1538), in: WA 40 II, 315–470 (K. Aland, Hilfsbuch, Nr. 607).
–: *Von den Konziliis und Kirchen* (1539), in: WA 50, 509–653 (K. Aland, Hilfsbuch, Nr. 382).
–: *Vorrede* Luthers zum ersten Bande der Gesamtausgabe seiner lateinischen Schriften. Wittenberg 1545, in: WA 54, 179–187 (K. Aland, Hilfsbuch, Nr. 753).
–: Lateinisch-Deutsche Studienausgabe [*LDStA*], Band *1*: Der Mensch vor Gott. Unter Mitarbeit von Michael Beyer herausgegeben und eingeleitet von Wilfried Härle, Leipzig 2006.
Luther deutsch. Die Werke Martin Luthers in neuer Auswahl für die Gegenwart, 10 Bd., hg. von Kurt Aland, Registerband, bearbeitet von Michael Welte, Göttingen 1991.
Luthers *Galaterbriefauslegung* von 1531. Studienausgabe, hg. von Hermann *Kleinknecht*, Göttingen 1980.
Mahlmann, Theodor: *Das neue Dogma der lutherischen Christologie.* Problem und Geschichte seiner Begründung, Gütersloh 1969.
–: [Art.] *Prädestination* V: Reformation bis Neuzeit, in: TRE 27, 1997, 118–156.
Markschies, Christoph: [Art.] *Apostolicum*, in: RGG[4] 1, 1998, 648 f.
–: [Art.] *Enhypostasie/Anhypostasie*, in: RGG[4] 2, 1999, 1315 f.
Marquard, Odo: [Art.] Anthropologie, in: HWP 1, 1971, 362–374.
–: *Der Mensch ‚diesseits der Utopie‘.* Bemerkungen über Geschichte und Aktualität der philosophischen Anthropologie (1991), in: ders., Glück im Unglück. Philosophische Überlegungen, München 1995, 142–155.
Marx, Karl: *Zur Kritik der Hegel'schen Rechts-Philosophie* (1844), in: Karl Marx, Friedrich Engels – Gesamtausgabe (*MEGA*) I 2, Berlin 1982, 170–183.

Mau, Rudolf: *Evangelische Bewegung und frühe Reformation* 1521–1532, Leipzig 2000 (KGiE II/5).

Maurer, Ernstpeter: *Tendenzen neuerer Trinitätslehre*, in: VF 39, 1994, Heft 2, 3–24.

Metz, Johann Baptist: *Zur Theologie der Welt*, Mainz 1968.

Metzler-Lexikon christlicher Denker, hg. von Markus Vinzent, Stuttgart/Weimar 2000.

Mildenberger, Friedrich: *Biblische Dogmatik*. Eine Biblische Theologie in dogmatischer Perspektive, *Band 1* (Prolegomena: Verstehen und Geltung der Bibel), Stuttgart/Berlin/Köln 1991.

Moeller, Bernd: *Frömmigkeit in Deutschland um 1500* (1965), in: ders., Die Reformation und das Mittelalter. Kirchenhistorische Aufsätze, hg. von Johannes Schilling, Göttingen 1991, 73–85. 307–317.

Möhler, Johann Adam: *Symbolik* oder Darstellung der dogmatischen Gegensätze der Katholiken und Protestanten nach ihren öffentlichen Bekenntnisschriften (1832), Regensburg [11]1924.

Moltmann, Jürgen: *Theologie der Hoffnung*. Untersuchungen zur Begründung und zu den Konsequenzen einer christlichen Eschatologie, München [12]1984 ([1]1964), (BEvTh 38).

Mühlenberg, Ekkehard: Dogma und Lehre im Abendland, Erster Abschnitt: *Von Augustin bis Anselm von Canterbury*, in: Carl Andresen/Adolf Martin Ritter (Hg.), Handbuch der Dogmen- und Theologiegeschichte, Band 1: Die Lehrentwicklung im Rahmen der Katholizität, Göttingen [2]1999 ([1]1982), 406–566.

–: *Scriptura non est autentica sine authoritate ecclesiae*. Vorstellungen von der Entstehung des Kanons in der Kontroverse um das reformatorische Schriftprinzip, in: ZThK 97, 2000, 183–209.

–: *Altchristliche Lebensführung zwischen Bibel und Tugendlehre*. Ethik bei den griechischen Philosophen und den frühen Christen, Göttingen 2006 (AAWG.PH; Folge 3, 272).

Mühling, Markus: *Die theologische Problematik* der Identifikation der göttlichen Personen am Beispiel der Dreifaltigkeitsikone Andréj Rubljóws (24.12.1999; http://www.trinitaet.de/Texte/Ruhljow/rublev-text.htm).

Müller, Peter: *Neue Trends in der Jesusforschung*, in: Zeitschrift für Neues Testament 1, 1998, 2–16.

Neuser, Wilhelm: *Dogma und Bekenntnis in der Reformation*: Von Zwingli und Calvin bis zur Synode von Westminster, in: Carl Andresen/Adolf Martin Ritter (Hg.), Handbuch der Dogmen- und Theologiegeschichte, Band 2: Die Lehrentwicklung im Rahmen der Konfessionalität, Göttingen [2]1998 ([1]1984), 165–352.

Nowak, Kurt: *Geschichte des Christentums* in Deutschland. Religion, Politik und Gesellschaft vom Ende der Aufklärung bis zur Mitte des 20. Jahrhunderts, München 1995.

–: *Vernünftiges Christentum?* Über die Erforschung der Aufklärung in der evangelischen Theologie Deutschlands seit 1945, Leipzig 1999 (ThLZ.F 2).

–: *Schleiermacher*. Leben, Werk und Wirkung, Göttingen [2]2002.

NR: Josef Neuner, Heinrich Roos, Der Glaube der Kirche in den Urkunden der Lehrverkündigung, neubearbeitet von Karl Rahner und Karl-Heinz Wegner, Regensburg [11]1983.

Oberdorfer, Bernd: *Filioque*. Geschichte und Theologie eines ökumenischen Problems, Göttingen 2001 (FSÖTh 96).

–: ‚*Was sucht ihr den Lebendigen bei den Toten?*' Überlegungen zur Realität der Auferstehung in Auseinandersetzung mit Gerd Lüdemann, in: KuD 46, 2000, 225–240.

–: [Art.] *Trinität/Trinitätslehre III*: Dogmengeschichtlich, in: RGG[4] 8, 2005, 602–612.

Oeming, Manfred: *Biblische Hermeneutik*. Eine Einführung, Darmstadt 1998.

Ogden, Schubert M.: *Gibt es nur eine wahre Religion oder mehrere?*, in: ZThK 88, 1991, 81–100.
Ohme, Heinz: [Art.] *Bilderkult* VI: Christentum, in: RGG⁴ 1, 1998, 1572–1574.
Pannenberg, Wolfhart: *Heilsgeschehen und Geschichte* (1959), in: ders., Grundfragen systematischer Theologie 1, Göttingen ³1979 (¹1967), 22–78.
–: *Dogmatische Thesen* zur Lehre von der Offenbarung, in: ders. (Hg.), Offenbarung als Geschichte (1961), Göttingen ²1963 (KuD Beih. 1), 91–114.
–: *Die Krise des Schriftprinzips* (1962), in: ders., Grundfragen systematischer Theologie 1, Göttingen ³1979 (¹1967), 11–21.
–: *Das Glaubensbekenntnis* ausgelegt und verantwortet vor den Fragen der Gegenwart, Gütersloh ⁶1995 (¹1972).
–: *Wissenschaftstheorie und Theologie*, Frankfurt/M. 1973.
–: *Anthropologie in theologischer Perspektive*, Göttingen 1983.
–: *Systematische Theologie, Band 1*, Göttingen 1988; *Band 2*, Göttingen 1991, *Band 3*, Göttingen 1993.
–: *Die Auferstehung Jesu* – Historie und Theologie (1994), in: ders., Beiträge zur Systematischen Theologie, Band 1: Philosophie, Religion, Offenbarung, Göttingen 1999, 308–318.
–: *Das Wirken Gottes und die Dynamik des Naturgeschehens*, in: Wilhelm Gräb (Hg.), Urknall oder Schöpfung? Zum Verhältnis von Naturwissenschaft und Theologie, Gütersloh 1995, ²1997, 139–152.
–: *Theologie und Philosophie.* Ihr Verhältnis im Lichte ihrer gemeinsamen Geschichte, Göttingen 1996.
–: *Problemgeschichte der neueren evangelischen Theologie in Deutschland.* Von Schleiermacher bis zu Barth und Tillich, Göttingen 1997.
Pesch, Otto Hermann: *Frei sein aus Gnade.* Theologische Anthropologie, Freiburg i. Br. 1983.
–: *Thomas von Aquin.* Grenzen und Größe mittelalterlicher Theologie. Eine Einführung, Mainz 1988.
Pesch, Rudolf: *Die Apostelgeschichte* (2.Teilband: Apg 13–28), Neukirchen-Vluyn 1986 (EKK V 2).
Peters, Albrecht, *Kommentar zu Luthers Katechismen, Band 4*: Die Taufe. Das Abendmahl, hg. von Gottfried Seebaß, Göttingen 1993.
Peters, Christian: *Apologia Confesionis Augustanae.* Untersuchungen zur Textgeschichte einer lutherischen Bekenntnisschrift (1530–1584), Stuttgart 1997 (CThM B 15).
Pico della Mirandola, Giovanni: *Oratio de hominis digitate* – Rede über die Würde des Menschen. Lateinisch/Deutsch. Auf der Textgrundlage der Editio princeps herausgegeben und übersetzt von Gerd von der Gönna, Stuttgart 1997.
Plasger, Georg: *Die Not-Wendigkeit der Gerechtigkeit.* Eine Interpretation zu ‚Cur Deus homo' von Anselm von Canterbury, Münster 1993 (BGPhMA.NF 38).
Plathow, Michael: *Die Engel* – ein systematisch-theologisches Thema, in: ThBeitr 24, 1993, 249–267.
Pöhlmann, Horst Georg: *Schrift und Wort Gottes*, in: Horst Georg Pöhlmann, Torleiv Austad, Friedhelm Krüger, Theologie der lutherischen Bekenntnisschriften, Gütersloh 1996, 33–49.
Pomponazzi, Pietro: *Abhandlung über die Unsterblichkeit der Seele.* Lateinisch-Deutsch, übersetzt und mit einer Einleitung herausgegeben von Burkhard Mojsisch, Hamburg 1990.
Puster, Rolf W.: *Das sogenannte Theodizee-Problem*, in: Logos NF 6, 1999, 231–248.
Rahner, Karl: *Das Christentum und die nichtchristlichen Religionen* (1961), in: ders., Schriften zur Theologie. Band 5: Neuere Schriften, Einsiedeln 1962 (³1968), 136–158.

–: *Der eine Jesus und die Universalität des Heils*, in: ders., Schriften zur Theologie. Band 12: Theologie aus Erfahrung des Geistes, Einsiedeln 1975, 251–282.

–: *Über die Heilsbedeutung der nichtchristlichen Religionen* (1975), in: ders., Schriften zur Theologie. Band 13: Gott und Offenbarung, Einsiedeln 1978, 341–350.

Raschzok, Klaus: *Christuserfahrungen und künstlerische Existenz.* Praktisch-theologische Studien zum christomorphen Künstlerselbstbildnis, Frankfurt/M. [u.a.] 1999.

Ratschow, Carl Heinz: *Jesus Christus*, Gütersloh 1982 (HST 5).

Reformierte Bekenntnisschriften. Eine Auswahl von den Anfängen bis zur Gegenwart, hg. von Georg Plasger und Matthias Freudenberg, Göttingen 2005.

Reformierte Bekenntnisschriften und Kirchenordnungen in deutscher Übersetzung, hg. von Paul Jakobs, Neukirchen 1949.

[Reimarus, Hermann Samuel:] Fünftes Fragment. *Über die Auferstehungsgeschichte* (1777), in: Gotthold Ephraim Lessing, Werke und Briefe in zwölf Bänden, Band 8: Werke 1774–1778, hg. von Arno Schilson, Frankfurt/M. 1989, 277–311.

–: *Von dem Zwecke Jesu und seiner Jünger.* Noch ein Fragment des Wolfenbüttelschen Ungenannten, in: Gotthold Ephraim Lessing, Werke und Briefe in zwölf Bänden, Band 9: Werke 1778–1780, hg. von Klaus Bohnen und Arno Schilson, Frankfurt/M. 1993, 224–340.

–: *Apologie oder Schutzschrift für die vernünftigen Verehrer Gottes*, im Auftrag der Joachim-Jungius-Gesellschaft der Wissenschaften Hamburg hg. von Gerhard Alexander, 2 Bd., Frankfurt/M. 1972.

Reinhuber, Thomas: *Kämpfender Glaube.* Studien zu Luthers Bekenntnis am Ende von ‚De servo arbitrio', Berlin/New York 2000 (TBT 104).

Rendtorff, Trutz: *Ethik.* Grundelemente, Methodologie und Konkretionen der ethischen Theologie, *Band 1*, Stuttgart ^{2}1990 (ThW 13,1).

–: [Art.] *Ethik VIII*: Ethik der Neuzeit, in: TRE 10, 1982, 481–517.

Ritschl, Albrecht: *Unterricht in der christlichen Religion* (1875), hg. von Gerhard Ruhbach, Gütersloh 1966 (*TKTG 3*).

–: *Die christliche Lehre* von der Rechtfertigung und Versöhnung. Dritter Band: Die positive Entwickelung der Lehre, Bonn ^{3}1888 (^{1}1874, ^{2}1883).

–: *Fides implicita.* Eine Untersuchung über Köhlerglauben, Wissen und Glauben, Glauben und Kirche, Bonn 1890.

Ritter, Adolf Martin: *Dogma und Lehre in der Alten Kirche*, in: Carl Andresen/Adolf Martin Ritter (Hg.), Handbuch der Dogmen- und Theologiegeschichte, Band 1: Die Lehrentwicklung im Rahmen der Katholizität, Göttingen ^{2}1999 (^{1}1982), 99–283.

Röd, Wolfgang: *Der Gott der reinen Vernunft.* Die Auseinandersetzung um den ontologischen Gottesbeweis von Anselm bis Hegel, München 1992.

Rösel, Martin: *Bibelkunde des Alten Testaments.* Die kanonischen und apokryphen Schriften. Mit Lernübersichten von Dirk Schwiderski, Neukirchen-Vluyn ^{4}2004 (^{1}1996, ^{2}1999; ^{3}2002).

Rogge, Joachim: *Anfänge der Reformation*: Der junge Luther 1483–1521/Der junge Zwingli 1484–1523, Berlin 1983 (KGiE II/3; II/4).

Rogge, Joachim/Zeddies, Helmut (Hg.): *Kirchengemeinschaft und politische Ethik.* Ergebnis eines theologischen Gespräches zum Verhältnis von Zwei-Reiche-Lehre und Lehre von der Königsherrschaft Christi, Berlin (Ost) 1980.

Rohls, Jan: *Theologie und Metaphysik.* Der ontologische Gottesbeweis und seine Kritiker, Gütersloh 1987.

–: *Theologie reformierter Bekenntnisschriften.* Von Zürich bis Barmen, Göttingen 1987.

–: *Protestantische Theologie der Neuzeit*, Band 1: Die Voraussetzungen und das 19. Jahrhundert; Band 2: Das 20. Jahrhundert, Tübingen 1997.

Roloff, Jürgen: [Art.] *Kirche* 2.1.: Kirche im NT, in: EKL³ 2, 1053–1057.

Rosenau, Hartmut: *Auf der Suche* nach dem gelingenden Leben. Religionsphilosophische Streifzüge, Neukirchen-Vluyn 2000.

Ruhbach, Gerhard: *Unsterblichkeit und Auferstehung.* Überlegungen zu zwei Grundeinstellungen, in: Friedrich Niewöhner (Hg.), Unsterblichkeit, Wiesbaden 1999 (Wolfenbütteler Forschungen 86), 33–43.

Sauter, Gerhard: [Art.] *Rechtfertigung* IV: Das 16. Jahrhundert, in: TRE 28, 1997, 315–328.

–: *Zugänge zur Dogmatik.* Elemente theologischer Urteilsbildung, Göttingen 1998.

Schäfer, Rolf: *Das Reich Gottes bei Albrecht Ritschl und Johannes Weiß*, in: ZThK 61, 1964, 68–88.

von Scheliha, Arnulf: *Der Glaube an die göttliche Vorsehung.* Eine religionssoziologische, geschichtsphilosophische und theologiegeschichtliche Untersuchung, Stuttgart/Berlin/Köln 1999.

–: *Der Islam im Kontext der christlichen Religion*, Münster u. a. 2004 (Studien zum interreligiösen Dialog 6).

Scherb, Jürgen Ludwig: *Anselms philosophische Theologie.* Programm – Durchführung – Grundlagen, Stuttgart [u. a.] 2000 (Münchener philosophische Studien, NF 15).

Schicketanz, Peter: *Der Pietismus von 1675 bis 1800*, Leipzig 2001 (KGiE III/1).

Schleiermacher, Friedrich: *Über die Religion.* Reden an die Gebildeten unter ihren Verächtern (1799), Kritische Gesamtausgabe [= *KGA*], Band *I* 2, 185–326.

–: *Kurze Darstellung des theologischen Studiums* zum Behuf einleitender Vorlesungen (1811; ²1830), KGA I 6, 243–315 [¹1811]; KGA I 6, 317–446 [²1830]).

–: *Der christliche Glaube* nach den Grundsätzen der evangelischen Kirche im Zusammenhange dargestellt, Bd. 1, Berlin ²1830; Bd. 2, Berlin ²1831, KGA I 13,1/13,2.

–: *Die christliche Sitte* nach den Grundsäzen der evangelischen Kirche im Zusammenhange dargestellt. Aus Schleiermacher's handschriftlichem Nachlasse und nachgeschriebenen Vorlesungen hg. von Ludwig Jonas, Berlin 1843 (*Sämmtliche Werke I 12*).

Schmaus, Michael: *Die Denkform Augustins* in seinem Werk ‚De Trinitate', München 1962 (SBAW.PPH 6, 1962).

Schmidt, Josef: *Das philosophieimmanente Theodizeeproblem* und seine theologische Radikalisierung, in: ThPh 72, 1997, 247–256.

Schmidt, Martin Anton: *Die Zeit der Scholastik* (Dogma und Lehre im Abendland, Zweiter Abschnitt), in: Carl Andresen/Adolf Martin Ritter (Hg.), Handbuch der Dogmen- und Theologiegeschichte, Band 1: Die Lehrentwicklung im Rahmen der Katholizität, Göttingen ²1999 (¹1982), 567–754.

Schmidt, Erik: *Hegels System der Theologie*, Berlin/New York 1974 (TBT 26).

Schröter, Jens/Brucker, Ralph (Hg.): *Der historische Jesus.* Tendenzen und Perspektiven der gegenwärtigen Forschung, Berlin/New York 2002 (BZNW 114).

Schüngel-Straumann, Helen: ‚*Von einer Frau nahm die Sünde ihren Anfang'?* Die alttestamentlichen Erzählungen von ‚Paradies' und ‚Sündenfall' und ihre Wirkungsgeschichte, in: Elisabeth Moltmann-Wendel (Hg.), Weiblichkeit in der Theologie, Gütersloh 1988, 31–52.

Schulthess, Peter/Imbach, Ruedi: *Die Philosophie im lateinischen Mittelalter.* Ein Handbuch mit einem bio-bibliographischen Repertorium, Düsseldorf/Zürich ²2000 (¹1996).

Schulze, Gerhard: *Die Sünde.* Das schöne Leben und seine Feinde, München 2006.

Schumann, Johann Daniel: *Über die Evidenz der Beweise für die Wahrheit der christlichen Religion* (1777), in: Gotthold Ephraim Lessing, Werke und Briefe in zwölf Bänden, Band 8: Werke 1774–1778, hg. von Arno Schilson, Frankfurt/M. 1989, 355–435.

Schweitzer, Albert: *Geschichte der Leben-Jesu-Forschung* (1906/1913), Tübingen ^{9}1984.

Seebaß, Gottfried: *Geschichte des Christentums III*. Spätmittelalter – Reformation – Konfessionalisierung, Stuttgart 2006 (ThW 7).

Seebaß, Horst/Reiser, M.: [Art.] *Geist*, in: NBL 1, 1991, 765–773.

Seiffert, Helmut: [Art.] *Historisch/systematisch*, in: Handlexikon zur Wissenschaftstheorie, hg. von Helmut Seiffert und Gerard Radnitzky, München 1989, 139–144.

Seils, Martin: *Glaube*, Gütersloh 1996 (HST 13).

–: *Martin Luthers Gesetzesverständnis*, in: Udo Kern (Hg.), Das Verständnis des Gesetzes bei Juden, Christen und im Islam, Münster/Hamburg/London 2000 (Rostocker Theologische Studien 5), 64–84.

Semler, Johann Salomo: *Über historische, gesellschaftliche und moralische Religion* der Christen, Leipzig 1786.

Slenczka, Notker: *Christliche Hoffnung*, in: Luther Handbuch, hg. von Albrecht Beutel, Tübingen 2005, 435–443.

Söll, Georg: *Mariologie*, Freiburg i. Br. 1978 (HDG III/4).

Sölle, Dorothee: *Kirche außerhalb der Kirche* (1965), in: dies., Die Wahrheit ist konkret, Olten ^{3}1967 (Theologia publica 4), 117–129.

Sörries, Reiner: [Art.] *Bilder, Bilderverehrung*, in: EKL^3 1, 1986, 504–509.

Spalding, Johann Joachim: *Religion, eine Angelegenheit des Menschen* (^{1}1797; ^{2}1798; ^{3}1799; ^{4}1806), hg. von Tobias Jersak und Georg Friedrich Wagner (Johann Joachim Spalding, *Kritische Ausgabe I 5*), Tübingen 2001.

Sparn, Walter: [Art.] *Theodizee* V: Dogmengeschichtlich/VI: Dogmatisch, in: RGG^4 8, 2005, 228–235.

Spieckermann, Hermann: *Die Verbindlichkeit des Alten Testaments*. Unzeitgemäße Betrachtungen zu einem ungeliebten Thema, in: JBTh 12, 1997, 25–51.

Splett, Jörg: *Gotteserfahrung im Denken*. Zur philosophischen Rechtfertigung des Redens von Gott, Freiburg i. Br./München ^{4}1995 (^{1}1973).

Staniloae, Dumitru: *Orthodoxe Dogmatik, Band 1*, Zürich 1985 (Ökumenische Theologie 12).

Stead, G. Christopher: [Art.] *Logos*, in: TRE 21, 1991, 432–444.

Steinbart, Gotthelf [Gotthilf] Samuel: *System der reinen Philosophie oder Glückseligkeitslehre des Christenthums*. Für die Bedürfnisse seiner aufgeklärten Landesleute und andrer die nach der Weisheit fragen eingerichtet, Züllichau ^{3}1786 (^{1}1778).

Stock, Alex: [Art.] *Christusbilder*, in: RGG^4 2, 1999, 326–339.

Stock, Konrad: *Annihilatio mundi*. Johann Gerhards Eschatologie der Welt, München 1971 (FGLP 10, 42).

–: *Die Theorie der christlichen Gewißheit*. Eine enzyklopädische Orientierung, Tübingen 2005.

Suda, Max J.: *Die Ethik Martin Luthers*, Göttingen 2006 (FSÖTh 108).

Swinburne, Richard: *The Existence of God*, Oxford 1979 (*Die Existenz Gottes*, Stuttgart 1987).

–: *Is there a God?*, Oxford 1996 (Gibt es einen Gott?, Frankfurt/M. [u.a.] 2006).

Sykes, Stephen W.: [Art.] *Offenbarung* 2: Systematisch-theologisch, in: EKL^3 3, 1992, 810–818.

Tertullian, Quintus Septimius Florens: [Q. S. Fl. Tertvlliani] *De praescriptione haereticorvm* (um 203), in: CChrSL 1, 185–224.

Tieftrunk, Johann Heinrich: *Versuch einer Kritik der Religion und aller religiösen Dogmatik*, mit besonderer Rücksicht auf das Christenthum, Berlin 1790.

–: *Censur des christlichen protestantischen Lehrbegriffs nach den Principien der Religionskritik*, Band 1, Berlin 1791; Band 2, Berlin 1794; Band 3, Berlin 1795.

Theißen, Gerd/Merz, Anette: *Der historische Jesus*. Ein Lehrbuch, Göttingen ³2001 (¹1996).

Thiede, Werner: *Nur ein ewiger Augenblick*. Luthers Lehre vom Seelenschlaf zwischen Tod und Auferstehung, in: Luther 64, 1993, 112–125.

Thomas von Aquin: *Sententia super Metaphysicam* (1270–1272), in: *Sancti Thomae Aquinatis opera omnia* (Index Thomisticus. Supplementum), hg. von Roberto Busa, Stuttgart/Bad Cannstatt 1980, *Band 4*, 390–507.

–: *Die Gottesbeweise* in der ‚Summe gegen die Heiden' und der ‚Summe der Theologie', Text mit Übersetzung, Einleitung und Kommentar hg. von Horst Seidl, Hamburg 1982.

–: *Summe gegen die Heiden* (1259–1265; lateinisch-deutsch), *Band 1* (Buch I), herausgegeben und übersetzt von Karl Allgeier, lateinischer Text besorgt und mit Anmerkungen versehen von Leo Gerken, Darmstadt ³1994 (Texte zur Forschung 15).

–: *Gottes Dasein und Wesen* (Summa Theologiae I 1–13), Salzburg/Leipzig 1934, Neudr. 1982 (DThA 1).

–: *Glaube als Tugend* (Summa Theologiae II-II 1–16), Heidelberg [u.a.] 1950 (DThA 15).

–: *Summa Theologiae* (1268–1273), Rom ²1987 (¹1962).

Tillich, Paul: *Systematische Theologie*, *Band 3*: Das Leben und der Geist. Die Geschichte und das Reich Gottes (1963), Stuttgart 1966.

Tindal Matthew: *Christanity as old as the Creation*: or, the Gospel, a Republication of the Religion of Nature, London 1730, Neudr. (hg. und eingeleitet von Günter Gawlik) Stuttgart/Bad Cannstatt 1967.

Torrell, Jean-Pierre: *Magister Thomas*. Leben und Werk des Thomas von Aquin, Freiburg i. Br./Basel/Wien 1995.

Track, Joachim: [Art.] *Leuenberger Konkordie*, in: EKL³ 3, 1992, 80–82.

Traditionsaufbruch. Die Bedeutung der Pflege christlicher Institutionen für Gewissheit, Freiheit und Orientierung in der pluralistischen Gesellschaft. Eine Studie des Theologischen Ausschusses der Evangelischen-Lutherischen Kirche Deutschlands, hg. im Auftrag der Kirchenleitung der VELKD von Dorothea Wendebourg und Reinhard Brandt, Hannover 2001.

Trilling, Wolfgang: ‚*Implizite Ekklesiologie*'. Ein Vorschlag zum Thema ‚Jesus und die Kirche', in: Dienst der Vermittlung. Festschrift zum 25jährigen Bestehen des Philosophisch-Theologischen Studiums Erfurt, Erfurt 1977, 149–164 (EThSt 37).

Tröger, Karl-Wolfgang: *Das Christentum im 2. Jahrhundert*, Berlin (Ost) 1988 (KGiE I/2).

Troeltsch, Ernst: *Ueber historische und dogmatische Methode in der Theologie* (1898), in: ders., Gesammelte Schriften 2 (Zur religiösen Lage, Religionsphilosophie und Ethik), Tübingen 1913, 729–753.

–: *Die Absolutheit des Christentums* und die Religionsgeschichte (1902/1912) mit den Thesen von 1901 und den handschriftlichen Zusätzen, hg. von Trutz Rendtorff in Zusammenarbeit mit Stefan Pautler, Berlin/New York 1998 (Ernst Troeltsch, Kritische Gesamtausgabe [= *KGA*], Band 5).

–: *Protestantisches Christentum und Neuzeit* (1906/1909/1922), hg. von Volker Drehsen in Zusammenarbeit mit Christian Albrecht, Berlin/New York 2004 (*KGA 7*).

–: *Die Bedeutung des Protestantismus* für die Entstehung der modernen Welt (1906/1911), in: ders., Schriften zur Bedeutung des Protestantismus für die moderne Welt (1906–1913), hg.

von Trutz Rendtorff in Zusammenarbeit mit Stefan Pautler, Berlin/New York 2001 (*KGA 8*), 199–316.

–: *Luther und die moderne Welt* (1908), in: ders., Schriften zur Bedeutung des Protestantismus für die moderne Welt (1906–1913), hg. von Trutz Rendtorff in Zusammenarbeit mit Stefan Pautler, Berlin/New York 2001 (*KGA 8*), 59–97.

Unser Glaube. Die Bekenntnisschriften der evangelisch-lutherischen Kirche. Ausgabe für die Gemeinde, im Auftrag der Kirchenleitung der Vereinigten Evangelisch-Lutherischen Kirche Deutschlands (VELKD) hg. vom Lutherischen Kirchenamt, bearbeitet von Horst Georg Pöhlmann, Gütersloh ^{3}1991 (^{1}1986).

Wagner, Falk: *Auch der Teufel zitiert die Bibel.* Das Christentum zwischen Autoritätsanspruch und Krise des Schriftprinzips, in: Richard Ziegert (Hg.), Die Zukunft des Schriftprinzips, Stuttgart 1994 (Bibel im Gespräch 2), 236–258.

–: *Zur gegenwärtigen Lage des Protestantismus*, Gütersloh 1995.

Wallmann, Johannes: [Art.] Orthodoxie II 2 a): *Lutherische Orthodoxie*, in: RGG^4 6, 2003, 696–702.

Walther, Christian: [Art.] *Königsherrschaft Christi*, in: TRE 19, 1990, 311–323.

Ward, William Reginald: *Kirchengeschichte Großbritanniens vom 17. bis zum 20. Jahrhundert*, Leipzig 2000 (KGiE III/7).

Weiss, Johannes: *Die Predigt Jesu vom Reiche Gottes* (1892, ^{2}1900), Neudr. Göttingen 1964 (mit einem Gleitwort von Rudolf Bultmann).

–: *Die Idee des Reiches Gottes* in der Theologie, Gießen 1901 (VTKG 16).

Wenz, Gunther: *Einführung in die evangelische Sakramentenlehre*, Darmstadt 1988.

–: *Theologie der Bekenntnisschriften* der evangelisch-lutherischen Kirche. Eine historische und systematische Einführung in das Konkordienbuch, *Band 2,* Berlin/New York 1998.

–: *Wolfhart Pannenbergs Systematische Theologie.* Ein einführender Bericht, Göttingen 2003.

–: *Religion.* Aspekte ihres Begriffs und ihrer Theorie in der Neuzeit (Studium Systematische Theologie 1), Göttingen 2005.

–: *Offenbarung.* Problemhorizonte moderner evangelischer Theologie (Studium Systematische Theologie 2), Göttingen 2005.

Wessel, Klaus: *Dogma und Lehre in der Orthodoxen Kirche*, in: Carl Andresen/Adolf Martin Ritter (Hg.), Handbuch der Dogmen- und Theologiegeschichte, Band 1: Die Lehrentwicklung im Rahmen der Katholizität, Göttingen ^{2}1999 (^{1}1982), 284–405.

Westermann, Claus: *Genesis.* 1. Teilband: Genesis 1–11, Neukirchen-Vluyn 1974 (BK I/1).

White jr., Lynn Townsend: *Die historischen Ursachen* unserer ökologischen Krise, in: M. Lohmann (Hg.), Gefährdete Zukunft, München 1970, 20–29 (Hanser Umweltforschung 5).

Wiemer, Axel: ‚*Mein Trost, Kampf und Sieg ist Christus'.* Martin Luthers eschatologische Theologie nach seinen Reihenpredigten über 1.Kor 15 (1532/33), Berlin/New York 2003 (TBT 119).

Wilckens, Ulrich: *Der Brief an die Römer* (1.Teilband: Röm 1–5), Neukirchen-Vluyn ^{2}1987 (EKK VI 1).

Wischmeyer, Oda: [Art.] *Schöpfung IV*: Neues Testament, in: RGG^4 7, 2004, 973 f.

Wolff, Christian: *Oratio de Sinarum philosophia practica* – Rede über die praktische Philosophie der Chinesen (1721/1726), übersetzt, eingeleitet und herausgegeben von Michael Albrecht, Hamburg 1985.

Glossar

39 Artikel – (1563: BSRK 505–522) Lehrgrundlage des →Anglikanismus, von lutherischer Theologie beeinflusst, in →Prädestinations- und →Abendmahlslehre von reformierten Positionen bestimmt: 42.

Abendmahl(slehre) – Jesu letzte gemeinsame Mahlzeit mit den Jüngern, das Abendmahl, bildet eine Wurzel der gleichnamigen liturgischen Feier, die seit frühkirchlicher Zeit praktiziert wurde und als →Sakrament gilt; die Abendmahlslehre behandelt die heilsvermittelnde Wirkung des kirchlichen Sakramentsvollzugs (→Messopfer/-lehre, →Realpräsenz, →Transsubstantiation/-slehre, →Konsubstantiation, →Ubiquität, →manducatio impiorum): 33, 39, 43, 44, 45, 48, 52, 237, 290, 291, 344, 345, 346, **349–354**, 400.

Ablass – (lat. indulgentia) von der →Kirche gewährter Nachlass von Strafen im →Fegfeuer aufgrund von Bußleistungen (→Buße) oder Geldzahlungen; der Missbrauch des Ablasshandels im 16. Jahrhundert gehörte zu den Anlässen der Reformation: 44, 87, 395, 400.

Absolutheit des Christentums – Auffassung, nach der das Christentum als definitiver und unüberbietbarer Höhepunkt der Religionsgeschichte gelten kann: 91, 120, 121, 122, 123, 158.

Adoptianismus – Auffassung, nach der Jesus keine →Präexistenz zukommt, sondern er erst in der →Taufe zum Sohn Gottes adoptiert wurde: 222.

aeiparthenia – (gr. ‚immerwährende Jungfräulichkeit') die Lehre von der Jungfräulichkeit (lat. →virginitas) Marias vor, während und nach der Geburt Jesu wurde auf dem (fünften ökumenischen) →Konzil von Konstantinopel (II) im Jahre 553 ausdrücklich anerkannt: 306, 307.

aggiornamento – (ital. ‚Erneuerung') in Anknüpfung an Papst Johannes XXIII. formulierter Leitbegriff des →Vaticanum II: 40.

Akzidens – Eigenschaft, die einem Gegenstand nicht notwendig zukommt; die →Transsubstantiationslehre geht von der Unabhängigkeit der Akzidentien gegenüber ihrem Träger aus (→Substanz): 229.

Altprotestantismus – von Ernst Troeltsch geprägte Bezeichnung für die protestantische Religionskultur zwischen Reformation und →Aufklärung (→Orthodoxie [c]): 93.

Analogie/analog – spezifische Form der →kataphatischen Theologie, danach entstammen menschliche Aussagen über Gott zwar dem geschöpflichen (nichtgöttlichen) Bereich, verfehlen ihren Gegenstand jedoch insofern nicht, als sie auf Gott hingeordnet sind: 215, 216, 227.

Anathema – auf Gal 1,9 zurückgehende Bannformel, mit der die Vertreter heterodoxer Lehren (→Heterodoxie) feierlich exkommuniziert wurden (→Kanon [b]): 152, 269, 270, 280, 281, 306, 307, 324, 341, 355.

Angelologie – Lehre vom ontologischen Status und der heilsgeschichtlichen Bedeutung der →Engel: 28, **258–260**.

Anglikanische Kirchengemeinschaft (Anglican Communion) – Gemeinschaft der vom →Anglikanismus geprägten Kirchen in England und seinen ehemaligen Kolonien, sie umfasst heute weltweit 44 Mitgliedskirchen: 44.

Anglikanismus – durch die →Konfessionalisierung des europäischen Christentums entstandener, aus der Reformation in England hervorgegangener Kirchentyp mit spezifischer Prägung (→Book of Common Prayer, →39 Artikel, →comprehensiveness, →via media, →High Church, →Low Church, →Broad Church), in der →Anglikanischen Kirchengemeinschaft organisiert (→Lambethkonferenzen): 41–44, 371.

Anglokatholizismus – → High Church.

Anhypostasie – ‚Verwirklichungslosigkeit' der menschlichen Natur Jesu Christi (→Enhypostasie, →[fünftes ökumenisches] Konzil von Konstantinopel [II]): 280, 287.

animal rationale – (lat. ‚vernunftbegabtes Lebewesen'; Übersetzung des gr. *zoon logon echon*) wahrscheinlich auf den griechischen Philosophen Alkmaion von Kroton zurückgehende philosophische Definition des Menschen, die klassischen Rang erhalten hat: 262, 265.

Anknüpfungspunkt – für den Empfang der christlichen Botschaft offener Bereich innerhalb der menschlichen Welt- und Lebenswirklichkeit; der zuerst von Friedrich Schleiermacher gebrauchte Begriff spielte im 20. Jahrhundert im Streit um die →natürliche Theologie eine Rolle: 100, 101, 104.

anonymes Christentum – von dem katholischen Theologen Karl Rahner entwickelter Begriff, nach dem ein Mensch auch dann Zugang zum Heil nach christlichem Verständnis hat, wenn er nicht zur →Kirche gehört und seine existenziellen Erfahrungen nicht im explizit christlichen Sinne deutet: 125, 375.

Anthropologie – Lehre vom Menschen; etablierte sich als eigenständige *philosophische* Disziplin erst um 1800 und erlebte im 20. Jahrhundert eine Blüte; für die *theologische* Anthropologie sind →Gottebenbildlichkeit und →Sünde wesentlich (→status integritatis, →status corruptionis, →status gratiae, →status gloriae, →status damnationis): 87, 99, 156, 257, 263, 265, 269, 270, 271, 272, 275, 395, 413, 414, 416, 419, 435.

Anthropomorphismus – Beschreibung nichtmenschlicher Gegenstände in Mustern menschlicher Welterfahrung: 215.

Anthropozentrismus – Auffassung vom Menschen als Mittelpunkt oder Ziel der Welt bzw. →Schöpfung; aufgrund von Gen 1,28 u. a. in der jüdisch-christlichen Tradition rezipiert, in →Renaissance und →Humanismus erneuert und mit einer Kritik an der →Scholastik (a) verbunden: 55, 261.

Antworten auf Fragen zu einigen Aspekten bezüglich der Lehre über die Kirche – im Juli 2007 von der römischen „Kongregation für die Glaubenslehre" publizierte Erklärung zur →Ekklesiologie: 374, 377.

Apokalyptik – (von gr. *apokalypsis*: Enthüllung, Offenbarung) eine in spätalttestamentlicher Zeit greifbare religiöse Strömung, die das Ende der Welt und das Kommen des →Reiches Gottes als Schlusspunkt der weltgeschichtlichen Entwicklung prophezeit und intensiv um eine Berechnung des Zeitpunkts und die visionäre Beschreibung des Verlaufs des bevorstehenden Endes der Geschichte bemüht ist: 147, 266, 388, 409.

Apologeten/Apologetik – (von gr. *apologia*: Verteidigung/-srede) angesichts antichristlicher Propaganda und philosophischer Kritik an den christlichen Lehren vollzog die Apologetik seit dem 2. Jahrhundert eine Selbstdarstellung des Christentums mit dem Ziel, dessen Überlegenheit gegenüber anderen Religionen und Weltdeutungen zu erweisen: 21, 22, 63, 80, 119, 137, 420.

Apologia Confessionis Augustanae – (1530: BSLK 139–404, Unser Glaube, Nr. 80–359 [= ‚Quarttext']; Evangelische Bekenntnisse, Band 1, 99–306 [= ‚Oktavtext']) von Philipp Melanchthon verfasste lutherische Bekenntnisschrift, in der die Aussagen der →Confessio Augustana angesichts der altgläubigen →Confutatio verteidigt und z. T. wesentlich präzisiert werden: 46, 47, 48, 321, 346, 350, 355, 368.

apophatische (= **negative**) **Theologie** – Rede von Gott, die sich wegen dessen Überlegenheit gegenüber allen menschlichen Erkenntnisbemühungen darauf beschränkt, von Gott zu sagen, was er nicht ist (→kataphatische Theologie): 28, 213.

Apostolici regiminis – (1513: DH 1440f) vom 5. →Laterankonzil (1512–1517) angenommene Bulle Papst Leos X., in der die philosophische Lehre von der →Unsterblichkeit der (menschlichen Einzel-)Seele als verbindlich erklärt wird: 413, 414.

Apostolicum – aus einem älteren Taufbekenntnis (→Romanum) hervorgegangenes Glaubensbekenntnis, das sich seit dem Frühmittelalter in der Westkirche durchgesetzt hat: 16f, 26, 27, 28, 43, 44, 45, 90, 166, 177, 178, 240, 305, 358, 389.

Apostolikumsstreit – seit 1871 im deutschen Protestantismus immer wieder aufflackernde Auseinandersetzung über die gottesdienstliche Verwendung des →Apostolicums, die Anfang der 90er Jahre aufgrund der Entlassung des württembergischen Pfarrers Christoph Schrempf zeitweise eskalierte: 90.

Apostolizität (der →Kirche) – eines der vier →Attribute der christlichen →Kirche nach dem →Nicaeno-Constantinopolitanum; es bezieht sich auf die Bindung der →Kirche an den Auftrag des Auferstandenen an die Apostel sowie an das in der →Bibel überlieferte apostolische Zeugnis von Jesus Christus: 359, 361.

Appropriation – Zuordnung der →opera (trinitatis) ad extra zu je einer der drei Personen der →Trinität, wobei stets die Beteiligung der beiden anderen Personen vorausgesetzt ist: 227, 240.

äquivok/Äquivokation – (= homonym/Homonymie) Bezeichnung für Wörter, die trotz gleicher (lat. aequus) Lautgestalt (lat. vox) verschiedene Bedeutungen haben (z. B. ‚Bank' für Sitzmöbel und Geldinstitut): 215, 216.

assensus – (lat. ‚Zustimmung') menschliche Anerkennung dessen, dass die Botschaft des Evangeliums wahr ist und den Hörer konkret betrifft; nach der Lehre der Altprotestantischen →Orthodoxie (c) 2. Stufe der ‚Durchsetzung' des Glaubens (→notitia, →fiducia), unterschieden in assensus generalis und assensus specialis: 170, 171, 364.

assumptio – (lat. ‚Aufnahme') leibliche Aufnahme Marias in den →Himmel, die 1950 durch Papst Pius XII. dogmatisiert wurde (→Dogma, →Munificentissimus Deus): 308.

Athanasianum – (BSLK 28–30; Unser Glaube, Nr. 3 f) kaum vor 600 entstandenes Glaubensbekenntnis, galt im westlichen Christentum neben →Apostolicum und →Nicaeno-Constantinopolitanum als drittes maßgebliches →Symbol der altkirchlichen Zeit: 27, 29, 45, 225.

attributa absoluta – (lat. ‚abgelöste Eigenschaften') Eigenschaften Gottes, die ihm unabhängig von seinem Weltbezug zugesprochen werden: 217.

attributa operativa – (lat. ‚wirkende Eigenschaften') Eigenschaften Gottes, die ihn in seinem Verhalten zur Welt beschreiben: 217.

Attribute der Kirche – das →Nicaeno-Constantinopolitanum charakterisiert die Kirche als „die eine, heilige, katholische und apostolische Kirche" („una sancta catholica et apostolica ecclesia"); daraus ergeben sich als Attribute der Kirche ihre →Apostolizität, →Einheit, →Heiligkeit, →Katholizität (→notae ecclesiae): 358.

Auferstehung – in Gottes Heilstat wurzelnde Wiedererweckung des gestorbenen Jesus, die sich nach dem →Jüngsten Gericht an allen Glaubenden vollziehen soll (→Christologie): 63, 90, 106, 147, 163, 172, 177, 189, 219, 224, 277, 289, 292, 293, 299, **303–305**, 311, 312, 347, 350, 388, 389, 390, 391, 392, 395, 399, 400, 414, 415, 419.

Aufklärung – geistige Bewegung des 17. und 18. Jahrhunderts in Europa, in der die Forderung nach menschlicher Vernunftautonomie und Emanzipation von vermeintlich unhinterfragbaren Wahrheitsansprüchen erhoben wurde; die mit der Aufklärung verbundene rationale und historische Kritik an den überlieferten Glaubenslehren veranlasste insbesondere die protestantische Theologie zur teilweise tief greifenden Revision ihrer dogmatischen Aussagen (→Wolffianismus, →Übergangstheologie, →Neologie, →Rationalismus): 16f, 40, 41, 53–78, 81, 85, 86, 88, 89, 92, 96, 102, 118, 119, 120, 127, 129, 130, 135, 143, 152, 159, 160, 162, 171, 172, 173, 175, 180, 186, 188, 192, 193, 257, 260, 267, 272, 273, 277, 286, 296, 297, 299, 303, 407, 426, 432, 435.

Augsburger Bekenntnis – →Confessio Augustana.

axiologische Eschatologie – eine Gestalt der →Eschatologie, in der das traditionell als zukünftig verstandene ewige Leben als gegenwärtiger Wert (gr. *axia*) aufgefasst wird: 411.

Barmer Theologische Erklärung – (1934: Evangelische Bekenntnisse, Band 2, 253–279) von der Theologie Karl Barths geprägter Beitrag zur Auseinandersetzung mit den theologischen Auffassungen der Deutschen Christen; die Barmer Erklärung bildete die theologische Grundlage der Bekennenden Kirche im Kirchenkampf und spielte bei der Neuordnung der evangelischen Kirchen in Deutschland nach 1945 eine wichtige Rolle: 99–102, 157, 341, 342.

Benedictus Deus – (1336: DH 1000–1002) auf Papst Benedikt XII. zurückgehende Konstitution, in der die Identität der Gottesschau (und der Höllenqualen) im →Zwischenzustand und nach dem Jüngsten Gericht als verbindliche kirchliche Lehre festgehalten wird: 396.

Bibel – zweiteilige (aus Altem und Neuem Testament) bestehende heilige Schrift des Christentums, in der sich Gottes →Offenbarung mit ihrem Höhepunkt im Christusgeschehen in maßgeblicher Weise niedergeschlagen hat; die historische →Bibelkritik, die sich im zeitlichen Zusammenhang mit der →Aufklärung zuerst im →Protestantismus durchgesetzt hat, hat die vor allem im lutherischen →Altprotestantismus behauptete Identifikation von biblischem Wortlaut und dem →Wort Gottes aufgelöst: 24, 25, 34, 35, 39, 40, 43, 44, 45, 48, 51, 58, 60, 64, 65, 66, 68, 69, 71, 73, 76, 83, 85, 88, 91, 102, 105, 115, 116, 121, 134, 138, 142, 146, 147, 152, 155, 158, 163, 164, 171, 172, 177, **179–199**, 213, 215, 217, 219, 237, 243, 244, 245, 247, 248, 259, 261, 263, 264, 266, 277, 278, 299, 304, 310, 332, 334, 336, 341, 345, 359, 426.

Bibelkritik – Methode der Auslegung der →Bibel, bei der, anknüpfend an das von Luthers →Schriftprinzip herrührende Interesse an der Sprach- und Denkwelt der biblischen Autoren, die biblischen Texte nicht als Ergebnisse göttlicher →Inspiration, sondern als historische Dokumente menschlichen Ursprungs behandelt und analysiert werden (→Historismus); für die Durchsetzung der Bibelkritik im deutschen →Protestantismus spielten Johann Salomo Semler, Johann Philipp Gabler, Hermann Samuel Reimarus, Ferdinand Christian Baur und David Friedrich Strauß eine wichtige Rolle: 58, 66, 81, 83, 186, 300.

Book of Common Prayer – allgemeines Gottesdienst- bzw. Gebetbuch der Anglikanischen Kirche, entstanden 1549 unter maßgeblicher Mitwirkung von Thomas Cranmer, zwischen 1552 und 1662 mehrfach revidiert, bis heute offizielle Grundlage des Gottesdienstes im →Anglikanismus: 42.

Broad Church – liberale Richtung im →Anglikanismus: 43.

Buße – Abkehr des Menschen von der →Sünde als Antwort auf Gottes →Gnadenverheißung. Die Absolution (Lossprechung) von der Sünde erfolgt traditionell durch einen kirchlichen Amtsträger aufgrund der Beichte; im römischen →Katholizismus gilt die Buße als →Sakrament: 112, 345, 346, 348, 351, 355, 356.

causa prima – (lat. ‚Erstursache') Gott, der durch sein Schöpferhandeln alle innerweltlichen Ursächlichkeiten ‚angestoßen' hat: 216, 245, 248, 249.

causa secunda – (lat. ‚Zweitursache') alle Geschöpfe, sofern sie in je verschiedener Weise bei Gottes Handeln in der Welt mitwirken (→providentia): 248, 249.

Chalkedonense – Lehrentscheidung des (vierten ökumenischen) →Konzils von Chalkedon 451, wonach Christus wahrer Mensch und wahrer Gott ist: 280, 281, 291.

Chiliasmus – (auch Millenarismus genannt) aus Apk 20 abgeleitete (von der großkirchlichen →Orthodoxie [a] stets zurückgewiesene) Lehre von einem tausend Jahre (gr./lat. *chilia ete/ mille anni*) andauernden messianischen Zwischenreich zwischen der Parusie Christi und der allgemeinen Totenauferstehung (→Prämillenarismus, →Postmillenarismus): 71, 391, 404, 405, 406, 407, 411.

Christologie – Lehre von Person und Werk Jesu Christi (→Adoptianismus, →Anhypostasie, →Chalkedonense, →christologische Hoheitstitel, →communicatio idiomatum, →Enhypostasie, →Gehorsam Christi, →Gesetz Christi, →Gnadenlehre, →Himmelfahrt, →Höllenfahrt, →homoousios, →Inkarnation, →intercessio, →*kenosis*, →*kenosis chreseos*, →*krypsis chreseos*, →Monophysiten, →Monotheletismus, →Nestorianer, →officium Christi, →Präexistenz, →satisfactio, →solus Christus, →status exaltationis, →status exinanitionis, →Ubiquität): 28, 48, 52, 58, 68, 69, 80, 87, 99, 105, 157, 193, 218, 219, 227, 271, **276–305**, 309, 310, 313.

christologische Hoheitstitel – Würde- und Funktionsbezeichnungen, die im Neuen Testament von Jesus ausgesagt werden (z. B. Menschensohn, Herr, Gottessohn, Christus/Messias) und z. T. für die christologische →Dogmenbildung von Bedeutung waren (→Christologie): 277.

communicatio idiomatum – in der →Christologie des lutherischen →Protestantismus Lehre von der wechselseitigen Mitteilung der Eigenschaften beider Naturen in Christus (→Ubiquität): 289, 353.

Communio Sanctorum – im Jahr 2000 publizierter Text der zweiten Bilateralen Arbeitsgruppe der Deutschen Bischofskonferenz und der Kirchenleitung der VELKD zur →Ekklesiologie: 377.

comprehensiveness – (engl. ‚Allseitigkeit') die im →Anglikanismus ausgeprägte Fähigkeit, die unterschiedlichsten kirchlich-theologischen Tendenzen zusammenzuhalten: 43.

concupiscentia – (lat. ‚Begierde') die von Selbstbezogenheit geprägte Haltung des Menschen im Zustand der →Erbsünde: 269.

concursus – (lat. ‚Mitwirkung' = →providentia cooperatrix): Aspekt des göttlichen Vorsehungshandelns, der zum Ausdruck bringt, dass Gott auch nach der →Schöpfung alle Weltvorgänge als →causa prima bewirkt: 249, 250.

Confessio Augustana – (1530: BSLK 31–137; Unser Glaube, Nr. 5–79) maßgebliche Bekenntnisschrift der lutherischen Kirchen, die hauptsächlich von Philipp Melanchthon verfasst wurde und der Verständigung mit den Altgläubigen auf dem Augsburger Reichstag dienen sollte (→Apologia Confessionis Augustanae, →Confutatio): 45, 46, 47, 50, 52, 269, 285, 321, 334, 350, 368.

Confessio Belgica – (1561: BSRK 233–249) von Guy de Bray verfasstes Bekenntnis der niederländischen Reformierten, das seit der Unabhängigkeit der Nordprovinzen eine zentrale Rolle für den Calvinismus der niederländischen Republik spielte: 49, 50.

Confessio Gallicana – (= Confession de foy; 1559: BSRK 221–232) auf einem Entwurf von Johannes Calvin beruhendes Bekenntnis der französischen Hugenotten, das gemeinsam mit einer einheitlichen Kirchenordnung in Kraft gesetzt wurde (→Discipline Ecclésiastique): 49, 180.

Confessio Helvetica posterior – (1562: BSRK 170–221) von Heinrich Bullinger als theologisches Testament verfasste Bekenntnisschrift, die die Vereinigung des zwinglianischen und calvinistischen Reformiertentums in der Schweiz markiert und zugleich als eine Art überregionales reformiertes Bekenntnis gelten kann (→Consensus Tigurinus): 51, 57.

Confessio Scotica – (1560: BSRK 249–263) maßgeblich auf John Knox zurückgehendes Bekenntnis der schottischen Reformierten, dessen Bedeutung seit der 2. Hälfte des 17. Jahrhunderts zugunsten der →Westminster Confession zurücktrat: 50, 51, 370.

Confutatio – (lat. ‚Widerlegung', ‚Zurückweisung') altgläubige Antwort auf die →Confessio Augustana, konstatierte zahlreiche Übereinstimmungen, forderte aber bei Abweichungen von der kirchlichen Lehre und Praxis eine Rückkehr zur römischen Auffassung (→Apologia Confessionis Augustanae): 46.

Consensus Tigurinus – (1549: BSRK 159–163) Einigung über die →Abendmahlslehre im reformierten →Protestantismus aufgrund der Verständigung zwischen Johannes Calvin und Heinrich Bullinger; die →Confessio Helvetica posterior knüpfte an diesen Konsens an: 51.

consilia evangelica – (lat. ‚evangelische Räte') Sammelbegriff für Armut, Keuschheit und Gehorsam; ein Leben nach den Räten galt in der vorreformatorischen →Ethik und gilt in gewisser Weise bis heute im römischen →Katholizismus als Zeichen einer überdurchschnittlichen Stufe christlicher Vollkommenheit (→praecepta): 421, 422.

corpus permixtum – (lat. ‚gemischter Leib') in der →Ekklesiologie seit Augustin übliche Bezeichnung für die →Kirche (als Leib Christi) in ihrer irdisch-institutionellen Gestalt, in der Gläubige und Sünder gemischt sind: 366, 367, 379.

corpus verum – (lat. ‚wahrer Leib') in der →Ekklesiologie seit Augustin übliche Bezeichnung für die →Kirche (als Leib Christi) im Sinne des Glaubensbekenntnisses, d.h. als Gemeinschaft der wahrhaft Glaubenden, die innerhalb der sichtbaren Kirche besteht, aber erst beim Endgericht identifizierbar sein wird (→Jüngstes Gericht): 366, 367.

creatio ex nihilo – (lat. ‚Schöpfung aus dem Nichts') in Anlehnung an II Makk 7,28 formulierter Grundsatz der christlichen →Schöpfungslehre, der die Voraussetzungslosigkeit des göttlichen Handelns bei der Schöpfung der Welt unterstreicht: 239, 242, 243.

creatio originans/continua(ta) – (lat. ‚anfängliche/fortgesetzte →Schöpfung') die creatio originans bezeichnet das daseinskonstituierende Wirken Gottes, das nach der →Trinitätslehre als erstes der →opera (trinitatis) ad extra gilt, während die creatio continua(ta) für sein geschichtliches Handeln steht und (als →providentia conservatrix) bereits in die Vorsehungslehre gehört: 240, 249, 250.

De potestate ac primatu papae – (1537: BSLK 469–498; Unser Glaube, Nr. 463–480) von Philipp Melanchthon verfasster Traktat über die Macht und Vorherrschaft des Papstes; auf dem Konvent in Schmalkalden 1537 gemeinsam mit →Confessio Augustana und →Apologia Confessionis Augustanae, die keine Lehraussagen über das Papstamt enthielten, als lutherische Lehrnorm fixiert: 46f.

decretum Dei (aeternum) – (lat. [ewiger] Beschluss Gottes) ein im reformierten →Protestantismus angenommener Ratschluss Gottes, in dem von Ewigkeit her festgelegt ist, welche Menschen zum ewigen Leben und zur ewigen Verdammnis vorherbestimmt sind (→Prädestination): 331.

Dei filius – (1870: DH 3000–3045) Dogmatische Konstitution des →Vaticanum I über den katholischen Glauben: 152, 178.

Dei verbum – (1965: DH 4201–4235) Dogmatische Konstitution des →Vaticanum II über die göttliche →Offenbarung: 152, 197.

Deismus – eine der Vor- oder Früh-→Aufklärung zuzuordnende geistige Bewegung, die vom Ende des 17. bis um die Mitte des 18. Jahrhunderts eine wichtige Rolle in England spielte und auch auf das religiöse Denken des europäischen Festlands gewirkt hat; der Deismus versuchte, eine allen Menschen einsichtige ‚natürliche' Religion zu (re)konstruieren (Hauptgrundsätze: monotheistischer Gottesglaube, Pflicht zur Moralität): 58, **62–63**, 64, 65, 66, 71, 72, 75, 79, 86, 112, 115, 118, 119, 127, 171, 189.

Dekalog – (gr. ‚Zehnwort') die in Ex 20 und Dtn 5 überlieferten zehn Gebote, die in der christlichen Theologie als →Moralgesetz gelten: 166, 335, 385.

determinatio – (lat. ‚Begrenzung') Aspekt der →providentia gubernatrix bzw. →gubernatio; hebt die Einschränkung der menschlichen Handlungsmacht durch Gott hervor: 250.

deus absconditus – (lat. ‚verborgener Gott') die in Anlehnung an Jes 45,15 gebildete Formulierung bezeichnet bei Martin Luther die uns unbekannt bleibende und zugleich unheilvoll-erschreckende Seite Gottes, dessen Geheimnisse wir nicht zu ergründen versuchen dürfen (→deus revelatus): 330.

deus revelatus – (lat. ‚offenbarter Gott') im Gegensatz zum →deus absconditus verweist diese Formulierung auf Gott, sofern dieser sich dem Menschen in Christus liebend zugewandt hat: 330.

Dialektische Theologie neben →Luther-Renaissance und →Religiösem Sozialismus eine der theologischen Aufbruchbewegungen nach dem 1. Weltkrieg, die im Wesentlichen von Karl Barth, Rudolf Bultmann und Emil Brunner sowie Eduard Thurneysen und Friedrich Gogarten repräsentiert wurde und nach 1933 am Streit um die →natürliche Theologie zerbrach: 78, 95, **96–102**, 103, 105.

Die Kirche Jesu Christi – auf der 4. Vollversammlung der →Leuenberger Kirchengemeinschaft im Jahre 1994 verabschiedete Studie; erste gemeinsame Positionsbestimmung des europäischen →Protestantismus zu Wesen und Auftrag der →Kirche: 53, 370.

directio – (lat. ‚Lenkung') Aspekt der →providentia gubernatrix bzw. →gubernatio; hebt hervor, dass die aus menschlicher Freiheit hervorgegangenen Handlungen so von Gott gelenkt werden, dass sie seinen Zwecken dienen: 250.

Discipline Ecclésiastique – (1559: Evangelische Bekenntnisse, Band 2, 195–205) Kirchenordnung der französischen Hugenottengemeinden (→Confessio Gallicana): 49, 51.

Dogma – ein aus der hellenistischen Bildungssprache in die Reflexion über den christlichen →Glauben übernommener Begriff, der das Ganze der in einer Glaubensgemeinschaft als verbindlich betrachteten Lehrinhalte bezeichnet (→Dogmatik).

Dogmatik (als theologische Disziplin) – neben →Religionsphilosophie und →Ethik Teil der →Systematischen Theologie; ihre Aufgabe ist die zusammenhängende Darstellung der Hauptinhalte des christlichen Glaubens und die Entfaltung seiner aktuellen Relevanz: **15-17**, 21, 37, 65, 77, 79, 80, 89, 106, 126, 127, 132, 134, 135, 136, 138, 142, 144, 146, 155, 161, 162, 171, 179, 189, 194, 195, 200, 218, 226, 227, 233, 234, 240, 243, 246, 248, 257, 262, 263, 272, 276, 278, 287, 310, 314, 342, 343, 348, 357, 377, 388, 417, 419, 420, 425, 426, 432, 434, 436.

Doketismus – Variante des modalistischen →Monarchianismus, nach der Jesus nur zum Schein (gr. *dokesis*) ein Mensch und sein Leib nur ein Scheinleib gewesen ist: 222.

Dominus Jesus – im August 2000 von der römischen „Kongregation für die Glaubenslehre" publizierte Erklärung zur →Ekklesiologie: 374.

Donatismus – nach dem numidischen Bischof Donatus benannte Bewegung in Nordafrika; behauptet wurde die Amtsunfähigkeit derjenigen kirchlichen Würdenträger, die während der diokletianischen Christenverfolgung den staatlichen Behörden die heiligen Bücher ausgeliefert hatten: 344, 366.

Dordrechter Nationalsynode – 1618/1619 tagende Generalversammlung der niederländischen Reformierten; die dort beschlossenen Kanones (BSRK 843–861; →Kanon [b]) betonen die Partikularität der göttlichen Gnadenwahl (→Heilspartikularismus, →Prädestination) und galten neben →Heidelberger Katechismus und →Confessio Belgica als Bekenntnis der reformierten Kirchen der Niederlande: 50, 331, 333.

Dualismus – in der christlichen →Schöpfungslehre ausgeschlossene Annahme, nach der alles Seiende auf zwei einander entgegengesetzte Prinzipien zurückgeht; dualistische Vorstellungen spielten z. B. in der →Gnosis und bei →Markion eine Rolle: 22, 24, 242.

Dynamismus – Variante des →Monarchianismus, nach der Jesus keine →Präexistenz zukommt, sondern er in der →Taufe den Geist Gottes und damit eine göttliche Kraft (gr. *dynamis*) empfangen hat (→Adoptianismus): 222.

effektives Rechtfertigungsverständnis – Auffassung, nach der der Glaube, durch den allein der Mensch von Gott angenommen ist (→Rechtfertigung), im Leben des Christen ‚effektiv' werden und zu einer Gerechtmachung des Glaubenden führen muss (→forensisches Rechtfertigungsverständnis): 323.

Ehe – gilt nach römisch-katholischer Lehre (unter Berufung auf Eph 5,21–33) als →Sakrament, das sich die Eheleute gegenseitig spenden; im →Protestantismus wurde die sakramentale Ehelehre stets abgelehnt, im evangelischen Eheverständnis begegnen Ehebegründungen schöpfungstheologisch-institutionsethischer (Martin Luther, Friedrich Schleiermacher, Albrecht Ritschl) und christologisch-bundestheologischer Art (Karl Barth): 345, 355, 356, 408, 409, 433.

Einheit (der Kirche) – eines der vier →Attribute der →Kirche nach dem →Nicaeno-Constantinopolitanum; es bezieht sich auf die Gemeinsamkeit des Glaubens an den einen Gott, der sich in Jesus Christus offenbart und in ihm den Weg zum Heil für alle Menschen gezeigt hat: 31, 43, 44, 45, 48, 52, 53, 120, 125, 166, 191, 327, 358, 359, 360, 361, 362, 364, 368, 372, 373.

Ekklesiologie – Lehre von der →Kirche; wurde erst im Horizont der Reformation und der anschließenden →Konfessionalisierung zu einem eigenständigen theologischen Thema (→Attribute der Kirche, →corpus permixtum, →corpus verum, →notae ecclesiae): 28, 30, 37, 51, 53, 80, 85, 125, 340, 352, **357–388**, 392.

Emanatismus – in der christlichen →Schöpfungslehre ausgeschlossene Auffassung, nach der alle Dinge durch ‚Ausfluss' (Emanation) in einer bestimmten Stufenfolge aus Gott als dem Einen hervorgehen (→Kontingenz, →Pantheismus): 241.

Empyreum – im vorkopernikanischen Weltbild äußerster Kreis des Universums jenseits aller Himmelssphären, der als Wohnsitz Gottes und der Seligen gilt: 397.

Engel – in der älteren →Dogmatik rein geistige Wesenheiten, die im Auftrag Gottes oder in gegengöttlicher Verselbständigung in Natur und Geschichte wirken (→Angelologie): 217, 238, 258, 259, 260, 263, 283, 288, 393, 398.

Enhypostasie – ‚In-Verwirklichung' der menschlichen Natur Christi im göttlichen Logos (→Anhypostasie): 280, 287.

Entmythologisierung(sprogramm) – auf Rudolf Bultmann zurückgehender Versuch, die Botschaft des Neuen Testaments auf das moderne menschliche Existenzverständnis zu beziehen (→existentiale Interpretation): 103–105.

Enzyklopädie, theologische – Darstellung der inneren Einheit der Theologie sowie des Zusammenhangs der theologischen Disziplinen: 133, 137, 146.

Erbsünde – (lat. peccatum originale/originis, wörtlich: Anfangs- oder Ursprungssünde) durch das in Gen 3 geschilderte Vergehen Adams und Evas (→Sünde) ausgelöste Pervertierung des Gottesverhältnisses (→concupiscentia), die alle biologischen ‚Nachfahren Adams' betrifft und vom Menschen durch eigenes Bemühen nicht in Ordnung zu bringen ist; vielmehr ist der Mensch zur Befreiung von der Macht der Erbsünde auf die ihm von Gott her zugesprochene →Rechtfertigung angewiesen (→Gnadenlehre); wichtig für die Herausbildung der Erbsündenlehre war die Theologie Augustins; die bis zur →Aufklärung in der westkirchlichen Theologie maßgebliche Erbsündenlehre wurde gegen den Widerstand des Pelagius und des →Semipelagianismus auf den Synoden von Karthago (418) und Orange (529) durchgesetzt: 58, 69, 89, **264–276**, 307, 308, 315, 316, 329, 393, 394.

Erlanger Erfahrungstheologie – maßgeblich durch Johann Christian Konrad von Hofmann, Adolf Gottlieb Christoph von Harleß und Gottfried Thomasius repräsentierte Schulbildung innerhalb des konfessionellen Luthertums im 19. Jahrhundert an der lutherischen Fakultät der Erlanger Universität; das Festhalten an der objektiven Geltung der in den lutherischen Bekenntnissen beschriebenen Heilstatsachen sollte mit der subjektiven Glaubenserfahrung verbunden werden (→Konfessionalismus): 87.

Erstursache – →causa prima.

Erweckungsbewegung, -theologie – die Erweckungsbewegung war eine übernationale, überkonfessionelle und vielgestaltige Erscheinung des frühen 19. Jahrhunderts, die, was ihre deutsch-protestantischen Vertreter angeht, in der Tradition des →Pietismus stand; die Erweckungstheologie zeichnete sich durch eine aufklärungskritische Haltung aus (→Pektoraltheologie): 83, 87.

Eschatologie – auf Sir 7,36 zurückgehende, von Abraham Calov gebildete Bezeichnung für den Schlussteil der →Dogmatik; behandelt werden die Ereignisse, die im Rahmen der von Gott gelenkten geschichtlichen Entwicklung zuletzt geschehen (→präsentische Eschatologie, →futurische Eschatologie, →individuelle Eschatologie, →universale Eschatologie, →axiologische Eschatologie, →teleologische Eschatologie, →konsequente Eschatologie, →vier letzte Dinge): 80, 107, 256, 310, 378, **388–419**.

Ethik – allgemein: Theorie gelebter Sittlichkeit (Moral); in der Theologie: neben →Religionsphilosophie und →Dogmatik Teil der →Systematischen Theologie, der nach der menschlichen Handlungsorientierung im Horizont des christlichen Glaubens fragt: **15-17**, 30, 60, 63, 77, 79, 80, 83, 85, 117, 132, 136, 174, 264, 271, 298, 322, 342, **377–388**, 407, **420–437**.

Eucharistie – im römischen →Katholizismus übliche Bezeichnung für das →Abendmahl: 31, 39, 238, 344, 345, 348, 350, 351, 352, 355, 356.

Evangelische Kirche und freiheitliche Demokratie – Denkschrift der Evangelischen Kirche in Deutschland (EKD) aus dem Jahr 1985, in der der deutsche →Protestantismus der Nachkriegszeit eine positive Verhältnisbestimmung von evangelischem Christentum und demokratischer Staatsform vollzogen hat: 384, 387.

ex opere operato – (lat. ‚durch das gewirkte Werk') Formulierung aus der römisch-katholischen →Sakramentenlehre, die zum Ausdruck bringt, dass →Sakramente bereits aufgrund ihres ordnungsgemäßen Vollzugs wirken: 344, 346, 355, 366.

exhibitiv – Begriff aus der →Sakramentenlehre, nach dem der Ritus des Sakraments im Empfänger real bewirkt, was er anzeigt (→signifikativ): 347.

exhortatio – (lat. ‚Ermahnung') bezeichnet die bleibende Funktion des →Gesetzes für den Gerechtfertigten (Ansporn zu guten Werken); die Bedeutung dieser Funktion wird im reformierten Protestantismus besonders hoch geschätzt (→tertius usus legis, →usus in renatis): 340.

existentiale Interpretation – hermeneutisches Verfahren zur Interpretation der (teilweise in mythischer Gestalt zum Ausdruck gebrachten →Entmythologisierung) neutestamentlichen Verkündigung auf das in ihr enthaltene Seinsverständnis des Menschen hin; entwickelt wurde die existentiale Interpretation von Rudolf Bultmann aufgrund seiner Rezeption der Existenzphilosophie Martin Heideggers: 103, 105.

exklusives Offenbarungsverständnis – Auffassung, nach der das vom Menschen mit Hilfe der Vernunft gewonnene Wissen über Gott ein Hindernis für die Annahme der Christus-→Offenbarung bildet (→inklusives Offenbarungsverständnis): 85, 148, 150, 151, 153, 155, 156, 160.

Fegfeuer – (lat. purgatorium) Reinigungs- bzw. Läuterungsort für die Seelen jener Menschen, die zwar nicht der ewigen Verdammnis überliefert werden, aber auch nicht völlig frei von →Sünde gelebt haben (→Himmel, →Hölle, →Zwischenzustand): 394, 396, 400.

Feministische Theologie – vielgestaltige kontextuelle Theologie unter besonderer Berücksichtigung der Frauenperspektive mit maßgeblichen Wurzeln im nordamerikanischen →Katholizismus; in Deutschland seit den 70er und 80er Jahren des 20. Jahrhunderts in kirchlicher Praxis und universitärer Wissenschaft zunehmend rezipiert: **108–109**, 191, 273, 275.

fides acquisita – (lat. ‚angeeigneter Glaube') ein auf die Kenntnis christlicher Lehrinhalte reduzierter Glaube (→fides historica, →fides informis, →fides quae [creditur]): 165, 167, 171.

fides apprehensiva (Christi) – (lat. ‚[Christus] ergreifender Glaube') Glaube, mit dem der Mensch sein Vertrauen auf die Heilsmacht des Christusgeschehens richtet und Christus insofern ‚ergreift' (→fides qua [creditur], →fiducia, →Rechtfertigung[slehre]): 168, 169, 171, 320.

fides caritate formata – (lat. ‚durch die Liebe geformter Glaube') Glaube, der durch die vom Heiligen Geist eingegossene Liebe (la. caritas) getragen ist (→fides infusa): 166, 168.

Fides et ratio – im Jahr 1998 von Papst Johannes Paul II. herausgegebene Enzyklika zum Verhältnis von Glaube und Vernunft: 178, 179.

fides explicita – (lat. ‚ausgefalteter Glaube') Glaube bezüglich der Dinge, die der Mensch selbst im Einzelnen weiß (→fides implicita): 166.

fides historica – (lat. ‚historischer Glaube') ein auf die Kenntnis der biblischen Geschichte(n) reduzierter Glaube (→fides acquisita, →fides informis, →fides quae [creditur]): 165.

fides implicita – (lat. ‚eingefalteter Glaube') Glaube bezüglich der Dinge, mit denen der Mensch selbst nicht unmittelbar vertraut ist, auf deren Richtigkeit er sich aber verlässt (→fides implicita): 166, 169.

fides informis – (lat. ‚ungeformter Glaube') auf die Kenntnis der Glaubensinhalte beschränkter (→fides acquisita, →fides historica, →fides quae [creditur]) und nicht vom Heiligen Geist getragener Glaube (→fides caritate formata): 165, 170.

fides infusa – (lat. ‚eingegossener Glaube') auf Eingießung (infusio) der Liebe durch den Heiligen Geist beruhender Glaube (→fides caritate formata): 166, 168.

fides qua (creditur) – (lat. ‚Glaube, mit dem [geglaubt wird]') Glaubensakt, d. h. Vertrauen in die Heilsmacht des Christusgeschehens (→fides apprehensiva, fiducia): 34, 165, 170, 171, 172, 177.

fides quae (creditur) – (lat. ‚Glaube, der [geglaubt wird]') Kenntnis der christlichen Lehrinhalte (→fides acquisita, →fides historica, →fides informis): 34, 165, 170, 171, 172, 177.

fides quaerens intellectum – (lat. ‚nach Einsicht fragender Glaube') durch Anselm von Canterbury formuliertes theologisches Programm, das auf rationale Vergewisserung der zentralen Lehren des Christentums zielt: 34.

fiducia – (lat. ‚Vertrauensglaube') Vertrauen, in dem sich der Mensch die Heilsbotschaft zu eigen macht und für sein Leben bestimmend sein lässt; nach der Lehre der Altprotestantischen →Orthodoxie (c) 3. Stufe der ‚Durchsetzung' des Glaubens (→assensus, →notitia, →fides apprehensiva, →fides qua [creditur]): 170, 171, 269, 320, 321, 365.

filioque – (lat. ‚und durch den Sohn') Kürzel für die zwischen Ost- und Westkirche strittige Frage aus dem Bereich der →Pneumatologie, ob sich die immanent-trinitarische ‚Hauchung' (→spiratio) des Geistes allein durch den Vater oder durch den Vater ‚und durch den Sohn' vollzieht (→opera [trinitatis] ad intra): 27, 30, 32, 226, 229, 230, 313, 314.

finitum non capax infiniti – (lat. ‚das Endliche ist nicht empfänglich für das Unendliche') Grundsatz in der Theologie des reformierten →Protestantismus, der z. B. als Argument gegen die lutherische Lehre von der →Ubiquität diente: 291, 298.

Firmung – i. U. zur Konfirmation in den evangelischen Kirchen gilt die Firmung im römischen →Katholizismus als →Sakrament, dessen Empfang zur Vollendung der Taufgnade nötig ist: 345, 348, 355, 356.

forensisches Rechtfertigungsverständnis – Auffassung, nach der es sich bei der →Rechtfertigung um einen vor dem göttlichen Gerichts-Forum erfolgten Zuspruch handelt; danach bleibt die dem Sünder zugerechnete (‚imputierte') Gerechtigkeit Christi eine ihm fremde Gerechtigkeit (→effektives Rechtfertigungsverständnis, →iustitia aliena, →simul iustus et peccator): 322, 323.

Fragmentenstreit – (1777–1779) Auseinandersetzung um die von Gotthold Ephraim Lessing publizierten (und von Hermann Samuel Reimarus stammenden) „Fragmente eines Ungenannten": **70–71**, 77, 172.

Freie Theologie – Selbstbezeichnung einer an Georg Wilhelm Friedrich Hegel und die →Spekulative Theologie anschließenden theologischen Richtung im deutschen →Protestantismus des 19. Jahrhunderts, die in ihren Reflexionen zu Religion und Christentum jede Fremdbestimmung durch eine äußere Lehrautorität ablehnte: 88.

Fundamentaltheologie – Rechenschaft über die Grundlagen der christlichen Dogmatik; Themen sind im Allgemeinen die Fragen nach Gegenstand und →Wissenschaftlichkeit der Theologie, die →Offenbarung, der →Glaube und die Heilige Schrift (→Bibel); andere Bezeichnung: Prolegomena (zur Dogmatik); im römischen →Katholizismus wird auch das Thema Kirche bereits in der Fundamentaltheologie behandelt: 15–17, 131–199.

futurische Eschatologie – zukunftsorientierte →Eschatologie, nach der die ‚letzten Dinge' als Ziel bzw. Ende der Geschichte gelten: 389, 399.

Gehorsam Christi – in der Lehre vom Werk Jesu Christi (→Christologie, →christologische Hoheitstitel, →communicatio idiomatum, →*kenosis*, →*kenosis chreseos*, →*krypsis chreseos*, →officium Christi, →satisfactio, →Satisfaktionslehre, →status exaltationis, →status exinanitionis) Bezeichnung für das Verhalten Jesu Christi gegenüber dem Vater; unterschieden werden aktiver Gehorsam (vollständige Ausrichtung der gesamten Existenz auf Gott) und passiver Gehorsam (Hinnahme des Zornes Gottes durch seinen Tod): 68, 77, 286, 287, 288, 296, 320.

Gemeinsame Erklärung zur Rechtfertigungslehre (GER) – vom Lutherischen Weltbund und vom Päpstlichen Rat zur Förderung der Einheit der Christen verantwortetes Dokument zur Lehre von der →Rechtfertigung, das 1999 auf der Basis der in der →Gemeinsamen Offiziellen Feststellung formulierten Klärungen unterzeichnet werden konnte: 326, 327, 328.

Gemeinsame Offizielle Feststellung (GOF) – katholisch-lutherische Erklärung von 1999, deren integraler Bestandteil ein Anhang (Annex) ist, in dem die in der →Gemeinsamen Erklärung zur →Rechtfertigungslehre erreichte Verständigung weiter erläutert und dadurch beiden Dialogpartnern die Zustimmung dazu ermöglicht wird: 327, 328.

Generatianismus – (= Traduzianismus) Auffassung, nach der durch den Zeugungsvorgang (d.h. ohne unmittelbaren göttlichen Eingriff) Leibesmaterie und Seele des Kindes hervorgebracht werden (→Kreatianismus): 263, 414.

generatio – (lat. ‚Hervorbringung') in der →Trinitätslehre innertrinitarische ‚Zeugung' des Sohnes durch den Vater (→opera [trinitatis] ad intra, →spiratio): 226.

Gesetz (und Evangelium) – in der →Bibel lassen sich drei Arten des Gesetzes unterscheiden: →Judizialgesetz, →Zeremonialgesetz und →Moralgesetz; seit Christus gilt nur letzteres noch als verbindlich; die reformatorische Theologie hat die ältere Lehre vom →Gesetz Christi durch die Lehre von Gesetz und Evangelium ersetzt (→usus politicus, →usus elenchticus, →usus in renatis) und das Evangelium ausschließlich als Entlastung vom Zwang zu menschlichen Leistungen gegenüber Gott verstanden: 51, 99, 157, 218, **334–343**.

Gesetz Christi – in der vorreformatorischen Theologie übliche Bezeichnung für die Lehre Jesu, die als neues Gesetz (lat. nova lex) dem alten Gesetz (lat. lex vetus) entgegengestellt wurde: 335.

Glaube – →fides apprehensiva, →fides acquisita, →fides caritate formata, →fides explicita, →fides historica, →fides implicita, →fides informis, →fides infusa, →fides quae [creditur], →fides qua [creditur], →fiducia: 162–179.

Glaubensregel – (lat. regula fidei) frei formulierte Zusammenfassung der apostolischen Überlieferung: 24.

Gnade – im Christentum Bezeichnung für die göttliche Zuwendung zum →Menschen, auf die dieser keinen Anspruch hat, derer er aber um der Überwindung seiner →Sünde willen bedarf (→Gnadenlehre).

Gnadenlehre – in der westkirchlichen Theologie seit Augustin intensiv ausgebauter und interkonfessionell strittiger Lehrkomplex, in dem das Verhältnis zwischen der von Gott ausgehenden und durch das Christusgeschehen (→Christologie) verbürgten Überwindung der menschlichen →Sünde einerseits und menschlicher Mitwirkung bei der Heilserlangung andererseits behandelt wird (→Gnade, →Soteriologie): 30, 36, 100, 315, 316, 317.

Gnadenstuhl – auf Hebr 9,5 zurückgehende Bezeichnung für die wichtigste künstlerische Darstellungsform der →Trinität in der lateinischen Kirche: 237.

Gnesiolutheraner – eine 1546/1548 entstandene Gruppe lutherischer Theologen, die sich für ihre Auffassungen auf die originäre Lehre Martin Luthers beriefen und sich gegen die Ansätze Philipp Melanchthons und seiner Schüler richteten (→Kryptocalvinisten, →Philippisten): 47.

Gnosis – (gr. *gnosis*: Erkenntnis) spätantike religiöse Bewegung synkretistischen Charakters (→Synkretismus) mit einem vom →Dualismus geprägten Weltbild; stellte eine wichtige Herausforderung für das Christentum im 2. Jahrhundert dar: 22, 23.

Gottebenbildlichkeit – vor allem mit Gen 1,26f begründete Zentralaussage der christlichen →Anthropologie, in der die Würdestellung des Menschen in der →Schöpfung zum Ausdruck gebracht und die durch die →Sünde ge/zerstört wird (→imago, →similitudo): 210, 264–276.

Gottesbeweise – Versuche des rationalen Nachweises der Existenz Gottes; in Antike und Mittelalter als Bestätigung des →Glaubens, in der Neuzeit als Grundlage der Welterklärung aufgefasst, in ihrer Überzeugungskraft durch Immanuel Kant nachhaltig erschüttert; dieser hat zwischen ontologischem, kosmologischem und physiko-theologischem Gottesbeweis unterschieden: 72, 89, **200–213**.

gubernatio – (lat. ‚Lenkung') →providentia gubernatrix.

Häresie – (von gr. *hairesis*: Auswahl) bezeichnet in der →Bibel sowohl eine selbständige Gruppe (Act 5,17) als auch eine ‚Parteiung', die die Einheit der Gemeinde gefährdet (Gal 5,19f) und schließlich ‚falsche [d. h. von der Wahrheit abweichende] Lehren' (II Petr 2,1); die zuletzt genannte Bedeutung dominiert seit altkirchlicher Zeit im theologischen Sprachgebrauch (→Heterodoxie): 24, 45.

Heidelberger →Katechismus – (1563: BSRK 682–719; Evangelische Bekenntnisse, Band 2, 133–177) bedeutende reformierte Bekenntnisschrift, nach Vorarbeiten des Melanchthonschülers Zacharias Ursinus von einer Theologenkommission unter Leitung Friedrichs III. von der Pfalz erarbeitet, für das deutsche Reformiertentum bis heute relevant: 50, 51, 285 f.

Heiligkeit (der Kirche) – eines der vier →Attribute der Kirche nach dem →Nicaeno-Constantinopolitanum; es bezieht sich auf die christliche Zuversicht, dass das endzeitliche Heil Gottes in der Auferweckung Jesu bereits begonnen hat, eine Zuversicht, die sich im Leben des einzelnen Christen und der Gemeinschaft der Kirche widerspiegelt: 80, 214, 269, 294, 359, 360, 361, 366.

Heilspartikularismus – Auffassung, nach der sich Gottes Heilsbeschluss nicht auf alle Menschen (→Heilsuniversalismus), sondern nur auf einen Teil der Menschheit bezieht (→decretum Dei, →Prädestination, →praedestinatio gemina): 332.

Heilsuniversalismus – im Gegensatz zum →Heilspartikularismus Auffassung, nach der sich Gottes Heilsbeschluss auf alle Menschen bezieht (→decretum Dei, →Prädestination, →praedestinatio gemina): 330, 333.

Hendiadyoin – (von gr. ‚eines durch zwei') Stilfigur, die die Ausdruckskraft einer Formulierung durch die Verbindung zweier synonymer Wörter stärkt: 266.

Heterodoxie – (gr. ‚andere Lehre'), eine von der kirchlich verbindlichen Lehre abweichende Auffassung (→Häresie, →Orthodoxie [a]): 24.

High Curch – traditionsorientierte Richtung im →Anglikanismus (auch ‚Anglokatholizismus' genannt): 43.

Himmel – in der älteren →Dogmatik neben →Fegfeuer und →Hölle einer der drei ‚Orte' des Jenseits, nämlich die ‚Heimat' Gottes (des Vaters) und der seligen →Engel, an deren Gemeinschaft auch die im →Jüngsten Gericht als vor Gott gerecht erkannten Menschen teilhaben werden (→vier letzte Dinge), und der ‚Aufenthaltsort' des Auferstandenen (seit der →Himmelfahrt) sowie seiner Mutter Maria (→Mariologie, →assumptio): 25, 217, 220, 223, 224, 240, 242, 260, 261, 284, 291, 308, 309, 336, 353, 365, 384, 388, 389, 393, 394, 396, 397, 399, 401, 409, 422.

Himmelfahrt (Christi) – in Lk 24,50–53 und Act 1,1–11 berichtete Auffahrt des Auferstandenen in den →Himmel; sie gehört zum →status exaltationis: 292, 293, 399.

Historismus – (in der Theologie) von den Vertretern der →Religionsgeschichtlichen Schule geforderte Zugangsweise zu den Texten der →Bibel: diese sollten in einen universalen geistes- und kulturgeschichtlichen Zusammenhang gestellt und von diesem Zusammenhang her verstanden werden: 91.

Hölle – in der älteren →Dogmatik neben →Fegfeuer und →Himmel einer der drei ‚Orte' des Jenseits, an dem die seit Christi →Auferstehung und →Himmelfahrt in →Sünde Verstorbenen dauerhaft unvorstellbare Qualen erleiden (→vier letzte Dinge): 258, 292, 318, 336, 338, 384, 390, 394, 395, 396, 397, 399, 401, 402.

Höllenfahrt (Christi) – in Anlehnung an Mt 12,40 und I Petr 3,19 formulierte und später (vorrangig im →Nikodemus-Evangelium) ausgebaute Lehre, nach der Christus die Gläubigen des alten Bundes aus der Hölle befreit hat; sie gehört nach lutherischer Auffassung zum →status exinanitionis und nach reformierter Auffassung zum →status exaltationis: 90, 292, 293, 399.

homoousios – (gr. ‚wesenseins') im →Nicaeno-Constantinopolitanum Bezeichnung für das Verhältnis von Gott-Vater und Christus (sowie den Heiligen Geist); im →Chalkedonense Bezeichnung für das Verhältnis der menschlichen Natur des Fleischgewordenen zu ‚unserer' menschlichen Natur (Einschränkung: Christus ist ohne →Sünde): 224, 225, 278, 279, 282.

Hortus deliciarum – (lat. ‚Garten der Köstlichkeiten', im Mittelalter gebräuchliche Bezeichnung für das irdische Paradies bzw. die →Kirche) von der Augustinerinnenäbtissin Herrad von Landsberg stammendes, reich illustriertes Kompendium des religiösen Wissens im 12. Jahrhundert: 287.

Humanismus – frühneuzeitliche Bewegung in Mitteleuropa, die von einer Orientierung an den philosophischen Autoritäten der vorchristlichen Antike geprägt und vom Interesse an der Weltbemächtigungsfähigkeit des Menschen im Zusammenhang mit einer konsequenten Diesseitsorientierung getragen war (→Renaissance): 54, 55, 331, 376.

Hyliker – nach der Lehre der →Gnosis die der Materie (gr. *hyle*) verhafteten Menschen, die von der Erlösung ausgeschlossen sind (→Pneumatiker): 223, 225.

hypostasis – (gr. ‚eigenständige Wirklichkeit') in der christlichen Theologie Bezeichnung für die drei Personen der →Trinität mit ihren jeweiligen →opera (trinitatis) ad intra und →opera (trinitatis) ad extra; in der zweiten Hypostase (Christus) sind göttliche und menschliche Natur in spezifischer Weise vereinigt (→Anhypostasie, →Enhypostasie): 223, 225.

imago – (lat. ‚Bild') in Gen 1,26 Übersetzung des hebr. *zælæm* (gr. *eikon*), das in der theologischen →Anthropologie der älteren →Dogmatik als jener Aspekt der →Gottebenbildlichkeit verstanden wurde, der auch durch die →Sünde nicht verloren werden kann (→similitudo): 264, 265, 266.

immaculata conceptio – (lat. ‚unbefleckte Empfängnis') die nicht durch die →Erbsünde befleckte Empfängnis Marias im Schoß ihrer Mutter Anna; die Lehre von der unbefleckten Empfängnis wurde im römischen →Katholizismus durch die Bulle →Ineffabilis Deus (1854) zum →Dogma erhoben: 307.

immanente Trinität – (auch ‚Wesenstrinität') die göttliche →Trinität unabhängig von ihrer →Offenbarung in →Schöpfung und Geschichte (→opera [trinitatis] ad intra): 226, 227, 228, 230, 234, 237, 276.

impeditio – (lat. ‚Behinderung') Aspekt der →providentia gubernatrix bzw. →gubernatio; hebt hervor, dass Gott den Erfolg von Handlungen verhindert, die gegen seine Zwecke gerichtet sind: 250.

implizite Ekklesiologie – von dem katholischen Theologen Wolfgang Trilling (1925–1993) vorgeschlagene Formulierung zur Klärung des Verhältnisses Jesus-Kirche; danach hat Jesus zwar nicht ausdrücklich (explizit) eine →Kirche gegründet, sein Ruf zur Nachfolge impliziert aber eine Gemeinschaft: 357, 360.

individuelle Eschatologie – Lehre vom jenseitigen Schicksal der Menschen, die vor dem Ende der Welt und der Wiederkunft Christi (Parusie) sterben (→Eschatologie): 394, 400.

Ineffabilis Deus – (1854: DH 2800–2804) von Papst Pius IX. promulgierte Bulle, in der die Freiheit der Gottesmutter von der Erbsünde zum Dogma erhoben wurde (→immaculata conceptio): 308.

Infallibilität – Unfehlbarkeit der päpstlichen Lehrentscheidungen, vom römischen →Katholizismus 1870 in der Konstitution →Pastor aeternus zum →Dogma erklärt, 1964 in der Konstitution →Lumen Gentium präzisiert: 362.

infralapsarisch – Auffassung, nach der der →Sündenfall im Paradies kein Bestandteil des →decretum Dei (aeternum) war, und daher von Gott nicht direkt bewirkt wurde (→supralapsarisch): 332.

Inkarnation – Fleischwerdung Christi als der zweiten Person der →Trinität in der historischen Gestalt Jesu von Nazaret: 276, 290, 309, 361.

inklusives Offenbarungsverständnis – Auffassung, nach der das vom Menschen mit Hilfe der Vernunft gewonnene Wissen über Gott als Vorbereitung für die Annahme der Christus- →Offenbarung dienen kann (→exklusives Offenbarungsverständnis): 22, 64, 149, 150, 151, 153, 156, 157, 200, 210.

Inspiration – (lat. ‚Einhauchung') eine vom Heiligen Geist (→Pneumatologie) ausgehende menschliche Fähigkeit zur vollmächtigen Verkündigung des →Wortes Gottes; in der christlichen Theologie zumeist auf die Abfassung der biblischen Schriften bezogen, als deren eigentlicher Urheber Gott als Heiliger Geist (lat. spiritus) gilt (→Bibel, →Verbalinspiration): 64, 181, 185, 195, 310.

intercessio – (lat. ‚Fürsprache') im Rahmen des →officium Christi sacerdotale Fürbitte des erhöhten Christus beim Vater für die Menschen: 295.

iustitia aliena – (lat. ‚fremde Gerechtigkeit') Gerechtigkeit Christi, die dem Sünder bei der →Rechtfertigung zugerechnet (‚imputiert') wird, ohne dass sie zu seinem ‚Eigentum' würde (→forensisches Rechtfertigungsverständnis): 322, 348.

iustitia originalis – (lat. ‚Ursprungsgerechtigkeit') nach der Lehre der älteren →Dogmatik ein von ungebrochener innerer Gottverbundenheit geprägter Zustand des Menschen im →status integritatis: 268.

Judizialgesetz – (lat. lex judicialis: richterliches Gesetz) die im Alten Testament enthaltenen Vorschriften zur Gestaltung des bürgerlichen Lebens im jüdischen Staatswesen (→Gesetz): 335.

Jüngstes Gericht – Gericht am Ende der Zeiten, bei dem der wiedergekommene Christus sein Urteil über die auferstandenen Verstorbenen und über die Lebenden sprechen wird (→vier letzte Dinge): 295, 390, 391, 392, 394, 395, 396, 398, 401.

Kanon – (von gr. *kanon*: Stab, Richtschnur, Grundsatz) im Christentum Bezeichnung (a) für die als Grundlage des Glaubens geltenden Schriften, die in der →Bibel zusammengefasst sind sowie (b) für Rechtsvorschriften in Glaubenssachen, auf deren Basis ein kirchenrechtlich verbindliches →Anathema über heterodoxe Lehren verhängt werden kann (→Heterodoxie): 23, 180, 181, 186, 191, 192, 194, 196, 307, 324, 341, 355.

Kardinaltugenden – letztlich auf Plato zurückgehende Zusammenstellung von vier maßgeblichen menschlichen Tugenden (Gerechtigkeit, Klugheit, Tapferkeit, Mäßigung), die auch in der altkirchlichen und mittelalterlichen →Ethik des Christentums eine Rolle gespielt haben und vielfach mit den →theologischen Tugenden verbunden wurden: 423, 425.

kataphatische Theologie – Annäherung der menschlichen Sprache an Gott in Gestalt einer positiven Bestimmung seines Wesens und seiner Eigenschaften im Bewusstsein des unüberbrückbaren Abstands zwischen der menschlichen Erkenntniskraft und der Fülle des göttlichen Seins (→apophatische Theologie, →Analogie): 214, 215.

Katechismus – aus dem Griechischen gebildetes lateinisches Wort, das ursprünglich die mündliche, später auch die schriftliche Unterweisung in den Hauptinhalten des Christentums meinte; bedeutende Beispiele sind Luthers →Kleiner/Großer Katechismus (1529), der →Heidelberger Katechismus (1563) sowie der →Katechismus der Katholischen Kirche (1993).

Katechismus der Katholischen Kirche – durch Papst Johannes Paul II. angeregte von ihm 1992 approbierte und 1993 publizierte zusammenhängende Darstellung des römisch-katholischen Verständnisses des christlichen Glaubens: 210, 211, 213, 357, 414.

Katechumenen – erwachsene Taufbewerber (→Taufe): 26.

Kategorischer Imperativ – auf Immanuel Kant zurückgehende (in mehreren Varianten formulierte) Forderung nach sittlichem Handeln aufgrund eines jeden Menschen innerlich verpflichtenden moralischen Gesetzes: 209, 431.

Katholizismus, römischer – durch die →Konfessionalisierung des europäischen Christentums, speziell aufgrund einer Abgrenzung gegenüber der Reformation und den aus ihr hervorgegangenen protestantischen Kirchen (→Anglikanismus, →Protestantismus) entstandener Kirchentyp, der sich als institutionelle Verkörperung der Urkirche begreift: 36, **38–41**, 42, 43, 48, 51, 55, 64, 86, 108, 125, 126, 152, 153, 178, 201, 203, 210, 263, 269, 272, 305, 324, 331, 340, 346, 350, 355, 357, 360, 361, 363, 371, 372, 374, 375, 414.

Katholizität (der Kirche) – eines der vier →Attribute der Kirche nach dem →Nicaeno-Constantinopolitanum; es bezieht sich auf den Universalitätsanspruch der Kirche sowie auf die Identität des wahren christlichen Glaubens zu allen Zeiten und an allen Orten: 38, 359, 361.

kenosis – (gr. ‚Entleerung', ‚Entäußerung') in der →Christologie im Anschluss an Phil 2,5 ff gebildete Lehre, nach der sich Christus mit der →Inkarnation seiner göttlichen Gestalt entäußerte und Knechtsgestalt annahm (→status exinanitionis): 292, 293.

kenosis chreseos – wirklicher Verzicht Jesu auf den Gebrauch (gr. *chresis*) seiner göttlichen Eigenschaften im →status exinanitionis (→*krypsis chreseos*): 293.

Kirche – Bezeichnung für eine christliche Religionsgemeinschaft; in der christlichen →Dogmatik Gegenstand der →Ekklesiologie; die →Konfessionalisierung seit dem 16. Jahrhundert hat zur Pluralisierung des europäischen Christentums geführt (→Anglikanismus, →Katholizismus, →Protestantismus).

Kirchengemeinschaft in Wort und Sakrament – im Jahr 1984 publizierter Text der ersten Bilateralen Arbeitsgruppe der Deutschen Bischofskonferenz und der Kirchenleitung der VELKD zur →Ekklesiologie: 352, 377.

Kirchenväter – die maßgeblichen Theologen in der Zeit der Alten Kirche (→Patristik): 20, 28, 34, 110.

Kirchlicher Augustinismus – Bezeichnung für die in der christlichen →Ethik des Mittelalters weithin leitende Auffassung, dass es für die Erlangung des Seelenheils notwendig ist, dass der Mensch die von Gott geschenkte Gnade in freier Entscheidung annimmt und den Begnadungsprozess durch gute Werke flankiert und unterstützt: 316, 317, 320, 425, 426.

Kleiner/Großer Katechismus – (1529: BSLK 499–542/543–733; Unser Glaube, Nr. 481–564/565–870) in das →Konkordienbuch aufgenommene →Katechismen von Martin Luther, in denen die für die christliche Existenz zentralen Glaubens- und Lebensorientierungen in leicht verständlicher Weise dargestellt werden: 45, 46, 167, 245, 348.

Konfessionalisierung – durch die Reformation im 16. Jahrhundert ausgelöster Prozess der Differenzierung des europäischen Christentums, der zur Bildung unterschiedlicher Kirchentypen mit je eigenem Bekenntnisstand führte (→Anglikanismus, →römischer Katholizismus, lutherischer und reformierter →Protestantismus): 15 f, 37–38, 54, 92, 111, 120, 360, 381.

Konfessionalismus – eine Strömung der lutherischen Theologie im 19. Jahrhundert, die, im Gegensatz zu den (von der →Vermittlungstheologie unterstützten) Bemühungen um eine Union zwischen Lutheranern und Reformierten, eine konfessionelle Theologie lutherischer

Prägung initiierte (z. T. auch als Neuluthertum und Repristinationstheologie bezeichnet); typisch: Orientierung an den lutherischen Bekenntnissen bei Integration subjektiver Glaubenserfahrungen; theologisch innovative Schulbildung in Erlangen (→Erlanger Erfahrungstheologie): 85, 87, 369.

Konkordienbuch – (lat. Liber Concordiae) Korpus der lutherischen Bekenntnisse (→Apologia Confessionis Augustanae, →Confessio Augustana, →De potestate ac primatu papae, →Kleiner/Großer Katechismus, →Konkordienformel, →Schmalkaldische Artikel): 45, 48.

Konkordienformel – (1577: BSLK 735–1100) lutherische Bekenntnisschrift, die sich als sachgemäße Erläuterung der →Confessio Augustana im Horizont der theologischen Auseinandersetzungen nach 1530 versteht: 47, 48, 57, 290, 330, 331.

konsequente Eschatologie – exegetische Position, in der die Naherwartung des →Reiches Gottes konsequent als Grundlage der Interpretation des historischen Jesus dient: 410.

Konsekration – priesterliche Weihe von Brot und Wein durch die Wiederholung von Christi Wort und Tun gemäß dem Einsetzungsbericht; nach katholischer Lehre vollzieht sich durch die Konsekration die Wandlung von Brot und Wein in Leib und Blut Christi (→Transsubstantiation): 351.

Konsubstantiation – Bezeichnung für die in der lutherischen Theologie gebildete Lehre von der Präsenz von Leib und Blut Christi in den Abendmahlselementen; behauptet wird die sakramentale Einheit von Leib und Blut Christi mit Brot und Wein (→Transsubstantiation): 352.

Kontingenz – Nichtnotwendigkeit, d. h. kontingent ist alles, was nicht sein müsste oder auch anders sein könnte (→potentia Dei); nach Hermann Lübbe hat Religion die Funktion der Kontingenzbewältigung; als Grundsatz der christlichen →Schöpfungslehre markiert der Kontingenzbegriff eine Abgrenzung gegenüber →Pantheismus und →Emanatismus: 130, 210, 241, 242, 248, 410.

Konzil – Versammlung kirchlicher Amtsträger zur verbindlichen Feststellung sachgemäßer theologischer Lehre (nach dem Vorbild des sog. Apostelkonzils Act 15): 27, 32, 39.

Konzil von Nizäa (I) – erstes ökumenisches →Konzil der altkirchlichen Zeit (325), behandelte vor allem die Lehre von der →Trinität: 26, 27, 32, 68, 223, 225, 231, 279, 282, 312.

Konzil von Konstantinopel (I) – zweites ökumenisches →Konzil der altkirchlichen Zeit (381), behandelte vor allem die Lehre von der →Trinität: 27, 32, 68, 223, 224, 225, 231, 279, 282, 312, 375.

Konzil von Ephesus – drittes ökumenisches →Konzil der altkirchlichen Zeit (431), Verurteilung der →Nestorianer und Anerkennung des →*theotokos*-Titels für Maria: 27, 32, 279, 280, 306, 404.

Konzil von Chalkedon – viertes ökumenisches →Konzil der altkirchlichen Zeit (451), behandelte vor allem die →Christologie (→Chalkedonense): 26, 27, 32, 278, 280, 282, 306.

Konzil von Konstantinopel (II) – fünftes ökumenisches →Konzil der altkirchlichen Zeit (553), behandelte vor allem die →Christologie (→Enhypostasie, →Anhypostasie): 27, 32, 280, 281, 282, 307.

Konzil von Konstantinopel (III) – sechstes ökumenisches →Konzil der altkirchlichen Zeit (680), behandelte vor allem die →Christologie (Zurückweisung des →Monotheletismus): 27, 32, 281.

Konzil von Nizäa (II) – siebtes ökumenisches →Konzil der altkirchlichen Zeit (787), behandelte vor allem die Frage der Bilderverehrung: 32.

Krankensalbung (‚letzte Ölung') – im römischen Katholizismus →Sakrament zur Gesundung und Heilung von Kranken, dessen Praxis auf Jak 5,14f zurückgeführt wird: 345, 355, 356, 398.

Kreatianismus – Auffassung, nach der die menschliche Zeugung nur den Leib hervorbringt und die Seele von Gott jeweils im Moment der Zeugung erschaffen und der Leibesmaterie beigegeben wird (→Generatianismus): 263, 414.

krypsis chreseos – Verhüllung (gr. *krypsis*) des Gebrauchs (gr. *chresis*) der göttlichen Eigenschaften durch Jesus im →status exinanitionis (→*kenosis chreseos*): 293.

Kryptokalvinisten – (‚verborgene/heimliche Calvinisten') polemische Bezeichnung für die →Philippisten, da diese in verschiedenen Fragen der Position Calvins zuneigten (→Gnesiolutheraner): 47.

Kulturprotestantismus – teilweise synonym mit dem Stichwort →liberale Theologie gebrauchte Bezeichnung für die Theologie des →Neuprotestantismus, deren Religions- und Christentumsverständnis auf einer vorbehaltlosen Anwendung der im 19. Jahrhundert entwickelten historischen Methoden auf →Bibel und theologische Tradition beruhte und die die reformatorische Theologie in die von der →Aufklärung geprägte moderne Kultur übersetzen und mit ihr konstruktiv verbinden wollte: 85, 88, 89, 94, 95, 96, 97, 100, 105, 157, 158, 159, 273, 408, 409, 410, 411, 412, 418.

Lambeth Quadriliteral – (engl. ‚Lambeth-Viereck') die in der Resolution 11 der 3. Lambethkonferenz von 1888 genannten vier Eckpunkte, die nach dem Selbstverständnis des →Anglikanismus als Basis für die kirchliche Wiedervereinigung gelten: 43.

Lambethkonferenzen – seit 1867 gewöhnlich alle zehn Jahre in Lambeth Palace, dem Londoner Sitz des Erzbischofs von Canterbury, stattfindende Zusammenkünfte von Bischöfen aus der →Anglikanischen Kirchengemeinschaft: 43.

latente Kirche – nach Paul Tillich Bezeichnung für die Geistgemeinschaft im Zustand der Verborgenheit, die auf die zentrale Manifestation des göttlichen Geistes in Christus und damit auf die →manifeste Kirche vorbereitet: 376.

Laterankonzilien – in der Kirche des Hl. Johannes vom Lateran in Rom abgehaltene Konzile, die im römischen →Katholizismus als ökumenisch anerkannt werden (1123, 1139, 1179, 1215, 1512–1517): 263, 413, 419.

Lehrverurteilungen – kirchentrennend? – im Jahr 1986 von Karl Lehmann und Wolfhart Pannenberg herausgegebene Studie des Ökumenischen Arbeitskreises evangelischer und katholischer Theologen zu den Themen →Rechtfertigung, →Sakramente und Amt: 325, 354.

Leuenberger Kirchengemeinschaft – (Gemeinschaft Evangelischer Kirchen in Europa: GEKE) Verbund aus 104 lutherischen, reformierten, unierten, methodistischen und hussitischen Kirchen sowie der ihnen verwandten vorreformatorischen Kirchen der Waldenser und der Böhmischen Brüder mit der →Leuenberger Konkordie als theologischer Grundlage: 52–53, 370.

Leuenberger Konkordie – (1973: Evangelische Bekenntnisse, Band 2, 281–297) theologische Erklärung, in der lutherische, reformierte und andere reformatorische Kirchen (aufgrund der Feststellung einer grundsätzlichen Gemeinsamkeit in →Christologie, →Abendmahls- und →Prädestinationslehre) die volle Kirchengemeinschaft erklären (→Leuenberger Kirchengemeinschaft): 52–53, 291, 292, 332, 333, 353, 354.

Liberale Theologie – teilweise synonym mit dem Stichwort →Kulturprotestantismus gebrauchte Bezeichnung für die Theologie des →Neuprotestantismus, deren Religions- und Christentumsverständnis auf einer vorbehaltlosen Anwendung der im 19. Jahrhundert entwickelten historischen Methoden auf →Bibel und theologische Tradition beruhte und die die reformatorische Theologie in die von der →Aufklärung geprägte moderne Kultur übersetzen und mit ihr konstruktiv verbinden wollte: 85, 88–93, 94, 95, 96, 97, 101, 105, 106, 260, 273, 298, 410, 435.

Limbus – Vorraum oder den äußerster Kreis der →Hölle; Aufenthaltsort für die Seelen der alttestamentlichen Väter, der tugendhaften Heiden aus vorchristlicher Zeit und der ungetauft verstorbenen Kinder: 396.

Linkshegelianismus – (philosophiegeschichtlich wenig prägnante) Bezeichnung für eine Gruppe von Schülern Georg Wilhelm Friedrich Hegels, die dessen Philosophie zu radikaler →Bibelkritik, philosophischer Religionskritik und revolutionärer Gesellschaftskritik weiterentwickelten: 128.

Logos-Christologie – in Anknüpfung an Joh 1,1 formuliertes altkirchliches Modell der Vermittlung von Einzigkeit Gottes und Eigenständigkeit des Sohnes mit Tendenzen zum →Subordinatianismus (→Trinitätslehre): 222, 223.

Low Church – evangelikal orientierte Richtung im →Anglikanismus: 43.

Lumen gentium – (1964: DH 4101–4179) Dogmatische Konstitution des →Vaticanum II über die →Kirche: 41, 125, 309, 363, 364, 365, 372, 373.

Luther-Renaissance – neben →Dialektischer Theologie und →Religiösem Sozialismus eine der theologischen Aufbruchbewegungen nach dem 1. Weltkrieg, die maßgeblich von Karl Holl initiiert wurde; historisches Interesse an der reformatorischen Theologie verband sich mit Bemühungen um die Deutung und Verarbeitung von Gegenwartsproblemen: 95f.

Magister sententiarum – (lat. ‚Meister der Sentenzen') Bezeichnung für Petrus Lombardus, den Verfasser der „Sententiarum Libri Quatuor", des theologischen Standardlehrbuchs im Mittelalter: 34.

Mandorla – in der christlichen Kunst mandelförmiger Strahlenkranz, der Christus umgibt: 236.

manducatio impiorum – (lat. ‚Essen der Ungläubigen') Auffassung, nach der die am →Abendmahl teilnehmenden Ungläubigen Leib und Blut Christi zum Gericht empfangen: 353.

Manichäismus – nach dem Perser Mani benannte einflussreiche Religion gnostischer Prägung (→Gnosis), zu der sich auch Augustin eine Zeitlang bekannte: 23.

manifeste Kirche – nach Paul Tillich Bezeichnung für die Geistgemeinschaft in der Periode der Aufnahme der Erscheinung des Christus als der zentralen Manifestation des göttlichen Geistes (→latente Kirche): 376, 377.

Mariologie – römisch-katholische Lehre von Maria, der Mutter Jesu (→*aeipartheneia*, →assumptio, →immaculata conceptio, →*theotokos*): 305–309.

Markion/Markionitismus – die von Markion ausgehende Bewegung ähnelte in manchem der →Gnosis, war aber primär eine innerkirchliche Reformbewegung (Forderung nach konsequenter Trennung des Christentums vom jüdischen Erbe) und bedeutete eine wichtige Herausforderung für das Christentum im 2. Jahrhundert: 23, 24, 192.

massa peccati – (lat. ‚Sündenklumpen') bei Augustin Bezeichnung für die Menschheit, sofern sie aufgrund der →Erbsünde jeden Anspruch auf das Heil verwirkt hat: 329.

Mensch – →Anthropologie.

Messopfer(lehre) – in der →Abendmahlslehre des römischen →Katholizismus begegnende Auffassung, nach der der Priester bei der →Eucharistie eine unblutige ‚Wiederholung' des Kreuzesopfers Jesu vollzieht: 39, 46, 51, 350, 351, 395.

Millenarismus – →Chiliasmus.

Mittelplatonismus – an Platon und seine Schule anschließende Strömung der hellenistischen Philosophie im 1. und 2. Jahrhundert, die den →Neuplatonismus vorbereitet hat für die frühen christlichen →Apologeten von Bedeutung war: 21.

Modalismus – Variante des →Monarchianismus, derzufolge Christus (und der Heilige Geist) lediglich verschiedene Erscheinungsweisen (lat. modi) des einen Gottes sind (→Doketismus, →Patripassianismus): 222.

Monarchianismus – Sammelbegriff für Auffassungen, in denen die Alleinherrschaft (gr. *monarchia*) Gottes betont, mit dem Monotheismus also Ernst gemacht und die Behauptung einer Eigenständigkeit von Sohn und Heiligem Geist als →Tritheismus kritisiert wird (→Dynamismus, →Modalismus): 222, 233.

Monenergismus – auf dem (sechsten ökumenischen) →Konzil von Konstantinopel (III) im Jahre 680 zurückgewiesene Lehre aus der →Christologie, nach der im inkarnierten Christus nur von einer Wirkung (gr. *mone energeia*), nämlich der, der göttlichen Natur gesprochen werden kann: 281.

Monophysiten – die Gegner des →Chalkedonense, die die Naturzweiheit in Christus ablehnten und die durch Vermischung bzw. Verbindung von Gottheit und Menschheit entstandene Personeinheit Jesu Christi betonten: 280, 281, 291, 417.

Monotheletismus – auf dem (sechsten ökumenischen) →Konzil von Konstantinopel (III) im Jahre 680 zurückgewiesene Lehre aus der →Christologie, nach der im inkarnierten Christus nur von einem Willen (gr. *monon thelema*), nämlich dem, der göttlichen Natur gesprochen werden kann: 281.

Montanismus – prophetische Bewegung in Phrygien, derzufolge Christi Wiederkunft unmittelbar bevorstand und die einen konsequenten ethischen Rigorismus lehrte: 22, 23, 24.

Moralgesetz – (lat. *lex moralis*) moralisches Gesetz, auch Naturgesetz, lex naturae, genannt) steht für die im →Dekalog enthaltenen sittlichen Weisungen, die als für alle Menschen verbindlich aufgefasst worden sind (→Gesetz): 335, 337.

Munificentissimus Deus – (1950: DH 3900–3904) von Papst Pius XII. promulgierte Apostolische Konstitution, in der die leibliche Aufnahme Marias in den Himmel zum →Dogma erhoben wurde (→assumptio): 308, 309.

mysterion – (gr. ‚Geheimnis') steht im Neuen Testament für den in Christus offenbar gewordenen Heilsplan Gottes sowie das Verhältnis zwischen Christus und der Kirche, das lat. Äquivalent sacramentum wurde zunächst auf die →Taufe und später auch auf die anderen →Sakramente der Kirche angewendet: 343, 350.

Mysterium trinitatis – das für menschliches Denken unerreichbare innere Leben des dreieinen Gottes (→Trinität): 227, 234, 237.

natürliche Theologie – eine Lehre über Gott, die ohne Bezug auf ‚übernatürliche' (die Vernunftfähigkeit übersteigende) →Offenbarung formuliert ist und ausschließlich auf Vernunfterkenntnis beruht (→philosophische Theologie); Karl Barth (→Dialektische Theologie) hat jede Form einer Gotteserkenntnis außerhalb von Christus als natürliche Theologie bezeichnet und als theologisch illegitim verworfen: 72, 99, 101, 102, 104, 138, 149, 151, 155, 156, 157, 158, 271, 341.

negative Theologie – →apophatische Theologie.

Neologie – (lat. ‚neue Lehre') Bezeichnung für die evangelische Theologie der deutschen Aufklärungszeit; Interesse am Aufweis der Lebensrelevanz des christlichen Glaubens im Horizont der →Aufklärung, daher kritisch gegenüber den Auffassungen der →Orthodoxie (c) zur →Inspiration der →Bibel und zur objektiven Geltung der altkirchlichen →Dogmen und der reformatorischen Bekenntnisse: 58, 63–70, 71, 72, 76, 77, 82, 86, 88, 115, 119, 134, 189, 231, 272, 296, 429.

Nestorianer – Die Anhänger des auf dem (dritten ökumenischen) →Konzil von Ephesus (431) verurteilten Konstantinopolitanischen Patriarchen Nestorius, der auf einer strikten Trennung von göttlicher und menschlicher Natur in Christus bestanden hatte: 280, 306.

Neuplatonismus – für das altkirchliche und mittelalterliche Christentum wichtige vielgestaltige Strömung der hellenistischen Philosophie, die sich auf die Lehren Platons berufen hat: 28, 36, 137, 151, 343.

Neuprotestantismus – von Ernst Troeltsch geprägte Bezeichnung für die positiv auf die Moderne eingestellte protestantische Religionskultur seit der →Aufklärung: 91, 92, 93.

Nicaeno-Constantinopolitanum (Konstantinopolitanisches Glaubensbekenntnis) – (381: BSLK 26f, Unser Glaube, Nr. 3f) Fixierung der christlichen Glaubensinhalte, die mit dem (zweiten ökumenischen) →Konzil von Konstantinopel (I) in Zusammenhang gebracht wird: 26, 27, 28, 32, 43, 45, 223, 224, 229, 240, 305, 358.

Nikodemus-Evangelium – (andere Bezeichnung: Pilatusakten) apokryphes Evangelium, dessen erster Teil (Kapitel 1–16) aus dem 4. und dessen zweiter Teil (Kapitel 17–27: Jesu →Höllenfahrt) aus dem 6. Jahrhundert stammt: 399.

notae ecclesiae – (lat. ‚Kennzeichen der Kirche') Kennzeichen für die (empirisch fassbare) Wirklichkeit der wahren Kirche (→Ekklesiologie); aus lutherischer Sicht handelt es sich um die reine Lehre des Evangeliums und die rechte Verwaltung der →Sakramente; im reformierten →Protestantismus kommt die Kirchenzucht, im →Anglikanismus das historische Bischofsamt hinzu: 368–371.

notiones personales – (lat. ‚personenbezogene Kennzeichnungen') in der →Trinitätslehre die (fünf bzw. sechs) spezifischen Eigenheiten der göttlichen Personen im Zusammenhang der →opera (trinitatis) ad intra, die sich aus den innertrinitarischen →processiones ergeben: 227.

notitia – (lat. ‚Kenntnis') menschliche Informiertheit über die Botschaft des Evangeliums aufgrund der kirchlichen Verkündigung; nach der Lehre der Altprotestantischen Orthodoxie (c) 1. Stufe der ‚Durchsetzung' des Glaubens (→assensus, →fiducia): 170, 171.

Offenbarung – Bezeichnung für den Vorgang des Bekanntwerdens von etwas zuvor Unbekanntem; in der christlichen Theologie gilt das in der →Bibel bezeugte, im Christusgeschehen gipfelnde →Wort Gottes als maßgebliche (für das Heil des Menschen relevante) Offenbarung; strittig waren/sind die Beurteilung von Manifestationen Gottes vor und außerhalb der Christusoffenbarung (→exklusives Offenbarungsverständnis, →inklusives Offenbarungsverständnis) und das Verhältnis der durch Offenbarung erlangten Einsichten zur menschlichen Vernunft (→natürliche Theologie, →philosophische Theologie): 34, 40, 64, 65, 72, 82, 83, 84, 96, 99, 103, 104, 112, 113, 114, 115, 116, 117, 123, 124, 127, 132, 138, 139, 142, 143, 145, **146–161**, 162, 177, 178, 179, 180, 181, 188, 189, 194, 195, 200, 201, 207, 212, 213, 217, 225, 226, 233, 271, 299, 310, 330, 341, 376, 408, 410, 430, 435.

officium Christi (propheticum/regium/sacerdotale) – (lat. ‚[prophetisches/priesterliches/königliches] Amt Christi') Bezeichnungen aus der →Christologie zur Charakterisierung Christi als Heilsmittler; die drei Ämter werden von Christus sowohl im →status exinanitionis als auch im →status exaltationis ausgesagt: 295.

ökonomische Trinität – (auch ‚heilsgeschichtliche Trinität') die göttliche →Trinität, wie sie in →Schöpfung und Geschichte offenbar wird (→opera [trinitatis] ad extra): 234, 276.

opera (trinitatis) ad extra – (lat. ‚Werke der Trinität nach außen') die drei (den einzelnen Personen nicht exklusiv, sondern durch →Appropriation zugesprochenen) Werke der ökonomischen →Trinität, die auf Welt und Mensch gerichtet sind (→creatio, →redemptio, →sanctificatio): 227, 228, 240, 241.

opera (trinitatis) ad intra – (lat. ‚Werke der Trinität nach innen') die innergöttlichen processiones (→spiratio, →generatio) als die (den einzelnen Personen jeweils exklusiv zugesprochenen) Werke der immanenten →Trinität: 226, 241.

Ordonnances ecclésiastiques – (1541) die Genfer Kirchenverfassung Johannes Calvins: 50.

Orthodoxie – (a) Rechtgläubigkeit (→Heterodoxie); (b) die Ostkirchen; (c) die lutherische und reformierte Theologie zwischen Reformation und →Aufklärung (→Scholastik [b]): 24, 30, 53, 57–58, 59, 61, 63, 64, 65, 66, 72, 74, 75, 76, 79, 121, 151, 152, 159, 170, 185, 188, 189, 194, 217, 248, 250, 251, 268, 290, 292, 293, 295, 375, 390, 391, 393, 395, 407, 418, 429.

Pantheismus – in der christlichen →Schöpfungslehre ausgeschlossene Lehre, nach der das Seiende und Gott eine Einheit bilden und die Welt und Gott deshalb nicht voneinander getrennt werden können (→Kontingenz, →Emanatismus): 82, 241.

Pastor aeternus – (1870: DH 3050–3075) Dogmatische Konstitution des →Vaticanum I über die →Kirche Christi: 362, 363.

Patripassianismus – Variante des modalistischen →Monarchianismus, nach der Gott der Vater (lat. pater) selbst am Kreuz dem Leid (lat. passio) unterworfen war: 222.

Patristik – wissenschaftliche Beschäftigung mit Leben und Theologie der →Kirchenväter: 20.

peccatum originis/originale – →Erbsünde.

Pektoraltheologie – auf Johann August Wilhelm Neanders Betonung der Empfindung des Herzens als des Ursprungs der Gottesbeziehung zurückgehende Bezeichnung für die →Erweckungstheologie: 83.

Pelagianischer Streit/Pelagianismus – das Ergebnis des Pelagianischen Streits im 5. Jahrhundert bestand in der Dogmatisierung der Lehre von der →Erbsünde und der Festschreibung der augustinischen →Gnadenlehre (Synode von Karthago, 418): allein die (ohne menschliche Mithilfe wirkende) Gnade ermöglicht eine Umkehr des sündigen Menschen zu Gott (→Semipelagianismus): 30, 315, 316, 317, 320, 325.

perichoresis – (gr. ‚Umhergang', lat. circumincessio) Bezeichnung zur Beschreibung des inneren Lebens der →Trinität, das als innergöttliche Liebesbewegung verstanden wird und im In- und Miteinandersein der drei göttlichen Personen besteht: 224, 236.

permissio – (lat. ‚Zulassung') Aspekt der →providentia gubernatrix bzw. gubernatio; besagt, daß Gott um der menschlichen Freiheit willen viele Dinge zulässt, die seinen Zwecken nicht entsprechen und diese auf andere Weise zu verwirklichen versucht: 249, 250, 254, 330, 331.

Philippisten – eine 1546/48 entstandene Gruppe lutherischer Theologen, die sich für ihre Auffassungen auf Philipp Melanchthon beriefen und wegen ihrer theologischen Offenheit für den deutschen Calvinismus von den →Gnesiolutheranern als →Kryptocalvinisten bezeichnet wurden: 47.

philosophische Theologie – Lehre über Gott, die mit Hilfe philosophischer Vernunft ausgearbeitet ist und deshalb Anspruch auf rationale Plausibilität erhebt (→natürliche Theologie, →Offenbarung): 37, 137, 138, 139, 151, 153, 201, 212.

Philoxenie – (von gr. *philoxenia*: Gastfreundschaft) Darstellungsform der Trinität, die an die Geschichte von der Gastfreundschaft Abrahams gegenüber den drei Männern im Hain Mamre (Gen 18) anknüpft: 236.

Pietismus – vielschichtige Bewegung, die um 1670 gleichermaßen innerhalb des lutherischen und reformierten →Protestantismus entstand; ihr Ziel war die umfassende Erneuerung des Christentums im Geiste der Reformation, als deren Fortsetzung sich der Pietismus verstand: 58, **59–62**, 64, 65, 66, 69, 72, 75, 81, 83, 84, 85, 89, 102, 123, 159, 191, 406, 407, 418, 429.

Pluralistische Religionstheorie – ein aus dem angloamerikanischen Raum stammender Versuch der Gleichordnung aller Religionen, die als unterschiedliche Wahrnehmungen und Konzeptualisierungen desselben transzendenten Gottes verstanden werden: 127.

Pneumatiker – nach der Lehre der →Gnosis jene Menschen, die einen Funken der Welt des Geistes (gr. *pneuma*) in sich tragen und deshalb aus der Gefangenschaft in der materiellen Welt erlöst werden können (→Hyliker): 23.

Pneumatologie – Lehre vom Heiligen Geist (gr. *pneuma hagion*), die vor allem im Kontext der →Trinitätslehre und der →Soteriologie, z.T. in der Lehre von der Heiligen Schrift (→Bibel) sowie in der Lehre von den →Sakramenten und in der →Ekklesiologie verhandelt wird (→filioque): 310–314.

Politischer Augustinismus – an Augustins positive Beurteilung der Ordnungsfunktion des weltlichen Staates anknüpfende Theorie der politischen →Ethik des christlichen Mittelalters; betont wird die Dienstfunktion weltlicher Staatlichkeit zugunsten der (kirchlich regulierten) Jenseitsorientierung christlichen Lebens: 377, 381.

Postmillenarismus – neuzeitliche Variante des →Chiliasmus, nach der Christus seine sichtbare Herrschaft auf Erden erst nach (lat. post) dem Beginn der tausend Jahre antreten wird; dieser leibhaftigen Wiederkunft Christi gehe eine Phase seines Wirkens in der Kraft des Geistes voraus; mit der (zurückhaltenden) Übernahme dieser Theorie durch den →Pietismus wurde der →Reich-Gottes-Gedanke mit der Forderung nach ethischem Weltengagement verbunden: 406.

potentia Dei (absoluta/ordinata) – (lat. ‚[unbeschränkte/geordnete] Macht Gottes') im spätscholastischen →Voluntarismus vollzogene Unterscheidung zwischen Gottes unbegrenzten Möglichkeiten und seiner faktischen, aber nur kontingenten (→Kontingenz) Selbstfestlegung auf eine bestimmte Schöpfungs- und Heilsordnung: 36.

praecepta – (lat. ‚Gebote') die im Anschluss an Mt 19,17–19 bestimmten Gebote, deren Befolgung als Voraussetzung für die Erlangung des ewigen Lebens galt; in der vorreformatorischen →Ethik (sowie in gewisser Weise bis heute im römischen →Katholizismus) konnte (kann) die Orientierung an den Geboten noch überboten werden durch ein Leben nach den →consilia evangelica: 421, 422.

Prädestination-(slehre) – Lehre von der Vorherbestimmung der von Gott Erwählten zum Heil und (im Fall der →praedestinatio gemina) der nicht Erwählten zur Verdammnis (→Heilspartikularismus, →Heilsuniversalismus, →decretum Dei): 48, 256, 291, 310, 316, **328–333**, 404.

praedestinatio gemina – (lat. ‚doppelte →Prädestination') Lehre, nach der die Verdammnis der Nichterwählten ebenso direkt auf Gottes Willen zurückgeht wie die Aufnahme der Erwählten ins →Reich Gottes (→Heilspartikularismus, →Heilsuniversalismus, →decretum Dei): 328.

Präexistenz (Christi) – in Anknüpfung an Joh 1,1 angenommene Existenz Christi (des Logos) als der 2. Person der →Trinität von Ewigkeit her, d.h. vor →Schöpfung und Inkarnation.

Prämillenarismus – neuzeitliche Variante des →Chiliasmus, nach der Christus bereits vor (lat. prae) dem Beginn der tausend Jahre sichtbar-leibhaftig auf die Erde kommen wird: 406.

praescientia – (= praevisio; lat. ‚Vorherwissen'; Übersetzung des gr. *prognosis*) in der Lehre von der →providentia die dem Vorsehungshandeln vorangehende Kenntnis des aus diesem Handeln folgenden Geschehens im göttlichen Verstand: 249, 330, 331.

präsentische Eschatologie – gegenwartsorientierte →Eschatologie, in der die Frage nach der Herrschaft Gottes als eine Frage der Gegenwart aufgefasst wird: 389, 401, 402.

Priestertum der Gläubigen, allgemeines – aus der Kritik an der kirchlichen Hierarchie resultierender Gedanke der reformatorischen →Ekklesiologie, wonach grundsätzlich jeder Getaufte zum geistlichen Amt befähigt ist und es keine qualitative Differenz zwischen Amtsinhabern und Laien gibt: 93, 364, 367, 369, 412.

Priestertum der Gläubigen, gemeinsames – (lat. sacerdotium commune fidelium) in der Konstitution →Lumen Gentium entfalteter Begriff, demzufolge Priester und Laien in je verschiedener Weise am Priestertum Christi teilnehmen: 364.

processiones – (lat. ‚Hervorgänge') Bezeichnung für →generatio und →spiratio als Lebensvorgänge der →immanenten Trinität, durch welche die innertrinitarischen →relationes begründet werden und aus denen sich die →notiones personales ergeben: 226.

Prolegomena (zur Dogmatik) – →Fundamentaltheologie.

propositum – (lat. ‚Entschluss'; gr. *prothesis*) in der Lehre von der →providentia der dem Vorsehungshandeln vorangehende Beschluss des göttlichen Willens zur Ausübung des Vorsehungswirkens: 249.

Protestantismus, lutherischer/reformierter – zwei aus der kontinentalen Reformation und ihrer Kritik an Lehre und Praxis der Kirche im 16. Jahrhundert hervorgegangene Konfessionen, deren Lehrdifferenzen seit der →Leuenberger Konkordie nicht mehr als kirchentrennend gelten: 38, 42, 43, 44–53, 64, 70, 78, 81, 85, 86, 87, 90, 92, 93, 94, 95, 96, 99, 102, 103, 105, 107, 109, 119, 140, 179, 190, 191, 192, 193, 194, 199, 211, 247, 255, 272, 289, 317, 326, 331, 332, 340, 346, 349, 352, 369, 370, 371, 375, 384, 385, 388, 395, 406, 411, 414, 418, 432.

providentia (conservatrix, cooperatrix, gubernatrix) – (lat. ‚[erhaltende/mitwirkende/lenkende] Vorsehung') das sich aufgrund von →praescientia und →propositum vollziehende Wirken Gottes in →Schöpfung und Geschichte, sofern es über sein daseinskonstituierendes Wirken hinausgeht (→creatio originans, →concursus); innerhalb der →providentia gubernatrix (= gubernatio) werden →determinatio, →directio, →impeditio und →permissio unterschieden: 248–251.

purgatorium – →Fegfeuer.

Rationalismus – eine an die →Neologie anschließende theologische Richtung im deutschen →Protestantismus der ersten Hälfte des 19. Jahrhunderts, die darauf abzielte, die biblische und theologische Tradition in eine reibungsfreie Übereinstimmung mit der menschlichen Vernunft zu bringen (Vertreter: Johann Heinrich Tieftrunk, Julius August Ludwig Wegscheider): 65, 82, 83, 84, 87, 88, 127, 231.

Realpräsenz – Lehre, nach der beim →Abendmahl Leib und Blut Christi in Brot und Wein real anwesend sind: 51, 353.

Rechtfertigung(slehre) – in der Rechtfertigung wird der in der →Erbsünde gefangene Mensch ohne Vorbedingungen (Röm 4,4f), d. h. ausschließlich aufgrund der Gnade Gottes (→sola gratia), allein durch den Glauben (→sola fide; Röm 3,28) an die Heilsbedeutung des Christusgeschehens (→solus Christus; Röm 3,24–26) in ein rechtes Gottesverhältnis gesetzt; der Rechtfertigungsglaube, mit dem der Mensch sein Vertrauen auf die Heilsmacht des Christusgeschehens richtet und Christus insofern ‚ergreift' (→fides apprehensiva) führt zu einer Entlastung vom zuvor empfundenen Zwang, einen Eigenbeitrag zur Heilserlangung zu leisten. Die zentrale Bedeutung dieses Rechtfertigungsverständnisses für den christlichen Glauben wurde in der reformatorischen Theologie aufgrund der Orientierung am biblischen Zeugnis (→sola scriptura) herausgearbeitet und ist bis heute kontroverstheologisch umstritten: 39, 46, 85, 96, 124, 154, 168, 169, 265, 310, **314–328**, 329, 336, 337, 338, 341, 347, 357, 373, 375, 400, 426, 427.

redemptio – (lat. ‚Erlösung') Befreiung des Menschen von der Sünde durch die Menschwerdung Gottes in Jesus von Nazareth; in der →Trinitätslehre zweites der →opera (trinitatis) ad extra: 227, 270.

regula fidei – →Glaubensregel.

Reich Gottes – (gr. *basileia tou theou*) die Botschaft von der nahe gekommenen Gottesherrschaft bildete das Zentrum der Predigt Jesu (Mk 1,15); der zunächst entweder eschatologisch (→Eschatologie) oder im Zusammenhang mit dem →officium Christi regium verstandene Reich-Gottes-Gedanke verband sich im →Pietismus mit dem Motiv ethischen Weltengagements und wirkte auf den Fortschrittsoptimismus der →Aufklärung, das Christentumsverständnis des →Kulturprotestantismus und den →Religiösen Sozialismus: 73, 85, 95, 148, 175, 219, 328, 382, 390, 405, 407, 408, 409, 410, 418.

Reichseschatologie – Auffassung, nach der die Verwirklichung eines zwar irdischen, jedoch christlich geprägten Staates als Beginn der biblisch verheißenen eschatologischen Heilszeit (→Eschatologie) interpretiert wird: 391.

Reichstheologie – Auffassung, nach der Christentum und Römisches Reich als von Gott dazu bestimmt gelten, eine Einheit zu bilden; diese Bestimmung wurde mit der Erhebung des Christentums zur Römischen Reichsreligion als erfüllt betrachtet: 378, 391.

relationes – (lat. ‚Verhältnisse') die Zuordnungen, durch die sich die Personen der →immanenten Trinität aufgrund der innertrinitarischen →processiones voneinander unterscheiden: 226, 229.

Religionsgeschichtliche Schule – Bezeichnung für eine Gruppe von deutschen evangelischen Theologen (Hauptsitz: Göttingen), die überwiegend philologisch, exegetisch, historisch sowie teilweise archäologisch arbeiteten und konsequent für einen radikalen →Historismus in der theologischen Forschung plädierten: 91, 93.

Religionsphilosophie – neben →Dogmatik und →Ethik Teil der →Systematischen Theologie; die Herausbildung der Religionsphilosophie seit der Früh-→Aufklärung war verbunden mit einer vernunftgestützten Kritik an den widerstreitenden Wahrheitsansprüchen der damaligen christlichen Konfessionen; die gegenwärtige Religionsphilosophie stellt sich (neben dem kritischen Dialog mit der Dogmatik) in umfassender Weise der Strittigkeit einer (christlich-)religiösen Weltdeutung: **15-17**, 73, 77, 80, **110–131**, 160, 211.

Religiöser Sozialismus – neben →Dialektischer Theologie und →Luther-Renaissance eine der theologischen Aufbruchbewegungen nach dem 1. Weltkrieg, in der die Verkündigung Jesu als Aufforderung zur Gestaltung einer gerechteren sozialen Ordnung interpretiert wurde: 60, 94, **95–96**, 97, 410.

Renaissance – spätmittelalterlich-frühneuzeitliche Bewegung in Italien, die von einer Orientierung an den philosophischen Autoritäten der vorchristlichen Antike geprägt und vom Interesse an der Weltbemächtigungsfähigkeit des Menschen im Zusammenhang mit einer konsequenten Diesseitsorientierung getragen war (→Humanismus): 54, 55, 92.

Romanum – vermutlich im Zusammenhang des Glaubensunterrichts für →Katechumenen entstandenes Bekenntnis der römischen Gemeinde, aus dem sich das →Apostolicum entwickelt hat: 26.

sacrificium intellectus – (lat. ‚Opfer des Verstandes') Akzeptanz der Richtigkeit bestimmter Sachverhalte unabhängig von ihrer Erfassbarkeit durch den Verstand: 176, 177.

Sakrament(enlehre) – (lat. sacramentum, Übersetzung des gr. *mysterion*) neben der Predigt von →Gesetz und Evangelium Mittel zur Erlangung von Gnade (→Gnadenlehre) und

→Rechtfertigung; nach Augustin verweisen die (sichtbaren) Elemente in den Sakramenten auf die geistige (unsichtbare) Wirklichkeit der Gnade (→sichtbares Wort); die Auffassungen zu Anzahl und Wirkweise der Sakramente sind in der jeweiligen Sakramentenlehre der unterschiedlichen christlichen Konfessionen umstritten (→Abendmahl, →Buße, →ex opere operato, →Ehe, →exhibitiv, →Firmung, →Krankensalbung, →signifikativ, →Taufe, →Weihe): 30, 39, 53, 238, 270, 291, **343–357**, 400.

sanctificatio – (lat. ‚Heiligung') in der →Trinitätslehre drittes der →opera (trinitatis) ad extra, nämlich die durch die Sendung des →Heiligen Geistes erfolgende Zueignung des im Christusgeschehen grundgelegten Heils an den Einzelnen, das den Gerechtfertigten (→Rechtfertigungslehre) zu wahrhaft guten Werken befähigt: 227, 270, 310, 323.

satisfactio – (lat. ‚Genugtuung') in der →Satisfaktionslehre die durch den Gott-Menschen Christus am Kreuz stellvertretend für die Menschheit geleistete Wiederherstellung der durch die →Sünde verletzten Ehre Gottes: 283, 284, 295.

Satisfaktionslehre – durch Anselm von Canterbury formulierte und enorm einflussreiche Lehre von der stellvertretenden →satisfactio Christi am Kreuz für die →Sünden der Menschen: 282, 286, 287, 297.

Schmalkaldische Artikel – (1537: BSLK 405–468, Unser Glaube, Nr. 360–462) im Vorfeld des Konvents in Schmalkalden von Martin Luther verfasster Text, der erst nach seinem Tod den Rang einer normativen Bekenntnisschrift erhielt: 46, 47, 309, 400, 404.

Schöpfung(slehre) – →creatio ex nihilo, →Dualismus, →Emanatismus, →Kontingenz, →Pantheismus: 22, 72, 80, 98, 104, 106, 115, 148, 149, 150, 156, 157, 210, 212, 213, 216, 217, 225, 226, 227, 237, 238, **239–248**, 249, 252, 253, 255, 256, 257, 258, 259, 260, 261, 262, 264, 276, 283, 284, 311, 379, 389, 405, 417, 418, 428.

Scholastik – (a) Sammelbezeichnung für die abendländische Philosophie und Theologie des Mittelalters; (b) im Hinblick auf lutherische und reformierte →Orthodoxie (c) wird gelegentlich von einer evangelischen Scholastik gesprochen: 33, 34, 37, 55, 57.

Schriftprinzip – Grundsatz, nach dem die Heilige Schrift (→Bibel) als verbindliche Grundlage kirchlicher Lehre und Verkündigung gilt; interkonfessionell strittig war/ist, ob der Wortsinn der →Bibel der Autorität und →Tradition der Kirche vorzuordnen ist (dies ist der Sinn des →sola scriptura im lutherischen →Protestantismus) oder ob der →Kirche eine Auslegungshoheit über die →Bibel zukommt (dies ist im Prinzip die Auffassung des römischen →Katholizismus): 185, 191, 194.

Schriftsinn, mehrfacher – Annahme, nach der sich die Bedeutung des in der →Bibel Gesagten nicht in den buchstäblichen Aussagen erschöpft, sondern noch einen (mehrfach differenzierten) geistlichen Sinn hat: 182, 185, 192.

Schwärmer – von Martin Luther geprägte abwertend gemeinte Sammelbezeichnung, die (vorwiegend) für Vertreter theologischer Strömungen am (linken) Rand der kirchlichen Reformation gebraucht wurde; den Schwärmern wurde eine ungerechtfertigte Berufung auf Geistbesitz bei gleichzeitiger Missachtung des in der →Bibel schriftlich enthaltenen →Wortes Gottes unterstellt: 46, 48, 92.

Seelenschlaf – nach Martin Luther Befindlichkeit der menschlichen Seele im Zwischenzustand: 400, 405.

Semipelagianismus – im Bereich des nordafrikanischen und südgallischen Mönchtums in Opposition zur →Erbsündenlehre vorgetragene Behauptung eines wechselseitigen Zusammenhangs zwischen göttlicher Gnade und christlicher Lebenspraxis, die 529 auf der Synode von Orange verurteilt wurde: 316, 317, 320.

Sentenzen/-kommentar(e) – Sentenzen sind treffend und einprägsam formulierte Aussprüche aus der →Bibel und den Schriften der →Kirchenväter, die seit dem frühen Mittelalter gesammelt und zusammengestellt wurden; den Höhepunkt dieser Sammlungen bildete das Werk des →Magister sententiarum, das jeder angehende theologische Universitätslehrer zu kommentieren hatte; so entstanden die sog. Sentenzenkommentare: 34, 35.

Septuaginta (LXX) – griechische Übersetzung des Alten Testaments: 180, 181, 193, 194, 220, 277.

sichtbares Wort – (lat. verbum visibile) von Augustin verwendete Charakterisierung des →Sakraments: 344.

signifikativ – Begriff aus der →Sakramentenlehre, nach dem der Ritus lediglich anzeigt, was durch den Heiligen Geist bewirkt wird (→exhibitiv): 348.

similitudo – (lat. ‚Ähnlichkeit') in Gen 1,26 Übersetzung des hebr. *d'mut* (gr. *homoiosis*), das in der theologischen →Anthropologie der älteren →Dogmatik als jener Aspekt der →Gottebenbildlichkeit verstanden wurde, der durch die →Sünde verloren gegangen ist (→imago): 264, 265.

simul iustus et peccator – (lat. ‚zugleich Gerechter und Sünder') Formel aus der lutherischen →Rechtfertigungslehre, die verdeutlicht, dass der Mensch von Gott gerecht gesprochen ist (→forensisches Rechtfertigungsverständnis), dass diese zugesprochene Gerechtigkeit jedoch nicht sein ‚Eigentum' wird (→iustitia aliena): 322, 339, 402.

sola fide – (lat. ‚allein durch den Glauben') Formel aus der lutherischen Lehre von der →Rechtfertigung, die verdeutlicht, dass der Mensch die Rechtfertigungsgnade und das ewige Heil ohne Vorleistungen erlangt: 321.

sola gratia – (lat. ‚allein aus Gnade') Formel, die verdeutlicht, dass sich die →Rechtfertigung des Sünders ausschließlich der Gnade verdankt.

sola scriptura – (lat. ‚allein aufgrund der Schrift') Formel, die verdeutlicht, dass sich die lutherische →Rechtfertigungslehre ausschließlich einer Orientierung am biblischen Zeugnis verdankt und dass deshalb allein die Heilige Schrift (→Bibel, →Schriftprinzip) Maßstab kirchlicher Lehre und Verkündigung sein darf: 183, 199.

solus Christus – (lat. ‚allein Christus') Formel aus der lutherischen Lehre von der →Rechtfertigung, die verdeutlicht, dass Christi Heilswirken keiner menschlichen Ergänzung bedarf (→Christologie): 321.

Soteriologie – Lehre von der Aneignung der in Christus erschienenen →Gnade durch den Menschen; sie beinhaltet im Einzelnen die Lehre vom Heiligen Geist (→Pneumatologie), die Lehre von der →Rechtfertigung des Sünders sowie die Lehre von der →Prädestination: 80, 87, 124, 162, 269, 270, 310–333, 389.

Spekulative Theologie – eine vor allem am Denken Georg Wilhelm Friedrich Hegels orientierte theologische Strömung im deutschen →Protestantismus des 19. Jahrhunderts (Vertreter: Carl Daub, Philipp Konrad Marheinecke); sie hat versucht, die traditionellen dogmatischen Lehrformeln des Christentums durch philosophische Neuinterpretation zu bewahren: 84, 85, 88.

spiratio – (lat. ‚Atmung') in der →Trinitätslehre innertrinitarische ‚Hauchung' des Geistes durch den Vater bzw. durch Vater und Sohn (→filioque, →opera [trinitatis] ad intra, →generatio): 226.

status corruptionis – (lat. ‚Zustand der Verdorbenheit') in der theologischen →Anthropologie der älteren →Dogmatik die von der →Erbsünde (= peccatum originale) geprägte heilsgeschichtliche Situation, in die der Mensch durch den ‚Sündenfall' geraten ist (→Sünde, →Tod): 268.

status damnationis – (lat. ‚Zustand der Verdammung') in der theologischen →Anthropologie der älteren →Dogmatik die Situation ewiger Verdammnis der Ungläubigen nach ihrem →Tod: 268.

status exaltationis – (lat. ‚Zustand der Erhöhung') in der →Christologie die Situation Jesu Christi nach der Überwindung des Todes durch die →Auferstehung: 292, 293, 295, 399.

status exinanitionis – (lat. ‚Zustand der Entäußerung') in der →Christologie die Situation Jesu Christi zwischen Empfängnis und Grablegung: 292, 293, 295, 399.

status gloriae – (lat. ‚Zustand der Herrlichkeit') in der theologischen →Anthropologie der älteren →Dogmatik die Situation der zu Heil und ewigem Leben gelangten Gläubigen: 268.

status gratiae – (lat. ‚Zustand der Gnade') in der theologischen →Anthropologie der älteren Dogmatik die heilsgeschichtliche Situation der aufgrund göttlicher →Gnade durch die →Rechtfertigung in ein neues (nicht mehr von der →Sünde geprägtes) Gottesverhältnis versetzten Menschen: 268.

status integritatis – (lat. ‚Zustand der Unversehrtheit') in der theologischen →Anthropologie der älteren →Dogmatik die heilsgeschichtliche Situation des Menschen vor dem ‚Sündenfall' (→iustitia originalis): 268, 416.

Stoa/Stoizismus – eine für die altkirchliche Theologie wichtige Strömung der hellenistischen Philosophie, in der der Begriff des *logos* eine maßgebliche Rolle spielte (→Logos-Christologie): 21, 420, 423, 424.

Subordinatianismus – Auffassung, nach der Christus als *logos*, d.h. die zweite Person der →Trinität, Gott (dem Vater) untergeordnet (subordiniert) ist: 223, 232, 313.

Substanz – das Dauerhafte oder Zugrundeliegende eines Seienden, das bei Aufnahme unterschiedlicher Eigenschaften →Akzidens) ein- und dasselbe bleibt; in der →Transsubstantiationslehre gelten Leib und Blut Christi als Träger der Eigenschaften von Brot und Wein: 56, 228, 229, 351.

Sünde – aus christlicher Sicht eine von Selbstbezogenheit und Ungehorsam bestimmte, seinem ursprünglichen (schöpfungsgemäßen) Status entgegengesetzte Haltung des Menschen im Blick auf Gott, deren Ursprung in der →Bibel (Gen 3) auf den Ungehorsam der ersten Menschen im Paradies zurückgeführt wird (→status integritatis, →status corruptionis) und nach der älteren dogmatischen Lehrbildung seitdem die Situation des Menschen bestimmt (→Erbsünde, →imago, →similitudo): 80, 84, 87, 98, 104, 105, 115, 124, 149, 154, 155, 163, 168, 169, 183, 217, 218, 238, 240, 248, 249, 252, 253, 254, 257, **264–276**, 277, 279, 282, 283, 284, 286, 287, 300, 306, 307, 309, 310, 314, 315, 316, 318, 322, 328, 329, 331, 336, 337, 338, 339, 340, 348, 356, 359, 366, 380, 394, 399, 402, 413, 416, 417, 418, 433.

Sukzession (apostolische) – Kontinuität kirchlicher Amtsträger mit den Aposteln; sie wird nach Auffassung des römischen →Katholizismus im →Sakrament der →Weihe durch Handauflegung vermittelt und gilt als konstitutives Element des Kirche-Seins: 361, 362, 374.

Super- (Supranaturalismus) – theologische Richtung im deutschen Protestantismus der ersten Hälfte des 19. Jahrhunderts, die, im Gegensatz zum →Rationalismus, an der Offenbarungsqualität der biblischen Schriften auch dort festhielt, wo deren Aussagen die Erkenntnisgrenzen der menschlichen Vernunft überschritten (Vertreter: Gottlob Christian Storr, Johann August Heinrich Tittmann): 82, 83, 84.

supralapsarisch – Auffassung, nach sich das →decretum Dei (aeternum) bereits auf die Menschheit vor dem Sündenfall im Paradies bezieht, der demzufolge von Gott direkt bewirkt wurde (→infralapsarisch): 332.

Symbolum – in der westlichen Kirchen etwa seit dem 3. Jahrhundert übliche Bezeichnung für das Glaubensbekenntnis: 26, 27.

Synergismus – Zusammenwirken von Gott und Mensch bei der Heilserlangung; die Unterstellung einer synergistischen Haltung wurde als Vorwurf gegenüber den Gegnern der (augustinischen) →Gnaden- und →Erbsündenlehre sowie gegenüber den Kritikern der →praedestinatio gemina erhoben: 316, 332.

Synkretismus – Vermischung von Gedankengut aus verschiedenen Religionen oder Philosophien (→Gnosis): 22, 23.

Systematische Theologie – theologische Disziplin mit den Teilgebieten →Religionsphilosophie, →Dogmatik und →Ethik: 132–141.

Taufe – in allen christlichen Konfessionen als →Sakrament geltender Ritus, dessen Vollzug die Versöhnungstat Christi am dadurch in die christliche →Kirche aufgenommen Menschen zeichenhaft gegenwärtig macht: 43, 44, 45, 52, 91, 220, 222, 224, 270, 311, 343, 344, 345, 346–349, 355, 356, 359, 367, 371, 373, 392, 396.

teleologische Eschatologie – (= futurische Eschatologie) eine Gestalt der →Eschatologie, nach der die ,letzten Dinge' als zukünftiges Ziel (gr. *telos*) der Geschichte gelten: 411.

tertius usus legis – (lat. ,dritter Gebrauch des Gesetzes') Funktion des Gesetzes für die im Glauben Wiedergeborenen (= usus in renatis): 340, 370.

Theodizee – (wörtl. ,Rechtfertigung Gottes') Verteidigung der Allmacht, Güte und Allwissenheit Gottes angesichts der Übel in der Welt: 251–257.

Theologie der Befreiung – auf Gustavo Gutiérrez („Teología de la Liberacíon", 1972) zurückgehende Bezeichnung für eine in der sozialen und wirtschaftlichen Situation der Dritten Welt verwurzelte kontextuelle Theologie, die eine engagierte Parteinahme für die sozial und gesellschaftlich Benachteiligten als Realisierung christlicher Lebenspraxis versteht: 107–108, 309.

theologische Tugenden – in Anlehnung an I Kor 13,13 gebildete Trias von Glaube, Hoffnung und Liebe; die theologischen Tugenden wurden in der vorreformatorischen →Ethik auf unterschiedliche Weise mit den →Kardinaltugenden verbunden: 425.

theotokos – (gr. ,Gottesgebärerin') seit dem dritten und vierten ökumenisches →Konzil (Ephesus 431, Chalkedon 451) kirchlich anerkannter Würdetitel für Maria: 279, 306.

Tod (des Menschen) – als Ende des menschlichen Lebens ist der Tod Thema der →individuellen Eschatologie; nach älterer Auffassung gilt er als Straffolge der →Erbsünde, betrifft den Menschen also erst im →status corruptionis; das Verhältnis von →Sünde und Tod ist seit der →Aufklärung umstritten: 103, 164, 169, 217, 218, 263, 264, 266, 268, 347, 390, 392, 394, 395, 396, 397, 400, 401, 402, 403, 405, 410, 413, 414, 415, 416, 417, 418, 424, 425.

Tradition – nach Auffassung des römischen →Katholizismus gibt es eine neben der →Bibel bestehende, mit ihr gleichursprüngliche mündliche Tradition sowie eine der Heiligen Schrift folgende und sich an ihr orientierende Auslegungstradition; der →Protestantismus betont den Vorrang der Schrift gegenüber allen menschlichen Überlieferungen (→Schriftprinzip, →sola scriptura): 39, 40, 183, 186, 187, 195, 196, 198.

Traduzianismus – →Generatianismus.

Transsubstantiation(slehre) – im römischen →Katholizismus vertretene Lehre von der Präsenz Christi im →Abendmahl; danach wird bei der Feier der →Eucharistie die →Substanz von Brot und Wein in →Substanz von Leib und Blut Christi verwandelt, wobei die →Akzidenzien von Brot und Wein erhalten bleiben: 51, 351, 352, 353.

triadische Formeln – neutestamentliche Formulierungen, die als Schriftgrundlage für die →Trinitätslehre gelten: 220.

Tridentinum – (1545–1563: DH 1500–1835) Konzil von Trient, mit dessen Dekreten der römische →Katholizismus sein konfessionelles Profil definierte: 39, 40, 41, 187, 188, 191, 196, 269, 270, 324, 325, 340, 341, 345, 347, 351, 355, 357.

Trinität(slehre) – die christliche Lehre von der Trinität (Dreieinigkeit von Gott Vater, Sohn [→Christologie] und Heiligem Geist [→Pneumatologie]) vermittelt zwischen der Einheit und Einzigkeit Gottes und der Eigenständigkeit von Sohn und Geist gegenüber dem Vater (→creatio, →Dynamismus, →generatio, →*hypostasis*, →immanente Trinität, →ökonomische Trinität, →Logos-Christologie, →Modalismus, →Monarchianismus, →opera [trinitatis] ad extra, →opera [trinitatis] ad intra, →notiones personales, →Patripassianismus, →*perichoresis*, →Präexistenz, →processiones, →redemptio, →relationes, →sanctificatio, →spiratio, →Subordinatianismus, →Tritheismus): 87, **219–238**, 240, 241, 276, 278, 310, 312.

Tritheismus – ('Dreigötterlehre') aus der Perspektive des →Modalismus formulierter Vorwurf gegenüber einer zu starken Betonung der Eigenständigkeit von Sohn und Geist: 222, 232, 233.

Übergangstheologie – eine Strömung der evangelischen Theologie zwischen →Orthodoxie (c) und →Neologie, die eine konsequente Abgrenzung von →Orthodoxie (c) und →Pietismus vermied und zugleich die umfassende theologische Rezeption der Philosophie Christian Wolffs vorbereitet hat (→Wolffianismus): 58, 64, 65, 66, 70, 76, 135, 189.

Ubiquität – Allgegenwart der menschlichen Natur Christi; spezifisch lutherische Konsequenz aus der →communicatio idiomatum: 51, 290, 353.

Unitatis redintegratio – (1964: DH 4185–4192) Ökumenismusdekret des →Vaticanum II: 372, 373.

universale Eschatologie – Lehre vom Ende der Welt und der Wiederkunft Christi zum Jüngsten Gericht (Parusie) (→Eschatologie): 390, 394.

univok/Univozität – (= synonym) Bezeichnung für Wörter, mit denen über unterschiedliche Gegenstände ein- und dasselbe (lat. unum) ausgesagt wird (z. B. ,Lebewesen' für Fisch und Mensch): 215, 216.

Unsterblichkeit der Seele – aus der antiken Philosophie in die christliche →Anthropologie übernommene Lehre, nach der die individuelle menschliche Seele dem →Tod nicht unterworfen ist, sondern sich bis zum →Jüngsten Gericht in einem →Zwischenzustand befindet; der römische →Katholizismus hat diese Lehre dogmatisiert (→Apostolici regiminis): 81, 82, 98, 173, 174, 263, 390, 392, 413, 415, 416, 419.

Ur-Offenbarung – von Paul Althaus eingeführte Bezeichnung für die Selbstbezeugung Gottes vor und außer Christus, auf deren Basis aber keine natürliche Theologie möglich ist: 155.

usus elenchticus legis – (lat. ,überführender Gebrauch') Funktion des →Gesetzes, durch die dem Menschen seine unüberwindbare Verstrickung in die →Sünde deutlich gemacht wird (= usus theologicus [seu spiritualis] legis): 337, 339.

usus in renatis – (lat. ,Gebrauch in den Wiedergeborenen') →tertius usus legis.

usus politicus legis – (lat. ,politischer Gebrauch des Gesetzes') Funktion des →Gesetzes zur Sicherung der äußeren Ordnung im politischen Gemeinwesen: 336, 382.

usus theologicus (seu spiritualis) legis – (lat. ,theologischer [oder geistlicher] Gebrauch des Gesetzes') →usus elenchticus.

Vaticanum I – (1869/70: DH 3000–3075) 1. Vatikanisches Konzil, das vor allem die Abgrenzung des römischen →Katholizismus von der →Aufklärung dokumentiert: 40, 152, 178, 196, 210, 362, 363, 364.

Glossar **487**

Vaticanum II – (1962–1965: DH 4001–4359) 2. Vatikanisches Konzil, das vor allem den Versuch des römischen →Katholizismus dokumentiert, den Anschluss der katholischen Weltkirche an die Entwicklungen der Moderne zu finden (→aggiornamento): 39, 40, 125, 152, 196, 197, 198, 210, 309, 363, 364, 365, 372, 373.

Verbalinspiration – in der altprotestantischen →Orthodoxie (c) ausgebildeten Lehre, nach der die →Bibel in allen Einzelheiten (einschließlich der hebräischen Vokalzeichen) unmittelbar von Gott ‚diktiert' ist (→Inspiration): 58, 185, 186.

Vermittlungstheologie – inhomogene theologische Strömung im deutschen Protestantismus des 19. Jahrhunderts, die, anknüpfend an Friedrich Schleiermacher, im Dienste der Modernitätskompatibilität des Christentums einen Ausgleich zwischen Wissen und Glauben anstrebte und (in Abgrenzung vom →Konfessionalismus) die Gemeinsamkeit der beiden protestantischen Kirchen hervorhob; (Vertreter: Martin Leberecht de Wette, Friedrich Lücke, Carl Emmanuel Nitzsch, August Twesten): 85, 86.

via causalitatis – (lat. ‚Weg der Ursächlichkeit', gr. *hodos aitias*) Möglichkeit der →kataphatischen Theologie, bei der Gott als Ursprung weltlicher Vollkommenheiten beschrieben wird: 214.

via eminentiae – (lat. ‚Weg der Überhöhung', gr. *hodos hyperoches*) Möglichkeit der →kataphatischen Theologie, bei der Gott durch Überschreitung weltlicher Eigenschaften charakterisiert wird: 214.

via media – (lat. ‚Mittelweg') Formel, die das Selbstverständnis des →Anglikanismus als eines eigenen Konfessionstyps beschreibt, der einen Mittelweg zwischen kontinentalem →Protestantismus und römischem →Katholizismus zu gehen versucht: 42.

via negationis – (lat. ‚Weg der Verneinung', gr. *hodos aphhaireseos*) Möglichkeit der →kataphatischen Theologie, bei der Gott durch Negation weltlicher Eigenschaften charakterisiert wird: 214.

vier letzte Dinge – →Tod, →Jüngstes Gericht, →Himmel, →Hölle.

Vierämterordnung – im reformierten Protestantismus vielfach rezipiertes Spezifikum der →Ekklesiologie Johannes Calvins, der in Anlehnung an neutestamentliche Aussagen über die verschiedenen Dienste die Ämter der *Pastoren* und *Lehrer* sowie der *Ältesten* (*Presbyter*) und *Diakone* als durch Christus eingesetzt behauptet hat: 370.

virginitas (ante partum/in partu/post partum) – (lat. ‚Jungfräulichkeit [Marias vor der/bei der/nach der Geburt Jesu]') →*aeipartheneia*.

visio dei beatifica – (lat. ‚beseligende Schau Gottes') in der älteren →Dogmatik die von den im →Jüngsten Gericht als gerecht erkannten Menschen im →Himmel zu erwartende Schau Gottes, die alle menschlichen Sehnsüchte vollkommen und dauerhaft erfüllt: 395, 399.

Voluntarismus – in der spätscholastischen Theologie vertretene Lehre, nach der dem Willen Gottes die Priorität gegenüber seinem Verstand zukommt, Gottes Allmacht deshalb an keine rationalen Kriterien gebunden ist und die faktische Schöpfungs- und Heilsordnung nur kontingenten (→Kontingenz) Charakter hat: 36.

Vorverständnis – von Rudolf Bultmann eingeführter Begriff, der ein Selbstverständnis des Menschen bezeichnet, an das die christliche Verkündigung anknüpfen kann, wobei sich diese Anknüpfung im inhaltlichen Widerspruch gegen das menschliche Selbstverständnis vollzieht (→Anknüpfungspunkt): 103.

Weihe – im römischen →Katholizismus das →Sakrament, mit dem kirchliche Amtsträger in ihren Dienst eingesetzt werden und durch das ihnen ein unauslöschbares Merkmal (lat. *character indelebilis*) eingeprägt wird: 84, 345, 351, 355, 356.

Westminster Confession – (1647: BSRK 542–612) während der Herrschaft des antianglikanisch-presbyterianisch gesinnten Parlaments in England unter schottischer Beteiligung erarbeitetes Bekenntnis, dessen Geltung nach der Restauration der Staatskirche und der „Tolerance-Act" (1698) allerdings auf Schottland beschränkt blieb (→Confessio Scotica): 50.

Wissenschaftlichkeit (der Theologie) – gewöhnlich in der →Fundamentaltheologie verhandelte Frage nach dem Verhältnis der (→Systematischen) Theologie zu nichttheologischen Wissenschaften: 57, 137, **141–146**, 303.

Wolffianismus, theologischer – eine am philosophischen Rationalismus Christian Wolffs orientierte Richtung der protestantischen Theologie des 18. Jahrhunderts, in der die christliche Lehre als ein Denkgebäude erwiesen werden sollte, dessen Rationalität und Plausibilität auch unabhängig von subjektiven Glaubenserfahrungen deutlich ist: 58, 65, 76, 77.

Wort Gottes – in der christlichen Theologie zusammenfassende Bezeichnung für das in der zweiteiligen →Bibel enthaltene Zeugnis von Gottes →Offenbarung, das im Neuen Testament direkt mit dem Christusgeschehen verbunden ist: 40, 58, 66, 68, 98, 100, 102, 134, 135, 158, 185, 186, 189, 191, 194, 196, 197, 198, 215, 221, 223, 238, 280, 327, 334, 336, 341, 342, 347, 403, 435.

Zeremonialgesetz – (lat. lex ceremonialis: den Kult betreffendes Gesetz) die im Alten Testament enthaltenen Vorschriften zur äußerlichen Gestaltung des Kultes (→Gesetz): 335.

Zwei Regimenten-Lehre – Bezeichnung für Luthers politische →Ethik, nach der Gott die Menschen sowohl durch die weltliche Obrigkeit mit dem Schwert als auch durch die →Kirche mit dem Wort regiert; entscheidend ist die klare Trennung der Kompetenzen: die weltliche Obrigkeit ist für die Seligkeit der Untertanen unzuständig: 381–386.

Zweitursache – →causa secunda.

Zwischenzustand – Situation des Menschen zwischen individuellem →Tod und →Jüngstem Gericht; die (in der reformatorischen Theologie abgelehnten) Spekulationen über den Zwischenzustand führten zur Lehre vom →Fegfeuer: 394, 395, 396, 400, 401.

Register

I Namen

Alarich (I.), König der Westgoten, ca. 370–410: 378.
Albertus Magnus, 1200–1280: 36.
Alkmaion von Kroton, ca. 500 v. Chr.: 262.
Alkuin, ca. 730–804: 33, 37.
Alsted, Johann Heinrich, 1588–1638: 74.
Althaus, Paul, 1888–1966: 101, 155, 158, 343, 411, 414, 415, 432.
Ambrosius von Mailand, ca. 339–397: 420, 421, 422, 423, 425.
Andreae, Jakob, 1528–1590: 47.
Annet, Peter, 1693–1769: 63.
Anselm von Canterbury, ca. 1033–1109: 31, 33, 34, 202, 203, 282, 283, 284, 286.
Aristoteles, 384–322 v. Chr.: 35, 36, 37, 65, 215, 228, 413.
Arquillière, Henri Xavier, geb. 1883: 381.
Athanasius (gr. Athanasios) von Alexandria, ca. 298–373: 27, 181.
Athenagoras I., Patriarch von Konstantinopel 1948–1972: 32.
Augustin(us) von Hippo, 354–430: 22, 23, 29, 30, 31, 36, 37, 38, 137, 165, 182, 218, 228, 229, 230, 231, 238, 258, 259, 267, 268, 269, 272, 273, 274, 282, 313, 314, 315, 316, 324, 325, 328, 329, 335, 343, 344, 359, 366, 378, 379, 380, 381, 382, 383, 391, 392, 393, 394, 395, 404, 423, 424, 425.
Averroes (Ibn Rushd), 1126–1198: 413.
Barth, Karl, 1886–1968: 88, 96, 97, 98, 100, 101, 102, 103, 123, 124, 155, 156, 157, 158, 271, 298, 305, 333, 341, 349, 354, 375, 393, 435, 437.
Basilius (der Große) von Caesarea, ca. 330–379: 27.
Baumgarten, Siegmund Jakob, 1706–1757: 65, 68, 77, 272.

Baur, Ferdinand Christian, 1792–1860: 81, 86, 190, 427.
Bayle, Pierre, 1647–1706: 252.
Beck, Johann Tobias, 1804–1878: 83.
Beda Venerabilis, ca. 673–735: 33.
Benedikt von Nursia, 480–547: 405.
Benedikt XII., Papst 1334–1342: 396.
Benedikt XVI., Papst seit 19. April 2005: 218, 374.
Berengar von Tours, ca. 1005–1088: 33.
Beza, Theodor, 1519–1605: 47.
Biedermann, Alois Emanuel, 1819–1885: 88.
Biel, Gabriel, ca. 1413–1495: 36, 317.
Blumhardt, Christoph Friedrich, 1842–1919: 94, 95.
Boethius, Anicius Manlius Severinus, 480–524: 33.
Boff, Leonardo, geb. 1938: 309.
Bonaventura, 1221–1274: 35.
Bosch, Hieronymus, ca. 1450–1516: 259, 398.
de Bray, Guy, 1522–1567: 49.
Brunner, Emil, 1889–1966: 96, 100, 333.
Buddeus, Johann Franz, 1667–1729: 64, 76.
Büchner, Ludwig, 1824–1899: 255.
Bullinger, Heinrich, 1504–1575: 47, 51.
Bultmann, Rudolf, 1884–1976: 88, 96, 97, 100, 103, 104, 105, 106, 140, 141, 142, 200, 300, 301, 302, 410, 411.
Caesarius von Arles, 470–542: 306, 307, 316.
Calov, Abraham, 1612–1686: 75, 388.
Calvin, Johannes, 1509–1564: 47, 49, 50, 51, 140, 169, 170, 171, 185, 218, 260, 266, 285, 291, 294, 296, 327, 331, 332, 333, 340, 352, 353, 369, 370, 377, 384, 385, 386, 401.
Canz, Israel Gottlieb (Theophilus), 1690–1753: 65, 76.

Cassiodor (Flavius Magnus Aurelius Cassiodorus Senator), ca. 485-ca. 580: 33.
Castelli, Benedetto, 1577–1643: 243, 244.
Chandieu, Antoine, 1534–1591: 49.
Chemnitz, Martin, 1522–1586: 47, 48, 290.
Chyträus, David, 1531–1600: 47.
Cicero, Marcus Tullius, 106–43 v. Chr.: 110, 111, 119, 420, 421, 422, 423.
Coccejus, Johannes, 1603–1669: 75.
Collins, Anthony, 1676–1729: 63.
Cranmer, Thomas, 1489–1556: 41, 42.
Cremer, August Hermann, 1834–1903: 83.
Cyprian von Karthago, ca. 200–258: 29, 350, 371.
Dalferth, Ingolf Ulrich, geb. 1948: 212, 213, 304, 305.
Daly, Mary, geb. 1928: 108.
Damasus von Rom, Bischof 366–384: 181.
Dante Alighieri, 1265–1321: 394, 396, 397, 399, 404.
Daub, Carl, 1765–1836: 84.
Denifle, Heinrich Suso, 1844–1905: 95.
Descartes, René, 1596–1650: 55, 56, 57, 58, 63, 74, 202, 204, 205.
Dibelius, Otto, 1880–1967: 94.
Diokletian (Gaius Aurelius Valerius Diocletianus), römischer Kaiser 284–305: 366.
Dionysios Areopagita, ca. 500: 28, 36, 214, 215, 216, 258, 360, 361.
Donatus, gest. ca. 355: 366.
Dorner, Isaak August, 1809–1884: 85.
Duns Scotus, ca. 1265–1308: 36, 307.
Ebeling, Gerhard, 1912–2001: 134, 135, 136, 164, 191, 242, 243, 287, 343, 405, 419.
Eberhard, Johann August, 1739–1809: 69, 77, 267, 303, 394, 415.
Eduard VI., englischer König 1547–1553: 41.
Elert, Werner, 1885–1954: 250, 342.
Elisabeth I., englische Königin 1558–1603: 42.
Epikur, 341–271 v. Chr.: 251, 402, 403.
Ernesti, Johann August, 1707–1781: 68, 77, 296.
Eusebius von Caesarea, 260/265–338/339: 391.
Feuerbach, Ludwig, 1804–1872: 81, 127, 128.
Fichte, Johann Gottlieb, 1762–1814: 127.

Fischer, Hermann, geb. 1933: 80, 109, 132, 136, 138, 141, 328.
Francke, August Hermann, 1663–1727: 60, 61.
Franz von Assisi, 1181/1182–1226: 405.
Friedrich II., preußischer König 1740–1786: 61, 66, 76.
Friedrich III., pfälzischer Kurfürst 1559–1576: 50, 51.
Friedrich Wilhelm I., preußischer König 1713–1740: 61.
Friedrich Wilhelm III., preußischer König 1797–1840: 86.
Fulgentius von Ruspe, ca. 467–533: 30, 307.
Gabler, Johann Philipp, 1753–1826: 77, 189, 191.
Galerius (Gaius Galerius Valerius Maximianus), oströmischer Augustus 305–311: 378.
Galilei, Galileo, 1564–1642: 74, 243, 244.
Gaunilo von Marmoutiers, 11. Jahrhundert: 207.
Gehlen, Arnold, 1904–1976: 270, 272, 275.
Georg (der Bärtige), sächsischer Herzog 1500–1539: 383.
Gerhard, Johann, 1582–1637: 74, 294.
Gogarten, Friedrich,1887–1967: 94, 96, 100, 101.
Göttner-Abendroth, Heide, geb. 1941: 109.
Gottschalk von Aachen, ca. 806–866: 33.
Gregor I. (der Große), Papst 590–604: 316.
Gregor von Nazianz, ca. 329–390: 27.
Gregor von Nyssa, 331/340–395: 27.
Grisar, Hartmann, 1845–1932: 95.
Grotius, Hugo, 1583–1645: 62, 74.
Gutiérrez, Gustavo, geb. 1928: 108.
Haeckel, Ernst, 1834–1919: 82.
Härle, Wilfried, geb. 1941: 171, 194, 195, 218, 263, 314, 348, 354, 417.
Hamann, Johann Georg, 1730–1788: 160.
von Harleß, Adolf Gottlieb Christoph, 1806–1879: 87.
von Harnack, Adolf, 1851–1930: 25, 90, 192, 297, 298, 409.
Harms, Claus, 1778–1855: 87.

Hegel, Georg Wilhelm Friedrich, 1770–1831: 84, 85, 88, 119, 127, 128, 129, 212, 231, 298.
Heidegger, Johann Heinrich, 1633–1698: 76.
Heidegger, Martin, 1889–1976: 103.
Heine, Susanne, geb. 1942: 109.
Heinrich VIII., englischer König 1509–1547: 41.
Herbert von Cherbury, 1583–1648: 62, 64, 112, 119.
Herms, Eilert, geb. 1940: 137, 145, 146, 161, 327, 386, 387, 388.
Herrad von Landsberg, 1125/1130–1195: 287, 289.
Herrmann, Wilhelm, 1846–1922: 88, 419.
Hick, John, geb. 1922: 127.
Hippolyt von Rom, ca. 170–235: 24.
Hirsch, Emanuel, 1888–1972: 62, 63, 70, 73, 80, 88, 101.
Hitler, Adolf, 1889–1945: 101.
Hobbes, Thomas, 1588–1679: 62, 75.
von Hofmann, Johann Christian Konrad, 1810–1877: 87, 286, 287, 297.
d'Holbach, Paul-Henri Thiry, 1723–1789: 64.
Holl, Karl, 1866–1926: 95, 96.
Hrabanus Maurus, ca. 780–856: 33.
Hugo von St. Victor,1097–1141: 35, 264, 265.
Humbert von Silva Candida, ca. 1010–1061: 31, 32.
Hutter, Leonhard, 1563–1616: 74, 126, 389, 390.
Innozenz III., Papst 1198–1216: 381.
Innozenz VIII., Papst 1484–1492: 54.
Irenäus von Lyon, ca. 135–202: 24, 306.
Isidor von Sevilla, ca. 560–636: 33.
Jacobi, Friedrich Heinrich, 1743–1819: 160, 185.
Jakob II., englischer König 1685–1688: 42.
Jerusalem, Johann Friedrich Wilhelm, 1709–1789: 24, 68, 182, 296, 299.
Joachim I., brandenburgischer Kürfürst 1499–1535: 383.
Joachim von Fiore, ca. 1130–1202: 405, 411.
Joest, Wilfried, 1914–1995: 143, 144, 145, 158, 233, 234.
Johannes Cassianus, ca. 360–435: 182, 316.

Johannes Damascenus, gest. ca. 750: 28, 29, 224.
Johannes Paul II., Papst 1978–2005: 178, 179.
Johannes Scotus Eriugena, ca. 810-ca. 877: 28, 33.
Johannes XXII., Papst 1316–1334: 395 f.
Johannes XXIII., Papst 1958–1963: 40.
Jonas, Ludwig, 1797–1859 432, 433.
Jüngel, Eberhard, geb. 1934: 99, 171, 328, 333, 415, 416.
Justin (gr./lat. *Justinos*/Justinus), genannt ‚der Märtyrer', ca. 100–165: 21, 306.
Justinian I., oströmischer Kaiser 527–565: 280.
Kähler, Martin, 1835–1912: 83, 300.
Kant, Immanuel, 1724–1804: 57, 70, 71, 72, 73, 77, 82, 83, 89, 117, 127, 136, 159, 160, 173, 174, 175, 179, 201, 202, 203, 204, 206, 207, 208, 209, 210, 213, 408, 429, 431.
Karl (II.) der Kahle, westfränkischer König 843–877: 33.
Karl II., englischer König 1660–1685: 42.
Karl V., Kaiser des Heiligen Römischen Reiches deutscher Nation 1519–1556: 44, 49.
Käsemann, Ernst, 1906–1998: 106, 191, 301, 302.
Katharina von Aragon, 1485–1536: 41.
Keckermann, Bartholomäus, 1571–1609: 74.
Kelsos, 2. Jahrhundert: 21, 173.
Kepler, Johannes, 1571–1630: 74.
Kierkegaard, Søren, 1813–1855: 96.
Klemens von Alexandrien, ca. 150–215: 21.
Kliefoth, Theodor Friedrich Dethlof, 1810–1895: 87, 369.
Knox, John, 1514–1572: 50.
König, Johann Friedrich, 1619–1664: 75.
Konstantin I. (Flavius Valerius Constantinus), gesamtrömischer Kaiser 324–337: 27, 378.
Kopernikus, Nikolaus, 1473–1543: 74.
Kraus, Franz Xaver, 1840–1901: 237.
Küchler, Max, geb. 1944: 274.
Kutter, Hermann, 1863–1931: 95.
Kyrill von Alexandrien, 375/380–444, Patriarch seit 412: 279, 306.
Lactantius (Lucius Cae[ci]lius Firmianus), ca. 250-ca. 325: 110, 111, 119, 251.

de La Mettrie, Julien Offray, 1709–1751: 64.
Lanfranc von Bec, ca. 1010–1089: 33.
Lange, Joachim, 1670–1744: 61, 65.
Lehmann, Karl, geb. 1936: 325, 354.
Leibniz, Gottfried Wilhelm, 1646–1716: 63, 65, 76, 251, 252, 253, 254, 255, 416.
Leo I., Papst 440–461: 316.
Leo X., Papst 1513–1521: 413, 414.
Leon von Achrida, ca. 1037-ca. 1056: 31.
Lessing, Gotthold Ephraim, 1729–1781: 70, 71, 73, 77, 89, 93, 99, 102, 172, 173, 174, 189, 299, 303, 408.
Link, Christian, geb. 1938: 234, 261, 262, 377.
Locke, John, 1632–1704: 62, 75, 113, 114, 159.
Löhe, Wilhelm, 1808–1872: 87.
Löscher, Valentin Ernst, 1673–1749: 76.
Lübbe, Hermann, geb. 1926: 129, 130, 257.
Lücke, Friedrich, 1791–1855: 85.
Lüdemann, Gerd, geb. 1946: 303, 304.
Lüdke, Friedrich Germanus, 1730–1792: 69, 77.
Luther, Martin, 1483–1546: 36, 39, 44, 45, 46, 47, 64, 87, 89, 92, 95, 96, 140, 153, 154, 155, 167, 168, 169, 170, 171, 176, 177, 183, 184, 185, 186, 188, 195, 217, 234, 237, 245, 247, 255, 256, 257, 260, 263, 265, 266, 269, 284, 286, 287, 290, 294, 296, 309, 317, 318, 319, 320, 321, 322, 323, 327, 329, 330, 332, 333, 336, 337, 338, 339, 340, 341, 342, 345, 347, 348, 350, 352, 353, 354, 355, 357, 365, 366, 367, 368, 369, 377, 381, 382, 383, 384, 386, 395, 399, 400, 401, 402, 403, 404, 405, 413, 414, 426, 427, 428, 429, 432.
Mani, ca. 216-ca. 277: 23.
Marheinecke, Philipp Konrad, 1780–1846: 84.
Maria (I.) Tudor, englische Königin 1553–1558: 42.
Markion (Marcion), ca. 85-ca. 160: 23, 24, 25, 180, 181, 192.
Marx, Karl, 1818–1883: 81, 127, 128, 129.
Melanchthon, Philipp, 1497–1560: 45, 46, 47, 50, 340, 355, 385.
Metz, Johann Baptist, geb. 1928: 107, 108.

Michael Kerullarius, Patriarch von Konstantinopel 1043–1059: 32.
Möhler, Johann Adam, 1796–1838: 86, 361.
Moltmann, Jürgen, geb. 1926: 107, 108, 109, 411, 412.
Moltmann-Wendel, Elisabeth, geb. 1926: 109.
Montanus, gest. ca. 180: 23, 24.
Mosheim, Johann Lorenz, ca. 1693–1755: 76, 135.
Mulack, Christa, geb. 1943: 109.
Müller, Julius, 1801–1878: 84.
Musäus, Johannes, 1613–1681: 64, 72, 75, 151.
Neander, Johann August Wilhelm, 1789–1850: 83.
Nestorius von Konstantinopel, Patriarch 428–431, gest. ca. 450: 32, 279, 280, 306.
Newman, John Henry, 1801–1890: 43.
Newton, Isaak, 1643–1727: 75.
Nietzsche, Friedrich, 1844–1900: 96.
Nitzsch, Carl Emmanuel, 1787–1876: 85.
Origenes, 185/186–253/254: 21, 173, 182, 393.
Panaitios von Rhodos, ca. 180-ca. 100 v. Chr.: 420, 423.
Pannenberg, Wolfhart, geb. 1928: 106, 107, 143, 144, 145, 146, 177, 178, 179, 191, 211, 212, 234, 241, 247, 248, 271, 272, 275, 287, 304, 314, 325, 354, 360, 417, 418.
Parker, Matthew, 1504–1575: 42.
Paschasius Radbertus, ca. 790-ca. 859: 33.
Paul III., Papst 1534–1549: 46.
Paul VI., Papst 1963–1978: 32, 40.
Paulus Diaconus, ca. 720-ca. 799: 33.
Paulus, Heinrich Eberhard Gottlob, 1761–1851: 303.
Petrus Abaelard, 1079–1142: 33, 34, 285.
Petrus Lombardus, 1095/1100–1160: 34, 35.
Pfaff, Christoph Matthäus, 1686–1760: 64, 66, 68, 76, 189.
Philipp II., spanischer König 1556–1598: 49.
Pico della Mirandola, Giovanni, 1463–1494: 54, 55.
Pius V., Papst 1565–1572: 36.
Pius IX., Papst 1846–1878: 308.
Pius XII., Papst 1939–1958: 308, 309.
Platon, 427–347 v. Chr.: 21, 262.

Plessner, Helmuth, 1892–1985: 270, 272, 275.
Pomponazzi, Pietro, 1462–1525: 413, 419.
von Pufendorf, Samuel, 1632–1694: 62, 75.
Radford Ruether, Rosemary, geb. 1936: 108.
Ragaz, Leonhard, 1868–1945: 95.
Rahner, Karl, 1904–1984: 125, 126, 375.
Ratramnus von Corbie, ca. 800-ca. 868: 33.
Ratzinger, Joseph, geb. 1927 Benedikt XVI. 374.
Reimarus, Hermann Samuel, 1694–1768: 68, 70, 71, 189, 299, 300, 303.
Rendtorff, Trutz, geb. 1931: 431, 436.
Ritschl, Albrecht Benjamin, 1822–1889: 89, 90, 102, 179, 287, 409, 412, 418.
Rothe, Richard, 1799–1867: 85, 408.
Rousseau, Jean Jacques, 1712–1778: 64.
Rubljov, Andrej, ca. 1360–1430: 236, 237, 238.
Rufin(us) von Aquileia, ca. 340–411/412: 22, 26.
Sabellius, 3. Jahrhundert: 222.
Scheler, Max, 1874–1928: 270, 272, 275.
Schelling, Friedrich Wilhelm Joseph, 1775–1854: 231.
Schlatter, Adolf, 1852–1938: 83.
Schleiermacher, Friedrich Daniel Ernst, 1768–1834: 77, 78, 79, 80, 81, 83, 84, 85, 88, 98, 100, 101, 102, 117, 118, 119, 130, 131, 133, 137, 158, 159, 160, 161, 192, 213, 231, 232, 233, 234, 243, 245, 246, 393, 416, 417, 432, 433, 434, 437.
Schmaus, Michael, 1897–1993: 229, 231.
Schmidt, Johann Lorenz, 1702–1749: 65, 76.
Schrempf, Christoph, 1860–1944: 91.
Schumann, Johann Daniel, 1714–1787: 172.
Schüngel-Straumann, Helen, geb. 1940: 109, 273, 274, 275.
Schwegler, Albert, 1819–1857: 86.
Schweitzer, Albert, 1875–1965: 300, 410.
Selnecker, Nikolaus, 1530–1592: 47, 48, 309.
Semler, Johann Salomo, 1725–1791: 65, 68, 69, 70, 71, 77, 88, 116, 174, 189, 220.
Siger von Brabant, gest. vor 1284: 413.
Sokrates, 469–399 v. Chr.: 21, 77, 394.
Sölle, Dorothee, 1929–2003: 109, 377.

Sophie Charlotte, Prinzessin von Hannover, preußische Kurfürstin (1684), später Königin (1701), 1668–1705: 252.
Spalding, Johann Joachim, 1714–1804: 67, 68, 76, 77.
Spener, Philipp Jakob, 1635–1705: 59, 60, 61, 406, 407.
Spengler, Oswald, 1880–1936: 94.
Speratus, Paul, 1484–1551: 323.
Spieckermann, Hermann, geb. 1950: 193, 194.
de Spinoza, Baruch, 1632–1677: 63, 75.
Steinbart, Gotthelf Samuel, 1738–1809: 68, 77, 272, 273, 297.
Storr, Gottlob Christian, 1746–1805: 83.
Strauß, David Friedrich, 1808–1874: 81, 190, 303.
Swinburne, Richard, geb. 1934: 211, 255.
Tertullian(us), urspr. Quintus Septimius Florens, 155/160-ca. 230: 24, 25, 26, 29, 183, 314, 341, 343.
Theodosius I., oströmischer Kaiser 379–394, gesamtrömischer Kaiser 394–395: 27, 378.
Theodulf von Orleans, 750/760–821: 33.
Tholuck, Friedrich August Gottreu, 1799–1877: 84.
Thomas von Aquin, ca. 1224/1225–1274: 35, 37, 139, 142, 143, 166, 167, 203, 205, 206, 207, 215, 216, 413.
Thomasius, Gottfried, 1802–1875: 87.
Thurneysen, Eduard, 1888–1977: 96.
Tieftrunk, Johann Heinrich, 1759–1837: 82, 127.
Tillich, Paul, 1886–1965: 95, 375, 376, 377.
Tindal, Matthew, 1657–1733: 62, 65, 113, 115.
Titius, Arthur, 1864–1936: 93.
Tittmann, Johann August Heinrich, 1773–1831: 83.
Toland, John, 1670–1722: 62.
Töllner, Johann Gottlieb, 1724–1774: 68, 77, 189, 231, 272, 296.
Trilling, Wolfgang, 1925–1993: 360.
Troeltsch, Ernst, 1865–1923: 91, 92, 93, 95, 119, 120, 121, 122, 123, 126, 137.
Twesten, August Detlef Christian, 1798–1876: 85.
Ullmann, Carl Christian, 1796–1865: 85.

Umbreit, Friedrich Wilhelm Karl, 1795–1860: 85.
Ursinus, Zacharias, 1534–1584: 50.
Vergil (Publius Vergilius Maro), 70–19 v. Chr.: 397.
Vinzenz von Lerinum, Mitte des 5. Jahrhunderts: 359.
Voetius, Gisbert, 1589–1676: 74.
Vogt, Karl, 1817–1895: 81, 416.
Voltaire (François-Marie Arouet), 1694–1778: 63, 64.
Wagner, Falk, 1939–1998: 193.
Wagner, Rudolf, 1805–1864: 81, 416.
Walch, Johann Georg, 1693–1775: 64.
Wegscheider, Julius August Ludwig, 1771–1849: 82.
Weiß, Johannes, 1863–1914: 409, 410, 418.
de Wette, Wilhelm Martin Leberecht, 1780–1849: 85.
White, Lynn Townsend, 1907–1987: 261.
Wilhelm II., deutscher Kaiser 1888–1918: 97.
Wilhelm III., englischer König 1689–1702: 43.
Wilhelm von Ockham, ca. 1288–1348/1349: 36, 317.
Williams, Rowan, geb. 1950: 43.
Windelband, Wilhelm, 1848–1915: 411.
Wolff, Christian, 1679–1754: 61, 63, 65, 72, 76, 429, 430, 431.
Wolleb, Johannes, 1586–1629: 74.
Woolston, Thomas, 1669–1732: 63.
Zeller, Eduard, 1814–1908: 86.
Zwingli, Ulrich, 1484–1531: 47, 50, 353.

II Bibelstellen

Die Abkürzungen der biblischen Bücher folgen: Theologische Realenzyklopädie, Abkürzungsverzeichnis, 2., überarbeitete und erweiterte Auflage, zusammengestellt von Siegfried Schwerdtner, Berlin/New York 1994, XXIIf.

Gen 1–3: 276.
Gen 1: 239.
Gen 1,1–2,4a: 239.
Gen 1,1–25: 257.
Gen 1,2: 240.
Gen 1,3: 258 f.
Gen 1,4: 258 f.
Gen 1,26: 265 f.
Gen 1,26 f: 264, 270.
Gen 1,26.28: 260.
Gen 1,29 f: 260.
Gen 1,31: 252.
Gen 2 f: 273–275.
Gen 2,4b-3,24: 239.
Gen 2,7: 263.
Gen 2,18.23 f: 356.
Gen 2,24: 343.
Gen 3: 266, 268.
Gen 3,16: 307.
Gen 3,16–19: 268.

Gen 3,22–24: 268.
Gen 4,17: 379.
Gen 9,2 f: 260.
Gen 12,1–3: 162.
Gen 13,14–18: 162.
Gen 15: 162.
Gen 15,6: 162 f.
Gen 17: 146.
Gen 18: 236.
Gen 18,1 ff: 221, 235.
Gen 18,10–13: 163.
Gen 40,9 f: 221.
Gen 45,27: 311.
Gen 50,19 f: 250.
Ex 3,14: 146.
Ex 14,31: 163.
Ex 20,12–16: 422.
Ex 25,17–22: 237.
Ex 25,22: 237.
Lev 4,3: 294.

Lev 16: 237.
Lev 19,18: 422.
Num 7,89: 237.
Dtn 5,22: 385.
Dtn 6,4: 146.
Dtn 6,5: 146.
Dtn 17,11: 334.
Dtn 26,5–9: 146.
Jdc 3,10: 311.
Jdc 6,34: 311.
Jdc 11,29: 311.
I Sam 10,1: 294.
I Sam 16,1.13: 294.
I Reg 1,39: 294.
I Reg 19,16: 294.
Hi 1,12: 250.
Hi 2,6: 250.
Hi 28: 221, 239.
Hi 33,4: 240.
Ps 2,7: 221.

Ps 5,9: 319.
Ps 8: 239.
Ps 14,1: 202.
Ps 18: 239.
Ps 33,6: 221.
Ps 39,6: 168.
Ps 51,6: 251.
Ps 51,13: 311.
Ps 53,2: 202.
Ps 74: 239.
Ps 89: 239.
Ps 90,7: 402.
Ps 104: 239.
Ps 104,26: 239.
Ps 104,29 f: 249.
Ps 110,1: 221.
Ps 116,11: 168.
Ps 124,2 f: 250.
Prov 8: 221, 239.
Koh 12,7: 263.

Register **495**

Jes 7,9: 163.
Jes 7,14: 147.
Jes 11,2: 311.
Jes 24–27: 388.
Jes 28,16: 163.
Jes 40.44: 239.
Jes 40,5: 146.
Jes 45,7: 293 f, 331.
Jes 45,15: 330.
Jes 49,6: 147.
Jes 51,22: 236.
Jes 53: 237, 277.
Jes 61,1: 294.
Jes 63,10 f: 311.
Jes 64,4: 139.
Jes 65,17: 240, 388.
Jes 65,17a: 240.
Jes 66,22: 240, 388.
Jer 23,23 f: 353.
Jer 31,31–34: 388.
Ez 11,5: 311.
Ez 36,26 f: 311.
Ez 37: 388.
Ez 37,12 f: 289, 399.
Ez 39,29: 311.
Dan 2: 388.
Dan 3: 221.
Dan 7–12: 388.
Joel 3,1 f: 311 f.
Am 3,6: 331.
Am 5,18–20: 388.
Jon 1,5a: 153 f.
Hab 2,4: 320.
Sach 9,9: 147.
Mal 1,2 f: 328 f.
Weish 11,17: 242.
Weish 14,3: 248.
Sir 7,36/40: 388 f.
Sir 24,32: 221.
Sir 25,24: 273 f.
II Makk 7,28: 242.
II Makk 12,40–46: 395.
IV Esr 7,118: 266 f.
Mt 1,18: 306.
Mt 1,18–20: 311.
Mt 1,18–25: 305.
Mt 1,23: 147.
Mt 5,17–48: 335.

Mt 5,32: 356.
Mt 6,25–32: 240.
Mt 7,16–20: 323.
Mt 8,8: 163.
Mt 8,10: 163.
Mt 10,22: 325.
Mt 10,28: 263.
Mt 11,15: 278, 388.
Mt 11,19: 349.
Mt 11,27: 213.
Mt 12,28: 278, 388.
Mt 12,40: 399.
Mt 13,24–30: 366.
Mt 13,25: 414.
Mt 16,16–19: 362.
Mt 16,18: 357.
Mt 16,19: 345, 356.
Mt 18,17: 357.
Mt 18,18: 345, 356.
Mt 19,3–9: 356.
Mt 19,4–6: 240.
Mt 19,17–19: 422.
Mt 19,20 f: 422.
Mt 21,5: 147.
Mt 22,35–40: 334.
Mt 24,3–14: 405.
Mt 24,13: 325.
Mt 24,31: 398.
Mt 26,26–28: 349.
Mt 26,27 f: 237.
Mt 27,46–48: 289.
Mt 27,51: 289.
Mt 27,52 f: 289, 399.
Mt 28: 347.
Mt 28,11–15: 303.
Mt 28,19: 220.
Mt 28,19 f: 347, 359.
Mk 1,4: 347.
Mk 1,4–8: 346.
Mk 1,10: 237.
Mk 1,10 f: 311.
Mk 1,15: 277, 356, 388, 408.
Mk 2,1–12: 163.
Mk 2,5: 356.
Mk 3,13–15: 356.
Mk 5,34: 163.
Mk 6,5 f: 163.
Mk 6,12 f: 356.

Mk 10,2–12: 356.
Mk 13: 405.
Mk 14,12–16: 349.
Mk 14,36: 236 f.
Mk 15,34–36: 289.
Mk 15,38: 289.
Mk 15,39: 289.
Mk 15,44 f: 303.
Mk 16,15 f: 347.
Lk 1,23: 420 f.
Lk 1,26–31: 306.
Lk 1,26–35: 305.
Lk 1,35: 311.
Lk 2,20: 428.
Lk 3,3: 347.
Lk 7,22: 278, 388.
Lk 7,36: 349.
Lk 11,20: 278, 388.
Lk 13,28: 148.
Lk 14,23: 383.
Lk 16,18: 356.
Lk 16,19–30: 401.
Lk 16,22: 401.
Lk 16,23: 401.
Lk 17,21: 409.
Lk 21,33: 389.
Lk 22,15–20: 349.
Lk 22,20: 389.
Lk 22,31 f: 362.
Lk 23,39–43: 289.
Lk 23,45: 289.
Lk 24: 350.
Lk 24,34: 277.
Joh 1,1–18: 277.
Joh 1,1: 21, 221, 223.
Joh 1,1.9: 342.
Joh 1,1.14: 221.
Joh 1,3: 240.
Joh 1,18: 370.
Joh 1,18a: 213.
Joh 1,29: 237.
Joh 3,3: 347.
Joh 3,8: 347.
Joh 4,2: 346.
Joh 7,33 f: 410.
Joh 8,51: 403.
Joh 10,1.9: 342.
Joh 10,15.30: 370.
Joh 10,30: 221.

Joh 12,32: 401.
Joh 13,35: 60.
Joh 14–16: 312.
Joh 14,6: 120, 147 f,342.
Joh 14,10.11.20: 221.
Joh 14,15–26: 221.
Joh 14,26: 312.
Joh 15,3: 344.
Joh 15,26: 221.
Joh 16,5–15: 221.
Joh 16,13: 312.
Joh 16,15: 370.
Joh 20,23: 345, 356.
Joh 20,28: 277.
Joh 21,15–19: 362.
Act 2,4: 312.
Act 2,14 f: 312.
Act 2,38 f: 347.
Act 3,21: 393.
Act 4,12: 120, 147 f, .
Act 4,28: 250.
Act 6,1–7: 356.
Act 8,14–17: 356.
Act 8,32: 237.
Act 10,38: 356.
Act 10,44–48: 356.
Act 14,8–20: 150.
Act 14,8–18: 149.
Act 15: 27.
Act 17,16–34: 149 f.
Act 17,27 f: 249.
Act 17,34: 28.
Act 19,1–7: 356.
Röm 1 f: 341.
Röm 1: 149, 151, 156.
Röm 1,3 f: 277.
Röm 1,4: 311.
Röm 1,7: 358.
Röm 1,17: 320.
Röm 1,18–3,20: 217.
Röm 1,18–32: 150.
Röm 1,19–32: 72, 148 f, 212.
Röm 1,19 f: 148.
Röm 1,20: 152–154.
Röm 1,21: 149.
Röm 1,23: 149.
Röm 1,25: 149.

Röm 1,24.28: 249.
Röm 2: 156.
Röm 2,12–16: 72, 149f.
Röm 2,15: 153.
Röm 3,4f: 251.
Röm 3,21–28: 285.
Röm 3,21: 320.
Röm 3,22–26: 285.
Röm 3,22ff: 185.
Röm 3,25: 237.
Röm 3,25f: 277.
Röm 3,28: 98, 266.
Röm 4: 148.
Röm 4,3.9: 162.
Röm 4,5: 285.
Röm 4,11: 370.
Röm 4,17: 242.
Röm 4,25: 277.
Röm 5: 306.
Röm 5,5: 311–313.
Röm 5,9f: 270.
Röm 5,12: 267f, 270.
Röm 5,12ff: 277.
Röm 5,12–20: 288.
Röm 5,12–21: 267.
Röm 5,18: 332.
Röm 6: 347.
Röm 6,3: 347.
Röm 6,3–11: 347.
Röm 6,4f: 389.
Röm 6,23: 418.
Röm 7,7: 338.
Röm 8: 98.
Röm 8,11: 312.
Röm 8,20ff: 389.
Röm 8,23: 312.
Röm 9–11: 331, 357.
Röm 9,3: 318.
Röm 9,9–29: 315.
Röm 9,13: 329.
Röm 10,4: 335.
Röm 10,9: 220, 277.
Röm 11,25f: 60, 406.
Röm 11,32: 393.
Röm 11,33: 329.
Röm 13,1: 383.
Röm 13,8–10: 335.
Röm 14,7f: 285.
Röm 16,4.16: 359.
I Kor 1,30: 270.
I Kor 2,2: 185.
I Kor 2,4: 172.
I Kor 2,7: 343.
I Kor 3: 358.
I Kor 3,15: 394.
I Kor 3,23: 285.
I Kor 5: 370.
I Kor 6,14: 164.
I Kor 6,15: 263.
I Kor 6,19: 263, 285.
I Kor 8,6: 220, 240, 277, 359.
I Kor 9,21: 335.
I Kor 10: 358.
I Kor 11,7: 264.
I Kor 11,23–26: 349.
I Kor 11,25: 389.
I Kor 11,27: 353.
I Kor 12: 358.
I Kor 12,3: 312.
I Kor 12,4–6: 220.
I Kor 13: 312.
I Kor 13,12: 399.
I Kor 13,13: 425.
I Kor 15: 405.
I Kor 15,3: 277.
I Kor 15,4–8: 304.
I Kor 15,5–7: 277.
I Kor 15,20: 389.
I Kor 15,21f: 288.
I Kor 15,23–28: 389.
I Kor 15,28: 175.
I Kor 15,45ff: 288.
I Kor 15,58: 325.
II Kor 1,9: 163.
II Kor 2,5–11: 356.
II Kor 3,17: 221.
II Kor 4,4: 264.
II Kor 5,16: 301.
II Kor 5,17: 240, 389.
II Kor 5,19: 220.
II Kor 13,13: 220.
Gal 1,2.22: 359.
Gal 1,6f: 181.
Gal 2,4f: 168.
Gal 2,20: 286.
Gal 3: 148.
Gal 3,6: 162.
Gal 3,19: 337.
Gal 3,25: 339.
Gal 4,9: 338.
Gal 5,1: 339.
Gal 5,6: 335.
Gal 5,22: 312.
Gal 6,2: 335.
Gal 6,16: 357.
Eph 1,1: 358.
Eph 1,3–14: 240.
Eph 1,4ff: 331.
Eph 1,10: 226, 393.
Eph 1,22f: 358.
Eph 1,22: 398.
Eph 2: 357.
Eph 4,3: 230.
Eph 4,4–6: 220.
Eph 4,16: 364.
Eph 5,21–33: 356.
Eph 5,31f: 343.
Phil 2,5–11: 292.
Phil 2,7: 293.
Phil 2,11: 220, 277.
Kol 1,12–20: 240.
Kol 1,15: 264.
Kol 1,16: 240, 257.
Kol 1,20: 393.
Kol 2,2: 343.
Kol 2,19: 358.
Kol 3,1: 353.
Kol 3,10: 264.
I Thess 1,5: 312.
I Thess 1,6: 312.
I Thess 4,13ff: 389.
I Thess 4,14: 163.
I Thess 4,15–5,11: 389.
I Thess 5,2: 405.
II Thess 2,4: 403.
I Tim 2,2: 377.
I Tim 2,4: 115, 330.
I Tim 2,9–15: 274.
I Tim 3,1–13: 356.
I Tim 3,15: 358.
I Tim 5,17: 356.
I Tim 6,16: 213.
II Tim 2,15: 358.
II Tim 3,16: 181.
Tit 3,5: 347.
I Petr 1,18f: 285f.
I Petr 2,9f: 357.
I Petr 3,19f: 292, 399.
I Petr 3,22: 353.
II Petr 1,21: 181.
II Petr 2,4: 258f.
II Petr 3,10–12: 389.
II Petr 3,13: 240.
I Joh 1,7: 286.
I Joh 2,2: 286.
I Joh 3,8: 286.
I Joh 4: 224.
I Joh 4,8.16: 217.
I Joh 5,7f: 220.
Hebr 1: 148.
Hebr 1,1–4: 240.
Hebr 1,1.2: 147.
Hebr 1,3: 249, 264.
Hebr 2,14: 269.
Hebr 3,7–17: 358.
Hebr 4,15: 279.
Hebr 4,16: 350.
Hebr 9,5: 237.
Hebr 9,14.27: 350.
Hebr 9,24–28: 237.
Hebr 11: 148.
Jak 3,9: 264.
Jak 5,14f: 356.
Apk 1,16: 398.
Apk 4,7: 238.
Apk 18f: 60, 406.
Apk 20: 391f, 404.
Apk 20,2–4: 392, 404.
Apk 20,4–6: 391.
Apk 20,5: 391.
Apk 20,6: 417.
Apk 20,7–15: 391.
Apk 20,7–10: 404.
Apk 20,10: 393.
Apk 20,13: 399.
EvNik 17–27: 399.